乡建事业践行者

高盍先文存

高代华　编注

重庆市璧山区档案馆　整理

西南大学出版社

国家一级出版社　全国百佳图书出版单位

图书在版编目(CIP)数据

乡建事业践行者:高孟先文存/高代华编注;重庆市璧山区档案馆整理.—重庆:西南大学出版社,2023.4
　ISBN 978-7-5697-1770-9

　Ⅰ.①乡… Ⅱ.①高… ②重… Ⅲ.①高孟先(1918-1944)—文集 Ⅳ.①C53

中国国家版本馆CIP数据核字(2023)第057978号

乡建事业践行者　高孟先文存
XIANGJIAN SHIYE JIANXINGZHE　GAO MENGXIAN WENCUN

高代华◎编注
重庆市璧山区档案馆◎整理

责任编辑:叶晓丽　段小佳
责任校对:唐　倩
装帧设计:夊十堂
排　　版:杜霖森
出版发行:西南大学出版社(原西南师范大学出版社)
　　　　　地址:重庆市北碚区天生路2号
　　　　　邮编:400715　网址:http://www.xdcbs.com
　　　　　市场营销部电话:023-68868624
印　　刷:重庆友源印务有限公司
幅面尺寸:185 mm×260 mm
插　　页:14
印　　张:32.5
字　　数:641千字
版　　次:2023年4月　第1版
印　　次:2023年4月　第1次
书　　号:ISBN 978-7-5697-1770-9
定　　价:128.00元

序言一

重庆市璧山区档案馆

《乡建事业践行者 高孟先文存》是璧山区档案馆（璧山区地方志编修中心）与高代华先生合作完成的一项地方文献整理成果。地方文献是了解和研究一个地方各方面情况的重要依据，是记录一方历史的重要载体。然而在当前的文化建设热潮中，地方文献的保护和利用，往往成为一个被人遗忘的角落。

璧山历史悠久，人文荟萃，文化遗产丰富。从历史记载来看，璧山的地方文献不可谓不丰，然而岁易时移，大部分均已散佚，能保存至今的可谓凤毛麟角，弥足珍贵。为将这些散落各地的文化"珍珠"拾起来、串起来，在璧山区委、区政府的大力支持下，近年来我们陆续开展璧山地方文献整理工作，将历史上璧山籍人士所写，或客籍人士涉及璧山的著述，都纳入我们的征集整理范围。我们认为，这些珍贵的文献资料，是璧山地域文化的重要组成部分，可以为提升区域文化品位、城市知名度和美誉度发挥作用，可以为提高地方文化软实力，实现地方经济社会可持续发展提供部分动力资源，其作用和意义，可能更加重大和深远。

1912年，高孟先先生出生于璧山八塘一个书香世家，曾就读于璧山中学，并在这里接受了新文化启蒙，为他日后走出璧山，投身乡村建设事业打下坚实的文化基础。从他遗存的大量日记、信札、书刊、报纸、手稿、照片等文献资料可以看出，他本人具有极强的保存档案文献意识，这也许与他个人的从业经历有关。今天看来，这些被高孟先先生视为珍宝的文献资料不仅是其个人的人生记录，更是一个时代、一个地区、一方人文的历史见证。

令人感佩的是，高孟先先生之子高北南，能够继承遗志，将这些珍贵的文献资料保存至今，并将部分珍贵资料捐赠给璧山区档案馆。对于高孟先先生来说，这应该算是另一种形式的落叶归根吧。

为及时将高孟先遗藏资料展示给世人，充分发挥其社会价值，璧山区档案馆庚即组织文献整理工作，以期在高孟先先生诞辰110周年之际出版。但文献整理工作要求严谨，且时间紧迫、经费紧张。幸有高代华先生多年从事高孟先遗稿的整理、推介与研究,有着丰富的经验;幸有西南大学出版社的高度重视;幸有西南大学谢健老师的努力奔走,使项目获得部分资助。得助如此,何其有幸!

《乡建事业践行者　高孟先文存》的出版只是对高孟先遗藏文献研究和利用的一个开始,也是璧山开展地方文献保护和利用的一个新起点。相信在不远的将来,在同仁们的接续努力下,璧山的地方文献保护和利用工作会更上层楼。

2022年11月1日

序言二

高孟先——珍藏卢作孚乡建资料数十年的大功臣

刘重来

2016年9月28日,在卢作孚纪念馆召开了《高孟先文选》(西南师大出版社2016年出版)首发座谈会。人们不禁要问,这位高孟先是何许人也?他和卢作孚有何特殊关系?为何他的著作要在卢作孚纪念馆举行首发座谈会?这些疑问都需要一一释疑解惑,说个明白。

一、最早研究卢作孚乡村建设的人

时光须倒流到改革开放之初的1979年。这一年的深秋,一位叫高孟先的老人正在奋笔疾书,写着一篇题为《卢作孚与北碚建设》[①]的文章。在他身旁是一个大麻袋,里面装满了资料、图片等,他不时拿出几张来阅读、抄录。也许是往事的回忆让他过分激动,也许是写作的过分劳累,当他刚写完这篇长文后,就因心脏病突发不幸去世了。

须知此时此刻正是改革开放之初,卢作孚还没有平反昭雪。即使一年后的1980年9月中共四川省委在卢作孚平反的结论上也只提及他在"创办和经营民生轮船公司,对发展民族工商业起过积极作用"[②],而对他在北碚主持开展的乡村建设运动的功绩却只字未提。这也难怪,那个时候舆论界对民国时期的乡村建设运动还持怀疑或批判态度。正因为如此,高孟先能在此时写出一篇充分肯定和高度评价卢作孚乡村建设运动的文章,是非常难能可贵的。

应该说,高孟先这篇文章是改革开放后第一篇全面、系统研究卢作孚乡村建设的长文。特别要强调的是,高孟先作为卢作孚乡村建设运动的亲历者、践行者,加上他又充分利用了珍藏几十年的乡建资料,所以此文不少内容和结论,若不是本人亲力亲为,是写不出来的。

二、珍藏卢作孚乡建资料的功臣

时光又须倒流到2014年的深秋,高孟先的堂侄高代华受家族委托编写璧山高氏族谱,为家族中有作为有成就的亲人撰写小传。一天他来到高孟先的儿子高北南家搜集素材时,竟意外发现了他家一只大塑料储藏箱里装满了手稿、公文、图片、报刊、书信、日记等等,全都是民国时期卢作孚在北碚主持乡村建设运动的珍贵资料,仅其中的老照片,就多达1000余张,其中20多张是有卢作孚的身影而从未公开的照片,实在太宝贵了。

这些珍贵资料是高孟先冒着极大风险一直保存了几十年,是他撰写《卢作孚与北碚建设》一文的重要素材。他死后,就由他的儿子高北南珍藏,直到高代华因撰写高氏家族小传时才被发现并公开。

为什么这些资料特别珍贵呢?众所周知,20世纪初,在中国大地上曾掀起过一场规模大、时间长、波及面广、影响深远的乡村建设运动。参加的团体达600余个,实验点达1000余处,分布在山东、山西、河北、河南、江苏等10余个省。而唯有由卢作孚主持开展的以重庆北碚为中心的嘉陵江三峡乡村建设是民国时期众多乡村建设运动中持续时间最长,成效特别突出的一个。它不仅使整个嘉陵江三峡地区社会经济和文化教育发生了巨大变化,而且使北碚这个昔日贫穷落后、偏僻闭塞、盗匪横行的小乡场,建设成被著名教育家梁漱溟赞誉为"生产发展、文教事业发达、环境优美的重庆市郊的重庆城镇"[③];被著名教育家陶行知赞誉为"将来如何建设新中国的缩影"[④]。

然而卢作孚主持的乡村建设地处偏僻的大西南,在20世纪二三十年代,这里由于交通闭塞、通讯落后,以致极少受到国内学术界和新闻界关注。而当时报道的热点大都是那些交通便利、通信较发达的华东、华北地区的乡村建设,特别是如晏阳初、梁漱溟、黄炎培、陶行知等名气更大的人主持的乡村建设,所以对卢作孚的乡村建设本来就关注、报道得不多。新中国成立后,由于"左"的思想影响,民国乡村建设研究一直是一个"禁区",卢作孚的乡村建设就更少为人所知了。

自改革开放后,"禁区"虽被打破,但对卢作孚乡村建设的研究仍关注不够,甚至根本忽略。最典型的例子是21世纪初出版的一部关于民国乡村建设运动史的研究专著,洋洋45万余言,竟然无一言一语提及卢作孚的乡村建设。

正因为卢作孚主持的乡村建设运动长期受到不公正的对待,特别是"文革"的浩劫,不少藏于民间的乡村建设资料因为"避祸"等原因而未能保留下来。在如此情况下,高孟先竟然冒着政治风险将卢作孚乡村建设的大量文字资料和图片资料小心珍藏了几十年,为其后研究卢作孚乡村建设,为弘扬卢作孚精神提供了极高价值的史料,这是高孟先的一大功劳。正因为这个原因,卢作孚纪念馆才专辟一室,陈列这位有功之臣的事迹。

2016年9月28日，在卢作孚纪念馆举行了文物捐赠仪式，由高孟先的儿子高北南将父亲珍藏了几十年的卢作孚乡建资料正式捐给了北碚区博物馆，完成了其父永远保存这些珍贵资料的心愿。

三、高孟先深得卢作孚器重

高孟先于1928年10月还不满16岁时就从璧山来到北碚，投考卢作孚为培养乡村建设青年骨干而举办的少年义勇队第一期。自此时到1951年，除了很短一段时间调往外地工作外，20多年来，一直是在卢作孚及其胞弟卢子英领导下在北碚从事乡村建设工作。可以说，他是卢作孚主持嘉陵江三峡乡村建设全过程的见证人、践行者。

高孟先虽然学历不高，初中只读了一年就来到了北碚。但他精明能干、头脑灵活又勤奋好学，特别是有一手好文笔，因而深得卢作孚、卢子英的器重。卢作孚常让他参加一些艰苦的工作或活动，从实际工作中让他得到锻炼和提高。

1929年，卢作孚准备在峡区建立中国西部科学院，趁中国科学社派动植物专家来川的机会，由卢子英带领部分少年义勇队队员随专家来到峨眉山、川边一带采集生物标本和调查少数民族的社会生活，不到17岁的高孟先也参加了，经受了风餐露宿、饥寒交迫、盗匪袭击的考验。

1930年春，卢作孚率领由民生公司、川江航务管理局、北川铁路公司、北碚峡防局4个单位合组的考察团出川参观考察。不满18岁的高孟先也幸运地参加了。按照高孟先的说法，此行"他们带着事业中的问题出去，取得了不少办法转来，并结识了有益于事业的许多友人和社会名流"[⑤]。第一次出川的高孟先随队到了上海、南京、苏州、杭州、南通、无锡等地参观考察，这些地方使他大开眼界，而那些社会名流如黄炎培、蔡元培、李石曾、丁在君、翁文灏、秉农山等人的风采也给他留下了深刻印象。高孟先把他沿途所见所闻都一一记录下来，写成了《合组考察团报告》，在峡区所办《嘉陵江》报分5次连载，留下了卢作孚出川考察的珍贵资料。

值得一提的是，在这次考察途中，卢作孚为筹建中国西部科学院，特派高孟先入南京中央大学农学院畜牧兽医系学习动物标本的制作。考察结束后，即调高孟先出任中国西部科学院博物馆任管理员，须知此时高孟先还不满19岁，可见卢作孚对他是多么器重。

又如1930年卢作孚出川考察时在天津与南开大学校长、著名教育家张伯苓会晤，两人一见如故，都对当时日本帝国主义侵略东北的野心忧心忡忡（果然一年后，震惊中外的"九一八"事变爆发了）。当卢作孚得知张伯苓在南开大学成立了"东北研究会"后，也如法炮制，回到峡区后也成立了"东北问题研究会"。又让高孟先参加了研究会交通组，专门研究东北交通问题。高孟先没有让卢作孚失望,撰写了《东北之前瞻与后顾》《东北交通》和《航路论》3篇长文,均在《嘉陵江日报》分期连载。

1942年6月,不满30岁的高孟先出任北碚管理局建设科科长,直到1951年1月。可以说,他的一生都在卢作孚、卢子英领导下在北碚从事乡村建设工作,是他们造就的乡建骨干。

高孟先对卢作孚的器重是十分珍惜并感恩于心的。他深刻体会到卢作孚"对青年的训练,不只是为了事业发展的需要,也不只是为了解决青年的就业和出路,而主要是为国家培训大批有理想、有技能,而又愿意为社会服务的人"⑥。

四、手把手指导高孟先写日记

高孟先有个好习惯,从1929年不到17岁时就开始写日记,这也是他文笔越来越好的原因。但谁能想到他写日记竟会得到卢作孚手把手地指导呢。

那是1930年春,高孟先随卢作孚出川考察。对于不足18岁的他,能够出川大开眼界,自然非常兴奋。所以他决心把沿途所见所闻、所思所想都写在日记里。

一天,考察团正在轮船上,高孟先看见卢作孚正站在船舷欣赏长江两岸风光,他突然有一种想把自己写的日记拿给卢作孚看的冲动。谁都知道,日记属个人隐私,一般是不会轻易让人看的,除非是自己最敬佩、最信任的人。而卢作孚正是他最敬仰、最信任的人。他是多么想得到卢作孚的指教啊!于是,他鼓起了勇气,将自己的日记拿给卢作孚看。

而此时的卢作孚,一身兼多职:民生公司总经理、川江航务管理处处长、北川铁路公司董事长、北碚峡防局局长,而高孟先只是个不满18岁的少年义勇队队员。但卢作孚没有一点官架子,也一点不觉得高孟先太唐突了,而是很热情地接过高孟先的日记,十分耐心地看下去,并给予指教,这让高孟先十分感动。他在这一天的日记里写道:

"卢局长看了我的日记,就把一些不适当的字词删去,又把不圆合(即不通顺)的话皆改正,并教了一些用字方法、地方。我是异常高兴的。"⑦

你看,卢作孚不但耐心认真看完高孟先的日记,而且亲手把日记中"不适当的字词删去",把不通顺的话一一改正,还教他用字词的方法。这对高孟先来说,是多么难得,多么难忘。古语说得好:"一日为师,终身为父。"高孟先能有这样的老师指教,当然是"异常高兴"啦。

自此以后,高孟先的文笔果然大有长进,成了峡防局的"笔杆子"。不断在《嘉陵江日报》《大公报》《新蜀报》《新世界》《商务报》等报刊发表文章。卢作孚还让他参与编写《(嘉陵江)三峡游览指南》《北碚游览指南》《北碚概况》等小册子。1936年又任命年仅24岁的高孟先出任《嘉陵江日报》主任(卢作孚为《嘉陵江日报》社社长),负责主编《嘉陵江日报》和《北碚月刊》。也由此可知卢作孚对高孟先文笔的欣赏。

五、热情鼓励和严肃批评

在卢作孚眼中,高孟先虽然学历不高,但聪慧能干、勤奋好学,只要多加鼓励,好好培养,就是一个可以造就的好青年。所以他对高孟先的进步和成绩,都是给予热情肯定和鼓励。

如1933年3月,高孟先参加了卢作孚组织的下乡为农民免费种牛痘的活动。归来后卢作孚在峡防局召开总结大会,让参加种痘活动的青年一一上台谈感想和收获,卢作孚也坐在台下饶有兴味地听着。听完后他上台做了题为《要参加社会活动》的讲话。卢作孚鼓励大家"到社会去寻求实际的问题",他说:"如果你们都能常常接触社会、亲近社会,那么,你们都能一定得着许多有意义的经验和切实的学问。"对于大家的发言,他给予充分肯定,并特别表扬了高孟先:

今天听了许多有趣味的报告。当中给了我们不少的经验……报告最有条理的是高孟先,他是用科学的方法,把一桩事情,整理成有系统、有条理的报告出来,所以使人听了,十分明了。[⑧]

你看,卢作孚对高孟先的赏识,溢于言表。对于才21岁的高孟先来说,被卢作孚在大会上指名道姓地表扬,对他一生该是多么大的鼓舞啊!

然而当高孟先在工作生活上有了错误,卢作孚也会毫不客气地严肃批评他。如1935年2月,卢作孚因为高孟先骄傲自满,待人接物不够慎重等原因,欲把他从中国西部科学院博物馆调出来,到峡防局任文书。而高孟先在博物馆独当一面工作习惯了,认为文书工作"刻板无聊",不愿上任。于是卢作孚单独找高孟先谈话。高孟先在这一天的日记里记下了卢作孚对他的严厉批评:

午后一时晤作孚先生,谈话如次:"你有三点应该留意着。"他(卢作孚)说:A.生活浪漫……不顾社会环境,男女间发生的问题,重在相互认识,不宜常常相玩一处,并其方式其环境尤应顾到。B.每一个人都有一个天下,博物馆仍是您高孟先的天下,今天自己不喜自己的天下经营好,即不应怪大的环境的事业不好……今天如果有人能接办我的职务,我会拣一桩小的事体更经营得好些……C.个人与群体离开了……博物馆仅只有您一个人,除了您有许多好朋友之外,简直是趋于孤立,现在峡(区)的许多活动中间,都找不到您的意义了,且不单形体上仪式上您渐渐地离开了,就是意义上、思想上您已是慢慢离开了!如果让您继续这样下去,将来恐怕要毁灭您自己,所以才将您调到群的当中,慢慢复活起来,盼望仍是好好努力……后因旁的客来会卢先生,我才出来,他再三要追询我离碚后出路,叫我细细地思想之后,再决定。⑨

首先要感谢高孟先能把卢作孚对他的批评内容在当天的日记里大致记录了下来,尽管还不够完整,也有词不达意之处,但仍让我们看到当年的卢作孚是如何苦口婆心、语重心长地规劝高孟先。卢作孚在与高孟先谈话时态度既严肃又诚恳。当时的高孟先只是个23岁的小青年,且又犯了错,但卢作孚仍尊重他,一口一个"您"称呼,很让人感动。

当时的高孟先,年轻气盛,一时听不进卢作孚的劝说,竟表示要离开北碚。而卢作孚执意挽留,此时有客人来拜会卢作孚,两人的谈话不得不结束。当高孟先走出屋子,卢作孚还追出来,再三询问他离开北碚后的打算,并要他"细细地思想之后,再决定",真是做到了仁至义尽。

30多年后,高孟先在《卢作孚与北碚建设》一文中说卢作孚"在思想行为上的教育,强调公而忘私,个人为事业,事业为社会,不计地位,不争待遇,不图享受,不以个人所有而以个人所为表现于社会,不防人图己或专门图人"⑩。对此,高孟先有深刻的亲身感受。

六、怀念与回报

我常常在想,为什么高孟先宁愿冒风险,也要将卢作孚乡村建设的珍贵图片、公文、报刊、书信、日记等精心保存几十年,即使在"文革"浩劫中也不愿销毁呢?为什么改革开放刚刚开始,高孟先就急不可待地要写一篇充分肯定卢作孚乡村建设的长文,以致刚写完就因过度激动和劳累去世了呢?这个问题一直缠绕在我心中挥之不去。

但当我细读了《高孟先文选》和即将出版的《乡建事业践行者 高孟先文存》书稿,特别是他从1929年至1950年的日记后,我明白了:高孟先之所以珍藏这些资料几十年不销毁,不仅仅因为它们是卢作孚乡村建设的重要历史见证,也不仅仅是因为其中有不少是高孟先本人的心血和成果,而是它们都凝结着自己对卢作孚深深的敬仰和感恩之情。这也是为什么改革开放刚刚开始他就急不可待地以一个亲历者和践行者的身份写下了充分肯定卢作孚乡村建设文章的原因。

如今,他精心保存了几十年的珍贵资料经过整理已正式出版了,而资料原件已捐献给文物部门科学珍藏起来。他写的绝笔之作在他去世不到两年的1981年,就被全国政协文史委编的《文史资料选辑》发表了,以后又被多家报刊和著作转载,成为研究卢作孚乡村建设的权威之作。

高孟先如地下有知,当含笑瞑目了。

2022年8月

刘重来:西南大学卢作孚研究中心教授、《卢作孚研究》杂志主编、重庆市人民政府文史研究馆馆员。

注释:

①⑤⑥⑩高孟先:《卢作孚与北碚建设》//《文史资料选辑》,1981年,第25卷,第74期。
②凌耀伦主编:《民生公司史》,人民交通出版社1990年版,第416页。
③梁漱溟:《怀念卢作孚先生》,《名人传记》1988年第5期。
④陶行知:《在北碚实验区署纪念周大会上的讲话》//《陶行知全集》第3卷,湖南教育出版社1985年版,第311页。
⑦高代华、高燕编:《高孟先文选》,西南师范大学出版社2016年版,第187页。
⑧凌耀伦等编:《卢作孚文集》(增订本),北京大学出版社2021年版,第193页。
⑨高代华、高燕编:《高孟先文选》,西南大学出版社2016年版,第239页。

说明

一、本书内容,除手稿外,绝大多数搜集自民国时期高孟先发表在报纸杂志的作品及由地方当局印刷的他撰写或主编的小册子。为了适合现代的要求和阅读习惯,编辑时将原来的竖排、繁体字、少数标点符号、序号等,在不损害原文文义的基础上进行了处理。为保持原稿的行文风格,如"约……余",这类问题未作处理。

二、书中,凡涉及使用民国纪年的,均改换为公元纪年,如民国十六年,即1927年;民国三十一年,即1942年等,需要特殊说明的除外。

三、书中,凡涉及数字是使用中文数字表示的,按照国家颁布的《GT 15835—2011出版物上数字用法的规定》,除允许保留者外,均改换为阿拉伯数字,如:一万四千四百(14400)九七七二三(97723)五万万(5亿)……文中有中文数字表示的约数、概数、百分数、分数等,数字不分节,亦按照国家颁布的《GT 15835—2011出版物上数字用法的规定》,均作了改换,如:约百张(约100张)六七百元(保留)百分之二十四(24%)十分之一(1/10)……

四、书中,保留原作者高孟先补充、说明时使用的圆括号"(   )",如:我国东省(东三省简称东省)之有铁路,始于甲午。编者改正错别字、漏字、异体字及说明的文字,使用方括号"[ ]"。改正错别字,如:船便驶入了小山[三]峡了;补充漏字,如:假[如]通[过]遇山垭森林,宜加注意;说明,如:继以俄人建筑中东[铁路]。因报刊印刷或抄录原件本身的字迹不清、残缺等无法辨认的,用缺字符号"□"代替,明确几个字,用几个□,不明确字数的,用■表示,如:切实的指导□□,我报□□□……为保持史料原貌,书稿中的"的、地、得"使用,未做处理。

五、高孟先发表文章除用本名外,使用的署名有:先、孟先、蜀子、雪西、门西、李惠。

编者

目录

第一部分　简述人生经历
家庭、生活与工作片段　/ 4

第二部分　乡村建设纪实
种痘日记　/ 17
1929年,跟随卢子英赴川边标本采集与社会调查日记　/ 18
1930年,跟随卢作孚出川赴华东考察日记　/ 52
合组考察团报告　/ 137
荆州游　/ 146
上海征求标本的经过　/ 148
在峡局特务学生队种痘归来报告会上卢局长讲评　/ 151
博物馆报告——4月30日联合周会中之工作报告　/ 154
东北交通——峡局东北研究会交通组　/ 156
航路论　/ 175
温泉底回忆　/ 189
随感录三则　/ 193
三峡乡村建设实验区署各乡镇户口调查记　/ 197
下乡杂记　/ 209
中国乡村建设实验运动的鸟瞰　/ 222
北碚的夏节——随笔　/ 231

在小学教育研究会员义务教师研究班学员就业典礼上的
　　讲演词（1936年9月3日） / 238
（小）三峡风光 / 240
一年来的嘉陵江日报 / 243
农村的妇女教育 / 248
周年的检讨 / 250
介绍兼善中学职业补习班 / 252
梁漱溟氏与邹平 / 254
峡区要闻汇志 / 257
国庆与抗战建国 / 264
大小凉山考察经过 / 266
新县制下乡镇长应有的动向 / 270
检讨过去　策励将来 / 274
本报的任务与希望——《嘉陵江日报》复刊词 / 276
梅花山去看学校 / 278
大明小学——一个新型的私立学校 / 282
本报的动向 / 285
联合视导文星乡 / 287
督导朝阳保民大会略记（乡建动态）——十七保至二十保 / 290
北碚各界庆祝卅八年双十节纪念展览 / 293
关于璧山县准备武装收回澄江镇事件我参加谈判的经过 / 300
我同《新华日报》北碚发行站、新华书店北碚门市部一些关系的回忆 / 302
关于少年义勇队的一些回忆 / 306

第三部分　乡村建设文献

三峡实验区署近况一瞥 / 311
进修的参考——与卢子英共选 / 320
北碚游览指南 / 329
北碚概况（修订） / 345
北碚申请美援计划书 / 378
卢作孚与北碚建设 / 392
自传 / 402

第四部分　关注社会民生

乐园　/ 409

四川究竟怎样办？（四川通信）　/ 411

无聊　/ 414

边地如何去？　/ 415

月夜　/ 418

田间速写　/ 419

广安底素描　/ 421

四川的现状（四川通讯）　/ 430

夏的乡村　/ 434

嘉陵江畔——秋风里的劳动者　/ 436

认识与批评　/ 437

梦　/ 438

秋天随笔——收获后　/ 439

装病　/ 440

残梅　/ 441

采栀子　/ 442

天才与智慧　/ 443

预言家　/ 444

说音乐　/ 445

《读墨家之起源》后　/ 446

论女子可以不嫁　/ 449

打倒滑头商店　/ 451

点滴（一）　/ 452

点滴（二）　/ 452

叫的狗　/ 453

环境　/ 454

开发川南大凉山之计划　/ 456

四川财政问题之回溯及其展望　/ 465

四川的旱灾及其救济　/ 482

秋感　/ 497

教育与社会　/ 499

我们应如何救济四川的旱灾　/ 501

一幅大众的生活　/ 506

四川保甲之今昔　/ 510
第十七届国际合作节开会记　/ 517
战事与航空　/ 521
四川阔师长范绍增来沪斥资五万万元筹筑四川大楼　/ 524
怀念与祝愿——国民党军人家属金竹安访问记　/ 525

附录　/ 527
后记　/ 528

第一部分

简述人生经历

高孟先(1912年12月—1979年12月)

高北南在家清整其父高孟先遗藏资料,包括老照片1000多张、日记30余本(册)、信札400多封、北碚地方报刊及乡建时期资料等若干件(高代华摄/2014年11月)

家庭、生活与工作片段

高孟先(后排中)考入北碚峡防局少年义勇队后在家乡璧山县八塘乡与亲属留影(1928年)

高孟先(左)在北碚火焰山平民公园的中国西部科学院博物馆陈列室外与同学留影(1932年)

高孟先(后排右)青年时代爱好篮球、排球、羽毛球等体育运动(1932年)

高孟先(左)代表峡防局参加重庆青年会公教运动到会指导(1932年)

高孟先一家，后排右起：高孟先、赵雪西；前排右起：高黛陵、高北南、高小惠（1948年）

高孟先时任北碚管理局建设科科长在中正路（现朝阳路）街心花园留影（20世纪40年代）

高孟先（左二）陪同中国农村复兴联合会中外专家视察北碚扶植自耕农示范区，右前戴礼帽、持手杖者为农复会主任蒋梦麟（1949年春）

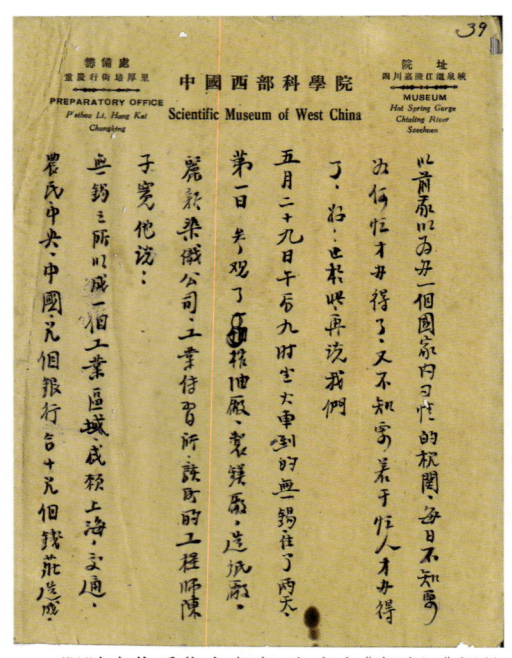

跟随卢作孚华东考察，发表在《嘉陵江》报的
通讯《合组考察团报告》手稿（1930年）

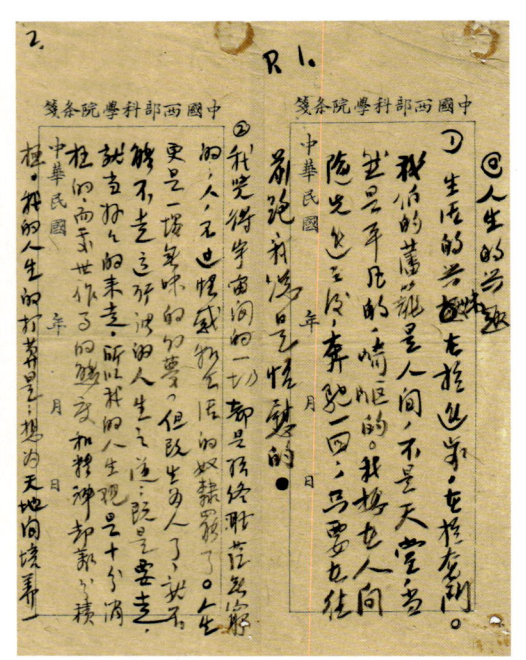

高孟先手稿（1934年）

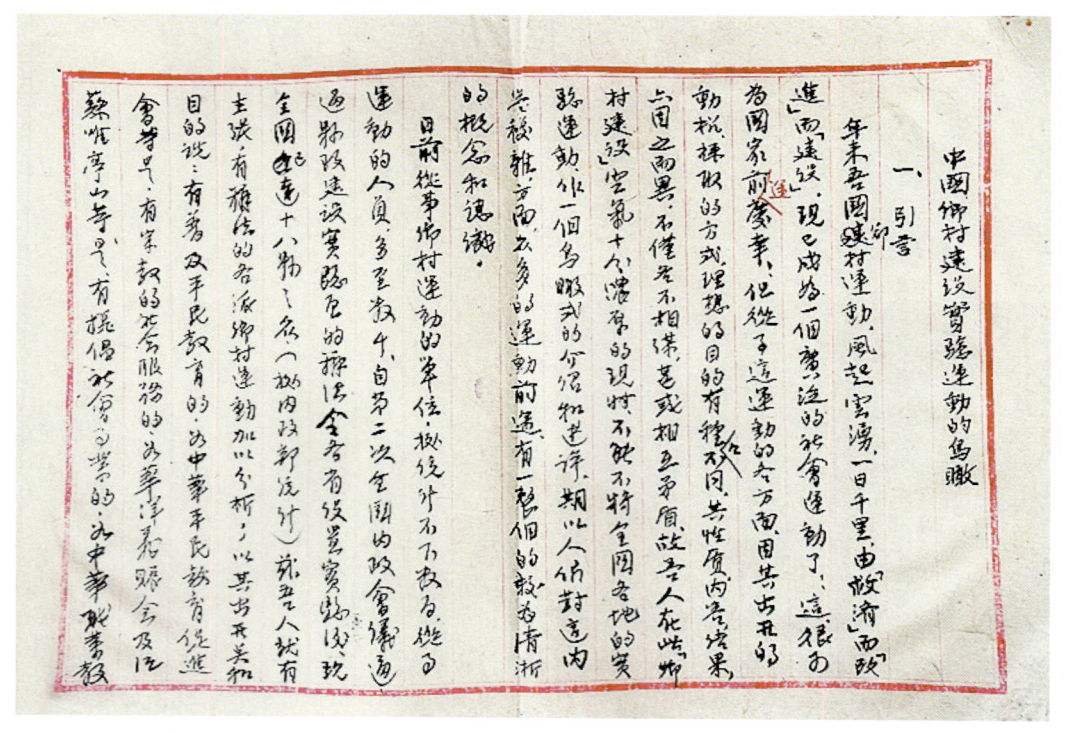

高孟先手稿（1936年）

第一部分 简述人生经历 · 7

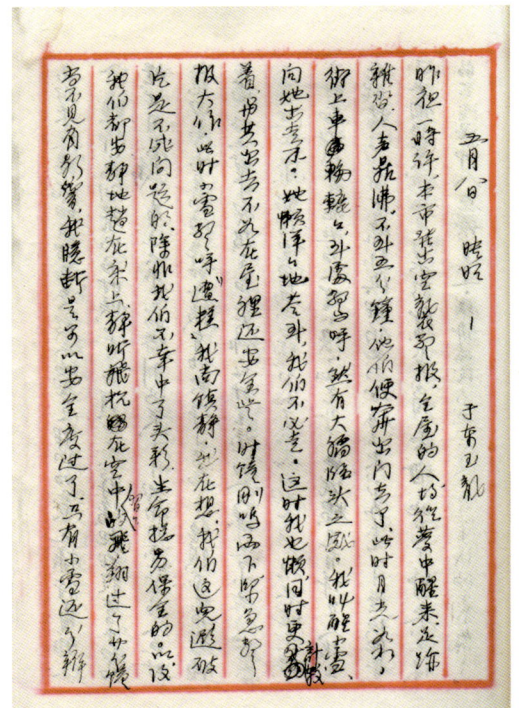

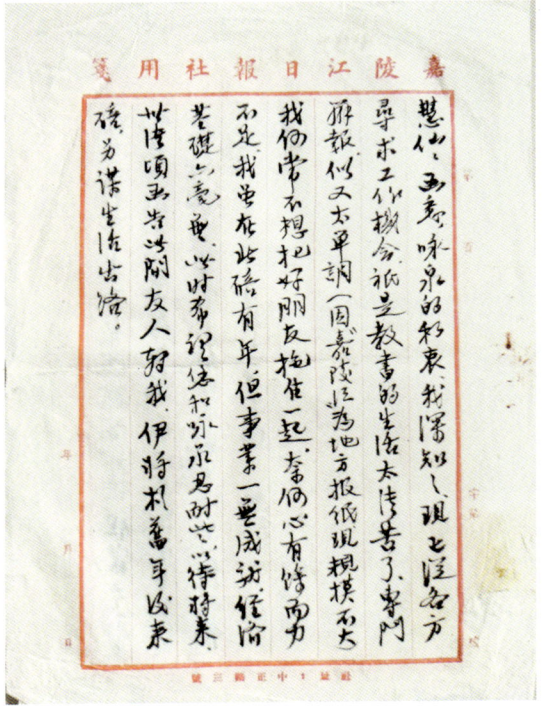

高孟先日记（1938年）　　　　　　　　　　高孟先致友人信（20世纪40年代末）

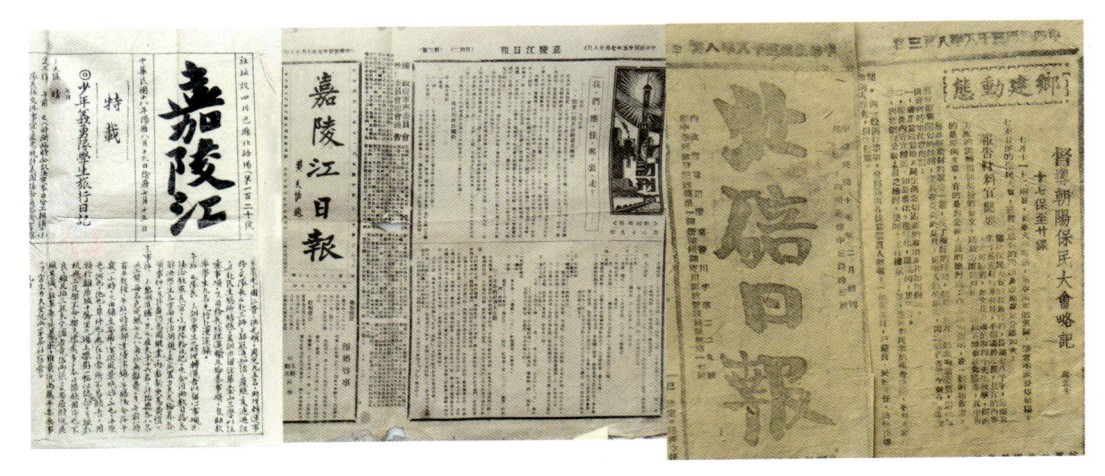

1928年2月卢作孚创办《嘉陵江》报，1931年更名为《嘉陵江日报》，1948年9月更名为《北碚日报》。高孟先前后担任或兼任《嘉陵江日报》和《北碚》月刊社主任长达8年

1936年9月创刊《工作月刊》,1937年2月更名为《北碚》月刊,1946年8月至1947年10月《嘉陵江日报》因故停刊时期由《北碚》月刊社编印刊发《北碚周刊》

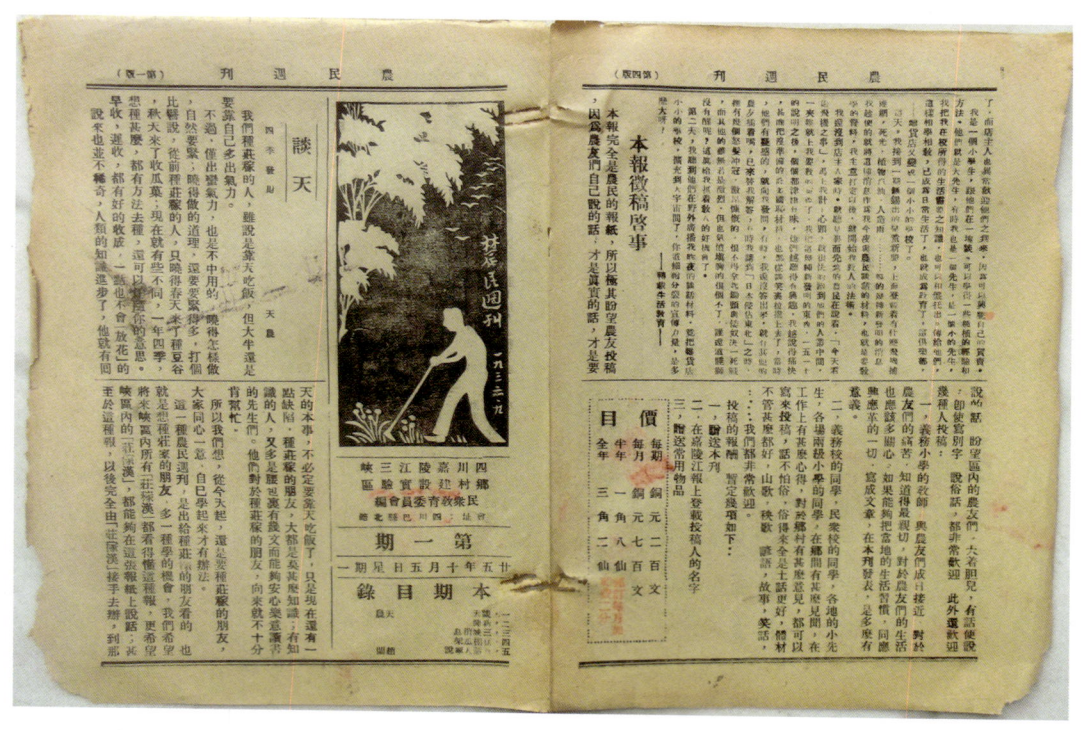

1936年10月编印的《农民周刊》

第一部分 简述人生经历

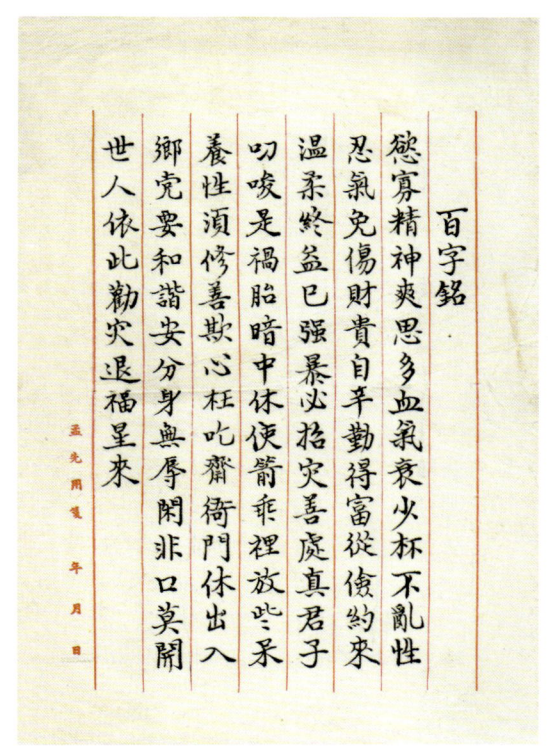

高孟先书法（20世纪40年代）

重庆工商局任命高孟先办公室文书股股长通知书（1952年）

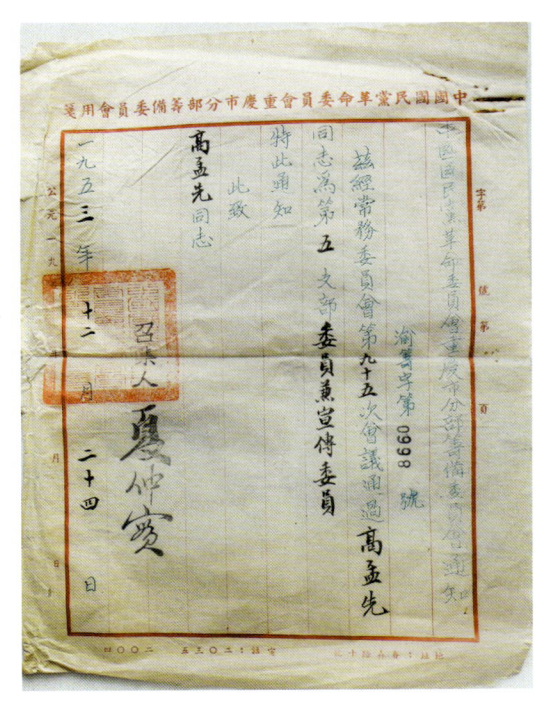

中国国民党革命委员会重庆分部任命高孟先为第五支部委员兼宣传委员通知书（1953年）

1929年夏,北碚峡防局少年义勇队第一期部分学生,即将随卢子英队长赴川边标本采集与社会调查前,在营房旁合影,前排右二立者为高孟先

标本采集队员与向导在高山采集营地(20世纪30年代)

采集队员在荒山野岭席地就餐,吃食常以当地的玉麦、荞麦为主,或做成粑,或熬成糊,饥饿难耐时采野果、蕨薇充饥,生活艰辛(1929年秋)

标本采集的同时进行社会调查，这是西康藏族一家人（1929年秋）

部分标本采集队员和随队指导在彝族村寨留影，左一高孟先（1929年秋）

卢子英率少年义勇队队员20名在大凉山标本采集地合影，穿黑袍坐者为彝族向导，旗上大字"标本采集团"，卢子英时任采集团主任（1929年秋）

1930年3月卢作孚率合组考察团出川，在万县军政当局与黄炎培陪同下，参观万县新建公路并一起留影。高孟先（左四）、黄炎培（左五）、卢作孚（左七）

卢作孚一行由蔡元培、黄炎培等陪同参观上海"徐公桥乡村改进会"并留影。唐瑞五（右一）、卢作孚（右七）、蔡元培（右九）、黄炎培（左六）、高孟先（左三）（1930年）

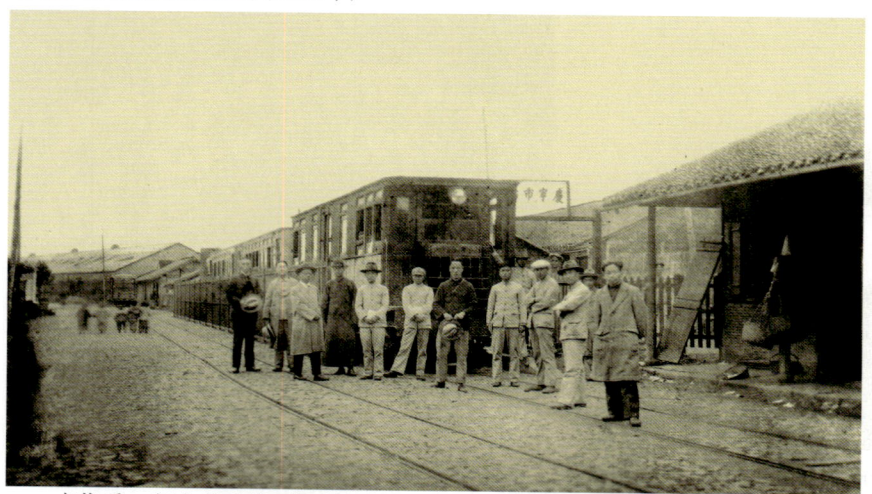

卢作孚一行在黄炎培、蔡元培陪同下参观上海轻便铁路，在庆宁寺川沙火车站留影。黄炎培（左二）、蔡元培（左三）；卢作孚（右二）、高孟先（右三）（1930年）

卢作孚一行在华东一公园观览亭留影,左二靠亭柱者为卢作孚,右旁戴帽者高孟先,时卢作孚讲述高孟先在作记录(1930年)

参观南京晓庄师范,卢作孚(中)与校领导交谈,高孟先(右)作记录(1930年)

卢作孚一行在南通参观张謇创办的纺织学校，前排左四卢作孚、左二高孟先（1930年）

第二部分 乡村建设纪实

种痘日记

1.工作。今日的工作较往日尤其劳苦殊甚,因今日早膳后直工作至午后二钟犹未休息,而来种痘的几过400人,乃为予等此次成绩之冠。虽有劳苦迟餐之忧,然谓其成绩优良,亦足以慰忧迟于乐也。

2.读书。此日午前无一分钟之靡时,至午后三四钟开始,予即看自然杂志丛书及英文。在自然丛书中有几个算术问题图,(1)问圆周怎样可画得圆?(2)问一大三角形如何可以使它成四个三角形?(3)四个长方形如何可以变为正方形? 此三问题予等同时互相研究,结果就是本日的读书。

3.谈论。予专记本日之最奇谈论。午前有一种痘之老妪在旁私语曰:此等种痘多是洋人,谨防小孩放死,并且过后才要钱,你想哪有不要钱的这桩好事呢? 我听着急忙申明不是。

4.杂志。今天的杂志没有别的奇怪,只是今晨切牛肉,我们尽是些黄昏子①,个个都切不来,你推我,我推你,几个就木起②了。我才行行事事的拿着刀子,摸着牛肉,尽力的一刀一刀的切去。切了半天,手也无力,人也疲倦了,足也立麻,而头也俯痛了,一斤牛肉仅切三分之一。店主人说,你像这样切早饭完了,也会到吃午饭了,我们就让他来切,[他]托手拿着刀,摸着牛肉,一会儿就切完了,并且还一律精致。会的容易,不懂的实在作难啊!

载《嘉陵江》报　1928年12月11日　署名高孟先

---

① 黄昏子:四川方言,谓做事无把握,没有经验的人。
② 木(mù)起:四川方言,一时不知所措,胆怯,没勇气去做。

1929年,跟随卢子英赴川边标本采集与社会调查日记①

8月7日

出发。今天是长期旅行出发的第七天了,都还是逗留在人烟稠密、商业繁盛的重庆里,生活不但较峡里过得浪漫一些,而天候空气……总觉没有未离开北碚那样舒适。

因税商问题改变计划。最初我们拟的路线,系由渝乘轮赴嘉定,再寻采区,从事工作。殊知此间政府新加货税,留难商人,以致商人群赴反抗,货物停运,航泊停驶,我们在待旦当中,也曾在该地的南岸、真武、文锋诸山试行采集,并在渝添购采集器具和需用的物品,已就把这几天的光阴被适当的分配下去了。可是税商双方争持[执],问题难解,我们因采集事忙,于是变更计划,改道两陆——由小川北到蓉转嘉,[先]由渝到合川。

由渝到合。今天早上匆匆忙忙地把自己的用品和公用的一切物件搬上了"长江"汽船,才早餐。约八钟的时候,几声气[汽]笛,便离开了繁[烦]嚣的重庆。船中拥挤了约两个钟头,自觉有些烦闷才出船舱,倚着铁栏,讨了一些凉风,赏了一些自然的景物,船便驶入了小山[三]峡了。一会新建北碚的市场和新建的温泉公园都一一接触了我们的眼帘,真难料今天还得到反顾。船过沥鼻峡后,仍回舱里,几个钟头便到了我们曾经调查过户口的合川,轮泊上岸,到南津街纳凉。

突飞猛进到民生公司。午餐后,参观民生公司,深感觉公司变得这样快,几乎与[较]前三月成了两个模样了,新建的草坪,增加了花园,壁上的图表,及一切设备,已增多了十之八九,以这短时期的发展变化如此,将来宏大还不可推测呢。

在公司休息了一会,我们才从杂乱的人群当中,辉煌的电光灯下,慢慢地回到了"长江"汽船。

---

① 为筹建中国西部科学院博物馆陈列展品所进行的标本及风物采集与社会调查,首次由卢子英带领少年义勇队队员赴川边拉开序幕。这次活动是北碚乡建初期卢作孚的重大举措之一,队员高孟先的日记较为详细地记录了采集活动全过程。

8月8日

　　由合川到安居。今天在"长江"轮上吃过早膳，很忙地把一切用品携了上岸，雇了十余个长途力夫，分搬完公用的物件，遂由合川出发，走到潼溪镇午餐，这时已过12钟了。天气正热得利[厉]害，所以我们就在该地休息了一会才向安居行进。

　　走了15里后，经一幅很辽阔而有水草的湿地，四周芦苇过人，有几条黄牛立水中，牧童横卧在草地上，三三两两的翠鸟徘徊，其间丈高的夕阳，金光反射在水面倒显出夺目的彩色，风致宜人，好像入了图画似的，于是我们用了自己的照相机将该地的美景、我们七零八落的行李和不整齐的队伍摄了一张影片。

　　将抵安居的时候，夕阳已经落山，而皓月早高挂了。该城临河，曾见几多船夫，呼卢喝雉之声，几与城里一团一团的骰声相似，这就是该地的不良现象啊。

8月9日

　　由安居到塘坝。天刚黎明的时候，我们从甜蜜的梦程醒过来，很紧张的收拾妥当了行装，就利用清早凉爽的时间，走了12里的路，又坐了12里的船，抵长滩，12钟到三汇场，午膳后又赶着走了30里到塘坝，天已晚遂宿。

8月10日

　　由塘坝到龙合场。清早在塘坝附近河边洗了澡后，便用早餐，后就向40里的毛家场走去。到该地即行午餐，因天气阴凉，便于行程，就不歇气的要到龙合场。殊知刚才走到路半，忽地的黑云四布，雷声爆发，那一滴一滴豆大的雨点，就从空打了下来，竟越落越大，我们有几位就避雨在路旁乡人家里。这主人见我们到了他的屋子，便叱狗、倒茶招待，到他的堂屋坐下，连他的谷子都没有收好，就来询问我们，我们走时还留着吃了饭走，可想见乡下的老百姓，是多少诚恳温和啊。

　　捲[卷]裤撑伞，泥滑滑的跑到龙合场，今天正逢赶场，很是热闹，商业也繁盛，但货物的价格几倍于重庆，价便宜者仅酒与糖。

8月11日

快要到20里路的永顺场,就经过一所庙子,中间就有许多男男女女的拥挤在一团,又见有烟雾笼笼的从人群中冲了出来,与一位同学获得一点空隙就去闻看过真像,这时见地上用钱子[纸]烧得一大堆写有姓氏的蛋,另一个在烧胎的人,就咿咿唔唔的念了一会,也有五花八门的向着来求神烧胎的人解释甚么吉、甚么凶,此后一路碰着烧胎的共计有五六处,在场市算八字看相讲圣谕的尤多。

到了石桥铺的地方,这时天热已达极点,正在急急的前走,后面跟不上十岁的两个小孩,便发声问我们:"先生,是到安岳吗?"我的答应是的,就反问他们走哪去?他们答应:"回家",又问他们好多岁了?他们一个说:"我满了七岁",又指着后面小的一个说:"我弟弟有五岁了"。他又继续的说:"家里还有母亲和一个两岁大的弟弟。他因受热得病。"又指着他的小弟说,"弟头上生满了疮,母亲也生了一个疔疮在手腕上,所以我们才到街上(永顺场)取了两付[副]施药来吃"。我们又问他家里怎样?他说:"祖人在的时候,系佃种人家的田,祖人死了,父亲同伯叔就分了家,父亲因吃鸦片,逃到贵州已三年多了,杳无音信,现在家里只有20吊钱,佃的一座草房住着,每天只是我同母亲上山砍柴、割草,约可得钱一吊,强免可吃两顿稀饭,连盐巴都少吃过,菜多[数]吃些野菜。伯叔家里到还过得,但是他们都袖手旁观,亲戚也不可依。在这几天母亲生了疮,我也得了病,就没有上山,幸好母亲帮别人喂了一只猪,卖了得有两块钱的工钱,现在就系用的这两块钱,假使把这两块钱吃完了呀,我母亲打起主意,要把我两岁那个弟弟卖与别人咧。"他这段话,说的有关于该地的时势。石桥铺出鬼及一切社会情形,说的真有道理,我们听完他的一段说话后,真同情他,更佩服他能自食其力的生活,同时更感觉到人情冷暖,世道炎凉的两句古话。我们问他这一阵的谈话,热也像忘掉了,走也不觉疲劳了,到安岳不过3里路,快要到这孩子的家里了,我们便取了两粒仁丹给他,他不吃,恐怕系害他的。我们意想不出旁的法子表示爱他、怜悯他呵。想起了身上还余有两百铜元,便给他吧,他接着便称"道谢,道谢",很喜欢的就跑了回家。

8月12日

由安岳出发,在这几日天气酷热当中行进,自必有些精疲力倦,尤其是自己的身体过弱,且没有这样长途旅行过,以致难免肩痛足酸的病象发生了,就是体强力壮的力夫,亦不能支持,而中途更请加班的,已有十分之八九。假使这里建设事业尽早完成这条马路,在交通运输上岂不便利吗？不过中国人都是希图有名无实，往往铲平数里土路，而勉强能通牛车者，即云某马路已开车矣。

8月13日

这几天在沿途所看到的有几点：第一，是甘蔗很多，因此糖房林立，而糖价之廉，每斤仅值铜元四百；第二，是梨子多价亦低廉，越往西而价愈低，每斤仅值铜元一百或二百；第三，自安岳以上，经过的盐井不下百处，而盐每斤亦不过值钱五百（为锅巴盐）；第四，唯有煤炭最昂，愈西而价愈昂，每斤有值一百余的，因其地势平坦，没有大山，距产地太远及运输不易之故；第五，布匹杂货及零星用品，亦因运输不便，价格较合川要高，就是一瓶牙粉（美人牌）都要值洋半元。

8月14日

今天由龙泉寺出发，走了半天的马路，虽在行汽车、黄包车或鸡公车，而路还是凹凸不平的路上走。因沱江横隔以路，只筑到简阳河岸。过河，仍沿马路西行，沿途桑林桠树林立，颇讨凉风，一路又碰见两次汽车，车后上写有"成简"二字。

经它跑过以后，即地上的灰尘如似烟雾一般，路上的行人几乎眼也不能睁，嘴也不能张。到了石桥[铺]这就是我们午餐的地方。该地不像简阳那样萧条，商业也还要繁盛些，听说有土匪、有乞丐。膳后便问茶店子，闻该地人云：此地常有土匪，在途中掳掠，假[如]通[过]遇山垭森林，宜加注意。我们闻此风光，即准备行进，未释连[联]络。沿途乞丐很多，立在树下或屋角处化[缘]，一里路计有五六个。过了几次山垭，天便黑了，乘月明风凉，行进也还不觉疲劳，经两处幺店子，闻人云该地因战争死的人很多，常常听得鬼叫，我们听了，须不很信鬼，而匪却是在加防范。因山深人静关系，心里觉着有些发寒作抖，行进争走中间。

拢茶店子已夜深了，该场狭小污秽，而系人物通衢的大道，那一些卖开水、汤圆等小生意一晚到亮，都没有间断过，都是拥挤热闹的。

8月15日

龙泉远眺。清早便爬龙泉山，该山山脉错杂，石壁奇怪，路系依山周转曲折，凹凸隘口亦多,行进起来,尚还领略了一些凉风。约行了两个钟头,遂达三面铺早餐。该地遥望西方,即是一幅广大的平原,黄色的谷田布满了三分之二,黑森林的丛林,掺杂在黄色当中,隐约可见的房屋,白洋洋的河流,都茫茫的印在我眼廉[帘]里,心脑感着异常的开展。

早膳后便从坡而下,坡刚下完接着就经龙泉驿。该地商业虽是繁盛,那受了兵灾的房屋,尚还有些痕迹。不歇气的走了出场,便在马路上前进,尽与黄包车、鸡公车竞赛。走了许久,这马路才旁着一条小溪筑去,路旁又常经过华丽的村落,西式的庭院,有了这些建筑接触,也就感着悦目和凉爽,一会就走远,看得见高大的烟囱,黑烟充满半空,视线射不完的洋房,真的好看。至于这一段的马路,也特别的宽大起来,建筑也不格外的精致,路面盖满了细细的炭灰,路线直而不曲,旁边同时还有叽嘎叽嘎的一条行鸡公车的路。

不逾四里,便达流四口午餐。该地虽说离城五里,但房屋悉系连续城的。膳后各整好服装,清好行李,便到了比较重庆更繁华的成都。城内街道很宽大平坦,高房比栉,屋檐下成列的杨柳,每户一株,如蛛网的电线,扯了满街心,铜或木刻的招牌,横顺的悬在铺面,尤其用布绸写的红、黑等颜色字号有些夺目,可见商业还相当繁盛。转弯倒拐的走了无数街道,都在拥挤人丛中。天刚黄昏,电灯忽来,恰如白昼一般,这时街被电光射照,更加几分华丽,人也更形踊跃,就我们横顺碰着的黄包车,总不下一千架,似遇着的炮兵马队一般,没有闯着一架车单行的,据闻有人调查成都的黄包车,以城内计都有两万余辆,其他也就可想,诚不愧为旧时的国都,而今的省会啊!

8月16日

昨晚到敬业中校已夜深了,所以没有参观该校的一切。今早起床盥洗后才来看看校里的设备及内容。校舍立了三层楼的西式房一幢,呈长方形,宽三四丈,长七八丈,楼便是教室,底下就是先生的寝室,两则[侧]有两间屋子,都是学生的寝室,我们就是借住进去东边的一间屋子。稽察处设在石槽门里面,校地虽然异常狭小,然而还是有小小的花园,园内栽培有竹、兰、松……后面更有一口井,水非常清凉,用水很方便。可是校内的成绩和设备,那就四壁聊聊,一无所见。闻该校的学生大都来自乡里富家子弟,不过寄住校内,形式上有读书之名,而实际只希图好玩浪费而已。校里教管的先生不恒见入校,殊觉奇沥。

早膳后便出发参观通俗教育馆。记得该馆的国货陈列馆内,陈列的都是全国的各种出品,有多种植物标本和民军首领的照片。动物馆内设有各种鸟兽,装制成严[俨]然如活动者，古物陈列室设了许多古今物品，如衣服、鞋帽等及戈矛、刀、剑、炮、盔甲、铜铸的神像或铁打的牛、羊，古代葬人的瓦棺及人类一切需用品等。更有夷人所用的物品，如锅盖等，又有一些模型，如汽船、火车、磨房、电灯厂……再如其他的音乐室、体育室、花园、茶店、运动场等，无不完备。而建筑之伟大，地势之宽敞，加以馆内陈列罕见之物品，莫为增加见识之地，学术间参观之区也。日游览者连翻[番]而来，我们今天也在该馆整整游了半天，区域可算逛完了，而馆的内容过多，看得有些模糊。连着该馆的便是少城公园，是成都游人的第一个所在，几乎跟该馆分不出明显的界限来。园内畜有骆驼、山羊、山猪、狗熊、豹子等，更培植有花草树木，设有荷池、鱼沼等。

除了荷池畔上的柳树下有拥挤的青年男女，在那里摇风打扇谈天喝茶而外，其余就要算那两家茶店闹热了，饿了要吃什么饮食，只须[需]坐着唤一声，就送起来了，所以有钱的一天到[倒]还好过。再看园门外一块小坝子，停着许多的黄包车、足踏车，那车侧坐着精疲力倦的车夫，带[戴]着一顶小小的草帽，衣服膝背不遮的候在赤色日光之下。

我们出园的时候，那车夫还在喊"先生走哪里？""哪条街？"这时已是午后一钟了，我们在一家饭店里午餐后返敬业校，验查了曾经绘的户口调查图，继又到通俗馆外的公共体育场，在傍晚的时候才返住地。

8月17日

主官①因了许多接洽和事务的牵制，所以在该地就要逗留两天，我们也趁着此暇游一游名胜，看一看世景，今天的准备是午前游青羊宫和武侯祠。两地都是省城著名的地方。午后系去逛一逛古来的皇城，计算到还这样地适当，殊知到了青羊宫啦，是被兵驻了的，而武侯祠也一样被兵驻着，我们也不便交涉，即来得着参观，而皇城也只得一二同学去过，听说城垣都已毁败尽了啊。

午餐饭馆公[居]然也有花园，经馆主人说来，全城内几乎每户最小限度也有一个小小的花园，这是该地的特点。假使该地没有花园的设置，那吗这样稠密的人烟，就空气上一点不免就要发生问题了。

---

① 主官：为采集队员们对卢子英的尊称。卢子英时任"自然标本采集团"主任，率少年义勇队学生20余人随中国科学社、中央研究院赴峨眉、大小凉山作动植物标本采集与社会调查。

8月18日

  今天午前整理了我四五天没有理过的日记，又除去了我们很长的头发，午后同官长和同学，游了宽宏而美丽的华西大学。不仅校舍林立，建筑伟大，且有马路横穿，小溪宛流，植的柳、柏纵横成列，更有丛竹森林，田土数亩，金黄的谷子尚未收获，有许多洋房立在草丛树林间，而窗户房顶，全系碧绿的草藤网着。查其该校范围，蜿蜒数里，不独风景宜人，而该校之教育成绩，亦咸称中外，不愧为我川学校之模范哟。惜乎该校一切，悉系外人所创，由稚迄今，发展异常迅速，是自我国收回教育权后，不仅不能继续前驱，反而失其原有，看得见的操场，浅草已掩尽了黄土，被一团一团的滥军人，作了他们游玩谈天的地方。成都谁也知道是四川教育及政治的中枢教育么？

  我们游到了一座小石桥上，桥下有大小园[圆]形的荷叶浮在水面，随风飘动着，两岸边又生着绿色的浅草，右侧有一座高大美术的洋房，后面又矗立六七丈高的钟楼，景致到[倒]还风雅自然。队长取下自己的照像[相]机，也就把我们不规则的形态摄了起去。

8月19日

  天还在黎明的时候，我们便忙的着好装具，同时饭也吃过，我去叫了八九架黄包车，把我们所需的一切运到了南门外车站上，回头又为同学交了二十余封家信和峡局[的信]，才到车站。行李及人分乘了三辆车，包成200余元。

  没有好久，不觉就到了九十里的旧县，因了河的障碍，便要下车走三四里路，所有的行李，一会就被那争先恐后的力夫搬完，尤其是一个弱小少力的贫孙①，唯恐挑不到重的担儿，希图多得力钱。

  不久即到了新津，又复上汽车，仍乘三辆，此车不仅较先车走得快些，而颤抖也要小点了。沿途经过许多平原地方，一目辽阔，视线几不能达其边缘。平原上面，覆满黄色的稻子，农人正在奔走田间收割。继续前往不觉已经过了彭山、眉山等县，又经过了多少深沟浅槽，更经一奇特的山垭，而马路就如螺旋般的转下，后因疲掩目，经一阵的颤抖也就慌慌[恍][恍]惚惚的不知过了许多场市和好看的风景、多长的路线，把我们送到临江的嘉定来了。

  主官寻着住地，才叫十余架黄包车，载了我们的一切，运到了草堂寺的小巷一个高小校里。

---

① 贫孙：方言，指贫穷瘦弱的孩子。

8月20日

今天是要在嘉定住一天的,吃过早饭,在宿地后园寻得有几处自来的水池,水很清洁,我们就把自己着了汗的行装,用力的洗净,借了花园的树木,把衣服晒好。我们因了做卡片的工作,和两位制鱼类标本的同学,就不得同着大部分同学到乌尤寺游历,一直到电灯来了的时候,我们工作才完结。

8月21日

由嘉定到峨眉。

今天要到峨眉县,一切公共物品,系雇力夫搬运,我们还是照例的走路罢了。

过了嘉定,温度就比较要低一些,沿途有两种可吃:一是苞谷粉糕,一百或二百钱或吃饱,二是五十文一碗的茶,因这两种东西,都是该地的特产。经过的桑林很多,知道养蚕的一定不少,所以[到]达甄子场的时候,便见大多铺面上都卖丝,贸小易者。满街张着大伞,场极热闹,而小贸多是妇女,如老妪或少妇,有生意时买卖,无生意时坐着作手工,挑担买卖的,并不亚于男子。自嘉定起,用钱的变迁也大,如新二百的铜币,只当一百五,而峨眉县还不用新一百的,当五十的也可作一百用,小钱每一当十,至于银价,每元较成都低一千余。

天晚才达峨眉县城东大佛寺,庙内宽宏,就数百人亦能容纳,而庙内成立有一夹江峨眉马路分所,我们的住地就是此。

8月22日

清晨在该寺的侧边浅溪里洗了衣服和澡,便回庙早餐。午前便极快的收拾行李,雇了五个力夫为背采集器具,午膳后便出发上峨眉山,经过峨眉山县城,就买了几斗米,各自负上一升,准备在山上吃的。

出东门便沿着未成功的一段马路前进,到了保宁寺马路也就终止了。此后我们便入了静幽的山谷,过伏虎寺的时候,就听着喳喳的鸟声,像系归林宿了。一会儿天就黑了下来,黑云遮着月亮,我们准备的宿地,是在洪椿坪。殊知走了个多钟头的黑路,不仅月亮不出来,反而雷声大作,这时天黑如墨,难辨四方,恰如遇着闪电,借它闪烁一次,就赶着连走几步,像这样的走了两里路,那如豆大的雨点便簌簌地从空打下,在这荒凉疾雨中,约经里许，才到了华严寺，我们不便再走，只好就地进庙，进庙我们就同和尚闻说，和尚告诉了我们一些峨眉山的古迹。

今晚上就舒舒服服地睡在和尚供有许多神像的楼上。

8月23日

离开华严寺的时候，大约不过六钟，经过了些碧树苍松，茂竹森林，又渡数次小桥，经过几处人家，乃走到汗流浃背，渴到极点的时候，才达洪椿坪早餐。该寺清洁宽宏，尚有花园鱼池可赏，澡塘[堂]可浴，有几多游客且在寺院大赌其麻雀。山门有一幅白壁，以红书着"洪春晓雨"四个大字，其来历即系该寺指晓时尝[常]要落雨一会，乃是该山名壁之一。早餐后，便继续游山，约钟许，经一个在阴林其间的寺院名"九老洞"，该寺正在改造中，听说在春夏两季峨山的猴子出入其间。从此迤延而下，路狭险要，仅容一人，约数里又复上，此坡高而险，路甚曲折，名为"九十九倒拐"。石级如上楼梯一般，几经休息，才爬上插入云霄的"钻天坡"，这坡爬完，人已精疲力竭了。在这一个钟头当中，都被云围着的，到达莲花寺，寺内有一玻箱内，供有一澄石头，大如面盆，状似莲花，手抚透骨。之后前行经一草房，有一老人在卖草药和山上的土产峨参等。又爬了四五里的山坡，方达洗象池，此时大雨忽作，不便再行，即于此地住宿。闻和尚云，自此愈上，气候愈冷，所以这里的和尚尽着棉衣大袍，围着火炉了。

8月24日

今晨起来的时候，就同着些同学出门外望，山麓山腹，都被云遮完了的，只是远远地雅州河流，茫茫的山隐，还大概看得出是白的黑的。一会山腹便起了一朵黄金色的云，中间又夹杂了些白云和黑云，色彩夺目，如初出的太阳一样。问其僧曰"水花"，又看见远的地城上，有几处如电灯的光辉，愈看愈大，有的说是太阳反射在有光的物上而起，有的说是宝贝极光，结果还是莫衷于[一]是。

早膳后忙着要达极高的金顶。爬山，在云雾间行走，经过木瓦古垣的大乘寺稍息，又上山经过了五六座庙子和一个万丈绝壁的舍生[身]崖，好不容易才到绝了峨眉山的金顶，自山下至此，计程180里。金顶下面连着的便是锡瓦殿，进庙门的一段路是木板做的，很好走。我们便在普贤殿两旁的草地上摄了两张照片。金顶有两殿的房顶，系用铜来铸的，形如瓦坛，日郡发光，群人皆误认为金，因而为金顶。普贤殿多铜铸的碑板，殿周围修有栏杆,下面便是万丈的绝崖,令人不敢俯瞰山下。

晚膳后齐在普贤殿上望万盏明灯,每在晚上,山的腹一处,就发出许多光束,和尚便称为"万盏明灯",成为山上的古迹。

8月25日

千佛寺看日出。

拂晓起床,觉寒冷,携好洋伞后,便叫开山门,就向千佛寺跑去。沿途水浸两脚,云雾四布,走得两腿水湿,周身发汗的时候,我们已到了千佛寺。该寺位居大峨三顶正中,殿只二层,寺后有自然的石狮、石象,在此便看日出。

不久远看山下,现了一椭圆小点(上微尖),被金红色的光围着,继而上升,则点复而变如蚕形,愈上愈大,而形态光色亦随之而异,待其成圆形时,光线四出,而眼不可直望了。

万佛寺看云海。后又跑到了万佛寺,该寺有一玉石刻成的神像,我们在这寺看云。一望峨眉周山,除金顶外,隐为白云遮了,如弹了的棉花铺着,又似海波一般。约在七钟的时候,才返千佛寺摄影,后转金顶早膳后,为和尚摄了一张影片,更照下他那西藏送来的大佛,说是喇嘛用金画的,长七八丈,宽有四五丈,质是麻布。

午前我们把负来的米,做成了饭粑,每人两个,准备在半路吃的。在十一钟才出发下山,给了十元钱与和尚,便离了金顶下山。

8月26日

昨晚睡的是泥地,早上几乎爬不起来,一个个不是痛,便是面肿,究其原因,是山中的湿气[所致]。到了原住的大佛寺,吃过早餐,仍在大佛殿里,休息了一天。

8月29日

在晚天也黑尽,在微微的下雨。这时候,就把我们好久没有练习的歌曲,同声共气,高高奏了几首,在场的人们都着[被]我们唤在一块儿来了。在这深山僻静的新场除开我们今晚来扯声卖气唱着几首歌曲而外,不仅今晚以前没有,就是今晚以后,也怕少人再奏罢。在午后才拢峨边属之新场,有数十所房子,街上小菜难买,很是僻静。在该场的团总①,早已得了峨边县的训令,于我们行途宿食都为之设法,午膳后,天将黑,遂在该地宿。

8月30日

力夫和马都系被薛团正准备好了的,所以不费力的就把一切行李为我们携了走,团正赠送了一只鸡和一些核桃。今天因系[下]雨,进行有些迟,经抵沙坪,已十二钟。该地为夷汉交易之地,商业繁盛之区,地临河流的铜河,木船可达嘉定,大宗输出嘉定者,以笋子、麦、核桃、洋芋……输入的以盐、油、糖。盐为夷人重要之物,为供牲畜及人家需用。

该场虽只住数百户,而热闹堪可比峨眉县,尤以街道整洁,建筑颇精致,此穷乡夷境,尚显出文明的气象。

晚在该地住宿。

8月31日

今天的力夫尽系沙坪这场派的,所以要可靠些,不到两个钟,就先后到了红花溪。这场因被火灾,现在房子是七零八落的,只存有八九家房子,场的两头,都有一段短短的铁索桥。恰遇今天逢场,也有几百人来赶场,看来是很热闹,更还有些不易分别清楚的就是蛮子②,三三两两的也在街上,从形式上看来,男性的蛮子,身披羊毛毡衫,下着裙或大裤头,顶如像小孩护的一团命毛(就是他们的天菩萨),左耳悬着环(如珊瑚,金银或牛骨之类),赤足无鞋。妇女的分[区]别,多在头部,头顶覆有长方形的一块布,两耳有坠,头蓄有发,两辫者为妇,单辫者为女,其他与男无别。今天我们所见的,大多能说汉话,有一个蛮子名假家儿,他牵扯了一匹马来卖,他忽地的看见我们着的服装、帽子,他以为是极好看的,很想同我们买,就是牙粉瓶、仁丹盒,他都当成宝贝在看,我们见了他的打扮,也是多少奇怪的。

到场不久,该场的贾团正招待午餐,席桌优渥。膳后该团派的力夫数十名,就系一路的背子(此地无挑子,因路狭都用背),蚂蚁搬家一样,经过了无数村落、么店,便爬上了蛮子岗,看得蛮子住的房子,畜的牛羊,更望得见长期住所的峨边了。下坡又走了十里,天就黑了,夜过接官坪,力夫才一个点了一把香,照了一盏马灯,慢慢地走了十里的黑路,才抵达峨边,宿在城隍庙的一个初小里。

---

① 团总、团正:地方保安团或保安队的总指挥或队长,正职为团正或称团总。
② 蛮子:方言,旧时对某些少数民族的蔑称,意指未开化的野蛮人。

9月1日

到峨边县后。早膳后即携衣到离城里许的河边去洗，午膳系该县知事彭竹阳招待。在席上知事已说有几句话："像你们这样的学术团体，川边系少来的，尤其是该县……你们不避跋涉，来在这苦寒的这县，我很羡慕，只愧该地少产蔬菜，今天备点簿[薄]酒、淡席，特望诸君多吃素酒和饭好了。"

同时，队长①已把我们此番来的意义和采集植物，考查夷俗在席上讲明，膳后便到该城游玩。

县城街道秽狭，房屋零落，红墙黑柱，损瓦碎石。到附近询其原因，而去岁大遭火灾。城垣周围，不愈半里，城外萧条，四面皆山，离城五里地方，便是夷人管辖。城里户口约四百余户，以农业为多，经商者多以布、盐为甚，以合符蛮子之需要为目的，出产以洋芋、玉麦、鸦片、笋子、核桃，牲畜皮毛为大宗，全县人民每日仅吃两餐，尚系玉麦，城里饭店一无，吃米者亦不过十分之一，县政府每日三吹、三打、放炮制鼓②。审案时，诉讼皆跪堂上，纯系旧制。又设有教育局、团练局、消防队、商会、自治会、戍边军……惜多系招牌一块。

9月2日

午前清洁住地和做了300卡片，午餐系被该县团务人员招待，午后又做了300卡片。

9月3日

从早至晚，做了八九百卡片，因今天系赶场，至午膳后出街逛了一会，见到的有几点：

（一）该县人们着的衣服，尽都朴素，因交通梗塞关系，以致布特贵，二丈余的白窄布，值洋二元余角；

（二）该地气候较寒，所产的物品特异，现在还有桃李等水果出售；

（三）米少产，每斗值钱十二千，麦及玉蜀黍价低米半；

（四）鸦片每两值二千钱余文，在夷人与汉人交易的时候，而汉人往往欺诈从事，以大斗小秤……而夷人交易，只凭目测，最喜大堆，不管物质好坏，以致难免常常受欺。

---

① 队长：卢子英是峨防局少年义勇队队长与督练长，故学生们称他队长。
② 三吹、三打、放炮制鼓：一种旧时的报时习俗，按时辰吹打当地乐器，在正午时以放炮报时。

晚膳后，主官向我们有[一]个多钟头的谈话，谈的是关于最近采集的办法和将来标本的征集。

9月4日

都是雨天，今天出了一点太阳，我们就要到离该城五十里的老鹰嘴去采集。很忙的整理好了自己的行装和应携的采集器具，雇了三个力夫，吃了早餐，便出东门。不久经一堡，下是一条崎崎的独道，长约二里许，下即是深溪。经过一座很险的铁索桥，长约十余丈，宽不满五尺，傍着小溪上行，一会就到了15里的双溪口，地跨于两溪水流的中间一个小堡上，故起名曰"双溪口"。该地有石子筑成的城垣围着，也有城门，好像古城一般，其实四面只一个大村落，又好像场一样。城里茅屋多过瓦房，密密修住[作]一堆，村内污泥濯[浊]水满地，不堪入目。这村人很耐苦，很勤劳，更能勇敢善战，他们的性情无异蛮子，闻每每夷汉战争，蛮子常被这村人克服，故蛮子深惧此村人们。我们在该地雇了六个土人作向导，便从此西上，道路宽只容足，沿途不见房屋。

八月瓜藤在路旁垂垂，上面有许紫色的瓜，长三四寸，随手便[可]以得，食法先去其皮，食其附在子上的白色蜜，其甜过于西瓜。

午餐就在蛮子住的房屋，初至时蛮子见了，如鼠见猫一般的恐怖，男男女女尽都在山上或潜在屋后，幸遇向导为我们解释，他们才慢慢的出来。他们男女都披毡衫，面目粗暴，体质却与西人同。他的房屋系用一些木棒和大小竹子以成，以木代瓦，以防雪弹。室内无床无桌无灶之设，所用的炊事用具，除锅系汉人的而外，余都粗陋。所用之碗，系整木凿成，名蛮魁，用木凿成的小瓢，以代筷子和调羹，名马匙子。灶如汉人的火炉，系用三石砌成，吃的系玉麦做的粑。大门外总有一些鸡毛鸡头和牲畜的角毛，询其原因，凡夷人染病，不知医药，只请必目[毕摩]（如汉人的和尚）或师娘子（如汉人端公之类），驱鬼送神。病重则打牛羊，小则打鸡，以替病人、牲畜打后，必余头角毛，悬之大门。又夷人喂牲畜无圈，任其自由，而猪槽，也系用整木凿成。

午膳后，便和四五个同学随队长先上山顶，侦察地形及寻住地，其余即在该地候着。这时天正微微的在下雨，时间也在午后二钟了。身负着行李和枪弹，慢慢地往那泥坡上爬，而雨愈下愈大，路也愈来愈危险。

行李衣服概被雨透，因搬运树子的功夫，希图济时省力，木棒尽从山顶放下，以致把路造成泥沟，行人走来，莫不叫苦。攀葛拉藤的，好不容易才到了一个小崖洞休息会儿，覆上不逾二里，天黑了不能行，即在一个茅棚住宿。这棚子几块大树皮盖成，依着一幅石壁,棚底下只能容二三人,我们一路的有十余人,又怎办呢？后才叫夫子到下面崖洞去宿,我们就宿这地。就地伐了些竹儿,做一连简单的架子,收集各个员的油绸,搭在架子上,聊避风雨。我们都因饥饿、疲劳达到极点,无声无息地倚着石壁而卧,入了梦乡。

9月5日

　　昨晚就没有吃饭,今早已饿到不饿了。因昨天的饭粑,除了力夫每人一个外,我们就没有吃的。后才向着上山找药的土人买了一升玉麦面,借了他的铜瓢,寻了两块石头,一把干柴,就发火弄玉麦面,煮成与猪面糊一样,盐也莫得,一个吃了一碗,肚未饱。

　　后令一同学下山,引导后面的一部同学上山,顺便可带些食品来。回头队长又命一位同学随向导到上面去寻大崖洞为我们的住地,结果因水不方便,柴也难找,洞里也容不下20人,雨且漏,于是我们就决定在该处发展,计划雨停后,伐些竹子作棚,拿些剥树皮替瓦,下面的同学到了才有坐的地方。

　　刚要出发动工的时候,只看见下面的同学一个一个的像泥人样的爬上来了,尽都水湿一身,卷裤赤足的,可恶的蚂蝗[蟥]在他们赤裸的脚干上,个个呻吟不已,更还有几位被野蜂刺了的同学,我几乎都不认识他了。有的刺着面孔,肿起好似判官,有的刺着眼皮,而眼睛都肿不见了,均把他原来的形态变了,我们互相看,哭笑都不好。

　　一会同学都到齐了,大家七脚八手的一会儿就把保管室、给养室、寝室都着[找]好了,这些房屋的瓦,系用油绸来做的,搬了些石头做灶,自己带的铜锅和米菜,就烧起饭来。午膳后,天将黑,遂整理自己的地铺,这在长不过二丈,宽仅四五尺的石槽里,挤睡着19个人。

9月6日

　　起来过后,雨住雾收。早饭后,队长便向我们讲了些采集的注意点,如根、茎、叶、花、果、树皮、高度产区的登记和认识等,又说许多采集方法,最后把我们分成四组,每组限采区三里内采集植物。遂各携着采集器具出发,因山荒雨大,结果每组采了20余种植物,午后即压好。

9月7日

今天苦于大雨,不便采集,只好静坐在崖洞里,看书或谈天。

到晚上,留住在峨边的司务长,派人为我们送了几斤酒十余斤肉来。

9月8日

早上把我们几天没洗过的脸,到溪边才去洗了,把前天采集的植物翻了一次,并系上卡片登记上册。因了米完和无雨的关系,所以决定今天下山,给养就把昨天送来的肉煮一大锅,我们同着力夫,也就将酒、肉、饭吃得干干净净。

膳后便沿途采集下山,路半那太阳忽地射了出来,我们很是欢喜。

下山的路,还是不好走,到一蛮子家中饭后,未行二里,天便黑,而雨也细细的落起来,走了20余里的黑路,极费力的才回到了峨边。

9月9日

早上被一些[读]早书的小朋友闹醒,起来整好装具,再行盥洗,早餐后便把自己的衣服抱到河边洗了,午后便在县署的大堂上翻标本,有许多植物花叶,都变了颜色。

9月10日

今天午前系在记六七天的经过,午后约了几位同学出东门郊游,欣赏边地的秋景。晚上烘了一个多钟头标本,用的是草纸。

9月11日

午前记日记,午后翻标本。

此地偏僻,罕见医药,而病者亦不知疗治吃药,尽都抱着听天安命的主意,以致传染病流行,病人极多,现在尤以患疟疾为甚。我们此次旅行,购有各种西药,且有一医官同行。我们见此流行现象,就为一般乡人诊治,免取医药费,这几天来求诊者,甚拥挤,医官难以应付。前几天有医好了的,就送笋子呀、小菜呀、鱼呀……今天更还有一个送野鸡的,极受土人欢迎。

9月12日

由峨边经梅岭到越巂。县署派了九名可靠的力夫,早膳后便同我们出发,经接官坪,雨还未止,过蛮子岗,忽见太阳,不上五个钟头,便走[到]40里远的杨屯。该场系数十家茅屋连成的,位居铜河上游,依着很高的熊岗山麓,有连绵千余石的水田,此时正在收获当中,峨边县属各场,均在该地运输米谷,叹在此千山万岭当中,竟有一片良田。

9月13日

昨晚和今晨均受团正的招待,早膳后便爬熊岗,且沿途采集。正在极渴之间,岗半恰遇一卖梨老妇,百钱可买五个。我们只吃了二三十个,她想我们是军人,吃了恐不给钱,于是梨也不再卖了,怒忽的[1]就来拉着要钱,生怕走了一般,过后把钱给了,她还说些现好[2]的话。我们气喘喘的爬完了熊岗,接着又是一条深沟,我们正要从沟直冲过去,该沟系依山弯曲,中有溪流,路线左右循环,要过溪20余次,土人谓此为"二十四道脚不干"的地名。

沟旁夷人畜的牛、羊、猪等,成群地在那里自由放饲,约费一个钟头,才达熊岗顶端。见对兀的高山,如梯坎一般的重叠上去,青一梯白一梯的,有的凸出来,有的凹进去,有的很尖,有的极平。中间有一墱,高出诸峰的平顶,土人称它为"轿顶山",山麓仍是金河,两岸有沃土良田,左有归化场,右有罗回,沿此二场一带河流,盛产沙金,淘取者终年不绝,尤以冬季水枯易采时更甚。

休息不久,接着要越过十余里高的豹岭岗。到了豹岭岗的山麓一块田里,压好沿途采集的标本,在山半风雨大作,路滑难行,午后三钟,才到豹岭岗的顶,这时已饿,即在该地人家买了一些包谷,同着力夫吃了。到盐井溪的时候,天刚黑,这里的场已被我们十几个人的队伍,就把街摆完了。住宿在场口外的一座小主庙,庙里又设有新道局和峨边垦务社,团务办事处也在内,里面只几丈宽的隙地,后来想了许多经济办法才得睡下。

---

[1] 怒忽的:方言,忽为匆的异体字,有带着怒气忽然动作的意思。
[2] 现好:方言,意即友好的话,喜欢听的好话。

9月14日

因要过夷人生活,肠胃就先要锻炼,所以今早晨的饭是混着玉麦的,膳后就在该场周围采集昆虫。

待力夫来了的时候,队长遂分旧新两道各出发。

(一)旧道绕过大小梅岭,负采集工作;

(二)由新道经理力夫直达开建桥(峨边与越嶲界地)候齐。

(卢)队长和十余同学往旧道,助教与五六同学走新道。我们因旧道较远,便先起程,五个力夫背着采集器具和给养的用物,两个向导携着战枪,就同我们走了一里许的新道,渡过简陋的木桥,便爬山了。

走到汗流天雨的时候,遇一间阔大的茅屋,在此歇气避雨,便买了一些玉蜀黍,分给力夫吃饱。雨小后,始往上爬,此后便是荒山老林,无一人家。在傍晚时,恰遇一个崖洞,宽不过四五尺,长不过三丈,里面凹凸不平,除开煮饭和放行李外,只余一块坡地(五六尺长,五四五尺宽),拔去蒲麻,铺下油绸,又铺两床被盖,下面用木棒打了几根桩,横一根木棒在桩上着床边,铺好后即在床上压好沿途采集的标本。

9月15日

黎明即起床,整好行李,力夫还靠着石壁在睡,早膳后便出发上山,道路狭小崎岖,上面树叶青苔铺满,似没有人行过的路了。加以云雾满布不见天日,只听着下流的泉水涌涌有声,三三两两的蚂蝗,常常到脚上。越上则寒风扑面,地上的冷气上升,四肢觉寒,想是山高的缘故。两旁古树尽都横卧斜倒着,约在十二钟时,已到了大梅岭之顶了,个个都高兴,不约而同的狂叫几声,殊如振动了浓密的空气,便吹起风下起雨来。后又走了一片下坡路,才走完幽深的树林,才看得见对峙的小梅岭。力夫云去年前有白夷(夷汉杂种)住此,后被黑夷逐下山麓,今还存有地基,一片沃土。这七八年绝人往来的路,走一会便无路了,只好由向导用柴刀新辟一路,弄得走一步,砍一刀,走一会候一会,看看天快要黑了,才遇到一个崖腔,我们便走了进去,放下行李尚余有一丈许的隙地,崖上丛生许多青杠,崖侧已有几根大树,除此周围尽草坡,不仅不好寻,而吃水也不便。

压好今天采得的植物,才换我们身上的湿衣,费了许多辛苦,天晚才得饭吃。今晚睡觉较昨晚要舒[服些]。可是勤苦的力夫,无火可烤,今晚就愈是苦了。

9月16日

费了许多功夫才到了老木坪垭口,就看得大渡河与老木坪的田土房屋,到了有人烟的地方,心里异常高兴。这才从那很长的茅草当中开了一条小路,慢慢地下走,至半山的时候,就见许多的老树横卧纵倒在地上,树杆生了许多耳子,我们也顺便采集了些。没一会便到了黑夷的村落(老木坪)。该村筑在垭口下的一个土堡上,原系白夷的小寨,寨的下面乃高而陡的大坡,又有小溪隔着,与右方的大渡河成一丁字形。寨的周围五里,尽系肥沃的厚土,此地极险要,管辖该村的夷首名阿耳栂耿。我们到了这里,已饿极了,才向他们购了半斤耳子(二千文)和200核桃(一千文)。在阿耳栂耿的家里,向导才向他介绍了我们,这时他(阿耳栂耿)才请我们进寨(学生同队长共六人)。寨里零零星星的有十几家房子,地上陈列的多牲畜的排泄,肮脏透了。后到了极顶的一座瓦房,就是阿耳栂耿的住地。我们放了自己的行李,便坐在屋里地上的篾折上,面前就是一个火炉(夷灶),一会儿全村的夷人纷纷的就送些核桃和玉蜀黍,堆一大堆,现在已不愁饿了。这阿耳栂耿的汉话,说得很好,他问了我们知道不吃烟酒,他是极佩服的,但是他有菸[烟]的嗜好,夷人当中,不吃烟酒算是极少的,我们同他谈了约半个钟的话,关于夷汉时局的问题。过后便把我们携的物品,如电棒[手电筒]等给他们看,他们认为很奇异的,给了一些小物与他,如牙粉瓶、仁丹盒……这时我们欲谢即走,忽见几个夷人抬了一个十余斤重的猪儿,当着我们一刀杀了,我们见了有些惊讶,但又不能阻拦他们,更不好说不吃哩!后想到夷人办起来,恐更吃不下,便叫一个同学去把猪儿的毛和一切清理了,煮在锅里。这时我们疲倦极了,想以歌曲来调和,殊一发声,就把全村的夷人男女老幼都集合在这间屋子里来了,拥挤得不了,我们继续的奏了几首,也就把他们的音乐引发了,他们也就弹起什么曲扁来(这种乐器系竹子所作,有一竹筒,似汉人的针筒,又有两片薄竹,长三寸,宽三分),如弹簧一样,用时以口含筒呼吸,以指弹薄竹作击,音仍有高下,近似月琴,更还有些女子的小孩山歌唱得绝好。

今天我们的谈话,阿耳栂耿立刻译成夷话与全村的夷人听,到天黑的时候,这屋子的人,如雾般的散去了,后才知道,是我们要吃饮食了。肉煮好后,我们也忍口的吃了四分之一,其余给予阿耳栂耿,他又将肉分给全村的人,很公平的分,完了自己才吃。

食后我们欲走,因雨大下,不便夜行,只好听他留住一宿。他们没有茅房(厕所),解便就在房屋角。今晚的床就是坐着的篾折。

9月17日

　　起来过后,玉麦汤圆各人吃了一碗,便向阿耳枒耿告别。离了村,因没觅道渡过溪流,结果路走错了,便在兽窟刺笼荒林中乱窜,寻不着一条出路。好不容易才拉到了河边,凑巧太阳也从云雾里闯了出来,同时又遇着一棵野花红树,阻着去路,好不容易才到了河边,寻着一个过河的地方,因水深,遂解装过河,上了尺宽的新道,飞也似的走了一会,便到夷谟诺果,昨天分手的同学和走新道的同学,均在这里会合。

　　走新道的一部分同学,随卢队长达越巂属之田坝作夷俗考查和采集,越梅岭一部返新道作沿途采集工作,在月明的时候,便分头离开了夷谟诺果。有人还在说:"今天是中秋节,我们还是吃两顿哩!"问同行的力夫,他说边地汉民无端午、中秋节,而夷人更不用说了。

9月18日

　　早膳后,两组分路出发。上山采集,每组三人,各组带三名力夫,便于开路和带植物,较以前负起行李采集,已就好得多了。可是今天的采集区,地方干燥,植物也就少产,所采的植物不过三十余种。

9月19日

　　起来后把一切标本翻完了后才吃早饭,因只吃两餐的关系,各组做了一个玉麦粑,照昨天的采集组分配出发。在沿溪一带采集,因地方阴湿,植物滋生,采集成绩倍之昨天。午前以5000铜元向蛮买有一野物名吹笙,此物头部白色,身着褐黄色毛,尾长于身,形势可畏,喜扑火而食,惜被夷人枪伤左足。

9月20日

　　早餐后,离开此崖洞,另觅采区。经二十四道拐的一匹坡,接着又走数里,才到达住地大厂坪。放下行李,便携了采集器具在该地附近采集。这地系一大毛[茅]草坡,植物多草本,不时即晚,天黑无月,狂风四起,微雨飘飘,惶恐的我们,在宅前后寻了些毛[茅]草,做好了床铺,并预防了天上随时下的湿气,便从容的躺下。

9月21日

　　吃了早饭,一组出发沿途采集,一组直达住地野鹿池,走了五里的上坡路,就入了云雾了。没多久天空就下起雨来,据力夫说上顶落雨,山下晴齐,就是这里。此地有一茅棚,极陋,我们放好行李,冒雨在附近采集的木本较多。午餐后,即压标本。晚睡的床,每人就是四寸宽,三尺长的木板两块,放在湿地上面,各寻漏雨处较小的地方,坐着过夜。尤其可怜的力夫,连板子也没一块,只蹲在一团烈火的面前。

9月22日

　　昨晚的时间不知是怎么消磨过去的,这时夺目的红日从那树梢上现了一个半圆,转过面来,那红日又不知怎样的消失了。又看那散了的雾,一会复结了。早饭后,便冒雨作了三点钟的采集,采区就是野鹿池的山顶,顶上植物极少,小竹极多,危险者莫若足踩的地面,全系青苔和树叶构成,偶一失足,便落于坑中,或在树间,因植物罕见,大雨淋漓,遂停止工作而返。

9月23日

　　早膳过后,遂从野鹿池出发,一组沿途采集,一组负了采集的行李,走了三个钟头,才抵硝坪。该地是峨边垦务社新垦的地方,七零八落的有四十多家草房,有四五十石熟土,垦民每年每石包谷,要纳三石的税给垦务社。我们欲预算在该地住宿,采集附近各地植物,殊知旅行田坝的一部已拢了野鹿池,并待队长的命令,今晚宿盐井溪,我们已照令的赶到盐井溪原来的住地。

9月24日

　　晨起来各组翻完标本,便先后的出发。走了十余里,才改走新道,绕着豹岭岗的山岭横过。在这起伏不平的山地,约走了三四个钟头,才抵熊岗的垭口,休息一会便下山,经二十道脚不干,天快要黑了,我们走的速度比先要快,十余里的熊岗,不上一个钟头便跑在山脚来了,又走了一里的黑路,即闻笑声、犬吠,又发现前有豆大的灯光,果真是杨屯到了。

住原店,这时几十个力夫拥在一团谈话吸烟,闹得几乎店子要搬家了。晚餐过后,力夫纷纷投宿,这时忽地寂然起来,就是我们甜蜜睡觉的时机了。

9月25日

早膳过后,有一部[分]同学先往,我们尚在候派力夫,候了一个钟头还未来齐。更有一个力夫在烟馆烧烟,连叫了他四五次,都说还有一口,吃了就来。因我们走路太忙,就不让他再吃了,正欲立刻要他走,那一排烟鬼当中,忽地爬起来了一个,就是该场的团正,他便说:"先生,你们还候他一会,只有一口去了,因为要吃了烟才背得起,走得远",结果我们终久[究]让他吃完了才走。这时太阳将要从头部直射下来了,热得非常,路边的田中,还有三三两两的农夫,正在田中收割熟稻。

在路旁的人家要了一桶茶吃,该院人很贤,茶还是特地为我们才烧的,走的时候给了两百铜元与送茶女子。上了蛮子岗顶已看得峨边了,还未到接官坪,我们就有些叫饿,同行的五个就在路旁的一个人家休息,欲买一些包谷粑来止饿,刚走进他的大门,他已早知我们是"采花草的先生",他很快地烧了一壶茶和五个粑(包谷),就请我们吃,后给他钱,他不受,他只要求我们到了峨边,与我们的医官说,他明场要来请医官诊病,我们当然允许了他的要求。到[道]谢过后,很快地冲过了接官坪,就碰着三五成群得钱归来的力夫,尽都欢欢喜喜的在问候我们,不久便抵几天未见的峨边了。

9月26日

午前洗衣及记日记,午后便翻制标本并诊治痛足。

9月27日

今天早晨补过中秋节,吃酒米粑。招待峨边县城的团务和教育上的人员,共八席,设县署二堂,招待的意义有二点:

(一)是酬劳他们的帮助;
(二)是还席。

午后在县署登记标本至晚。

9月28日

  我们这次要到凉山,以五十两银子请蛮子保护,今天招待保护人——蛮子。
  峨边教育不发达,因交通不便和人才缺乏,以致全县只有县城有一所高小,十余所初小。我们住的这个县立初小,男女学生共30余人,不过他们小学的教材,尽以诗歌为主,每天就教一首歌或讲点旁的社会常识。

9月29日

  保护我们的进凉山的蛮子,名拉竹儿,很狡猾的,来向我们主官要酒吃,要面巾,主官也就奖了他。他吃了酒后,就唱起来,是二人对唱,一个一句的,虽不多如听,然而也很奇怪,他所唱的歌曲系自组成的,或者是祖先遗传下来的。

9月30日

  午前翻标本及记日记。

10月1日

  晚膳过后,遇几个无礼的保头蛮子——拉竹儿、草狗儿、安多儿、鸡鸡儿,来同我们一块住,他们买了一大瓢酒,边吃边唱,一时咿咿唔唔,一时阿火呀连天,唱一个通宵,使我们听了他那如牛叫的悲调,有些烦恼,一晚到亮都没有清静的睡觉。

10月2日

  早上整好行装,雇了十余名力夫,膳后齐集县署大堂,约了彭统领和保头蛮摄影,这时彭统领清了我们出发的人数和行李,悉交与保头拉竹儿。此时,又赶着在县署抄写了日前在田坝作的白夷社会考察,交邮政寄与[予]成都各报社,后才出北门,同着保头蛮子,酒醉了的拉竹儿、鸡鸡儿随风东歪西倒的走着。约一钟许,便经乱石包围的双溪口,此后就无汉人的村堡院了。

沿溪流上行，经温塘、塘临溪，入夷人境界。七零八落的村堡，壁乃石灰所涂，墙乃土所筑，屋顶亦是瓦覆，满山满岭的牲畜，这地的名，土人就叫石板凳。对岸山矗如壁，高约百丈，在它的中央一段显出灰白的石质，有一斗大的口，甚幽黑，四周已无道可及，这就是以前的夷人住地。

行不久，见着前面的有一蛮子，走似如飞，形动惊异，同时又听他着啊啊的呼声，嗣后抵夷村时，见四周的山尖上，有多数的夷人持枪执矛的望着我们，好似与敌人对垒一般，继经保头蛮的交涉，乃未得他举。

午后四钟，才在该村寻了一座土墙包围的瓦屋，放妥了行李，这时该院的夷人才知我们不是打他们的汉兵，才叫四周的夷人解散。这村的夷人，才把锅、刀、枪……在山上携了回家，其防敌之严，集合之速，可想见训练到了甚[什]么程度。

10月3日

早上同着几个懂汉话的夷人，把我们内地的情况向他们谈了一些，这时他们个个都想同着我们出去看看。

早膳后九钟出发，不逾二里，经一麻绳桥，桥头有两不相接的大石头，中横以木棒二根连着两石，一木用于攀，一木用足踩，长约二丈许，下即深潭，危险异常，该桥名掘大污拉，摄影后继循道前往，良久忽至崖壁，绝路非涉水不得过，而水流汹涌，淹其大腿，走如履冰，此地为挖金若泉，沿途多见隙地，上面尽掩着青草，膏腴肥沃，长宽者，可住千户，可惜尽荒芜，无人垦殖。

经西河，堡上有夷房数户，夷名别娃家。又经一五六丈长的麻网桥，桥为三根藤子构成，一用手握，一用足踩，其间有许护藤，编如网状；桥下溪深，水流很急。有一个同学刚至桥的中段，急风忽来，慌迭于水，不复见；又有一同学，紧握护绳，随风飘落的时候，尚摄了一张影片，桥过便绕山腹，走了一大圈，便到一块有土房的地方，就是今天我们的住地，名挖干，住的夷人名鲁克家。

这些屋顶尽是木板盖的，因防雪雹的原[缘]故。到了一家较宽的夷房，这些人就来要钱吃酒，一会儿察觉我们放在屋里的电棒，被蛮子偷去了，他们是以偷盗为能的，后经许多威嚇[吓]，他才拿了出来，晚膳系自己买的玉麦来磨的。

10月4日

起床天即雨,各吃玉麦粑一碗,各寻竹杖一根,泥滑滑的向那重迭[叠]的山岭,不断的溪流走去。经两山岭上都有数家夷碉,乃系魁星、海克二家蛮子所据。

到了一个垭地上面,用的乱石砌成一朵横墙,高有四尺,经力夫说来,此系夷人所建,与人争战时,以此为重要隘口。约钟许乃得越过老林,不逾里许,又经险道滔马槽,夷名曰莫朵果,该地系两石壁夹一不满二丈之槽,高百余丈,路即横于两石上,往下看,视线可达溪水。绕过该道,便见一倾斜大山,有数十所夷人房,土质肥沃,农产甚丰,其地名茹哈,系魁星、海克二家所住。至时寻了一所宽大而清洁的房子,行李运了进去,人刚进屋大部,就看见右山上跑下了数十夷人,执戈持枪,一声吼动,应者四起,其行动,大有开撕[厮]杀之势,更有十余夷掷石打人,如雨般落在屋顶,幸屋面是木板盖的,无一被击,只有一力夫,稍受小伤,后经保夷多方解释,方得平了下来。结果听说这些夷人是海克家的,这房子也是他家的,他误我们是汉兵,恐于他不利,又此家曾受过汉兵害的,现在尚有交涉,所以才有此举。继后我们便让步移住魁星家的一间夹[狭]小的屋子,这时风雨大作,饥饿已达极点,进了小屋一个个倒卧地上,一声不响,好似刚才的情景,还在眼前一般。

其后令给养以莜①着粑,以蜜熬水,各人得粑一块,汤一碗,地上而食。

10月5日

黎明起床,早膳后(莜粑及四季豆),趁着百折不挠的精神,再要向那昨天阻我们的夷域滑过去。不歇气的跑了两个钟头,才到一个较平的地方休息,旁有大树一株,横即是一座麻网桥,一会儿有蛮子四五,负了枪三枝,指挥刀一柄(这些都系用烟向汉人调的),动作均惹人惊异。至时,他就看看我们的背夹,又查查我们的背子,看没有武器,才停止,最后向我们要了一两线才走。约三钟许,经一地段,上是悬崖,下是陡坎,崖上常常有石下扔,系是急流的深溪。毛路不盈一尺,两旁茫麻蓬蓬,走完接着又经过一座麻网桥悬吊在两崖的树干上,约经一个钟头,才到一个高堡,右方对峙的雄山,尽都开垦完了的,只余有一团森林。从此[处]一条深沟看去,见那碧绿的莜子,好似秧田一般,这沟长约十余里,宽一里许,山地倾斜,便于种植,夷人村落,计有数十。碉房垣篱,牲畜满山,全为魁星家所有,摄一照片后,继续溯溪上行,过无数夷房,才到沙罗家的地界(保头草狗儿就是该家的)。这时天已将晚,宿在草狗儿兄家。该地名甘如苦,夷房两间,碉楼二个,尽系土筑木

---

① 莜(qiāo):同"荞",荞麦,一年生草本植物,瘦果三角形,有棱,籽实磨成粉可供食用。

瓦,窗户四开,室里清洁。进屋时夷人禁立室中,请围着火炉坐于地上。我们以布(长二丈,宽一尺)易洋芋二斗,鸡一只,待我们的衣服行装烘干后,这锅内的洋芋已熟,尽管的饱餐了一顿。宿在一很狭[小]的碉楼内,但要给以头绳或针,主人才许我们去睡。结果允许了他一分头绳,他才开了门,给了一床篾折与我们铺在地上,他恐我们欺他,连再问数次才准我们睡下。蛮子量长无尺,只以自己的双手来着标准。如一分一拖。今晚我们给他一分头绳,几有一丈,他得了异常高兴,但他不出碉楼,在门后守着我们。我们又恐他偷我们的东西,就叫他出去,他始终不肯。最后我们才[想]了一个方法说:"汉人睡觉,假设被蛮家看了,那他就要打摆子,非打牛羊……不得好",他听了这话,就很惊异的伸起身来说:"是真的么?"我们说不谎你咧,这下他很快地把门开了就跑了,这时我们才关了门放心大胆地睡觉。

10月6日

　　早膳除每人吃了一个包谷粑外,还吃了一些鸡肉和包谷汤圆,自出发凉山以后,今天吃得最饱不过的一天了。

　　将走的时候,给养失去包袱一个,结果许了一两线才在邻户清出。因水急不能渡河,遂走三分之二的错路,过斜坡,不下数百的绵羊牛马,忽听几个蛮子一唤,遂各各的分做几团,听说蛮子的牲畜,除打霜落雪搭有草棚遮避[蔽]外,一年四季都没有用圈过,任它在山坡上求食,日晒夜露,均无旁的危险,只须[需]划定地域,一人就能看守数百,牲畜每月要喂盐水二次。

　　夷人牲畜有数种特点:(一)牲畜夜宿野外或老林时,则必以尾接尾立圆圈,设遇侵害,则各各以头抵之;(二)牲畜闯入刺笼,或草丛时,自知掩目,所以目毫无损坏;(三)在一大群牲畜中,能知自己的主人唤声,一呼即至,分群勿失。

　　在午后四钟,就到住地热房子(蛮子热天住的房屋),风极大,屋面盖的木板,壁系用竹子编的,系一长方形,也不过容得下十二三人,好在是两间,所有的行李人员,刚刚挤得下去。这个地方,汉人叫夹湾,又名阎王沟,是大小凉山交界的地方。

　　一会附近的蛮子送柴呀,莜子呀,小菜呀,耳子呀……接踵而至,一斗莜子要银五钱(他们夷人不用洋钱,通用碎银),或者易线啦,布啦,盐更喜欢。今晚的夜膳,系每人吃碗豌豆,今晚的睡眠,有的在地上,有的在几块薄木板上。那如麦筛的墙壁,灯光可以四出,寒骨的秋风,从多数穴孔窜入,好似睡在冷水里一般。

10月7日

早上起来四望,见对面的高山和右岸的老林,在那深绿色的上面,尽都挂着银白色的棉花,这就是积雪的日子了。

保护我们的蛮子,用了四两银子,买了一只绵羊,杀来招待我们。他们羊的杀法,系一人提手脚,一人紧紧握着羊口,一个用棒向羊背上打一下,就把羊头用力的反纠[揪]起,经五分钟的时间,把羊子逼死过后才放血、剥皮。送了三支腿与我们,其余头、蹄、肚、腑……均给杀羊的蛮子去烧食。他们烧食的方法,就系把头、蹄用火来把毛烧去,待皮呈黄色时放在锅内,渗以水煮,待水将涨时,就取出而食,肉还是红鲜鲜的,吃起来血淋淋的从口角流下,尤其是吃那羊肠,咬一口那粪流一下,同时用手勒一段,又咬一下,看见令人发呕。他们吃羊的情形,还显然分出三个阶级:先吃系黑夷(真正的蛮子),余的该娃子(被掳为奴的汉人),最后则是家生子吃(娃子之娃子)。

10月8日

午前与病了的保蛮草狗儿商妥到大凉山牛牛坝问题,未得结果,继分两组沿着夹湾采集,费时二个钟[头],得植物20余种。

被掳为奴的汉人。后寻途返住,经十余夷家,见许多身着夷服的汉人,在土中躬耕的或路遇负柴的,见我们的甚喜,且先谈"我是某乡某地的人,非蛮子啊! 你们敢在这方来么?"我们听了这一类的问话,竟答不出一个所以然来,又恐蛮子听了不好,而他们见了主人也不敢再说旁的夷[哀]痛话了,到了这种情景,真是不好形容,只好用那泪满眶的视线,彼此望几眼罢了。

10月9日

天刚亮,就听着有一个人说话:"我是被夷在马边掳为奴隶的汉人,名黄淑平,系仁寿县何家场的人,因贩鸦片受劫,来夷地已12年了,悉受主人(黑夷)压迫,白日作苦工,晚间还不睡觉,冬天只披一块薄羊皮,夏天就睡在土里,每天两顿都只吃一个厥薇粑,不饱,寒冷热晒,受尽了煎熬,难出苦海。今天我假着采菜的名义,背了主人,才得向你们诉一点苦情。"他有一个最大的要求,是盼我们用银子将他赎出去……听完甚同情他,就慷慨地允许了他的要求,这时黄淑平欣喜交加,他恐主人知其秘密,仍隐着逃了回家。

早膳后,各组带两个力夫,一个蛮子出发采集,采区限两山顶。路系荆棘,采集颇难,午后三钟返住地,得植物三十余种,赓即压好。

10月10日

今天是国庆日,我们在这蛮荒的凉山,也整装摄影纪念她。大凉山因时局关系不能进去,在午前十钟才离此地返峨边,计行百余里。

10月11日

早膳后出发,天雨路滑,经茹哈时,有一同学和师爷,在一个山谷流水处,洗去了泥浆的足,几被夷掳。经险道滔马槽,恐蛮子阻路,将采集器具持好作抵敌武器,设遇夷阻时,遂与之绝力死战。午后四钟时抵西河,在正涉水之际,急听枪声爆发,连击三次,弹向头顶飞过,大家都失色,但未竟走,只有一力夫因吓落水,后经交涉妥好才得过。问其原因,才知此是别娃家之越迁儿,彼以为我们系被蛮追击,开枪吓跑以掠行李。

风雨侵袭,抵双溪口始晚餐,后复前行如飞,自进峨城的时候,已夜阑人静了。

10月12日

今天与家里写了一封信,把月余的经过报告了一些,使他们得一些有趣味的消息。

10月13日

午前各个写了一封信寄回峡局,概约的报告旅行中的生活和经过。晚上忽听说来了一份《嘉陵江》报,载的有几段,一段说的是"北川铁路开了车",个个都喜欢和惊异,恨不得就去坐一坐火车,看一下铁路。

10月14日

这地因交通上的关系,邮传几天或半月才走一次,交信都要待机会。午后出城郊游,感觉这阴森森的秋天,只是空露着使人愁闷。

10月15日

今天去了五千文钱，买了一只猴子，要带它到峡局去的。晚上一个被夷人掳去逃出的陈云青先生，向我们谈话，他说的很详细，如进夷的原因，被掳的情况，娃子生活七年的经过，逃生的情形等。

10月16日

午前助教①与一同学赴金口作鱼类标本采集，其余的登记凉山标本。午后请了一个必目[毕摩]蛮子（必目等于汉人的和尚）借了他几十卷书，欲录下他的夷文，但他要一只鸡杀了敬神才能开卷。

10月17日

主官来向我们告了两个消息，（一）是调查蛮夷社会情形和调查的四个办法，并请了几个熟悉夷情的供给材料者——多[是]边城的公事人，明日午后便着手调查；（二）昨天来的英人名顾怀之，他是来传教的，而实际也是来观察地形采集标本的，因为他一生的经过很有趣味，晚上请他来讲演。

他到中国来，迄今二十余年了，初来时在安徽，次来四川住嘉定，当时能写认中国字千余，最近于里塘住了几年。更曾到过西藏拉萨，于藏番的俗情悉知。先生初进藏时，藏人聚在一间房子里，坐在地上，"待我去的时候，个个举着大指头，伸出长舌，我初见这情形，很觉奇异，很久才知道，他们这种表示系恭敬我的（举指头系表示大，伸舌表示无言）意思。番人招待吃砖茶，茶里混有酥油，吃来糊口，后来吃惯了，却是离不得了。"他又讲了西藏的文字、西藏的宗教与政治、藏人的食俗、西藏的葬法等等。经这一段讲话当中，我们就可以想见，英国人对中国内地如何的深入，对西藏的一切如何的明晰，真令我们胆寒了。

---

① 助教：刘振书（刘式民）(1902—1947)，1926年东南大学农学院园艺系毕业，留法生物学学士，随队采集指导。后任中国西部科学院农林研究所主任兼第一农场场长。1933年，任中国西部科学院植物园主任。

10月18日

　　早上翻标本,午后开始分组夷人社会调查。午前闻着一个消息,就是该城戍边军的排长,名舒同云因上树打皂角,不幸被树枝折下而死,城里人都说那人遇鬼或有些说是平常不孝敬父母等种种迷信说[法],而具体是醉酒上树,又因树枝弱小而折故伤身无疑。

　　午后即开始分组作夷人社会调查,以同学的能力编成若干组(二人为一组),我组任记夷人区域一项。

10月19日

　　今天逢场,街上的夷人要占十分之九,男的多地上在吃酒,女的就在称盐、买布、卖笋子,都是很忙碌的。我们问其原因,才知夷人过年的期间,就在阴历的十月,所以夷汉人多交易,每年就靠这一个时间。

10月20日

　　今天调查的是夷汉野史和经济情形两种。在久雨当中今天才见太阳,心里好似要轻松些。今天调查夷汉野史和经济情形,午后便游城墙至县立高小时,见有一些学生在不满十丈长,五丈宽的操场踢足球。

10月21日

　　今天是旧历九月十九,常人所谓为观音的生日,这里就办得一个观音会,善男信女都会[斋]戒沐浴齐集在城隍庙内,有的出钱、有的出豆、有的出玉米,就以出的一切,办成午膳。每人携了一个跪垫,很是整齐,便焚香敬烛的闹做一佛堂,可叹中国人之迷信到如此地步。

10月22日

　　因这几天调查比较用脑,要想劳力平均,队长才令为最后的采集日,到该地90里的三岔河采集。东岸听说有种野兽,每遇积雪时,必群集到三岔河饮碱水,所以亦作捕猎运动,自己因足挫伤,不得同行,便留守及整理调查。

10月23日

今天整理调查笔记。

10月24日

整理夷人社会调查笔记。

10月25日

这几次采集,都苦于天候,出发便雨,至返城才止,每每如故,妙其难解。

10月26日

起床的时候很冷,从窗外望见兀立目前的诸山,都积起厚而白的雪了。早膳后到三岔河采集,打猎的同学被雨地泥滑的[路]逼回来了。

10月27日

午前在县署里录调查笔记,几个同学与队长和彭统领谈到川边与国际的重要问题。

10月28日

录考查笔记完结。此次我们返[回峡]局,彭统领介绍有二高校生同回。

10月29日

今天写了一封信给家里,大概是说工竣返局的话,并收拾行李准备回峡局了。

10月30日

　　由峨边转嘉定。因为标本贮藏箱过大,不便搬运,即请了十余个工人,一分为二便把32个箱子改好,午膳彭统领欢送招待,晚上同力夫装标本于箱内。这次因想同化夷人,所以方带上一个必目[毕摩]出去。

10月31日

　　早上整理了一切,集合力夫40余人,膳后便分组,夫子和物品齐集在县署的大堂二堂,都[热]闹得不了,这种盛况好似公司批发货物出场一样。没多久便依次出发,刚出大堂,就把野鸡飞了一个。回去的心切,便泥滑滑的急行,一会儿达了蛮子岗,反顾了峨边几眼,到了40里的红花溪口,只吃了一碗茶后继续前往,到沙坪已晚,该地较城热闹,入此热闹的场市,今天算是第一次。

11月1日

　　膳后整理自己的行李和夫子,依秩序出发,遂与来时路线更新。离开沙坪五里许,见石岩上有一小猴,同学意欲去捉,刚要去围时,则一跃飞到空中,方知道系一只老鹰非猴子。经广出笋的毛坪,每年六月开有一次笋子会,热闹非常。抵等分溪,乃初见利用水力造了一家磨面厂,石桥也是今天才遇头回。在场上吃了半碗饭,便继续前进。过了老鸦溪,便见着重叠的水田,因天快黑了,便发出奖示,使夫子走快,说今晚能到范店子,每个奖钱二百。此令一出,想得钱的夫子,便不息的跑起来,一会儿已就临了铜河,天刚黑,急雇船一支,将行李、人两次渡过,复行十余里黑路,抵范店子宿戏台。

11月2日

　　膳后出场口,就爬二峨山,日照周身,行起觉热,到了深沟地方,同行的人便学夷人吼号,声流回响,殊觉惊人。
　　到了山垭,就看见沙湾了,又看见嘉定的铜河,河中的岛子屋舍,好似一幅画卷,呈在眼前。三月未曾见才很宽大的地区,河中的船只,今天如见了大千世界,心里不胜欢喜,我们经过路上，两旁的人们尽都出来看我们。到了沙湾的河坝，力夫同我们照了一张影片，方把行李搬上船（船先由刘助教雇好的），后进场晚膳及住宿。

11月3日

由沙湾上船下驶，沿江岛子极多，岛上有竹、柏、房屋、田土之属，风景别致。约四个钟头，即抵嘉定，船泊安润门，上岸宿城内。

11月4日

早起过河到对岸，步行游览大佛，游罢返城早膳。临开船的时候，这船主欠人家的账过多，账主有的来要钱，有的来扯棚，不是我们阻抗，几乎船主不能走路，九钟时方开船下驶。沿河小岛林立，竹垂河岸，适足[以]惹人游思。忽而大雨急下，落满江心，风亦吹来，少许雨止而日出。经过盛产盐的观立场、竹根滩和产萝卜的西坝，后又过险滩道士罐和黄狗窝。因船载重，人便上岸步行，天将晚便跑步，行四五里天即黑遂夜行。不久已行过凶滩叉鱼石便抵犍为。同学几人同队长到犍为中学会张校长，校地宏敞，规模很大，学生男女有300多人，校内有图书馆、陈列室。游毕出校门同队长到张校长公馆面会，在他家中吃了一杯茶，队长同他谈了一会话，又到团练局、教育局访谒主要人员，商询标本运转事。

11月5日

黎明早膳后即上船，经过出姜黄的么姑沱及五洞溪，出峡过流四坪，便就鼓励舟夫用力划到叙府[1]，各个有半斤肉的奖赏。刚到叙府的时候，忽见汽轮，高兴已极。船到叙府即整装上岸，街市商业繁盛，因正在修街建房，有许多街道尚堆满泥石，也有电灯普照，队长聚同学游，买叙府之特产糟蛋、鸭、菜面以作晚餐，夜半返船住宿。

---

[1] 叙府：今四川省宜宾市别称。

11月6日

因图快的关系,要乘汽轮,昨晚队长已在交涉,因此特在该地住一天,早膳后便出发于翠屏山,看宜宾城全景,而同行之夷人,很惹街人注意。

午后行李已被同学移入"岷江"汽轮。

11月7日

早膳系在"岷江"轮上开的,该船系载货的船,就少有隙地坐人,俯首屈身的坐了一天,便抵泸州。天将黑了,冒雨上岸,进城逛了两条大街。街中菊花会作的菊花山痕迹犹存。电灯洋房,气象万千,其余街道正在修造中。因羡慕名胜,遂同队长、助教、学生等十八九人进"爱人堂"去吃酒,以花生、牛肉作菜,吃至夜半酒醉而归。

11月8日

黎明开船,船泊松节上税[水],该地系与永川交界,抵江津,天尚未晚,有部分同学系江津居者,经过该地有机会必要请假进城会亲友。后队长定了一个办法,系要会亲友者,必同一个其他同学一路,以便引导街游。有同学数人在县立中学会到他们的中学,正在校门高谈阔论地谈了这次[采集]的经过,听的人也很多,很钦佩,而夷人他们见了更觉稀奇,围着握手不能走,返船晚餐的时候,他们都还有同学在路上。尤其一位同学到亲戚家里半夜才回宿,携有数斤大头菜呢(江津特产)。

11月9日

约九钟时,经苗儿峡,石壁矗立,上有古洞,又经小南海,至浮图关,到铜元局,及看见美孚油"亚细亚"几个大字,遂抵重庆了。

轮泊携行装上岸,到川江航务处住宿。

11月10日

今天航务处与民生公司举行联欢会,要我们报告采集和调查的经过。早餐后即赴欢迎会场,人群广众,学者、商者极多。我们因疲劳,未能充分准备,尤其是在三个月当中,未在人群广众之中讲话,今天报告起来,相信还没有晓得十分之五。何处长①及来宾的讲话,给了我们的好影响。后航务处设茶点,接着邓少琴②先生招待在公园午膳。

晚膳由民生公司招待,仍在航务处宿。

11月11日

早起即运夷人风物到河边,一会上了"新民"轮,看了两个钟头的报,不久抵北碚,由初出发到今天已算是绕了四川一个圈形。北碚是[经]过不得上岸,一会又入温泉峡,公园的凉亭早见了,我们就在温泉上岸,进园见了一切也是变了,许多可爱的菊花盛开,清香入鼻,暂时住在观音殿休整。

11月12日

黎明早膳后,坐船到北碚,我们数人同队长上峡局,同行的夷人很招全[峡]局的人看。不久便下峡局,雇船带夷人到白庙干洞子参观冰厂。可惜零件不齐,未得看到全部生产,继而前往北川铁路公司参观。行不久黑烟燎燎的火车来了,[老式]火车头同汽车,车后附的煤炭,行进中因路弯太多,而速度不及汽车。忽然大雨淋来,我们即避在一小站,后即改乘车到了铁路公司,即请铁路工程师(丹麦人③)照相,而夷人因工程师摄了他的影,[别人]送得有许多茶、菸[烟]、灯也[被]摄后,夷人便怒,掷去送的礼物,说出种种迷信话,说西人害他,将来必生意外。

午膳后,便乘车到水岚垭再步行至黄桷镇,渡船到对岸体育场。

晚上在峡局晚餐,待讨论会结束后,同学六人同队长半夜到医院诊断[身体]。

---

① 何处长:何北衡(1896—1972),1924年北京大学法律系毕业。中国西部科学院董事,曾任川江航务管理处处长,重庆市警察局局长、四川省建设厅厅长、全国粮食管理局副局长、民生公司(1930—1949年)第5—24届董事会董事等职。

② 邓少琴、少琴(1897—1990),四川江津(今重庆市江津)人,历史学家,重庆文博事业的开创者之一。时任北温泉公园主任,同时参与筹建中国西部博物馆。新中国成立后,参与和主持筹建西南博物馆(今重庆博物馆),历任业务秘书、副馆长、学术顾问等职。

③ 丹麦人:名守尔慈。

1930年，跟随卢作孚出川赴华东考察日记①

3月4日　风雨

昨得峡局通令，派余随卢局长②出川考察。

今晨即清整川边植物标本及夷人风物，系交换陈列物等，亦以作送人的礼物。

午前九钟，雇木船一只，刚载好一切旅物，忽风雨聚至，峡局各机关均派代表送行，义勇队诸同学亦冒雨齐集河干欢送。此时风雨愈大，伏坐船舱甚冷，摆开自己的铺被以保体温，同行四人，聚谈旅行注意之各种问题。

经土沱时闻船夫云："江北王县长实行阳历，土沱今天不准赶场"（原系一四七，现逢二五八了）。终日苦于风雨，傍晚乃抵渝，上岸晚餐，后即赴民生公司晤局长，陈明一切事宜，宿此已十二钟。

3月5日　阴雨

晨早写信托卢队长，请将川边采集植物之地点号数抄寄，并请将采集之矿物和温泉泉水，明日交下水汽船寄来。

于前九钟赴航务处晤局长，并关于决定应备之一切公私用物。

午后同袁主任在渝购置一切用品，如文具、日用品、图书……之类。

晚上齐集旅行团团员，在民生公司开会，会议事项如下：

考察团第一次会议记录：

---

① 此次卢作孚率团出川赴华东、东北、华北进行考察，是北碚乡建初期继标本采集外卢作孚的第二个重大举措，目的是参观学习好的经验来促进北碚乡建的发展。高孟先作为考察团团员，他的日记对华东考察全过程做了较为详细的记录。

② 卢局长：自1927年3月，卢作孚任江巴璧合特组峡防团务局局长。

出席人[①]：卢作孚　李云根　李佐臣　舒承谟
　　　　梁崙　胡绶若　陈德　卢魁杰
　　　　唐瑞五　李公辅　高孟先　李趾青
　　　　袁伯坚　李慕尧

甲、事务方面

一、事务分配

1. 文牍——袁伯坚

2. 经理行李——梁崙

3. 保管公用品——高孟先

4. 出纳——胡绶若

5. 会计——邓愚山

6. 会计助手——陈德

7. 庶务——舒承谟

8. 接洽——李云根

9. 接洽西人——唐瑞五[②]

二、公共开支仍须有发票或经手条子

乙、考察

一、特殊事业

1. 教育——袁伯坚　　　　　2. 交通铁路——李云根

3. 矿业——唐瑞五

二、普通社会问题

1. 币制——胡绶若　　　　　2. 物价——舒承谟

3. 主要食品——舒承谟　　　4. 生活程度——舒承谟

5. 交通用具——李云根　　　6. 地价——卢作孚

7. 农业——卢作孚　　　　　8. 方言——唐瑞五

9. 各地人民娱乐——袁伯坚　10. 普通教育状况——袁伯坚

---

① 出席人：合组考察团成员来自四个单位，峡防团务局的袁伯坚、舒承谟、梁崙、陈德、卢魁杰、高孟先；北川铁路公司的唐瑞五、李云根；民生公司和川江航运管理处的李佐臣、胡绶若、李慕尧、李公甫、李趾青。

② 唐瑞五(1901—1938)，1919年北洋大学采矿科毕业，曾留学国外，曾任江北县江合煤矿公司工程师、北川铁路公司经理、天府煤矿公司董事、北碚嘉陵江三峡乡村建设实验区署区长等职。

11. 主要燃料——唐瑞五　　　12. 风俗信仰——胡绶若

三、精密考察的事业

1. 水门汀厂　　2. 轻便铁路　　3. 煤矿　　4. 造纸厂
5. 精盐　　　　6. 制糖　　　　7. 水力　　8. 造船厂
9. 发电　　　　10. 纺纱　　　 11. 磨面　 12. 榨油
13. 铁工　　　　14. 织造染色　 15. 煤球厂　16. 煤气厂
17. 化钢炼铁厂　18. 优良学校（晓庄、开原、燕子矶）
19. 博物院（山东益智院）

丙、搜求

一、机器样本——唐瑞五
二、照片——李云根
三、工业制造品——袁伯坚
四、交换陈列品——卢作孚

丁、旅行中的团员教育

一、李云根教数学
二、唐瑞五教英文
三、卢作孚教文学

3月6日　阴晴

午前接收旅行公物，整理之，并造公物登记册，清整购置之图画。

抄缮昨晚之会议录二份寄回峡局。

二十一军派兵六连，开往涪陵，向航务处接洽。

派保安队找公差船只，无船可寻，寻得船帮首人乃雇船10余只。

午后，江北中校致函保安队，二钟作篮球比赛，我亦参入保安队，后来因本队队员无联络，结果为14与32分之比，保安队负。比赛后，江中同学招待洗面，并茶点，友谊甚厚。

晚间民生公司，全体职工齐集在餐馆开会，商确[榷]一切未来事务的进行。凡出川人员，亦同被招待。

3月7日　阴晴

起来之后,闻卢局长因有要事,要求民生轮船先到涪陵。

午前,收管一切公物,又清照片各一份,交邓少琴先生,早寄到天津以供《国闻周报》择登。

午前八钟,刘军长①齐集军管教育团学生和各阶官佐,乘轮到广阳坝看飞机试炸弹,同往的普通人也有数百。闻飞机初上时,投下无药炸弹,极好看,次再掷下有药炸弹,爆伤90余人(普通人少),死者数人,重伤20余,当时未受伤者,亦莫不受惊,此后遂即停试,各奔散而去。而同乘飞机者(西人一,中人一),闻被刘军长扣留云。

午后三钟,旅行团员行李齐集在民生公司,编号挂牌,五钟时便雇轿子几乘将一切行李运到河边,候上"合江"汽轮。见许多客人上船,莫不争先恐后,扰攘已极,秩序很难维持。我们放妥一切行李后,遂各寻铺位,布满甲板,不分男女,后来者连坐的位置亦无。

3月8日　阴明

"合江"轮原定的是今天开早牌,因货未上齐,所以要延开午牌。我团遂上岸早餐,膳后在江北公园开茶会,推定伙食管理人,并添员助管行李等问题。更选定旅行团团长,以便指挥一切,又决定团员每到一地,离开团体请假的办法和手续等。会毕,携球在江北打渔[鱼]湾作足球练习。

午后三钟开船,振动太大,不便工作,只造了一图书目录,以便收发图书。

阅中国分省地图——四川、湖北二省。

沿江麦青李白,掩映村落,宜人春光,足资游骋。经前著名之匪窟鱼子沱时,遇"口陵"[轮]宜宾上行。继经长寿,闻此县虽小,商业颇盛。抵石家沱宿。

自此下行,重庆之新二百铜币,只当百用,或竟不作用,凡乘船客人,一闻此风,都在当地尽量解决重庆带来的铜币。

3月9日　早风雨,后晴,晚微雨

拂晓开机,振动醒人,不能复入梦乡了。风雨大作,又使人不欲即起,约钟许抵涪陵

---

①　刘军长:刘湘(1888—1938),谱名元勋,字甫澄,法号玉宪,四川成都大邑人。1926年,刘湘任国民革命军二十一军军长,国民革命军陆军一级上将。曾任中国西部科学院董事长,四川省主席,重庆大学首任校长。

停泊。先到涪陵之卢局长,这时上轮了,因船载□□,不能即开,我团乘此暇时,往参观涪陵市政。

上岸,见河边草屋零落,石板堆积,城里,街道污秽且狭,苦力成群,商业尚盛。驻军正整理市政,街心设有铁轨,俨如通车之铁路,系便运输泥石,减少人力。两旁铺面泥瓦堆积,亦正在改造中。

此城位置,三面临水,一方倚山,南有乌江之北,可通航酉秀黔彭,在军事上亦是要冲之一。又闻该地前三日有大股匪在小河对岸,似想进城。游毕,返轮早膳。

午前十钟开船,遇上游大轮数只,随浪荡摇,写字工作,颇感不便。在轮全体团员又开一小会,议决船上生活,公物整理及一切进行事宜。

午膳后遂参观该轮机器,并请司机人指导一切。云该轮有280匹马力,每日烧油三桶,每桶约200斤,下水每点钟可走60里,上水则减半。

经丰都时,闻城外有天子殿之胜,惜未上岸游览。此地附近一带,平原极多,四周井然,乡村栉比,似颇富裕。继往盛产竹之忠州,拽船之牵扯藤,原料以此地所产为适宜。时至六钟,船泊石堡[宝]寨宿。

石堡[宝]寨之名胜,古今游客皆艳称,我团亦深羡欲游,即雇木船一只,渡河上岸,经一大沙坝,甚平,可为运动场。进场口,有两[俩]叫花子,前呼后叫,不断地要钱。经一新建之图书馆,便上山,有烟馆一家,问以上寨路径,同时有一较敏之叫花子,遂向前引路,颇有要钱之方,给铜元一百。

此寨为呈长方形之石寨,高约十丈,四面皆绝崖,上由倚石建筑之楼,计十层,每层约高丈余。石上有庙一座,共三殿,工程极好,庙内神像,该乡文生邓某(现已八十余岁)为破除迷信,在民国数年前毁去,现只存不完全之神像数尊,庙廊修有十五殿和奈何桥。

寺后有隙地丈余,可以俯瞰大江,仰望雪山,又瞰市街,灯火尚隐约可见,月色朗照,风景更佳。数日轮船之苦,此时遂尽解除。寺内有老和尚一,以为我等是求神之善人,遂准备香烛,请我们敬神,终无人理,但给以铜元数百而去。

下楼,而庙门有男叫花五,女叫花六,阻着出路,累呼要钱,见此现象,深诧小小乡场无业游民乃有如此之多。

下寨入场,经一印山小学,便达正街。街道清洁宏敞,两旁篷灯栉比,颇不像乡村,以涪陵市政较之,反不及此地。出场雇木船一支,将过河,而要钱之叫花子,尚随后跟着,上船后甚有二小叫花子涉水拉着船要,然而我们竟无一人施舍一文,待船离岸丈许,他们竟开口咒骂。

返轮后晚餐。

3月10日　风雨

卢局长为峡局列位青年写了一封信，令我抄缮了一份，以作底稿。写好后，时约八钟，轮已刚抵万县，泊在对岸之陈家坝。

我团上岸先赴航务处休息会儿，再雇木船渡到万县，上岸赴太白岩。此岩矗立于城西北，高约数十丈，路极陡，沿途古碑迹很多。岩上有庙二座，一是太白殿，人传此为李太白读书处，殿顶可俯瞰大江，呈城景物，历历在目，更可远望南北云山，风景绝佳。

游毕下山于师部晤王师长，并同游各马路，参观新建之万州大桥。桥尽石砌成，为三路洞，高十余丈，工程极大，耗费亦复不少（50余万）。以上更有极妙之桥二，一名天仙桥，为一大石横亘小溪，整石中部天生成一缝口，溪水便从中流出，以故名；二有两横桥，皆为一洞，形飞虹石，经济而美丽，工程之好，为大桥所不及，其有房子一所建立在桥之中部，颇可观，均摄有影。

后复同王师长参观城内，马路计长约八里，街道宽宏，房屋西式，商贾云集，百货辐辏，直是四川所没有的地方了。而实际却不好，四五层高之洋房，宽虽有八九丈或十余丈，而深多不过一丈或二丈，绝少三四丈以上者，甚有对街面仅墙一幅，而涂抹洋泥审审开窗，以作成西式者，后面是低小朽败不堪之中式房屋，未免太爱虚假。

闻师长云，四川修理市政，款用得最多者，当首推万县。然而万县人并未负担，都是抽自过路货捐。

城里街道起伏，交通赖轿子和黄包车，黄包车仅百余辆，不如轿子之多而适用，远在重庆之上。（王师长引导游西山公园，午餐王师长招待公园之望江饭馆，餐后到王师长公馆休息毕）师长雇了十余乘轿，送我们到河边，再雇木船过河，上岸到陈主任家晚餐后，再返轮睡觉，已是一钟了。

3月11日　晴

在过去的几天，不是阴晴，便是风雨，直到今天，才见着鲜红的阳光，人都好似要高兴些。在经云阳的时候，我们正在早餐，膳后遂在铺上坐着记日记。

在十一钟的时候，经夔府，此地三面倚山，南面临水，笔直的城墙，套着重迭[叠]的房子，城外青麦苗满坡，中间又夹杂了些一团一团金黄色的菜子花，这种景色，也是要春天才能欣赏的。隔城不逾一里的河边，有茅棚数百户，白烟从棚顶四起，木杆格外的大。该地居民悉以熬盐为业，而盐水源，在对岸之盐水沟，以船载过而熬，极为便利，尤以冬季水枯时,熬者特甚。夏季水涨,居民遂去茅棚而迁至城内外,盐亦停止营业了。

人传此熬盐地,即古谓之八阵图所在地也。白帝城在夔门峡口之南岸,直下,江心则矗立一石,名滟滪堆,往来船只,以此为极险处。忽入峡口,好似别到一天,两岸矗石如壁,高几接天,江面弯曲,宽不过十数丈,两旁高峰,为白雪所积,云雾所护。左岸山半有凿路一条,工程极大,闻系之豹超①所建,路旁坡处,尚有茅棚人家。自进峡后,前望不见出路,四顾不知水源,四周幽僻,只听噗噗的机声,如此奇异难描之风景,理想不到要领略的。

此峡长约三十里,出峡口有一小场,名代溪,有陆路可达贵州各地。街房简小而坚固,居民食料以红苕玉米为大宗,一带山脉连绵,居民极苦,就丈宽之隙地,皆有几户耕种之。

巫峡之奇,亦不亚于夔门,两岸山峰连绵,有如壁合,有如人坐,此种种形形色色,难于形容描写。再经一石桥,为一沿,圆如门,在江之右岸,而有滔滔泉水泻入于江,观此种种风致,疑如梦然。峡半有一小场,名培石,皆云石滩为四川与湖北界地也。继经湖北属秭归巴东二县,便抵青滩宿,时已在午后五钟了。此滩夏季极险,前"蜀和"轮船即礁沉于此。

上岸,参观该地市政,惟此地房屋参差,街狭而污,更有许多红墙黑柱,损瓦泥堆,闻前年是被火焚,居民多迁往宜昌,热闹不及前矣。该地驻之陕军,防汛极严,河边有一小小渔场。渔船数只,有十余人,每日每人平均工作数次,极有组织,每日可得鱼数十斤,鱼和生意,出在春季,所卖得之钱,凡工作者,皆得平均分派,而鱼每斤,价在五六百元。此地银价低落,一元仅换铜元四千五六百文。

岸上供有土地神像一尊,每日为渔者敬仰。闻该地居民,性质暴粗,动辄便打骂,多不良分子。

此地木船,尾很高,形如鱼尾。

3月12日　晴

起来之后,便积极的清整公物,收拾行李,准备到宜昌上岸。船出牛肺峡后,忽烟雾满布,一望无际,江天不分,轮船不能前行,遂停,乃早餐。待雾散后,再开。不多时已抵宜昌了。忽从崇山峻岭中,轻然一踏而入开朗世界了。沿江所泊之轮船、兵船共数十艘,似水上城市。我轮泊于大轮之侧,而频来数处检查,极严。同时旅社之接客,搬运之力

---

① 豹超:即鲍超,开凿长江三峡天险中栈道的传说人物。

夫，齐拥上船，极杂乱，稍不留心己物，便要被力夫抓去。

我团交际人员，上岸探得今日无轮下驰，因仍暂住"合江"轮，行李概交茶房，遂上岸游宜昌。

城里街道整洁，宽过四丈，悉系石子而成，房尽西式，整齐美观。此地商业多转运货物，而百货物品，价还高于重庆、万县。可惜川汉铁路，今已荒芜，竟作乡人来往之路，外人跑马之场。路旁植之树木，已折无几，而修之宜昌车站、工程师宅，其建筑伟大，工程极精，加以垂柳周围，颇绕风致。不过现洋房为军队所驻，置为军队所赏，叹我川贫民，维艰筹以二千余万之巨款，结果即止于此。现车站之刻[记]，为西历1911[年]所建，当在十九年前之成绩也。设当时继续功成，而川汉之交通，岂不大有可观么？

春风和煦，而放纸鸢之男、妇、老、少，在城外平处，计数十，高低样式各不同，其中尤以鹞鹰很像活的。

该地今天举行孙中山五周年纪念，而工商学军各团体所粘贴之标语，随地可见，更合城停止营业一日。

此地米每石值洋16多元，每斗有21斤，银价为四千五六百元，通用旧五十文之铜币，十文、二十文的亦用，纸币有一千的，一元、五元或十元的。

此地帆船无尾，为双飞燕，制造坚固，而载货很少。

3月13日　晴

四川合州人徐秉山，招待全体团员膳后，分组各往，我组返轮后，在河边练习足球。

午前九钟，交际在太古公司①买好了"吉安"轮船的票，我们就把一切行李，分装了两只木船推到"吉安"轮。不途半里，已就检查三次。把行李放妥在"吉安"轮后，又把铺位占好，为之坐的统轮，而每人还有一个铺位，待遇也同房轮一样的。

闻今天午前离城三里多远一个地方，有土匪掳去上清的人五个。

午后有一客人自"吉安"轮过河，上岸时船夫问要船钱二元，后闻客人已给生洋一元钱，还未结果。

闻"吉安"轮挂牌，为今日午后十二钟开往汉口，因货未上完，晚间闻明晚始能开，有许多乘船客人，便结全团体十余人，问太古公司，以种种充分理由直问，结果，凡客人的伙食，由船上负担。

---

① 太古公司：即太古轮船公司，英国太古洋行旗下的轮船公司，创始人约翰·塞缪尔·斯怀尔，于1872年在上海创立了太古轮船公司。1874年初，太古轮船公司开始了汉口至上海的运营。1891年，英国太古、怡和洋行在重庆设立办事机构，经营川江航运，至此太古轮船公司开始进入重庆至宜昌运营。

3月14日　晴

太阳当头的时候,我们才起来,把衣服换下,交茶房去洗,这每件衣服,洗要钱二百,算来已合了五仙钱一件的洗浆费了。

在船头看英国船升旗,号令一发,凡船人员,均行礼,颇整齐,早晚皆如是。

轮上的早饭,通兴吃稀饭,多数游客感不饱。

闻12日归州①属之青滩驻之陕军兵变,今日某轮开上,被劫并打伤数人,而"合江"轮亦随被劫轮后,闻前开枪,遂开倒车,今已转回宜昌停泊。我团闻之此消息,莫不惊异,回忆11日轮泊青滩的时候,我们还大着胆儿到了青滩的街上去玩,见街上的兵就有不好的动作,假说这一些兵早半天变,那我们就只有坐地待死,旁无他法,幸免,幸免!

3月15日　晴

醒了过来,才知道轮离宜昌多远了,因为船身很大,而机器马力才400匹,走来又很慢,每点钟不过30里,毫无振动,好似没有走的一样平稳。早膳过后,就到二层甲板眺望,这时正经过离宜昌六十里的宜都,江面极宽,水波不扬,两旁河岸高江面不过丈许,上亦如江面之平,一望无际。而青青之麦,铺满两岸,更有七零八落的村落,多被柳林或树林围绕着,风光夺目,颇为欣赏,时时都在船栏外望,是否这岸上的一切景物,都入了图画似的。

刚把午餐吃下,在午后二钟,轮已到沙市了。轮因要在此载棉花和麦子,要停留二钟,我们便用此日隙,拟一部参观沙市,一部到荆州玩玩,决定过后,便分头各往。

现此地为戒严时期,闻午后七钟,就不准人往来,(荆州游毕)故未参观其他各地,因图时间快,故一齐雇了十多辆车,噗噗的向沙市拉。

天经黑了,而雪白的月光,等于白天的引路,慢跑过了汽车站,不时已进入了热闹的沙市了。在一馆子里吃了一些包子和面,以作晚餐。便还慢慢的走了几条街,街上也还有些高大的洋房,也还有许多的旧式房子,街面悉系石板而成,宽的二丈许,窄的也有七八尺的,两旁铺面货物堆积,商业颇盛,与重庆相当。此地出产以麦为大宗,销售各地。街上有一家专织袜子,并卖袜机的店铺,有六工人在织夜工。此街比河面要低,设大水,必淹,不过此地堤坎极坚,加以江面宽大,就少有危险。

在九钟的时候,拟参观棉花检验所的办法,殊因该所职员不在所,故未能达目的,而

---

① 归州:归州镇,位于长江西陵峡北岸,今属湖北省秭归县辖。

此所为去年夏季所创。

返船的时候,已经十点钟了。

3月16日　阴晴

今天起来的时候,就听说船上有一失了性的人跳水,弄得全船风动,当时轮已停车,而水手推小划子往救,隔了十几分钟,闻水手云此人已死,就未把尸首搬到船上来。

早膳的时候,就闻着前面有土匪,而该轮的外国人已偷偷的在准备武器。早膳后,我们有的记日记,有的在看书,而其他客人,有的在赌麻将,有的在烧鸦片,又有些无聊的,在铺上睡觉……

卢局长看了我的日记,就把一些不适当的字词删去,又把不圆合的话皆改正,并教了一些用字方法、地方,我是异常高兴的。

午后三钟,开了一个读[书]报告会。

卢局长报告的,是江西省一瞥——庐山。不独风景绝好,而且有百数外人在那里经营得极有秩序,是我们应该要去看看的。再报告是江西景德镇的瓷器,是供给全国需用的,并且又是大规模工业区域,所以我们应该要去考察的。并报告农村社会与都市社会异点,及农村社会与分类。袁伯坚报告的就瓷器的制造法;梁崙报告的是汉阳的两大工厂,一是兵工厂,一是铁厂,并说其两厂经[办]的过程;舒承谟报告的是《丁格尔步行中国游记》①,自昭通府至云南的经过。

晚上聚谈了一些有趣的文学问题,并谈了一些有价值的文章。

骤然的卢局长就谈到四川进步,真是比旁的快,例如前几年的沙市、宜昌,而现在还是以前一样,或许变点都不多。而四川前几年的地方,隔三年再去看它,那却会要认不得,例如万县。李云根先生接着就说,湖北省的沙市,假[如]要改修它的街道,那就要费许多周折,还要得到了政府的许可,才能去改修。要是四川统一过后,进步绝没有现在这样的快。卢局长说,这却是一个存在的道理。

3月17日　早雨后晴

午后三钟,又开了一度读书会,我所报告的,是都市社会学——都市人口增加法,一

---

① [英]丁格尔著:《丁格尔步行中国游记》,陈曾谷,译.商务印书馆,1922年。讲述的是曾步行沿长江入川,再进云南。记述了所到之地的地理、政治、军事、经济、民族、民俗、风景名胜、宗教、文化,其中有关武昌起义的记述是作者亲身的经历。

个都市的人，其增加的方法，是与乡村中不同的，乡村人口的增加，最要紧的只有一条路，便是生产率高于死亡率。这种方法，名为"自然增长"，而都市的增长，除此之外，还有两个，第一便是客民入境，便如跑到上海，极难见一个上海籍的人，多见到的，是宁波人，苏州人……第二便是扩充市区。又如上海，现在不仅包括了法英租界，将来且有吴淞、浦东的趋势。会毕，茶房遂告诉我们要到汉口了。

各个收拾行李，经营分理的人，就分门别类地把行李集合一块，弄得清清楚楚，只等上岸。这时茶房就介绍了一位先生，是专门接办客人行李的生意，结果已商决请他包办，得了一个便利。

在铁栏远远望着前面林立的烟囱，愈看愈大，一会这些就摆在目前了。红瓦白墙，栉比两岸，非常夺目。右临河岸之马路，极平、往来人极多。更有著名之黄鹤楼，矗立于小丘上，高出各地势。右岸汉阳铁厂、兵工厂，亦临江边，而房屋建筑宏大，烟囱高耸，瓦墙红色，堤岸建筑颇精，不时见轮船如织，电线如网，已到了理想繁华的汉口了。

不久船泊太古囤船，旅社接客者，搬运力夫者……均拥挤上船，很复杂，幸好我们人多，故未发生旁的影响。

这时卢局长与李云根上岸到各公司交涉船只，结果仍买了太古公司"长沙"轮票，此轮概要到后天才开。轮较"吉安"轮惟[微]大，且清洁。

傍晚已把一切行李移至"长沙"轮，我们完全都是买的房船票，以便看守行李，行李铺位安置妥后，遂上岸。

上岸时，就沿着一列高大西房的一幅铁栏过去，此一列的房子，都是租给与外人的，这铁栏以内的一段石板路，极平，工程精致，路旁植有花木。闻以前凡中国人着中国服者，不得入内。自租借收回后，任何人亦可在此游玩，且有时人还可以在浅草上坐或睡，因此折毁的花木不少。

城里洋房矗立，电灯贯珠，甚有以电灯作为种种形状者，极夺目。铺子挂着钢面的招牌，砌着玻璃窗户者，颇普遍。

街面水平，街心宽处有五六丈，最窄处亦有四五丈，往来的汽车、黄包车、足踏车、马车，不息如织，人行两旁[有]尤宽之街檐。设要横街心，便要趁车过瞬间空隙，一下跑过，否则必被车压。

此地真是万商云集，百货辐积的地方了。

街每段，或当十字口处，设有一巡查丁，丁多系北方人，精力极强，立于街心，职业颇大，有支配各车走的路线，或停止进行之权。当他立处，有一灯架，里面有电灯数盏，即以此作为指挥的符号。

游完了两三条街过后，团员李趾青便招待在一家元徐馆子里吃晚餐，极简单的吃了一点，结果就用了十一元多，真是贵呀！在重庆亦不过三四元钱吧。

晚餐后，还继续的逛了一条街，叫"新世界"，当中就有一个团员说，你们到了这些地方，眼睛少乱看些呀，谨防被□□拉去了呵。听了有的在笑，但我们却不懂这个名词，经问后才知道，这也是这于繁盛都市的新现象呢。

继才从一条新建筑的一段新街回船。这一段的马路是水门汀与洋泥着成的，极好，可是这一段的房子，就有些像四川、万县那样，只图外面美观，不图里面完善。

3月18日　晴

此轮多老鼠，昨晚尝往来于铺，计十数次，其声唧唧，未能安眠。

今晨起即将公共带之物品另放他处，以防鼠患。

上岸时，即将托交商务印书馆之物品，赴馆面交，并请该馆鲍经理，写介绍信参观市政府，因系戒严时期，故只得卢局长同李、张、唐先生四人往观。

我们大部便到馆店早餐，约在民众俱乐部聚齐。到民众俱乐部，每人买了两角洋张的票，才得进去游完。

里面的房极宽大，并驻有兵以维持秩序。内有花园、树木、鱼池……之设，并有新剧台，楼上有茶、饭馆、相馆，并有演川剧、京剧、幻术游艺种种娱乐事，三层楼顶，有电梯可通。这里也有一个博物馆，陈列有各种植物的标本、动物标本——如虎、豹、熊、貘，也有几十种矿物标本，更有汽船、兵轮、飞机、火车、机器、洋房等模型。

顶楼可周看全城，横顺竖立的洋房，大多是红色的墙瓦，颇壮丽。俯瞰街心，车马人物，密密如蚂蚁搬家一样，真是好看；同时不远看见京汉铁路跑着烟雾浓浓的火车，唉！这新的世界是多么神秘呵！

午后二钟，全团齐往参观汉阳铁厂。共20余人，因图时间快，悉坐黄包车，去车费四五元，路不过二里，临河岸时，见木船泊满江面，桅杆如林，江边房多旧式，苦力成群，简直与城内形成两样。此河名汉水，水色昏黄，河极狭窄，由此渡河，每船只许载五人，船费为200元。

上岸后便参观周恒顺造铁厂。该厂规模很大，接洽好后，被周先生引导，先参观工具室，室内为工人藏工具之地，每人某种工具，上均挂有牌，秩序毫不紊乱。继参观绘图室，后看翻砂厂，四顾有七八个工人工作，周先生云："此厂有50余年之历史，初不过能制铁栏，铸造锅，后逐渐发展，生意亦随之扩大，今已能造船了。前所造成之船，有11丈长，有

100余匹马力,在枯水时一点钟可走30里。现因种种关系,营业已不如前",周先生云只要不打战火,那末在十年后,中国在经济上建设上就有法子了。

此参观毕遂到汉阳电气厂参观一切。此厂规模比民生公司稍大,开灯约达万盏。电气厂参观毕,一部参观轮船机器,我们就到龟山。

龟山与武昌之蛇山对岸,极著名,这山高出江面数十丈,当地人均谓此为大山,顶有庙一座,已折毁半,可四望武昌、汉口、汉阳三镇,武昌之黄鹤楼,纱厂之烟筒林立,烟雾冲天;汉口城宽数十里,烟出如云,汽笛四起,其繁华,诚不愧为湖北工商之中极,而外人比之为芝加哥呵。

汉阳市政人口,虽不如汉口,而工商业亦很发达,著名之铁厂,兵工厂,皆建于此。不过现在铁厂,营业不如前,兵工厂已停办。

兵工厂的范围很宽大,即在龟山侧,一切铁机路轨,堆满厂的内外。川汉铁路起点处,路轨现堆满污泥,尚未拆。

午后五钟许,仍返汉口晚餐。上轮时,见英利用为巡捕之印度人,肤黑发满面,体健形亮,头裹着各色之帕,身着西人服鞋,种种行动,殊与旁人。

此地用钱,悉系湖北或湖南省选铜币,当二十元的,无五十或当十元的,银价为四千七八百元。

3月19日　晴

晨早看中国兵轮上的海军在作徒手体操。

今天参观各地依各团员的能力与兴趣,分成三组:

一组到汉阳兵工厂

一组到武昌裕华纺织厂

一组到飞机场和中山公园

制定路线后,遂分头各往。我组九人就先到飞机场,约六里,在城南门外,经钟许可达,半路时即见飞机已在空中旋转数次。飞机场纵横约二三里,极平,且覆满青草,开放时有兵在场边缘巡查,不许人入内。

共有飞机六架,设有飞机室,并有兵看守,大的飞机能容七八人,小的能乘三四人,其形状极像蜻蜓……

中山公园规模很大,布置完善,里面有运河一条,水极清洁,泊有小船十余支,每支船,给洋四角,可划游一点钟。有公共运动场,各种运动器具,也极完美。更有一旋转柱,为四川运动器具中所没有的;网球场布置更精致,凡在里面作网球运动者,每点钟须给费四角。

有博物馆一,陈列各种动植物、矿物标本;又图书馆一,惜闭未参加内部。

有一孙中山纪念碑,字是□石刻的,凡照相馆、茶楼、酒店数处,园内花木多种,河池有鱼、木桥、马路……之设,尤其有几处喷水池,有水向龙口喷出,有水直向天空一线喷出。几处假山,园内道路清洁,秩序井然,虽离城外,而游客亦颇多。此公园之建筑、工程、设备、布置、秩序……看之,真为四川所没有,所缺者为自然风景。

午后二钟,应约各组在商务印书馆聚齐,我们就在商务馆对面茶楼上候。过了一点钟,他们才拢。这时又分为两组,一组到自来水公司,我组到武昌。跑到一马路搭过河轮船,每人去160文钱买了船票,不到十分钟便到武昌。

上岸,就先到黄鹤楼,闻黄鹤楼现已拆毁,只有一个纪念碑、钟楼、鄂园。即上蛇山,山上有许多茶楼、饭店、酒馆、照相馆。蛇山下面,便是武昌公园,园内少见花木,多见照相馆,卖西洋镜的,赌红黑宝的,玩把戏的,卖小生意的……倒还热闹。园内有一坟,是"大汉陈有琼的",不知是否真实。

武昌街道房屋,远不及汉口。

五钟时,我们仍搭过河轮到汉口晚餐,晚间参观"绥定"轮船,此船原走川河,前因领江工会罢工未结,故改走下江各地。此轮装置与川"长江""九江""合江"等轮无异,机器为天成银行购,走四年多一点,极好。马力共为420匹,能载棉纱800余包,返船睡觉的时候,已是一点钟了。

3月20日 晴

起来才知轮船离汉口多远了。早膳后聚峡局团体卢局长训话:

第一个要增加皮肤抵抗力和卫生,仍继续峡局的冷水浴,每晨起举行;

第二是要多发现问题。今天以前,我们处在复杂的团体内,自然有些妨碍工作,自到了上海以后,他们便要分头或另设法安置,这一来得的效果,决定不少,可是,各人非处处留心不可;

第三要节俭,饮食须简单,车费须少用,并经济时间;

第四为公共照料,尤其是在这个时候,就要为团体照料,表现自己的能力,继续峡局的精神,并要细致,切不可损失公共物品,或稍放弃职务,尤不可只顾全个人,最好是养成谦逊的习惯。

正午餐的时候,经蕲春,城西外,一幅林绿夹杂隐约可见的小村,往来的行道风景,真的美丽。

船到武穴了,便泊。闻此地产陆盐著名,又为湖北与江西省界地也。

船到九江将泊的时候,就有许多卖瓷器的商人,一会便把种种瓷器,摆满了趸船,这时好热闹啊!就是卖食品的,也不过只得卖瓷器的十分之一,比甚么还要贱。就买一桌花纹资料,极好的用具,最高也不过14元,这真是便宜。又闻这里茶商更比瓷器广。

九江城长约6里,本有大炮台在岸,为江西唯一大埠,南有庐山矗立,高出海面4000余尺,为本省唯一大山。

经湖口的时候已晚,而湖口及湖侧的山,还隐约可见。

中国招商局的轮船,名"江华",较"长沙"轮稍大,同时泊在九江。"长沙"轮开车的时候,"江华"轮尚未动,一个钟头它便跑上了,同着"长沙"轮竞争走前。这时西轮黑烟直冲如云,行如飞,结果,"江华"轮胜。两轮乘客,均出来倚铁栏望。

晚间开会,先由局长说明了到上海的生活和人的分配,工作的分配,事务的分配,并说明必须注意的事项:

1. 笔记——凡事与各个性质事务相近者,即为某人笔记,这是极要说的;
2. 搜集——凡有价值之一切物品,均可大批的在上海从事搜集;
3. 学习——每遇有专门应学习的事业,亦中依各个性质相应或需要者,便派人学习之。

最后各组相应报告昨天的经过,在十二点钟会毕,就寝。

3月21日　晴

早膳过后,整整地写了几个钟头的日记,忽然的热闹起来,听说芜湖到了才搁了笔,出轮外望,见着河岸的堤,似一排窗门一样,初视系石筑的,后才见堤岸有补修理的工人,遂上岸上看看,才知道是木棒着成的,里面系沙,外而覆石,做成一个一个的木箱,把石衬起,是极经济而坚固的。

此地叫花子极多,要钱的器具,即以一竹杆[竿]系一小布袋,执手上,远近高低,即以此物要钱。又此地游民极多,扒手啦,卖物品的啦,齐拥上船,秩序坏到极点。

船到南京了,见着岸上的火车黑烟冲天,载货的汽车也往来极密,坚固的堤亦可作马路用。西房高耸江滨，甚壮丽。闻南京城离江边有数里，故不得见，只能见着城周小山起伏，烟云四起，马路用鸡公车来推煤炭的极多，或有妇女推运者极苦。

卢局长同着李云根，唐瑞五二先生上岸，因要事拟先乘火车或飞机到上海。

3月22日　晴

望大江，只见零落的帆船浮浪江面，好似水比岸高，愈下无际，江天不分，真到了水府啊！

十点钟的时候，茶房便叫客人收拾行李，将要到上海了。这时我们便一切行李收拾妥当，仍分类的集合在一块，并分人管理。

到吴淞口的时候，江面骤然而狭，并有大石块横断江面半部，形极似蜈蚣虫，摆于江面。岸上有无线电台，吴淞房子，多隐藏在树林，江滨堤面作马路，并有许多的人力车往来。沿河有木桩密露，尺许于水面，有木船如织，桅杆林立，顶上悬着各色旗帜，远看好似古时之戈矛集场，而船也是红红绿绿，有如花船。

沿江草房参差，但极美术，且有桥岸成荫，风景别致。又极大之标语，各种之招牌置中岸上，两岸着洋油之红桶，极左如轮船之在岸。一会搬运行李之力夫，挤了数十上船，便乱抓行李，"估狠"客人，且不可稍有阻挡，言语我们多不易明。这些力夫形凶气暴，动辄一声四起，握拳打人，何曾是力夫哟，种种不良举动，就匪亦不如此。

设我们的行李不早加防范，那未亦必有损失之忧，幸而又被账房接洽，故未得他举。

这时已看见上海的房子、船只了。沿江岸之房屋，尚比江面要高，而海轮、大轮之烟囱，几与岸上之房、楼高。而海轮之最大者，如美国，轮船头离水高有三丈，其他较小之汽轮，满江均是。此地木船虽小，而常可在大江往来，船不用划，悉兴摇橹。

海关之西房，多远即可见，江面泊之兵舰，极多，悉系外人的，最大之舰，为法国与美国，长数十丈，高六七层，全船大炮四出，实可惧。

轮泊浦东，待全轮客走散后，我们才搬运行李，管务极严，接客者亦很负责，故未损失物品。接客者即雇木船一只渡到浦西，上岸。我们遂由法大马路，赴交通旅社。住了三个房间，放妥一切行李和铺位，又把标本箱子再加钉整。

晚膳在一四川饭馆里面，十五人花钱六十毛零五分，合生洋五元零四分，因此地每元为十二毛。

街上汽车噗噗不息，黄包车栉比，并有电车往来，速度虽不及汽车，而载人极多。此车路有极薄之铁轨，设无轨之路，而空中设有铁线二根系于车上方可前进。而街道极精致,窄已有三丈许,而汽车行极快,但同时还是有鸡公车乘人载货。

房屋整洁,异常之美,并加电灯照,更为光彩。招牌、商标……布满街心,甚有招牌商以颜色电光作成字,迹或时隐时现,真是五光十色,惹人注目。

后到爱多西路之大世界,每人扯票一张(洋二毛)进里面便分作三组,以团员来过沪者领导之。里面极宽大,有楼高五层,底下有花园鱼池、喷水机,动物园里面有狮、虎、孔雀、鹭……有时狮吼的声音,满园皆能听见。

中西餐馆,每层楼都有一家,或两家,茶社亦多。楼有演新剧(男女合演)旧剧、京剧、川剧、幻术等许多游艺娱乐的事项。但有些戏剧,只能知剧情,听不懂所说的话。但是,北方人喜在北方人的戏场,而各省遂喜各省的戏剧。我们昨晚,多在川剧的戏场。

此地锣鼓很小,打来声浪只可这间屋子能听见,锣打来不热闹,可是看的人,每处都很拥挤,人也极复杂。我们组舒承谟下楼时,被□□拉着,他只前走未理,幸遇唐瑞五先生说,你拉他做什么？另去找人,□□听了遂放手,铜元未得摸去。其原因还是舒承谟身上有钱,打扮也是个乡里来的,说话的声音更知道了,并又看他体小,故遇此趣的事。

十点钟左右,各组便返旅社。

3月23日　晴

汽笛电车的声响,闹得要过通宵。

早晨来了一位上海人——黄警顽,是商务印书馆的干事。此人性和长言,人以为交际博士,大凡中国之留学生者,悉识之。此人前就与卢局长相熟,今闻来此,故特访之,加以赴全国运动会之四川运动员,为此人接待,所以要请局长参加到大中美饭店午餐,并摄影。局长因团体于此要开会,答不能去。他心里非约卢局长去不可,后来无法,便承允。这时他见着局长身上着的制服不太好,就立即请脱去,并说于他介绍有妨碍,局长说我素来都是这样打扮,不便改装。结果,只悉把现出的一段长的毛线衫去掉,其余还是原样的就跑去了。

这个地方连当二十元的铜币都没有,概无当十的。午后开会,会议事项如下：

1. 决定这个星期住上海的生活,及应办事项,并分配每天的时间和事项。
2. 30号到杭州住四天,一天赴运动会,三天游山。
3. 杭州回以后到南京、苏州、无锡、镇江、南通约20天,全部去。
4. 选择少数赴日本,以三四星期为限,其余留沪分头某处实习。

5. 日本回后到香港,亦以四星期为限。
6. 到北方约六七星期返上海,再沿长江游四川,约八月底达。
7. 决定明日一部到各洋行接洽,一部参观《申报》馆、商务印书馆、新新公司。

会毕,仍到双凤园四川馆店晚餐。后游到新先施永安公司,房子特华丽,电灯万盏包围,做出各种式样,亦作广告宣传。永安因房屋过大,地基不牢,故昨日房凹下未开,正在修理。街遇黄警顽干事,约在商务印书分馆,参观照相部,印刷部……因时间关系,未详细参观,只逛了一回罢了。

继又到山东路法租界,局长晤祝玉菊中医士。此人为四川人,前在成都是有名的医生。初来沪时,全赖教书生活,颇艰苦,后因诊病有方,大获病者赞艳。素手来沪,现已租起高大西房,种种家具……俨如巨商之家矣。

祝医生年已40余岁,还深想组织两个学校,极希成功,期于10年内,后再返川,此人立志若成,不乏艰辛,实可佩。

十二钟时乘电车返旅社。

3月24日　晴

早上记日记,并清[理]送人礼物,分送各处。

午前九钟,赴商务书馆,请赵连城先生介绍参观《申报》馆。

该馆规模宏大,销场颇广,每日发出报五六万份,自备有汽车运送,馆内职员共六七十人,工人共300,每日工作六小时,多夜工。

馆内组织及工作程序概如下:[略]

参加毕遂在顶楼坐升降机下,极便利并经济。

午后二钟同赵先生连城参观商务书馆总所制造厂[略]。

馆参观毕,遂到总所约赵先生返,临走时该馆每人均赠有日记本、纪念册、目录图……共四本,众甚谢谢。

3月25日　晴

今天还是分配参观各处,我等六人乘电车到合兴造船厂参观。该厂为民国初年间办,是合股,现资本达40万元,工人约200余,工资每月少至30元,多至200元,生意多时工人多至500人，每月最多支出达1.6万元，收入100万元，营业颇为发展，现又新辟一大厂，为装订造轮船。厂内分五室[略]。

参观毕，遂到申大面粉公司参观，公司有工人200余，每日出面粉千余袋。制造经五次手续可成面粉[略]。

又参观木厂，有锯木机八架，省力济时，倍之人工。制火柴盒，经三次机即成，一、改木机；二、截片机；三、截木机（成火柴）。

嗣后游半松园。游毕出园乘汽车一辆，价1元2角，直达法大马路之交通旅社，几分钟遂到，这时已六点钟矣。裕云辉招待，六钟到四马路大观楼西餐，我团全体按时应约而往。此地扒手极广，团员李云根、舒承谟等之自来水钢笔挂于衣包内，不知道何时被扒手窃去。

3月26日　晴

午前整理日记和公物，并写信二封。

舒承谟入德孚洋行学习染织技术，今日开始，每日染二次，初学是直接染料。

此地电话颇为进步，设要向某人谈话时，只须[需]将某号数一搬，就谈起话来了，此物也极普通，旅社、餐馆、公司……均设有。

街上汽车如织，运输颇便，城里规模较大之公司、商店、洋行、银行……均各自备有汽车，街上许多商店，都设有乐器，以欲打热闹，希图卖货。

此地结婚，颇为简单，只须[需]雇一乘花轿，籍一队音乐，送亲的雇一辆黄包车，尚热闹。

我们在街上，在店里……所遇到的人，真是形形色色，五方八处的人都有，我们很容易碰到的是广东人、宁波人、江北人或徽州人，外国人、四川人也有，总之难遇到一个上海的当地人，语言不懂，很感不便。不过一个正在发展期中的都市，需要工作的人甚多，专靠当地人的力量，当然是不成功的，所以都市中每年入境的人力，当比当地的多，因此吸收外来的客民，分配到各轮船码头、火车站、市中的店铺、洋行、工厂……为都市制造和生产去服务。

合兴造船厂，今晚请我们到四马路杏花楼去晚餐，听说是30元钱的席单。假若把这两桌和小费的钱计算起来，差不多在百元不远了吧。就竟还没有吃些什么，连饭一个只吃了一碗稀饭，你看这种生活程度到了什么田地？记得我们曾做过六次乡村户口调查，有多数的家产，都没有这里招待客的小费大，那每天在简单过的生活，更没处同这里比。

3月27日　雨

午前八钟,乘电车到那非得路参观人文类辑社,每人需车费小铜元15枚(由法大马路起),极便利。

人文类辑社,创立于1924年甲子之秋,初名甲子社,从1921年3月起,收采各种图书、杂志、报纸,分类收藏,将辛亥革命以来报纸所载有价值之资料,剪贴成片,分别类目叠成档案,一面又将重要杂志,依照所订类目,制成索引,从事此项工作之部,名曰人文类辑部。自1929年3月起,才改名人文类辑社,扩大工作,并设有图书馆,职工只有15人,永久社员19人,每年每社员捐洋2000元,恰敷此社每年3万余元之支出。

社内分五部:

一、选辑部　二、审订部　三、编纂部　四、索引部　五、图书馆

临走时,赠了几本人文月刊,又为我们介绍了几个参观的地方。

午后乘电车参观中央研究院。坿霞路沿街花园栉比,树林成荫,华美西房,矗立园内,风景绝佳。外国人之住地,极多于此。

中央研究院院长蔡元培,博物院设在南京,现正拟派员到四川、贵州二省采集和考查[察]。

院之下分为九所,以自然科学为主。

天文研究所　气象研究所　新闻研究所　生物研究所
地质研究所　语言研究所　工程研究所　理化研究所
社会研究所,此又分为四组:

一、经济组——现在进行研究的,为税收、土地两种,陈列有各种经济方面图书。

二、民族组——现在研究的台湾与浙江民族状况,陈列有关于民族方面的图书和台湾民族的风物、用品,如衣服、军用品、装饰品……

三、社会组——正在研究的乡村调查(江西)都市调查(上海),此刻在采集各种报纸、杂志、整理江苏户口调查,调查表颇详细,已赠了一份与我们作参考。我们亦拟将夷人调查和户口调查送给此院。

四、法制组——正在进行研究犯禁问题,监狱改良(汉口)问题。

关于社会学的出版物：

a.黑龙江猺民分系

b.广西研究

c.亩的差异

d.海关册将要出版，但需印刷费八千两，正在筹备

此处之图书馆，书籍颇多，尤以社会学类丛书之多，居全国第一位，约值10万元，多英文字书。

院内职员，多系大学生或留洋生担任编辑和整理，事务所之书记事务，有初中生充任。

社会组之罗先生告之，此地为学术最好的地方，要读什么书，就去买什么书，每月并有相当报酬。

3月28日　晴

上海这个地方，与乡村不同的地方很多，有些或竟为乡村所没有。

1.区域广大。

2.货物繁多，全国的出产品几乎这里都有。

3.人极多并极狡猾。

4.一场物质上的享受过于乡村。

5.街道宏洁。

6.市内交通工具能满足市民的需要，市内设有电车、公共汽车、铁路、轮船、飞机及长途汽车。

7.市内有一切商货批发，一切食品批发……

8.公用的组织——自来水公司、电灯公司……

9.都市人民财产的保障，除警察员的设备外，有救火机关、红十字会、传染病医院……

10.娱乐事业的设备，有公园、戏院、电影院、跑马厅、体育场、音乐会……

11.文化事业的建设，有各种公立学校、图书馆、博物馆、科学院、美术院、讲习所……

12.生活程度极高，人工力资亦昂。

13.大餐馆、大旅馆、大洗澡塘[堂]、大百货公司、大衣庄、大工厂……

3月29日　午前晴，午后雨

今天我们拟参加中华图书馆，并将合川带来之照片托交该馆转发，后来因为今天乃黄花岗纪念日，凡规模较大的公司、商店，均已停业，故到中华图书馆已绝望了。

早餐系在四马路新新居里吃的，价钱比较便宜，饭菜亦适口，每人需二角洋就可饱餐一顿，比较双凤园就要合算得多了。

因无什么事，遂到先施公司。这公司在上海都是有名的大公司，各种货物，分类售卖，规模、房屋均宏大，里面更还有游艺和娱乐的地方。每人去二角生洋，买了一张票在里面游玩。该地共有楼七层，下面四层为营业区域，上面三层为娱乐的地方，有花园两个，有影剧院、京戏场、新剧场、魔术场、大菜馆、食物、玩具等。

因为不懂各省的语言，所以有些戏剧就听不懂，只得逛了一会花园，看了一会电影。

3月30日　晴

今天写了两封信，一封信是给义勇队同学的，说的是这一回的经过；一封信是致卢队长，说的是此次旅行与去年春[夏秋]赴川边一切作了一个比较。

这个地方的气候，因近海，故温度较低。

3月31日　晴

晨起即清整公物行李，以便搬运。

账房结算住7天，三间房间，给96元，另还有茶房需索小费10元，后在十一钟才打电话到汽车行雇了一辆汽车，把行李搬至吕班路东昌旅社。

汽车每小时给租洋4元，上下行李由车夫搬运，此为通例。东昌旅社乃法人租借地，这里较清静，便工作，房费每天一元八分，较别的要便利了，以后概要在此长住吧。

午后欲游法国公园，去买票，因时过未成。遂绕园外游，沿着竹篱，竹篱形多，很美术，园内花木均排列有序，小高的洋房隐约于丛林中，绿色青竹，又排有雪白的竹椅，极细致，颇美观。游霞飞路之极精房子几各不同样，似引入乐园一般，可惜它是为法人场所。

4月1日 晴

清整公物行李，准备要赴杭州。

午餐在一家广东馆子里，因言语不明，很感不便，结果尚未吃饱。

午后三钟，雇汽车二辆将所有人、物各载到北火车站，行李简单，自可料理。每人买三等轮票一张，需生洋二元四角。乘客颇多，极拥挤，火车到时，均纷纷入舱，与下客互起冲突，以致出入涌泉，毫无秩序。若设有出门，又有入门，绝不会有此现象。

三钟半时，已开车前往，振动咋咋，颇感不安，不时甜蜜的瞌睡已来了。

沿途平原千里，一碧无际，桑林田畴整齐，树林村港参差，许多小溪交错，有木船往来，溪面几与土齐，地势如四川之盆地成都。车路常跨桥经过小溪，沿途一切景物，历历在望。惟沿途小房林立，远望如小村舍，其实是死人之住宅也。

夕阳西下，天快要黑，瞬将不能见外景物矣。约在七钟许，见远处有灯光射来，想是到杭州了。果然，这时忽地的拥护起来，与上车时相似，各人携行李，下车站，这时旅社之接客者，力夫之搬运者，汹汹有声，人山人海了。不时，遂叫黄包车多辆，将人与物均拉到天然饭店。

经过的街道很多，繁华者有五六条，街心不逾丈，见立有一兵，问得来蒋主席因杭州运动会已来此，所设之卫兵也。看见了六个被电光照着的大字"全国运动大会"，天然饭店亦在此。

房间系卢魁杰①先到杭州定的，所以只管将行李放妥就是了。稍息，到临近之西园晚餐。楼可俯瞰西湖，惜晚只见沿湖滨之灯光倒映水中，极好看。

食毕，沿湖畔游，湖北离岸不过四尺，岸即大马路，有噗噗的汽车往来。湖滨泊有游湖之花船，形势颇美观，远看如小西房之立水中，问人云此船每天租游，只给费一元，价颇廉。马路旁有列道树屏，有小石山罗列，小篱笆围之花园，足资客游，约一里遂返。到书店买西湖图一张去洋3角，以作参考用。

4月2日 晴

湖毗连杭城西，周围约30里，三面环山，溪谷四寻，潴积为湖，中有孤山、湖心亭、三潭印月，博览会纪念碑立湖心。有外湖内湖，后湖之别，即东面曰外湖，西北为里湖，南曰外

---

① 卢魁杰：系卢作孚五弟，曾任全济煤矿公司董事，独资创办北碚澄江镇光华电灯厂。此次随合组考察团赴华东，除参观考察外，也协助团里做一些事务性工作，如联系住宿等。

湖,以白堤、苏堤横为界线,惟外湖面积大,湖滨泊有花船、小汽船,岸堤停有舆马、车辆,专以待供游客之用。

我组自天然饭店始,沿湖畔旁着马路步游。游陈英士之纪念碑,经钱塘门外,往孤山,经长堤、断桥,赏平湖秋月;观动物园;到浙江图书馆参观;进中山公园,参观历史文化部,自然科学部之陈列品;拜岳飞墓;参观浙江昆虫局各展室之陈列标本。出园门,北行数里,到灵隐古刹游,此时天黑欲雨,遂跑下山,出灵隐庙门,乘汽车至孤山,又游石宝山之保俶塔。后沿湖畔还,此时电灯齐明,明景遂生,至天然饭店已七时矣。

4月3日　早雨

晨起即盥洗极速,继赶至公路局汽车站,欲买海宁车票往观潮。杭州至海宁,钟半始达,路程有100里,至时已十钟半,下车到海滨,见海船数只,问海滨当地人,云潮来在午后矣,尚还早,遂向城内游。游毕,见教育局在此,遂参观之,教育局长姓王。

全县有小学100余所(初级小学有八十几个,学生9000余),中学校有2个。经人口调查有学龄儿童3万余人,全县教育费为5万余元,完全小学助学费1000余元每年,普通小学助学费200余元。

此出乃午后三钟,适当潮来之时也,遂登立海滨之镇海塔,共7层,可俯瞰全城,城周树林,远望海口,约一刻钟,潮未来,遂下,游海滨。顷刻潮声远来,水遂倒流,而一线之白光,飞来矣,愈看愈近,声响甚大,此时该当地人来观潮者数十濒岸立,瞬间潮涌而至,高五六丈,如电霆,澎湃散激,真悦目惊心。人传,每年到八月望日当地男女参观者,极多。

观毕,遂返火车站,乘原车返,车开极快,振动颇大,有许多乡下小孩呐喊,从窗外望,所见真是沧海桑田。返途中,又游六和塔。

4月4日　早微雨,后晴

今天欲雇马游烟霞等地,未成。遂改雇汽车两部,至杭州城北之松木站,此地塞包子、混饨食饱,再乘车到东岳庙站下,便西行,入茅径,见有乡下上坟,知其为清明矣。至溪边有小木船十余只,而舟子衣着至言谈多不懂,继船去生洋1元,划二钟。上船,系坐立船头,溯溪上,见桑林两被岸,也参差了些茅屋村落,船行慢,风吹轻,溪水碧,叶浮面,支流多,水不流,极曲折,似人掘。河极小,遇船不可让,船为摇橹,河到吴埠头如断,又欲游吴村,不得人。从村右侧上,溪水浅,船用撑,再经石桥,遂见岸上有包车往来。

晚餐被李志亲[趾青]招待在聚丰园。

4月5日　晴

一部分团员,拂晓即起去游西湖未游过的地方,我们有八人随局长到省立第一中学。走许久问了多次,乃在僻静得其所,因为这个学校,常在改组,迁从无定,所以校地少人知道。

入堂,唐校长遂招待茶点久已候,谈了些关于教育的问题,我们的目的,是在问他杭城里有许多值得参观的地方,结果并没有一处,就如关于教育方面,有几多小学尽都是在外观或文章上表现它的好处,其实内部一点值不得看。比较好点的只有一个小学和大学,此间因为运动会和放春假,也不便去参观。

省立中学系分数院,又分两处,因为校地就是原来的县府改成的,房子皆旧式,所以学生教员均分着两处住的。

参观毕,已是九钟了,即赴运动会场看运动会,这时因买票时间已过,经多方周旋乃得买票进去,每人2角。这时正是江苏同广东比赛排球,看的真是人山人海。结果江苏负,比赛完后,各运动员、参观者大多拥出运动场去休息或午餐。在坞晤着郭先生,又引导我们参观田径赛处。运动场颇宽大,各类各有场所,是隔了的,设看足球运动,就拿足球运动票,各是各的,里面以箆杆分成区段,各场均设有参观台,台是用木板着成梯形,有五六级,每级可坐30人,立在四面。

此后局长遂同二人返店,应李某午餐之约,我们仍在此地参观运动会。

此次全国运动会,加入的有七余省,各省均表现自己优秀的成绩,而四川闻亦有十余人赴者,加入比赛的,在报纸上,场所表,均未见一个。听说昨天1万米竞赛有一个四川运动员,参观者均很惊奇,比赛时有30人跑,在最后者,为四川运动员,众皆拍手笑,他似[视]若罔闻。

在午后四钟时乃出足球场,在汽车站里碰着全体都在候公共汽车,很拥挤,就是先买票亦不能上车,我们一部遂决计走路到湖滨天然饭店,整好一切行李,雇汽车三部坐到火车站,返上海了。

到上海的时候已夜深了,仍雇三部汽车到东昌旅社。

4月6日 晴

晨起速整服,盥洗后,雇汽车三辆,全体团员至火车站,晤着黄任之①先生,参观徐公桥改进会,遂乘火车至安亭下,步行三里,至徐公桥改进会所,参观一切。

会的宗旨,以普及教育,提高娱乐,促进健康,增加经济效率能养成健全农民而改进乡村生活为宗旨。组织分七部:

总务部 教育部 卫生部 农艺部 娱乐部 宣传部 建设部

经营的地段,纵横约二里,地极平,人口有446户,2001人,设有保安队警察,并有机关枪等炮。

会所为去年新建,有一小学,一公共运动场,农艺品陈列室、医药室……一侧有养鸡室、报钟台……需建筑费2000余元(造一切机器在内),此地属昆山县管。

会所参观后,局长同蔡元培先生——谈话,我们遂出村到外参观一切。徐公桥这个地方不像一个镇场的样儿,因为只有几十家房子连[联]络,好像一个小乡村,但是也还有买卖在这个地方。这个地方的人着上裙围,每天每人都有工作的,少见无事的人,这些人的衣服都是极清洁的,都是在秩序很好的生活中。乡村改进会的标语,随处可见,并设有问字处,中心茶园,农试验场所,改良厕所,并成立有一农具室,有新农具——抽水机、播种机、打谷机、炭[碳]酸筒……

又参观中心茶园,民众问字处、问事处,午餐被会所招待农村便饭。

膳后,参观了农事试验区,测候所(有测晴雨表、时间表、温度表)公界地、菜园、改良厕所、阅书摊处、夜课学校……走的时候,每人又给了一本小册子,并且还要填写意见,以留纪念。

此后回安亭,路经一南塘师范学校,是嘉兴、昆山、□□□三县组成的。

晚上,局长谈到科学院的问题,一因为我们这次旅杭成绩不好,由于我们的效率不高,遂更计划,把距离时间缩短,不再远跑了,只到南京和日本这个地方,所有考察事业均以上海为中心,在此举行。

全体团员拟各系一种技能,才切实以后好返川。否则,枉用钱费时而已,所以拟团员袁伯坚到东方图书馆,刘华屏到帮兴城见习,梁崙学纺织,陈德学电话,我学制动物标本,至于英文各个都补习,现在正托人至英文夜课补习学校。

局长谈到科学问题又联想到中国办的学校,遂决定四川即在峡办一中学校,分高初

---

① 黄任之:黄炎培(1878—1965),号楚南,字任之,笔名抱一,江苏省川沙县(今上海市浦东新区)人。中国教育家、实业家、政治家,中国民主同盟主要发起人之一,中国近现代爱国主义者和民主主义教育家。

两中,校地建在峡局马鞍山,为草房,形式同参观的师范学校一样。至于设备,不成问题,教师就以现住峡局人员充任,颇为适宜,而于科学院更有联络,更有意义。谈时,莫不异常高兴,不日即致信峡局,拟定报告。

4月7日　晴

今天拟赴杭逐日笔记。

晚间接得《嘉陵江》报和《峡局大事日记》,峡局各种情形已知大概,各种进行,颇为努力,我们看了,十分赞羡。

局长为民生公司雇了三个机器技师,系合兴厂的工人,工资每月40元至60元;又为峡局雇了一个织袜技师,系四川人,工资每月18元,并拟买打袜机十部,不日即赴川到峡教兵打袜。

4月8日　雨

除整理日记外,作旅室洒扫。整理并写了两封信,叙述在全国运动会期中游杭,游湖及参观昆虫局,徐公桥乡村改进会……一致峡局,一致家庭。晚间同几位团员询问英文夜课补习学校,这个地方的学校,虽是遍到[各处]都有,然而难寻到一个稍好的地方,为什么呢?即是办理这些学校的人,不是旁的有职业或事务,便是无办法的谎神(中西皆有),只图得几个钱,或者是学校比较好的地方,教授有多不遇和所求。

第一是我们有五六人学,而程度又有高下;第二是语言不懂,学起来颇感困难,更不要说西人教授容易了,今天参观询问了数处,皆无结果。

4月9日　大雨

今天除整理日记外,将夷人风物各准备一份,同中央研究院互相交换陈列品。晚间,住地法人请客,大声唱[歌][跳]舞,颇热闹。

4月10日　早晴明,后大雨雪弹

午前九钟参观中华职业教育社,因路线走错,到社已是十钟了。先晤着黄任之先生说说社里的经过概约：

社为1917年成立，为实业界、教育界所创，本身范围很广，而与各方面间的关系不少。

里面组织分三部：董事部、评议部、办事部；

办事部分四股：即总务、编辑、推广、研究。

又有职习指导所，农村服务部，生活周刊社，新农具推行所。

所办的事业，有的在上海各处，中国各省。本机[关]的调查、讲演、试验、指导、通讯出版物。其他附属机关、代办机关、特约机关。至于本社的经费，除自身生产外，以社员纳费为主，以公家拨款为辅，每年支出约3万元。

职业指导所主任潘先生说，本所实施职业指导已历二年，所办事业，如研究、询问、调查、测验、谈话、讲演、训练，以及升学指导、服务指导、改业指导、职业介绍……

指导的方法：谈话、征章、就学、就业。假如商、工业界来求所需要某种人，本社征求的办法：

1. 登报招考
2. 登报征求专门人才
3. 普通的，看平常的成绩或者登记簿子

每日求业者有5000多，缺口有10倍以上。

局长又参加意见：升学指导，应该高于全国各省，中、高大学应通信取联络，选其好的几个学校，在暑期以前遂公布致各学校，以减少升学烦闷，不明了……潘先生皆说照局[长]的办法前进。

我们又托了潘先生，寻英文补习学校、织布厂、制动物的标本。参观后，遂到黄任之先生家午餐。膳后，便到职业教育社附属的机关——中华职业教育社，1918年成立，里分若干科，我们参加了几科，学生共700余人……

此参观后，回职业社，参观测验器，是在日本买来的，共100余种，去洋七八百元，如测验人的智力、听、目、动作……。参观后，职业社送了几包书籍，回东昌旅社。

晚上有位客人来晤局长，说："你们此番出来考察，东三省这个地方必值得去看一看，为什么呢？就如大连那个地方的大学生，说不来中国话，并不明了中国革命以来的现状，然而他们对于日本的文字、国内情形，异常明了，所以要到那个地方看看他们，到底还是不是中国人，还是不是中国的地方。"

4月11日　阴雨

今天除作日记外，又抄缮了两封信，是局长为民生公司写的要信。又到中华职业社交信，当时局长又接到了两封信，一系黄先生子裳写来的，一系民生公司郑先生璧成①写来的。两封信都说的关于科学院的问题，已得到了好的结果；又知峡局帮航队招生，义勇队同学四出种痘，并不日同中央研究院来员分头出发采集，这时我当不胜惭愧。局长并请袁主任抄缮一份科学院情形，披露于上海报纸。

晚间张宏伯先生来社，因运动会毕方由杭来，我们当时遂问他全国运动会结果，他就取了两份报出来给我们看，全国运动会的结果有十三处夺得锦标：

男子组

上海——足球胜；香港——游泳、棒球；

广东——排球、网球；辽宁——田径；天津——篮球。

女子组

哈尔滨——田径；北平——篮球；天津——网球。

我们今晚也作了一下运动，即是击掌，搬[扳]手劲，颇有趣味的。

4月12日　阴晴

早晨来了一位女留学[生]名刘涵佳，同局长谈了些关于住晓庄的经过。现在晓庄已不如前，里面除开几本出版物外，更有趣的就是晓庄的一位最好的陶行知先生，说进城就着上草鞋，着上中[式]衣，仿佛像一个极老成朴质的普通人一般，回校以后仍着洋装官帽，这是实在的一回趣事。

午后到贝勒路陈俊碧处取胶印版，帮中央研究院化学研究员曾义代印实业考察宣言。

购置了一部中山琴，以备公余后学习。

4月13日　雨

早上四川人唐睿奎先生来晤局长，他在瑞士达纳洋行专办出口山货的接头，他说四川每年的出产物很多，数量亦很大，如：

---

① 郑璧成（1889—1958），中国西部科学院董事。曾任川江航务管理处航政科科长、民生公司航务处经理、民生公司（1927—1930）第2—5届董事会董事等职。

1. 盐巴,每年出口五六千石,每石值洋四十余两;

2. 羊皮,每年出口一万四千石,每石值洋二百余两;

3. 猪鬃,每年出口有六七千石,每石二百余两;

4. 纺丝线,每年出口四五千石,每石值四十余两;

5. 木耳,以前每年出口为二万余石,每石价三四十两,现在每年出口,只有木耳三四十石,每石值银三四十两;

6. 羊毛,每年出口一万余石,每石价银四五十两。

以上诸产品,均畅销外国。如羊皮,卖与国外的用途唯一的是制成皮鞋,因四川的羊皮制鞋不皱,又如猪鬃,供各机房制刷用,再如纺丝线,除售为国外用,还可在上海织成丝,每匹五丈,价洋二十元。

唐先生这个[人]对于票样事业,颇注意维持,并募有一千元,买了三根水龙送合川,拟照上海组织一救火队,局长闻之,十分赞成,并拟以民生公司之水龙集合,派峡局士兵组成一救火队。接着又是曹俶宾先生来晤局长,此人曾在吕超①部当旅长,同局长谈了许多问题。

1. 茶树——因为曹先生曾在灌县办有一个茶传习所,所以是富有经验的,他说,四川产茶的地方,如南川、灌县、青城,还有富顺的一个鸡公顶,有一百余十个山头,悉系黄土,适宜种茶,而后谈到茶叶的制作。

又略谈了些蚕桑问题,中国现在之一般情况,谈得非常有味而确是的。例如,卢局长说:"革命以来,直到了今天,匪徒的利用是过去了,凭今天以后,是决不会有的。利用军队,今天也是显然不可靠的,形成了军人遍国中……这样一来,中国现在要利用什么才好呢?"接着曹先生又说:"还是要人才集中,正己正人,先要有个人道德的基础,然后才会有公共的道德。"局长说,你把这句话掉转过来说就对了,"先要有公共道德,才有个人道德"。

曹先生又说:"现在的中国名目上虽有公共的,而实际太虚伪了。"局长又说:"在这道德坏的环境,社会坏的环境当中,决不会有一个一个有道德的人才。"曹先生说,因自袁世凯后,道德已摧毁了……

直谈到午餐,午餐后又说得一个钟头,待雨住了的时候,曹先生才走。

晚餐为曾先生招待在新新居川菜馆,虽花钱不多,而味可食。膳后因雨,雇汽车二部送回旅社。

---

① 吕超(1890—1951),国民党川军高级将领,川军第五师师长。

4月14日　雨

午前开始读英文会话一课,并演了四道四则杂题英[文][算]术。

午后到中华职业教育社晤潘先生,后因不在,遂返东昌旅社,学习英术并读会话一课,余时练习大镇[正]琴①。

4月15日　晴

连苦几天春雨,忽地见着鲜红的太阳,心头骤然的舒服。

我们的伙食,原系在社内包的,每月10元(每人),可是每每有两种不好的现象。第一是钱不经济,第二是时间不经济,所以今天每人发给生洋5元,以作10天的伙食费,从今天起,各遂在外觅馆开餐。

到中华职业教育社,晤得英文教师顾真宏先生,后来同局长商定了教授时间,在每日午后七时至九时,每月薪资在30元以上。

请职业指导部的潘先生,介绍团员李趾青到养鸡场,并找标本和织布厂,在两天后回复。

午前阅时报一张,在报纸上见晓庄师范已解散,陶行知先生同三位学生离开。

晚间陈琼碧先生教印胶印版,五分钟已学会。此物能印公函、通报、艺术品、学校讲义等,为机关最适合的,第一经济,第二快捷,第三简单。每架好的值洋12元,最次的值洋9元就可购买一架,比较油印,就要经济快捷多了。

4月16日　晴

午前同梁崙等共同练研算术,演了习题十二道。

午后读抄英文,系一本汉译用英文法,供给初级中学用的书,里面字句皆浅显,并附有中文说明文法,适自修用。

今晚顾真宏先生按时来社,按我们的程度为两班,一初学的,有五人,请顾先生斟酌读某种读本;一高级的有四人,以《太西五十一史》作读本。

顾先生刚由北大毕业,现服务于教育社,他今晚同我们谈了一个钟头话。他不仅是

---

① 大镇[正]琴:日本于1912年(大正元年)创制的乐器,20世纪20年代传入中国。由于结构简单,容易弹奏,音色清脆而深受民众的喜爱,在我国又叫"凤凰琴""大众琴"。

教育研究,对于实业颇有兴趣,并他自己还养有蜜蜂,说利益颇大,他问我们四川养蜂事业发达么? 我们说也不见得,我们只晓得有两个地方在养蜂,第一是重庆茶园,第二是峡局,都是意大利的蜂种。

他又问我们四川矿业方面发达么? 我们答埋藏倒很丰富,可惜没有大规模的组成开采。

说到十钟的时候,他才走。

4月17 晴明

红日如灼,温度已达88度[华氏],正好将四川带来的食品家腊肉晒过,以免霉腐。

英、算抄写练习。

晚间七至九点为英文教授时间,分配教高初两班。

第一次,半小时教初级班英文,高级班自修预备未教的课。

第二次,半小时教高级班英语言,初级班温习。

第三次,半小时高级班温习或字句不明了可问。初级班有不懂者亦趁时间问。

第四次,半小时为老师考问,便纠正字句发音并指明错误。

4月18日 晴明

今天计划要参观两个地方,一是水泥厂,一是造船厂。大约在七点钟左右,我们共16人就分乘了两次电车到南火车站,搭火车到龙华,每人生洋一角的车费。客人较少,上车的程序,较北站稍好。

不[到]十分钟,便到了龙华,下车见着竹篱围着的桃林,还有残落点点的桃花。沿着路行,便经一大操场,有骑兵在试枪打靶,同时又见水泥厂的两个烟囱矗立很高,"上海水泥厂"几个大字,多远就能看见。厂外有一小茶馆,一小食馆,多半是供给厂内工人而设的。将介绍信交给警卫后,才得进去参观一切。

厂为1920年成立,原资本120万元,现资本300万元。里分原料、材料、化验、工程……多部,中间以工程,化验两部最重[要],工程师为德国人,化验师系广东人。厂里所有机械,皆购自德国。

被厂里的一位张先生引导、参观机器室、化验室。

走时遂将原料以至成品的各段质征集多种,便科学院之陈列。参观毕返龙华午餐。龙华这地方系一个小镇,场极热闹,食馆茶社很多。

膳后,遂登龙华塔,登塔每人票一角钱。塔凡七层,顶可凭眺黄浦江,又可俯瞰马路、铁路,上海县烟云四起,颇有风光。

游毕乘公共汽车返,参观江南造船厂,兵工厂也在一块。厂规模宏大,咸称中外,机声满耳,工人累累,粗工多小孩工作。

该厂除修大小轮外,并能造鱼雷艇、兵舰等船。

我们今天只参观了翻砂模型、钳工、铁工,订船数部。

4月19日　晴,午后雨

早上唐聚奎先生来社,请我们午餐。

同行的张宏伯先生明日要起程赴北平,局长约了几位好朋友,午后五时与先生饯行,遂写信通知几位陪客。

将夷人风物叫人力车装好送到江湾路205号国立中央研究院,因蔡子民[①]先生不在院,遂接洽院里的一位王肇简先生,将送去的物品一一向他解释名称同用途,给有一表与他,以便陈列。后王先生开了一张收条给我回社。

晚上来了二十一军代表范崇宽和涑肇文等,在一家西菜馆里面包了二十几人的西餐,每份一元,自己另买有一些茶点,席设就在社内。

4月21日　晴

到中华职业教育社询问潘先生前托为我们介绍的两桩事成功与否。

他说:"织布厂已接洽了几处,都觉里面不好,现寻到一个较好的地方,名鸿新,能否待明日回信。至于学制标本一事,颇难成功,接洽了两处地方皆无结果。"

4月22日　时晴时雨

午前清整植物标本,准备一份送到南京。

午后到商务书馆购书、文具。

晚间读英文二小时。

---

① 蔡子民:蔡元培(1868—1940),字子民。中国著名革命家、教育家、政治家,中华民国总任教育总长。1927年起,任南京国民政府大学院院长、司法部长和监察院长等职,后专任中央研究院院长。

4月23日　晴

午前同袁伯坚先生到玉通埠记灰面厂参观,并征集出品。

该厂已开办23年,原资本为10余万元,后营业逐渐发达,股本后有增加,资本现在300余万,有工人200余人,每人每月工资少至11元,多至200元。

厂的机师姓任,技从于美国人,当有30余年之经验,善详指导我们。参观中,我们就从原料到成品,每次的中间征求了一玻璃瓶标本,只28瓶,并在瓶上注明编号、顺序。在午后二钟才返社。

午后阅峡局寄来的大事日记,知护航学生队,已招有170名,现开始训练了。

4月24日　晴

午前除抄写英算外,尚助局长抄了一封信稿,此信系与四川刘自乾①、刘甫臣②[澄]写的,大意是组[织]有学者十余人来川考察各种状况,此班[人]与吾川事业颇有关系,但游历之资达万数,中央研究院不能负担,拟请刘襄助,并及。

午后,添送夷人风物到中央研究院。

川江航务处决计订浅水兵舰一只,上海各造船厂频来担制。

晚间十一钟局长搭火车到南京有事向交通部接洽。

4月25日　早雨后晴

午前写信两封,并开始学织袜子。午后抄演英算,晚间读二小时的英文。

路过旅社门口,有一外人(俄人),尾随极悲哀的说了两句英文:

I am a poor man,please you give me many copper [cash],thank you very much.

之后同行的李慕尧君给了他数十枚铜币。

---

① 刘自乾:刘文辉(1895—1976),字自乾,四川大邑人。民国第二十四军军长,陆军上将,四川省主席。1949年12月9日率部起义,1955年被授予一级解放勋章,历任西南军政委员会副主席,四川省政协副主席,国家林业部部长。

② 刘甫臣[澄]:即刘湘,字甫澄。

4月26日　晴

局长二十四日赴南京，半日办完公事，并在京游玩半日，昨乘晚车，今晨八钟返社，时间太经济了。

午前助局长译一明码电报（向何北衡打的），明电码好翻，同翻《康熙字典》一样。

十一钟到教育局晤英文老师顾曾宏先生，在公共体育场练习篮球。

午后助局长译合（川）密电，是为刘军长打的，中间有一椿[桩]事系辞职航务处的，回川后立志办理乡村事业。

晚间读英文二小时。

4月27日

早读《嘉陵江》报及上海《新闻时报》。

黄警顽先生晤局长并请在东方饭店午餐，并开会饯行。赵佛毅先生为云南人，赴川办理辛亥革命殉国先烈治丧事宜，除此事外更有旁的计划。

午后六时，写函通知团员开会。

胡鹤宾先生被黄警顽介绍，来社征集峡区一切事宜的照片各一份。

晚间开会任记录。商决的事项，最要紧的是恢复团员的精神。

1. 会议恢复。时间订[定]在每晚英文课毕后开会。
2. 除必要原因外，吃饭的时间、地方皆求共同，好利用此时商议事务，现定早西餐，晚中餐。
3. 读书恢复。晨早英文，午前办公，午后习数学同读书，每周开一读书会。
4. 要知道群的生活，群的意义，无论游览何处，须共同去玩则可，除星期日晚有意义的娱乐外。（如听音乐、看电影……），晚上决计不游。
5. 为团体多想办法，多谋娱乐，如购置风琴，胡琴等并请音乐教师。
6. 公共的事务，必需分配，属某专事业的，就皆该部分人担任。
7. 以后生活大概一天做事，一天考查[察]。

下周的事务分配：

星期一　　午前

1.调查车刀钢、问方式。

2.到益中及华光二电器公司，解决电压箱的问题。

3.到禅臣购过河线。

4.到中国铁工厂。

5.签字。

6.购皮带。

7.到聚兴诚接洽。

8.到中国职业教育社，问姚先生：

A.农具配齐否？

B.箱装好否？

C.已通知大川通报关行否？

午后

1.到商会接洽并写信致商人团体整理委员会，信上申明拜访及参观图书馆、陈列馆，并问为科学院征集工业制品，介绍的办法并接洽何人。准备在星期三午后参观。

2.接洽亚司令及亚浦尔两行。

星期二

1.去上川参观水产学校、桑蚕学校……

2.参观光裕公司。

3.写信问卢伊台、张秉心先生商任。

星期三、四、五、六　　调查事项

□□报、螺丝钉、电分台、灯头、电气、航业、电影

议定事项

1.收发由陈德担任。

2.录写由梁崙、朱树屏等担任。

各种专问学者，联袂入川考察。

4月28日　午后雨

午前录写致商人团体整理委员会,为参观及征求商品事宜。

同陈德到中华职业教育社晤农具部主任姚先生,问得前次购得之新农具已配齐装好箱,拟明日帮送至大川通报关行,不日即由该行交上游直航船带回峡局。

午后将中央研究院的介绍信和局长致函同陈访总商会接洽,务得会内常务委员会王孝赉同他谈及一切事项,后他才介绍商品陈列所的一位林先生商洽一切,结果为商品的征求,颇不容易,而时间可以在星期三午后参观。

到商务印书馆选购《英文文法易解》,并购一切文具。

夜晚英文加授文法,课后开一度小会议,为计划明日的一切生活程序,会毕欢迎张和生先生随谈欧洲的经过。

此后遇赵端先生来辞局长入川,并说了些国际现局问题,革命经过……。又请局长托入川沿途路线应参观的地方与接洽。

4月29日　阴晴

张合生先生来说,现在是六钟半了,到上川公司得起程了,这时我们才起床,盥洗后各带书一本,七钟乘是车到外滩,步行至庆宁寺渡码头,买票到川沙站。船颇清洁,设备完美。

这船是依时间往返,不待客的多寡,不[到]五分钟就走了。不[到]二十分钟就到了川沙站,就有轻便铁道,该铁道就是上川交通公司的,在站上问得公司的地方,就去时遇陆润[任民]先生来接,这公司处是借庆宁寺庙子设立的,里面还有一个问道小学。陆先生说,今天恐怕天候不好,我们先到川沙参观。过川沙小县城,一会陆先生就介绍到三友客茶社的川沙分厂去参观,这厂专织面巾、枕巾的,有70架机头,女工占十分之九。此参观后陆先生又转到川沙县立小学参观[毕],乘汽轮到外滩,乘电车回旅社已七钟,夜读英文。

5月2日　晴　温度69度[①]

午前清理地质标本各一份,将产地、品名一一登记好,准备送中央研究院。

---

① 此温度度数为华氏,下同。

午后同局长等到商会参观,并抄录科学馆应征求之物品、地点,请商会写介绍信征集。

国货陈列品,分陈三层楼,共分七部:

1. 化学工艺部——皮、纸、药、波□器、电料、玻璃、磁器、工艺品。
2. 制造工艺部——电气炉锅、皮鞋、皮刷、牙刷、量、度、具、眼镜、梳篦、剪刀、帽、床、布、绒衣、木器、毯、丝、纽扣、藤、蓆[席]。
3. 染织工业部——线、丝、布、绒、呢、绣花、五色花布、五色花线。
4. 矿产部——汉阳铁厂的原料风管,汉野萍公司的原料煤、石粉、矿物、砖瓦。
5. 仪器部——卫生设备、动植标本、自然学仪器、船、天文学仪器。
6. 食品各部——烟、油、酒、蜂、茶、肉类、豆、麦、米、粮。
7. 美术部——照片、图书、钟、装饰品。

里面的陈列品,以江浙为最多,不过全国的商品都集中在这里,不过如此,有多少地方,好似没有大进步。参观毕,已五钟,返到商务馆购书,黄警顽先生一面谈话一面寻了许多的书给我们,更还送有一张入法国公园的长期票,叫我们工作疲乏的时候,去游公园。

晚上英文课后,顾先生就谈他养蜂的经过,他在1928年,买了5桶蜂,都是意大利好种,每桶去了30元洋,这蜂每桶每年新增3桶,直到了现在已是150桶了,每桶输在天津、北平,可值130元。

晚间照例开了一度会议,整理今日的经过,计划明天的工作。

5月3日　晴　温度70度

地质标本清理完后,录了两张清单,一张是交研究院对照的,一张是自己保存的。标本大小共40件,送到研究院王先生代收,并请该院将此标本名定好后,写信给我们,以[后]好将其标的名称订好或改正不确的名称。

午后胶印公物的卡片。

晚上到大世界游玩。

5月4日　晴　温度74度

午前印刷团体日报,及写信二封。

午后同局长等到商务、开明……各书局选购图书,商务书馆干事黄警顽又送一些书籍,同两张照片,待至七钟才到双凤圆晚餐,返社开会整理计划后,来一位四川留沪的学生姓杨名次臻,曾毕业于成都高师,并在川大当过教授,特长英文,现又在沪圣约翰大学毕业,因嫌每月经费100元太少,坚志要留学于美,为了学费特来商承局长。

5月5日　晴　温度68度

午前印刷四川科学院标本征集的卡片,又到公共体育场作篮球、足球运动。

午后补记已征集各物之名称及来源地。

昨天为学生运动纪念日,今天是总理就任非常总统纪念,有许多学校都已休假一日,有几位四川留沪的同学来晤局长,谈及沪上及学校情形。

夜半用白墨粉笔写了一些标语在墙上或门上……随地可见如"打倒国民党、援助苦工友罢工、实行苏维埃政策……"标语。听说时局又有变化,就是冯阎准备北战[1],现与将军已小接触。

英文课后开会,商会已写交来介绍信36封,依团员性质相近者,为参观征求该处,有应参观地而无介绍信者,到下列再请商会补信。

会后张和先生同卢局长谈了一些关于四川的一些问题,张先生意见颇多,局长也供给了些新的办法。谈至两点钟过乃就寝。

局长准备专搜集各书店自己的背景类书。

5月6日　晴　温度72度

午前印四川科学院标本采集源报告书及标本征集签,并洗玻璃瓶子,准备装征求物品。

午后全团出发,拟参观永固造漆厂、一心牙刷公司等处,加入了张合生先生一道,坐电车到斜桥,步行到丽园路,入中国界了。在一个树子下面,有一团一团的中国人(多是

---

[1] 冯阎准备北战:1930年3月,冯玉祥、阎锡山、李宗仁、白崇禧三派军阀联合准备反对蒋介石,也称中原大战。战争从5月开始,至10月最终以冯阎失败,蒋介石胜利告终。

下流人），好似在那里诉说情书，又还有拉起胡琴的，有坐在地上的，有的蹲起，有的立起，他们颇觉极乐有趣。与外国分界的地方，就是一条河沟，现因潮水不能来，所以河里的水渐渐的干完了，可是那朽得不堪的木船，还留在那污泥当中，也还有许多贫苦的人，在船上坐家的过沿海一带，无人不捏鼻埋头跑过，到了热天更不要说臭气熏天了。在过斜桥不要说任何人已分得中外国界的，就从房屋与卫生、街道……来看，显然可别了。

永固造漆厂在[南市丽园]路，我们就问中国巡捕取道何方，他就指我们由某处某处，我们老老实实的依着他指定的路线走去，结果跑了一个大圈仍跑在问巡捕的这条街。把永固漆厂寻得了，假使这巡捕是外国或印度巡捕，我们也不得走这一大段冤枉路了。

到了永固造漆厂，以商会的介绍信接洽，得陈先生领导，参观一切。厂为1926年经营的，现有资本10万，制造漆的设备很简单，只石磨（磨石有天然纹路），离心力滤油机，压力机三种，皆购自美国。原料有1.石粉——来自河南、长沙，用途主要为刷印筒上的字；2.白铅粉厂自制，锌粉、钛粉来自美国，价贵每小桶值洋二元半。初为液体似油，用途能使白色不变，兵船多用。琥珀胶松香水、凡立史、桐油、麻油有购自印度，松香水，有购自缅甸。好漆加有麻油同苏子油，以上原料，还是大多产、购本国，出品分数类：绿、红、白、黑各色具有，商标为长城牌。

（一）房屋漆类：专供漆墙壁屋顶用的。
（二）凡立史类：漆汽车或……
（三）磁漆类：漆家俱[具]或较精致的物品，汽车亦可。
（四）漆杂类：为防锈用漆，或船用漆。
（五）厚漆为上白打底等用。
（六）漆油类：分燥漆和筱漆两种。

销售成品大多在中国或南洋。全厂有工人40余，每日只能出漆3吨，工人每两周休息一日。参观毕，将携来的玻璃瓶，自原料到成品征集一全份。此出到[徽宁路]至一心牙刷公司（发行部），该厂经理不在，差五分钟要停工了，幸喜厂颇多四川人，得田君亲切引导，到底是同乡人，比较不同得多。这厂为1925年组成，现有资本3万元，原料以牛骨、猪棕为主，购自本地或美国。厂里设备现由人工初入机械，大部是旧式用人工轧毛，每日最多的能轧40余支，小部是用机器轧毛的，每日能轧100余支。全厂共有机器60余座，每日出品常有5000余支。每部轧毛机，值洋3万元，购自日本。

制造的程序：

（一）漂毛、骨——用化学药品勒四零,挥发油漂,取用100以上的温度水煮,再用亚美尼亚、养化盐、曹达,除洗掉杂质。

（二）磨骨用人工在一动力铁筒上磨出各种形状,须磨20余次。

（三）打洞,即打扎毛的洞子,纵横须四次,两次打两次修。

（四）出光,把洞打好的牙刷置于木桶内,加进石粉用动力上下回滚,使其相互冲碰成光滑圆。

（五）扎毛,机器的,只用人手,把牙刷放在机器下只移动机器有一小筒猪毛就装在筒内,配得整齐,筒里装有一段铜丝,就是用以卡毛的。人工的是用牙刷头有洞的,先用针及蜡线透进,才把猪毛一只一只的齐好插入牙刷平面的洞内,另用一针挑出横起记入的蜡线系好猪毛,不仅是工作太慢,而毛又没有机器理得整齐,线还没有机器稳固,要分别牙刷是人工扎的毛或机器扎的,就在牙刷头上。牙刷头有小洞,用牛骨小干打了的就是人工造的,没有就是机器扎的。

（六）剪毛,用剪毛机把刷上的毛剪整齐或各种形式。

（七）用竹板把剪好的牙刷夹好再用火烤。

（八）出光,用肥皂并石粉水洗去杂质。

（九）装盒、批卖,牙刷有各种不同的形式,有沾水的或不沾水的,毛有齿的同无齿的,有齿的毛较多,较大,能洗牙缝牙里面,较好,适于力大的西人,销外国,无齿的销中国,有女用的,毛较柔,有小孩用的,刷较小。

牙刷批发每罗价最高的为50元,最少的为9元一罗的(每罗144支)。

参观毕商求田君将制刷的原料及成品每段征集一全份,田君已允,一周后将赠送。此出走到斜桥搭电车返社,恰当晚餐即食。

晚读英文二小时,课后开会整理同计划。

5月7日　晴　温度74度

今晨同着几位团员,比较起来得早,脸都未洗,就跑到公共体育场作足球运动。早上公共体育场活动的人很多,田径赛都有练习的。我们也尽量的在日光底下玩了两点钟才返社,接着又到爱多亚路去买了150个玻璃瓶子回来,洗了10余个,预备装标本的。

午后拟参观三友实业社同三星公司、烟草公司。因路远雇了两部汽车,需洋5元。因电车罢工,所以汽车特别贵。约走了半个钟头才到了三友实业社,进去接洽得杨先生引导。该厂资本300余万[元],工人1000余,厂分四处,一部在川沙,最小;一部在杭州,较大;其余两处就在上海。

事务的组织分总务、会计、文牍、庶务……

工厂的组织分:

一、织布:有铁机80部,织法有两种,一种是极自动只需人工看线断的,一种以人工用手扯接或足踩的。一部分是织棉的,或花的或没花的;一部分是织丝的,也有花的也有白的。织的物品,如自由布、自由呢、沐衣、花缎、花绸、毛巾、毯、被面,各色颇多。宽布有一丈,窄仅两尺的。

有木械[机]20余部,用手拉足踩,也有织丝的也有织棉的。

铁机购自中国铁工厂的,德高汉□洋行的,东华铁工厂的,一切织布机,皆用动力。

二、到桐到运[导筒导纤]

三、织带

四、牵疏

五、漂白,毛巾、沐衣、被单……皆能漂。漂的手法先用生汞水煮,次用米粉浆

六、染

七、印花

八、缝纫,有三种机器

  a. 有35部,专打各种衣服用

  b. 有5部,打被单

  c. 有3部,专打毛巾

九、打包

十、扎光

参观毕同四川人欧阳先生说征求标本事宜,已允在南京路向采买部取。此出即三星公司,接洽得×先生亲切的指导。这厂分棉、铁两部。棉部范围较大,铁部能造各种织布机,到桐到运[导筒导纤]而丝印花等机械,棉部用物皆铁部供给。棉布还有丝棉、毛巾、沐衣、被单、罗纱、漂染印花……不过较三友规模较小一些,然而领导人很能明了厂内一切,详细指导,不如三友之守秘密也。

尤有一点是与三友不同的，就是这厂织成的货物，做成标本，发抄分给各小厂工作，只给工资，织好后收回该厂批发，这样一来，新建设了大部的小厂起来。

参观后同×先生谈及征求标本，该厂愿连特制各种赠送，又商峡局购造一部分机械，该厂当欢迎不胜。出此即步行，时在五钟过，工厂汽笛声四起，下工者连翻出厂，上工者接踵入厂（厂有分昼夜班的），真是热闹一时。有许多工人门外放纸炮为戏者，爆声如枪。步行一钟许，约20里。

晚间读英文二小时，课后唱《寒衣曲》，后开始整理今日参观结果，又计划明[日]分头参观。

5月8日　晴　午后雨　温度72度

今天本团分两组出发，峡局一组到商务书馆，中华造船厂接洽陈嘉庚，[去]中美眼镜公司参观，其余一组参观亚浦[耳]电灯厂、盛达呢绒厂、江南造纸厂。我组十钟出发，袁主任同陈德接洽商务书馆，局长、梁崙到江西路大中华造船厂机器厂接洽并商妥航务处造兵舰一只，机器为5万匹马力，船壳需洋2万余，船上设备完美，有无线电台，由重庆达到宜昌或宜昌达重庆。此出到南京路中美眼镜公司，同经理杨俶祺接洽，征求标本已谋允赠。杨先生爱用思想之人也，对我们谈了许多的问题。他说，本厂为1921年成立，资本有2万元，有工人60余，每日能出50打，原料购自英美或德日，前上海有一家能造玳瑁——即破烫棉花造成也，镜片也有一家玻璃厂造，现在已停造了。

眼镜还是照眼睛配，有老光、平光、少光的分别：老光的片内面7度，外面6度，平光内外皆6度，少光的镜片内6度，外面7度。

镜片的中间设薄，这就是近视眼通用的；中间的片设厚，这就是远视眼用的。

销场以十分之四在南洋，十分之六在本国，上海造眼镜的公司大小共有5家，经营都很失败，原因是在被日本以好的货来抵销[消]了。不仅眼镜事业如是，就上海的一切小工业……被日本打倒的也不少，至于更还有桩奇怪的事，就是日本，愿意改藉，在中国来经营一切事业。

可是外人各种压迫来得这样猛烈，不知不觉的中国人，尤其上海的一切商人，还没有睡醒。生意只知道日口如何赚钱，要用如何的手法钱赚得多，如何的掉花桩呀！如何的打锣打鼓呀，如何的手撕布足踩板呀……还有些奇奇怪怪的宣传，此类的进步，倒了不得，不过怎样的要使自己的货物精良，制造完美，决不仅有一个人能如是的。还有如下的一个现象，如一个师父教一徒弟，总难以本身的特长全给徒弟的，有徒弟的特长，也不会教给徒孙的,只有逐次减少,那又有进步可言？这样一来所以就遭到了不可收拾的地位来了,即或就有人要研究更新,制造精良,也要被人家摧残,被人同化,或至于失败的多,为什么呢？僻[譬]如一个较大的工厂,要研究制造出货,原料种种,还等不到你研究的结果,就有许多小厂,照样林立起来,马马虎虎的只有要造的是货,就散布残[贱]卖市面,而销用的人多从便宜的地方走,而小厂也希图取得一些利钱,所以这一来,大厂只白眼看做,结果不是停业,也会要照小厂的样办,就以上海之没有大铁工厂一样的原因,所以这一来,中国的工业、商业,在何处去寻进步的一天呢？

杨先生又说,惟眼镜事业,受外的压[迫]最痛苦,甚么原因呢？就是一切原料,皆由外国购买,不过代售或如装办也,但是想要挽回这种事业也极容易,因原料皆为中国所有并能造,而困难的就是只能在制造技术上的改良,不能在科学上的研究,这种事业,最要紧的就是要光线学的屈光、折光,更要假使能把技术同科学联络起来,发展那就大了。就照相机、显微镜、望远镜、车头灯……用途颇广大,不过这几种物件的重要点,就在镜头的玻片,所以有几位研究光学的朋友,如中央研究院、江苏某之□□为法人,曾为眼镜工程师,现又转到法[国]研究,都是尽力的接取联络,期望科学与技术联络才有办法,杨先生对于此事,颇挚诚的。

大约谈3个多钟头,杨先生写了一封介绍到制造厂参观的信,才辞走。出门即大雨,解饿及避雨便出到川菜馆"新新居"午餐。饭后雨落不止,冒雨到了南京路三友实业社,晤得梅先生商妥布、棉、纱、丝征集标本问题,已得允许。此出遂到陈嘉庚公司接洽标本事宜,陈经理不在,偶同公司宣传主任汪先生说,先生曾住过南洋,现为济南大学商科国文系教授,同局长谈了许多问题。

他说了些南洋风土人情、气候……新加坡同爪圭[哇]均有动植物园,南洋动植物,全部均陈列在该园的,先同领士[事]接洽或介绍信还可征集一部分,制标本悉是日本人,制法颇精致。

到南洋的手续:

第一是取护照,要人担保,请商团体整理委员会写介绍信,并填旅行的目的,将出信交社会局才能扯船票,并又请英德领士[事]签字。

由上海起身56[个]钟[头]到香港停一日,9天到新加坡,坐外国轮三等舱需船资8镑金元,最适宜。由新加坡到爪圭[哇]只须36小时即可到,乘荷兰船最快,可是由新加坡转去,比较容易,由上海直接去实难也。尤其一般有智识的人,更严禁入境！前因无锡学者侯明铠于移民局禁决智识阶级的原因,就是有许多被压迫得极苦的弱小民族在那里工作,恐学者去唤醒他们,荷兰人压迫这些小民极大,英国人表面和善而心极毒,其实同是压迫而主张方法不同也。所以纵然许多谈论,皆云世界革命,更以爪圭为中心。

局长又谈了四川许多出产,如药材等,直接与南洋取得联络,办法是先调查四川出产供渠是南洋适需要的,就继续与南洋人生关系(只须调查与宣传两法)。

汪先生说近百年因外国抵制,橡皮[胶]事业大失败,他们在那个地方生存起,很危险的,可是他们百折不挠的精神同着外人竞争,而其他对祖国之关心,助祖国之一切……颇大,引领待望的愿祖国给办法,而中国却毫无补助或可安慰他们的,他们须是不多而无一点办法,却是非常痛苦的。杨先生又说陈嘉庚在南洋募了62万银子办灾民交政府支配,而政府竟未听到影响,杨先生说起了南洋人的一切,真是使人愤慨切齿。

汪先生最近同着一位南洋来考查上海工厂的陈先生,结果有几点失望的地方:

(一)杜绝参观
(二)无陈列品,无指导人
(三)无详细印刷物
(四)领导人多不知道该厂一切

以上这几点我们也深感觉是不为现象,他说假使在外国洋行工厂里面去参观,先就有详细的印刷品给看,也很欢迎,并分步有详细的领导人解释,一点不守秘密的。

约谈了一个钟头才离开此地到北京路眼镜厂参观,得邱、胡二先生领导。

镜片原料有各种颜色,白色多,皆购自国外,将此片配眼磨,磨是用电力,把片放在一铁模中火漆胶上绒呢布,在上摩擦,次用红水矿,须三次磨后才用手在一石礌磨,有一百光头二百光头的,量片图有许多钢模(为外国制)六三七(在初还要用砂矿三次)。每付[副]镜磨造好后就用度表,量眼镜的厚度。

度表就是一个有磺[簧]的表把片放在表钉上,表就现出度数,量厚薄的有一放大度表,极趣,但恐不实。邻着有一个美利电刻厂便中接洽参观,洗像、做银盾等物。画像,先用药水画后,浸入药水再洗,后镀水银,即再用药水洗也,即变成白色,此参观后遂返社,晚读英文二小时,课后开会,计划明日事务。

5月9日　晴　温度88度

今天因为是国耻纪念日,上海各工商铺店,大多休业一日,故未出发参观。

今天气候颇热,温度已达88度。

午前整理征集的标本。

午后清照片各一份,并清小册子三本送汪先生。

译电信一封,并与局长覆[复]秦汉民托买机器的信。

晚读英文二小时,课后仍开会一次。

5月10日　晴　温度86度

午前译电信一封,托范学宽送交重庆,并送信到中华职业教育社。午后雇汽车二部,全体出发到北站,步行至会文路参观公益玻璃厂。厂有熔玻璃炉四组,一部分是造瓶,一部分在造磁盒。

制瓶分三步:(一)用五六尺的一玻璃管,搅上炉液质用口吹,在一铁模内,即成瓶子。这瓶子的温度还是极高的;(二)将此瓶送到另一处去齐口,其法就是把瓶口再烧于炉内,约一分钟久取出用一铁棒插入瓶车齐;(三)烘,将齐了口的瓶子置一炉烘,温度由最低升至最高又由最高降至最低,大约要烘五小时。

造磁盒的,是此一铁棒搅上液质,倒入一铁模内(铁模安置在一横铁盘上,能车旋),用手搬铁棒下压,压后转过来,用冷气打之,即可入炉烘了。烘的方法、时间,同于瓶子,设不烘就放在旁冷空气中,不破裂。造的玻璃有蓝、绿、黄、白等色,原料为砂、石粉、碱、石灰、石药粉……中国皆有,不过这厂用的原料有时还在向国外购配好的原料,只上炉烧瓶而已。

参观毕,自原料迄成品皆向该厂征集了一份。此后就分两组参观,一组到榨油厂,我组到纺纱厂。因上海这个市场太宽大了,所以需沿途看起地图上,随处都碰见招兵旗,比办这样会的旗帜还多,中国的兵员能裁呢?只有增加的吗?走的两条国界污秽不堪的街,便到新民路见一处门口悬了两牌招牌——农矿检查所、农矿部化验所。我们就便中进去接洽参观,得课长刘、罗二先生领导。该所为1929年成[立],经费为农矿部供给,每月8000元,据章程上注明系为保持农产品信用及价格,防范害虫输入,检定肥料的品质。内部分四课:一、总务课;二、检查农业品及登记课;三、检物害虫……检查课;四、肥料化验课。现只成立了一、四两课。

参观化验室:(一)毒气蒸发;(二)肥料试验,分天然人造两种。该所试[验]的肥料,皆购自外国,试[验]英德报来的肥料,20余种。他们造此原料,皆取于空中,或氮气磷矿中,至于国内外的普通或特别的农作物、水陆产的动物、蚕丝、花果、茶、蔬菜或矿产等均能试验。

试验物质水分的法子,如盐,先就要放在空间称得其重量,后置入电炉烘5小时,后再称,乃得其含水的结果。这电炉侧有一温度表,另又有一开关表度数,要若干高的温度就可任意升或降至若干度。可是温度为偿[常]保持在130度左右,没超过130度,则电流骤断炉便冷却,待温度回转到130度后,电流勿标忽亮矣。参观毕局长商罗、刘二先生,以四川石油、煤矿、温泉请化验,已允。我遂将检查合格的人造肥料表,如氮气质、磷酸质、钾质和人造肥料抄缮一份。辞出已5钟,不能再参观工厂矣,遂觅路返社。路过跑马场,适当赛马期,看人如山,远望人马飞奔,似如潮涌。跑马场为英人所建,临时入场票,要5角洋或1元一个人的。看的中外人皆多,骑马的中外人均有,他们不单是骑马比赛,跑第一的还有24万元的奖得[励],跑第二的,有8万,跑第三的有4万,其余的每人皆能得3000(共10余人)。但是这种机会每年只有两次,上年至5月举行,下年在9月举行。这得奖的钱,另还有10个人要同骑马人分的,所有的奖金是5万给合拢来的,就是用买10元一张票的方法,还未到跑马前一月票已卖完了。只有5万个号头,临到了开赛时期,就当众把5万个号头决定50个标准,后又在50个号头中任选得10余个号头比赛,买得某号头及马的号头者,即可与得奖共分,券由跑马场售,(为外人)本身没有多少钱赚的。也有如永安、先施……大公司,照跑马场的一切标准营业的。

5月11日

　　制农镑上海农产物检查所,检验合格人造肥料表,印刷标本搜集登记册并制録[录制]搜集标本的说明。

　　黄任之先生来社,局长问以南洋情形,南洋的气候,南洋的物产,去的路线及手续,并请写介绍信,拟到南洋一游。

　　一心牙刷公司,四川同乡常先生送给各团员牙刷二把。

　　晚间开会,决定明日参观的地方及人的分配。

5月12日　午前阴　午后雨　温度66度

　　早上洗好了玻璃瓶子,贴上标签,各组携带20个。

　　午前八钟的时候,黄警顽送来南洋风物及标本一箱,收好即各头出发。峡局一组共6人,先到康脑脱路自求纽扣厂参观,得该厂的经理谢先生领导。此厂为1917年开办,专造蚌壳钮子,原料皆购自本地,车钮机有120部,制造的程序为16次。(一)打坯,用蚌壳切成方形;(二)用金刚石磨平;(三)用机车圆;(四)钻洞,用足踩皮带□先配好的,每人每日能钻八九千颗;(五)选择反出灰;(六)蒸;(七)漂;(八)出光;(九)晒;(十)选好除坯;(十一)装订用针线订好在纸上。

原料每石买成6元(100斤),每石可制1000罗,每罗为144个,可值洋3元少至几角的。销场除本国外,多在南洋及青岛等地。不过最近销场不畅,营业逐渐失败。原因有两点:第一是不适用,第二是被日本人抵制。因为日人制造钮子的方法,日趋简单,在样子不多,如制鱼蚌钮子,他只须把蚌磨成粉混以药水,只用原粉入磨一推,便成,手术颇简,出品也多,又能做树胶扣,因此所有许多小工业都被他们打倒。该厂现只有60部机器,都是接货才做。

此出走了一个钟头的路,才到麦根路鸿章纺织染厂。参观这厂在华商里面,算是极完备的厂了。接洽后,得王、郑二先生亲切指导。厂开办于1918年,其时仅有染织两部,至1921年乃增足股本银150万两,添开纱厂,职工约2500余人。每年纺部出数约18000大包,织布出数约180000匹,所有各号纱线及哔叽、直共[贡]呢布、斜纹等皆能制造。漂染每日可染40余匹,用的棉纱,为6支至42支。各部机械,(一)棉纺部纱绽[锭]21000支;(二)机织部,布机400架;(三)整理部,染色机20架。插线机全部,丝光机及整理机全部。

工场组织颇严密,工人分五级:(一)一等工头率工人200人;(二)副一等工头;(三)二等工头;(四)副二等工头;(五)工人。

各级围有各色布带,表示其职级。

一、纺部:棉花为印度、日本、无锡、陕西、通州……购来,以通州棉为最好。

制造程序:(一)去棉花的渣;(二)合花(把各种棉混着一块上机);(三)清花;(四)弹花两次;(五)□一次;(六)上机并条,初为一股,并条;(七)为多股并条;(八)抽纱共三次[分粗细];(九)经摇纺机一次,打包一次,打包二次就可以卖钱了。

二、织部:有木机20余架,其余皆铁机,购自英国,工作分昼夜两班,总不让机器休息,工资多的为穿洞的工人,每日有1元半至2元的,最少的以至4角一天的。

与三友社不同的:

(一)梳机概用机械,只须人工监视。牵梳好后才上一机浆,一面这机器的蒸汽烘干浆线,另又有风扇扇干,不如四川之掘法线要先浆后晒,才能上机。

(二)导筒,导纬悉用新式机器(机器较三友便宜加适)。

三、染部:

(一)一律用机器,比较人工染来要均匀,时间要经济,布共要染数次。

(二)漂,只须一次手续就漂白了。

(三)施光

(四)拉宽

(五)烧毛

(六)折布

(七)裁布

(八)打包

(九)装订

除装订外余皆用机器工作。

该厂染同纺纱除供自身需要外余则卖与他厂。该厂自身还有零售部一处,办法是与普通商店不同,价值等于批发,里面分几部:(一)纠察;(二)汇账;(三)收款;(四)出门票;(五)剪布;(六)整布;(七)包扎;(八)复尺。

一般普通人来买布的,连络不绎。参观毕,商洽郑先生以科学院征集其标本,郑先生允答一周后,特制棉、织、染标本全份俸赠。

此出便到江南造纸厂参观,已参观此地者,便分头到中华皮革公司。

午餐到一小馆,食不合味,价又贵,遂不饱而去。

到了华丰染织公司参观,这时雨渐落大了,接洽等着一位卢先生领导,该厂为1920年开办,现有资本100万元。厂只有染织两部,染比织规模要大,工人800余,职员40余人,每月开工资约3000余元,薪资约2000元。

销场除本国外,多出售于南洋。

参观毕,被赠出品及染布各种标本二份。

我们得着一位四川同乡谢经勋指导,此人原从事军士,在北方领兵数年,在此地来的原因,就是此厂的工人闹工潮……曾发现了几种事情,因此厂的工人,十分之九是北方的军队,所以非得谢君管理不可,现在该厂的工人已平息了。

该厂分两部,一部用人工的(完全旧式,纸较好),一部机器。

造纸原料:

(一)木浆,购自德国,为纸中最好原料也。

(二)芦苇,为该厂新发明之原料也,在□□买地千亩,自种芦苇供给。

(三)破布

(四)剪纸

(五)稻杆[秆]

(六)凡一切质含有纤维素者皆可用。

铁机制造程序:

(一)蒸,把各种原料分别的放在一个大圆形的铁锅内,锅只有一处有斗大的口,把原料从口放入后,遂闭口,用马达发动,使锅内原料在内旋转。

(二)打浆料

(三)配合药品

(四)滤浆除杂质

(五)上机成纸、烘纸

(六)切纸

(七)秤及数纸

(八)装订及装箱出国的装铁箱,国内装木箱,装好后刷上字。

出品种类:

(一)连史纸,(二)毛边纸,(三)海月纸,(四)玉扣纸,(五)仿宋纸,(六)重贡纸。

每日每部机器可出纸千磅,每令5万张。全厂工人800余,工资最多的2元,最少的4毛。工作分昼夜班,午后五钟半为工人交代时间。

该厂办得有一个讲习所,为三年毕业,有学生20余人,食宿各种费皆为厂给。

参观毕,遂商谢先生以标[本]事,谋允到三日后俸赠。

此出遂寻路返社,约走了一个钟头才到。

晚间英文课后,开会整理同计划。

5月13日　晴　温度72度

今天分三组出发参观,一组到纺纱厂,一组到□□□,我们组到江湾。八钟遂各自出发,到北站搭汽车到劳大[1]取得橡皮标本,共10种,又到乐群养蜂场参观。养蜂场皆为意

---

[1] 劳大:全称国立劳动大学,成立于1927年5月,是南京国民政府在上海成立的第一所国立大学。下设工学院、农学院、社会科学院,拥有附设工厂和农场。

大利蜂种，有80余桶，每桶每年能割蜜50斤。

场内养蜂一切器具，皆可自做，有时还有出售的，如摇蜜机三方活动的能值生洋20余元，小的能值洋10余元。每夏秋间一班养蜂练习生，三月毕业，需各种费66元。参观毕，欲到亚洲、中华二养蜂场参观，因中途路远，亚洲已搬，乃坐公共汽车返，路遇畜植牛奶公司，遂特下车接洽参观。结果该公司一是人少，二是拒绝，所以叫我们自己参观，无人领导。

我们看了牛的宿舍同食舍都极清洁，一栏一栏的是隔开的，喂牛的食料有几种：（一）草，（二）粮食，（三）麦壳……。牛的牧场约有100丈长，60丈宽，有牛100余只，都是美国种，有面盆大的牛奶垂在腹部。

另外有三只牝牛，系在一旁的树桩上，形势颇骁勇的。牛毛的颜色，少的单纯一种，多的是黑花色。参观完，我们也就自己走了，仍搭汽车到北站，车振人几起，沿途多牛奶公司。

5月14日　晴　温度74度

今天分了三组出发，二十一军派来实业考察员，加入了我组。午前九钟分头出发，复参观一心牙刷公司，局长定了四百号的牙刷248支，准备赠峡局及航务处各职员学生的，又定了八百号的牙刷432支，准备奖励峡局各士兵的，牙刷面皆要刻这几个字"洗心如齿，爱人如己"。参观后，该公司总经理常先生招待茶点，席上遇着一位永安公司的保险部办事员，为四川嘉定人，若他说：上海最大的公司要算永安，有资本四五千万，另还有其他事业，如纱厂、保险、储蓄、旅社、房租……获利皆厚，织织颇好，有庄口在英国伦敦，所以常同欧洲各国往返，有关系，内外信用皆好，就先施亦不及，新世界更不要比了。

又到家庭工艺社接洽参观，结果不十分好。因该厂的人，不愿意我们知道他的制造方法，一因领导的，自己不明白内部一切，他又借故言语不懂，只好让我们自己参观了几个地方，可是若这几处都是未工作的地方，有制花露水、雪花精、梅桂水、汽水、菓[果]子露、牙粉……中以无敌牌牙粉为主要出品，盒瓶皆自做，原料只有一部分香料购自外国，有工人500余，每年出品约200余万元，销场最大的，还是要算四川。镁自己能制，厂在无锡。

走的时候领导的人给我两本小册，他们该厂内一切那里面都有的，请你们看看就知道了，我们翻开册子一看除了知道这厂办了20年外，其余尽是各种价单、标语、传单。

在一家小馆子里面（我们现在只有峡局的三人）每人吃了一份炒面同几个包子，结果就开了1元6角6仙钱，真是在敲我们的竹杠。饭后，就到华界上海影城，骤然进了这小的街道,见着小的房子,真诧异。街虽小,而房子颇整齐,尽是工商业的铺店,这些铺面尽是摆满了物品,谁知这个小的地方,还有这样多的商业。我们到这个地方,原地名城隍庙,现名小世界,常碰见人说:要寻便宜的东西,就到城隍庙去。这个地方真算繁华的地方了,这里面见不着一个西人,因为街小,游人也多,所以还很拥挤。有两段街是卖各种鸟类的,到了那里,只听见喳喳不断的鸟声,真入了浓浓的山林一般。十字街口的,还有甚么西洋镜呵等等在卖。与宽阔的马路,伟大的洋房,真相成反比,异常觉得这里面好玩一些。街中间有一大池,池中有龟鱼,池上又有一曲折的桥,池中又建了一亭,为茶馆,客人挤满了的,小世界这个名称倒还恰当。

街上有一家集邮社,卖各种邮分的,世界不同样的邮分,5.5万种出售,要洋40元。我们见着邮分陈列于历史颇有关系,去了二角洋暂买了100张。我们去参观的地方,是永昌仁,为造农具的公司,福民路都逛了几次,都未觅着,找到一个永昌仁公司,是卖玻料的。

这时我们要想进小世界里面玩玩,只要一角一张的票,就进去了。里面的秩序还很好,布置又和大世界不同,里面分三楼,最下层租与人作商店,其余两层,为一切游艺场,有京剧、新剧……各部的景致,以颜色纸做成树叶花草,楼上有小亭阁,纸作[做]的山石,颇趣。

还有试人力的,打木球的……奇怪的游艺设备,更还有一小小的庙子,烧香的人也还很多。小世界主要的目的,不是在图游艺等收获,为主要还是在扩张这地方的工商业,以游戏作为引诱罢了。因为社会一般人都趣于好玩好游,而游人多,就借机会在这里来买一些货物,是迎合一般人心理的。所以好玩的一般新脑筋的人就有新的景物。

好玩,信神的人,也有神可敬,所以是非常神秘!

一个社会,如大世界、永安、先施,也同此原因。

此后又到大自鸣钟搭电车到徐家汇,拟参观五洲固体肥皂厂。接洽结果,该厂云要到上海总事所接洽,由该处发给参观券后,始可来此参观。

于是依然搭车回社,走了一回空路。

晚间英文课后,开会一度。

5月15日　晴　温度82度

午前同局长、邓愚山、陈德到中央医学院,拟一面参观一面为科学院商洽颜院长征求标本事。去时颜院长昨到吴淞未返,后接洽该院参观,得×先生领导,该院建筑颇大,并附有一红十字医院。

住院病人分一、二、三等，一等每日取费11元，二等6元，三等每日5角。第一等房子每人一间，设备较完美，二等次之每间房住二人，三等又次之，每间住数十人。内外病是分开的，男女也是分别的，病的种类也是分别了的，各种病有各种治疗的地方。……每间病室门外装有一表，是表明每个病人每日的脉血、呼吸、温度。

院里的医生，除几个外国人而外，有的是留学国外医生，有的是该院三四年级学生，共有20余人。

该院有一间屋子陈列有数十种奇怪的胎儿，有一间大寝室里，是为产妇设的，这个地方，常常都有生的小孩，孕妇生后，孩子就由该院看护照管，到了相当时间孕妇乃去。

院里有一个妇女看护补习所，另还有一个分院红十字，为诊断普通一般人的，各种病有各种病诊断的地方，耳科有一种机器可医。

全国当中的医院，现在只有这个医院的设备一切算是极完备的了。

参观毕，颜院长已返院，遂同他商洽标本事宜，已谋赠送人体身理及病理标本一全份（药水及玻璃瓶自备）。

又到中央研究院化学研究所晤得曾义先生，托其为科学院购买2000余元化学用签。

午后，整理搜集的一切标本。

晚读英语二小时。

5月16日 晴 温度78度

除整理标本而外，并补记各种标本的说明。

帮北川公司写信，送信请客。

丁文江、黄任之先生来社晤局长，商以南洋游事。

午后，练习足球。

厚生纺织厂送来纺织布各种标本，欧阳竞文说其三友实业社一切组织。

黄警顽介绍在宝山路西宝兴路宝求祥研号5万，系先生学习制剥标本，至于报酬，还未商妥。

晚间北川公司宴客于东方饭店，共26人，食洋66元。

5月17日 晴 午后阴 温度78度

送电[文]到筠洲饭店范崇宽处，因两电字皆多，一[封]有300余字，范代表说：这电

[文]打不走,恐要延至一月才能到重庆,因为字多了,打就不易翻,每天只有几个钟头的时间工作,最好分做两次,每次最好在100字左右。

党必诚先生宴全体团员于清真春华楼晚餐,听说北川公司今晚又请客。

梁崙打袜数十双,每团员各送一双,并送一样子到四川峡局。

决计今晚十二钟上船开到南通一游。

忙慌慌,把零碎的事情告个结束,行李整理好了,刚到七钟,全体遂应约到春华楼去,这馆是一北京教门馆,饮食的味道有些同四川,席上有一位康先生说,上海这个地方,不仅万商万工云集,也是各地(中外)食粮蔬菜云集的地方,可是有一种东西这里看不见,就是四川的地瓜,说到了上海卖,不知要值若干钱。我们说地瓜四川是很普通的,价值也极便宜。

饭后以标本问题商承局长,并决定其送人的办法,结果,在五大组中各提出一小组,费了一个钟头乃清整妥当。局长说,标本不好沿途牵拖,最后是直接报关送到南京,今晚只须得把甘蔗、糖罐标本携去好了。

到了十一钟的时候,叫了一部汽车,出发共11人。陈德系打绳,舒承谟继续,胡绥若为民生公司收货,李慕尧读书,所以他们未一道。

上次一部搬货汽车,把我们送到十六铺大通码头,下车便上船。这时船上的客已堆满了,有的躺在甲板,有的倚着铁栏,空气异常紧张。今天午前已派卢魁杰君定妥了三个房间,所以只须扯票罢了。听说到南通要需10个钟头,每人的票费是1元,每一房间是4个铺位,刚好每人一位。每铺有一水袋,可作枕头,预防火灾两用。进了房间,感觉热闹,还不如甲板上躺着的人们,讨着一些凉风。

盥洗过后统统都在一个房间,说了许多有趣的问题。唐[瑞五]先生解释电,电分两种:(一)电压高的为阳电,(二)电压低的为阴电。世界为水平线,如安电话电线,规定是两根线一来一往,现普通为省一根线就只需一根线,这根线就利用地心传电转,两端只须埋一段线于地心就成。

又说一物质的结果为元素,再分就为分子,更分之则为元子,最后便名电子,这个名词都是想象不可思议的了。

快到两点钟的时候,船将开车了,我们就终了谈话,跑到了机器舱参观。这船为去年才订好了的,机器是M.A.N洋行造的,有气缸6个,有1200马力。

看完后,便一觉睡去了。

5月18日　阴晴时微雨　南通俱乐部

在梦乡听着茶房叫："先生,先生,起来吃茶呵！洗脸呵,通州①快要到了哩！"我惊醒了过来,便问他许多钟了,他说,刚打七点。

这时我们统统都被他叫起来了,盥洗后,从容地整理好行李,通州尚未到,又去望望无涯的大江,再回到房间来,翻开英文读读。

茶房小费,我们共给了1元钱,他说差的太远,便又给1元,他还说我们靠山吃山,靠水吃水,全船30余个茶房,都望着你们吃饭,非添钱不可,否则你们行李上岸要留难。我们说票费共才得11元,你们小费共占了三分之一了,还要乱说乱要,这成什么道理呢？去请你们账房来问问,殊知这时账房还未起来,听着人说,大通公司,太无办法,又因这个轮船,初开不久,内部组织毫无,连票费都没规定,船上的房间,早都是账房佃与茶房,该茶房来随意卖票,需索小费,账房只有通力合作,那[哪]有取缔、管理的责任呢？

结果因我们不愿意同他七七八八乱闹,只好牺牲一点金钱,便再给1元与他,他用了极不满意的态度,勉强通过了。

当时我们感觉中国如是的航业,要想发展,终于困难。可是要使一般航业机关,真有新的办法,严格的规定,那或者水上交通可有期望,而这只船也绝对没有30余个茶房,如果不留意这个极小的问题,会便要生出极大的影响。

有一个茶房叫我们去喝稀饭,这是不要钱的,我们因为两餐成了习惯,决不愿意去图便宜。

船到姚港了,遂停,我们就要从此上岸。接客的,只有一只木船,船上立了十余位凶狠顽皮的力夫,有几分可怕。怕他们乱扯行李,还是曾经初到上海,已尝过他们的辣味,所以我们特别的当心,幸好行李简单,小的东西自己可提,大的交给了力夫。木船刚靠近,轮船上争先恐后的客人,都向木船上移动,真的有些拥挤,一会木船已装满了,因下机器,约待了半个钟头,天下了一会微雨,机器下完,三声口哨,两船遂分头各往。

这船上大部分都似工人或力夫,中间有一位船资不是,当时就被船主打了几耳光,也不收他的钱,我就问这收钱的,为甚么要用打不要钱呢？他说先生你不知道,这是他们江北人的常事,因为他们常常到上海去做工或力夫,往来皆不带钱,所以只好这个法子。

船抵姚港岸,就要经过三个机关,第一经力夫争着搬行李,第二经车夫要争着拉,第三经旅馆争着接客。我们初拟在此坐汽车到南通,殊没有,统统走的黄包车,同时也就接了南通俱乐部旅舍的票。

---

① 通州:今南通市古称。

沿途路狭，随溪曲折，骤见田畦黄麦，忽听喳喳鸟声，又在不断的茂树下行，真使我们感到农村风味，春天的景致呵。

在城市里有生活的人们，更享受不着这些清幽的异味，真的他们在热闹场中过日，那[哪]知春来春去呵。

我羡慕那辛苦的农人，常在芦苇青草地工作，他们的草房，都是在树林中间。

我们到了马路上，见着哄哄的汽车一直从那树林里面冲去了，又看见这里有一条河，河里有船帆，便问车夫，他说是濠河。

一会儿到了南通城外的俱乐部了，共给了5元钱的黄包车费。自己在部里选了两间屋子，每天每间1元8角的旅费。这旅社恰当河滨，楼下便有花园，很可游的。

这旅馆是三层楼的洋房，室内设施也过于完善，布置都很精美，可惜少有客人来住，许多房间都任我们选择。

一会儿茶房拿了一张条子，叫把我们的名字写上，并要填上举保人的姓名。

我们问茶房，这旅馆不折么？他说不，这个地方，每年才纳800元的干租，因为此地为张四①先生建筑的，现在没有多少用，所以才佃给我们茶房来经营开餐馆啦，做旅馆啦，每年还可赚得小部的小费。

在社休息不过一刻，便出发先逛西公园。里面的布置很别致，墙壁多藤叶掩护，许多的窗子都是用天然的树枝箍的，园内一花一木均悬有牌，上书的某科某名，在湖边划有一部分作游泳池和一垂钓处，不过少人垂钓游泳耳。

中公园就在河心，有一桥同西公园连接，进了中公园，见着里面卖鱼的很多，又游了两层楼，楼有廊亭，极曲折，有茶社，有会堂，有讲演室，各室均陈列有各种照片，张謇②的遗像及南通的养老院、狼山风景、各国纸币、垦牧公司等一切事业。

园内见一种植物，缠绕在一柏树上，成柱形，很好看，问茶房这植物叫什么名，他说叫爬山虎。

中公园的门口，贴得有镇公所竞漕的简章，竞漕者每小时每支船取费2角，但每船不过4人。

我们向镇公所接洽，得该园的经理李先生，欢迎我们竞漕不取费。

船小，11人分坐了三只，船头仍然有小国旗，摄影后开始比赛，初一次我船皆获得第一，继则乙船连得胜三次，用尽气力，皆难赶上，后遂集中精力，又与丙船联络，意欲与之

---

① 张四先生：即张謇，因在兄弟中排行第四，故称"张四先生"。
② 张謇（1853—1926），字季直，号啬庵。祖籍江苏常熟，光绪二十年（1894年）状元，中国近代实业家、政治家、教育家、书法家。张謇主张"实业救国"，是中国棉纺织领域早期的开拓者，为中国近代民族工业的兴起、教育事业的发展作出了宝贵贡献。

作为最后决战,结果终落于后。

船划毕,全身皆水、泥。

西公园出,过一桥,便是民众教育第二馆,南公园立即于此,里面有数馆。

国耻馆:内陈列有中国被租借割让地图,赔款各名称、期间、数目、原因表、山东省的教育被日夺去表、各种条约之名称、表以及各种国耻纪念钟、惨案图、书表报等物。

公共理科实验室:陈列有各种理科仪器标本,及动植物标本或书报,尤以浙江昆虫局制的蝗虫标本非常完善,还有其他设备如:理科研究文具、磁电学部、音乐部、热学部、力学部、光学部、化学药品、工艺制造品等。

美术馆:附设有美术研究班,陈列分六部:山水部、书法部、人物部、花卉部、刺绣部、照片部。

新南茶社:附设有史地部(未成)。

音乐室:陈设有风琴、胡琴、箫笛等。

中山馆:陈设有《中山主义学说》及《革命史》等图表书报,使民众明党义,借以唤起民族独立精神,中间最有意义的,就是孙中山先生自学生时至终年后的一图表是中国国民党、中央执行委员会宣传部印行的遗像。

此出即北公园,遂沿马路东行即东公园,即民众教育第一馆,又名儿童乐园。里有小竹林,成列大树,有体育场及儿童各种玩具,也有小小的动物园植物园,园内花木皆分类悬牌定名于其上,此皆为儿童自培养之。

并有一南通茶社,内附设珠宝研究班和一卫生馆。馆内陈列有各种卫生图、书表画及水、饮食的清洁法,细菌的传染预防法。民众可在此取得中西药品。更设有民众阅书报处,民众问事处,公共讲演场,遗物厢[箱],盥洗处等,皆注重形式上的设备,其实何尝与民众生关系呢?问盥洗还有人,其余皆罕民众来往。

侧边有一个公园、校园,准备作第三教育馆的。里面有一弹子房,即木弹子,一汽枪室,作射击之游戏也。有一植物园,有一茶亭,亭中贴有关于世界各地的标语,参观毕时在午后一钟,才从南门进城,城门颇伟大,门口有小花坛,遂摄之。进城则街骤狭,两旁门小而整齐。

游到味雅楼午餐,茶房侍候颇殷勤,饭餐皆便宜,四碟,四小四大,同饭共花去洋四元,菜颇丰厚,吃皆有余。以上海之价计之,总在两倍以上,团员李公甫因见这样便宜,却自主招待。

饭后到县政府欲参观新式监,内面犯人皆有工作,如打毛巾、制肥皂……。今天因是星期故未得参观,县政府大窗下,壁上悬挂了些图画,上面画的是赌嫖烟酒等的开始、经过、结局,颇有意义,使一般人见着,都便知道利害。

继后便到博物苑参观,今天是闭了馆的,平常参观的人也很少,我们一面向馆内人接洽,一面去参观动物园。园内有鸵鸟、孔雀、猴、鹿、鹰、雁……馆内有两个水塔,是借风力吸水。

不久馆役取了钥匙才打开陈列室,特别带我们远客进去看看。陈列室分自然和历史两部分,下面一层是自然类:有动、植、矿、海产及各种自然模型、工艺制造……。历史(类):有文具(系清代)美术部、服用类、金类、周[代]铜鼎、古砖瓦石、南洋土番[蕃]风物玉器、武器,中[间]有两种最特色最艺术的是属美术部,第一是于沈寿女士绣的脸画像,曾赴加拿大展览会,外人出五十万银子都还未卖。因为像的发肤、须、光线……皆严如活的。第二是某人以木雕的苏堤春晓,不仅工作细致,风景为真。参观后局长就问还有两馆在什么地方?馆役说没有了,因前受了兵灾损失了一部份的陈列品,现在三馆已经合拢来了,只有这一馆。又问,原来有一大鱼骨在什么地方去了呢?他说被兵打烂了,现还留了一小部[分]储在屋阁,他引我们看了,局长说这鱼原来有四五丈长,这几根面盆大的骨,就是它的口,真的可惜!可惜!

我们遂在这幽静的花园内缓步游过浅草坪、树林、桃花林、竹林,选择其风景绝佳的地方即摄。张状元张謇修的有所房子在这花园内,占去了一部分的风景。

这个博物苑,也是张謇开办的,他的陈列全堂馆内很多。

在一池岸草亭上徘徊、吃茶、赏花,到了夕阳西下的时候,才慢游进城,这城的房子是断断续续的,半像都市,半像农村,在二吾照相馆购得南通风景片十余张。继返旅社稍息,局长说,南通的一切事业,非需要而建设的,简直是人把他从无形中造出来的,是以张先生自己的创造精神和经济力量造成的。

全体在跃龙池澡堂浴,每人取费二角半。

晚餐改为茶点,并借此开了一个联席演说会,题目就从"为什么"谈起,每人轮流说了三四次,每次一句或两句,总是接着上面的意思,而"为什么"终无结果。

会毕,各散去就寝。此地特多虻。

5月19日　午前　晴　午后时微雨

虽被鸟声催醒,尤躺床不欲起,待至日光入窗临帐,这时才爬了起来。时过七点三刻了,盥洗后,遇上海银行的李申甫先生来社(系被上海银行介绍)。

晤局长谈南通的一切情形,他说,南通共有四个银行,即中国、江苏、上海、交通。这几个银行都是为着唐家闸的几个工厂而设。

全县有130万人口，8000方里地方，十分之七八皆产棉，此地的每日吃两顿饭，以麦面为主，米少仰遏罗、西贡米，好的大米由无锡供给。

李先生又介绍我们应参观的几个地方，又介绍我们中西餐的地方，并午后请一位先生领导我们，还是初次相识的朋友，就有这样诚恳的情感对待我们。

八钟半出发了，先到图书馆接洽参观，得一理老先生领导，这有一个旧的私学，就是理先生在教，图书馆分陈二楼，尽国学悉旧史，如经、史、子、集、丛书六部，特搜集中国各省县志多橱，画大多为啬翁赠（张季直先生也），这个图书馆的经费系张先生以大生纱厂利供给，现在张四先生逝后，这图书馆每年有三百元的经费，有三人在这里看守，还有许多的事业，张先生死后就无人继续了。

此出到通大医科参观。通大完全是私立，而政府毫无帮助的。开创是张季直先生，经费以前悉为大生纱厂供给，现以垦牧20万亩田作基金，这校已办10年了。学生分为四班，共有100余人，外省人占多数，因该校的先生多留学于德、日，故学生多教德、日文，英文为学生自习。现在的校长，就是张四先生之子张孝若充任，但校长不常在校，多在上海。

校里有一图书室，多医学书，有各种卫生标本、模型、照片，中有一照上照了一个生有胡子的胎儿，颇怪。

校毗邻红十字医院，一面供学生补习，一面为先生研究，同时也就便利民众。院内设备颇称完善，设有待诊室、诊察室、手术间、细菌室、解剖室、胎儿陈列室、X光线室、内科外科及花柳、皮肤、眼、耳、鼻等室。

养病室分三等，第一等每日2元，二等每日1元，三等每日3角，贫苦者或免费。

每日平均有100余人诊断。医院各室均有一主任，这主任就由学校教授充当。

此出东行经一树林，便到了农科大学，接洽得谢先生领导参观。这校实是一高中部，有学生100余人分四班，另又附设了一初中部。高中部学生多外省人，初中部多本省，尤多南通县。

此校化学室有几个，设备亦非常完备，校内有天池水用颇便，并有一大礼堂，运动成绩室、国术室、土壤室、定量分析室、定性分析室、农艺化学室、养蚕实习室、普通化学室、标本室中陈列有各种农作物、昆虫。单成[立]有一棉作物室，棉全世界多产于美国，全国以江苏产棉最多，湖北次之。江苏之棉，以鸡脚棉为最好。

继又被该校张先生引我们到农场去参观，农场试验的分两部分，一部是学生实习的，一部是先生研究的，选种的方法，分独本选、行选、区选。

参观毕在谢先生处取得狼山苗圃的介绍信,再返城到中华园午餐。

我飞跑回了旅社,打电话约上海银行引导我们的人同在中华园饭店出发,继又跑到中华园,殊知引导我们[的]赵先生,还比我先到此,这人长于交际,同我谈了许多关于南通的事业,在我们吃饭的时候,他就为我们去叫汽车。

南通吃饭,有一定的规矩,上席就有几碟冷菜,是预备下酒的,不吃酒的人,也要空口把菜吃完,之后才拿出丰满的四个小碗,他是要把菜出齐了,才拿饭出来的。

这个地方的茶房,实有训练,于客人颇可爱,菜出来的时候就为介绍。某盘是石鱼,味极鲜美,某碗是大菜,有海参同鱼翅……尤唯恐客人少吃菜,且请我们少吃饭多吃菜的好,有时我们自己去添了一碗,他自己表示他招待不周到的态度,是以上海的老太爷茶房比较,真是天渊之别。

这一场吃了下来,仅花了4元多钱,真也便宜。漱口水、面巾、茶,真也来得畅快。

出园赵先生叫的两部汽车来了,因此便出发到狼山一游。沿途茂树成列,人家零落,有时只见着一线的白道,互在绿荫的树林,又是很寂静的,真是别有风味呵!赵先生说:这马路是张先生在光绪末年就修了的,所以两旁的树子,才有这样的大。

约走了二十分钟左右,就看见兀立的剑山、军山、狼山了,一部汽车由剑山的前面绕道,我们一部由剑山的后面绕到军山下面的东奥山庄。

这庄是张季直在光绪末年,特修来读书或游玩的,里面有石碑文及家训。建筑为中式,颇精致。有楼两层,分四室,每室陈列有桌几书案,案上有文具、书典等遗物,并有于沈寿女士绣的张季直遗像,并有床一张,帐门为椭圆形,各种遗物颇多。楼外有一亭及一假山,一池。现在庄内只供参观,并无人居住,只有一仆人在看守同烧茶与客人吃,凡来此参观者,必给几毛钱的小费与仆。

摄影过后,又上汽车回到狼山麓下,过了几家卖玩具及饭食的小店,由一观音庙上,爬了几段石级,路旁睡着坐着三三两两的乞丐。待汗流气喘的时候,也达了狼山的最高处,有庙一座,香烟四出如雾,凉风迎面有声,庙有一楼,高五层,从上四望,茫然无涯长江之水,似与天连,如鸟般的帆船,顺黄色波涛中起伏,现在就是烧煤的大轮,也只看见一线黑烟,如昆虫在水中慢动。这时太阳将西下了,而光倒映在江中,加些色彩,格外的好看。俯视则狼山、军山……真是没有多大,尤其是在田土工作的人和农家的草房,更显得太微了。望了不过十分钟久,就跑下了山,又坐上了汽车,便到了张四先生的西山村麓。

里面有张先生的遗像,各种文具、日用品等遗物,也有床、桌、几、凳及张先生从农时的肖像。

此后又由马鞍山沿铁栏到找马楼,楼四周皆篱,以花编成墙,中有洗钵亭(即有一泉水)。梅垞,赵先生说此垞是张四先生专为梅兰芳建设的,花费3万多元,屋子曲折颇佳,内有梅兰芳同张先生照片,张先生题有诗,梅兰芳写有"一千五百束梅花"七字。

找马楼侧有一畜鹿园,园内有梅花鹿20余只,与羊同居,一年生了一次,每年取角一次。

从此处到观音禅寺(在军山前),沿途皆桑桃,寺内两层楼,皆陈列是画和绣(多观音像),张四先生对联上写着,椠车堂除吴道子之画外,以元赵氏父子之画为最佳,沈女士(于沈寿)之绣为最美,专以绣、画看来,吾国艺术之高超,手工之精进,实驾于欧西人之上也。

观音寺出又到林溪精舍,此为张先生之开始建筑物也,里面有小竹林、荷池、小桥、小溪,更有一亭,也有文具、床、桌等遗物,而大多物品是竹器。

在林溪精舍附近,有一养老院,也是张先生创办的,为1925年成立,院内经费,为张先生办的大生纱厂出给,原每年开支1万元,张先生死后,减至每年7000元,收入仅4万元,其余还须院本身设法应付。养老的男女共有100余人,能工作的还是工作,不能工作的,只是坐吃候死。这时正是他们吃饭的时候,食堂很大,中有一人执瓢,饭大概都有规定的,菜只有卤菜一碗。这院内更设得有一个盲哑学校,算是中国第一个完全的盲哑学校。因为中国的盲哑学校,盲同哑是单独未并在一块的。盲班有学生10余人,学生以一铜板铜夹,用铁钉写字捡厚纸,字凸成粒点,以手摸纸上之凸点识字,此类字共有1932字,还是分平、上、去、入四音,教师教时就照着点形状翻译成字,除教读书外,另学毛织物及音乐,毕业后多充当小学教员或音乐教师。

哑生共有27人,多来自外地,凡是哑人均不哑,口能种种发音,不过是耳聋矣。初教的时候,多用手指示做出各种动作。三四年级的哑生能说简单的话,当时赵先生叫了一位四年级的哑生,来问他一面说,音不确,一面在黑板上写——先生贵姓?是何处人?做什么职业?最后写了几个再会,就点头走了。

哑生毕业后到商务书馆排字或充任小学教师,并多长图画,哑盲现已毕业30余人。

毕业的期间为五年,初级三年,高级二年。每年学生的学费分三等,甲60元,乙32元,丙免费。

过后又跑到了轧花厂,是浙江昆虫局分设的,接洽后得同乡王君引导参观,厂内分两部工作:

一、培养害虫——吃成熟棉之害虫,吃根茎、叶、枝之害虫。

二、分技术同总务两部：(一)技术部分研究、试验、栽培、推广；(二)总务部分文书、会计、庶务。

室内参观过后，又到试验场去参观，土中种有几种棉来比较的方法：1.重量，2.长短3.有无病，4.时间，5.发展，6.对照各种研究。

参观后就商王君为科学院搜集标本，已得应允。

此辞上了汽车，到了张先生之墓，为今日最后一游。这时天已黄昏，这墓地周围约一里，为一草坪上植各种花木，有作龙式、塔式、狮式……颇艺术。墓正对军、剑、狼三山，有一铜像竖立，身衣西装，手持一书，庄严之像，像皆酷似张先生之真像（铸费3万元），纪念碑刊张先生为1926年死，寿高74岁。

墓前有一亭一室，[内]中布置完比花美，是为张先生之后人祭祀、休息、避雨等用，墓地种种风光真宜人，天须晚尚不欲走。

后上了汽车，都寂静起来了，车头的两朵电光，沿途放射起走，有时射在荷锄归家农人的面上，他闭着眼睛现出恐怖的神情，路上经了两次警察检查，方到南通。

李申甫先生宴请在俱乐部等待多时了。

在席上李先生谈及张四先生之历史，困难之经过，创办之事业……

他说，现在大生纱厂，资本不足，完全以上海银行扶助之，纱厂之会计以上海银行派员任之，纱厂之营业款项、收存均为上海银行分配监督之，得其纱厂存款之利息，实此一办法也。

李先生问我们四川的粮征到若干年了，我们说有的征到了[民]四十多年了，他说我们江苏省才到1930年或1931年，每粮一两，才上七八元之粮。

他又说，南通的人是很富厚的，织布的人家要占多数，是前数年到此，只听扎扎的机器声音，中外出色的通州大布，每匹重50余两，长5丈宽1尺2寸，每匹价3元4角左右。以每斤计算，就比四川每斤少4角。至于以前的上海银行，以鸦片烟营业为主。李先生又说，张三先生（四先生之兄）现已搬至加拿大，因为最近国民党以打倒土豪劣绅的名义，没收了张三先生100多万的家财，原因是张四先生之子孝若每向张三先生借钱等，张先生颇不满意，于是孝若就伙同党部来没收了他叔父的家产，又听说现在要和好了，将有退还的希望。

并说得有一桩有趣的事业，就是江苏省的地方，渐渐的在扩张，就是临东海边一带，常常发现小岛，都是长江水流泥沙堆积起来的。

张四先生在南通靠近江滨，共做了20个创堤，每个筑成3万，以此来减少水的冲力的。张先生就在东海滨,创办了一个垦牧公司,大小共有40余个公司,资本共2000万,是以大生纱厂的费创办的。最大的公司为大丰,有资本200万。100元可买22亩田,共有40万亩,分五区,每区还有一区产地二亩,共住有几百家人,有兵200多人,枪300支(有机关枪等),每区并有一小学,岛山植桐树,桐子打油,河中养鱼,河植草草可做钱串子。此地距南通七八十里,从前是盐场,名口世场。

餐毕,李先生就介绍我们明天去参观南通工业地唐家闸。并仍请赵先生导引。谢回,遂回房间,问好茶房到唐家闸的路线。他又从容的说,南通有点不好,第一电话不通,第二电灯不亮,第三路不平,其余都好。

我们要想到垦牧公司去参观,就请卢作孚、袁伯坚二君在汽车行去探消息,结果,到垦牧公司途中,口匪很多,常生事,就是海口,也常常出枪案,汽车有时可以通过。假设是穿制服的人,恐难通过。

5月20日　时阴晴　时微雨

我们一部分团员,在那寂静的望楼上写着日记,忽听着他们叫出发了,我们骤然的终止了日记,下楼就看见他们到了小花园的河池,在望他人捉鱼,一会就坐上了汽车,一直开到离15里路的唐家闸。

此地现为南通八大镇之一,而烟囱高矗,云雾浓浓,又为南通工业之中心地也。这地原非工业地,又非市场地,实是张先生造成的,以大生纱厂而造成的,因有了大生纱厂,才有榨油厂、铁厂、面厂、米厂、绸缎……而南通之有四个银行,亦因此工厂而设立的。至于唐家闸通长江扬州之河,亦因工厂而开凿的,此现在之一切,俱非故有也。

我们参观的通大纺织科,得该校教务主任徐先生接待,又引导依次参观内部。

这校为1915年创立,初名纺织学校,1915年设备完全,为提高学程乃改名为纺织专门学校,至1927年7月改组为南通纺织大学,1928年9月,始定名通大纺织科。校舍建筑毗连大生纱厂,极便学生实习、到厂。校内有花园,外有广场,足资运动。经费来源出自大生纱纺织公司,各厂年约3万余元。开办及历年经营费各用去40余万元。创办者为张謇,现为其子孝若继志者任校长。

学程:有纺织学、机械学、染色学、机械电器工学、工程管理及设计学……论理与实践并重。

定四年毕业,现有学生四级,共80余人,校内学生有19省籍之多,即海外侨胞朝鲜学生,亦曾来学,均施同等待遇。历年毕业者,已有300余人,有70%,在国内各纺织工厂服务,其余或入政界,或充教员,或留学外洋,赋闲者居少数,而服务于纺织工厂者,初住最低之收入,每月可得四五十元。

学生每半年纳学费25元,宿费6元,膳费约30元(学生自理),实习费6元,运动费2元,备购书籍费20元,注册费1元,学友会2元。

学生实习各种,均有设备完善之实习所,有纺织机、织布机、金工机、针织机、电器启动机等全部(大小20余座启动机)。

针织机中有两部织袜电机,一部织汗衫机,每部去洋280元,可用手摇、可自动。此为三四年级学生实习。线织悉一年级,丝织为四年级或三年级,提花纸板,为学生自制。各种机器,多英、美国造。

每个学生都有一本配花成绩,为各人自绘,并分系的研究后又作成有组织的来报告。

参观后晤着该校的四川同学,有9人住此校,我们遂与之一阵亲切的茶话,后齐集诸同学于校门摄影而别。

接着又到广生榨油厂参观。广生榨油,专用棉子以作原料,榨油的程序:第一筛去棉子的石及花(用机器,同时花遂裹于机筒上)。第二就车,并剖开棉子为两半,去其花。第三就推,一次粗推,一次细推。第四再磨成细粉,并用一铁轮[辗]。第五才上甑蒸。第六将已蒸之粉用口包好,呈长方形。第七放入压中榨之,则棉油如水流入地上,再经过一铁陋板,油即可吃了。至于已取油之棉板,则去其壳置入铁锅中压成细粉可作田中之最好肥料,每袋值洋3元2角。

100担棉子可提出90担棉,80担油,450柄,400袋壳(100斤),值洋20元。

棉衣有6担,每石值洋10元。

厂里营业颇获利,而最大的开支为炭。每年需烧300000石,工人每两礼拜休息一日。

继后又参观复兴灰面厂,该厂为1917年开办,初有磨9部,资本20余万,每日出面千余包,现有资本50余万,磨子10余部,每日出5000余包,每包重为49磅,原料本地产量极少,多仰江北、镇江、无锡等地供给。

因为此地贫苦人家,多以麦稀饭为主要食品,这个地方的人,每日都是吃两顿,故本地只有四分之一的原料供给。

麦分三等,上等每包(袋)值3元8角,中等3元4角,下等每包3元,主要的销场为长江一带。

午餐被该厂优渥的招待。

膳后顺便参观了一个和丰榨油厂,这厂是专门制豆油的,用的是旧式。

制造的方法，是把豆子先除去石泥后才蒸，蒸的锅是一铁厢[箱]，烧柴，一列有六七个口，每一口有弹簧，作用是在增减火的温度。设压越大，温度就愈高，压力愈小，温度也就急低，这锅是与一般蒸式不同的，蒸豆的温度常在100度以上。

参观大生纱厂，这厂即张先生创办者也。张先生逝后，这公司由上海主办。

原只有资本200万，其纱锭700万，在欧战时各国棉不能输入中国，而一年有赚过300余万的。

现在这厂有纺纱锭11万个，织布机1200台，工人5000余，每日共出品布3000余匹，纱50厢，每厢40包，值洋250元。布以通州大布为最有名，不过现在被日本照样的制造，已妨碍一部分的销路。布的销路多在东三省一带，纱的销处更宽广。

厂内的工人，分昼夜两班，厂地分新旧两厂。每日每人的工资最多的为7角甚至1角的，较上海那就便利得多了。

棉纺程序：

一、轧花[工序略] 　　二、解色[工序略]
三、和花[工序略] 　　四、畏花[工序略]
五、开棉[工序略] 　　六、清花[工序略]
七、梳棉[工序略] 　　八、并条[工序略]
九、粗纺[工序略] 　　十、细纺[工序略]
十一、精梳机[工序略]

织布程序：[工序略]

该厂机器由柴油及蒸汽引擎。

此后又到×××铁厂参观，为修理大生厂机器厂而设的，能造小河轮引擎、切面机、配纱厂各部机器小件，只有铁工、翻纱两部。

过后又参观电灯厂，南通大学同乡宴以夜膳，共有9人，另有江苏人赵先生（引导我们的）及徐先生（纺织校教务主任），席间李氏中君致词：

一面欢迎我们，一面又欢迎我们（听说我们到日本），又一面盼望我们将考察结果以后四川改良各种实业等语。

局长致答词分几点：

第一，感谢厚情。

第二，祝他们努力求学。

第三，盼望他们与农科同学取联络，农科研究棉花与纺织科相互配合，将来即为四川极大的帮助，盼减少四川在外买棉纺回去。

第四，希望徐教务长随时与纺织同学教研，不客气教之。

第五，盼望上海银行有分行设在重庆，为商二人关系为大。

今晚在此痛饮高歌，既醉以酒，又饱以饭。

饭毕，已过八钟，辞谢走。同学送上汽车，不忍别于雨中。汽车走得太快，帽子飞得太速，直到不能看见他们的影子了，才转回头。

两部汽车，杂杂的在夜雨中行进，四面都寂静了，阵阵凉风吹来，尽然默默无声，走了许多时间，才到得南通县，路上遇了两次检查。

回社已夜深，稍息遂寝。

5月21日　阴

起来当七钟，盥洗后即收拾行李，准备要走。先把旅馆的账结了，再出去参观几个地方。

第一到女子传习所（绣花学校），这是张季直私办的。接洽后，先参观学生成绩室，绣刺的人、山、水、花……其光线之考究，配色之浓淡，皆比画的精美。

这校的学生，共分五级，有学生60余人，藉多外县，曾毕业者共有500余人之多。

招生的办法，是论籍贯、程序、期间，只限年龄在12岁以上30岁以下。

一、二年级学生，学绣单色线，三、四、五年级学生绣像各种色，每日只有两个钟头的绣，其余时间为教授画、国文、算术、作文等科。

凡绣像，先画好着各种颜色，再依画配线绣之，1尺长8寸宽的像，好的要绣一年或八个月，至少也要半年。学生绣的一切原料及一切消费，皆由学校供给，但绣好之成绩，仍归学校陈列之。

学生的费用，每年共约100元：每月食费5元，每年学费14元，其他杂费及宿费等共约26元。

此校自张先生逝后，每人继续维持，加以经费无补，所以日趋衰落，将有瓦解之说。

继到上海银行辞谢李申甫及赵××二先生，后到翰墨林，欲购张先生一切遗物，到店问得有否卖完，只购得一本传记，系其子孝若著的，还有两本诗录而已。回店已是九钟了，茶房为我们叫了两部汽车，搬上了一切行李，栈内人都异常惊恐怕我们去晚了，搭不到船。我们已经坐了车了,栈内的人账房、茶房……都立在门口来欢送,我们在这种情形之下,颇有不忍去之感,更有再来之念。

汽车由夹树道开至河边,就得见河里烟笼的轮船,因为汽车的速度要比轮船快,我们还不慌。到了陆军东港下车,车夫说就在此地搭船了,我们看河边无木船,刚才看见的轮船又不停,有一位士兵说,搭镇江的轮船还要等候一会,我也是要搭。

这时南通俱乐部的茶房,把我们的行李搬到附近一个村子里面放着,差不多是十一点钟了,听说轮船还有三个钟头才来,遂在此地饮食店吃饭,然而要待一个钟头才弄得好,这时他们有的跑去游玩,有的出去拍照。我同着梁崙一面看守行李,一面在看日记,寂静的乡村生活真是好过。

他们在树下、门前、江边、池畔、芦中照得了些相片回来,都便叫饿,这里除砂胡豆外旁的买不出甚么东西了,在打十二钟的时候,饭已经弄好了,但是只有几碗,其余就以面作主要饮食,真是饥者甘食,桌上杯盘狼藉。

饭后打主意出去玩玩,就给了3元的饭钱。有一位女主人说,你们住了我们的房间每人要取3毛的费,我们说只占了你一间房子,并没有在你们房间里住只放一放行李罢了,为什么要给钱呢?即或就住了的,也不该以人计算?侧边的人说,多少地方都是一样的,多少要给钱与他们,结果硬是给了1洋元,当时就把行李搬河边去了。

在河边候了许久,眼不息的望着茫茫的大江,忽地雨下起来了,又无避处,又候了许久,风雨加大,船无消息,各个都坐在行李上面读书,候搭船的有十八九人。

眼望欲穿,船无影响,有时远见河心烟出一线以为是船来了,殊知这是木船立的桅杆,又有时远见船身高矗前进,以为是船来了,殊知这是大木帆船挂上了风棚,如是的疑怀无计。

大约在三点半的时候,烟云如近船果来矣,搭客无再疑矣,遂纷纷搬行李上小木船,船上候了约半个钟头才拢,很拥挤上了大船,因不好定房间,就买客厅票住下(回到镇不过晚四钟)。

每上船有三点不好的地方,第一是空气太浊,第二是秩序不好,第三……

不久天渐暗了下来,船上电灯开了,晚餐过后,茶房为我们找了六七架行军床,准备我们睡的。今晚大多坐在床上看书,等到镇江而已。

5月22日　晴

起来刚打四钟,把行李收拾好了,再行盥洗,再才跑到甲板上看看东方发白,这时四面皆寂静,横顺躺在甲板上的人,都是呼呼的酣睡在梦乡,只有听到哗哗的机声,沸沸的水声，习习的风声，河水还隐可见一连白影，其余皆黑如墨。

一会天上忽地如河水色起了一线，才知道是东方发白了，忽看而白色忽散更宽了。

回到舱里不久，而日已从东方爬起来了，使人不可对它直视。这时河里烟雾如云，远远地可见白的帆船。

因船走的太慢，所以六点钟才抵镇江，住在大观楼，定了两个房间，每日每晚费为1元8角。在店内休息一刻，便出发了，这时才七钟，有许多店铺还未开门，问走了三家才买得照片。

镇江城外，街狭而械，雨天颇滑，在一家小馆子买得些面食吃了，再转到金山寺。寺墙为金黄色泥，分三殿，顶头有一塔，因在修补未登。侧有一木架上画着"金山三角点"，在此可俯瞰全城大江。此山不高，周皆溪流或池及一些藤树包围着，二殿侧有一法海洞，人传为法海和尚修道处。下山便问和尚，法海和尚是在此地么？他答是。又问水淹过金山寺没有？又淹到什么地方？他答淹过的什么地方不知道，再问法海和尚用袈裟放在什么地方避水呢？他答放在水里……结果多不碰对。

下山后已八钟半了，遂分头参观几个地方。一组到建设厅，我们5人到江苏省立农民银行，并问问该行对于农民办法。该行于1927年省政府成立，将以前孙传芳征之2角亩捐，收其未完者作为该行的基金（即孙附加农民一亩田征2角，芦田1角）共有200余万。该行的组织极完密。有一监理委员会，会员共7人，3人为中央指定常务委员，其余以曾经服务于银行或该乡富翁充任。即在监理委员会中选出总、副经理，呈请中央委任。经理以下分四部：1.总务，2.会计，3.营业，4.调查。每部有一主任，三个办事员，几个助理员及练习生。凡行内职员，悉过招考，办事员尽在高中毕业以上。

该行主要的业务，为放款、存款、汇兑三种。放款以率存规定贷与农民所组织之合作社为限。因该行营业基金积蓄甚钜[巨]，流通之途不广，不能吸收存款，从赔利息，故总行□□存款业务迟迟未行，各分行所收存款为数不多，大部分收之于各合作社，至于汇兑业务，亦未举办，唯放款一项现已进行。而放款的种类分定期信用放款，分期信用放款，定期抵押放款，活期抵押放款为主。又借款的手续，先由合作社来行或来函请求借款时，先会填寄申请书，并附该合作社章程、全体社员名单及职员名单各一份，该行收到申请书后，交调查部派员调查，调查完毕，调查员将事实与意见填于审查书上，再交业务部斟酌情形，拟定办法，送总经理审核，经核准后，由业务部填就放款核准书，附同借据交申请借款之合作社，请其到行办理借款手续。如审后认为不能放款时，亦由该行去函通知。

该行内部职务程序记账手续与普通银行略同。放款经营述要：该行在筹备开幕之际，适值江宁发现旱象，将成隐患，各乡农民纷纷前来请求借款，经县长周浩之担保临时贷出定期信用放款5600元。同时吴江震洋一带，小农饲蚕者，因受高利贷之压迫，竟有中途无资购桑，将遭全部损失之危险。该行吴江分行即电请总行试行临时短期放款以救济之，经该行副经理调查结果，春蚕时放出29118元，秋蚕时放出17214元，现已先后将本利收还。时开幕之后，又先成立分行，如常熟、吴江、高淳、武进，又镇江、昆山、无锡等办事处，而各地合作社向银行请求借款及各分行借款现共放出132900余元（合作社系农民组织借款之）。

该行借出之款因求普遍放个人数量很少。

该行有三点有意义的地方。

第一，可节制农民不乱消耗费用。

第二，为政府调查户口及农民生产概况。

第三，编制农民佃约，使佃约有确定的依据，如四川一张白的太虚根据。

此出到公园游，公园内即一小山，布置颇有山野风味，亭阁皆含古庙之风，顶可瞰全城又可看大江。

5月23日　晴

昨天就闹起要到扬州，今天乃得出发。在八钟的时候，我们各携了一本书，跑到买好了票，票费每人1元。

先在镇场码头坐汽船过河，船上各吃了一碗粥，上岸后即坐公共汽车。沿途道树荫映，风味不少，约二十分钟到了扬州车站。下车便过运河，此河即在隋炀帝时开凿也。可通到北京等地，当时为我国南北运输之要道。而今铁路连成，长江航运，用途大减，然建筑的工程上还是留着极大的纪念。

上岸时黄包车阻了去路，堆满了码头。我们先进城一游，街狭而秽，损砖黑柱毁折之痕，遍地可见。与前想中之扬州，极大相反。人说此地为满朝屠教数次，房被焚，人被躯〔驱〕逐，又兼此地交通减少，而别处进步太快，所以现在的扬州当不算繁华之地矣。

街游一阵感觉无趣，特访教育局参观，殊到局时，职员、局长、科长皆不在，连小工也没一个。内有人说，局长在乡里去筹款了，科长也有事未来，你们要参观，我们不能负责等语，我们听无搞事①就出来要走，看见壁上面画着"商品陈列图"几个大字，又顺便进去看看，里面放了十几样陈列品，并无一人看守。连着又有一个公园，跑进去看，刚好容得下我们十几个人，里面有一茶馆，一荷池，有桌子，两棵树，几磴石头。这一出来，又问

---

① 无搞事：四川方言，意即啥事都做不了，啥事都搞不成。

关于建设局,一人说向这条大马路过去就是。我们四方一看,真不知大马路在何方,他笑起来说大马路就是这里,尽都笑起来了。这大马路,只能够过黄包车,也怕有四尺宽。到了建设局,晤着了局长谈谈(浙江人局长),他刚才来,参观这的成绩比较为难,建设局做了几桩工作:

1.征工筑路

征求工人先就调查户口,工人要在20[岁]以上,40[岁]以下,一家有两个就征一个,有四个就征两个,也有钱不出人,出钱代的。

路基向民众买,价钱稍微要便利。筑的还有县道省道,县道宽7公尺,省道宽9公尺。如长15里的路有3000工人筑,每人约五六天即成,但作农息时做。

每队工人有队长,由老百姓充任,有督工等为教育局录人任。每日人数及工作有表登记。

2.建中山纪念塔,为公共会堂用。

3.修河。

4.教育事务帮助,全县有三个中学,县立省立私立,此省之中学为最好。

此出到天临门雇一小花船游瘦西湖,船费一元半。

沿河风景奇异,颇含一些光风。沿河边游徐园,里面亭阁花园布置颇精,更有行树参天足资游玩。

又到小金山,风景绝佳。有小山,山上有花树,山下有亭,也有卖小食物的。

又到法海寺,寺有神像多座,死尸塔一庙前柳树重重,时有牧童牛背上,遂摄之。

再过一桥分三洞形势与一般不同,桥上有农夫打麦,又摄之。

后不便再前了,遂沿溪转,船上有看书者,有人梦者。到了扬州,直到车站,现已是四点钟了,觅馆子午餐未得,就在一家小馆吃了些麦包就搭公共汽车,再坐汽船渡到镇江,收拾行李,准备搭六点钟的火车。因车来未合时间,故在车站候了一个钟头,同时也把晚餐吃了。七钟上车,九钟到南京下。

下车雇了两部汽车,将同人行李装好经过很长的欢迎大道,这马路是蒋主席为孙中山特修的,城内房屋层落,街道远不如上海,尚不及南通。

后到了洪武街新民报社下车,晤杨学俊、郑献徵[①]二先生帮觅得洪武大旅社住。现在已是十钟过了,就寝。

---

① 郑献徵(1900—1969),名琛瑞,号献徵。1924年,毕业于北平法政专门学校,曾任重庆联合县立中学校校长、北碚兼善中学校长、四川省建设厅主任秘书、四川省教育厅科长、四川省财政整理处处长、四川省政府秘书处视察室主任、四川驿运管理处处长、四川省水利局局长等职。

5月24日　晴

午前先到中国科学社参观，有杨学俊先生一路，该社因房子小了，正在扩充建筑。

接洽后得一张先生引导参观，他说：社里经费为文化基金会供给，初每月只有250元，现渐增至4000元一月矣。

[经]费大部分都用在采集上，十分之三为买仪器、书籍，采集费十分之四为薪，职员薪资极薄。但他们都能耐苦，颇能努力研究。

每日办工为午前八时起十二时止，午后二钟起到六钟止，无假期，但职员可自由出入。谈到另地去，研究听课……只须向主管人员报告一声，办公即研究科学也，凡研究院的人员都在大学毕业以上，或中央大学的学生，有时也有专门学者或留洋生来社研究，本社只贴住地及研究的原料用物，不贴薪资与食费。

该社分植物、动物、读书三部。

植物有三人研究，又助教一人，主任一人，而植物标本研究用具，以及一切设备均完善。

动物有九人研究，又有助教一人，主任一人，而动物标本为禽类、兽类、昆虫类、海产类……均有丰富的设备，现在注意的是分类同分科。

因经费困难所以每年都要派员到四川采集，一面又研究之。

读书一部，专为研究员而设，图书杂志颇多，中以原文占十分之八。

参观毕，局长以三桩事商转告×、秉二社长。

1. 四川科学院成立后请常派员到四川住。

2. 标本交换。

3. 剥制动物标本。

张先生说，唯学剥制标本，在此极不合算，最后在此雇一剥制技师回四川的好，每月只须给三四十元的薪也就足了。

继后又到中央研究院历史自然陈列所，接洽后得该所杨先生指导。他说，这所是今年才成立，历史一部还没有，只有动植物标本陈列的一个雏形。

动植物标本以四川广西为最多，里有活的狼、驼、熊……分科陈列的，又有瑶人的照片多张，都是在广西采集的。

参观后又托杨先生转告三桩事（同科学社），都谋允许。

午餐于民生餐馆，系一四川人办的，很清洁。

杨先生说：1913年，南京才不过20万人，到了现在，已是50万了。原因就是一切做官的人都把家眷带在这来了,在南京的四川人做官的、当学生的、做新闻记者的……除湖南人外,要算四川了。至于南京的饭馆,只看见川菜的,就是湖南湖北,都是靠四川饭馆供给。

午饭吃了些小菜同豆花,结果12人吃了3元多钱,真是便利。回寓稍休息,杨学俊先生叫了两部马车(共5元钱)先到清凉山,山无石,有一清凉寺,掩映于绿草丛荫间,颇饶诗中画意。人传该寺为南唐之避暑宫,惜已圮疵多处,寺后旧存翠微亭,即为昔日避暑宫之暑风亭,光复时毁于兵,今仅遗迹可寻矣。

又有一云庵在清凉山北,地势悬,旷踞于岗顶,四顾成烟,历历在目。相传该庵为地藏王菩萨,肉身坐禅处,每年阴历七月底,香火极盛,中更有一六朝古井,又有庆善寺在清凉寺南,寺之外殿祀有张睢阳塑像。殿左为僧舍,殿右即扫叶楼。

扫叶楼上悬有扫叶僧像及一联曰:"扫叶何人在,登楼思悄然。"楼中布置清雅,僧供茶点,以飨游客。是楼为隋初龚半千①,讬名扫叶僧隐居之所。在此稍息一刻,此可远望台城及护城河。

此后又到莫愁湖,马车沿城外走,路不平,车上颇痛苦,沿城的人家大多是些茅屋,赤裸的贫民,在赤色的阳光下工作。走了半点钟才到了莫愁湖。在江宁省署石城水西门外,因传六朝刘乐时卢莫愁居此,故名。湖周围约十余里,碧波见底,深处寻丈,环以岸柳,芦旁植红白莲花,鱼虾可数,湖外毕高原平畴,鱼邨[村]草房。大江南北,屏到东岸一堤之隔即城河,今有小艇数叶往来泛湖,湖边之莫愁庵云,即郁金堂旧址胜棋楼。在湖畔,相传明太祖曾于此地与中山王徐达下围棋,徐胜,明太祖即以此园封徐为中山王之私园。此地诗对极多,昔有梁武帝歌云:"湖中之水向东流,洛阳女儿名莫愁,十五嫁为卢家妇,十六生儿字阿侯。"其旁为曾公阁,曾文正公平洪杨乱曾持节于此。

6月3日　晴　晚雨

[6月2日晚回到上海],晨早开会一次,为分配办理零碎事务。

午前理日记。午后送信到范崇宽处。

午后卢作孚、唐瑞五同余祥久到中国电器公司接洽,为王师长计划购置电话材料。

陈德到中国铁工厂交涉购置织布机器。

梁崙到药房购置海碘油膏等药品。

邓愚山担任回复重庆、合川电信。

---

① 龚半千:龚贤(1617—1689),又名岂贤,字半千,明末清初著名画家,工诗文,善行草。

胡绶若为民生公司购油及调查车刀钢、风琴等事。
晚读英文一小时。

6月4日　阴雨

午前M.A.N洋行陈先生约卢作孚、唐瑞五到江南造船厂,决定订轮计划。
陈德到高昌庙上海造绳总厂,取造绳机。
刘乐淘、余祥久约胡绶若到西门子电器公司订购电话材料。
午后梁崙、陈德到大隆铁工厂接洽计划购织布机。整理南京采集之文具同标本。
晚读英文一小时。

6月5日　晴

午前陈德交电报三通,交航空快信两件。卢局长同唐瑞五、卢魁杰到江南造船厂,再计划订船问题。
午后抄录植物标本登记,梁崙到中国铁工厂催取织机价单。
邓愚山、胡绶若调查榨油机。
一至二钟在公共体育场作足球运动。
晚间读英文二小时。

6月6日　晴

午前卢作孚同唐瑞五到华德参观××水电厂,并到三星棉铁厂,解决织机问题。
午后梁崙到中国铁工厂,仍催取织布机价单,抄录夷人经文。
晚间读英文二小时。

6月7日　晴

午前整理日记及补填生活日报。
午后写信,晚间读英文二小时。

6月8日　晴

午前录夷经，十二钟为开茶话会，会中有王鳌溪①、陈铭德②等，讨论问题繁多，主要的为两点：

一、怎样集中人才，怎样训练人才，以致将来怎样应用人才。

二、先要有经济的建筑，而造经济力量有两种办法，一种是以新的建设去破坏旧的所有；一种是以新的办法去影响陈旧的事业或可溶化为一，两种办法的结果，成为统一而后已。

6月9日　晴

午前写信及回信。

午后登记苏州、镇江采集之公物。

晚间英文课后开会。

局长计划星期六北上出发，取道于青岛、大连而北平，以最短时间（至多为一月），由天津等地回沪。其余团员，有几个留沪读书，有几个各学一种职业。

在三星棉铁厂购买3500两银的织布机器，准备扩充峡局生产事业。因三星棉铁厂条件太苛刻，尤不相信人达银行，担保亦不相信，为14元价未成订约。

6月10日

午前写信及拟日记。

午后清整一部份图书和购物一堆准备先寄回件。

晚间开会一度，为结束在沪购办公事务。

晚间又读英文二小时。

---

① 王鳌溪(1895—1933)，原名王学奕，笔名王孙芳、王珏等。四川巴中市巴州区柳林乡人。1920年赴成都在《国民公报》任见习记者，1926年又到杨森部任书记，1927年任四川善后督办秘书，后改任警务秘书。在重庆期间，还先后任《团务日报》《宕梁旬刊》《新时代报》《国民日报》《重庆日报》《商务日报》《粉红通讯》等报刊总编辑或主笔。1933年秋殉难于南京雨花台，是为烈士。

② 陈铭德(1897—1989)，四川长寿人，毕业于北京国立法政大学，中国报业发行人，追求民主、自由、解放。1925年任成都《新川报》编辑，1927年任重庆《大中华月报》主笔，1929年先后创立《新民报》《新民晚报》任社长、总经理。抗战爆发后《新民报》内迁重庆，1938年在重庆复刊。曾任中国国民党革命委员会中央委员会常务委员、团结委员会主任委员、中国国民党革命委员会中央监察委员会副主席等职。

为峡局聘得体育教师李玉成、邓步宫等已来沪，候在航船，不日将返川到峡，将来峡局体育运动，声势必大矣。

体育运动用具皆在北平、上海、天津三处购买（费4万元）。

6月11日

午前清整矿物标本，选一部分同杭州（西湖博物馆）交换，一部分同北平交换。

午后到招商局北楼，收盐及硫标本未得。

英文课后王鳌溪先生来社谈，局长邀以北上，鳌溪先生颇赞同。

6月12日 晴

午前送温泉水到善钟路中央化学研究所请曾义先生化验后示以结果。继又到海格路医学院送信致敖院长：

1. 请通知吴淞医学院，我们下周礼拜二送装标本之玻璃瓶来。
2. 商品征集、人体特别病理标本及胎儿之标本。

午后到二马路中商银行益中公司取标本，晚间会后局长谈他有趣之历史。

6月13日 雨

午前到杨树浦瑞镕造船厂内"宜都"轮上取得硫磺[黄]20余斤，花盐二桶。午后即将此物送到闸北新民路农矿化验所，请其化验告以结果。

晚间英文课后郑献征、王鳌溪、周雁禅等来社谈及变革青年之办法，中遇自称川东南团务校学生及四川同乡流氓三人，向局长借钱，态度颇狭厚，言语多粗薄，势有非借钱不走之动机，后因情面关系，局长一面施以一番教训，一面送给生洋10元。然被寻之意尤[犹]未足，钱收后从容告辞去。

后郑先生说，四川人留在上海的多渣也，就两三毛钱都要，前熊克武、但懋辛等大早晨，在上海曾被四川人扭着要钱不放，有一次还不准他们上车……所以现许多大早晨不放让走了。

6月14日　雨

午前到商务书馆购钟林印字机二部，拟一部为民生公司，一部带回峡局。每部之价为40元，此机印出之字，等于石印但可印花色，买好后即在此学习半小时后，即能使用矣。

午后整[理]矿、植物装箱。

6月15日　雨

袁伯坚今日搭火车到杭州，将夷人风物、植物同杭州昆虫局交换。

午前清整一切公物，列表交代与舒承谟，自拟到南京。

午前到先施家等购置应需之各物。晚上同郑献征先生谈及到进京事，局长并托郑先生襄助到南京交换标本各事项。

6月16日　晴

午前到商务、中华两书局选购养猪、鸡类书籍，又到爱多亚路买一口皮箱，回社将自己行李打成捆子，文具书籍一一装于箱内。到午后二时，匆匆的辞离了团体，同郑献征先生坐汽车到北站，先把火车票买好，次将一植物标本交行李房，被谓时宴不收，于是郑先生乃去打电话告知东昌旅社，将植物标本明日交行李房运来京。这时我即将其余行李及标本搬上车，上车不两分钟，车便开了。郑先生遂搭掉车，个人甚感孤寂。车上看了半本书，就是今天买的《养鸡全书》。

上车时人很多且很热，到南京时已是九钟许，车上仅数十人，天气觉还寒冷。下站即叫了一部汽车，从容的将一切行李，直运到新民报馆，同陈铭德、杨学俊两先生接洽，谈及一切，两先生亲就铺位留宿。

6月17日　晴

早上写了两封信，一封信致局长，一封给留沪诸团员。

午前在社拟就生活、伙食等表。

午后整整地在馆看《养鸡历》一卷。

十一时郑献徵先生始来京。

6月18日　晴

今日因郑先生有事到下关,明日始能到各方接头,整天仍是看书。

南京所饮之水,多取于秦淮河或井,不如上海自来水取之清洁,故初来于此肠胃不得不起变化。

6月19日　风雨

寒风习习,好似深秋。社内人们,均添上一件夹衣。早上看报并读英文,上午静静地看完《养鸡历》一卷,午后先用电话同各方约定时间后,才出发到各处接头。

先到中央研究院历史自然博物馆向钱天鹤商洽交换标本事,结果钱先生告允一月内将广西采得之各标本,赠一份与科学院。次到中国科学社晤得秉农山[①]社长,商述三事:

a.交换标本　b.代聘学者　c.到社学习动物剥制

此三项已收得相当之效果,并以浙江采得之植物标本拟赠一份与科学院,现正在整理中。至于在社学习录制,明日即可从事工作,更可实习动物分类,再有代聘学者,秉先生尽力征聘。

中央大学农学院,因王院长不在故未去。

报载日本学生70余人前来京参观,各学校昨日到苏州参观,即被中央伤兵扭打而逃。

金陵大学因无介绍信,郑先生云日后将植物标本寄去。

6月20日　风雨

早上读英文看报。

午前八时到中国科学社,秉农山介绍到动物部同王以康先生谈及关于动物之整理、分类各注意点及方法等。

---

① 秉农山:秉志(1886—1965),字农山,原姓翟佳氏,曾用名翟秉志、翟际潜,河南开封人,著名动物学家,中国近现代生物学的主要奠基人。

以康先生说关于动物采集整理种种工作俱多,只难者在定名,因定名即在书上去寻,书全系拉丁文,所以动物分类初步由粗工作整理起,以后才能别其细微形态……

后即帮助康先生作虾标本之整理,历三小时整理十数瓶。虾之种类繁多,辨别地方即微,若细致分别起来,非解剖不能识。大概整理,则将其各部生长之地位,须之多少,眼之缝凹凸而办之则可,而颜色大小不论也。

虾之保存最好用70%的酒精,设用胡[福]尔马林则虾之足颚易折。

该社研究时间为午前八时至十二时,午后不工作。

王以康先生约每星期二、五,不落雨时便可随出野外采集且有剥制机会。

十二时到植物部参观,该部亦在作整理,请问其一切整理方法后,并与该部有暇即帮助整理,有机会野外采集亦愿同往帮助,该部亦允。

午后在新民报馆写信四封并看书数页。

晚间闻社记者云,中央军驻南京、苏州、徐州等一带的伤兵已达3万余,新添医院数十处,药用完以牙粉充。伤兵发痛,医生常常被打,外国人毫不敢来医治。又住京黄浦生的夫人极多,自出战后,因现在许多家无钱度日,所以叫苦不了。

6月21日　雨

早上看报,读英文。

午前八时到中国科学社,助王以康先生整理动物标本——鱼类十数瓶,虾类十数瓶。鱼类标本除特别易剔外,余皆细在各部检查,其鳞、鳃、头尾、翅……实难辨别的可在各部之位置及脊翅之数目考别。

学习配动物药水:方法两点,此处省略。

6月22日　晴

早上看报,读英文。

午前看完《养鸡历》全书。

午后到三牌楼购置一面盆,又到中华书局购买蓝墨水及信纸、铁夹、铅笔等。

晚间在大欢圆沐浴。

报社后即秦淮河一段,河水污浊,有在其中洗马桶者、有洗菜者、洗衣者、挑水喝水者,同时在一块淘米者,真的糟糕。晚上颇受蚊苦,原因即在秦淮河。

6月23日　晴

　　早上看报,读英文。

　　今天温度已高过90度[华氏],热得异常。

　　八时郑先生约到中央党部看办沙基惨案纪念周。并听林伯克及国内大人物讲演,谈罢便同坐包车到党部门外,约党部职员刘北(四川同乡)。他们刚才起来,很快赶着出门,因刘先生是党部的,职员有章证才能进去,刘先生说,向前门进去要经过三次机关,恐卫兵故意留难,益绕从后门过去。后门也有卫兵,不过只得一列,我们很从容的同党员一路,进去卫兵也就莫管。

　　里面的房子,都很零落,建筑当然华美,边有花园、道树……绕围着。不五分钟便听着如电铃的声响,几处楼上四周的人都向那中间一间堂皇屋子跑。刘先生说,开会时间到了。我们也跟着很快的挤进会堂,连名也没有签,在会场的门口,还要检查一次徽章。

　　进去坐下了,人声如蚊声,一会听见说:"现在开会了。"一会仿佛又有人在读遗嘱(因会场是个斜半圆形,在后边不能看见人),读毕,乃是敬默三分钟,这三分钟人声稍细一点,有许多置有表的说有四分钟了……此后即胡汉民上台报告沙基惨案之经过及起因,接着又介绍美国人林柏克讲演孙中山先生生平故事,说的是英文,说话的态度语气、精神……颇像一大演说家。翻译的是司法院一个参事,惜他不仅把人家说的一切表情不出,而且原文也译掉过半。

　　这会场布置建筑都精致,会场有200余会员,十之九都是着的洋装,他们在开会当中,喁语叹[谈]笑的不说,也有在会场穿来穿去的,竟至退席,又有以草帽报纸作扇的,也有足踏坐凳的,甚至有男女党员间开玩笑的,其秩序不如电影院剧场肃静,乡间集团庄严。宣布散会的时候,更比戏毕出场挤得利害。出党部二道门口,都纷纷的跳上自己汽车,哄的一声就跑了。中国最高的机关,真出乎我意料以外(今天讲演的不如在《新民报》上来看)。

　　午后郑先生已晤到农学院王院长学习养猪、养鸡事已得好结果云。

　　午后向郑先生借了一本书看——《春明外史》,此书是社会小说,北平真实的社会。

6月24日　雨

　　晨看报、读英文。

　　八时到中国科学社整理蛙类标本。

　　蛙类鉴别除各部不同而它外,尤在背部之筋纹而定之,保存是用胡[福]尔马林。

在王以康先生处借剥制书一本,然是原文看来慢而不明。

午后同郑先生到中大农学院,晤王院长同兽医科陈平仁、张松荫接洽,谈及养猪、鸡学习……办法。

陈、张先生说,不过你正来在放假之期,教师有许多都走了,所以只好在技术上实习,不能在学理上研究,因时间关系技术上亦都有限。没来学时,把住地寻好后,再来通知入学。后张先生引导在牧场各部参观一周。所带来之植物标本同该院理学院交换。

晚间看书——《春明外史》。

6月25日 雨

早上读英文、看报。

午前到中国科学社,整理鱼及蛙类标本。

午后拟剥制,因雨未得野外采集。

午后秉先生介绍生物学者袁贡微,浙江人,曾毕业于东南大学,约到新民报馆,同郑先生商定一切问题,结果暂定月薪100元(日后年功加俸),而在科学院作研究,一面在中学教授每周约十二钟。袁先生现因家庭旅费问题,拟在月内即随卢局长到川赴峡局。

6月26日 晴

早上看报、读英文。

八时至十二时在科学社整理鱼类标本。

午后因贾先生出外采蛙,未获,遂返社看书。

6月27日 晴

早上看报、读英文。

午前收拾一切行李,同郑先生商定入校一切办法。

午后辞报社诸先生,到中央大学农学院同兽医科陈平仁、张松荫到畜牧场万先生商洽寻好住地,即此开铺。

晚间整好科学社送来之植物标本。住在畜牧场养鸡孵卵室,[方]便实习。室内空气充足,颇卫生,推门外即池,中水溜蚊特多。

6月28日　晴

早上读英文、看报。

午前整洁住地并写信致新民报社、中国科学社、卢子英队长。

午后同畜牧场管理者商定伙食办法、借书办法。

晚间晤该校兽医科教员陆理成先生商谈：

1. 学养鸡的程序及养雏的程序。

2. 商求到各部份实习。

3. 有疑问，请陆先生指导。

4. 养猪仔每日学的时间，如何分配？

陆先生说：

现关于养鸡，好在同吕文伯先生合作，因他富有数年养鸡经验，现孵卵已二周，每日可学习孵卵一切。

关于养猪倒容易，现有一盘克县母猪一周后即要生产（第一次，每日可去看它四次）。至于有问题时，可集在每周来谈或用笔复，每日时间则自己分配可也。

6月29日　午后雨

早上看英文、看报。

午前，开始学人工孵卵法（一面看书，一面谈，姜先生实施指导）。

A. 认识内部构造及各部分之用途。

B. 孵卵之各注意点及管理法。

C. 翻卵、凉卵、检卵之方法及原因。

D. 孵卵室之温度及设备。

E. 孵化日期及出雏时之注意事项。

午后

1. 陈平仁先生来商养蜂，因四川气候颇适。

2. 陆理成先生今造三种表：

A. 产卵登记表。

B. 孵化期中温度验查表。

C. 孵卵检查表（生死率）。

晚看《实验孵卵法》一书。

6月30日　晴、阴雨

早上读英文、看报。

午前

1. 见习翻卵一次(六时)。

2. 看孵化器中之温度表二次(六时、十二时)。

3. 见习清整鸡舍及育雏鸡三次。

4. 看猪二次(七时)。

5. 到图书馆借养猪、养鸡类书。

午后

1. 学看蜂。

2. 学做巢础框及野巢础,张松荫先生指导。

3. 看猪二次。

4. 见习诱鸡入舍。

5. 见习翻卵一次(六时)。

6. 看孵化器中温度表二次(六时、十二时)。

7. 看《实验养蜂历》一卷。

7月1日　晴

午前

1. 读英文、看报。

2. 助管理员翻卵一次(六时)。

3. 看温度表二次(六时、十二时)。

4. 助吕文伯整洁鸡舍及育雏鸡。

5. 看猪二次(七时、十二时)——懒运动,不爱食,阴门肿,告之陆先生。

午后

1. 看检查牛的肺病,检查法用手指捏牛尾巴根部,设发见[现]有块状或硬性一圈者即有肺病之牛也。

2. 看猪二次(四时、七时)。

3. 助吕文伯促鸡入舍。

4.助吕文伯翻卵一次及看温度表二次（六时、十二时）。

5.看《实验孵卵法》。

7月2日　午前晴　午后大风　微雨

午前

1.看英文、看报。

2.助翻卵一次,看温度表二次（六时、十二时）。

3.看猪二次（七时、十二时）。

4.看实习孵卵法。

5.助吕整[理]鸡舍、育鸡、雏。

午后

1.看猪二次（四时、七时）。

2.看翻卵一次、温度表二次（六时、十二时）。

3.助吕诱鸡入舍。

4.到兽医科张松荫先生处借面罩。

5.请姜先生解释"卵壳无角者"这名词。

姜先生说：即卵不成三角形状者。

7月3日　晴

1.看报、读英文。

2.看翻卵一次、温度表二次（六时、十二时）。

3.看猪二次——盘克县猪在十一钟时,遂产子6只,产前并无别的特征。在产时,横卧栅内地上,惟呼吸稍速,子从阴门次第下地,此时,每只小猪处俱色有一层薄膜,用人破开,小猪即能走能动,最后一只下地盖死,其余五只,四母一公,不半小时则小猪自在母猪腹下吮乳也。另外一脐带（装六小猪的）,大倍非皮且厚,[一个]钟[头]许始脱母猪阴门下地。母猪产后亦如平常也。

午后

1.看天然卵,第一次检卵。

2.看蜂——检查蜂王,巢础转箱,去雄蜂、熏烟。

3.饲养鸡并诱入舍。

4.张松荫先生介绍到中大学者□漆先生处借《养蜂问答》《实验养蜂学》二书。张先生又商与该员合作研究及暑期管理中大养蜂场。

5.晚上看《实验养蜂学》20页(蜂种)。

7月4日　晴

午前

1.看报、读英文。

2.看翻卵一次、温度表二次(六时、十二时)。

3.看放鸡出舍及整洁鸡舍。

4.看猪二次。

5.看《实验养蜂学》20页。

午后

1.看猪二次。

2.检箱五箱。

3.孵卵已到18天则停止翻孵,凉卵矣。

4.监视天然孵化,每日放母鸡出巢一次约十分钟至十五分钟之久,喂食及洗洁(洁沙)后,仍全入巢孵卵。

7月5日　晴

午前

1.读英文,看报。

2.看猪二次。

3.移置蜂箱拖树荫地[底]下,因天候过热,防蜂有□也。

4.孵化之卵已满20天,今有两只雏鸡啄破卵壳而出,此时机门之玻璃处须用青布遮复,恐幼鸡从有光处走,而身毛未干恐易受寒。机内温度可升至104度[华氏]或105度[华氏],设卵壳之水分时则每日须喷一次或二次。

午后

1.看猪二次。

2. 雏鸡热天须在温度极高时移入鸡舍（雨天亦必移），至于水每晚[无]论大小鸡均可喂一二次，水须清洁。

3. 孵卵机内雏鸡已出9只，破壳将出者10余只。

4. 《实用养蜂学》一书已看完。

5. 晤陈平仁先生，商在此次孵雏出后实习的经过，一面商到科学社事宜。

郑先生说科学社秋天学习的机会更多，现于农学院往返时间及钱俱不经济，现暂不到科学社也。

6. 到花牌楼买得蚊香一盘，卤菜数筒，养蜂书一本，信笺等各数件。

午后

1. 育雏，雏出后一日始给食，饮料为碎米粒混蛋，雏食易消化也。

2. 看蜂。

3. 看猪二次。

4. 移鸡舍于室内，晚恐受寒。

5. 洗涤孵卵器。

6. 看《实习养鸡要之孵卵育雏》二节。

编者注：

高孟先在南京中央大学兽医科畜牧场学习的日记，止于7月28日。

因学习的内容主要为家禽养殖和动物剥制，他每日的日记基本为专业性的、技术性的操作过程，事情细小繁杂，大同小异，如从6月29日至7月5日的日记可见，故将7月6日至7月28日的日记省略之。

合组考察团报告①

我们曾在上海,辗转请求商品陈列所写了许多介绍信,特往各个不同种类的工厂参观,同时亦为科学院征集些工艺制造品,每天分组的跑了一个星期,共看了50余个工厂,今把参观所得的成绩,简单的写几点在下面:

A.先谈失望的

1.拒绝参观。每到一厂接洽参观,往往不生效力,或许推经理不在,或许工厂推诿要事务所允许,事务所又推工厂允许,这样一走冤枉路就走的不少。

2.没有诚恳的领导者。虽然进去走了一遍,而却得不到确实的参观,只是跟着他后面很快的跑一趟完事。

3.没有印刷品说明内容的组织和制造的程序,使人得不着头绪,他们好像工厂中间的制造方法和一切设备,被人一眼见着,就会完全偷窃了去的,工业之必须秘密,竟到了这步田地。

B.领导人不明该厂内部一切情形

参观的人没有不明了的地方请问领导者,答不懂这两个字的,要占多数。

上海的工业就像下面说的:

1.沪宁早有规模资本的工厂。

2.沪宁小工业虽多,然除铁工业外,其余的被日本抵制或打倒,如钮[纽]扣厂,眼镜厂即是。

3.上海的工厂固多,然极少制造的工厂,下面许多原料从外国来,而且造成各种要件来,止于上海安装配合,如造电机、造电泡、造眼镜、造象牙……

C.再细说一点上海工商业的情形

上海人只研究怎样卖,绝不研究怎样做,卖是常常想出新的花样,做却不容易有新的花样实现,举两个例子:

---

① 此文是高孟先1930年3月随卢作孚组织的合组考察团出川赴华东实业参观、考察过程中,除日记之外的通讯,在《嘉陵江》报上分5期连载,此处作了合并。

1.卖的商人

就是卖的新花样，几乎每家都扯起大廉价的招牌，在那几条马路一带，常常有铺面打锣打鼓的表示其在做纪念，又雇请人穿着特别奇怪的衣服，亦[抑]或许吹吹打打地，在许多马路上穿来穿去，甚至于有些大一点铺面的拿好的绸子，而以两块大的竹板子，放在脚下一扯一跳，踩着竹板子，响着大的声音，证明绸子扯得那样响都不断似的，营业竞争之残酷，竟迫得他们想出这许多奇怪的法子，拼命在那里求得几个买主，而且仅仅求得几个买主注意而已。

2.做的工人

因为工人只有一点技术，所以常守秘密，师傅有特别的长处，不一定传之徒弟，徒弟有特别长处，不一定都传之徒孙，所以上海的工业，不但不容易进步，而且容易退步。

关于此番参观所得，我们预备把它凑写成特刊，后还有新的材料贡献。

现在我们刚由南通、镇江、南京、苏州、无锡，游回上海来，又过四天了，走这一趟，所得到的还很多，可惜没暇整理，但不妨先把容易记得起的，杂乱地把这写在下边。

五月[十]七日的晚上，我们突然终止了纷[繁]忙的事务，收拾了案上、床上需要的东西，装于藤包，打成捆子，叫了一部搬场汽车，连人带物输送到大通码头，上了镇大轮船……翌日午前七时抵南通，留了三日[半]，参观的事业，统统把题目列下：

1.公共及教育事业

南通大学——农、医、纺织三科，县立及私立中学各一、图书馆、民众教育馆、蚕桑学校、盲哑学校、绣花学校、养老院、公园、昆虫局、扎花厂。

2.工业

大生纺织厂、复生榨油公司、灰面厂[面粉厂]、铁厂、电灯厂。

3.游览的地方

东奥山庄、西山村庐、狼、军、剑山、找马楼、梅坨、马鞍山、观音禅寺、林溪精舍。

以上的一切事业，除昆虫局、扎花厂外，余皆为南通张謇所做，游览地除几匹山外，亦是他私人的建筑物。

张謇原是一个穷人，他得清代状元过后，就回乡来办了许多事业，尤其是生产事业，还办了一个规模极大的垦牧公司，在南通百里外的东海滨，因路上有匪，惜未得参观。

南通县城的房子，却是断断续续的，半似城市，半含农村，城外树木蓊郁，颇为幽静。

全县共有13万人，8000方里地，所辖有8镇。全县十分之七皆产棉麦，棉为鸡脚棉种。县中人民颇殷富，对人尤和善，鲜少无业游民，他们每日都是吃两顿，以麦面为主要食品，米皆无锡张镇供给。南通的一切事业，不是为需要创造的，乃是人把它无形的造出需要来。

因为张先生开始仅仅办得一个大生纱厂，厂地就在距县15里的唐家关，这地原是一个村落，并不是一个繁茂的工业区域，后来大生纺纱厂因利用棉籽乃产出榨油厂，为需要而生出铁厂、灰面厂及电灯等厂。大生纱厂尤其在欧战时，因每年赚达300万，所以一切事业都在那时扩大或兴起，既有了上面的事业，在交通方面，又生出马路同运河，金融调济[剂]方面又生出上海、交通、江苏、中国四个银行。

这次来南通来看了这些事业以后，有两点我们要说：

第一是羡慕：

羡慕张先生的精神，羡慕他们造事业的精神，尤羡慕他在无形中造出伟大的精神。

第二是可惜：

可惜张先生死了，可惜他的事业无人继续，尤可惜他成功的事业无人继承。

五月二十一日午后，于南通搭"阳九"轮，次日七时到镇江。这地东南西三面皆负山，北临长江，又当沪宁的通衢，交通水陆颇称便利，商况殷盛，稍逊汉口，人口达20余万之多。

镇江留二日：

第一日游金山寺及公园，参观农民银行及蚕桑学校，第二日在镇江对岸的扬州玩了大半天，也还有味。我们在书上读过的扬州，在戏上看过的扬州，尤其在一般人口头唱着的扬州，都把它形容得非常好，所以我们都是很高兴的跑了去。先由镇场码头过河，次坐一段汽车，再还要过一条运河，才是扬州。这运河就是隋炀帝时开垦的，直贯山东、江苏至直隶之天津，纵贯长江、黄河，至天津之介白河，长约数百里。古时为我国内陆主要之水道，南北运输之命脉，近来铁路海运发达，形势变更，用途价值，从而减少。然各地货客之运输，所赖仍多，尤其在建筑工程上，还留着伟大的纪念。

扬州城内房屋零落，街狭且垢，损砖黑柱，破瓦成丘，遍地皆见毁折之痕。人说此地曾遭清朝屠杀数次，房被焚毁，人被戮，一切精华，失不可拾，兼近数十年，后起各地，物质文明，远胜于此，欲恢复隋唐之旧观，绝难矣。

我们在街上游了一阵，无趣已极，特访教育局参观。临局时无人接待，内有一人说，教育局长在乡下筹款去了，科长有事未来，连职员小工也不在。次到商品陈列所，所内壁地灰尘寸厚，罕人来扫，陈列品有十数种，中以贴着扬州古女算有价值。扬州公园之大，刚容得下我们十余人，里有一茶社，有一大荷池，另有两株杏树，几磴石头。

扬州自称之大马路,宽有四尺,能通黄包车。以徐园、小金山、法海寺……更含有一部分的古风,其他别致处,时迫难形容。

游至午后三钟乃返镇江,七时于此搭火车,九时已达首都——南京。

南京住了五日半。

第一日:

午前:

1.参观中国科学社。

该社因房子太少了,正在扩大建筑,经费由文化基金会供给,以前每月只有250元的经费,现增至4000元一月了。他们的费,大部分用在采集仪器、图书上,其余为研究员的薄薪。他们除研究实验外,读书的时间很多。社分动植物两部,现在注意分类分科,研究唯有十余人,而与很多文化事业所有联络,在参观后又以四川科学院需要事业商该社。

2.参观中国研究院历史自然陈列所,所为今年成立,动物陈列所物品,多系四川、广西采得,而历史一部尚系雏形,只广西采得瑶人的风物及照片,现该社已派人往川贵采集,将不止此。

午后:

1.游清凉山,此山无石,有一清凉寺,掩映于绿草丛荫间,颇绕屏中画意。相传该寺为南唐避暑宫之暑风亭,光复时毁于兵,今仅遗迹可寻。又有一云庵在清凉寺北,地势锯于岗岭,四顾城烟,历历在目。相传该庵为地藏王肉身坐禅处,中又有一井,上刻"六朝古井"四字。清凉寺南有一庆善寺,寺外殿祀有张睢、阳朔像。殿左为僧房,殿右为扫叶楼,楼上悬有扫叶僧像,及一联曰"扫叶何人在,登楼思悄然",楼中布置清雅,僧供茶点,以飨游客。 是楼为隋初龚半千托名扫叶僧隐居之所。

2.莫愁湖,在水西门外,因传六朝刘乐①时卢莫愁居此故名。湖周约十余里,中遍植红白莲花。碧波见底,鱼虾可数,深处寻丈,可泛扁舟。湖畔围以柳芦,湖外皆高原平畴,零落草屋渔村。有一草屋云即郁金堂旧址,又有一胜棋楼在湖畔,相传明太祖曾于此地与徐天德②围棋,徐胜,太祖即以此湖封徐名中山王之私园,故今管理湖产者尚为徐姓。此地诗对极多,壁刻昔有梁武帝歌云:"湖中之水向东流,洛阳女儿名莫愁,十五嫁为卢家妇,十六生儿字阿侯"。其旁又有一曾公阁,为曾文正公平洪杨乱持节于此。其东有一轩豁然,北面临水,全湖在望,来此纳凉品茗者,座为之满。在此徘徊眺望,清凉山适其北,湖光山色,相映成趣,加以微风徐来,有绕胸怀。侧有一园为粤诸烈士墓,有"以德成仁"四字在纪念碑上。

---

① 六朝刘乐:应为梁武帝刘裕。
② 徐天德:徐达(1332—1385),字天德,今安徽凤阳县人,明朝开国统帅,淮西二十四将之一。

3. 最后游雨花台,在聚宝门外的聚宝山上,登楼眺望,城市风光,一目了然。相传梁武帝时有一云光法师讲经于此,感天雨花而名。雨花台岗有明忠臣方孝孺墓,又有一石子岗,五色宝石,灿烂悦目,来游者莫不购之携归,以为纪念。但有时卖石之男、妇,乱敲竹杠,虚价甚大。雨花台北[面]有一天下第二泉,泉凡二眼平列于院内,水味甘柔,侧有一家第二泉茶社。

第二日:

先游北极阁,阁即为元时之观象台也,在鸡笼山岭,阁凡三层,登临四瞩,则大江、钟山,近在眼底矣。其旁有亭,清康熙南巡时,曾在此书有"旷观"二字,此下尚有无线电台一所,大炮一台。鸡鸣寺在北极阁之东,地稍低,昔齐武帝晨游钟山,至此闻鸡鸣故名。寺殿北,即为濛豁楼,登楼远眺,则北傍紫荆山,俯视玄武湖,风景遐旷,足以怡情。此楼之侧有一景阳楼,楼下即胭脂井,乃陈时宫井也。因昔陈炀主①偕张丽华、孔贵妃,曾避隋兵逃入此井,因而被辱,故又名辱井。

台城在鸡笼山之北,本为汉后宛城,晋时修之,亦称宫城,宋齐梁陈,皆因为宫,昔梁武帝萧衍,为侯景反攻,在此被饿而亡。

由台城游到玄武门去,即玄武湖,今名五洲公园。自东晋以来,此已为胜地,湖周四十余里,芦苇丛丛,难见水面,三三两两的花船,划入芦苇中,颇绕风味。

十二钟进膳于湖侧之中山餐馆,膳后经湖横堤至朝门,再到明孝陵游。陵前有石兽翁仲对立路旁丛草间。陵四周红墙,半碑当前,北为响殿,中供明太祖之神位遗像,殿后有祭坛高数丈,下有隧道,作播卷形,由此可登坛顶。后有岗隆然,松柏钻杂,即明太祖用马皇石埋骨之所也。陵中有茶社相馆,游人如织。

中山墓道齐于孝陵之东,陵寝之华丽伟大,远过明孝陵矣。其墓地形如大钟,陵门环三孔,门内有广草坪,可容五六万人。中有石道直达祭堂,祭堂在平台的中央,下有石级三层,共九十级,拾级而上是为中,高约数丈,庄严过圣庙,陵有大兵守,进去参观时先脱帽,次填名,凡物皆不准携入室。门为铜铸,地为大理石所铺,内陈列之奠品孝花,赠者有日本帝国政府、美国政府、南洋烟草公司等。其余为蒋主席、宋美龄、宋庆龄、宋子文……孙科,要占十分之七八,民众名义之赠品一点没有见。

墓在门内,围以石栏,遇有特别之纪念日始开。现在中山陵,尚在继续的建筑,男女工共有数千。蒋主席专修了两条马路到中山陵,已完一条名迎观大道,另一条马路已经修上了紫荆半山。

紫荆山麓培植一幅大森林,名中山陵园。已办了一个革命遗族学校在陵园中,而将

---

① 陈炀主:即陈后主陈叔宝,582年—599年在位。

来之中山陵岂不更大矣哉！游毕适七时，入中山门遂晚餐于豆花村。

第三日：

午前游第一公园。园广40余亩，内分两部，一为英威阁，阁南有喷水池，池东有历史博物馆，西南为通俗图书馆，馆南有池一方，水极清漪。一为消遣游，为公园内又一花园，园内花木参差，假山玲珑，入园游览者每人须纳铜元20枚。

午后参观金陵大学农科。该校经费为外人助，校长现为中国人任，学生中外皆有，农科里面分若干系，如园艺、农艺、森林、农业经济、生物营养系，另还设有一个养蚕学校，在每一系中又分若干组或若干室，而各类各设有关系之图书，或标本乐器等。而每组多分为研究与实验两部，研究为教学用，实验为学生用，里面一切设备，均称完善。

第四日：

午前参观中央大学农学院，该院除农业垦殖及畜牧两科外，余皆无异于金陵农科，农业垦殖分三步工作：

1. 作物
2. 造农具
3. 垦殖（即改良种子也）

畜牧科畜有猪、牛、马、羊、鸡等，猪以英之盘克县种最好，牛以南洋，鸡以意大利种，余为中国种好。

午后到中央党部，游秦淮河、夫子庙。中央党部，并未参观，只得与党中职员把谈而已，走时要了一些印刷物。

秦淮河旋绕于城南一带，相传为秦始皇因导淮入江，以洩[泄]王气南盈。闻此河在昔已属风流艳迹之渊薮，今虽中央严令禁游，然河中之花船仍满，游人亦多。

夫子庙在秦淮河北岸，同河下之孔庙，庙前左右一带，游妓群集，百戏杂陈，茶房酒市，鳞次栉比，夕阳西下，游人尤众，为南京极热闹之区也。

第五日：

雇汽车出和平门到燕子矶及晓庄。燕子矶石兀立江面，三面悬壁，形如飞燕，故得其名。矶顶有一御诗亭，传系清代乾隆南巡到此所建。登临俯瞰，江流浩荡，势有凶险，则有一碑，上书着"喂！想一想"几字，因常有人在此自杀，矶麓即有名之"燕子矶小学"，与旁的小学不同处只有几点：

1. 学生教材绝少在书本上，多在校外获得适用的教材也，让学生自己去求得常识。

2.校内有一个图书馆和一个小商店,以学生的储蓄组成,并让学生自己管理、经营。

3.学生自组成一救火队。

4.学生自设一医院,自施诊断,校外人亦可来诊。

5.学生自办一时事新闻报社,编辑亦由学生充任。

6.校内教员至少也在该校住过4年以上。

7.教员凡有家属,概搬入校内居住,意在造成新村。

晓庄分三部,即师范、中学、幼稚园。可说是燕子矶小学放大的,又有不同的几点:

1.校舍零落,筑在山上悉草房,每部各住一村。

2.饭由学生轮流自煮,食不须坐。

3.学生所学的,多在田土里面学做。

4.学生老师着的都是布衣服,十之八都是穿草鞋或打赤足。

5.师生相互情感颇浓,严[俨]如一个人的大家庭。

6.教学生的方法,就是给一些好的环境,同好的机会,或坏的环境坏的机会与学[生]。像让学生自由活动,绝少老师领导,我们认为这一点很不妥当。

第六日:
午前到明故宫。

位于中山门之西,为明太祖改填燕雀湖所筑,自经杨洪及光复后,遗迹荡然,仅足凭吊。内分三门一桥:

1.西华门。为明故宫之进口道,仅高墙一方,石门一间,是即西华门。

2.西长安门。有方形之门基,两旁砖石参差,土埂断续,即故禁城遗迹也。

3.午朝门。门洞凡五,仅剩门基而已。

4.桥为五龙桥,即五桥并列而名也。

古物保存所,在五龙桥侧,外绕竹篱,中有亭园楼栋,为二层洋房,楼下陈列墓砖宫瓦碑……多为千百年前之古物,其中有一纪念品,名血阴石,该石为明忠臣方孝孺不从燕王,被杀沥血所溅,至今石上尤有红痕隐然。楼上陈列有书画、金石及古代兵器等物,足堪考古之资。

午后是离开南京了,还来零碎说点:

1.听说南京的人口,在1912—1913年时,只有二十几万,现在已是50余万了。为什么加得这样快呢?因为南京是中华民国的首都,所以国中革命的人和想去革命的人,或做官的人同想做官的人,都跑到这里来革命、做官。待革命成功,得官做后,这时他们都把各人的家搬在这里来,于是这一大批的人增加,这一大批的消费人增加,自然生产供给一大批人也跟着增加了来,所以南京现在的人口,正是继续不断增加的时候。

2.南京的人,除湖南而外,要算四川的人多了。而川人在那里是最有势力而又特色的是:

民生餐室、中山饭店、蜀峡餐馆、豆花馆……这些机关因为他们在中餐里面烹调的东西,惹得各省人都喜食,现在南京的中西餐馆,都不能同他们竞争,假设他们一省罢工,许多人的饭碗要成问题。

3.南京街道之好,竟到这样程度——人在街上去走趟,眼耳鼻鞋都装满了沙回来。

4.我们这回到南京去主要目的,是在[再]看看国民政府到底办些什么国家大事。法院、中央党部、建设委员会都曾去看过,结果看出他们办事的方法,有两种表现:

第一,各机关每月都出有几本书,每年出几十几百本书。

第二,一月要开几次会,一年要开几百次会,每次会中有讲演,每讲演的事,就是他们办的事,更进一步,或许如建设委员会,将别人已办成功的事,没收起来就是自己办的,而且就是建设委员会办的。以前我以为办一个国家内事情的机关,每日不知要如何忙才办得了,又不知要若干地人才办得了,仅仅止于此。

再说我们五月二十九[日]午后九时乘火车到无锡,留了两天。

一、参观的事业:榨油厂、染织厂、造铁厂、造线厂、造纸厂、工业传习所。

二、游览的名胜:惠山、井鸡园、第二泉、梅园、蠡园、鼋头渚、太湖、黄埔塔。工业传习所的工程师陈子宽他说:无锡之所以成功一个工业区域,咸赖上海、交通、农民、中央中国几个银行和十几个钱庄,而银行钱庄人全靠苏州、常熟两地供给存款。因为常熟做官的人很多,发财不少,而苏州的人都是爱清闲的,不爱劳动,所以他们的钱都喜存放在各银行钱庄,不劳而利,这些银行钱庄遂尽量的吸收两地巨款,出息不过九厘,比放在无锡各工厂,得利为一分半,是以一面促进工业发展,一面取其厚利,所以无锡的富源,实取其苏常之富源也。

五月三十一日到的苏州。

第一日参观长途电话、苏州中学、游沧浪亭、公园,参观图书馆、游狮子林、人字塔、虎垿等地。

第二日参观成烈体专、农具制造所、民众教育馆、骑鹿游、留园、西园、天平山。苏州地颇清静,茶庄旅馆特多,午后着衣绸帛者满街,名胜处尤拥挤。该地之特产为扇子及笛子。以前苏州,日人颇重视,今因租借与车站不联络,而每每又被中国当局消极抵制,以致现在租借洋房,空无人佃,势力日减,事业日衰,现仅存有三家丝厂,两家钮[纽]扣厂而已。

我们这一番的快游,直到六月二日的晚上方达上海告段落,我这一封信,也就从此暂告段落了。

载《嘉陵江报》 1930年7月8日　署名高孟先
载《嘉陵江报》 1930年7月12日　署名高孟先
载《嘉陵江报》 1930年7月21日　署名高孟先
载《嘉陵江报》 1930年7月26日　署名高孟先
载《嘉陵江报》 1930年8月6日　署名高孟先

荆州游

一到中原,我们的心目中,精神上,常常都有一种感触,这些感触,均促使我们回忆起千百年前的历史,此番在我们生活当中,曾也有多次的表现。

我们出了夔门、巫山,便到中原来了。一天的中午后,轮船到了沙市,因载麦棉,要停两个钟头。地图上曾告诉我们,荆州离沙市只有15里,有汽车可达。于是我们想利用这两个钟头的时间,拟一部分去参观沙市,一部分去游荆州,计定过后,上岸便分头前往。

跑步到了车站,去问有无汽车开往荆州,站中人告诉我们说,"所有的车辆,前几天就载兵到襄阳去了,因途中匪盛,不知何日得归"。听说这话,我们都失望了,想坐包车或跑步都来不及,只好在此徘徊。一会,仍跑了回去,在街上买了这地方土产茶叶,以作标本。转到了河边,见着木船,还有半船的货未上完,就顺便去参观川河"定丰"轮,这轮装样好似一支海船,很能载货,有1200匹马力,可载1200件棉纱。参观后上岸……见轮货上完,各飞奔回船上,上船后,忽得消息,轮宿于此了。这时,已午后四点钟了,我们再上岸,仍继续实现游荆州的念头。同行十余人,体力较弱者,雇黄包车数辆,余即马车竞赛,经街时一气的车声长响,颇惹街人观望。一会经大桥横过车站,一起向马路跑去,路左边有一小溪,最宽处为三丈,木船往来其间颇多,小溪峡谷岸,绿树稀疏,倒映河中,农村小舍,两岸鳞次栉比。马路有包车、鸡公车、骡马共行,路狭窄,坡度弯路亦如此。路基改建铁道甚遍,工程亦不大。唯路右散布着座座坟墓,面积占的不小。

行约四五里,荆州城垣即可见,盖其形治[制]如画上图之在古塞也。

城凡三层,悉铸砌,周围数十里有一便河环绕(河可过汉口,亦可到沙市),城外萧条,居民无几。过桥近东门,门高厚皆数丈,次近内城门,则入城内矣。从此回望,满目荒凉,几千年前建的坚固房屋,只存些七零八落,荒芜田土。

此城分为东西两半城,东半城多为满人所住。自民国立,无所凭依加之生活拮据,近年逐步他迁,到附近大都市求生存,去时拆毁所住之房屋,换得路费,故损砖碎瓦之痕到处皆是。

今尚残留了少数满民,在此过那挫[挨]苦的生活。男女无分别,唯妇女仍着长大之旗袍,踏着拖鞋,形似男人,回忆到数十年前之贵族,为何结果如斯?

　　游至南门,较为热闹,这里有各种小小的生气。坿[附]右有形如包的泥堆三个,车夫云:"此即孔明之在迹也"。坿[附]左即关羽庙,极宏伟,惜楼拆毁无几。庙分三殿,顶殿有刘、关、张泥像,房顶梁折瓦重。城中土人引进庙侧院子,看关公之玉带,院内赌友,座主为满,该院主人即关公之后裔也,玉带即为他保存。带为极好之玉着成,有如桃形者,有如长方形者,大小共16块。伊云:"此带实为关公所遗传,玉今已五十九代,一千多年了,每代都传给长子,彼家无田土,即以此凭对衣食"。我们问:在这一千多年中,玉带都没有损失过么?他说:"这玉带被人窃去过两次。"第一次被人窃去当铺,不久该当铺即被火焚,后送还。第二次又被某窃去,不日此人七孔流血,后仍奉还,直保存至今。

写于1930年3月,未发表

上海①征求标本的经过

今年峡局,航务处,北川、民生两公司联合旅行的团体,除为解决其各本身事业问题和考察各种有关事业而外,还有个附带的任务,就是为科学院征集各种标本,采买各种仪器、药品,聘请专门人才。

因此,当出川的时候,就把去年我们少年义勇队采集的植矿标本和夷人风物,随带大部分去,先同各文化机关交换,计以与浙江的、江苏的省立昆虫局交换各类昆虫标本,中央研究院、中国科学社、金陵大学、中央大学几处交换各种植物标本为最多。

买药品同仪器,只要有钱,在上海比较好办,要是说征集各种标本,那却是一件不容易的事体了。今试就上海,考察时征集标本的情形,简述如左[下]吧。[略]

到上海已经好多天了,才得去探访商品陈列所,那里面陈列的都是国货,多是全国的出品,虽说是只三间屋子就把他摆了下去,到底还是怪我们中国发明的事业太少,一切进步太慢了,所以中间也有许多标本,值得我们征集要参考的,当时就把它的名称、制造者或产地统统地照抄下来,同时开定了征集的程序与办法。

继再商请中央研究院蔡子民先生,中华职业教育社黄任之先生帮助,更与商人团体整理委员会接洽妥当,将我们选定须要参观的地方,列表交给他们,填具了五十余件介绍信,于是才开始利用考察而搜集了。在征集期中,每天早上都开一度会议,确定人员工厂之统配及联系之方法,次乃分头出发,向各个不同种类的工厂(中国工厂)接洽。参观后,便立刻征求其各项制造的标本(原料到成品的各阶段都取得一份)并说明其制造的程序与方法,如此的每组每天至多也不过参观三个工厂。一到晚间,又有一度会议来整理,各组各报告其征集的情形,天天继续的如是跑了三个礼拜,共考察了五十几个不同种类的工厂,中间也得了许多有意义与价值的标本,兹将成绩最好的几个所在标本列于左[下]。

标本	单位
玻璃原料与成品	公益、光明,出品者玻璃厂
油漆	永固造漆厂

---

① 此文在中国西部科学院博物苑《博物专刊》刊出时标题名为《东北征求标本的经过》,但实际讲的是在上海征求标本的经过,并且高孟先在自己的文章留底中,标题亦为《上海征求标本的经过》,故纠正之。

续表

标本	单位
牙粉	家庭工业社
烟筒及烟盒	中国第一制镁厂
温水瓶	汉锠制造厂
电流限制表	亚浦尔电料公司
电磁	同右[上]
电灯泡	同右[上]
牙刷	一心牙刷公司
珐琅	中华珐琅厂
棉纱	厚生纺织厂、鸿章纺织厂
麦面	玉通埠记灰面[面粉]厂
水泥	龙潭水泥厂
棉油同花生油	大有余榨油公司
呢绒	胜达呢绒厂
纸料	天章、江南、竞成造纸厂
纽扣	自求钮[纽]扣厂
袜针	远大铁工厂
搪瓷	华丰搪瓷公司
(右列各品都是从原料到成品)	

此次征集人员,共15名,计有:

卢作孚、李云根、唐瑞武[五]、邓愚山、李佐成、李公甫、李趾青、袁伯坚、梁崙、陈德、高孟先、舒承谟、刘华屏、卢魁杰、胡绥若。

征集过后,有的标本,应先照赠,而竟未送来者,如中美眼镜公司等,有的或许是忘掉,有的的确也不及。最有味的,要算三友宝业社,我们曾去取过几次标本,他都答应尚未做好,一直到他自己都不好再推延的一天,才送了两块面巾一卷线子来敷衍,真的再也想不到他这样大方!我们也不管他三七二十一,不管标本来得好坏,东西多寡只要是礼物,都姑且把它收下,临到要离开上海回川的时候,才特别登报,同时又印发致谢信件,不知他们得着谢信而来送礼的,又是如何的感想。

此外又在上海征集得有中央医学院人体标本12瓶,劳动大学橡皮10种,由原料到成品,这就是在上海征集的概况。

其他有名的征集,所得则有抚顺石油矿、本溪湖铁矿,宜昌、汉口、上海、北平、青岛、大连、天津、奉天(沈阳)、吉林、哈尔滨等处最近用之纸币、铜币、银币以及南洋的风物。

南洋的各种标本,都是商务书馆干事黄警顽送的,此番我们在上海,各方都得到他许许多多的帮助,这里顺便要介绍这人的两点长处,第一是喜欢帮助人,第二便是善交际。

南洋地居热带,所以产物不同:

此间南洋的标本颇属零碎,兹将其各种用途列后。

标本名称	用途
藤帽、藤篮、藤船(为植物之藤编成)	供玩赏
叶盒、叶帽、钱囊(为植物之叶做成)	日用品
木刷、木刀、木钉(用木削成)	南洋人的手工制造
珠巾、手圈(系用各种小珠穿成)	南洋土人的装饰品
木神(用木雕成)	南洋人所供之神
竹筒(竹子做成)	藏针等用
瓜壳、榆子	南洋土产
兽牙、鸟(为南洋人制的标本)	
面包(用麦做成)	为南洋人之食品
石斧	系南洋几千年之古石器

以上即为南洋一小部分之标本而已。

我们在上海的时候,曾打听南洋的一切情况,很想分一个人到南洋去采集各种标本,考察各种事业,后来因了事务的关系,未能成行,以后或有机会时,将特派专员前往,为科学院征集各种标本。

在购买所得到的有:

上海所买的东西洋各种鸟类,青海所买的海产多种,山鸡四只,大连所买的茶船五个、珠贝介壳一包,南京中大农学院意大利鸡种十只。巫山峡、青滩的鱼标本二百几十尾。

在采集所得的计有:

山海关海边的蚌蛤螺狮[蛳]等各少数而已。

载中国西部科学院博物苑《博物专刊》1930年10月10日 署名高孟先

在峡局特务学生队[①]种痘归来报告会上卢局长讲评

■ 讲话的方法

今天听了许多有趣味的报告,当中给了我们不少的经验,尤其是罗正远[②]的报告,最有趣味。我们知道,同样的话,有说得好的,有说得不中听的,这就在看各人所用方法怎样。例如罗正远的报告,他是用文学作生活上的描写,描写得极其灵动,所以使人听了,很觉有趣,直如身临其境一样。第二报告最有条理的是高孟先,他是用科学的方法,把一桩事情整理成有系统、有条理,报告出来,所以使人听了,十分明了。从这两点上,我们可以得到两种说话的方法:一是用文学的描写,一是用科学的整理。但是最重要的,还是要有内容。

■ 特务学生队和兼善学校要留意实际生活

因为,这种关系,所以连[联]想到特务学生队和兼善学校的学生,尤其要留意实际生活,如果只在几本教科书上去寻求知识,那是有限得很,我想除星期一、二、三、四、五、六在教室活动外,星期日尽可以到社会去寻求实际的问题。因为每一个人都要有经验,每一个人都需要将他的经验用文学的方法描写出来,用科学的方法整理出来。如果你们都能常常接触社会,亲切社会,那么你们都能一定得着许多有意义的经验,和切实的学问。

---

① 特务学生队:峡防局为造就社会服务人才,于1932年底,通过招考成立特务学生队,其职责主要为执行警察任务、团练任务和其他社会公益任务。
② 罗正远:重庆市合川人,北碚峡防局少年义勇队一期毕业。数次参加中国西部科学院组织的动植物、矿物标本采集活动,1930年任中国西部科学院地质调查所助员。1933年保送为南京国立中央大学地质系特别生,1935年毕业。1937年返院任研究员,1938年任四川地质调查所调查员,后任北碚全济煤矿、和平煤矿工程师兼矿长等职。

■精粹的语句往往从平凡人的口中流露出来

我们知道,一般做文章的,都差不多只是一种照例的方法,一种平凡的语句,当中很难寻出亲切的深刻的文章来,就是古人中的好文章中,也难找出许多精粹的句子来。但是,我们从今天的各个报告中,已经得着许多精粹的语句了。

■人有好的行动在社会上可以相互影响的

第一,如宋春浓①所说的:一个人有好的行动,在社会上可以相互影响的。

■人有不好的行动也可以在社会上相互影响

第二,是罗正远反过来说,人有不好的行动,也可以在社会上相互影响的。从这两点上我们可以得着一个结论,就是:如果我们为社会打主意,就容易找着方向了。

■事业范围小,愈容易把它做好,要做得愈细致的地方影响才愈大。

坏的方向我们应当消灭,好的方向我们应常前进,可是要想把一桩事情做好,就需要范围极小。因为小的关系,所以才把它做得极细致,最细致的地方,最能造起广大的影响。今天我们要晓得我们的范围愈小,就是愈给我们造起大的影响的机会,即使我们更不要错过这样机会。

■不入社会便不知道社会

第三,是刚才报告中有人说不入社会便不知道社会,这边是到过社会的人才能说出来的话,但我更还要把它的意思加深刻一些。就是说,如果入社会带[戴]起眼镜,仍不能看清楚社会,这有个例证。以前在办泸县教育的时候,川南派了二十五县的视学,去考查教育,考查之后,便得两个结果。一个结果是说泸县教育太旧了,还有许多新的应该办的,未办起来;一个结果是说泸县的教育太新了,有许多地方都没有这些新的办法,这便是证明带起眼镜到社会的一个证明。

---

① 宋春浓:时任峡防局图书馆助员。

■我们对社会要认识清楚

我们对社会要认识清楚，北碚这个社会是偶然的，不要以为它便是顶好的，还需要看到连北碚都还没有的社会。要怎样的社会，才是我们理想的社会，这个理想的社会，我们还没有把它创造起来，还要待我们努力的去创造。

■我们对不好的社会要有同情，帮助的精神，决不应有责备，痛骂的态度

假定我们看清楚了离我们理想的社会的距离，那么，我们就不应该责备他人，形容他人，痛骂他人，我们应该像爱护无人照顾的小孩子一般的爱惜他们，同情他们，帮助他们，今天特务学生队对不好的社会的态度，加以极端厌恶的态度是应得修改的。

■一个活动所得的结果

这种痘活动当中，他们应该得着几点意义。

第一，进社会才知道社会。

第二，用了力量帮助社会。

第三，在集团当中练习了一个生活。

如何帮助社会？第一先要调查，第二要用集团的力量。

更要知道，我们认识了社会才能对社会打主意，其次才能帮助社会。今天同伍玉璋[①]先生谈及救济农村问题，我就问农村怎样救济法。他说第一须得调查，才知道我们应帮助的是什么，第二才是想办法，第三才怎样用集团的力量去帮助。

所以更觉得此次特务学生队的集团活动，是我们十分值得宝贵的。

■集团生活的意义是在共同发现问题解决问题

今天兼善学校亟应设法认识社会，帮助社会，过集团的生活。所谓集团，并不止于共同吃饭、睡觉、游戏而已，最应要的是在共同发现问题，解决问题。

高孟先笔记

载北碚《工作周刊》1933年3月第二期

---

① 伍玉璋：时任北碚农村银行经理。

博物馆报告

——4月30日联合周会中之工作报告

本馆因为经济困难的关系,所以好多陈列品,不能尽量的设备,许多的珍奇动物,不能尽量的添养,而且在已有的东西,都无法把它展开。例如陈列室的多少陈列品,苦于无陈列的地方,只好收藏起来;又如动物园的许多动物,没有建筑物来容纳,只好让它挤住一堆。这些都是困于经济的问题,所以经济是我们当前亟应解决的一个大问题,不过在这经济十分窘迫状况之下,我们才想出了两个暂时救济的方法。

一、在陈列室——最近一周图书馆,陈列各种图书到北碚各个茶酒馆去,我们也整理了十几匣照片,加其说明陈列到各茶馆去,已经陈列了三个较热闹的茶馆。同时又与图书馆联络,今后陈列的办法,至于我们对陈列地点及陈列品的保护,定下几个条件:

①陈列在公共地方(人多集聚处);

②陈列地要负责保管、清洁、损失的责任;

③如有损失照价赔偿;

④帮助介绍指导责任(不过,此点当然要我们先施以相当训练),所以此来,不但扩充了我们的陈列室,而且也增加了本馆的工作同志。更希望只要能合以上的条件的,都是我们的陈列室,都可以拿陈列品去陈列。今后参观的来宾,不一定要到火焰山,就北碚的茶馆酒馆,也就会看见我们的陈列室,也就会看见我们的陈列品了。这是我们的一个计划,也就是救济的第一个方法,更就是我们的第一件工作。

二、在动物园——最近添了一批动物,就需用容纳的地方,地方就须建筑,建筑就要钱,钱就成问题,因此就想了两个救济方法:

①在平民公园内找了几个隙地,就用水竹作了几个竹篱,将可以野饲的动物放了进去,一方面适应动物生活的环境,一方面也就扩充动物园的地盘。

②交涉利用地方医院的一个水池,遂就简单的工作了。一个铅丝笼子,将水鸟就饲养在里面,此来不但减少了动物园动物的拥挤,而且也增加了医院的一个观赏的东西。我们想今后凡北碚的各个事业机关,只要有能够适宜饲养动物的地方,动物园都可以供

给饲养的动物。以后凡参观动物的人，就不一定要到火焰山就在各个机关，就是我们的动物园，也会看见动物，欣赏动物了。这是我们第二个救济方法的计划，也就是第二件工作。

三、本周动物园内有几株梧桐，发现被瓢虫把叶子吃了很多，当时就用了三个方法除它：

　　A.用竹水枪将洋油打在叶上。

　　B.用炭灰泡水后，将水用水枪打在叶上（烟灰含有碱性）。

　　C.晚上用一竹竿绑着稻草，点燃，立于梧桐树侧。使瓢虫自己飞来烧死，此法效验很大，不仅除了害虫，那些害虫尸落满地，而且使得动物园的鸡第二天大大打了一顿牙祭。

载北碚《工作周刊》　1933年5月第七期　署名高孟先

东北交通[①]
——峡局东北研究会交通组

东省铁路

我国东省(东三省简称"东省")之有铁路,始于甲午。继以俄人建筑中东[铁路],于日俄战后,自长春以南划归日有,改名南满,而益之以安奉。1921年后,东北地方当局为同三省之联贯及军事之便利,乃以沈阳为中心点,而有各联络线之兴筑。东北直达吉林省者,有沈海、吉海等线,西北直达黑龙江者,有北宁之打通及四洮、洮昂、齐克诸线,兹更将日俄势力之侵入程序,略述如次:

甲、日本势力之侵入

日本在东省经营铁路,开始于日俄战争以后。

(一)朴茨茅斯日俄条约[②]
(二)中日东三省善后条约

此外中日条约另许日本享有安奉铁路15年租权,此后日本铁路之进展,可大别[概]为左[下]列三期:

第一期:由1905年(光绪三十一年)至1913年。是日俄垄断政策与美国门户开放政策

[①] 1931年"九一八"日本侵华战争发生后,卢作孚即于9月23日在北碚成立"东北问题研究会",峡局职员奋起响应,积极查阅资料,撰写文章,从文化、政治、经济、军事、交通五个方面以分组研究的形式,揭露日本军国主义对华的侵略与野心,大力宣传民众,唤起民众。《嘉陵江日报》对研究会的成果进行了分题连续登载,此文即"东北问题研究会交通组"成员高孟先所作。

[②] 朴茨茅斯条约:1905年9月6日在美国新罕布尔州朴茨茅斯海军基地,日俄双方代表签订的合约,宣告日俄战争的结束,此即朴茨茅斯日俄合约。

双双对峙时代，日本对俄合作，以换获彼此在东省之特权，并抵抗一切外来资本之侵入。

第二期：由1913年至1920年。是日本试行独霸西北亚细亚时代。在此期内日本之军队，前后占领中俄两国各铁路，南抵山东，北至贝加尔。举国同愤的二十一条，即于此时发生。

第三期：由1920年到现在。始则有与美协制日本之野心，终则成中日俄三角竞争之局面。

兹再以年代结述先后侵略程序：

1904年，日俄战后，南满铁路成立。

1905年，中日满蒙善后条约及附属协定，中国承认朴茨茅斯条约，并规定改筑安奉线，禁设有害于南满铁路之路线。

1907年，订立新奉及吉长合同。

1909年，锦瑗铁路由英美投资，经日本之反对而中止。

1909年，关岛协约订立吉会铁路。

1913年，满蒙五路换文：1.四洮（四平街至洮南），2.开海（开原至海龙），3.长洮（长春至洮南以上之路须用日本资本建筑），4.海吉（海龙至吉林），5.洮热（洮南至热河，此两路如须借外款时，先尽借用日资）。

1915年，关于南满洲及东部内蒙之中日新条约，展长旅顺大连有之租借期25年至1997年，又南满铁路交还期展至2002年，原为36年赎回，80年无价交还。

1915年，四洮路开工。

1918年，满蒙四路借款预备合同成立，又吉会路借款预备合同成立，天阁轻便铁路建筑。

1925年，金福路之建筑，由金川至城子幢。

乙、俄国势力之侵入

俄国在东省经营铁路，开始于甲午一役，以后取得中东铁路建筑权，现该路系统贯通南北满。

兹以年代先后列出侵略程序：

1896年，东省铁路合同与道胜银行。

1898年，租借旅大及展筑自哈尔滨至大连支线。

1916年，滨里借款合同。

1920年，中东铁路由中国管理，俟中国承认苏俄彼此商定为止。

1924年，成立中俄、奉俄共管中东之协定。

丙、中国铁路之猛进

自民十一年（1922年）奉直战后，东北三省宣布自治，由奉省长王永江等创议建筑铁路网，开启自办铁路之发轫[韧]端，东北三省始有铁路政策之雏形，亦即为东北三省发展之始基，最可纪念而占历史之重要各路如下：

1. 沈海路，由沈阳至海龙。
2. 吉海路，由吉林至海龙。
3. 洮昂路，由洮南至昂昂溪。
4. 齐克路，由齐齐哈尔至喀山。
5. 呼海路，由呼兰至海伦。
6. 打通路，由北宁之打虎山至通辽。

铁路交涉

◎已成铁路

一、中俄合办之铁路

（一）中东铁路干路

1. 起因

（1）俄地僻处欧洲东北及亚洲之北部，其海军势力西不能出大西洋，南不能出印度洋，以受制于英故也。

（2）民前二十二年[1890年]（光绪十六年），李鸿章设立华北铁路局并建筑关外铁路，被俄国顾忌。

2. 经过

（1）前清咸丰十年[1860年]，中俄比条约割乌苏里江以东沿海之地，俄乃经营海参威[崴]建为军港。

（2）俄皇亚历山大三世即于民国[前]二十一年（1889年）亲手开工建筑西比利亚大铁路，以联络海参威[崴]军港。

(3)中日战后,因受迫于日,不得不亲于俄,俄国财长徽德即尽量利用此亲俄心理,挟干涉还辽之盛德,而索取报酬。

3.结果

(1)李鸿章欲以联俄之利益,亦耻于马关之约,意图报复,再四磋商之后,遂缔结中俄密约,卒取得横亘满洲铁路之建筑权。

(2)1895年9月8日,中政府与华俄通胜银行订契,允该行将西比利亚路自赤塔延长,横过东三省至满洲里,经哈尔滨以至于交界站,名曰中东铁路,自交界站再延入俄境与乌苏里路相联[连],而终点为海参威[崴]。

4.影响

(1)1898年(光绪二十四年)德国借口于曹州教民①案,强占胶州湾,俄国即接踵而至,迫租旅大,并取得大连哈尔滨间之铁路权,此为中东铁路南线,其大部分即今之南满铁路也。

(2)侵占土地共5.5万晌。

(3)侵占矿产,铁路两旁各30里内,皆为俄人所享有之开矿地地段。

(4)侵占森林,大约每年当在1亿以上。

(5)侵占航路,乌苏里江、黑龙江、萨合河、瑷晖[珲]河、松花江等,俄轮均可行驶。

(6)设置巡警。

(7)驻军队。

(二)中东支路穆稜[陵]路

1.起因

(1)此路以运输穆稜[陵]之炭矿所建。

2.经过

3.结果

(1)此路受中东铁路之援助,为中俄合办之穆稜[陵]炭矿社会所经营。

(2)此路轨幅与中东同为五呎轨条及运转材料等借自中东铁道,开通于1925年3月。

---

① 曹州教民案:即发生于1897年11月1日,在山东省曹州府巨鹿县磨盘张庄的天主教堂遭到当地大刀会土匪数人的抢劫,2名在堂内的德国神甫被杀死的事件。事后德国以此借口出兵,强占胶州湾,索赔巨额赔偿,并签订胶澳租界条约。

二、日本独办之铁路

(一)南满铁路

1.起因

日俄战争。

2.经过

(1)朴茨茅斯日俄和约。

(2)中日东三省善后条约。

3.结果

(1)俄国以中国之承认将长春、旅顺间之铁路及一切支线并同地方附属一切权利、特权及财产与所经营之一切炭坑,无条件让与日本。

(2)日本设立南满铁道株式会社①,将我国于此南段铁路之一切权利无形取消。

4.影响

(1)南满铁路与中国铁路相通。

(2)得安奉铁路之建筑权。

(3)侵占我国土地及主权。

(4)增加日本移民。

(5)日本施行警政,密布军队。

(6)满铁会社更有左[下]列之经营:

a.铁道 b.船舶 c.工厂 d.港湾 e.矿山 f.电气 g.瓦斯

h.旅馆 i.地方事业 j.试验:①中央试验所,②地质研究所

◎营口支线

1.起因

(1)营口为东三省唯一海港(在大连未起之前)垄断海道贸易。

(2)中日战后,日即要求永远割据该港。

2.经过

(1)中东路公司建筑线时,即与中政府交涉,得由南线建设支线以达营口。

(2)宣统元年[1909年],营口至大石桥之支线,由中东铁路公司建设(但8年之后该

---

① 南满洲铁道株式会社:简称满铁会社,是日本在满洲进行政治、经济、军事等方面侵略活动的指挥中心,是对满洲进行殖民的机构及执行日本国策在中国的地方机关。

各支线均当撤销)。

(3)日俄战后,俄将南线让渡日本,日本即决不顾前约,而永久保有营口支线,固直认该线为日政府之财产,而交付满铁会社改筑为普通轨。

(4)1907年秋,8年之期已届,营口支线按约当撤销,乃日本抗约之后,尚退而将该线向营口城里展进5里。

(5)北京外务部据原约向日本公使交涉未果。

3. 结果

1909年,摄政王屈于日本之威嚇[吓],在东三省交涉五案条款内承认该线为南满铁路支线,该南满铁路期满时,一律交还中国。

4. 影响

控制营口运输。

(二)安奉铁路

1. 起因

日俄战时,俄军败退南满,日军首入占领安东,即由此自筑轻便铁路,以为军事运输机关。

2. 经过

(1)迨日俄战事终了,光绪三十一年[1905年],中日两国结东三省善后条约,其附约第六款规定,中国政府允许安东、奉天间军用铁路,仍由日政府继续经营,改为专运各国工商货物铁道。自此路改良竣工之日起(除因运兵回国耽误12月不计外,限以2年为改良竣工之期),以15年为限,届期彼此公诸他一国公佐人,按该路建置各物件估价售与中国,其改良办法应由日本承办人与中国特派人员据实商议。

中政府援照东省铁路会同派员考查经理,据原约文改良工作,当于1906年终开始,乃日本暗中单方进行,延至1909年方向中国商议。

中国政府当即派员前往会同测量,大旨依日委员预定之路线勘定。日政府又向我国要求已经勘定之路线,即行收买地基,时东三省总督锡良当谈判,颇知国家主权唯每多误会,如不认两国所勘定之新路线,只许按旧线改筑及要求日本撤退该铁路之守备兵及警察等事,不仅不见效果,反贻日本以中国不遵守约章之口实,竟令铁道会社自由行动,即日动工,海陆皆作准备,有必要以武力解决之势,然我国无与日本开战之力,清政府仍命锡良会同奉天巡抚程德全,与日本奉天总领事缔结安奉铁路协约,意如日人之意,在民前[1911年]8月19日事也。

(2)安奉铁路协约要旨

① 中国确承认前次两国委员勘定之路线,陈相屯至奉天一段,由两国再协议决定。

② 轨道与京奉铁道同样。

③ 此约调印之当日,即协议购买土地及一切细目,翌日即行急进工事。

④ 沿铁道之地方官,关于施行之事应妥为照料。

3.结果

(1)日本直接向我国求得租权,但现时租权皆根据于我国不认之二十一条件强展期限为99年。

(2)此路之警察权则由日本破坏,民前七年[1904年],原约直接用兵实行,以上两者,皆系强权行动,概未经中政府条约上之承认。

三、中日合办之铁路

(一)吉长路

1.起因

1902年(光绪二十八年),东铁大告成功之际,俄人欲接展吉长路,向吉林当局要请,时吉林将军长顺欲自行建筑。

2.经过

(1)光绪二十八年六月间,估定建筑费260万两,奏请专归中国自办。

(2)光绪二十八年,俄人多方要挟,卒徇其请,七月立合同十六条,归东铁公司承办,继以日俄事起,遂搁置。

(3)迨日俄朴茨茅斯会议,日代表小村寿太郎氏,即察此路之重要性,曾驰赴北京订借款条约,当时吉林绅民争之,卒无效。

(4)1907年(光绪三十三年)4月,那相瞿鸿基、唐绍仪与日本公使林权助,订新奉、吉长铁路条约。

(5)1908年11月又订续约。

(6)1909年8月又订细目契约,满铁付吉长建筑费日金215万元。

(7)1909年(宣统元年)12月起工,1912年10月完成。

(8)后以局长问题财政紊乱,日人又要求改订合同,据民四年[1915年]之二十一条件,于1917年(民六年)10月新订吉长路借款条约,改订为日金650万元借款之内容。

3.结果

(1)此路为满铁放款筑路之敝[嚆]矢①。

(2)1918年1月1日,此路暂委日本经营,30年后再行交还中国。

(3)此路已实际日本化,脱离中国之管理,而钳[嵌]入南满铁路之范围。

(4)经12年之阴谋,日本终立此不拔之基,以伸其势力于南满本线之东。

4.影响

(1)南满路从此可以一方恃此旁出的异军,以夹击中东路之南线,一方扼着吉林省之咽喉而控制其交通之枢纽,对俄对中军事上,经济上皆予日本以绝大的援助。

(2)日本最后目的,乃在延长该路于朝鲜北岸,而形成东满独立大干线,与南满路双双相应,各霸一方。

(二)吉敦路

1.起因

(1)1909年(宣统元年),据中日关岛条约第六条。

(2)1918年(民七年)附于西原借款,段祺瑞私自借款,已受日本兴业、台湾、朝鲜三银行借款1000万元。

2.经过

(1)1925年10月,中政府交通部与满铁成立契约,用款3400万元日金。

(2)1926年(民十五年)6月起工,1928年10月开始正式营业。

3.结果

(1)吉敦路由满铁会社包工建筑。

(2)承办金额假定30年馈清,但中国有随时赎回之权。

(3)工程期内用日本技师一人,营业期内用日本会计主任一人,并可采用日员数人,惟必须经过核准,且须事务处承局长之命。

(4)承办金额按实数交付,无折扣,无佣金。

(5)中国之材料制造品及劳工概占优先权。

(6)铁路管理属局长(中国人)登记账项,照国有铁路通例办理。

(7)铁路借款分存中日两国银行。

4.影响

(1)日本要求改造吉敦铁路。

---

① 敲矢[或嚆矢]:《嘉陵江日报》时为石印版,"敲"为手书异体字,或通"嚆"字,意响箭,故常用来比喻事物的开端,或开始。

(2)日本要求改吉敦路契约。

(三)四洮路

1.起因

(1)此路因1913年张勋事件,袁世凯即有与日人私自订约,然其经营则完全归我。

2.经过

(1)1915年(民四年)12月与横滨正金银行成立契约,其额为日金500万元,尚有满铁日金3200万元。

(2)1918年2月18日,向正金银行续借短期借款260万元。

(3)1919年9月8日,复兴南满铁道株式会社缔结4500万元之四洮铁路公债合同。

(4)1917年,动工筑四平街至郑家屯,1923年起工筑郑家屯至通辽。

3.结果

取得此路之借款权与左[下]侧利益:

(1)在工程期中,中国交通部须雇用日本技师及其他技师。

(2)在经营期内至清偿债务日止,日本机务技师一人,会计主任一人,车务经理一人,皆须由满铁会社荐任。

(3)局长为中国人,依中国交通部条例管理营业。

(4)抵押品为本路之财产与收入,并由中国担保。

(5)建筑及营业时一切建筑材料、车辆及其他物体,须予日本制造者以优先权。

(6)铁路赢余,须存正金银行。

(四)天阁轻便路

1.起因

日南满太兴会各社之提议。

2.经过

(1)关岛口居民及日领事之赞助与鼓吹,安福系当政时,允许该路为吉林商绅文禄与太兴会社之合办事业,后经四五运动起亦一时停顿。

(2)1922年又交涉。

3.结果

(1)为中日官商合办(吉林政府与太兴会社合办)。

(2)但未经我中央政府承认。

四、中国自办之铁路

(一)北宁路干路

1. 起因

(1)民前四十一年[1870年],李鸿章为直隶总督兼理北洋商务,欲对东北国土之安全与日俄两国之关系,乃谋建大沽口至天津之铁路。

(2)光绪三年[1877年],粤人唐景兴创办开平煤矿,禀请修筑由唐山至胥各庄20里之铁路。

2. 经过

(1)光绪二十四年[1898年],息借华英公司英金220万磅,修关内外铁路,关外至新民屯。

(2)拳匪乱起,关内为英占领,关外为俄没收。

(3)光绪二十八年[1902年],英俄归还全路。

(4)光绪三十一年[1905年],始全路告成。

(5)日俄拘兵时,日人于新民奉天间敷设轻便铁路,至光绪三十三年[1907年]3月,以日金160万元赎回,改设宽轨,至此北宁铁路使直达沈阳。

(6)后我方又议架铁桥,跨过南满铁路,达于城根,与日使交涉,至宣统元年缔结五案条约,时始与日本交涉妥协,自造端迄完成。

3. 结果

历30年投资5000万元乃完成东北最先之一大国有铁路。

4. 影响

(1)于本国交通上及本国与世界交通上,实占有最高位置。

(2)于满洲经济上可与南满铁路竞争。

(3)于满洲军事上运输之便利。

(二)北宁支路打通路

1. 起因

1922年(民十一年)为运输八通沟之煤。

2. 经过

(1)1925年,日竟藉[借]口清廷善后条约之所谓《秘密协定》之第三条,不得修筑与南满铁路并列之路,向我无理抗议。

(2)1909年(宣统元年)10月,传清廷与美国资本团订有建筑自北宁铁路之锦州站经内蒙古横贯北满至黑龙江畔之瑷珲条约。

(3)俄持其1898年(光绪二十四年)之旅大租约,谓由北京以北之铁路敷设,须得俄之同意。

3.结果

20年后之今日,我国以各条约有失效者,亦有无成立之根据者,当然置之不理,于是遂建筑打通路。

4.影响

此路在与北宁、四洮、洮昂及齐克诸路之联络,于是北宁之货运可以控制连山湾矣。

(三)沈海路

1.起因

民国十四年[1925年]此路由辽省政府谋建欲与北宁相连。

2.经过

(1)当建筑之时,日人亦曾基于所谓清廷善后条约之《秘密协定》严重抗议。

(2)1927年2月27日,满铁会社与沈海公司签押,谋得沈海南满联运协定,沈海路车辆,由满铁供给,两路间并设有直接联络线两条。

(3)后北京政府否认联运协定,同时由洮昂路拨派车辆以供沈海之用。

3.结果

(1)此路建筑工程,归沈海铁路公司主持,资金由辽省府供给。

(2)日抗议以清廷善后条约之《秘密协定》,我国以该约无根据置未理。

(四)吉海路

1.起因

民国十六年[1927年],吉林当局拟自行筹款,将沈海路延长,建立吉海路,使吉林沈阳两省会间有直接交通。

2.经过

(1)日抗议谓:

① 吉海线为1913年日本所得满蒙五权之一。

② 且经1918年满蒙铁路预备契约规定,因该契约关系日本曾交付中国日金2000万元。

③ 据民前七年[1904年]中日秘密议定书,中国不能筑路与南满路平行。

3.结果

(1)东三省当局仍积极进行建筑。

(2)1929年5月1日,由吉林省长张作相亲行开始营业。

4.影响

(1)日政府令日商拒用中国币以资抵制。

(2)满铁会社对美国运到之铁轨,一概不予转载,并认美国商家供给中国材料一举为不通德的行为。

(3)中国将美国铁轨在秦皇岛上岸,由北宁路转运到海龙销用。

(4)嗣后满铁会社与东省当局磋商,仍愿承运铁轨及其他一切材料。

(五)洮昂路

1.起因

自1925年中东路伊万诺夫事件发生后,奉天当局即决建筑此路。

2.经过

1924年(民十三年)9月,奉天当局与满铁订约,请满铁包工敷设承办金额为日金1292万元,再加利息总计约1900万元。

3.结果

(1)由南满铁道会社包工承办。

(2)工程竣事日,辽省府须将承办金额全数偿还该会社,如全路交待[代]后6个月承办金尚未还清者,则此未还清之数,当成借款形式年利5分,期限40年,由本路收入或者省府筹款按期偿还,该款抵押品为本路之一切财产。

(3)满铁会社有派定顾问之权,以监察本路出入款项,并会签一切关于本路用款之文件。

(六)呼海路

1.起因

本铁路之敷设,自1909年至1913年,四次成为黑龙江省议会之问题而不实现。

2.经过

(1)1924年夏由黑龙江督办吴俊陛与俄商斯基合办,订立敷设经营本路之契约,因张作霖之反对而消灭。

(2)1925年由官商合办创立资本金1000万元之呼海铁路公司,其资金由黑省政府及广信公司出500万元,由民间集500万元着手建筑。

(3)1926年始,松浦与呼兰间,于7月初旬竣工,呼兰与绥化间于1927年春竣工。

(4)此路经过哈尔滨与黑河间铁道之一部,因黑滨线是俄亚银行与中政府间订立借款契约而建筑者,俄亚银行即以此为根据而提抗议于我政府,我以契约之对方难为该银行,实则为居于该行背后的俄帝国政府之利权,俄帝政府业已消灭,故认为无抗议之理由,仍进行其工程。

(5)1929年中东当局因觉此路不能越江至哈尔滨与中东路联络,则出口运输权仍操外人掌中,故特向中东方面磋商换轨问题,讵中东反以奇货可居,运用其平素垄断手段,提出极严酷条件二条:

① 呼海与中东接轨之起点站全部事务,归中东管理。

② 所有呼海路线之货物概为中东商业部经营。

以上二条,中东当局当然绝对不能认可。

(七)齐克路

1. 起因

光绪三十三年[1907年],将军程德全奏请敷设轻便铁路。

2. 经过

俄人曾一度反对。

3. 结果

为德商泰米洋行承修此路,宣统元年始告竣。

4. 影响

此路可与呼海联络出黑河,则安达之产物俱由齐克路南下,东铁大受影响。

(八)开丰轻便路

1. 起因

2. 经过

日人谓我国修筑此路,乃破坏世上所宣传之1913年(民二年)所谓五路交涉(因五路内有开海线与此冲突)及1918年(民七年)之四路(前五路之变称,除四洮、吉海两路在外)。

3. 结果

由我国1925年起工,1926年5月始告完成。

◎ 未成铁路

一、俄国拟建线

(一)北满纵断路(由海兰泡至哈尔滨为干线,至齐齐哈尔为支线)

1.起因

由1914年中俄铁道借款契约而设立。

(二)滨黑铁路(由哈尔滨至海兰泡对岸之黑河为干线,笛墨根尔至齐齐哈尔为支线)共长658哩[英里]

1.起因

由1916年3月订为中俄合办者。

(三)库赤铁路(俄属赤塔至库伦)

(四)齐洮铁路

1.起因

当日本得满蒙五路权时,俄即运动,遂得此路权。

二、日本侵略中国线

(一)吉会路

1.起因

(1)日本欲巩固在南满之势力,政治上、军事上、商业上。

(2)日俄战争结果,即有吉会条约之规定。

2.经过

(1)1909年(宣统元年)中日关岛协约,关于吉会铁路曾有所规定。

(2)1918年(民七年)3月18日,吉会铁路借款预备合同成立。

3.结果

1913年9月18日,日据沈阳后即开始建筑吉会路,其材料早即准备妥善。

4.影响

吉会铁路成功,则可以与韩国之会宁铁路相接而至清津港,海陆连成一气矣。

(二)满蒙五路权

1. 起因

1913年,袁世凯承认日本之满蒙五路权如左[下]:

①开海路,②洮热路,③长洮路,④四洮路(已成中日合办),⑤吉海路(已成中国自办)

(三)满蒙四路权

1. 起因

1918年段祺瑞断送之四路权。

①吉开路,②洮热路,③长洮路,④洮热间起点出海之铁路

(四)满蒙五大铁路

1. 起因

1927年,张作霖与满铁协定之五大铁路如左[下]:

①吉会路(待成),②洮挟路(未成),③昂齐路(已成中国自办),④长大路(未成),⑤通海路(未成)

三、英美势力预定线

(一)锦瑷路——由辽宁之锦县起,经南满之境可五六十英哩[里,后同],迤逦而入蒙古,自蒙古以至齐齐哈尔,约四百余英哩,所过多属平原,无高山峻岭之阻隔,既自齐齐哈尔再入满洲,计程250至300英哩[里]即达瑷珲,全线之长约750英哩[里]。

(二)新法铁路(新民到法库门)

1. 起因

民前五年[1906年]秋,与英波林公司订新法铁路契约。

2. 经过

日本极力反对,谓该路与南满路平行。

◎铁路建筑权

一、中国的铁路为甚么要被外国干涉呢?

1. 因借款合同关系。
2. 不平等条约的限制。

二、铁路建筑权操诸外人之手,究竟有什么要害?

1. 不顾中国人的利益。
2. 刮取铁路附近的矿山。
3. 垄断铁路附近的市场。
4. 任意运输外国军队。
5. 增加国货运费,减低外国货运费。
6. 杀人不见血的亡国政策。

三、如何可以免除以上的危险:

1. 从速自动废除不平等条约。
2. 赶快整理铁路借款。

四、日本对东北铁道利权之侵得,列表如左[下]:

铁道名	哩[英里]数	地点	利权	获得年月	备注
南满铁路	694	吉林	承办权	1905年	
新奉铁路	32	奉天	借款权	1909年	满铁
吉长铁路	79	吉林	借款权	1909年	满铁
吉会铁路	280		借款优先权	同[上]	
开海铁路	120	奉天	同[上]	1913年	政府预约
吉会铁路	110	满洲	同[上]	同[上]	同[上]
四洮铁路	230	满蒙	同[上]	同[上]	同[上]
洮热铁路	470	蒙直	同[上]	同[上]	
南蒙	未定		同[上]	同[上]	
长洮铁路	180	满蒙	同[上]	1915年	
天阁轻便铁路		满洲	借款权	1918年	

D. 附录

兹以铁路为网,按结约年代先后列表如左[下]:略。

◎ 已成铁路

一、中俄合办

1. 中东铁路

1896年,东省铁路合同。

……

1916年,滨黑借款合同。

二、日本独办

1. 南满铁路

1905年,日俄朴茨茅斯条约。

1905年,中日满洲善后条约。

1909年,满洲五条协约第二款。

2. 安奉铁路

1905年,中日满洲善后协约附约第六款。

3. 新奉铁路(已由中国赎回)

1907年,新奉铁路协约。

1908年,新奉铁路续约(邮传部与日本)。

1909年,新奉铁路借款细目合同(邮传部与满铁)。

三、中日合办

1. 吉长铁路

1907年,吉长铁路协约。

1908年,吉长铁路续约(邮传部与日本)。

1909年,吉长铁路借款细目(邮传部与满铁会社)。

1915年,中日条约(关于满蒙)第七款。

1917年,改订吉长路约(交通部与满铁会社)。

2. 四洮铁路

1913年,满蒙五路借款预约(交通部与日本公使)。

1915年,四郑铁路借款合同(交通部与日本正金银行)。

1918年,四郑铁路续借款(同右)[上]。

1919年,四郑铁路500万垫款(交通部与满铁会社)。

1920年,四洮铁路短期垫款(同右)[上]。

3. 吉敦铁路

1925年,吉敦铁路秘密合同(交通部与满铁)。

4. 天阁铁路

1922年，天阁铁路秘密合同（非正式合同）。

四、中国自办

1. 吉海铁路

1913年，满蒙五路借款预约。

1918年，满蒙四路借款预约合同。

◎ 未成铁路

甲、日本侵略中国线

1. 吉会铁路

1909年，关岛协议第六款。

1909年，吉会铁路借款预备合同（交通部与兴业银行）。

2. 开海铁路

1913年，满蒙五路借款预约（交通部与日本公使）。

1918年，满蒙四路借款预备合同（章宗祥与兴业银行）。

3. 洮长铁路

1913年，满蒙五路借款预约。

1918年，满蒙四路借款预备合同。

4. 洮热铁路

1913年，满蒙五路借款预约。

1918年，满蒙四路借款预备合同。

5. 自洮热铁路之一地点达某海港。

1918年，满蒙四路借款预备合同。

6. 济顺商待铁路

1918年（民七年）9月28日，济顺商待预备合同。

综上表现之中日间关于铁路之协定凡二十一条内，中国方面由邮传部或交通部缔结者居其十三，日本方面由南满铁路会社缔结者，居其七，以列条约或合同因他种关系而失其效力者：

1. 吉会铁路预备借款合同因正式借款不成立，无从发生效力。

2. 1915年中日条约，因中国方面声明废除失效。

3.1917年,改订吉长铁路条约,根据1915年中日条约因连带关系失效。

4.满蒙铁路借款预备合同因正式借款不成立,无从发生效力。

5.洮热铁路及由该线之一驿至海港之铁路,日本已让渡于美新银行团。

6.天阁铁路秘密合同未经中央政府认可,自不能发生条约上之效力。

《嘉陵江日报》1933年2月24日至1933年4月19日 分20期连载 署名高孟先

航路论①

一、航权丧失

中国航行专有权之丧失,最先在1858年中英续约,日本则于中日马关条约中获得中国内河航行权,其原因如下:

1. 由我国以条约的明许。
2. 为我国政府的默认。
3. 由当时政府不明国际间直接贸易和本国国内航运之区分。
4. 是由清室注重税收而不计航务的原[缘]故。
5. 当初亦由于自认外轮足以发达商务的错误概念。
6. 外人获取中国的航权,往往于条约之外先从事实上试行,侵占我国不知防微杜渐,预先禁阻,经过相当时日,便积非成是。

二、航权交涉

(一)航政权

1. 起因

(1) 吾国航政权,除一部归交通部掌握外,大部政权尚操于海关洋员之手。

(2) 我国海关行政范围,较任何国为废除征收关税外,并兼办船舶港务及港路标志等事务,盖因通商设关之初,我国尚无航政主管机关,且以人才缺乏,遂将航政一部委由海关兼办。

2. 经过

(1) 咸丰八年[1858年]中英续约第三十二款。

(2) 咸丰八年[1858年]中法通商章程第十款,中英条约第十六款。

(3) 同治二年[1863年]中丹条约第十三款。

---
① 本篇亦为"东北问题研究会交通组"成员高孟先撰写的关于当时中国在海运、河运方面状况的专题文章。

(4)同治三年[1864年]中日斯巴尼亚条约第二十八款。

(5)同治五年[1866年]中意条约第三十一款。

(6)光绪十三年[1887年]中葡条约第三十九款。

(7)辛丑条约订有北河、南浦两水通改善特定。

3.结果

(1)丧失浮桥、渡船、塔表、望楼之管理(此实开外人干涉中国颁水行政权之端,为他国通商条约所未曾有者)。

(2)开国际共管水道港湾之疏濬[浚]与改善之恶例(北河须由二国际委员继续疏濬[浚],黄浦则于上海设立修治黄浦河道局,由外人主持其事)。

(3)丧失引水人的雇用。

(4)丧失船舶稽查之权。

(二)航行权

◎各国的侵略

1.远洋航行

(1)起因

各国都取互惠主义,甲乙两国互许通流。

(2)经过

中国自身无远洋行之轮船。

(3)结果

我国远洋业90%操作于外人之手。

2.沿海航行

(1)起因

出于英国之压迫。

(2)经过

①1842年之中英南京条约第二款,准英国人民带同所属家眷,寄居沿海之广州、福州、厦门、宁波、上海等五处港口贸易,通商无碍。

②1843年,中英五口贸易章程,附粘条款第四款,其英商贸易处所,只准在五口,不准在其他港口内。

③1844年10月,中法黄浦[埔]条约成立,其条约第二款,法兰西人家属,带往中国之广州、厦门、福州、宁波、上海五口市埠地方居住,贸易平安无碍,常川不辍,所有法兰西船

在五口停泊贸易,往来均听其便,惟明禁不得进中国别口贸易。

④1858年6月,英国东进,迫使政府订立中英天津条约第一款,牛庄、登州、台湾、琼州、府城口已准英商亦可任意与何人买卖,船货随时往来。

⑤中美天津条约第十六款,美国船只进通商各埠时,必须完纳船钞,以40方停官尺为准[每吨以方停40官尺为准],凡在150吨以上者,每吨纳银四钱,不及150吨者,每吨纳银一钱。

第十四款,准携眷赴广东之广州、潮州、福建之厦门、福州、台湾、浙江之宁波、江苏之上海,并嗣后与合众国订之条约,准开各港口市镇任彼居住贸易,任其船只装载货物于以上所到各港互相往来,但该船不得驶赴沿海口岸及未开各港私行违法贸易。

(3)结果

①丧失沿海贸易权及航行权。

②沿岸商埠愈开愈多,外轮在我沿海航行权的范围,亦随之愈形扩大。

③我国与各国间所订商约,具有最惠待遇条款之规定。

④丧失航权于甲国,其他各国遂得援例均沾利益。

⑤我国江海变成国际化而不能自有主权。

3. 内河航行

(1)起因

清政府之咎。

(2)经过

①1858年中英天津条约第十款:长江一带各口英商船只均可通商,但除镇江一年后三口通商外,其余地方平靖,准将自汉口溯流至海,各地口选择不逾三口,准为商船出进货物通商之区。

②咸丰十一年[1861年]自订长江通商章程。

第二款云:洋商由上海进土货进长江。

第三款云:洋商由上海运别口所来之土货。

第五款云:洋商由长江口岸运土货回上海。

③1876年(光绪二年)中英烟台条约。

第三端,至沿江安徽之大通安庆、江西之湖口、湖广之武穴、陆溪口沙市等处,均系内地处所,并非通商口岸,按长江共通章程,应不准洋商私自起下货物会议通融办法,轮船暂准停泊,上下客商货物皆用汽船起卸。

第五端,准于湖北宜昌、安徽芜湖、浙江温州、广州北海四处添开通商口岸,又四川重庆轮船能上驶该处之时,再行议开商埠。

④1895年,中日订立马关条约,该约第六条更开湖北之沙市及四川之重庆、江苏之苏州、浙江之杭州为通商口岸,且许日轮从湖北宜昌溯长江以至四川重庆,从上海驶进吴淞口及运河以至苏州、杭州。

⑤1897年(光绪二十三年)正月,中英缅甸条约专款,准许英轮前往两江停泊,并将由香港至三水,梧州复又由广州至三水、梧州往来。

并将江门、甘河[竹]滩、肇庆府及德庆州城外四处同日开为停泊上下客商货物之口,按照长江停泊口岸之章程规约,同一而办理之。

⑥1898年,总理衙门因各国驻京大臣拟请修改长江通商章程,该章程于1899年(光绪二十五年)实行,准许各国商轮在沿江各口往来贸易。

即镇江、南京、芜湖、九江、汉口、沙市、宜昌、重庆,并在下列不通商口岸起卸货物,即大通安徽、湖口、武穴等处。

⑦1902年,英帝国主义者迫我更行订立中英续约,该约之第五款:

中国允于两年内除去广东珠江人工所造阻碍行江之件,又允将广州口岸泊船处加以整顿,以便船只装载货物,中国长江上流自宜昌至重庆一带之水道,宜加以整顿以便轮船行驶。同约第八条第十二节复允将下列各地开为通商口岸。即湖南之长沙,四川万县,安徽之安庆、广东之惠州及江门等处是也。

第十款又云:兹将广东省内之白土口、罗定口、都城作为暂行上下客商之处,按照长江停泊章程办理,并将容寄[奇]、马宁、九江、古劳、永安、后沥、禄步、悦城、陆都、封川等十处地方,作为上下搭客之处。

(3)结果

①英国船只可以运货直达长江各口岸及由长江各口运货直达外国。

②内河航行权及贸易权皆被侵略。

③外轮在华内河航行之范围更加扩充。

④丧失长江航行权。

⑤外轮侵入沿江非通商口岸。

⑥外轮得航行全国内河。

⑦日轮势力伸入东北。

⑧各内地不通商处亦准外人行驶。

4.内港航行

（1）起因

中日之战。

（2）经过

①1895年（光绪二十一年）之中日马关条约第六款：

日本轮船得驶入下关各口附搭行客，装运货物，从上海驶进吴淞口及运河以至苏州、杭州、湖北宜昌，溯长江以至四川重庆。

②1898年（光绪二十四年），要求扬子江势力范围之际，英国驻华公使向中政府提出三项条件，开放内地航行于外国船只亦居其中，清政府知事不能拒绝，乃复令总税务司赫德拟定内港行轮章程，但光绪二十四年三月总理衙门奏云：拟将通商省份所有内河无论华商洋商均准行驶小轮。

③1902年（光绪二十八年），中英续议通商行轮条约（马凯条约）仍将前项章程竟由税务司赫德一手遮天，一一订入清政府，不加考虑悉尔承认。

④1903年（光绪二十九年），中日通商行船续约，亦据照英约之例，将内港行轮章程附在约内，章程原文与英约所载并无丝毫之紊异。

⑤1903年（光绪二十九年），清廷外务部亦核定内港行轮暂行试办章程，凡内港轮船前往凡欲轮船向未驶行之内港，或欲专作由此不通商口岸之内地，至彼不通商口岸之内地贸易，须先将详细情形报明最近口岸之税务司，以便转禀商务大臣会同该省督府体察情形，俟政府允准后，方可发给专照前往。

⑥1903年（光绪二十九年），中美续约第十二款及1908年中瑞商约第六条，均规定内港航行权其他有约国虽然特别规定，但是只要有最惠条款，即可援例享受。

（3）结果

①光绪二十二年[1896年]，清政府遂颁布苏、杭、沪三处贸易试办章程，华洋船只均可往来贸易。

②丧失内港贸易权及航行权。

③外轮势力由我国中南部而伸入东北部了。

④各内地不通商处亦准外轮行驶。

⑤内港航线愈开愈广，而本国内港航权，亦遂扫地以尽，丝毫不得保留了。

5.航行权丧失之影响

(一)对国内关系

◎ 一般影响

(1)国防上之影响

①海军不能发展。

②帝国主义者之军舰得自由停泊我国沿海各口,并得自由驶入我国内河,随意发炮示威,例如万县以及南京等惨案。

(2)政治上之影响

①外国商船在我颁布内犯罪,不受中国法律之裁判。

②沿海长江外轮累施毒计,故意撞沉华船,以致生命财产受其损失甚钜[巨]。

③偷运毒品。

④更有已运鸦片以图厚利。

⑤贩卖军火助长内乱。

⑥帝国主义者利用不当航权,从中勾结一般万恶军阀,卖国官僚从事经济的剥取。

⑦如遇战乱,并为失意军阀官僚做有害中国社会治安的勾当。

(3)经济上之影响

①金钱外溢。

②外轮航业愈发达,国民经济愈受剥削。

③远洋航业完全受外人之支配。

④国内航业亦复横遭外轮的浸[侵]蚀。

⑤全国市场受其操纵。

⑥凡外轮所至之地,即外贸畅销之处。

◎ 直接影响(航业本身所受影响)

①我国大部分航路被外轮夺取,本国航业几无发展之可能。

②外人航行智识及经验较华人为优,其经营资本较华人雄厚,其事业之管理较华人为精密,且外轮受不平等条约与领事裁判权之保护,地方官吏不敢留难,复以我国连年内乱,华轮被各处军阀禁发累有所闻,各公司俱蒙重大损失,而外轮却乘华轮停顿期间大形活跃,因此外轮势力遂致日加巩固,而喧宾夺主之势,亦遂无形成立而已矣。

(二)对资本主义国家之关系

1. 调节资本主义国家之资本过剩与不足之需要,而助长其发展之能力。
2. 增大资本主义国家之收入,而造成资本之膨胀。

◎ 日本的侵略

1. 沿海贸易权及内河航行权

（1）起因

中日之战。

（2）经过

①1895年中日马关条约第六款。

日本依据此次马关条约其在华的内河航行权,既可由上海沿江直达重庆,又可由上海沿运河西达苏杭,复因当时外国根据条约在华享受沿海贸易权的,已有美、法、英、丹、荷、比、奥等,日本依马关条约第六款关于日本在华行船享受最惠国待遇的规定,从此遂得均沾沿海贸易的利益。

②中日两国,依马关条约第六款所生于1896年订立通商行船条约。

1896年订中日国立文凭第二款,至此日人在中国内河沿海的通商各口岸享有航行的权利已达巩固的地位。但在未开为通商口岸,日本不得自由航行,此为1898年以前的情形,及至1898年(光绪二十四年)清政府应英国的要求,命总税务司赫德颁行内轮章程,于是日本遂得据1896年中日通商船第二十五款之最惠国待遇,于是亦得其均沾利益了。

③1901年,中国与各国所订立之辛丑和约第十款。

大清帝国允定将通商行船各约内诸国视为应行商改之处,及有关通商各事宜以期妥善简易。因此1903年,中日两国乃订立中日通行船续约,据此日本轮船不仅可以深入我国内港,并且束缚我国内港航业绝对无发展之可能。

④1907年(光绪三十三年)中日两国会同订立大连设关及内港行轮协定。

（3）结果

日本在华取得沿海贸易权及内河航行权。

◎北满诸江河（即黑龙江、松花江、乌苏里江及瑷珲河，其可航行的区域约三千英里）

（1）起因

北满诸江为北满交通动脉，其运输效力，实在中东铁路以上，且水运较陆运低廉。

（2）经过

①1856年瑷珲条约规定中俄国境之河流只许中俄两国之船航行。

②1909年，俄人持强曲解条约，致有次年8月松花江行船章程之议定，然路限于中俄两国的船舶行驶其中，而他国的船则没有航行权。

③1926年间，日本中村中将充南满铁路总裁时代。有日人浅见，在哈尔滨以俄人名义置汽船三只，航行于松花江及黑龙江诸河流，初期以营业损失求助于日本内阁秘书长儿玉爵[①]，得介绍于中村中将，日人久欲得此航行权，以便专占北满，故由南满铁路公司以50万元买其航行权及汽船3只，更投200万元资本，组织极东运输，以经营松花、黑龙两江航业。

（3）结果

①因日无航行权，故利用俄人出名义伪称合办，改称东北比利亚汽船公司，除添置船舶外，以极东运输组合之船归入该公司，悬挂俄国旗，而开始航行。

②自苏俄政府成立以来，该公司的船舶被抢夺或被破坏的很多，目下尚余汽船8只，该公司虽受损失，而其事业已为北满航界之一大势力，日人经营日久，必尽握北满交通的枢纽，北满将变为南满第二。

三、航业保护权

（一）起因

因航业所取之保护课税手段，即关税吨税及内地贸易税，随航政及航行权亦具失尽。

（二）经过

（1）1843年，耆英与英国议定五港进口、出口应完税则协约及通商章程，采用值百抽五之片面协定税率。

（2）咸丰八年[1858年]，中英天津条约第二十九款规定，英国商船应纳钞课150吨以

---

① 儿玉爵：即儿玉源太郎，日本近代陆军名将，明治时期第一智将，曾任桂太郎内阁的陆军大臣、内务大臣、台湾总督等重要职务，也是侵华魁首之一。1895年日本天皇授予男爵爵位。

上,每吨纳钞银四钱,150吨以下每吨纳钞银一钱,又凡外人货物之出于我内地,只上子口税(关税率)即可通行天下。

(3)同治二年[1863年]与丹[麦]订立条约第四十四款云:

丹[麦]国商民沿海议定通商各口载运土货,约准出口先纳正税,复进他口再纳半税。

(三)结果

(1)中国关税完全受其限制。

(2)每年外船所纳吨税,每吨只限于十二钱或三钱等之轻征而薄的课税。

(3)外国运送内地土货,我国对之不能特别课税。

(4)凡我国生产货物,如欲输出则照海关所定之出口税办理,但在办出口货,如经运至我国之通商口岸,则纳二五半税,是为纯□□□……

(四)影响

(1)我国船只与外国船只,袛[只]立于平等地位,不能受政府何等之保护机会。

(2)外轮既一方由其政府予以特别奖励,他方复同上述不平等条约之掩护享受种种特权。

(3)我国航业遂蒙其极大的压迫。

四、回收在华航权之步骤

第一步:收回内港航行权,时间于半年内完全实行。

办法:所有日轮在半年以后不得航行中国内港,否则课以极重之船税或予以没收船货之处分。

第二步:收回内河航行权,时间于两年内完成实行。

办法:所有日轮在一年以后,取消日轮在汉口上之航线,在二年以后,禁绝日轮航行上海汉口之间,否则课以极重之吨税或即没收其船货。

第三步:收回沿海航行权。时间于四年内完全实行。

办法:所有日轮在四年以后,应全数撤退或由中国收买,逾时不撤退者课以极重之吨税或没收其船货。

第四步:收回租借地,应以我国之通商港口论。

租借地:大连、旅顺、九龙、广州。

办法:设法收回,在未收回以前与各国订立新约时,应声明作为我国之通商港口论,以免发生疑义影响及于我国之沿海贸易权。

上列第一、二、三种步骤,对日如此,对其他各国亦莫不如此,至于将来对日通商航海条约之规定，务必使我主权不致有损失实为至要。

◎我国航业今后应取之方策

欲彻底打倒帝国主义者在华航业界之势力，实非有更进一步之势力不为功，是故我国对于今后航业之政策，应本[着]目前之状况、国际情形，分二部以研究之：

一部政策系关于航政者，他部则关于航业者。前者为政府方面应尽之责任，后者属航业公司应尽之责任。

于是政府提倡保护于上，公司努力业务于下，双方并进上下一致，我国航业自有雄飞海上的一天，决不限于收回航权而止的，兹就二方面应取之方策，简拟如左[下]表：

今后我国航业政策（须列成系统表）

（一）整理航权，关于航政之整理及其应有之方策

1.收回海关兼管权。

2.划分航业区。

(1)海岸区(2)长江区(3)珠江区(4)黑龙江区(5)黄河区

3.保护中国航业及奖励造船业

(1)间接方面

①禁止外轮在沿海营业。

②待遇中外轮船宜有差别。

③租税之免除（本国轮船）。

④免除造船材料输入税。

⑤通融资金：

a.政府附入官股　b.政府假以资金　c.设立航业银行　d.利息之收益之保证

⑥铁道运费之减低。

⑦运河通航费之退还。

⑧其他间接保护之方法：

a.船舶之租赁及给与　b.鱼[渔]业之奖励　c.停泊等费之免除

d.关税之差别　e.承运客物之特权　f.补助海上保险

(2)直接方面

①给与[予]奖励金：

a.航海奖励金　b.造船奖励金

②给与[予]协助金：

a.邮政补助金　b.海军补助金

4.编定完全航律。

5.养成航务专门人材[才]。

6.设立航务教育机关。

7.实行水陆空联运。

8.设立航业金融机关。

9.设立管理船只机关。

10.扩充造船厂。

11.筹办国营航业。

12.肃清沿海匪盗。

13.取缔外人引水。

14.实行水上保险。

15.编定海商法。

（二）发展航业，可分积极与消极两方面言之

1.积极方面应有之政策

(1)严禁船只悬掛[挂]外国旗。

(2)领港限用华人。

(3)海关禁用外国人。

(4)禁止本国各公司间的竞争。

(5)改善公司内部组织。

(6)整理招商局并分期发展业务之程序。

A.整理时期

应以消除积弊，整理业务，节省靡费为目的，其最重要办法：

(1)改革不良制度，如分局包缴制，各船各栈买办制等皆应完全改革。

(2)改进营业方法以增公司收入。

(3)编制精密统计以供营业政策设施上之参考。

(4)节省用料以免靡费，裁撤冗员促进办事效率。

(5)制定各船栈服务规则,以专职守,而去积弊。

B.补充时期

(1)筹借低息资金。

(2)创办连舟联运。

(3)废置旧船添置新轮。

(4)修理各地栈房码头趸船及各轮必需设备。

C.扩充时期

(1)扩展沿海内河航轮。

(2)添设造船厂及船坞。

(3)其他

D.组织远洋航业公司

(1)中日单行航路

(2)南洋航路

(3)澳洲航路

(4)北美航路

(5)南美航路

(6)南欧航路

(7)北欧航路

(8)非洲航路

(9)此外尚应扩充二条回航线

◎太平洋回航线

◎世界回航线

E.合并小轮船公司

2.消极方面应有之政策

(1)注意时间之迅速及准确。

(2)注意旅客之安全。

A.不平等条约与航业关系表

日本关系于航权之条约:

(1)光绪二十一年[1895年]马关条约第六款第三项:

日本轮船得驶入下关各口搭客装货:

①从宜昌至重庆。

②从上海至吴淞口及运河以至苏州、杭州,依外国船只入中国内地现行章程。

(2)光绪二十六年[1900年],通商行船条约第五款:中国准许停泊之港口,如安庆、大通、湖口、武穴、陆溪口、吴淞等处,及将来所准停泊之港,日本船舶悉照现行各国通商章程办理。

(3)光绪二十九年[1903年],续议通商行船条约第二款:中国允日本轮船自由出货,在长江宜昌至重庆一带水道设施扯上湍濑之件,因关系四川两湖地方百姓,应听候海关核准后始行安设。

(4)同上条约附件续议内港行轮修补章程第一条及第八条。

第一条:日本轮船东可向中国人民在河道两岸租栈房及码头,倘日商不能向华民妥租栈房及码头,须由地方官与商务大臣商妥后照公道时值预备栈房码头。

第八条:此项轮船在口岸内行驶,或由通商此口至通商彼口,或由口岸至内地并由该内地处驶回口岸,不得由此不通商口岸之内地至彼不通商口岸之内地专行往来。

(5)光绪三十三年[1907年]大连设关征税办法副[附]件第一项:兹因日本允中国在旅大租界内之大连地方设关征税,是以现定本关应有发给内河行轮专照之权,凡有轮船准其驶赴内港一切行船规条,总应按光绪二十四年[1898年]前后所定之内港行轮章程,并光绪二十九年[1903年]补续驶行。

(6)同上第三款:准由大连赴内地各处,并由各处回大连或由大连赴内地转通商他口至内地驶回大连,非奉中国允准不得由此不通商口岸之内地,至彼不通商口岸之内地专行往来。

B.兹将历来有关中日航行条约,加以解释,汇列于左[下]:

(1)中日马关条约第六款(光绪二十二年[1896年])。

(按)此条约为内港航行权丧失之根据,帝国主义者在华内河航行权,亦得大加扩张了。

(2)中日通商行船条约第五、十五及十六款(光绪二十二年[1896年])。

(按)第五款系允日本以沿岸贸易权,实为侵我内地航行权最为有力之根据。

(按)第十五与十六两款,关于船舶吨税及引港事项,本应彼此互相均等待遇,而我国却只有惠及于人,而人绝无同等待我,是种片面协定,将来实非取消不可。

(3)中日通商行船续约第二、三、九款(光绪二十九年[1903年])。

(按)第二、第三两款,关于允与日本人民在我沿岸贸易,以及内港贸易之权。

(按)第九款谨声明日本人民在我国享受最惠国条款之待遇,以保障其与第三国人民处同等之地位,所谓片面的最惠国之条款是也。

(4)中日续议内港行轮章程(光绪二十九年[1903年])。

(5)内港行轮章程(光绪二十四年[1898年])。

(6)续补内港行轮章程(光绪二十四年[1898年])。

《嘉陵江日报》1933年4月20日至1933年6月4日　分18期连载　署名高孟先

温泉底回忆

1931年10月1日的早晨,不知怎样把旧疾惹发了——回忆到1923—1924年的温泉,我将它前前后后的影子,接接连连在我脑海中放映后,又都将它逐一逐二的用口述了出来。这是1931年10月1日的晨早,在兼善中学的办公室内,对着张从吾①先生,和几位兼中的同学。

当我说完的时候,他们都觉得很稀奇,"温泉那地方,从前还有这样一段故事?"尤其是从吾先生,稀奇得怪,他再三要我用文字写出来。你想,我素来又是个不惯用文字来记述的人,这倒实在有些作难了。当时又因事忙,所以终于搁了下来。

1933年6月10日的午前,今天在楼上储藏室②里工作,偶然在地板上拾得兼校同学(高学)的一页日记,上面记着:"1931年10月1日早晨,某谈及温泉历史情形"。又记着:"从吾先生追逼某用文字写出来。"我看后有些不安,因此乃鼓着勇气,在忙中抽出一点时间写他下来,文字通与不通,我是不管。我是注意到确实,并且盼望在口吻上留着些小孩的痕迹,因为这是我小孩时候生活史的一页。

记得,我在四五岁的时候,为要减轻母亲的烦扰起见,多半是同祖父③一块的生活,因为我还有一个弟弟和两个妹妹。

我祖父处的时代,虽然很旧,但头脑却还新颖,他常常对我说:"你如果同着我到处旅行,比较你在学校读书得益还多咧!"

温泉这个地方,照例每年同我祖父在春秋两季都要来一次的,因为这个地方,每年还有几百[两]银子的出路。甚么炭租啦、香粉厂租啦、磨面厂租啦……总之,是靠利用温泉的天然——泉水和煤矿。

---

① 张从吾(1888—1960),现代藏书家。1930年,应卢作孚邀请来北碚,任峡防局教育指导员,是年秋兼任兼善中学训育主任。1932年及之后曾任万县教育科长、民生公司刊物《新世界》主编,北碚民众图书馆、西部科学院图书馆、民生公司图书馆合并成立"北碚图书馆",历任馆长之职。
② 楼上储藏室:1933年4月,位于火焰山东麓青山堡的兼善中学新校舍建成,一楼、二楼作教学和办公用,三楼是西部科学院地质所和生物所植物部,第四层阁楼为储藏室,作了博物馆标本陈列室。时高孟先为西部科学院博物馆助员。
③ 祖父:即高孟先的爷爷高德齐(1873—1926),名兆临,清末曾做过同知府。

春天来的时候,却是好玩,那时因为路旁,都是青青的竹子绕着、垂着,有时连天和路都遮得看不见了。后来因了纸厂取料的关系,一年一年的被砍伐得像现在的精光了。那时满山都是森林,黑压压的,黑得令人可怕,鸟鹊[雀]的鸣声,闹得令人憎厌。后来因了炭厂的取材与和尚的贱卖,这黑得可怕,叫得可厌的一切,都渐渐消失了,消失到现在到处都现凸暴露着穷得可怜的光骨头。那时温泉的泉水,除杨河沟(现在的瀚尘)可以沐浴外,大多数游客还是在庙内的天井里洗濯。早上洗脸,晚上洗脚,都在池里。

　　记得有时,自己在洗面的时候,常常爱把面巾、木屑,或折些野花放在池内,任它小船般的漂流,一直看它流到看不见,或近水碾的时候才转来。有时在别处得着小鱼,我就将它煮在温水里面,看着好玩。庙内的大佛殿、关圣殿……如果没有同伴,我是怕得不敢进的,所以都在野外玩的时候多,那时我简直是一个整天都陶醉在自然界中的小孩子。

　　我初到温泉的时候,因为没有同伴,所以把性情养得十分的孤僻。后来水佃的一家有一个小孩,名叫三娃子,做了我的同伴,于是我们便天天的一块儿玩耍。先祖①因为吃大烟,每天在床上费的时间很长,于是他们重要事情的商量,也大都移到烟盘子上去了。

　　先祖应付社会环境的力量到[倒]很强,因为他从十五岁起,就替起祖②经理过大家庭的事务来的,每年为诉讼的事,尤其是奔走不暇,所以他的声誉,附近各县的人,都很知道,都很信赖他。当时温泉有一个和尚名叫□□□,也常常同祖父往还,有好多事情,都来求先祖帮助。有一次,这和尚吃麻油吃多了,故意装醉,那种动作,至今还令人想起发呕发笑。当时先祖就向我说:"这和尚非常奸狡谄媚,就看他态度、谈话,声调,走路,装疯,就知道了。"那时我虽然年龄很小,但是和尚那些过场,都也看得出来一些。

　　先祖在他大烟烧完之后,常常领着我出来散步,他边走边用手指着向我讲了许多关于温泉的故事,现在将我记得清楚的,写在下面:

　　(1)温泉极盛时代有三千和尚。

　　在清同治年间,温泉的和尚很多,听说常出剑仙、侠客,武艺高超。如果你同他擦身走路,你身上带的银子,便会被他取去。那时,温泉有三千个和尚。下面的几句俗语便是描写温泉和尚的旺象:

　　温三千,禅(禅岩)八百,花岩的和尚葱不得。

　　(2)温泉的衰败时代,因修绿瓦殿。

　　到了清光绪初年,因温泉要修绿瓦殿(即现在的顶),和尚就将庙产变卖了来修,不够,又卖山场、矿产[这时先祖即同许多人打夥(伙),去了2000多两银子,买了温泉的山场

---

① 先祖:高孟先对爷爷的尊称。
② 起祖:即高孟先曾祖父高春山(约清嘉庆六年至光绪二十一年),秀才,清朝外职武官、官都司。

和矿产]。此殿修完之后,温泉也就一天一天地衰败起来,更因和尚当中,又有黑化的份子,衰败的程度更快了。一直到现在只余一个假媚营私的□□□(并不是骂他)。

(3)温泉原来有铁厂。

温泉因铁的原料和燃料便利的关系,先祖就同马洋人(不知何国人)合股办了一个铁厂(现在堆子的地基还存在),建筑了一间房子,就在庙侧(即现在的温泉公园三角池处)。后来因为出铁不好,折了多少本,就停了业,而且,先祖还同马洋人打了几年的官司。后来,马洋人把出了铁和温泉乳花洞有些好石山,都用轮船装回他本国去了。有人说他(洋人)盗了温泉的宝贝跑了,所以温泉才得倒霉咧!记得也有几句俗语是描写外国人做铁厂的:

洋人生得恶,立个堆子在庙角角,白天扯蒲扇,黑了扯秤砣。

(4)温泉的炭和泉水的来源。

温泉原来产煤很好,只因泉水和火的关系,所以结果不好。最早有个老火窑子(厂址就在遐光油漆厂向北碚走不过30丈处),出炭也还不错。后来因为起了火,烧死了不少的工人,所以就停办了。继后又开办杨河沟(厂址即现在的瀚尘),出炭最好,名叫钢炭,用洋火[火柴]都把炭点得燃。做了不久,就把水挖穿了,淹死许多工人,窑子也就因此停业。这是光绪二十几年的事情。开办的股东,大都是官家,或有功名的人,如徐三长等等,也有我们先祖在股。我们要知道现在公园瀚尘的泉水,不是"古已有之"的,而是窑子掘穿后才有的。

(5)温泉的实业经营。

民国初年,革命事起,许多官家就逃亡了,就把温泉这个地方,荒废了好几年。1916年、1917年,先祖才出来开办新火窑子(厂址即现在的遐光油漆厂),后来又租与人开采。又曾利用杨河沟的水力,开办磨面厂、江[姜]黄厂、香粉厂、玻璃原料厂等事业,都是租与人经营。从此以后,这地方每年所得的租金,就该我们一家独享了。

(6)温泉从前有市场。

现在洗澡塘[堂]下面一带平地,也就是从前的市场的地址。那市场差不多同二岩一样的热闹。后来因为铁厂失败,窑子停业,匪风猖獗,所以市场一天一天的冷淡、消减,到现在连地基的痕迹都没有了。

(7)先祖于温泉的实业计划。

自己同着先祖跑了五六年(只限于春秋两季),已经是十一二岁了,温泉那个地方的人,没有一个不认识我。因为先祖年逾六十岁了,差不多不能再事奔驰,于是他每年就派我去收租钱或交涉许多事情(这恐怕是他原来带了我旅行的意义之一吧)。我自得着他这个差事,"按[照]本宣科"去做,却没有费过力气。

在1923—1924年的时候,因为"老二①"一天一天的减少了,先祖曾计划修一家碾米厂,仍利用水力(已经将碾米槽都修好了),更计划将温泉这个地方,造成一个实业的区域。延到民十四年[1925年],先祖因病未克进行。后来,先祖竟于是年八月二十五日逝世了。

温泉的和尚,得着先祖逝世的消息,就马上贿赂地方的绅士及公务人员,又借用佛教社势力,竟在璧山、巴县起诉,说系先祖霸占庙产(其实我们还有字约的根据)。当时因为先祖刚死的关系,最不幸的是我们的伯父无能力,又因黑化,而我自己又年幼,所以结果,就在十五年后,温泉所有权利,悉断送假公营私之□和尚(□□□)的手里去了。现在庙内还镌刊一块石碑,说明某某霸占失利……立在顶殿的水池侧边哩!

◎□□□是和尚么?

□□□入庙的时候,方十几岁,他的家住在某某地方,家里还有妻子,他常常回家去。现在□□□,就是他的亲弟兄。□□之所以能在此地兴业(开面粉厂),完全靠着庙子的利益。还有一个姓胡的(经营面厂),同和尚也有点亲戚的关系。也好,公家的利益,他们都能均占。

◎对于温泉公园的希望

温泉,现在已创造成一个众人游憩之所了,比以前的意义广大得多了,这是自己较为欣慰的地方。更希望的,温泉,不仅以其天然造成一个众人游息之处,如果更能利用其天然,造成一个生产区域,恢复原来的繁荣,则更有意义。如矿产之开发,竹木之培植,水力之尽量利用等,悉由公园管理倡办,获益完全作公共的经营。公共的创造,应该是公共的享受。

特此纪略,以纪念先祖。

1933年6月10日,于北碚火焰山

载民生公司出版《新世界》1933年28期 署名高孟先

---

① 老二:川渝乡间俗称"棒老二",指强盗、杀人越货之徒。

随感录三则①

一、励志心语

◎认识

不要看穿了
啊!
世界原来是这样的畸形,
社会始终是如此地矛盾。
朋友,我们不要把它看得太穿了吧!
否则,你只有"死"的一条路可走!!

◎要我们自己

自己决定自己的苦乐,
自己创造自己的生命,
"光明"只有在黑暗中去找,
"水草"只有往沙漠里去寻。
不要踯躅徘徊,
不要畏难苟生。
颓废是我们的劲敌,
消极是我们的陷阱。
即不幸中途受了大创,
也丝毫听不着呻吟,

---

① 大标题及三个小标题均为编者所加。

只有奋斗,牺牲,努力,拼命……的呼声

◎你失败了么?

你失败了么? 不要懊悔阻[沮]丧,
你失败了么? 不要徘徊彷徨。
这社会不过是纸糊的明窗;
一层薄纸隔着,便是你自由之乡,
只要你努力冲闯,忍负着创伤,
这纸窗终会被你揭亮!
那时,满地的荆棘,会变成广大的平原,
黑暗的大地,也会变得光明灿烂。
你失败了么? 这正是你生死存亡的关头,
你失败了么? 这正是你努力奋斗的时光,
不要踌躇,
不要观望。

写于1934年6月4日

◎人生

宇宙始终渺茫,
人生梦幻一场。
只为求生一会,
牢笼许多好汉。
人生路上,
有的奔忙,
有的徜徉,
怎不想自己的躯体,
生活在宇宙小到不可计量?
内腐外凌的古国,
荒凉满目的神州,
烟、酒、赌、肉……这是富人应该的享受,

血、泪、力、汗……这是穷人应有的博[搏]斗。

看,魑魅横行,

黑暗笼着的大地。

听,虎狼遍野,

嗥厉咽呦的声气,

这是我们的天堂么？人间呢？挪[抑]或是地狱？

写于1934年6月9日

◎送行

休问这途程多远,

走罢,

趁此旭日东升的时候。

跋踏的征人啊,

要认清社会的前途,

沿着人生的新路,

且听这句叮咛吧:

往前走,莫回头!

走罢,

前面的暴风疾雨,

让你自己去安排,

且需自己去珍重。

你问我要什么东西,

昨晚窘了我半夜,

我想,没有别的,只有这个。

写于1934年7月10日

二、我的人生

◎人生的兴趣,在于进步,在于奋斗

我们的樊笼在人间,不是天堂,当然是平凡的,崎岖的。我想,在人间随先至后,奔驰一回,只要在往前跑,我总是欣慰的。

◎ **我觉得宇宙间的一切，都是始终茫然无穷的。人，不过[是]情感和生活的奴隶罢了**

人生便是一场无味的幻梦，但既生为人了，就不能不走这所谓的人生之道，既是要走，就当好好的来走。所以我的人生观是十分消极的，而处世作[做]事的态度和精神，却万分积极。我的人生的打算是：想为天地间培养一点"正气"，待到人世完成之后，便出家去了，要求个"来清去白"。

◎只好尽其我于黑暗中求光明，于沙漠中找水草。

◎不问收获，只问耕耘。

◎对人以爱，持己以正，修学以诚，消遣以美术。前三者用以对人群，对事业后者用以养性。处之有恒，无愧于衷，乐何如之。

◎不作无病呻吟，不建空中楼阁，努力去干我应干的事情。

写于1935年　重庆大学办事处，未发表

三、关于情爱

◎ 男子的恋爱是生涯中的一部分，女子的恋爱是她的完全生涯。

◎人生需要两种人：一是仇人，一是爱人。因为仇人能激起向前的勇气，而爱人则给予生活上的慰藉。

◎恋爱是一座牢狱，坠下去就一切都失掉了自由，但是现在的一般青年设法走进这样的牢狱。

◎热恋在产生甜蜜之后，彷徨和恐怖便来了。

◎有恋爱经验的男子，怕有经验的女子。两个都是老手，反而没有慕情和趣味可言，女子有这样的心里。

◎初见面时的"爱之喜乐"，具有错得的思想，在敬和爱之思想后，剩下的只有"可怜"。

◎初恋时总想把对方占有，占有后又想放松。女子不喜欢文学家，但怕在失恋后，把她当作题材。

◎请你不要对我微笑，我身内并无怯懦的细胞，我的热血不流，我的刚志不饶。

1935年　写于重庆大学办事处，未发表

三峡乡村建设实验区署各乡镇户口调查记[①]

这次少年义勇队二个毕业留署的同学,到区属各乡镇去调查户口,编制保甲,这是件困难而有趣的工作。未出发前,我们对于调查,编制统计的研究,计划和准备,仅仅只有10天左右的功夫,及到3月26日,全部便匆匆地出发了。

我们这个队伍,共计10组,每组2人,一任询问,一任记录,余二人专作各组间一切联络事宜。计自3月26日离开北碚(全部到黄葛镇),20日归来,4月4日又分头到文星、二岩、澄夏各镇,4月8日各组才午后返碚,共计14日。平均全部调查时间约4日,统计5日,编制保甲2日,宣传开会接洽约1日,中间有两日为区署成立纪念耽延,北碚查编,计费两日,即是我们用了两周的功夫,将区属2300余户1万余人,5个市集会编统计完竣。

我们调查的程序和方法是:

一、每到一场先接洽当地公务人员及区署公安队。

二、召集保甲长开会说明来意并分头向市民宣传其要点如次:

1.峡防局改组经过及今后应举办之地方社会事业。

2.户口调查保甲编制之意义及其办法。

3.介绍峡区工业及社会新闻。

三、给(编)制市街略图决定街道各线。

四、计划查编路线及进行联系办法。

五、觅定当地公务人员(保甲长等)作向导并襄助宣传解说调查意义。

六、依当地自然环境及人口分配之稀密,决定调查方法:有时各组集中调查一处,有时一组分查一街。各调查员则用极谦和亲切的态度,将表中所列项目依次一一询问登记,同时编制保甲并制门牌号数(用油漆),调查十家,便依所定标准,预定甲长等一人调查百户,则预选保长一人或二人并详细登记另制表中。

---

① 这次由北碚实验区署组织的各乡镇户口调查过程,从1936年4月21日至5月1日在《嘉陵江日报》上分11期连载,编辑本书时进行了合并。

至于我们的生活,则是每日五时起床,六至七时分配今日进行工作,八至十二时及午后一至五时皆为调查时间,晚间各组开会整理本日经过,商讨明日进行步骤。调查如为遇着有困难问题自己不能解决时,即请求指导,如遇表中有疑问时,立刻提出讨论改良办法。总之,一天到晚,大家都在极度紧张的情绪中活动。这次在工作时,自然会发生不少的零碎问题,和走了不少的曲路,故在收获上,当不甚佳。不过,在一群极无秩序的市集,而能在几天之内弄个清楚,也是一桩不容易的事。况在我们各个调查员方面,精神还非常活跃、愉快,调查工作亦顾到忠实不苟。沉重地说,我们的生活可说充满了活力、希望和新的生活!尤[犹]在数日中,会发现了不少的社会问题,严重的社会问题,而且每个问题,都仅得吾人深刻去研究它的,尤待吾人想办法去解决它的,因此,我们更认识我们工作意义之伟大了。

兹更将各乡镇调查概况,分别略述如次,以供留心社会人士之参考。

一、黄葛镇户口调查概况

(一)市政建设

在区署保安队未到黄葛镇以前,该镇市街污秽,厕所林立,贩卖市场杂乱,烟赌到处皆是。自保安第三中队移驻该镇以来,为时不过半月,对于市政,无不极谋整顿,概括言之,不外建设、治安、卫生三端。关于建设者,如规定街道取缔烟馆,严禁市民吸售,并组织民众俱乐部,以提倡正常娱乐,筹设民众图书馆,以宣扬现代知识,规划贩卖市场,以建设市街秩序等是。关于治安者,如十字街头设置巡逻,登记户口,检查旅店居宿客等是。关于卫生者,如北碚地方医院设有分诊所每逢场期开诊,清洁街道,疏通阴沟,检查各旅食店食物清洁等是。以上三端,皆系保安队到达后之新建树,闻将来整理中之黄葛镇至低限度,亦须达至北碚市政之目的也。

(二)户口统计

黄葛镇市区按统计结果,共有600户编为6保60甲,应有男女共2668人,现有男女共2505人,现有较应有少163人,此163人系因事在外,调查时尚未归家者。幼童男女共314人,学童男女共414人。壮丁共491人,不识字者男女共1727人,识字者曾入私塾者男女共618者,入初小者男女共107人,入高小者男女共34人,入初中者男女共18人,入高中者男仅1人。未订婚者男女共1068人,已订婚者男女共56人,已结婚者男女共919人,再结婚者男女共12人,离婚者1人,鳏者127人,寡者222人。

(三)市民生活

黄葛镇市民以挑炭、米商、小贩为生活者为最多,次则为糖商雇佣船夫,洗衣者亦復[复]不少。其中最苦莫如挑炭夫,据考查所得,苦力一日所获力资,不能维持一家人最低之生活费用者更不知凡几,而市面商贸,近来亦异常萧条。金融枯窘,无有逾于此时者,且影响所及,各个商贸皆因之日趋衰落,无復[复]繁荣之希望也。

(四)市民职业

黄葛镇现有2507人,中有职业者男女共877人,无职业者男女1630人,内中以挑炭者为最多。由此数字看来,无职业者超出有职业者二倍以上,无怪社会发生失业严重之问题,而不得解决也。

(五)学校教育

黄葛镇有公立初级小学1所,内有主任教师1人,男教员2人,女教员1人,该校共有男生50人,女人35人,共为85人。另入私塾四所共有学生65人。以该镇现有之学童414人之三分之一,由此可知该镇学校教育之急切不可缓也。

二、二岩乡户口调查概况

(一)市政

二岩乡系基于温泉峡半山之麓,全市房屋依山建造,曲折错杂,街道狭窄而黑暗,厕所则随处皆是。自区署保安第三中队分驻该镇以来,为时不过半月,其已办之事务,如规定街道名称,清洁市街,疏通阴沟,取缔不良厕所,撤销街灶,及检查食店等,均在注重公共卫生,力求市政繁荣。但该乡人民因积习已深,一时尚难有新的转变,此次调查组到达该地后,依保安第三中队规定之新街道为调查户口编制保甲之根据,现保安第三中队正在规划公告揭晓处,以便张贴一切政令,而使一般民众易于阅览,此该镇市政之大概也。

(二)户口统计

二岩乡据统计结果共为200户,现编为2保20甲,现有男为451人,女为361人,共为812人。内中不识字者女为326人,共为606人,至于识字者入私塾者,男为152人,女为22人,共为175人。入初小者男有23人,女为17人,共为40人,入高小者男为65人,入初中者男为2人,入高中者男为1人。由上述不识字看来二岩乡文化之低落无有逾此者。

(三)市民生活

二岩乡大半数之苦力,赖四个煤炭厂以维持其生活而经济富裕者为煤厂主或股东,其经济较差者大都私人集资经营租炭业,内中有获利与矿主均分者有之。有挖租炭以四六成或三七成分者,再有其中最下层之苦力,不是挖炭拖炭就是挑炭捡炭,打风过活者,总之全乡苦力整天都是在炭灰里过日子。近来复兴农村经济破产,该乡原有4个煤厂,现在仍在经营者有同发公司福[复]兴隆二炭厂而已。据调查中所知者,前为煤工之成年男子,今已失业者,约占二岩乡总人数15%,女子更不必说矣。

(四)市民职业

二岩乡现有812人,中有职业者男为287人,女为37人,共为324人,内中炭商、挑炭、挖炭、小贩、雇佣者占最多,次则为船夫、糖商、洗衣者更为不少,无职业者男女共488人,由上面无职业数字看来,可知失业者是如何的多了。

(五)学校教育

二岩乡场上共有公立小学一所,男教员1人,共有男女学生29人,内分一、二、三、四年级并系分级教授,该校全期经费系由江北县府直接开支,每期支教员薪资为108元,办公费10元,共为118元。除公立学校外尚有私塾二所,一所在巴豆林院内,有男教员1人,该校共有男女学生13人,教室差[尚]可;一所在狮子楼楼上,有男教员1人,该校男女学生20人。教室狭陋非另觅较宽之教室不可,据该教员口称,薪俸均系学生东家供给极微之数,余则由征收学生费以补助之。

三、澄江镇户口调查概况

(一)市政建设

澄江镇之市政建设,完全是由实[验区]署的保安第三中队来推动和改进的,他们的工作概括可以分为治安、卫生、民众教育和建筑四项。关于治安方面,有警察负责任,昼夜都有巡逻在街上到处巡查,并为民众解决纠纷,所以此地无盗匪的骚扰,就是有伤风化的妓女和烟赌也是没有的。至于卫生方面,第一有保安队每天派专人负责检查市面清洁,及市街各食店的清洁和有无伤害肠胃的食物等,第二有峡区地方医院派到此地分诊所替民众医病,所以市街上既没有渣滓,又没有臭气,并没有害病的人而找不着诊治的地方。关于民众教育方面,则办有小规模的图书馆、民众半日学校、书报阅览室。建筑方面,有报告市民时间的钟楼,并有公共运动场所及公共卫生厕所,现更有整齐划一的门牌号数。

(二)市民生活

澄江口属之夏溪口,每天挑炭的苦力很多,他们劳苦所得的工资大都不能维持最低的生活费用,其次推船的人很多,但查其每天所得的代价也是不够养妻活子维持生活现状,所以嗷嗷待哺者比比皆是。至于商人因近来受农村经济破产的影响,生意也非常萧条,一天计算支出多而收入少也是大有不够维持生活现状之概。一般商人的脸上尽都呈着赖苦的状态,尤其是金融方面,因受政府币制改变的影响,大都是捉襟见肘无法维持的现象。

(三)户口统计

澄江口包括夏溪口在内共有600户共编为6保60甲,应有人数男为1602人,女为1144人,共为2746人。现有人数男为1526人,女为1109人,共为2635人。其中壮丁人数占648人,学童男为262人,女为161人,共为423人。识字的男703人,女94人,共为797人。不识字的男813人,女为1015人,共为1828人。由此不识字数看来超出识字者在半数以上,于此可知,欲谋扫除文盲其道何由不待智者而后知之矣。

(四)学校教育

澄江全镇有镇立小学一所,该校经费原系由各种税捐而来(包括捐款和肉税收款)约计每期可收入洋1200元,现该校共有男女学生201[人],半日校一所,该校现有学生70名,教职员共为5人,由保安第三中队官长担任教授,不另支薪,至于学生书籍笔墨一切费用由保安三中队向热心教育者募给每期约计开支洋80元,并办有图书馆一所,每日阅览人数平均30余人,又据统计结果,该镇共有私塾五所,共有学生101人。

(五)市民职业

澄江镇现有2635人,其中男有职业者769人,担炭者占206人,推船者占110人。女有职业者30人,男无职业者757人,女无职业者979人,由此可知无职业者占有职业者三分之二以上。社会秩序之紊乱人民失业之恐慌非无因也。

四、文星镇户口调查报告

(一)市政情况

文星镇地邻北川铁路,交通尚称便利,商贾较前繁茂,移居该地者累有增加。该镇行政组织设有联保办公处,有联保主任一人负责办理全镇公务事宜,另设有调解处,有主席一人负责办理全镇民刑诉讼事宜,其次如该镇之治安,及市政清洁卫生管理事项,概由实验区署保安第二中队官兵负责维护改进。自区署调查组到来后,深觉街道名称门牌号数不划一,故除调查户口编查保甲之外,复[复]将该镇所有街道共划有二路,一为新生路,一为合作路,一为文星路,并将原有之门牌号数全盘更换,现比以前划一整齐。该镇并设有篮球场一所,图书馆一所,内中订有《嘉陵江日报》《大公报》各一份,《东方杂志》《儿童画报》约数十册，平均每日阅览人数至少在 28 人以上。此该镇市政之大概也。

(二) 户口统计

文星镇共有 134 户，编为 1 保另 3 甲，共为 13 甲，应有人数男为 355 人，女为 270 人，共为 625 人。现有人数男为 331 人，女为 266 人，共为 597 人，内中学童为 95 人，壮丁为 15 人，识字者男为 196 人，女为 27 人，共为 223 人。不识字者男为 135 人，女为 239 人，共为 374 人。在口述数字中看来，壮丁之待训练及不识字学童之待教育，实属刻不容缓。如该镇人士能深明大体，并能协助区署推行民教以达预期之目的，则幸甚矣。

(三) 市民生活

文星镇沿铁路一带炭窑极多，沿途苦民大都以担炭挖炭为业，至于市面商业近来并不十分繁茂，人民资产中产以下及无产者最多，鲜有中产以上者。闻昔日天府公司曾设有合作社于此镇，当时市面金融较为流通，现不知何故而停办，故现文星镇整个金融及人民生计之调剂为算十分迫切。

五、北碚市户口调查报告概况

北碚为区属之首场，及一切文化经济社会事业之重心，亦即本署之所在地，交通便利，风气当先。爰自 1927 年即由当地团务机关峡防局，一方作维护地方安宁秩序工作，一方则努力社会经营。九年来，率皆不遗余力，现在已将一个破落的农村创造成一个现代的园地，因为它在文化方面有着理化的、地质的、农林的各研究事业，并有设备完美环境优良的完全小学、中学及女子职业学校，更有规模广大的图书馆、博物馆、体育场、报社及专办社会教育的民众教育委员会。在经济方面，有工厂、银行、合作社。在公共事业方面，有医院、公园、动物园、植物园、农场、民众俱乐部等。更有邮局、电灯及维持秩序的警察，以现在四川农村崩溃的现有局面之下另呈一个特殊的社会环境，此亦即人家批评它是一个活跃的新兴的小型国家之所由来也。且在本月 1 日改组为乡村建设实验区以后，这环境更形活跃，空气更为紧张，大有一日千里之势。兹将此次户口调查所得最近各方面动态分别速写于后。

一、市政建设[①]

北碚原设有市政管理委员会，负责建设市街，整理市政专责，近来照常工作暂不叙述外，特将平时协助市政管理委员会员实际责任之保安第一中队官兵工作概况略述如下：

---

① 原文标题层级如此，为便于阅读，未做处理。

闻该队的工作可分三方面来说,第一警察方面,如调查户口(随时举办),登记生死婚嫁迁徙[徙],处理人民纠纷及组织消防队等。消防队现有水龙1架,水枪3支,接火器具10余种。第二平民教育方面,第一是训练人民遵守秩序,训练方法是从民众会场上训练,市民守秩序从河边囤船上训练乘船客遵守秩序。第二训练人民讲究卫生,训练方法是检查市面清洁,奖励扑灭蝇鼠,宣传卫生事项。第三训练人民公共活动,训练方法是在民众会场教人民唱歌,教人民鼓掌。第三地方经济方面,如整理河边码头,助修民众马路,划定各种市场建筑公共厕所等。

二、教育事业

甲、学校教育

1.北碚私立兼善中学校。查该校系1930年9月15日开办,现有校长1人,专任教员3人,级任教员4人,兼任教员3人,共为11人。常年经费14400元,设备校舍有四层楼房一幢,建筑费为2141607元。寄宿舍及大礼堂一幢,建筑费为3020元,仪器利用科学院理化研究所之仪器及药品等,图书利用实验区署图书馆所有者。学生人数及班次现有中学三班,中四班有学生18人,中五班有学生37人,中六班有学生79人,共为134人。课堂遵照教部颁定之中学课程标准办理,最近该校训育标准以忍苦耐劳,做事敏捷,确实为原则,教学方法系采用启发式教学法,课外作业有游泳、园艺、清洁运动、学术研究会(包括游艺建设等)。

2.兼善附设小学校。该校原系峡防局办理名曰实验小学,于1932年合并于兼善中学改名曰兼善附设小学校。现在该校有教导主任1人,级任教员6人,共7人。常年经费为3500元,设备与中学部同学生人数及班次,现共有七班,高六班有学生35人,高七班有学生31人,初八班有学生33人,初九班有学生46人,初十班有学生27人,共为248人,课程照教部。小学班有学生38人,初十一班有学生38人,幼稚班课程标准办理。训育标准与中学部同,教学方式以某种方式行使之,课外作业,清洁每日三次,并每日下午到图书馆看报阅书或劳作,星期日则旅行附近各地方参观,以广学生之见闻而增进学生之自然常识也。

3.巴县女子职业学校。该校初办女子小学,于1934年下期改办的女职校,现有校长1人,训育1人,教员2人,共为4人。巴县府担任常年经费为239元,设备有新建校舍一幢,建筑费为8312元,内有教室×间,寝室四间,设有缝纫机二架及各种图书仪器等。学生人数及班次现共有二班,第一班有学生15人,第二班有学生21人,共有36人。课程有国文、英文、代数、几何、公民簿记、缝纫刺绣、珠算、音乐、图画、体育、习字等学科。

4.巴县北碚小学校。该校原名朝阳小学,于1935年改名为巴县第二十四小学校,本年春季始改名为巴县北碚小学校。现有校长1人,教务主任1人,训育主任1人,级任3人,共为6人。每期由巴县府支拨洋920元,设备有教室四间,寝室十一间及各科图表等。学生人数及班次现共有六班,高四班有学生13人,高五班有学生24人,初六班有学生19人,初七班有学生22人,初八班有学生16人,初九班有学生22人,共为116人。课程有国语、算术、公民历史、地理、图画、音乐、体操、习字、自然、卫生。科目外其余均属初级之课程,并加有常识一科,训育标准以德智体美群五育为标准,教学方法系采用启发式教学法,课外作业,高级每日作日记,阅书或开谈话会,并在每日午前十钟举行短时间之全体操,一校以激发学生之身心也。

5.私塾学校。北碚市内据调查统计共有私塾校7所,共有计教师8人(由有一校系2人教授),共计有学生157人,但考查各私塾校教课内容,有遵章教授者,有一面遵章一面暗授经书者,均称系适应学生家长之请求,不得已而教之,此宜亟加改良者也。

乙、社会教育

(一)区署民众教育委员会

该会近年来民教工作及除有专册叙述外,兹不详赘,復[复]将调查中最近实施工作及准备工作略述如后。

1.实施工作

(1)照科民众学校的进行

①兼善民众夜校

共分三班,儿童班在该校小学部大食堂,约30余人,男子成人班在该校中学部约10余人,妇女成人班在该校小学部教堂约10余人,经费系由该校预算项下开支。

②北碚小学民众夜校

共分两组,识字组及不识字组约60人,款系募集,巴县第三科津贴少许。

(2)民众会场的开放

①定期开放

每星期开放一次,节目有话剧、川剧、魔术、音乐、双簧、幻灯及各项报告。

②不定期开放

节目与上面大致相同,系由来此旅行各团体表演。

(3)农村调查

主要为经济调查与妇女调查,经济调查现在还在调查各场之水竹产量及制造。

2.准备工作

(1)关于民校。从保甲的组织及训练分期扫除全区文盲,从合作的组织及训练加紧民众的团结。

(2)关于游艺。从自己的娱乐训练,娱乐教育的干部人才——业余俱乐会。从民众的娱乐要求娱乐教育的深入及推广——业余俱乐会。以民众会场、民众俱乐部、民众茶社为民众教育活动的中心,以巡回游艺团体散布到民间去。

(3)关于图书。推广巡回图书担,施行巡回图片展览,增设图书馆及阅览处。

(4)关于生计。组织养鸡合作组织,养鱼合作组织,篾器合作组织,养猪合作等。

(二)实验区图书馆

由这次调查中知道,该馆初名峡区图书馆,系成立于1928年5月创始之际,仅有书400余册,现藏书籍到16000余册,常到杂志170余种,省内外日报20余种。初以北碚场下关庙之一隅为馆舍,现已因陋就简改建扩充较为大之馆舍矣。闻当时市民不知图书馆何用,每误为书肆,故日常到馆阅览者仅三数人而已。厥后不断宣传,现在一般人都知道利用图书馆阅书看报,迄今除借出者外,每日到馆阅览者达200余人以上,其中北碚附近之中小学校学生由教师领导来馆阅览书报者最占多数,如兼善中学及附设小学校是。又该馆除原设有之阅览室、参考室、现代知识展览室、藏书室供人阅览参考外,最近复[复]新僻[辟]有儿童阅览室、乡村建设参考室,一以供儿童及儿童家长之阅览,一以供乡村建设者之专门研究。闻将来区属各乡镇除澄江、黄桷二镇已设有简易图书馆外,其余未设各场均于最近期内成立,开馆并派专人担书下乡指导民众阅览书报,此该馆之大概也。

(三)博物馆及动物园

闻博物馆与动物园均于1930年10月10日成立。博物馆系就北碚火焰山原来东岳庙改设者,据该馆之主管人谈,陈列室现有风景陈列室、煤矿陈列室、卫生陈列室、工业陈列室及照片陈列室等。至于陈列品现有各类标本1490余件,各地照片1000余张。统计本馆参观人数,平均每月在3000人以上,馆内设有人引导游客参观解说一切。闻动物园成立之后,于1930年秋间,峡防局、民生公司川江航务处、北川铁路公司等团体,合组考察团旅行东北,归来在上海购回大批鸟类及意大利鸡等,交动物园饲养,及各方捐赠者颇多,现在各种兽类、鸟类合计不下100余种,这样一来,充实动物园设备不少,现在兽窟熊房修建已告完竣,目前更较为可观也。

(四)实验区公共体育场

闻系1927年始租地一幅,约50米长宽,现已扩充至120米长、80米宽,场为河土,运动最宜,曾于1928年秋及1929年春,先后开运动会两次,重庆合川及附近各场学校均来参加者约1000人。现设有场长1人,负本区体育推广全责。该场设备有球类、田径赛等俱全,平均每天在场活动者在100余人以上。近来因天气晴和,市民及学校区属职员定时到场活动者甚形踊跃,以近日运动人类平均每天至少在200余人以上也。

三、社会事业

1. 峡区地方医院

据主管人谈,该院系1928年秋开办,距今已逾八年。原就天上宫庙宇为之,规模颇小,最初仅有诊疗室一间,现除诊疗室外,尚有内科室、外科室、待诊室、药剂室及病室等,且购有大批内外科器械,以及干蒸、消毒器等,又购有卫生标本图数十幅,病理标本模型60余种。该院于1931年春曾招男女护士7名,轮流实习看护病人工作。现因该院对社会服务日久,人民对该院认识和信仰亦较日前更为深刻,故该院近来院务日繁,大有事多人少之势,特于1935年春复[复]招护士生6名,赶加训练以备分任看护病人之工作。现在除文星、澄江等镇乡已设场期分诊所外,復[复]准备在区属未设之镇乡于最近完全设立。本年春季该院曾同峡局职员出发到峡区各场送种牛痘,据这次统计,种牛痘者在万人以上,并拟在北碚市属之黄山堡为建筑新医院地址云。

2. 嘉陵江日报社

据该报社主管人谈,系于1928年2月4日成立,1931年1月1日始改为日刊,1936年5月16日起始由石印改为铅印。此报特殊之点,则专在介绍现代的国防、产业、交通、文化等消息之登载,副刊尤注重介绍现代的新发明、新发现、新纪录及新生活运动等学理、事实之阐明,借以激起一般人士注意世界问题之探讨,及注意研究中华民国整个问题之解决方案也。

3. 北碚铅印公司

据该公司人谈,系1934年6月成立,地点在北碚市和睦路[后名广州路]。集有资本2000余元(闻现不止此),除承印《嘉陵江日报》外,兼能印书及其他一切印刷物,其裨益社会文化,传播之功,实非浅鲜。闻近来该公司营业收支尚称适合云。

4. 北碚农村银行

据主管人谈,该行系1928年发起,1931年7月成立董事会,选聘经理纯以服务农村社会,发展农村经济,提倡农村合作为原则,查该行初集资本为1000元,现经改组资本集增至五六万元,实际经营资产扩增至10余万元,于此可知该行对区署各乡镇农村经济之调剂也。

四、户口统计

北碚市据调查统计结果,共计有700户,现编为7保70甲。应有人数男2204人,女为1605人,共为3809人。现有人数,男为2260人,女为1565人,共为3725人。以教育方面言,统计不识字者,男为962人,女1383人,共为2345人。识字者曾入私塾肆[肄]业者,男为865人,女为56人,共为921人。入初小者男为130人,女为99人,共为229人。入高小者男为56人,女为23人,共79人。入初中者男为34人,女为9人,共为43人。入高中者男共为2人,入大学者男共为6人,入专门学校者,男共为1人。入军校肆[肄]业者,男共为4人。以年龄言,统计北碚市现有幼童(五岁)男为229人,女为214人,共为443人。学童(六岁至十二岁)男为312人,女为207人,共为519人。壮丁为1008人。以婚姻言,统计北碚市未订婚者男为1032人,女为515人,共为1547人。已订婚者男为71人,女为32人,共为103人。已结婚者男为839人,女为791人。再结婚者,男为14人,女为9人,共为23人。离婚者男共1人。鳏者共为103人,寡者共为214人。

五、市民职业

北碚市民职业,据统计结果,职业门类较区属各镇乡市民为特多,其中以小贩业营生者占最多数,以纺织业营生者占次多数,余则为雇工、挑炭、学徒、船夫、旅店、酒店、油腊铺、染房、铁匠、泥水匠、力夫、理发匠、缝工、米商、糖商、厂商等谋生者亦復[复]不少。以北碚市现有之3725人中,有职业者为1419人,占总人数三分之一以上,较之区属各乡镇失业人数略少。

六、市民生活

北碚因设有工厂,农村银行在失业人数的收容,市面金融的调剂,略具补救,故全市市民生活较区属其他乡镇稍微安定。因设有中小学、图书馆、博物馆、报社,故在民众教育上都为普及。因设有民众会场、公共体育场、平民公园,故全市人民于业余时身心调剂毫无寂寞之感。并有公安队员市政建设之责,全市烟馆、娼妓早已取缔,故无不道德之场所,纵有远道来此游玩者,亦为良好环境所熏陶,决[绝]无不道德之行为发生,为此乃北碚市民特殊之生活,故近年来远道来此住家者络绎不绝。

以上我们已将区属各市集户口调查的情况,作了一番概略的叙述,现在我们再归纳起来看,在户口方面,五个市场共有234户,10274人,因常有远道奔来谋生活者,故户口调查与日增加。教育方面,共有私立中学2所(男女中),公私立小学5所,私塾18所,但容纳人数甚少,以致失学儿童竟达1000余人之多。职业方面,以挑炭、力夫、纺织占最多数,无业者共6618人，占总人数二分之一强，且市民多数，贫苦即如挑炭力夫，每日辛苦所得实不能吃饱，自己至于家庭的如何供给，儿女如何养活等，更非他们所能计及了。所以教育的不普及，农村经济的破产失业问题的日趋严重，尤其一般贫民的饥寒待极，这成了普遍的现象。

  所幸各场的市政，自区属保安队移住该场之后，新的建设的序幕，已经是慢慢地展开来了。在消极方面，已经没有匪、盗、嫖、赌，烟亦将禁绝。在积极方面，有博物馆、图书馆、民众学校、俱乐部、运动场之设置。将来我的希望，区属各个市场，皆有各种公共事业的经营，皆有极合法的秩序，皆有异常清洁的市街，每个人民皆有受教育、皆有职业，皆无不良嗜好，大家皆有饭吃。在此我们要急速开始我们机关报的努力了！

  此次调查所获各种材料，因时匆促，不克全部整理批[披]露，拟在四乡调查完竣后，再作省系统之报告，至于本队跑到各场承各保安队和当地公务人员之襄助及一般市民的同情，使我们工作进行非常顺利，特此致谢。

《嘉陵江日报》 1936年4月21日—5月1日，分11期连载 署名高孟先

下乡杂记①

我们为要明了本区整个社会实际情形,队上曾领着一群青年朋友到区署的文星、二岩、黄葛、澄夏、北碚各场去匆匆作了一次户口调查。起先只及于各个市集,当常同着小贩,苦力一接触,后来更有下乡,天天便与一般劳苦的农民碰头了。那重迭[叠]的山岭,起伏的岗峦,纤曲的土路,蜿蜒的沟渠零落的农村,青葱的田垄——我们仅只凭着两腿,曾将它跑遍过,并且我们是"那里黑,那里宿,那里饿,那里吃"。烈日底下,在风雨之中奔驰了十余日,生活最为有味,感受印象亦深。本周我们刚由二岩、文星、黄葛的四乡绕了一转归来。我们不愿把调查所得一方面的材料作为一种有系统于报告,因为那会使读者感到单调,所以先把调查中的生活和见闻,拉杂地写出一、二。

一、北碚出发——下乡杂记之一

五月二日,到乡下去。日午前我们在区署开了一度会议,决定了下乡工作的方法及生活上的种种问题。午餐后,一行共约30余人,便由北碚出发了。各个除携上简单的衣履,被毯和调查需要的各物外,大家都带上一顶(满天飞)草帽,踏着一双(水巴虫)的草鞋,跄跄跻跻在猛烈炙人的阳光下赶着路。

△入温泉峡

烈日像火伞般的照着,时间虽是初夏,便仍感到酷热的闷窒,行抵金刚碑,大家已是淋漓一身大汗了。由此雇船到我们今天的目的地——二岩,上船大家卸下行李,才大大松了一口气。只是悠闲的船夫,他不知载的是一群最忙碌的人,所以他是无精打采地摇着桨,使船慢慢地荡漾在江心。

船入峡口,微风徐来,暑气全消失了。大家都感着[到]一些漠然的轻松。此时,有的已经开始注意两岸的自然景物了。

我们觉得温泉,委实无论在何种情形下,总是那么迷离的自然,尤[犹]在这个季节更

---

① 本文原系从1936年5月17日至6月4日在《嘉陵江日报》上分12期连载,编辑本书时进行了合并。

为活跃明媚了。那飞奔的瀑泉,葱郁的竹树,鲜艳的花草,掩映着一座古庙,几幢洋房和无数的亭园,将衬托出一个优美的境界,自以供人品赏,可以资人游憩。更有那澄清温暖的泉水,可洗去一切不洁的身心和世间所有的烦恼。相信那里还有着无数的青年男女如醉如狂有过梦一般的幽美生活,伊[他]们都尽情地依着,陶醉着吧,将当前的许多烦恼和旧痛,皆抛弃了吧。

二、到了二岩——下乡杂记之二

△开始调查

大概在下午二点钟的光景,二岩终于走到了。上岸,穿过两条狭的巷道,便走入了工区属的公安队,大家搁下行李,就分头下乡开始我们调查的工作去了。

△不用钱的建设

现在的二岩,却已比两周前整饬多了,街头巷尾,都有着黄色制服的人活动着,晚间更可见到这些人很紧张的奔走着开始他们巡逻工作。市街虽然还是那么狭隘、曲折,不过清洁、秩序和光线的确已比原来好的多了。公共厕所的管理,倾渣处的规定,填沟运动的帮助,他们更是不遗余力的做去。总之,他们的建设,不但视市民的实际需要,而且都先从不要钱的方面着手措施。

△炭厂纠纷多

据公安队的官长说,此间最难处理的是炭厂的纠纷,因为这个市集的存在,全基于几个炭厂,每个炭厂都招有若干挖炭的租客,偏因他们为侵占"齐头"(煤田的俗名)的路线或面积,不断地发生纠纷。因了公安队的公正的关系,大家都来求助解决,为了这些几乎不能再作多少旁的事体了。我们深觉办理这种消极的工作,倒是妨碍了我们积极的建设,这个今后最好让当地的镇公所给他们解决去。

△农民生活

今天我们共调查了约百户农家,其中十之七八,都是过着安分守己的饥饿生活。因为二岩所属的地带,都是砂石的山岳,平时出产本来不丰,尤以本年春间整个四川的春荒甚为严重,谷子每石七八元的,在十日之间飞涨到十四五元了,所以农民生活特苦。

据我们近日调查的结果,深知一般农民大众生活的真相,只要我们一到乡村,举目四望,就可见乡村人民几乎衣不蔽体,食不饱腹,破屋颓垣风雨不遮的困苦景象。说到食,这些年头白米的珍贵,倒是为一般贫民不易看见的。至于油,只有在很少数所谓富庶之家的锅中始能相遇,一般人以盐和辣椒当菜已是万幸,说不到油,说不到蔬菜,更说不到肉食了。曾经我们还遇有两户人家,终年他们不曾见过猪油。这,在今日将要解体的农村里,到[倒]是了无足奇的事。

我们再整个地看,他们最重要的粮食,除十分之一二的农民,以玉蜀黍、麦子为正常的食粮外,余则充以豆叶、菜根果腹。及到菜根、豆叶也都吃完的时候,于是剥树皮,扯草根、挖白泥,就成为他们找食物的唯一方法了。这样,流离、自尽、饿毙……在农村是极平常的事,我们今天从二岩到草街子的五里路中,就看到两俱[具]直挺挺倒在路旁饿毙的死尸,这简直成了一个饿殍世界了。

然而,在一般农民已经沦落于饥饿之深渊的时候,还来一些什么保甲征费,筑路征工,铁路派款(每种一两粮竟派款200元之多)……真是纳捐不遑避死不暇。照这样继续下去,将来,农民的将来是如何的一个将来,使我们不忍再往下想了。

△ 黄昏归来

夕阳落下时,染着血红的颜色在云间,重又映在嘉陵江水上面,一阵清风吹过郊野,暑气已渐渐消失了。此时奔驰在农家调查的人们,正给饥饿、疲倦紧张地笼罩了他们整个的身心,所以都带着一个笨重的心情归来了,用懒散的步子先后从这黄昏的暮色里行宁回到住宿地二岩来了。

晚餐后,顿起一片杂沓,叫喊、歌唱、咆哮……几乎把这寥落市集的一角,整个沸腾起来了。一小时之后,则又只剩下一个空虚、寂寞、凄凉、冷静的街市。因为这时他们已在几张桌凳或地板上,横七竖八地打起呼呼的鼾来了。

三、上西山坪——下乡杂记之三

他们边走边津津有味地谈着今年的庄稼和小春的收获。最后他们还是伤着脸发出这么的叹息:"现在的日子难,难了,不但难,而且简直过不去了……"。的确,农民穷,穷的越多了,将要整个的大众无产化了,不但此间的农民如此,恐怕全川全中国的农民也不会例外吧。

西山上,爬着崎岖的山路,加以阴郁的天气,汗是满头满脑地往下流着,这虽不是三伏里的天,衣服却透湿得贴在身上了,愈往上去,两足愈提不起劲,迈不开步子来。

蹒蹒跚跚地再绕过了两个山垭,才走到一个大的岗岭,中间有些小的起伏,远远看去好似一幅展开的平地,这就是所谓的西山坪了吧。一阵凉风掠过,山岭的许多杂树,发出轻微地啸声。山路蜿蜒地穿过树林,穿过躲在山坳里的荒地,在稀微的阳光下苍白地闪耀。

路边还有着不少的野玫瑰、杜鹃、蒲公英,红的、白的……非常鲜艳,它们不时发出清淡的幽香,那样凉爽地扑着鼻子,使人感到说不出的快慰。我现在觉出我的脚步也轻快起来了! 空际不时还飞翔着几只不知名的小鸟,喳喳地叫着,组成一个幽俏、和平、安乐的境界。这里就没有岗峦的崎岖,而有着山里的美丽了。这山上也有熟土,土中倒长满了成熟的葫麦,也有几坵[丘]水田,田中平铺着新绿的秧苗,勤快的农夫,朴质的农妇,他们都在田间忙碌的工作,孜孜不息。

四、农场一瞥——下乡杂记之四

舍外小景,走上田间的土路,乃见一幢粉墙黑瓦的房屋,矗立在一个小坵[丘]之上,屋外竖立一根旗杆,国旗在空中随风飞舞着,知是西部科学院的农事试验场了。行百余步,已得农地,垦场井然,土畦方整,曾不失新式经营之农法。

抵场舍,则见墙上书着"举锄将大地开拓,提兵向自然进攻"十四个大字。墙上躺着一只壮硕的黑狗,尾巴拖在草地上,向两旁伸着脚爪,泰然自若地晒着太阳。院子周围无一棵高大的树子,空际亦无一只飞翔的小鸟,连人影都不曾见着一个,大地的一切,都是单调的、懒散的,沉静的对着这一幅和平愉快的景象。我心里却感到异常的乐趣。正要举步,走进院子时,那黑狗突然跳跃起来,任性的一阵狂吠。

△**事业概况**

此时惊动了主人——刘先生①跚跚地迎了出来,渠衣灰布短衣服,着麻履,精神英[焕]发,和谒[蔼]可亲。入室,与之接谈场中各事:悉农场为1933年12月开创,由科学院租荒地1000余亩,每年纳租10元,先是峡局一队士兵帮助开拓,建屋修路,伐木垦土,费时年余,略具模模,后则交由科学院派员雇工直接经营,现已开拓200余亩(计每垦一亩,约耗洋5元),分着蔬菜、作物、果树西瓜区,并作畜牧试验,全场农地多倾斜,悉为砂质土壤,气温较之山下微低,现有职员8人,皆为峡局训练之青年,颇能埋头苦干。工人20余名,全系招雇,每月经常开支约400余元。历年各种开支累计已达2万元左右。收入除去

---

① 刘先生:即刘振书,时任中国西部科学院西山坪农事试验场场长。

西瓜赢[盈]余2000元外,其他所入甚微,故经济无时不感拮据。所有计划,未能践其大半。正谈话间领导调查的唐区长①由山下赶到此间了,稍息,我即巡视场舍一周,知其建筑为一正两横,办公室、食堂、职员寝室,皆在正排,两旁则是农具室、储藏室、厨房及工人寝室了。中间横着一个大合土的大坝坝,外围以短墙,墙外植了一排低低的杨[洋]槐……室内布置非常简单,但很整洁,至于光线、空气、窗户,比起普通的农家来,自然算是天堂了。

场内还附设有诊疗所和民众学校,场中职员每日除在田间劳作外,还要训练工人,教育工人,连帮助农民诊病,作农民识字活动,这些也都成了他们分内的事。

△参观田间

午餐后,由刘先生携出参观田间,附场左侧,有中式房屋数间,饲养有猪9头,牛5头,羊60余头,中有由北方购来之绵羊品种4只,值洋300余元,拟作育种实验羊。

△果树几千株

至畜舍,踏上主干农道,道旁棚以葡萄架,葡萄凡数十种,全都开花结实了。两侧皆塾土,悉植各种果树及苗木,计有桃李、梨、柿、苹果、樱桃等果树各数百株,松、杉、桐……各种苗木数千株,值洋3000元以上。

△西瓜两万窝

行至西瓜区,则见几个青年领着一群农工,弯背土中,有的除草,有的施肥,劳作不息。闻种瓜面积约占已垦地二分之一。因西瓜最适于高温干燥地带,肥料以磷、窒素、碱、灰等物尤宜。此地悉为砂质壤土,又为新拓,故去年收获甚佳,今年虽植2万窝必得瓜一个,每个平均至少5斤,共20万斤,每斤售价以5仙计(去年运渝合售价每斤8仙),如全部成活,则可收入1万元了。可是,当前就有两个难解的问题。

第一是兽害——因此间田鼠甚多,瓜籽初下时,即有田鼠来掘食,为害颇大。目前的救济,白天除用人守外,晚间则以篾笼罩之,此法不见十分周至,但在蒂生叶发后,此祸当自弭矣!

第二是害虫——因为新垦地带,土中余下树根落叶甚多,风雨浸袭,日久则腐,腐后虫生,此虫专食根叶,俗名黄瓜虫,气温稍高则飞翔空中,气候低降则就麋集叶上,故只能在每日早晚捉捕,因此时虫不能飞翔也。

---

① 唐区长:即唐瑞五。

此虫生长之原因，发育之顺序，为害之程度，预防和治疗的方法，最好交由科学院生物研究所实地研究以求得一个较为科学的除害方法乃为正常。

△旱稻试验

作物区今年除种麦、玉蜀黍外，并试种旱稻，因四川山多，如试验成功，即行推广，则可增加一部大量的农产，农村经济，间接亦可补救一二了。

△开渠筑池

去年旱灾，西山坪各农家损失至巨，农场因于前车之鉴，今年特筑池5个，耗洋2000余元，大者可蓄水500立方丈，全场需水，尽可供用。并沿农地开渠数道，灌溉亦非常方便。

△肥池与羊舍

储肥池是用乱石建造，其形圆凡三层，外层准备储灰，中层储水，里层则藏粪，肥料配合颇称便利。羊舍正在建筑中，为土墙，顶用茅盖，共六大间。通风道之设置，均甚考究，闻将来准备养羊千头，惟觅伟大牧场，乃严重之问题也。

我们匆匆地看完农场，觉得他们的一切组织、设备、管理、技术及使用的工具和经营的方法，都带着苏联集体农场的味道，不过它是一个私人学术团体的试验而不是国家的农业政策。

△几个问题

我们走到羊舍的附近，在一个绿茵的草地坐下，漫谈着农场当前的几个问题。

第一是肥料问题——农场所用的肥料，都是购自外间，有时竟远到合川去采购。人粪每百斤价二角半，由船运至草街子，再陆运至西北坪，须另加算二角半，每百斤粪已是5角了。这样，颇不经济，设法"自造肥料"，才是他们将来妥善的办法。

第二是交通问题——此间山路非常崎岖，运输十分不便，纵有优良农产，亦不易赶价上市，而且途中损失亦大。如西瓜之类的产品运至都市出售，运转的损失、时间的耗费、途中的麻烦，已经太不经济，所谓"豆腐都搬成肉价钱了"，故出河的大道和电话等必须积极建设。

第三是管理问题——垦地面积辽阔,场舍离田甚远,工人往返颇感不便,照料更不周至(闻最近失去西瓜600余窝)。如能分区设置棚舍,专人管理,既可经济时间又可免去一切意外之损失。

第四是种植问题——依该山自然环境及野生植物,除宜作畜牧事业外,最适大批培植桐林(青杠、板栗、松杉亦宜),育苗木,此外叶用植物,菸[烟]叶及蔬菜亦可试种,各种果树,因地质、气候(因花果最易被大风吹掉)交通关系,不宜经营。

至于提倡农家副业,如养鱼、养鸡等,都可用合作方式去试办。

△将来的西山

最后刘先生谈着西山的将来,不仅只是一个生产区域,而且还是将它造成一个游览的胜地、避暑的山庄。因为这里有着蓊郁的森林,伟大的农地,成群的牛羊,新式的农村,而且四季都有芬芳的花卉,鲜美的蔬菜,可口的水果,解热的西瓜……我们听着他的话,也都神往着,什么也不去想,觉得很快乐。

几阵清风掠过,身上有些微微的寒了,大家才漫步踱回场舍。

△在暮色中

太阳掉在西山,景物都给笼罩了一层毛玻璃,糊里糊涂的。这时山下有几个着黄色制服的青年很吃力的慢慢上前了,左边的土路上,也有几个你前我后跄跄踉踉地走着,这是调查的人员归来了。

"铛……",一阵锣声之后,一群劳苦的农人,都由田间奔回来了,有的肩上抗[扛]着镰刀、锄头,有的背上揩着柴草、猪羊的食粮,他们喋喋的谈着,笑着,整个的院子都给波动了,此时屋顶起了一缕吹烟,室内发生几点灯火。

降旗,晚餐,一群青年农夫很整齐的走出屋外,肃立在旗杆下面,他们宏壮的歌声,冲破了沉睡的世界,唤醒了无数的农民,旋又走入食堂,开始了他们用汗血换来的咀嚼。

浮云网着月亮,星光也很隐约,人声沉静了,田里的蛙吵着,一颗热的心,埋在煤油灯下,他开始挥着笔,不断地往下写……

五、黄桷树去——下乡杂记之五

△ 山间的雾

雾虽是迷蒙人的,然而它也有可爱的地方,尤其是山间的雾。

今晨起身,看不着天空中的紫焰、红霞、蔚蓝,更看不到各种变化,大地的一切,都给迷漫的蒸气笼罩着,自己好似溺在一片渺茫的大海里一般。平时自然界之所谓山河到此时固然看不见,就是人世间之所谓"你"、"我"几乎也一点不分,只觉一缕缕地清气,随着呼吸沁入肺腑,使人浑然地忘去了一切,更不知天下之纷攘了!尚它能永恒地蒸发下去,自然界失去了高低,人世间不分你我,那不是最太平最愉快的事吗?然而这种黄金时代,究竟是很短缩。

早餐后已七时,罩着大地的蒸气渐渐升起,揭开了灰苍苍的天幕,渐渐地由迷蒙而辉焕,由辉焕而透明,那隐藏在蒸气的一切也展开了来,显示出它们本来的面目,所谓自然界的高低,人世间的你我,也完全呈现于我们眼帘之前了。

△ 迤逦而下

此时一群不整齐的队伍,黄的、蓝的头戴草帽,足登麻履,背上负着一个行囊,手中扶了一根竹杖,大有行脚僧(游四方的僧道)的神气。穿过松柏树林的道上,又走入一个杂木林子,地面与草丛都从润湿中渗透出油油的绿意,空际还时时夹杂喳喳的鸟声和微风吹送一片松涛的余韵。大家不约而同的默默不作一些声息,蹒跚的向前走着,途中几个兴致甚好,且行且歌冲破周遭的沉默,山中忽然热闹起来了。行行重行行,循着崎岖曲折的山路走去。走到尽头,则可腑[俯]瞰山下橙黄的麦田,起伏的小山,蜿蜒的溪流和树荫下的点点村落,这时正是一片橙黄的天幕,烟雾浓密地飞着黄沙。

△ 墩子桥上

到了山下,出一条小径,遂到黄桷镇的地界墩子河了。河的两岸,伏着葱茏的水竹,沿溪口约里许即得墩子桥,桥端有斜倚的芦苇和樟荫护住,水是澈底的澄清,深不及人。桥头有一绿茵的草坪,宽约五丈,大家有的坐下,笑着谈天,有的仰着望天上的行云,有的仆着抱大地的温软。

此时新任黄桷镇的联保主任,亦赶来了,此间作向导,我们在一个较高的岗平上察

[查]明地界后,即分配各队工作路线。将分头时,唐区长为我们在桥头拍照,将一切配置完成后,交由一个卫兵去按,当他捏着开关线时,即用很粗笨的而滑稽的口吻向大家打着招呼:"不要动",这一来不但都动了,并且至少有十几个张翕的在笑吧!

△ 地界问题

各队开始调查去了,唐区长、王镇长[①]我们便去视察明日工作的地段,有时跑上高的岗子,有时跑下深的沟渠,走了许多冤枉路,还得不着要领。因为场与场的地界,划分极不明了,他们多以人为转移,不依天然界限,更无图界根据,有的凸出一坡,有的凹进一坝,有的夹杂一地,极不规则,保甲户口,异常混淆,此种情况,不独黄桷镇如此,而各场均有之。他们有住甲县而在乙县完粮者,有住此场而受彼场管理者,追溯原由,多抵都是人的关系。如某户住居某场地界,遇与该场公务人员不睦,遂自行脱离管辖,依附他场地方当局,亦任其自由,不加干涉。或如一人在连界两场附近购有农地,一遇家务迁移他场,而农地亦全随之属他场管理(此限于少数权贵之家),辗转日久,地界愈益杂乱,每每闹到不可收拾。甚至有的山间贫困人家,因其地瘠民贫各场均不愿意收容,简直成了一群野魂。凡此种种,因人关系之事变,委实妨碍场政至大,亟宜设法改正以杜一切流弊才是!

△ 田野风光

今天不断地在交错的田地上穿来穿去,饱赏着乡野的风光。橙黄的麦耳,新绿的秧苗,把田间点缀得十分美丽,呢喃的小鸟,低垂的绿树更奏成一幅活动的图画。这时正是葫[胡]麦收获的时候,处处都可看见忙碌的农人,男的、女的、老的、小的,或是带[戴]着草帽,或是青布裹着头,都携上了农具,散布田中或土中。男的裸着大腿,女的赤着胳膊,细心地耐烦地或是捻着胡豆,或是刈着黄麦,由一块到两块,由一幅到两幅……连他们自己的孩子也来不及抚育、照管,任他犹在树荫下和蝴蝶野蜂为伍了。

当他们操作时,多都笑容满面,有的不时还发出一句两句悠扬的歌声,好似他们的精神都集中在今日工作的成绩上。太阳的晒背,生活的辛劳,一点都感不到了。看到他们生活的忙碌,会使懒惰的人感到不安,看到他们的悠闲,自然会使人羡慕。但如果一询及他们的收获,他们准会这么告诉着你:"今年葫麦的收获虽然好,但除纳租、粮税,偿债之外连吃都不够呵……先生。"则立刻会使他感到心酸,刚才所见雍融[容]和睦的气象,已会全部消失在这顷刻。总之,在现在整个农村崩溃之中,他们是有不灭之饥荒,则我们与

---

① 王镇长:王尔昌,北碚黄桷镇人,经营煤矿富商,开明与慈善人士,热心社会公益事业,30年代初曾任黄桷镇镇长。

其说他们太悠闲，不如说他们是太本分。

他们一年除享受一点大自然的赐予外，最低的生活亦无法保障，只有辛劳一世。都市的人们有多少知道这一群劳苦的大众？更有多少知道稼穑之艰难？

"锄头不拿起，世人皆饿死，拿起锄头来，饿死了自己。"这话真是今日农人的写照呵！

△ 两件苦事

今天的午餐，王镇长招待在一个店子上，我们在席间漫谈着农民的种种问题。他说：农民目前最感受痛苦的是两件事，第一征民修路，这功[政]令，是上峰传来的，挨户夫，依产派款，无论贫富，一律不能幸免。如有抗命的，即由区长、保长直接惩办。此来一般贫苦农民呻吟不已，甚至有的靠得维持全家生活的中心人物亦被征去，丢下一家大小饿着肚子的，更是惨烈。

第二是壮丁训练：这是最近才由县府规定下来的。每户壮丁，每日晨必集中一地受训，不到的或骂，或责，或罚，那就任其所施了。其实训练的人，他们并不会对农民实施过什么训练，每天照例点点名而已。在这农忙时期，来干这些勾当，实在妨碍农民田间工作甚大。至于一般做零活挑煤炭求生活的，尤觉不堪其苦，因为他们每日去受得训练，不仅耽误了活的时间，更是剩下一身疲倦，叫他们再有什么机会去找生活？

在此我们已觉要作农民运动的工作，必须先明白农民的心理，农民的生活，至于要顾到他们的环境，体验他们的疾苦，也是不可疏忽的事。如若不管他们的问题，不问他们的需要，一味的因法生事，孤意冥行，不惟得不到一点效果，和一般农民的同情，而适足以招其反感，不惟不增加农民的幸福，而适足以扰乱其生活了。

△ 黄葛剪彩

傍晚时分，日影西斜下去，我们已来到了黄葛镇，一切正在迈进着的一个集市。一月前这还是多么杂沓，破落的地方，经一群黄衣人的洗礼后，已转变成一个崭新的世界了！街上见不着一只猪，一条狗，一个小贩摊子，所有的清洁的地面，艺术的街道牌，痰盂盒，果屑箱，介绍知识的公布牌，维持秩序的巡逻。

镇立图书馆，设在场中紫云庙侧，是最近募捐新建的，进去看书报的人，还那么熙熙攘攘地多，馆内存有书百余种，画报纸数种，内容虽不十分丰富，闻目前尚能供给一般市民的需要，现在他们还在积极征购中。

闻该地的当事人说，他们在最近的将来，要在市内开辟一条大的阴沟和建一所可容

500个学生的学校。有人的出力,有钱的捐款,大家共同的来创造,这总不算是毫无意义的了吧!

六、白庙子——下乡杂记之六

今天是一个阴郁的天气,天空布满了沉重的灰云,日头被灰云蒙蔽得如一盏桐油灯,这时我们已由黄葛镇赶到白庙子了。

白庙子是小三峡里一个小小工业区域。它是靠着两个公司和若干煤号繁荣起来的。两个公司是天府煤矿和北川铁路公司,煤号是三才生、复兴隆、义利恒、颜受之、祝玉书……此外还有嘉陵煤球厂等。其中当以天府和三才生范围较大,职工较多。最近天府与北川合并,其规模与其经营意义,则又更进一步了。

这个市集三年前还是一荒芜的山坡,现在已经是一百五六十家户口了。不过,这里的市街,都是顺着陡峭的山路建造的,非常凌乱,而且十之七八都是由竹棚搭着低低的门户,饭馆、客栈、饼子铺、米糕店……凡专门供给苦力吃的,住的,也都设在这里边的店铺内,十分杂乱。泥泞地上堆满了垃圾,食物上沾满了苍蝇,充分的显出荒凉与冷落。

全集市住户,经调查结果,知道他们十之八九,都是由各地流浪到此间来的,有着杂粮菜根充饥的,只不过十之六七,其余的随时都是空着肚子了。

——小小工业区第一节

△挑炭夫

因了这条铁路和这些煤号的存在,白庙子市集上,便尽是一般工友和苦力的足迹了。我们只要一上岸,首先碰入眼帘的,便是成群结队的挑炭夫,有六七十岁的老人,拖着深重的担子,边走边咳嗽;有仅只几根骨骼支持着身体的老妇,背上仍负着盛煤的竹篓,气喘吁吁的夹在一群炭夫中间;有十来岁的小孩,也担了满担的煤炭连走连抹着劳作的汗珠;还有几岁的小姑娘,整日地在沿路拾着煤屑……

常见他们满担的挑下河去,又空着担挑回山来,这样不断地挑着,由早晨至夜晚,由今天到明天。他们瘦削的脸子,全被煤烟熏染着,分不清耳目口鼻,手足更是乌黑得发出光了,衣服十九都是褴褛不堪的,有的仅仅是披挂几片破布在腹部,整日在山头匍匐着,成绩最好的代价,尚不能换得三餐饱饭,且别说养妻活子了……

△新设备

白庙子是北川铁路的起点,路从山巅断岩而筑,由车站至河边一段,因太崎岖,特设绞车两处,紧接卸煤桥下,运炭出河,可以丝毫不用人力,时间也非常经济,只须一人管理发动机,将一钢绳勾住煤车,使之从左滑下,则空车自然由右拖上,每次费时约三分钟,运输量可抵十人,一小时即可当200人一次之挑运。在此,我们已可见机器功能的伟大和人力的笨重与迟缓了。

——小小工业区第二节

△水岚垭

机车一声尖锐的呼啸,把我们唤入了一列盘旋天际的车箱[厢],由此俯瞰下去,江心三三两两的帆船,岸边七零八落的棚舍,和路上爬兀着成群的灰色动物,不断地在山下动荡。舟子的吭唷,力夫的喘息,火车的长鸣,三种不协调的声音,随着在这山谷里演奏着。

一阵咆哮,隆隆的车轮,慢慢地向前移动了。车窗外一团团黑烟向后移滚着、舞着,车箱[厢]里一缕缕的烟丝在绞着、混着,车中的人们大多是些工农样的朴实人,他琐碎的谈着、笑着,以外全是沿寂的空气,绞车、炭夫、机器、汗血……不断地在我思想里盘旋,把我限于难解的深思中。

呜——从车外传来一声长啼,惊醒了我底入神的心,急速探头看去,呵,水岚垭刹那间移到眼前了,火车站停在一大堆煤炭面前,这正是暮色姗姗的时候。

——小小工业区第三节

△两个公司

早起来,看不着东方,天色阴霾密布,颇有雨意。在唐区长家里早餐出来,雨点已是纷纷飞来了。我们为了加快完成调查工作,所以仍是冒雨进行,自己在忙里偷闲,抽了一点时间,到北川公司去问得一些关于公司的情形。该公司为1927年开始筹办,原定资本60万元。铁路专为运输刘家槽各窑之煤而设,路线由白庙子至现在终点大田坎,长共33

里，设有车站10处。车头、小客部、卸煤车60余部、卸煤桥4座，客货车10余部，绞车2部。内部组织，经理以下设总务，会计出纳，工程，机车，营业六组，每组设主任1人，职工若干，另附设一北川小学校，专供给职工家属，及附近儿童读书之用。现有老师2人，男女学生50余人，经费全由公司拨给。

天府公司，是由沿铁路之大小煤厂组合而成，有资本20余万元，矿区凡长70余公尺，包含煤层9层，最厚达3公尺，可采量2000万吨，每日平均产煤约百吨。近因销场萧条，营业不旺，特与北川公司合并，至此规模组织臻完善，将来炭坑、运输、销售成为一致，不景气的色彩，总会染淡一些了吧。

——小小工业区第四节

△归途

倾盆的大雨，不但阻碍了我们进行，而且在五月八日的午后，已将我们赶回了北碚。在归途中，我曾反复的思慕着，回忆着，几日来的乡村生活，委实觉得太有味。第一是对于农民生活，农村的困苦以及农村一切实际的情形，现在我是不会感到漠然了。第二是感到自然之美所赐予我们的真是太伟大、太神秘。交错的田垅[垄]，平铺的青禾，低垂的绿树，疏落的农村，呢喃的小鸟，以及涓涓的流水……一切的一切都在动着，活耀[跃]着，每条活耀[跃]的生灵，组成了这个优美的环地，我们还应好好地去爱护它，开拓它。

回到北碚，除火焰山更是葱茏外，这里的江水、市街、居民以及一切，依然是平凡的隐没于夜幕之中。

《嘉陵江日报》 1936年5月17日—6月4日，分12期连载 署名孟先

中国乡村建设实验运动的鸟瞰[①]

引 言

年来吾国乡村建设运动,风起云涌,一日千里,由"救济"而"改进"而"建设",现已成为一个广泛的社会运动了。这很可为国家前途庆幸,但从事着运动的各方面,因其出发的动机采取的方式、理想的目的,有种种不同,其性质、内容、结果,亦因之而异,正反各不相谋,甚或相互矛盾。故吾人在此"乡村建设"空气十分浓厚的现时,不能不将全国各地的实验运动作一个鸟瞰式的介绍和述评,以期人们对这内容复杂方面,众多的运动前途,有一整个的较为清晰的概念和认识。

目前从事乡村建设的单位,据统计不少数百,从事运动的人员,多至数千。自第二次全国内政会议通过县政建设实验区的办法,令各省设置实验区后,现全国已达十八县之众(据内政部统计)。兹吾人就有主张,有办法的各派乡村(建设)运动加以分析。以其出发点和目的说,有普及平民教育的,如中华平民教育促进会等是;有宗教的社会服务的,如华洋义赈会及江苏唯亭山等是;有提倡社会事业的,如中华职业教育社等是;有谋地方自治自卫的,如河北定县瞿城村及河南镇平等是;有作学术试验的,如燕大社会学系清河镇实验区等是;有备学生实习的,如江苏省立教育学院及北平师大乡村教育实验区等是;有改革县制便利行政的,如广东中山县、江苏江宁及浙江兰溪等县是;有救济都市流通金融的,如上海交通、金城银行等是;有改良农业、增加工业原料供给的,如全国经济委员会中央农业实验所等是;更有从教育的立场,谋求农村的现代化,已达民族改造之目的的,如河北定县等是;有以伦理本位的乡村建设、开辟乡村文化的、第三条道路"民族自救"并以救济世界为理想的山东邹平、菏泽等是。

就其采取的方式说,现有运用教育的诱导,政治的强制(保甲组织等),经济的活动(合作社等)或某种农业技术的改良之分,复有完全依靠国际的技术和经济的援助之别。

[①] 此文系高孟先遗存的毛笔手稿整理而成,为方便阅读,对文中标点及各部分顺序编号作了整理。

农村运动的动机、方式、目的之复杂,已如上述,然其主张、办法最著名而最引人注目者,莫过于山东邹平、菏泽、河北的定县、浙江的兰溪、江苏的江宁,现在将其实验的理论与实际,作一简单的分析。

甲、理论的检讨①

一、邹平与菏泽

这两县都在梁漱溟先生指导之下生长着,所以梁先生的政治思想就是这两县实验的理论,梁氏是一位哲学家,所以他的理论也带着哲学的意味。总而言之,他们的思想是"政教卫合一"。他们在邹平正实验着行政机关、教育机关化的理想,用村学代替村公所,用乡学代替区公所,县自治的系统,就是县政府,乡学村学。乡学村学一方面是乡村自治机关,一方面是乡村教育机关。关于富的方面,除从事农产物优良品种之推广工作外,并极力提倡组织各种合作社,梁邹美棉运销合作社,即其最著者。关于自治方面,除政组团警成立民团干部训练所外,并分期训练联庄会,以养成民众武力,使平时足以自卫,一旦国家有事,即可为国家后盾(详见梁氏在第三次乡村工作讨论会报告)。

二、河北的定县

定县指导实验的机关,为河北县政研究院,该院院长由平教会创办人晏阳初先生兼任。所以平教会与研究院的关系极为亲密,其唯一的区别,即研究院为行政学术机关,而平教会纯为学术机关,只能将研究所得,供研究院实施,而研究院除研究外,可用政治力量去推动实施。因此,我们要认识定县的理论,不能不研究平教会的主张:该会认为中国根本的症结在穷、愚、弱、私,其办法是利用三大方式施行四大教育,以完成六大建设,而实现三民主义。兹图示

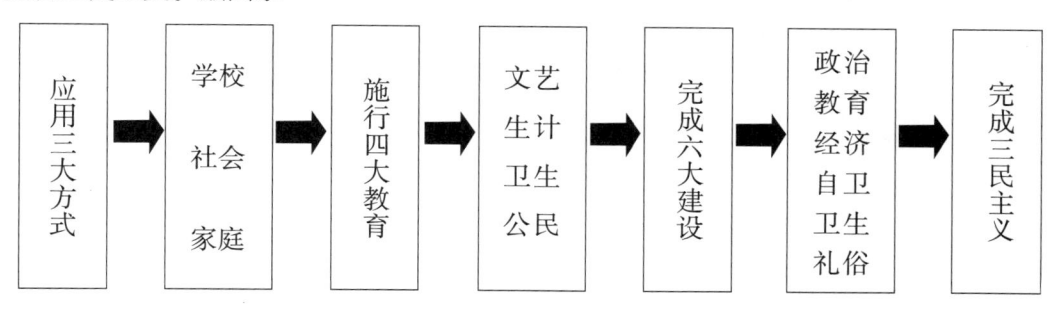

应用三大方式 → 学校社会家庭 → 施行四大教育 → 文艺生计卫生公民 → 完成六大建设 → 政治教育经济自卫卫生礼俗 → 完成三民主义

---
① 检讨:此处意为作总结分析,研究。

三、江宁与兰溪

这是一对姊妹县,县长与主要干部都是中央政校的师生,因之二县实验的目的,完全相同,行政的措施,也是一样。兰溪的县长胡次威(中政校法律系主任),在苏省党政联合纪念周报告:江、兰两县实验的立场,和荷、邹、定三县不同:

(1)是方法的实验,而不是主义的实验。

(2)是政治的实验,而不是社会的实验。

(3)是以整个县政为对象,并不专重在实验民众组织或平民教育,像定县、邹平那样(《江苏周报》三卷三期)。

至其所负使命(工作目标),照江宁县长梅思平①(中政校政治系主任)在苏省纪念周报告:实验县所负的使命有两部分,一是制度上的试验,研究县的制度如何最适宜。二是政策上的试验,研究县政的推行,其先后缓急的程序,如何最合理。而工作的原则,本身方面,洁己奉公,不加捐税,顾全环境,循序渐进,实事求是(《政卫月刊》反胡次威的什么叫做试验)。

以上五个实验县有三种不同的理论,江宁、兰溪,可名曰政治的实验县;邹平,菏泽,可名曰哲学的实验县。但后二者多偏重教育,同时还怀着一种理想,以为民皆启发,使民众觉悟起来,解决他们自身的问题,而后由下而上,层层的建设起来。所以他们的办法,重教育感化,是间接的,故又称为理想的实验县,而中央所设的两个实验县根本没有什么理想,只不过实验政制与政策而已。他们的精神和立场,完全与邹平等县相反,主张由上而下,用行政组织和技术来促进乡村建设,他们的办法是直接的,故又称为政治的实验县。现在更将他们的工作成绩作一检讨,再来估价吧。

乙、实验的成绩

五县实验的理论已如上述。各县实验的成绩,邹平的改良棉种与运销合作社的成功;菏泽的自卫训练的成功;定县的组织农民、教育农民、训练农村服务人材[才]政教打成一片;江宁、兰溪的田赋整理,实行地税,此外在教育、公安、建设……各方面都有相当的进展,兹更分述如次[下]:

一、邹平与菏泽

邹平工作的前身是河南村治学院(仅一年历即停),邹平的乡村建设研究院是山东省立的,于1931年开始工作,其对县政治改革可分两个时期:

---

① 梅思平(1896—1946),浙江永嘉人。北京大学政治系毕业,曾任中央大学、中央政治学校教授、国民党中央法制专门委员会委员。因任汪伪政府多项要职,于1945年抗战胜利后以汉奸罪被捕,1946年9月被枪决。

A.行政整理时期(财政、公安、教育之整理)。

B.地方建设时期(测量土地、修筑道路、改良农业、提倡合作)。

第一时期中,注意整饬吏治,滌[涤]除积弊之中心工作,特别注意县行政效能的增进,所以首先实行政局为科,受县直接指挥,并将各局经费归入县府统一开支,此点对全国各县影响颇大,兹分述工作如后:

(一)关于行政方面,值得提述者,约有下列数项:

1.禁烟　筹设禁烟所,强制烟民戒烟。

2.改革司法　设问事处,便于人民对于诉讼手续之咨询,同时采用口头诉讼,当庭判决,有采用巡廻[回]制,由县长或承审员下乡审判,俾适合国情。

3.改善下级自治组织　即就乡学或村学常务理事中聘任一人为乡或村理事,处理日常事务,其性质等于区乡长。

(二)教　实行政教合一制,废除原有区乡组织,而代以乡学村学,各设学董会,学董以乡村理事及聘任之当地士绅充之。初步教育,在普通的使乡民识字,用诱导的半强制方法,使所有乡民,均入学受教。村学内酌设成人部、妇女部、儿童部,收纳社会全体人民,并随时作改良风俗(如放足、戒早婚等运动),促成组织(如合作社等运动)。乡学内酌设升学预备班、职业训练部等。对所属各村学员,有指导、辅助之责,学众无事可常集于学内,学长作范围的谈话,以感化学众于无形。关于村政亦可征求诸人的意见,所以邹平与菏泽的教育,不但实行政教合一,而且含有以学训政的意味。

(三)富　以改进农村经济为其基本工作,其改进办法有二:一为农业技术改进,一为农业经济改进,关于前项有成绩者,约有数端:

1.扩大改良美棉,计1934年共推广每年美棉种子4788斤,散布27村,174户,种地874.2亩,共收棉97723斤,此点对于该县农业经济实有重大贡献。

2.育种试验,除美棉外,对于其余农产品亦分别作育种试验,以期选取优良品种推广改良。

3.提倡并改进副业,该院农场之着手改良猪、鸡、羊、蚕种。

4.组织合作社,第一步先从生产合作社着手,现已有成效者:有梁邹美棉运销合作社。据1934年统计,计有128社,会员3013人。其次有机织合作社,蚕业合作社,提倡织布和育蚕,此外又有庄仓合作社,类似中国从前之义仓,此仓庄带有强迫性质,凡有地三亩者,均为会员,每亩每年纳麦稻各斗半。既经入社,有向社内贷借粮食与现金之权利,但不得超过所纳粮十分之七,此法甚合农村需求,故办理以来,成绩甚佳。

（四）卫　将原有团警，截去一半，以省出之经费，用于办理新自卫组织。设自卫训练班，训练人民自卫能力，凡已受训者，对其所住村长的相当范围的负自卫的责任。在举办之初，为树立将来基础起见，壮丁选择较严，按原有间邻组织，每间公推3人，然后由政府考取1人，此人必须[身]家清白，且有相当身份者。训练后，每人发棉衣1件，以资识别。平时统率人，由十四乡互推最先受训者担任。每乡组成1队，设队长1人，驻乡学内，月薪8元，每村设组长1人，住村学内，月薪7元，队长组长统率一乡一村。队员为常任职，每月召集全队人员会操，打靶一次，一旦有警，立即出而防卫，匪盗出没之际，则轮流召集一部队员长川驻扎，十日一换，在服务期间，伙食费由公家发给。以上为邹平、菏泽县办理自卫情形。二县之中以菏泽成绩最好，既已达到只有民众武力，没有官方武力的地步。

二、河北的定县

定县的工作在全国实验运动中，历史最久，方面最多。自1926年开始，由私人团体发动的平民教育实验，转变而施行县政实验，使政治与教育合流，确是定县的大贡献。兹撮其工作大要如次：

1. 文艺教育——是定县"去愚"的基本教育，其要项有三：

（1）平民文学——是以文字的研究工作开始，内分散为平民文学研究，课本编辑，平民读物编辑，平民科学教育研究诸项。在文学研究方面，已制定通用字表，基本字表，词表及平民字典及词典等。而且平民文学研究是从采集秧歌、鼓词及民间文艺如歌谣、歇后语、谜语、谚语、故事、笑话等着手，而去探讨出平民文学的文法构造，抽绘技术，编篇组织及内容所反映的思想和环境，这确是一件极有价值的工作。在课本编辑方面，他们根据了基本字表，编辑了市民、农民、士兵千字课各一部，又编辑了三种自修读本及农民、市民高级文艺读本两种。此外，还出一种《农民周报》，农民直接订阅的，已达一千多份。在平民科学教育的研究，更是不遗余力。其研究的内容，共分三部：一、编辑专管理关于教材中可以实验的科学部分而加以管理；二、专管理平民校教师及小学校教师受短期科学训练；三、把科学的实验赴各村游行表演。

（2）艺术教育——是文艺教育的一种，然而却很重要。定县的艺术教育之作，计有图画、音乐、广播、无线电三部分。

在图画方面，先采集民间实用画而加以编辑，此外则从事绘制如历史图说及文艺、农业、卫生、公民、国难……

各种挂图。他们对于艺术教育施行的方法，在家庭方面用历史图说代替年画，在学校方面,把图画与劳作联络教学,在社会方面,举行农村图画巡廻[回]展览,目的是在把艺术教育,能够深入民间。在音乐方面,一边研究民歌,制成乐谱,一边制乐器以供使用,更把音乐教育普及城乡。广播无线电是一件极便利而收效的教育工具,不过价格太昂,设备不易,他们便自己制造机器,现在不但自己够用,并且常常代人造之。

(3)农村戏剧——戏剧之在定县,他们是想他们能够发生五种力量:①唤起农民意识向上;②抒发农民情感;③介绍一般常识;④施行公民训练;⑤提高农民的语言。

他们共训练了11个农民剧团,演员有180余人,旅行表演了20个乡村,编制了剧本20余种。目前已经做到了农民自动参加表演话剧。

2.生计教育——生计教育的目标,要训练农民生计上的现代知识和技术,以增加其生产,要创设农村合作经营组织,要养成国民经济意识与控制经济环境的能力。为要达到上项目标,平教会便从事于下列各项工作:

(1)农民生计训练——平校会为训练生计技术人才,于是举办了生计巡廻[回]训练实验学校,授以切实的生计技术并提倡表证农家,以为其他农家示范。因表证农家是把所获得的知识与技术,表达经验及结果,传授于一般农民,故生计教育的运动也就普及农村了。

(2)县单位合作组织——其包含着自助社、合作社及合作社联合会三种机构。自助社的性质,可说是合作的准备,社员不必缴纳股金,成立之后,可以用自助社之名义,向仓库抵押棉麦等农产品,通融资金。合作社初步之经营,逐渐经营信用、购买、生产、运销四方面之经济活动。合作社联合会是合作社的后援,是要使合作社的组织,更加强固。区有区联合会,县有县联合会。

(3)植物生产改进——分育种、园艺两方面之设计。在育种方面,已经实施有棉、小谷、玉、蜀、黍五种。园艺工作已有白菜改育设计,梨树整枝设计,葡萄栽培设计。

(4)动物生产改造——最主要的工作,着重猪、鸡改良,在改造中所得的成绩,改良猪推广已达13000余头,表证来克亨鸡共1000余只。

3.公民教育——共分五部分工作。

①国旗精神上研究工作;

②农民自治研究工作;

③公民教育材料研究工作;

④公民活动指导研究工作;

⑤家庭式教育研究工作;

这五项工作的具体施行,如历史图说,国旗精神,论例浅言,公民道德,根本公民道德等书籍之编行,家庭全人民自治团体等之组织,均期在养成人民的公共心与合作精神。

4. 卫生教育——以保健制度为主干,保健制度之组织,由保健员、保健所,以至于保健院,有总领的机构,有单独的活动。除保健制度外,减除天花流行病,治疗沙眼与皮肤病的方法,也已普遍施行。

5. 学校式教育——可分为下列各种：

初级平民学校之研究与实验；

除文盲实施之研究与实验；

初级平校以上教育之研究与实验；

乡村小学之研究与实验；

妇孺教育之研究与实验；

师资训练之研究与实验；

村单位区设立之研究与实验；

学校式教育,编纂工作。

6. 社会式教育——在定县最显著的,是同学会。

同学会是由平民校或民校毕业学生组织而成,同学会在农村的活动,有读书会、演说比赛会、合作社农业展览会、种牛痘运动、放[防]疫注射、修桥铺路、自卫等。此外如农民周刊之投稿,图书担及巡廻[回]文库之管理,都由该同学会的同学担员,同学会可说施行社会教育的孤军。

定县的实验成绩,除上述的教育实验而外,目前正从事于县政的实验。兹将其大政方案,照录如下：

甲、实施国难教育——使人民有自强自觉的精神,已救国家之危亡。

乙、推行民众教育——扫除五县9500青年文盲。

丙、整顿小学教育——关于教师经费等,各方面力求与农民生活相应。

丁、设法救济农村金融——与当地士绅共同设法办理。

戊、推行经济合作——以便农村经济自新兴的希望。

己、清理地方财政——先注重清理地方财政项目,严定收支手续,制定确实预算以昭信用而防流弊。

庚、厉行公共卫生。

辛、改进地方公安。

壬、整顿县保卫团。(以上系参看《复兴委员会报》一卷四期)。

三、江宁与兰溪

江宁实验工作,开始于1933年1月,南溪的实验工作,开始于同年9月。其工作步骤如次：

(1)行政本身的改革(推行治安、建立廉洁开支负责而有力的政府)。

(2)开展交通、整顿水利。

(3)经济建设。

现在第一步工作,已完成,余当在进行中,兹依政治政策之实验的次序,分述如下:

(一)政制上的实验

1.省县的关系

普通省对县的监督指挥异常严密,可是在江浙两省对于江宁、兰溪,却采取一种特殊制度,成立一个县政委员会直隶省府,给他充分的自由,使实验制度之改革与政策的推行。据梅恩平先生说:"省县关系问题,根据两年来实验的结果,感觉像江宁县那样的放任是不行,而现在一般所受的监督又嫌太严些。要增损于两省之间得到中和的地位,最好由各县自定施行方案,经省核定后,在方案范围内,给各县以相当的自由,同时各厅分配技术及视察人员到各专员公署,就近指挥监督各县,这两种办法或能改善省县关系问题的部分。"

2.县本身组织

江宁,兰溪二实验县成立后,即将现行的"直线制度"改为"总揽制",换言之,即"改局为科"。改科以后,究竟怎样?据胡次威先生说:"也并不是没有弊处,只不过弊少利多罢了!""好处 ① 权力集中,② 人才集中,③ 减少时间与金钱的浪费。坏处就是县长和秘书的人选发生问题,万一选任不当,其弊更甚。"

(二)政策上的试验

所谓政策的试验,就是试验县推行的方针,分述如下:

1.基础政策

据梅思平说:"一切县政,应当以两件事为根基,一是户籍,二是经济(即调查户口与清丈土地)。户籍的背面是治安,经济的背面为财政,此二事不解决,什么事都无从着手。"

(1)治安方面——江宁注意办理户籍,兰溪则重视整理公安。办法虽不同,收效则一。江宁对治安办法除整理警卫外,并办理户籍。兰溪整理公安分两个方面:一是消极的扫除社会上的一切障碍,该县向有匪徒、青红帮、红丸,三害现已消除,将所有匪徒、小偷、烟犯全送平民工厂强制劳动,使彼等变为生产者,这点很可取法。一是积极的培植人民自卫力量,遵照浙江后备队的办法,抽调各乡村廿岁至四十岁家有资产的壮丁训练,将来拟将所有乡间警察裁去,使此等受训的壮丁代替警察之职。

(2)财政方面——税收方面为整理土地,整理田赋,整理杂税三件事。土地整理办法,两县各不相同,江宁为土地陈报,由人民自动陈报,然后按照报单造册,结果时仅二月,花费亦不下一万元,使田增多三分之二,其成功原因,则为办事人员之努力及人民对政府之信仰事也。兰溪则用土地清查办法,首造登记册书,二次补抄鱼鳞册,强令抄呈归户册,再次则令人民申领土地营业证,以与归户册对照修正。最后二县皆于土地整理后,施行推收制度,以收一劳永逸之效。整理田赋办法:江宁首并科则以免浮索,次为改革征收制度,以除中绝。兰溪整理最大原则是将征收权从印薄[簿]中收归政府,其次按坵[丘]制改亩计税,改订征期,增设分柜,上述办法收效极大。整理杂税有两大原则:一为剔除中饱,将纵的征收制度,改为横的体系;二为严查遗漏。至支出方面,首为确定会计制度,次为决定预算。编制预算有二原则:一是统收税支,但专款仍旧独立;一是量入为出,使收支适合。

2.县政建设

(1)建设方面——二县有三个相同的特点,第一为学术机关合体,研究改良的方法,如江宁与中大,兰溪与浙大合体是;第二与金融界合体,救济农村金融,如江宁与上海银行、交通银行合作是;第三注重公路与水利建设。

(2)教育方面——江宁的特点,一是乡镇小学由县补助,切实改良私塾,以补救教育的不普及。兰溪方面唯一的特质是注意人推教育,如其以总理所说的八德,作为公民的教材颇有独到处。至于自治方面,两县都有扶植时期,废除区改设乡村后,无大成绩。

总之,江宁、兰溪对于政策上的实验,结果具体上是不差的,尤其是先注意公安与财政,然后教育与建设,依次增进,颇有见地。

完稿于1936年初夏

载《卢作孚研究》2016年第2期 署名高孟先

北碚的夏节
——随笔

一、抓着机会

民间大规模的团体娱乐虽然不多,但它的吸引力量,却非常大,在教育上也有相当的价值,不过人们向来不去注意它罢了。

我们觉得凡干乡建运动的人们,只要愿意把心献给农民,到处都是机会,随时可以利用。眼光看准了,材料预备充实了,随便抓一个机会,都可以大规模的活动一下,凡活动都会有相当的结果。嘉陵江实验区在过去的几年中,对于民间夏节的活动,都曾充分地利用过,许多地方建设事业和民众教育工作,大都是从民间的生活习惯和特殊风俗中找机会做出发的,而且也曾收到相当的效果。

这次北碚夏节的龙舟竞赛,本是农民很自然的团体娱乐,但一般农民只知迎神赛船,凫水抢物,划彩船,凑热闹,其实数万民众麇集一处,这里边应当有教育的意味。因此,我们认清了这正是我们的机会,既到来了,我们怎不紧紧地把握它呢?

二、充分准备

夏节的一周前,实验区署便发起组织——夏节运动筹备委员会,邀集峡区各事业团体主干人及地方领袖为筹委会,先后召开了两度会议,根据以往的经验,更加上新的办法,便决定了今年夏节的活动。在内容上,事务方面分总务、社交、宣传、卫生、治安、摄影各组。活动方面,分龙舟、展览、国术、游泳、游艺运动各组。分组之后,各组负责人召开小组会议,分头准备一切。在方法上,如何宣传,如何分工进行,如何联络,更组织得非常严密。在经费上,事务方面的开支限定百元以内,由参加各事业机关团体共同担负;活动方面费用,由募捐项下开支;在时间上,决定夏节的筹备,以不妨碍各事业经常工作为原则。

三、全体动员

筹备的事项，本来应该早日就绪的，但因了经常工作无法停滞，所以临到五月四日了，此间各事业的工作人员，才总动员起来群赴夏节活动。地方医院组织救护队，兼善中学及职业女校组织宣传队，各公安队担任维持治安秩序，区署人员担任执行及一切活动的主要工作。大家都极度的紧张起来，办公室里骤然沸腾了，打电话的，商谈事的，写字的，画图的，油印的……奔来驰去，汗流浃背，由朝到晚，孜孜不息[怠]，有如大阵临敌一般。所有的分子没有一个不是沉浸在紧张的情绪之中的，我们觉得群的工作兴趣，是能使人起劲，亦能使人狂醒。

这不单只区署的各个机关如是忙碌，就是学校的学生，工厂的工人，北碚的市民……也都是欢天喜地的盼望着夏节的到来，而且也都很踊跃的来参加这个有意义的活动，这时，此间简直是被一种新的精神燃烧着，充满了动的活力。

夏节前一日，北碚江干的转弯处，便搭了一个布棚，悬国旗、挂红彩……便闹动了一时，这天下午，江中龙舟预赛，晚间体育场上有电影放映，民众会场有戏剧的表演。这热烈紧张的空气，就在夏节的前夕燃烧起来了。

四、五月五日

天刚黎明，此间各机关的男女职员，一群两群地早已集中在体育场上了。升旗点名之后，都齐集在图书馆开紧急会议。先由卢区长向大家说明工作总动员的意义，今日进行和联络的方法及各组间应注意之事项……次再各组开会分配本日工作，会散后大家便分头进行。不到九时，各组一切活动，已布置就绪了。

此时四乡来看热闹的农民，他们扶老携幼，挚儿带女，渐渐密了，渐渐地挤齐了。不到两小时，整个地市场布满了人头，人声鼎沸，足迹杂踏[沓]，大家好似煞有介事的，穿来挤去，而且都欣欣然满面笑容，好像有什么喜事似的，群的乐趣，充满了他们每个底心灵。

这天的茶坊酒店，街头巷尾，都是喋喋地谈着、笑着，到处的人头蠕动着，千万柄扇子挥动着……

日光愈来愈烈，观众越聚越多，他们看完这里，又到那里，点也不觉得疲倦，而且有多少还满有兴趣的嚷着："走哇，看龙舟去，走哇，看飞机去……"

这天观光的农民除附近各镇乡人士外，渝合两地赶至此的，亦在千人以上，据估计当日全场人数，总在四万人以上，这可算一个伟大的农民集合了。

五、气象一新

午前八点钟以后,北碚各专业机关都一变而为崭新的环境了,办公室布置得十分整齐,地面亦清洁非常,墙壁上都挂上一幅两幅教育或新知识的图画,及一般民众生活上有关系的概况,使人一望而知其一切内容,真是太鲜明了。而且每个机关都有殷勤招待的人,都有恳切解释的人,处处均令人感到满意,处处均给人以良好的印象。

就是寝室、厨房、厕所,也都清洁、整齐、简朴,任人参观,住人巡游,在无形中已经予人以深刻的教训。一般思想封建的农民,受着这现代化的洗礼和实际环境的熏陶染浸,真可以沉溺他们、融化他们、影响他们、改造他们。我们觉得这机会的教育和环境的教育,非常具体,而且民众获得的实效也非常之大。

至于市街的住户口及各种各类的食店、客栈,都有新的布置,就是一般市民除还有人家吃角黍外,饮雄酒的、挂蒲艾的、玩蛇的……种种玩意,此间几乎绝迹了。

六、火焰山上

火焰山到了夏季,特别令人可[喜]爱,因他有葱笼[茏]的竹树,四季的鲜花,曲折的道路,各种新奇的动物——袋鼠、仙鹤、马鸡……各种特殊的陈列品——如各地风物、货币、盐场、碉堡模型……至于爱湖、迷园、之字路最易招来游人了。

今天的火焰山道上,更是跄跄跻跻地,拥满着男的、女的,你喊我叫,全山波动,树荫底下,动物栏边,都满布着游人,他们不断地到处游往、欣赏,疲倦了的,又坐了下来,在竹林里,在树荫下休息、喝茶、吃零食、弄猴……

陈列室里更挤满了人头,摩肩接踵,煞是难行,有的指东划[画]西,有的你呼我应,杂乱、尘嚣和酸气烘烘,立刻会使你感到发昏,但是一般观众仍是继续不断地活动着,点也不觉得闷室难当,好似他们的兴趣都全部建筑在许多新奇的陈列品上,而把一切都忘怀了。

七、体育场中

体育场的四周,除环绕着荟郁的杨[洋]槐,伞状的法国梧桐和随风飘舞的杨柳外,更增了一个砖石建造的牌坊和新设的天桥等,场中这天临时更陈列有民生公司日夜赶工造成的一个伟大的模型——电车、飞机、轮船,三种都连在电气上面,而且各种都能实际的活动。这种现代的交通工具,实为一般乡民所不易见之物,因此,观看的人真多的[得]很,个子小的,简直无法插足。解释的人非常细致,如对小学生上课堂一般的解说。大家看后,都笑盈盈觉得十分奇异,看了一次,又来二次。也有乡下的老太婆,立在圈子外边很悔气地噜苏着:"我们真是太没有眼福!"

八、大礼堂内

　　这次许多展览的陈列品，都集中在兼善学校的大礼堂，门首便陈设着打谷机、拖拉机，有专人在那儿指示着使用的方法和功效；堂内有各种货币、农产及新奇的动植物标本；壁上布满了各种书画，真是琳琅满目，美不胜收。当参观一种东西时，都有人向观众透彻解说。开门以后，成千的观众源源不断地来去，中间简直无法闭门，照料的人晚间才得到午饭吃的。

九、嘉陵江畔

　　午前十点钟以后，沿江两岸，民众如蚁麋集，真是人山人海。江中旅游船，三三两两，不断地荡来漾去。只见红男绿女，万头攒动，尤其满江的歌声，喧天的战锣，更使人狂喜如舞了。

　　来宾招待处及大会主席团均设于民生囤船，凡渝合及峡江的来宾，多先在此起岸小憩，各种江上的活动，亦以此为总接头之所了。

　　靠近江岸处竖起国旗，排列桌案，号旗奖品等物，等候各地龙舟前来登记。远近锣鼓响了，龙舟纷纷的来，履行登记手续，授与[予]号旗一面，用资识别。这次参加的龙舟共有九支，由龙舟组宣布规则后，各船即齐集对岸东阳镇，采淘汰制开始短途比赛。三声炮响，比赛开始。各船大小不一，两端跷起，有木雕龙头龙尾，船中锣鼓手一人，彩头一人动作千奇百怪，船尾一人扶梢。余廿余人并坐船中，各执水桨一叶，左右拨水，同举同落，远望真若一条多足爬虫在水中舞动，近则只见浪花飞溅，行如飞箭，煞是好看。各船努力奔赴，结果以黄葛树龙舟夺得第一。这时岸上参观的人兴趣亦即为之增高，声援喊叫兴动者，大不乏人。

　　比赛终结由大会发给奖品：酒、肉、馒头、红绸奖旗、面巾等，凡参加者，均有获得的机会。

十、凭券开餐

　　夏节的这天，此间各机关的工作人员，都要忙着参加各种活动。但对于各方来宾的招待，也要顾及周到，故在河边趸船及民众俱乐部特各设招待处，有男女招待员专门引导招待，并设餐堂于新营房，备有简单饭菜以供来宾之用。因为经济时间及相互减少麻烦起见，特制有红色餐券，分发客人，券上注明地点时间，客人即可凭此到餐堂开餐，随到随吃，主客均称便利。

十一、夏节快讯

一到夏节,印刷局的工友,报社的记者和编辑先生们,照例是应该休息几天的,但是《嘉陵江日报》却是例外了,他们不但得不着休息,反而比往常更为忙碌。印刷社,为着排印关于夏节的稿件,日夜赶工。报社的先生们到了这天,采访的采访,编辑的编辑,忙着特出一夏节快讯,不断地介绍着当天的活动。本来这天的活动,原定有秩序,但因了临时的变故,不得不有出入,所以今天的夏节快讯,成了介绍活动的重要工具了。我们在此处看热闹的,亦知道他处有什么活动了,就是我们在一间屋子里活动的,已经从这上面看得出全部的活动情形和活动的结果了。

十二、临时市场

河边卖零食摆小摊的向来就很凌乱,尤其这天卖桃李、花红、甘蔗等水果的小贩,更是拥挤,许多凉水、凉面、凉粉的担子,也多集在河边来了。这对于秩序、清洁皆有极大关系,所以公安队前一天已在河边划地一幅,搭以篾棚,对那天所有的小贩摊子,都饬其移入划定区内,十分整齐。买卖均很便利,俨然成一临时的市场。

至于市街内的食店、客栈、运力等价格,都由公安队规定不准临时抬高市价,并为客人先行介绍标准食店及客栈。

十三、特产销售

碚市的嘉陵路口,由龙舟大会指定"峡区特产代销处"专搜集峡区各种特产,如温泉面、缙云甜茶、土沱渝北酒、三汇白橙糖、静观甜卤菜、兴隆场的草帽,以及三峡的碑石磨子、峡区的风景照片等,均是价廉物美,方便客人购作纪念或礼品。

十四、廉价布

此间的三峡染织工厂,为了倾销土货,提倡国货,抵制外货起见,将在夏节前后的几日内,售货处大廉其价。初五这天,又设分销处于体育场树荫下,来购货的很拥挤,因为这乡的民众都知道这机会可以买得便利货的,所以老早就将钱储蓄着等到机会的到来。不过,据厂方的收入同往年比较起来,那就不及多了。这便是农村经济破产,购买力薄弱的表征啊。

十五、宣传队

一群两群的男女学生,他们各执纸旗一面,奔赴在烈日底下,街上江边,到处都有他们的踪迹,随地听得着他们的呐喊。这些青年被围在许多人丛中,总是不断地手指足画,力竭声嘶地向农民们介绍着"什么两广问题""什么盐水选种""什么苞谷抽花""预防猪瘟"等农业常识,讲得非常有劲,很能吸收住一般听众,尤其是女宣传员,更是受乡人包围了。

十六、红十字

地方医院这天除照常开诊外,特组织一临时治疗处于河边囤船上,又组织一巡逻队,携上急救药水及普通治疗药品,扬着红十字旗,遍街游行。发现病人,立刻施救,并且不收分文,所以这天凡得病的人,都莫不得到救济了。

十七、巡逻兵

实验区的各公安队,除担任各路要口放哨值岗之外,专有一队来维持市场秩序,不断地梭巡,照料市内一切。往年河边岸上,纠纷时起,公安队忙个不了,这次秩序井然,闹热清静,他们是要减去许多麻烦了。不过市内的清洁,还是无法维持,因为地面的桃核李皮,到处皆有,我们听着巡逻的人说:"因游人太多,简直腰杆都弯不下去,所以果屑无法拾捡"

十八、游艺表演

江上的活动告毕,岸上的活动的序幕又展开了。午后四时,民众会场开始表演游艺,大门莆关,一般民众争先恐后,似如潮水而来,市街一段一时拥得水泄不通。守门的人,任你用力推攘,秩序也无法维持,惜以会场太小,人数不能全数容纳,结果只好宣告闭门,其拥挤于门外者,连呼倒霉不已。

表演节目,有川剧、京剧及歌舞、幻术、杂技、双簧等。表演者,除此间各机关学校外,特欢迎有渝合两地的朋友参加活动,故表演时精彩毕至,以致一般观众,有时笑不可抑[仰],有时全场哄然,有时掌声雷动,直至午后十钟,始乃尽欢而散。

十九、电影放映

夕阳西下,游人愈多,旋在民众会场门外徘徊的人们,又被这儿——电影场吸引了去,全部观众计约万人左右,男女两排,秩序井然。今晚放映之片——一名"乱世忠臣",一名"○○○○",中间更插映常识、幻灯片。休息及换片时,更有无线电收音机传播渝、京、沪、汉各地新闻消息,并放扩大留声机唱片,声音非常清晰宏大,及至十钟以后,电影始停止放映。

　　此时新月一钩,正照天空,附场乡居的人们,扶老携幼,跄跄的跟着赶夜路回家,他们边走边津津有味地谈着今天经过,时时送出一片欢乐之声。夜更深了,星月是明的,晚风是清的,大地的一切是静的,人们的心都是和平的吗?

二十、整理会议

　　夏节过去的第二天晚上,是一个清爽恬静的晚上,又有一大群青年男女,在一个油绿的浅草坪上集合了。他们都是这次夏节活动中的努力人员,今晚他们是要开会检讨这次过去的活动及整理其得失之点的。会议开[始]了,先由主席卢区长说明开会理由:是检讨这次在方法[上]有何改进,社会上有何影响,工作上有何成绩,并将推出此番最努力之人员,予以奖评及鼓励等。次则由各组报告经过及得失,同时举出其该组工作最努力者。依次下去,凡是各组有新方法之改进,特殊成绩之工作,社会问题之发见[现],及推出最勤苦努力之人员时,大家便是一致喝彩,一阵鼓掌,空气十分热烈,及至深夜,会始毕。大家合唱了一首《前进歌》,人四散了,其慷慨激昂的歌声,已渐渐消失在嘉陵江畔的黑夜中。

　　参加社会服务运动我算是第一次,这两天集团生活与兴趣,在心坎中所引起的留念的情绪,我永远不能忘却,故将漫笔记此。

1936年7月1日

载《嘉陵江日报》1936年7月15日

载北碚《工作月刊》1936年9月 第一卷第一期 署名雪西

在小学教育研究会员义务教师研究班学员就业典礼上的讲演词

（1936年9月3日）

高孟先先生讲话：

今天自己对小学教育研究会的会员和义务老师研究班的学员，有三点小小的盼望。

第一，今天以后，大家便要出去创造或改进自己的事业了，但在开始工作之前，盼望大家要先明白自己的家屋，而且还要正确、精细、迅速，这只有靠科学地调查了。须知一切建设事业的第一步工作，就是调查，刚才卢区长讲话的做事必须注意的四个步骤"计划，准备，实施，整理"，我想象应将"调查"加在四点的前面，因为调查的结果，便是工作计划实施的依据，否则一切事业将无从着手。例如大家到了四乡去，首先应将本保的认字与不识字人数，就学与失学的儿童、设备、校址、经费等问题，调查清楚，然后拟出计划开始工作。

第二，将来本署只能作乡村自治建设、教育、救济工作，首先亦必须调查清楚，这要盼望在前面的大家切实予以帮助，在调查中最感困难的问题则在一般平民知识低落，风气蔽[闭]塞，每遇调查，一般民众，不是怀疑，便是畏惧，实是调查前途一大暗礁。所以更盼望常与农民接近的先生们除予以开导、宣传、教育外，尤须造起好感，树立信仰。

第三，大家虽然是散处在各场的四乡分头进行，但是我们的精神是不能分开的，我们的事业是一个整个的企图。有一个学校办得不好，整个的事业就都受影响，所以我们要把所有的学校看作一个单位，精诚团结，绝不各分道扬镳各自为政，这是大家应该明白的。

现在我们觉得要办一个刊物来把各方面的精神联成一气，把各场的工作打成一片，所以编印了一个《工作月刊》，希望今天的各位先生，尤其是各位教师在埋头努力工作的时候，把宝贵的经验借这个刊物来表达出来，互相交换，以免去各自摸索，以增进工作的效能，大家共同地来完成这个建设的大业。

此外对于今天地方医院毕业的护士，我以为是大家学习告了一个段落，是要今后将几月辛苦所学习的要用到社会上去了。我们非常庆幸，更盼望今后不断地学习不断地应用到社会去。各位老师是作治愚的工作，而各位护士乃是作救弱的工作，人数愈少责任愈大，就愈应特别努力。

摘自项锦熙编《民国时期嘉陵江三峡地区讲演集》

(小)三峡[①]风光

嘉陵山水,自昔称美,江入三峡,乃极变幻之奇,群山奔赴,各拥形势,中多古刹,若禅岩,若缙云,若温泉,风景均幽。而温泉前瞰大江,后负苍岩,左右亭园围绕,林木丛茂,尤备登临游憩之美。余神往者久矣,只以伏居渝州,未还往游。昨唔黄君西甫,来约偕游温泉,故乃决计履步,以尝[偿]夙愿。

十二月二十五日,摒挡行李毕,步至公园路约西甫,同乘轿赴千厮门码头,在趸船公票处购渝至温泉之船票2张,其洋2元。上民生公司之"民约"轮,安置行李,觅好坐[座]位,时已六时。船遂开头,沿江秋风萧瑟,水天无际,30里至磁器口,渝州各大丝厂在焉。烟囱林立,状如大笋。市街由江滨蜿蜒至山腰,为璧山水陆交通之孔道。过此水势纡曲,或摩山麓,或淤浅沙中流,两岸村树,江心帆船,点缀[缀]其间,足使人心目流连。90里为悦来场,120里至水土沱。此地为峡江制造工业区,有玻璃厂、渝北酒制造厂、火柴厂等,陶器及渝北酒,尤为该地名产,畅销渝合各地。自此上驶,山势渐高,两岸煤炭洞及石灰窑,纷入眼底,惜用土法开采,产量均不丰佳。入观音峡,左则峡石磷磷,色白质坚,名曰碑石,右则嘉陵煤球厂,及洪济造冰厂,规模宏大。山顶为北川铁路运煤车站,火车急流,随山旋绕,汽笛一声,全峡响应,此奇景也。

过北碚已十一钟,船略停,上下客人甚多,唯实验区设有公安队维护囤船秩序,故不如渝埠喧嚷拥挤之甚。旋即上驶约十里入温泉峡。船抵温泉(由渝至此计水程150里)泊二码头,余与西甫即登岸,上300梯入公园大门(即旧有寺庙之正门)为关圣殿,嘉陵饭店,即设于此。此时腹正饥,遂午膳,店内售有各种糖菓[果]罐头及腌菜、香菌、嫩笋、细面、鲜鱼等,味尚可口,唯价昂同于渝市。餐后预定宿为农庄,房价一日1元,盥洗毕,与西甫遍游全园。

园之中央为旧有寺庙,乃唐代以前古刹,宋勅[敕]赐崇圣禅院,濂溪先生,曾留宿有诗。寺分两殿,进门为关圣殿,现为嘉陵饭店餐堂;再上为天王殿,中供妙相庄严之接引佛一尊,前有明代香盤[盘]一座,高与人齐。石质浮雕蟠龙,精工穿透,颇细致玲珑,左右

---

① 此处指在合川和北碚境内的嘉陵江小三峡,名为牛鼻峡(沥鼻峡)、温汤峡(温泉峡)、观音峡。

有明代题咏石龛数种,未漫灭者甚多,时有游人踏玩。再进为大雄殿,左右有花圃,前有一长方池,池上跨石桥,池周用石栏围绕,池水为温泉,养鱼数百尾嬉戏其中,曰戏鱼池。最上为观音殿,雄伟庄严,铁瓦之上以璧琉玻璃瓦,日光射照晶莹夺目。殿下左右,各有温泉涌出,气蓬勃如沸汤,隆冬尤温,寺与峡,因以名。

出寺有龙湫道观飞瀑,此处则为削壁,有榕树,树根纵横沿石壁幡结而下,泉水即从榕处倾流,白沫横飞,名曰飞雪岩。再前进为兰谷,路迂曲至乳花洞。西甫备有电筒,遂入内探视,甫行数十步,心即为之悸,所见洞石多为岩泉积,撑者如柱,卧者如桥梁,覆者如钟,悬者如乳,展者如翼,蓄势欲如飞,拳者如莲,含苞欲吐。复前行约百步之处,或空如谷,或合如隙,或高不可攀,或深不可测,或路已绝矣。及蜿行而入则又豁然开旷,或閽[暗]不见人,摸索不可得路,偶一转折,则又复漏天光,可以恣行,愈入愈奇,乃愈使人必欲穷探其奇而后已。及临绝壑闻流泉,西甫竟悚然却步,始折回,出洞门已午后三钟。下磬室,观桃柳流泉,越枫岗,赏喷泉,再经兰谷,上小瘦岭,凭厅泉小憩。绕琴庐,出嘉陵道,折回寺侧,参观水力磨面厂,该厂利用寺侧涌出泉水之力,冲击木质车轮旋转,用以磨麦成面,出品尚细润适口,故远近来采购者甚多。厂侧由公园设有篮球场,寺后建有网球场各一,专供游客运动。

由寺前桐荫道过离堆,经数帆楼(楼用石建,一名石屋,由渝中商人集资所建,今为公园旅馆之一,每日屋价 1 元 6 角),出垂杨道到瀚尘浴室沐浴。浴室分三部,一部为石盆,每人一室,入浴一次,需洋 2 角;一部为室内游泳池,成三角形,水深 4 尺,名曰千顷波,入浴一次,均需洋 1 角;一部为室外游泳池,成长方形,设有跳台,水深处 6 尺,名曰涌泉池,入浴一次,均需洋 1 角。此水经中国西部科学院分析结果,温度为 37℃,内含有硫磺[黄]、铁、石灰等质,饮之可治胃病,闻西人来浴,必取泉水若干瓶以归。

浴罢,迂道菱亭,沿槐香路赏百花,过院塔,数宋代石像,绕浅绿草坪至农庄休息。稍倾即晚餐,余与西甫皆疲极,相对无语,八时遂就寝。

二十六日六时起,寒晓袭人,朝气清分,得此新鲜秀渥之气,昨日疲倦,顿觉烟消也。西甫倡议,今日往游绍龙、缙云诸寺。余亦赞同,皆因足力甚健,决计步行。早餐毕,即策杖起程,就园中雇向导,出农庄由槐香道上山,经翠微道,观古石寨,再绕至寺后,此处峻崖凸[突]兀,高可百仞,竹树参天,乱石崚嶒,百鸟栖其中,鸣声响应峰头。溯缙马路迤逦而上,登飞来阁,纵观禅岩拱其前,江流环其麓,远望上下峡门,俯视全园景物,殿宇林园,池沼楼阁,历历足下。船舶出没,小者如蝇,大者列桨如栉,咿哑人声若为歌,款乃桨声若为节,时或有停桨踞坐者,扬帆呼风,鸣鸣应岩壑,盖尤有悠扬之致,愉快之情。而岩泉激响,自成韵清,坐憩其间直令人有遗世出尘之想,不复知身在人间矣!

由此崤峻岩约四里许,抵绍龙寺,寺在幽谷中,寺前清流一脉,有古松数株,大可两围高10丈,数百年前物也。寺中殿柱为合围乌木所建造,殿前左右有石刻佛像二躯及泥塑土地菩萨十尊,皆精美。

沿溪行半里许入九龙窝,乱石中觅得平地,可数十亩,温泉公园以此辟一湖,名曰黛湖,正建造中。更六里许登缙云,凡九峰,峰各异态,有寺藏深谷密林中,入出所在,终于茫然。唯见青葱一片,入林路愈曲,几经回转,乃瞥然呈露,则名汉藏教理院,即前缙云寺改建者,太虚法师任院长以提倡佛学沟通汉藏教理,联络汉藏情感为宗旨。现已开班训练,有学僧70人。

院前有一石寨门,左为洛阳桥,苔藓重封,稍上有宋代石坊,上书"迦叶道场"四字,皆在参天古木浓荫中。

进门为天生殿,有古石像三尊,神采奕奕,据云为六朝物也。再进为大佛殿,殿前有蟠龙敕[敕]赐碑,顶殿则为讲堂,两旁为寝室,均极整洁。

由院左上后山,穿密林,看撑天古木,可千数百步,越山垭,羊肠小径,入古寨门,从荆棘中辟路上进而至狮子峰头,天风飒然而至,松涛怒吼有声,危立石巅,令人股怵。游目四瞩,可达数百里外,响之岗峦起伏者,皆成平原,远近市村数点,江流如带;北望华蓥,南望歌乐,真武诸山,颇有更上一重,小视天下之慨。

游毕已午后一钟,遂折回院,由密严法师招待午餐,尽素食,尚可口。食毕约示休息,即辞去。下山时,闻响[向]导言:此山产甜茶,色清味甘,香沁心脾,较之峨茶尤美,清代曾作贡品。乃于途次农家,购得2斤,共价1元,携渝以赠至友。待到夕阳未尽,晚霞方浓时,温泉安抵矣!

载北碚《工作月刊》 1936年11月 第一卷第四期 署名李惠

一年来的嘉陵江日报[①]

一、本报进化的历程

报纸是传达新闻的工具,北碚之有新闻纸,始于1926年夏,此间因峡防局和四川民联会两机关,欲谋团务上的改进,乃发起《峡江通信社》用油印不定期出版,每期约五千字,出至80期,因经费困难,即于是年冬间停刊。

继《峡江》之后的为《峡声》篇幅稍大,印刷改为石印,内容亦较前充实,自1926年冬间发行,随峡区民治促成会而始终。到1927年夏,民治促成会解体,遂改名《民联特刊》,甫出至50余期,因四川民联曾经费发生变化,该刊即停,时在1927年秋冬间。

《峡江》《峡声》《民联》三种新闻纸,每次发行由200余份加到350余份,全是赠阅,峡区销的最多,其内容多偏于团务消息,社会新闻极少。

1927年冬卢作孚先生长[掌]峡防局,举办学生队,同时发行《学生周刊》,专载学生生活及社会服务消息,约出30期而止。1928年2月4日乃成立《嘉陵江》三日刊,同时附刊《新生命》画报,每期出版为500份,用浅显白话文介绍社会新闻及乡民应用的常识,每期分赠峡区各场及张贴于各么店子地方,至此该项新闻纸,已成为峡区民众之读物矣!当时该刊的任务是:

一、告诉民众知道应该知道的事。
二、帮助民众说出想要说出的话。

1928年10月,《嘉陵江》旋改为间日刊,《新生命》画报至十九年遂停刊。1931年1月1日,更改为日刊。1934年5月16日,本报独立经营,乃由石印而改为铅印,每期出版一中张,除交换赠阅外,现有订户×××户,领有内政部及中宣会登记证,去年四月峡防局改组为

[①] 高孟先于1936年5月—1937年8月,第一次任《嘉陵江日报》社主任,主持《嘉陵江日报》和《北碚月刊》,第二次接办是1941年秋—1942年6月,1942年6月—1950年1月,任北碚管理局建设科科长期间,又于1947年9月—1950年1月兼该社主任。

实验区署，本报亦划归管理，迄今已一周年。吾人应将一年来之工作经过与未来改进报告各方，请求指导和批评。

二、本报全部的轮廓

报纸是世纪的一个广大镜面，纤洁无尘地照映着时代的真景，社会的丑恶或优美，都由镜面如实的反映出来。而且它的任务，还不止记于述和说明社会底现象，同时还应相当批评旧有的现象的优劣，和新的未来的动向的指引。又西方报人有句名言："报纸是一般社会的导师，它不用重大的报酬，即能同时授人以高级、低级，各班不同门类的课程"，因此，本报的内容，在新闻方面，注重介绍：

1. 现代的国防消息　　2. 现代的产业消息
3. 现代的交通消息　　4. 现代的文化消息

在副刊方面，则注重介绍：

1. 现代的新发明　　2. 现代的新发现
3. 现代的新知识　　4. 现代的新活动

星期三、六，副刊《教育园地》由全区各学校来稿，区署教育股编辑，其内容则为介绍：

1. 教育新潮　　2. 教育名著
3. 教学与训导新的方法　　4. 民教与义教合一的具体办法
5. 各校生活及教运成绩　　6. 全区教育进展消息

至本报与一般新闻纸所不同者，有四：

1. 每天必有国防、产业、交通、文化的消息
2. 每天必有峡区事业的进展消息
3. 常有中国西部科学院在边地的采集通讯
4. 常有国内外重要都会的特约航空通讯

此外积极提倡乡村文化的建设，宣传地方当前的中心运动，尤为本报目前的唯一使命。

三、本报一年的经过

本报因经费困难的关系，故只设编辑、采访、校对兼发行各一人，因此特聘请渝合及峡区有关各事业中之职员，为本报义务编辑、采访、特约通讯等。新闻每日每人供给一篇，通讯每周一次，渝合新闻采访，则于每日晚间用电话向本报通告重要消息，此外之材料来源，则为剪辑当日之渝报、航空《大公报》（因经费问题，只订半年即未续订）。通讯社

稿及本报自设之无线电收音机,重要时局消息,每多与渝报同日出版。

至于本地新闻,平时则由各事业及本报访员经常采编,凡遇当地当前之各种社会活动,本报每出特刊专号,介绍其活动经过和成绩,如夏节运动、国庆纪念、元旦活动、壮丁检阅等,本报均曾全部动员,特出简讯专号,一日之中有出版至六次以者,工作最忙时,常由区署派员临时襄助,这集体的力量,常使我们工作效率增高、扩大。

本报经费:年支2500元(印刷薪工全部在内),说除有少数订费及广告收入外,不敷之数,全由实验区署补助,将来如何办到经济独立,此为吾人今后努力之标的。本年在发行方面,除本区各保保长、各学校教师,各机关职员等已办到为当然订户外,对外订户,则极力设法增加,如每期出版对于订户优先发送,并印续订单,函催期满订户继续订阅,此种办法于营业上颇有帮助,今后拟于续订单上向各订户报告下月关于改革版式充实内容的消息,而所宣传者,并务于下月一定办到,如此,则效果当更大。推广方面:本报曾印有宣传本报优点之广告,与国内各大报交换登载,此种办法,颇收效果。去年冬季之订户,广告刊户及交换报纸,都较前大有增加,而京沪一带以专函寄来登载广告者颇不少。且于去年十一月曾接纽约《新历史社》*New History Society*由美寄到邀请本报参加世界论文竞赛章程及公函共三件,这不能不归功于宣传的力量。至于本报零星销售,则于每日派报丁在上下之汽船上宣传推销,最少亦可销到百份以上。

此外为本报承印之印刷社,因资本有限,设备不甚充实,而工人技术亦差训练,故于本报之印刷,难免不有错误、模糊之感,这是同人深引以为遗憾的,此点本报已彻底改进,在最近的将来:必有一个新的面目展开在大众之前,这是可以预告阅者的。

四、本报今后的改进

本报过去因人力、财力种种关系,故未能充分地实现我们预期的现[理]想,今后必须重新估量的,首先是责任问题。约言之,即在如何使这报纸成为大多数民众需要的读物,在这个大前提下:

(一)本报应当充分标准小型报化,力求短小精干,而且尤应表现出地方报纸之特色。
(二)记载力求翔实有系统,尤注重于与民众有实际生活关系之资料的介绍。
(三)关于乡建运动之宣传,尤应力求有所整个的中心的介绍。
(四)文字力求通俗,务使每一个识字的人都能看得懂,而且报价低廉,使穷苦的农民大众,都有购买的能力。

以上只是一个原则,至于内容与编辑、印刷与发行,如何改进? 兹分别言之:

1.内容

　　A.除刊载现代国际、国内、省内、峡区的文化、产业、国防、交通等消息(要求简明有系统——分类)而外,并选载简明通俗之有名时论及当地当前社会中心运动之特写。

　　B.应与大众的实生活打成一片,要辅导大众的生活,替大众解决生活上的问题,促进他们过一种较为合理的生活。

　　C.应常插画,画是生动的表现出某一件事实的片段,或讽刺着某一事件,关于时事动态、同时刊出地图等有关的画片。

　　D.另辟一个地位,专门供给读者自由发表他们的意见,还随时举行征文,鼓励大众写作,使这报纸成为大众的园地。

　　E.每日所记载的事件中有一篇提要,这提要是比较精确的解释那些事件的相互关联和它的必然性,帮助读者更深切的了解每一件事。

　　F.新闻事实应有系统的叙述,因为每日片断的电讯,读者是不易将事实速系起来,有一个明确的意象的。所以在新闻栏内,应该帮助读者,每日用简明的文字将事象的发展客观的叙述出来,藉便明了,以提起读者不断阅读的兴趣。

　　G.副刊方面,除已有之《教育园地》外,拟尽量的出编科学、农业、工商业、乡建、医学、妇女、小学生、新知识、新发明……周刊。其他文艺,游记、戏剧、通讯以及三峡风景、古迹、新歌、故事、趣文[闻]等,亦兼收并蓄。此外在篇的容量上更设法间天登载一篇非专门问题(周刊)和非文艺品,无论是哲学的、佛学的、伦理的、心理的、家庭的、卫生的、婚姻的……各种论著与批判,均可广为搜罗。然而中间我们必须注意以下几个原则:

(一)要积极的有创造性的

(二)要实际的富社会性的

(三)要现代化有生气的

2.形式

　　A.对于细致取分类的,使大众容易阅读和识别事件的属类,编排是活动的,不固守定则,并不是呆板的一成不变。

　　B.篇幅是一种小型的,便于携带和翻阅,一张共四版,应该是重质不重量。

　　C.本报全部四分之一为国际、国内、省内重要新闻简明消息,四分之一为地方新闻消息(峡区新闻,在量上必须增加,在质上必须充实),四分之一为副刊地位,四分之一则刊登广告及专论特写等。

3. 编辑

A. 新闻材料供给：须力求迅速、正确、完善、丰富。

B. 文字：须力求通俗、简明、生动、有力，切忌冗长。

C. 编辑技术：宜采精编主义，并对于一个较为复杂的新闻或问题，心须先加以研究然后编辑，使读者在短时间内，看了一遍，便能得到很丰富而扼要的内容和很明确的了解。此外如遇某问题发生，即须有某问题的参考材料，用很有系统的叙述，撰著专篇和有关系的新闻同时发表。总之，编辑新闻，须如编辑课文，一篇新闻，即如一篇大众讲义。

4. 发行

本报今后应兼采营业主义，以期达到经济独立自给自足的地步。除本区内各学校各保之外，应托渝合等有关事业和个人代为推销，并请读者经常介绍推销，以期普遍深入到民间，必要时另定奖励办法，如免费赠阅等。至区属各市集，则托公安队按期将本报张贴于各公共处所，任人阅览，俾之宣传。

5. 印刷

本报承印之印刷社规模很小，兼以纸粗字劣，使读者常感到讨厌。读来常弄到错误颠倒，一般识字很少，了解程度低下的人们，更就不会懂了。所以我们今后必须改进，字体必须新铸，设备必须充实，工人必须训练，总之报纸力求其清楚整齐、洁白。至于图画，色彩要浓，结构要紧，并能暗示出一种"力"！

最后，我想本报改进的地方还多，这是要希望爱护本刊的阅者予以建议和指示了。

载《嘉陵江日报》 1937年5月1日—5月6日 署名高孟先

载《北碚》月刊 1937年6月 第一卷 第九、十期合刊 署名高孟先

农村的妇女教育

现在中国的妇女，可以分成两种明显的集团，一是智识妇女，一是劳动妇女，或者说乡村妇女。前者只占有绝对少数，可是，却自己成为一集团，与后者有种种不同的环境与表现。资过去以及今日的妇女运动主持者，均是这占少数的智识妇女，她们因此比较前进点。一方面又受到欧西妇女运动的影响，于是才有妇女运动的需要，才向社会去争取"人"的权利。可是她们却忘记了那占大部分的乡村妇女的命运，她们的生活，还滞留在十八世纪的家庭手工业下，缺少大众的帮助，故其运动的结果，不能完满，这确是个最大的症结。

今后若要妇女运动有成效，必然的需要把这两种集团的妇女连成一块，是毫无疑问的，但如何联法，必有待教育的力量了。

说到我国的妇女教育，在新学制未施行前，完全以三从四德来缚束女性，自梁启超提倡女学后，迄今已有三十余年的历史，现在可以说女子受教育的机会不亚于男子，各机关各工厂皆都有女子的足迹，可是教育依旧为资产阶级把握着，农村女子受教育寥若晨星。据实验区调查，百分之九十以上的女子，还是文盲。失学的程度如此，怎会有力量解除自身的痛苦？所以妇女教育，尤其是乡村妇女教育是需要的。目前试验区的民众教育委员会，正积极的在推行妇女教育的工作。昨天北碚市第三期妇女补习班又开始了，不过入班的人数究竟不多，这是由于一般妇女尚未感到智识的需要，不知受教育的利益，在此，我要提出两点妇女应受教育的理由来勉励大家了。

第一是家庭方面：卢梭说："母亲是儿童的自然教师。"女子要负自然教师的责任，决[绝]不是没有条件的，非要相当的教育不能负这重大的使命！一家的主妇能尽量教导儿童，养成儿童的良好习惯，勤俭的美德，博爱的心理，互助的精神，高尚的人格，义勇的气概，优良的行为，以后入了社会，自然为善良的分子，不为社会所淘汰，并不害于社会。此外，女子需得有各种常识，如育儿常识，卫生常识，家庭布置、衣、食、住。种种问题的研究，都需要充分的知识，才能胜任以上所说。似乎女子受教育的目的，是为服务家庭，造成贤妻良母，其实不然，因为妇女在家庭方面的责任，不过是局部而已。

第二是社会方面：妇女占人口的半数，也是社会的分子。中国大多数的妇女，受了旧礼教的束缚，往往脱离社会关系，除了在家庭作一些活动外，社会上简直没有活动的余地。她们甘愿屈服于男人之下，依男子过活，受男子支配，这样，既无利于家庭，又无利于社会。试观欧战的时候，欧美各国男子加入战场，为国效劳，女子服务后方，分工合作，努力建设健全的社会，这是妇女教育先进者的成绩。所以知识可以领导人们，帮助人们解决生活问题和一切的社会问题。

普通的知识是人人所必须的，在我们生产落后工商不振的中国，妇女普通知识，专门技能，尤其需要。在以农业破产，旱灾频仍，生活程度日高的今日，若仅以男子的生产力量来维持一家的生计，不但十分危险而且有时候连自己的生活也成大问题。尚使女子受过教育，有一技之长，至少能分负家庭的责任，减少社会不景的气象。

总之，今后的农村妇女教育，虽不能训练得个个举枪冲锋，跑到世界妇女的前线去，但至少希望一般妇女皆均有普通知识和自食其力的能力。

载《嘉陵江日报》 1937年5月16日 署名高孟先

周年的检讨

自峡防局改组为实验区署后，迄今已一周年。我们凭藉了原有的建设基础，并顾全着当前的实际环境，推行管、教、养、卫的政策，爰将一年来的实施经过，分别加以概括的检讨：

以教言：据调查，全区识字者占全人口（65284人）16%，在11000余学龄儿童中，失学者占四分之三，曾受中等教育者有165人，受高等教育者仅大学15人，高中26人，则最大多数民众之"愚"，可想而知。因此立意扫除文盲，从教育着手。在原则上，不但求量的增加，且求质的改良，结果凡在生活条件允许入学的儿童都入学了，至失学的儿童，则有短期小学，以资补习。失学的成人，则有民教运动，以济其穷。其目的是在改善农民的生活习惯，乃至灌输以改良农业技术的方法，使之知道做人的道理，努力去求得生活的进步。此外在师资训练上，亦曾于暑期寒假，集中小学教师研讨乡教实施方法，并训练其为一推动"乡建"的标杆，今仅小试其端，似尚能推行尽利。

以养言：三峡山多田少，地瘠民贫，吾人为一面使人民能获得基本生活的资料，一面使人民具备基本生活的修养，乃特注重生计教育。所不幸者，去年秋冬大旱，今春更形严重，于是凡在人力上可能救旱的方法，不仅逐一做到，而且都要求逐一做好，所有区内受灾民众，因此得救济者，当不在少数。

以卫言：本区本"民变必以民治"之原则，建立民众自卫之基本组织。以各公安队为主干，以保甲壮丁队为其平时制度。故于全区户口调查，保甲组织及乡村领袖（保甲长）壮丁等之训练，不仅求得普遍与正确，尤力求其运用效率之提高。至于当前治安，则常击股匪于境外，使外匪无法侵入，以安境内。

以管言：本区地方行政组织，相当健全，对于教、养、卫之推行，均力求其在整个计划下活动，故于管理与统治，未敢忽视。所谓管理，即是注意工作之考察、监督、指导、帮助等，尤注意于秩序之建设，纪律之确立。所谓统治，即工作之设计，统筹兼划[顾]，分别缓急程序，尤注意于各种人与事之密切联系。此外推动方法，则为集会训练，因本区工作人员，群皆青年，每遇问题，常集中一块，互相研讨，勤求办法，一有心得，即知即行。

总之，本区于教、养、卫三者，皆相辅而行，未曾偏废，只是各个的侧重点偶有不同而已。他如教育普及，养重生产，卫则以组织训练为要，但无论养与卫中，必须渗透着教育的力量。

一年以来，我们的事业，因得各方面在技术上的协助，社会同情的扶持和全部工作人员的埋头实干，在实验上虽无较大的成就，但在乡建工作的推行上实多顺利。不过，我们深觉实验工作万分困难，何况本区人力、财力又十分有限。吾人虽勉竭心力，思有以助于全区人民，但事实还出我们想像[象]之外，因此"深入民间"的工作，尤其是如何使大多数的农民有饭吃，这点我们正在研求办法，还少有成就。今后更要充实我们的力量，加紧我们的工作，淬砺图强，努力迈进，以谋早日实现农民富足、美满、康乐的生活，在此我们要将本区今后进行的轮廓作一择要的介绍：

一、教的方面

教的中心问题，不仅扫除文盲，尤在加强民族意识，增加生产技能，改善实际生活，培养团体观念。其方式是学校与社会打成一片，在师资缺乏，公私经济交困的今日，小先生制之推行，当力求其迅速普及。

二、养的方面

积极的增加人民生产，消极的减少人民的痛苦，前者是以合作为基础，尽量以学术机关联络协作，后者在政府应废除苛杂，整理则改，在人民消极的禁绝烟毒，积极的推行保健制度。

三、卫的方面

教育的普及，建设的辅助，毒物的禁绝，无不利赖保甲，故本区一切教建工作之推动，均以保甲为中心。卫的方面，将来我们希望办到，在战时能以民众武力作国军的后盾，平时维持地方的秩序，防止乃至消灭匪患的发生，其组织决采取单一化，使事业人力、财力均可集中。

此外，在工作方法上，因公私经营极端困难时，只有继续苦干。在专门的技术上，当联络各建设机关文化事业，协助设计与指导。在人才培植上，则当加紧训练，因我们所需要的，不仅是新的制度，尤需要实行制度的人才。至于如何促进全国乡建运动的统一调整，分工合作，以宏大其工作的力量，俾对国家社会有更大的贡献，此点吾人皆会注意及之。尤希乡建同志，即早拼力以赴，使乡建展开出一个新的姿态，完成这整个地建国营阵。

最后，尤须介绍者，为本期专号之各篇文字，其作者皆本区埋头苦干之同志，其内容不夸张、不粉饰、不虚伪，故特介绍他们给各方面的朋友认识、指导、批评和扶持。

载《北碚月刊》 1937年6月 第1卷9/10期合刊，高孟先撰文 署名编者

介绍兼善中学职业补习班

在目前，整个中国，无论商业、工业、都市农村，都是在衰落和破产的途中徘徊着，尤其是土地分配和封建剥削来得繁苛的四川。

试看各都市大的工厂和商号，因极不景气所迫，不断地一片一片的倒闭下来，失业的人们天天在增加，至于农村则辗转地遭受着天灾人祸，人民的生计日紧一日，"吃饭问题"谁不是在恐慌急谋解决之中？以此许多家长们，那里还有余力来再培植自己的子弟呀？

普通一般家庭，因为他们为财力所限，只能培植其子女中学为止（实在已经万幸了），所以这一般青年，在高中或初中毕业以后，为着生活问题，不得不步入社会，尤以家庭困难无法升学的初中毕业生为数最多。然而伊们在普通中学所教授的课程，都是预备将来入大学所需要的几种专门课程，所以一般青年，跑入社会，不催没有一种专门技能，就连普通常识和学问，也都缺乏，因此常受到社会谢绝或抛弃，故使一般纯洁的青年们，便大有所谓"英雄无用武之地"之感。例如本区上年招考八十名义务教师，先后来报名应考者就有五百余人，而且中间尚有曾受大学教育的。又前两月民生公司招考茶房水手百余人，而报名投考者不下千人。此外凡大的公司、银行、商店招考学徒练习生等，至少都要招收初中毕业以上的资格，然而赶赴的人总是踊跃非常。这样人浮于事的社会之下，青年同学们的就业之难，真"难于上青天"了，于是意志薄弱的青年开始彷徨、消极、悲哀……而坠入烦闷之深渊不可[能]自拔。其思想比较灵活或勇敢的失意青年们，忍不得环境的压迫，只要受过相当的启示，就会觉悟出自己唯一的出路，不得已铤而走险，走到黑暗悲惨的歧路上去的，更不知凡几？这，确是社会的最大损失，亦即是中国教育症结的所在了。

此间兼善中学的当局，因鉴于失学青年有上述的困难和危险，故于本年下期特增设一职业补习班，适应当地环境和社会的需要，暂招收初中毕业男生三十名，施以商业常识、簿记、商算、财政学、会计学、经济学、运输学等之训练，限一年毕业，毕业后由该校设法介绍职业，这不是失学青年们的一个福音吗？

这里，须向读者介绍的，是该校与一般普通职校所不同者。

第一，环境优良。该校的校地，就设在三峡里的北碚，北碚虽不如时人赞美的"勘察加""安那哥"……而(新村)的灵魂总得不会不够加上的，因它有许多新兴事业，有比较优良的社会环境，有值得流连的山水名胜。大家如果来到山明水秀间摒去一切杂念，静静地研读，实在是最好的园地，而且这里的生产机关，如北川、天府、农行、工厂、学校，均可与之打成一片，学即所用，用即所学，都是一个实习的好所在。

第二，师资不缺乏。该校各种课程，除普通科学外，专门的拟由此间各生产机关专门技术人员担任教授，此来学校实际所教育者，必能与商业社会习惯相适合，不会如一般学校与职业界各不相谋，距离日远，而走到人不得事，事不得人之路。

第三，学生有出路。一般办理职校者，其设立之初，往往不注意学生出路，以致设科施教无一定标准，无特殊目的，与社会职业界毫不顾及，结果学生毕业就业困难，学职业倒反失业，以是职教前途非常暗淡。因此该校对于此点，特别注意，在筹备之初，即详察职业界需要，各求其调协与适应，并预计毕业生出路，不断与社会发生关系，可以说这学校是技术人才的训练所，而不是有名无实的职业训练机关。

此地限于篇幅，笔者只能作如是的介绍，总之我们须知职业，不特是为谋个人的饭碗问题，确实还是社会进步、国家强固的问题。希望一般教育家都赶赴于职教的提倡与改进，一般贫苦及失学的青年同学，能入职校受生活技能的训练。

载《嘉陵江日报》 1937年6月21日 署名孟先

梁漱溟氏与邹平

一、前言

乡村运动专家梁漱溟氏来川讲学,全川各文化界及政府当局,都非常热烈地欢迎,同时蓉渝各报纸最近亦都在介绍梁先生的生平、学问及其事业。惟所介绍者,大多是反面的,部分的,不易得到一个全部的轮廓。今能屈驾来峡指示一切,吾人除表示钦佩外,我们对梁氏,更应对其事业有一个更为清晰的概念和认识,以此来将梁氏乡村运动的理论与实际作一简略的介绍。

二、理论的检讨

我们知道梁氏是伦理本位的乡村建设,开辟乡村文化的第三条道路"民族自救",并以救济世界为理想的,其方法从教育入手。不过这教育是以发扬固有的精华,培养内在的能力为内容,而将自治的工作与教育打成一片,将自治的机构溶[融]合在教育的机构里面。换句话说,即是以习惯代法律,以柔性的感化,代替了理性的行政,因梁氏是一位哲学家,所以他的理论,也带着哲学的意味。现在山东的邹平与菏泽,这两县都在梁氏指导之下生长着,所以梁先生的政治思想,就是这两县的实验理论。

总而言之,他们的最高理想是"政教富卫合一"。实行办法是行政机关教育机关化,用"村学"代替"村公所",用"乡学"代替"区公所",县自治机关的系统便是"县政府——乡学——村学"。这个系统除政教外,关于"富"的方面,除从事农产物优良品种之推广外,并极力提倡组织各类合作社,梁邹美棉运销合作社,即其最著者。关于"卫"的方面,为分期训练联庄会,以代替原有的团警,并养成乡村军事干部人员外,其民众武力主要的成分,即系由青年服务训练班所转变成的青年部。他的这种训练,凡16岁以上,35岁以下的"学众"都趁越这个阶段,因此,平时足以自卫,一旦国家有事,即可为国家之后盾。

三、实验的成绩

理论是行动的基础,有什么的理论,便会产生什么样的行动,所以邹平的实际工作,完全由"乡村建设研究院"推动的。该院是山东省立,前身为河南"村治学院"(仅一年历史即停),于1931年开始工作,其对邹平县政改革,约分两个时期。

(一)行政整理时期——财政、公安、教育之整理。
(二)地方建设时期——测量土地、修筑道路、改良工业、提倡合作。

在第一时期中,特别注意县行政效能的增进,所以首先实行改局为科,受县直接指挥,并将各局经费归入县府统一开支,此点对全国各县,影响颇大,兹分述其工作如后。

(1)政——关于行政方面,值得提述者,约有下列数项。

甲、禁烟,筹设戒烟所,强制烟民戒烟。

乙、改革司法,设问事处,便于人民对于诉讼手续之咨询,同时采用口头诉讼,当即判决。又采用巡回制由县长或承审员,下乡审判,俾适合国情。

丙、改善下级自治组织,即就乡学或村学党务理事中聘任一人为乡或村理事,处理日常事务,其性质等于区乡长。

(2)教——实行政教合一制,废除原有区乡组织,而代以乡学、村学,各设学董会,学董以乡村理事及聘任之当地绅士任之。初步教育,在普通的使乡民识字,用诱导的半强制方法,使所有乡民,均入学受教。村学内酌设成人部、妇女部、儿童部,收纳社会全体人民,并临时作改良风俗(如放足,戒早婚等运动,促成组织,合作社等运动),乡学内酌设升学预备班,职业训练部等,对所属各村学员等有指导辅助之责。学众无事,可当集于学内,学长作范围的讲话,以感化学众于无形。关于村政,亦可征求诸人意见,所以邹平、菏泽的教育,不但实行政教合一,而且含有以学训政的意味。

(3)富——以改进农村经济为其基本工作,其改进办法有二,一为农业技术改进,一为农业经济改进。关于前项有成绩者,约有数端:

甲、推广改良美棉,计1934年共推广美棉种籽4788斤,散布27村174户,种地874.2亩,共收棉97722斤,此点对于该县农业经济,实有重大贡献。

乙、育种试验,除美棉外,对于其余农业品,亦分别作育种试验,以期选取优良品种,推广改良。

丙、提倡并改进副业,邹平乡村建设研究院农场,已着手改良猪、鸡、羊、蚕种等。

丁、组织合作社,第一步先从生产合作着手,现已有成效者,为梁邹美棉运销合作社。据1934年统计,计有128社,会员3013人。其次有机织合作社、蚕业合作社,提倡织布和育蚕。此外又有庄仓合作社，类似中国从前之义仓。此庄仓带有强迫性质，凡地有3亩者，均为会员，每亩年纳麦稻各1斗半，即经入社，有向社会贷借粮食与现金之权利，但不得超过所纳的十分之七。此法甚合农村需求，故办理以来，成绩尚佳。

（4）卫——将原有团警，裁去一半，以省出之经费，用于办理新自卫组织，设自卫训练班，分期训练人民自卫能力。凡已受训者，对其所住村庄的相当范围内，负自卫的责任。在举办之初，为树立将来基础起见，壮丁选择较严，按现有闾邻组织，每闾公推三人，然后由政府考取一人，此人必须身家清白，且有相当身份者。训练后，每人发衣一件，以资识别。平时统率人由14乡互推最先受训者担任，每乡组成一队，设队长一人，驻乡学内，月薪8元。每村设组长一人，住村学内，月薪7元。队长组长统率一乡一村，队员为常任职，每月召集全队人员会操打靶一次，一旦有警，立即出而防御。匪盗出没之际，则轮流召集一部队员，长期驻扎，10日一换。在服务期间，伙食费由公家发给，以上即为邹平、菏泽自卫情形。两县之中，尤以菏泽成绩最好，现已达到只有民众武力，没有官方武力的地步。

四、结语

梁氏乡运的理论和实际，略如上述。归纳言之，邹平的改良棉种与运销合作社的成功，菏泽的自卫训练完成，此外建设治安等亦都有相当进展，尤以使政治与教育合流，更是他们最大的贡献。

不过吾人对邹平、菏泽之事业，绝不应以观察普通县份的眼光衡量之，因其理论与实际能收效的原因，至少有三点特殊的基本条件。

第一，权力集中，县政府不受省府各厅之牵制，行政上有广泛自由决定权。

第二，经济充裕，一方面因为省方的津贴，一方面因于整理财政的得法，同时确立会计制度实行预决算，减少许多弊端。

第三，人才充足，在梁先生领导之下的实际工作者，多为乡村建设研究院的学员，在领袖与干部之间，除去行政上的隶属关系外，还有一重师生的情感存在。加之，他们同一的思想下，负担同一的使命，不畏艰苦，在那里苦干、实干，此种精神，颇值吾人钦佩。

最后，吾人依据梁氏所凭藉之特殊条件观察，其实验改革之成绩，虽不能谓有何种较大的成功，然而足供普通县份模仿者究在不少，故对梁先生领导下之努力乡建同志，吾人诚表示无穷之敬意，且视其前途之光明无穷也。

载《嘉陵江日报》 1937年6月27日 署名孟先

峡区要闻汇志

1936年12月、1937年1月

一、文化类

1. 民众学校　北川小学附设民校一所，12月11日开学，黄桷镇添设民校一所，12月2日开学。

2. 力夫学校　区属澄江镇联保办公室及公安三中队联合创办，力夫夜校一所，专收该地之力夫，船夫入校受[授]课，已于12月1日正式开学。

3. 工人补习校　区属各机关勤务传达伕役等每于夜间休闲鲜有工作，乃就北碚图书馆内办一夜课学校，指派职员担任管理及教员，每晚两小时，分组轮流受[授]课，共有兵伕53人，12月28日开学。

4. 区立小学月会　12月6日举行第四次校长教师月会，商讨教育之实施，及行政组织各问题，借以决定下期教育方针，并决定明年春季实行联合旅行。

5. 义务教师月会　1月10日及26日各开义务教师月会一次，议决要案为寒假实习及人选问题（升级者4人，受奖者13人，受惩者16人，停职者15人，长假1人，留任58人）。

6. 招考义务教师　12月31日发出招生广告，1月11日举行考试，结果招收男女教师16人，28日新旧教师开始训练，两周后结束。

7. 全区小学考试　1月14日区署委定主考及考试委员会21人，分期到各场区立及义务校考试。

8. 职业女校　1月11日举行毕业典礼，卒业学生6人。

9. 重大来碚参观　重大男女生240人，教职员50人，12月5日来碚旅行，由区署职员及兼校学生分头领导到各事业机关参观，当晚各事业及民众共同发起开会欢迎并表演川剧、魔术、音乐等以助兴。

10. 捐资学校　澄江镇十保、二十保士绅捐资兴办民众学校。

11. 民众图书馆　阅览人数11月份共9868人,较10月份增加188人,12月份共11377人,较11月份增加1509人。

12. 民众博物馆　11月份参观人数共1962人。

13. 汉藏教理院　普通科第一班学生计18人于12月27日举行毕业典礼,太虚法师特派法舫代表来川参加典礼。

二、政治类

1. 壮丁检阅

甲、澄江,12月6日实到壮丁734人。

乙、二岩,12月8日实到壮丁237人。

丙、北碚,12月8日实到壮丁972人。

丁、文星,12月12日实到壮丁528人。

戊、黄葛,12月13日实到壮丁588人。

共计3059人,除壮丁外,实到保长小队附共192人。

2. 联防会议　12月4日,合江两县长及实验区区长在温泉举行联防会议,决议在白峡口设联防办事处,江北合川各调民丁一中队,本区一分队驻防要地。并会委赵璧光、李炳奎分任办事处正副主任。

3. 枪炮烙印　本区自卫枪弹登记于12月竣事,计公有手枪23支,步枪1321支,手枪弹483发,步枪弹12905发。

4. 本区各镇经费预算　各镇经费从1937年1月份起由区署从新规定,北碚月支99元,澄江60元,黄葛66元,文星57元,二岩33元。

5. 复查户口　12月上旬区署选派职员分四路十组出发复查各场户口,同时并整顿保甲,限两个月完成。

6. 训练壮丁　巴县蔡家场来函,请求本署派员帮助训练壮丁,本署已于12月23日派职员两人,前去帮助训练。

7. 12月26日　别动队秘书刘元达率别动队员20人来碚旅行,区署除派员引导参观外,并于民众会场开会欢迎,表演川剧助兴。

8. 12月21日　财部委员顾咸曾来碚检验印花。

9. 12月26日　庆祝蒋院长脱险,全市悬国旗放鞭炮,晚在民众会场开庆祝大会。

10. 匪情两月内本区内出劫案三起:

（1）匪徒乔装军队劫区属澄江镇、蔡家沟鲜姓，损失现钞600元，贵重物品甚多。

（2）区属澄江与璧山交界处马尾山12月26日夜甘炳南被劫，损失现洋15元及豆子等若干，该匪等已被澄江镇十九保守夜壮丁捕获送署究讯。

（3）1月16日午后澄江镇六、八两保小队附及壮丁在澄江属双十鼓巧捕两匪，当场一击伤一送署究办，并获手枪2支，本署奖洋160元。

11. 区属文星镇保长小队附冯沛南、刘元候等狼狈为奸，滥派保甲经费，已被区署拘留。

三、经济类

1. 水利建设

甲、12月4日在区署开水利会议一项，商筹复筑塘堰水库及征工办法。并令今冬场镇塘堰水利委员会。

乙、划全区为十辅导区，遴选职工20人为辅导员，6日集中区署研究测量工程等技术，至16日始分头出发召集各场保长开会并调查塘堰及水源，宣传水利，筹组工程处等。

丙、1月1日各场兴工筑堰，月底截止。计北碚完成堰沟两道，共费洋13292元。黄葛镇先完新塘一口，可容水量11000立方尺，其他新旧大小塘堰水库共完成30处（1月26日止）。

2. 本区灾情

甲、受旱损失——全区年可收容18900石，本年实收8020石，损失10880石。

乙、灾民人数——全区户口12477户，灾民占2927户，全区65284人中有15584人没饭吃。

丙、灾民生活——食树皮、树根、野菜、黄泥、白泥等，有食泥胀死，病死者，有饿不言不能起床者，有幼孩被遗弃者，有流为匪盗者，有自尽饿毙者，不一而足。

3. 旱情救济

甲、由区署令所属各场成立仓储管理委员会。调查粮食，限制买卖。

乙、1月24日召开各场士绅商救灾办法，组织赈务分会，30日开成立会，选出各组负责人，装订捐册，分头劝募赈款赈米。

丙、22日开赈务会议商办急赈，决定施放办法为：

施粥——设收容1，预算收容400人。

施米——由区署统治办理，先定灾民标准，次派员下乡调查分别等级发票。

丁、统治粮食，成立粮食调委员，集中资金，大宗在省外购买食米以办平粜。

戊、提倡节约，旧历年节，不致礼，不请客。

已、农村贷款，由建厅派张鹏翔、凭杞庆两先生来峡指导组织合作社。

庚、峡区各事业机关职员，均捐一日之所得以作办理收容所之用。

4.蚕桑改良场由镇江购回桑苗1.2万株，1月18日又运到桑苗13万株，该场已调查土质划定苗区，赶植桑苗。

5.家畜保育

甲、保育所免费代本区农民医治猪病，并向北碚三十保妇女宣传防疫养猪常识，成绩甚好。

乙、家畜保育所12月10日组织畜产改进筹备会，各组负责人选已推定，刻正积极工作中。

6.文星场边境宁百口创办一铁厂，资本1万元，内分红砂黑砂，炉堂等部，工人290余名，每日出产约3000斤，运输商由北川公司负责，治安则请本区担任。

7.12月26日上海苏福钞厂厂主严庆禧来碚参观峡区事业，本署派员引导。

四、社会类

1.本区各事业捐款援绥。

甲、天府、北川两公司及温泉公园职员各捐一日所得约400元，并组援绥募捐团向各士绅劝募，且有苦工亦慨捐其全月余薪者。

乙、兼善中学自组救亡运动会到峡区各场游艺募捐，计得款百余元，已汇往前方慰劳将士。

2.公安三中队发起打捞夏溪口运河鱼类，所得以谋地方经营之用，12月2日、3日两日计得鱼600余斤，售洋70元，以十分之四归鱼[渔]船以代工资，十分之一归主人（宝源公司），十分之五归公。

3.地方医院挨户访问孕妇并劝其住院生产，2月27日在北碚三十二保发见[现]春季最危险之传染病脑膜炎，当时即令其家属送病者入院医治，以杜绝流行。

4.中医限期登记——本区中医已由区署布告登记时间为1月23日起，2月10日止，并于1月30日区署召集区内有名中医易雍南、易少安、刘雅群、熊健勳、赵仲舒等开中医考试筹备会议。

5.12月25日午后，北碚市东山路[后名卢沟桥路]九号不慎失火焚去房屋八间，幸得兼善学校学生及公安一队救济，始绝蔓延，至其被灾居民由公安队代谋善所办法，焚后地基由科学院收买。

6.川江航务处派员淘濬[浚]嘉陵江险滩。

7.1月10日澄江镇囤船已安设完善。

8.实验区印1937年春帖1万余张分发全区各居民不收分文。

9.1937年元旦日北碚举行庆祝大会,同时举行部队及童军检阅与区立篮球比赛,午后在民众会场举行游艺大会,各学校及各机关均参加表演,有川、新剧、评书、魔术、歌舞等节目。

载《北碚月刊》 1937年 第一卷第七期 署名雪西

1937年2月

一、文化类

1.实验区区立校长教师及义务教师月会,均于21日在区署举行,商讨本期一切进行事宜,并决定全区各校均在22日开学,25日正式行课。

2.民众博物馆1月份参观人数共1848人,民众图书馆一月份阅读人数共7042人。

二、政治类

1.前峡防局长卢作孚于13日到碚,巡视各事业机关一周后,当晚召集各机关主干人在民众图书馆开茶话会,对各部工作垂询甚详,并多所指示。14日晨参观蚕桑改良场及家畜保育所江巴实验区后,始搭民生公司"民宁"轮赴渝。

2.18日实验区署召集北碚各事业开全区壮丁检阅筹备会议,商讨组织、宣传、检阅……各种办法。

3.20日有匪徒冒充稽私,本区二岩天子庙寺僧遭洗劫。

4.22日行营代表关吉玉,省府代表何北衡来碚处理川东蚕桑改良场收买东阳镇上坝土地事宜,现已决定上坝土地可由改良场先行使用,地方祖坟保留不毁,改良场今后雇工,各地主有被雇之优先权。

5.24日本区壮丁总检阅,是日北碚各事业机关工作人员全体总动员,八时前即就民众体育场所设立检阅台、划到处、奖品陈列处、各组临时办公处……布置完善,并装设无线电播音器及无线电播音机三处,随时传播音乐、戏剧、消息等。午前12时,各场壮丁始纷纷到齐,总计为2840名,另有实验区灾民收容所到灾民100人。壮丁先到者,每保有实验区区署职员二人散发《农民周刊》，宣讲常识，识字测验及举行各种调查等。午后1时半开始检阅，由三区专员代表叶新民任检阅官，届时关吉玉、何北衡、左专员等亦临场参加检阅。检阅毕叶及关均有讲演，本区各事业主干人分别讲演水利合作，家畜保育以及卫生教育等常识。讲演毕随即评定成绩分发奖品，总分第一为北碚十九保，当晚除演川剧以助兴外，且放映有声电影名片两部。

三、经济类

1.本区防旱救灾运动。

A.灾情——本区月来饥民日多，其有争剥树皮者，争食白泥者，被逼投江自尽者，遗子潜逃者，集团索餐者，抢米掠谷者，流为盗匪者，不一而足。

B.救济情形

a.节约——北碚各事业机关，每日改食稀粥二餐。

b.禁止区内用粮食熬糖煮酒，禁止年节致礼宴客。

c.20日实验区署拨款代购洋芋贷给农民，并规定本区农家办理合作秧田。

d.游艺募捐——3日民委会组织赈灾游艺会演剧募捐，共募得8元4角5仙，全部赈济饥民。

e.设灾民收容所——10日实验区设灾民收容所一处于夏溪口燧川炭号，收容区内灾民。

f.年关急赈

▲6日实验区署派员27名，分赴各场勘灾，根据饥民调查表挨户访问，以便分配赈米。

▲由赈分会募得赈米116石（北碚30石、文星25石、白庙子14石、二岩6石、澄江30石……），9、10两日，分发区内灾民，计饥民共5740户，发米98石7斗9升。

g.募集赈款

▲捐款——卢子英捐薪两月计88元，家畜保育所江巴实验区职工捐一日之所得（且一工人捐全月月薪计3元），李星北代募捐款100元，刘缙福捐款200元，以济灾黎。

▲李会极愿垫500元以办急赈。

▲北碚小屋基葛姓清明会会款将提作赈款。

2.家畜保育所江巴实验区已将北碚七、八及三十三保表登区畜牧调查竣事，该区共有鸡492头，牛56头，羊28头，家禽711只。

3.家畜保育所畜牧兽医科主任吴年吉24日来碚视察江巴实验区。

4.渝中国银行经理徐广慈,副经理王君靭22日来峡参观各事业。

四、社会类

1.光华电灯厂开灯——兹有卢魁杰君,在区属澄江镇独资创办光华电灯厂,厂地设该镇王爷庙,资本为2000元,有48基洛瓦特直流电机一部,其电压为220[伏],照户约100余户,已于本月25日开灯。

2.青北马路开工——北碚至青木关之成渝公路支线,早经四川公路局派员测量竣事,路长20公里零800米远,兹行营已拨一六一师六营兵工建筑(路基路面),并限本年6月底竣工。现工程处设办事处于北碚,刘德成任段长,杨家庙及歇马场设有分办事处。有桥4座,涵洞20余处,每修完1里,公路局津贴兵工洋100元,全路建筑用具,共由公路局津贴2000元。

3.预防脑膜炎流行——脑膜炎春季最易流行,自地方医院在北碚三十三保发现此病后,该院即派员分赴全区各保调查宣传。

4.废历元旦活动——12日为旧历元旦,北碚民众体育场举行乡土游艺,午前比赛长毛毯,大抱蛋,午后作化装竞跑(士、农、工、学、兵作装),自行车比赛(慢赛)。

5.嘉陵江水浅,"民信"轮于19日驶经叫鸡石,机器舱坏,船沉没水中,因救济迅速,除损失一部份行李外,乘客全部脱险。

6.22日"民法"轮在沙溪庙触礁,因离岸甚近,未受损失。

载《北碚月刊》 1937年第一卷第八期 署名雪西

国庆与抗战建国

今天是中华民国建立三十周年纪念日,也是我们神圣抗战以来的第五届国庆,在今日凡是中华民国的公民,回想先烈的艰难创业,瞭望未来的抗战前途,一定有着无穷的感慨和无限的振奋。

三十年前的中国,内受异族统治,外遭强邻侵略,我们先烈对内为摆脱五千年的专制流毒,对外为抗拒列强的侵略、压迫,竟以无数的生命热血,推翻清朝二百余年的统治,来光复祖业,建立了中华民国。但自此以后,外侮内乱,更形频仍,非但对外未曾获得国际自由平等,且外患已亟,尤以日本之进迫为最。计1915[年]提二十一条,欲亡我国,奴我族;1928[年]出山东流血济南,以阻我国家之统一;1931年发生九一八事变,掠夺我东北领土。自此血手张开,南侵北夺,使我无一日之安。牒至1937年侵略火焰燃及芦沟,吾人为保卫国土,乃起而作全面抗战迄今五年,世界反侵略之前卫,吾中国可当之而无愧矣!今日之中国,不惟[唯]为力争独立自由之国家,而实为安定远东之主力,尤为世界民主国家反侵略集团主要之一环。吾人再次检讨抗战以来的五个国庆的国际和国内状态,则知中国确在血泊中走上自力更生之路了。

第一个国庆时,淞沪之战方起,国联邀十三国开九国公约议于比会京,讨论中日问题。第二个国庆时,武汉会战将近末期,慕尼黑会议刚开幕,张伯伦出卖了捷克。第三个国庆时,湘北第一次大捷,欧战爆发,波兰亡国。第四次国庆时,敌人进占越南,德意日缔结同盟,英国开放滇缅路,法国已投降德国。第五个国庆时,我福州收复,湘北第二次大捷,口徇关系加深。国际方面,欧洲若干小国已次第归顺于纳粹,英德战争胶着,德苏战争正剧然进行。三国会议举行于苏京,欧洲十八届会议举行于伦敦,日美谈话在暧昧[昧]中发展,中英美苏反侵略阵线愈形紧凑,吾人从以上的纪时大事来看,便可以得出以下的结论。

一、我们艰苦抗战五年,由奋战而撤兵,而胜利,而相持,而反攻,已证明敌我力量之消长,此次湘北大捷,更足证吾人最后胜利之必定到来。

二、抗战以还,无可讳言的,国家是日益陷于艰危的地位,精神与物质均蒙受最大的损耗,但我们在抗战兼程建国中却也有长足的进步,例如政治军事、经济文化各方面都有部份改革与成绩。又全国的同胞,都能认识抗战建国的最高原则,虽前途还有不少的困难,但神圣的民族解放战争终必获得最后的胜利。

三、国际大势,由空言会议而出卖弱小,而造成大战类及全人类,而侵略轴心加强联系反侵略阵线之具体结合后,罗邱宣言泛起欧洲会议,三国会议更坚实了和平阵线的合作。以上三点结论,就足窥见内外大势前途的光明,我们奋战四年余,确因日寇已无忘我之力,中国的国运已完全握在自己手中,当非外力所可推[摧]毁,示而国际大势,由于中日战争的演进,促成了国际恩怨关系的明朗化,今后吾人必能完成辛亥革命未完的大业,并将为世界历史的主要创造者。当此国庆纪念之日,吾人甚感觉耻辱,胜过欢欲,但争取民族自由之希望,实在多过于历史回忆的悲痛。中华的儿女们,坚定悲的信仰,鼓起你的勇气,向完成三民主义新中国的大业,创造世界历史的光明之途迎去吧!

载《嘉陵江日报》 1941年10月10日特刊 高孟先撰文 未署名

大小凉山考察经过[1]

●大小凉山并非一谜

今天能同北碚学术界同仁见面,并报告大小凉山考察经过,自己感到非常高兴,此番余到大小凉山,亦不过科学界后辈,因该地曾有六个学术团体去考察过,外间人对于大小凉山虽还是一个谜,其实并无新奇和特异的地方,只在人们少有机会接触或深入那个社会而已。

●到凉山两种可去

计由西昌经昭觉(180里)再通过大小凉山而至雷波,行程共约480华里,9日即可走过(西昌到昭觉4日,昭觉到雷波5日),地理上并无大的障碍,只是交通稍受天然的限制。此外或为少数人事上的困难,因人们皆畏夷人的凶恶和野蛮,因此形成内地到边疆去的,只有两种人,一是邮差,因为他在任务上是于人有益无害的,一是西洋人,他是在不平等条约上似乎是特权的。

●外人到凉两件惨案

可是西昌到雷波间不通邮,而外人大小凉山多未深入,因曾经外人入凉山在历史上发生了两次惨案。第一次是在前清——英人入凉行至××关,被夷人阻杀;又法人曾在昭觉寺传教,当时昭觉成一天主教区,唯夷人(猡猡)与汉人文化不同,伊们并非有宗教信仰,而目的在借此机会索取教堂东西,猡猡作了教堂,主教之后即为自己戚友代向教堂索取物品,及至将教堂物品要完尚不为足,后来闹到不相信神父,而把神父拖死在地上,此事几年以后才交出凶手治罪。前在昆明某报看得一消息,谓天主教势力在大小凉山很

---

[1] 1941年9月22日,中国西部科学院在"惠宇"楼组织了一场欢迎曾昭抡博士讲演的学术报告会,此文由高孟先记录整理而成。

大,其实还是完全错误,现在外人还是裹足,凉山仍是一个特殊区域。

●凉山造成特区原因

凉山造成特区的主要原因,则在夷人在历史上即未被汉人征服。汉朝的武力,虽达到邛都(即现在的西昌),但汉官并未深入凉山,现在猡猡是否为汉朝之遗族,当不可考。有人谓汉代之猡,已同化于汉人,而现存在者为云南移来,故多为地理关系。是以历史情形看来,汉人多择低地及物产丰富之地而居,而夷人则喜高山,此种民族勇敢好战,数千年来,汉人当被其扰,不胜防御。清康乾时代,时有变乱,皇朝曾动员七省兵力剿灭,后因阻于山险与交通,并乾隆重听受皇太后之命停止征讨,继四川总督拟平定凉山仍被皇上敷斥,此后再无有彻底之征剿矣。凡夷人出扰,仅用重兵压转,唯汉人尚能控制其交通线,故夷人只能避处一隅。清末昭觉才建城,汉人约有数万移居其间,1919年夷人在西昌昭觉大叛(因当时汉兵招有部分夷人充任),杀死汉官及汉人,逃出者仅少数同夷人有密切关系之汉人,余留一部汉人之坟墓掘耳。当时夷人势力,东至雷波,西至西昌,北至峨边,其县城全为夷人所占。昭觉县迄今至1935年始收复,继又一度沦入夷人之手,今年3月始再克复,现在西昌以北20里,雷波以西10里,即入夷人之界。

●部落制度主奴阶级

夷人社会组织分统治阶级和奴隶阶级两种。位制阶级,为黑夷,即纯粹猡猡,奴隶阶级为白夷即娃子(夷汉杂种),此或种族不同,所以形成了阶级。吾人以其体格观察,黑夷善战,体格高大彪[剽]悍,白夷体格较小,多近汉人,但仍有近于黑夷者。其社会制度,仍为部落社会,民族分若干支,家、私产制度虽然存在,但带部分共产社会意味。赵尔丰平藏时曾有沟通雷建(建昌)通道之计划,唯勘山队长在大凉山为夷人所杀,故此道始终未能通达,目前所行者,悉为旧有险道。

●夷人之需为盐为布

吾人入大小凉山应准备事项:夷境以内一切交易多以物易物,法币或其他货币夷人均不接受,暂有以生银非交易者。故吾人入境有两种物需携带,一为布,一为盐,尤其盐最为夷人欢迎,因其用途,大部分以喂养牲畜,人吃甚少,故盐成为夷人劳力重要代价。至于布疋[匹],多用九寸宽之窄布,且最喜为颜色者,夷人对量多不相信,布皆用方,每匹约26方(以对角一折为方),此外为[以]针线、装饰品、小镜、小手巾、头绳、万金油,以及破胶鞋等为夷人所欢迎。

●深入凉山要保险费

由西昌到昭觉,毫无困难,力夫为雇用汉人,昭觉至雷波,不仅力夫须雇用夷人,而要觅定"保头"始可通过。"保头"为有力之黑夷,须有10%的保险费,并只能在势力范围办,每经一段途程当要保送,始克到达目的。且当商人(尤其鸦片商)被保送之黑夷出卖作娃子者(原每人可值银三五两,现一人仍值30余两),不但如此,昭觉、雷波县城居民当被夷抢劫出赏,不分男女老幼以蔚成抢劫、贩人的风气。

●凉山之位置及交通

大小凉山位于昭觉、雷波之间,昭觉在西昌之东稍偏北,雷波又在昭觉之东稍偏南。进行路线,由西昌至大凉山顶(黄毛梗)一段交通尚便利,而由黄毛梗至雷波,则较困难,因道路狭小,山势甚陡,且杂草丛生,路径莫辨,再遭风气。但我们只要把线索找好,夷人对待还是客气,因为究竟夷族立于汉人统治的地位。

●入山要打听两件事

入山时两件事须事先打听清楚的:一为沿途站口,一为每站里之夷氏族(支家)及领袖姓名,因为吾人住宿必须到当地黑夷领袖之家住且须近于黄昏时入舍,否则,即遭轻视,或引起夷人间之冲突,因为汉官到此,以住自己之家为荣幸事。夷人的生活情形,住的方面,普通房舍为平房三间,一间为家主住地,一间牲畜住地,中间则系一长方形火坑(灶),这是夷人生活活动的中心,其他如床、桌、椅、凳等设备均无,少数人家仅有柜子设备。衣的方面:男子内衣多与汉人同,唯外衣则系毛织毡衫,女子上着短装,下着大裙,不着裤,外毡衫。男女均赤足,无被盖设备,晚间即以毡衫覆盖。食的方面:夷地多在山谷中,谷米产量甚少,低地所产为玉蜀黍、燕麦、洋芋,高山产荞子,每日只吃早晚二餐,麦、荞、玉蜀黍均系磨成粉米作粑,多用生水混和[合],在健康卫生上饮水最成问题,食具全为木质(碗匙)。食亦分阶级,黑夷多食麦,白夷多食荞子。

●四足动物招待上宾

至于招待宾客,时间多在晚上,食品除谷米以外,用动物并以四足为贵,如牛羊猪等,以其大小而定高贵之标准,鸡鸭次之。且招待之动物,必献于客人当面打死,以表真实。烹调方法多近汉人,只在调味与生熟上不及汉人考究耳。

●夷人禁忌与打冤家

夷人禁忌甚多,如宾客进屋不能坐于火坑侧之仆奴地位,火坑之石不能用足踏,以致放屁亦为失体之事等。此外打冤家,即一种世袭之争斗,为夷人中最普遍的战争,其调解多为女子之力,因女子在夷人中较为尊贵。双方打"冤家"每每为女子而起,亦每每为女子而息者,如对抗之家一女出而调解或女家与敌对之家,则一幕悲剧可即转为喜剧,且一事之妥协或主奴关系之调整,及时汉人之投诚等,其典礼仪式普通为饮血酒,特殊者则为钻"牛皮"即将牛杀后,将皮绷于木架上,双方代表人于其皮下钻过以示信守。

●夷人文字类似象形

至于夷人文字组织,夷人中识文字者名"毛目",即类似汉人之道士。文字构造,类似象形,如汉文"一、二、三、四"夷文在写法为"I II III 目",数字大抵相同,唯其字母仅24个,每字代表一物或一动作,字音有单音亦有复音,并写的顺序系从右至左,与英文从左自右不同耳。

●大小凉山地质森林

大小凉山地质森林情形:大小凉山顶之西,多土坡为页岩砂石,山顶之东,山坡很多,岩层多为石灰岩,森林山顶多冷杉,山半多阔叶树并有洼地宜畜牧,大凉山以西森林甚少,以东森林尚茂,各种矿产埋藏甚丰。

载《北碚》月刊 1941年 第三卷第十期
曾昭抡[①]讲演 高孟先记录整理

---

① 曾昭抡(1899—1967),1926年毕业于美国麻省理工学院,获科学博士学位,1927—1931年任中央大学化学系教授兼化工系主任,1931—1937年任北京大学化学系教授兼系主任。1939年,参加自然科学社考察团赴西康考察,1952年及后曾任中国化学会理事、常务理事、武汉大学化学系教授兼元素有机化学教研室主任等职。

新县制下乡镇长应有的动向

一、地方自治之基础，在于地方全体之人民，而各乡镇长，实为地方自治之骨干。自古论治之要，均谓"政由人兴"，况以今日如此巨大之民治事业，若非乡镇长竭尽职责，公勤快实，勇敢廉洁，须有善制，亦将徒法难行。四川为抗战建国根据依托，设或新县制未能推行尽利，则影响国家前途，更非浅鲜。

二、新县制主要目的，在充实保甲，建设地方。乡镇长之职权加大，乡镇组织加强，故乡镇长之智愚贤不肖，实为自治事业成败之关键。我们要如何才能使乡镇长奉公守法，尽忠职责，不致假公济私，渎职舞弊，这固由负责长官以身示范及感导得法。但更要考察其一般办事弊病之所在，然后才能对症下药，或设法严格监督作先事预防，或据情执法以绳，图事补救，使人口免于为善，努力从公，否则，如果我们不知道乡镇人员办事种种弊病的实际情形，一切改革就无法从着手，吾人感觉现在一般乡镇长普遍易犯的毛病，约有下列数端：

（一）假公济私，营私舞弊：现在一般乡镇长及保甲人员往往凭藉自己公务人员的地位和职权，在社会上作种种投机牟利的事情，如包征税收，开设馆栈……无非假公家名义，满足其个人私欲，甚至还包屁[庇]赌、娼、烟及私受贿赂的贪污行为，此不但为地方自治推行的障碍，而且引起地方人民的怨恨。

（二）倚势招摇压迫民众：普通一般乡镇长及保甲人员，大抵没有受过完善的公民教育，缺乏学问修养，以为自己可以接近政府，就有权有势可以欺压民众。对于当地人民，不能善为劝导扶持，反而肆意凌人，以致各地有了乡镇长和保甲人员，一般民众反而多尽一层压迫，这种倚势招摇，欺负人民，完全是过去一般土豪劣绅的故伎[技]没有改革，所以他与政府愈接近，对于人民的痛苦也就愈厉害。

（三）假藉名义，报复私仇：这也是常见的弊病；他们不知道作了乡镇长，就是公务人员的身份，就要作人民的表率。对于过去一切私仇私怨，都要完全捐弃，一秉至公达成任务，反而自以为权力在手，对于夙所不快的人，极端报复，或假借地位，排除异己，加以倾陷，使民众敢怒而不敢言。

(四)派丁征工从中勒索:现保甲人员,操一乡一镇执行政令之权,普通派工征兵,都是由他们直接办理,所以一般恶劣贪残者,就可以凭此机会勒索穷苦。对于一般有钱有势者,不仅有力可不必出力,有钱可不必出钱,而对于无势贫民,则苛派滥索,毫不顾恤,社会上有如此不公平之事,保甲制度,怎么不为一般恶势力的乡镇人员所摧毁呢?如此,我们又怎能使一般民众获得政府创制立法的好处?

(五)征收捐税蒙混中饱:在抗战建国期内,政府于人民之赏赐恤抚(如抗属之优待抚恤)及人民对政府之捐献、纳税(如捐粮献金,购公债,航空捐及各种税款等),均由保甲人员直接经办,尤以目前田赋征收实物等,委诸地方,则更易发生对上蒙混,对下欺骗的流弊。因为一般人民不熟悉政府法令,明知保甲人员有所中饱,亦不愿开罪于人,故易使贪婪者不知足厌,如此,地方自治,将永无实行之望,民众痛苦,亦无解救之一日。

以上弊端,是目前中国乡镇保甲长一般的通病,政府与人民,均应严厉监督,消除流弊,地方自治,才有健全的基础,三民主义才可以真正实行。

三、乡镇长经常与民众接触,职虽卑而责重,俸虽薄而事繁。做乡镇长的,消极方面固应除去上面种种弊端,积极方面则应如何下悉民隐,上晓国情,内知所属外识绅番,使民得其所,事尽其宜,吾人希望做到一个好镇长其动向约有六:

(一)耳到:新县制下的乡镇长,责任甚重,除了普通一般地方建设的工作而外,尚要努力于抗战建国的工作,因此乡镇长不独要知道本乡的事,并且还要知道国家和世界的大势,否则他是一个时代的落伍者。乡镇长责重事繁,断不能事事躬亲,而须假手同事,如对一同负责的同事,营私舞弊毫无所闻,岂不会牵累自己,进一步言,就是尽职的同事,他也应该知道加以勉励,乡政才能因而进步。对于人民耳到尤其要紧,因为人民之疾苦,如有所闻,才能因利除弊,人民之冤抑如有所闻,才能加以昭雪,就是人民对于自己的毁誉,也应该有所闻,然后才能改过自新,或继续努力。不过耳闻之后,必须认清所闻的之所自来,然后才能辨别真伪,而不致为人所蒙蔽。换言之,耳到之后,须继之又目到、口到、心到、手到和足到,然后耳到的作用,才有意义。

(二)目到:古语:"百闻不如一见",可见目到还比耳到要紧,乡镇长对于属下之尽职与否,耳闻未必真确,必须继之以目到乃辨真伪。同时对所属必须时常见面有功则奖,有过则劝,这样人人奋勉,知所惕厉了。对于人民目到的功夫也很重要,第一因人民多愚昧,不知乡镇长是人民的公仆,而认为是一乡不可侵犯的神祈,结果便是公仆失其所以公仆之道,而人民也忘其为主人的资格,不加监督。假如乡镇长常常和人民接近,使他们晓得主仆之分,既不致有所畏惧,也不敢加以轻视,然后和衷共济,促进乡镇的进步。其次,人民的疾苦,乡镇长虽有所闻,究不若目见的亲切,因此所定兴利除弊的计划,也必比较切实而可行。

还有一种最重要的功夫,就是多看书报,一般乡镇长的事情虽忙,每天抽出一二小时来看书报,总是可能的,此不但可以明了国家大势,且可以促起自己不断进步。

(三)口到:口到的功夫第一要用在所属保甲人员面前,有过要苦口相劝,有善则须加以勉励,这样,乡镇保甲长之间既不会发生隔阂,并且彼此的情感,可以维持长久,工作效率也可因而逐渐增进。曾国藩教导他的将佐:就是要勤口,要使听者"耳熟能详"不好不听,这是很值得人效法的。愚昧的人民是不易劝导的,但乡政离不了人民,无论人民如何愚昧,也得尽力劝导,否则,便会误事。如筑路、建街或取缔某项事物,推广优良品种……总不免为某一部分人民所不满,因而闹出的大小风潮,这是常有的事。如果乡镇长不能切实劝导,徒靠政治力量来施行,总不免遇着非不可避免的阻碍,即减少行政效率,以不过口到的功夫,是不易做到的。第一说话要诚恳,才能使听者有所感动,第二说话是中肯才能使听者知所适从。

(四)心到:凡事耳闻目见未必真确,固须加以思索才能辨断。就是口之所说,也须经过"心确"的程序,然后才有价值。可是一般乡镇长做事不用心(不用脑),而随便乱做的很多,还是没有做到心到的功夫之过。

心到也是心理建设,现在一般乡镇长,大都抱着得过且过的苟安心理,对于上级政府,只求怎样应付,才可保持职位,对于人民只求敷衍,才不致发生变故,至于怎样才可以完成乡政建设,以期能抗战必胜建国必成,大都是无动于心。结果,一切乡政,非陷于泄沓因循,即误于枉庇曲循,所以今后的乡镇长非先从自己的心理建设痛下功夫不可。心理建设之要点,除行易知难外,就是要认识实行新县制是以抗战建国为目的——一个是要求民族的自由和解放,一个是要求人民生活的民主和幸福。应该具最大的决心,埋头苦干,不畏强暴,不避艰险,一扫泄沓因循苟且偷安的心理,凡事须有牺牲小我成就大我的决心,一扫贪污卑鄙枉率曲循的心理,如果乡镇长能建设这样心理,乡政一定能办得很好。

(五)手到:所谓手到,即手之利用。曾国藩常常教人要备一本薄[簿]子,把人之长短,事之关键,随时记录起来,这种手到的功夫,乡镇长们尤其要切实做到。手到的功夫也要用在文牍方面,乡镇公所虽有各股主任干事和书记,但最好自己还要常常动笔,处理公文。此外如练习拳术或使用武器,即可锻炼身体,复可备万一之用。又如修路开渠、种树,甚至如镇公所之布置,市街之清洁卫生……也不妨自己做,这种精神可以感化人民,无形收获是很大的。

(六)足到:因为耳闻、目见、口说、心思、手做都不能只限于一隅,一物或一事,必须扩大范围于全乡境内,然后见闻始广,心口相应,而手之所做,亦因之愈有力量,要做到这种程度,就不能不说足到的功夫。太史公司马迁周游"天下"其文益壮,便是足到的例证之一。乡镇长虽不比太史公,但是足到之后全乡情形,当然更能了解,而所拟具的改革计划,也一定更切实际。人民痛苦闻见较确,而民众间的隔阂,也可逐渐化除。不过足到也有相当限制,决不能终年在辖境乱跑,因为有许多事务必须在办公室处理的。

以上仅提出乡镇长应有的动向之荦荦大者,每个乡政人员必须照此干去,才可达到吾人实行地方自治……

载《北碚月刊》 1941年第三卷第十期　署名高孟先

检讨过去　策励将来[①]

今天是成立中华民国三十一周年纪念，也是我们神圣抗战以来的第六次新年，在抗战胜利已进到决定阶段的时候来庆祝元旦，我想，全国同胞，一定会感觉到无限的欢欣和振奋。目前可说是我们抗战由黑暗面转入光明的一个时代，吾人为憧憬一个幸福的将来，对于过去应有一个概略的检讨。

在过去的一年中，计发生了下面几件大事：

一、美国军火租借法案[②]于3月成立，这是反侵略各国间一个有力的连锁。

二、巴尔干方面是完全为纳粹暴力所蹂躏，而自六月德国侵苏以后，强大的苏联立刻奋起抗战，即反侵略阵营中，添了一支雄厚的生力军。

三、英国在纳粹攻苏的机会中，加强了本国的防卫，肃清了东非的法西斯暴力，并在北非反攻同时伦敦两度召集了同盟国会议，即欧洲的反侵略力量，已一致团结起来。

四、中国抗战五年，愈战愈强，阻止了敌人的前途更予敌寇以大量消耗，同时吾人在反侵略阵营中，一年来更加强了对友邦的合作。

五、由于中英苏三国的英勇抗战，由于美国尽量援助反侵略国家，由于一切爱好和平正义国家民族，同或有团结一致共同抵抗侵略的必要，因而反侵略集团自然形成。

六、去年12月7日，日寇在太平洋上偷袭美扩大侵略战争，中国彻底维护国际正义与世界和平的立场上首先对日德正式宣战。三周以来日寇在太平洋上虽猖狂一时，然世界欧亚战场，实际已打成一片，对日本宣战及绝交的国家已达二十余国。从此东西侵略者在互通声息狼狈为奸，以求实现其奴役世界的目标，从此反侵略的民主国家，共同负起责任，并肩对抗强敌，争取人类的永久和平。

七、苏联境内自11月以后，纳粹的暴力，连接遭受着重大的打击，英军在北非正步步进展，从全局看，侵略暴力，从此将日日衰退。

---

① 此文为《嘉陵江日报》新年献词。高孟先撰文，未署名。
② 美国军火租借法案：即于1941年3月签署为法律的美国租借法案，是指美国免费或有偿提供给法国、英国、中华民国，以及后来的苏联和其他同盟国粮食、军事物资。该法案于1945年9月结束。

八、太平洋战后，重庆中英美军事会议，华盛顿罗邱会谈，莫斯科英苏谈判，均针对着侵略的轴心，这三大会议将为全人类大放光明，今后同盟国统一作战计划的实施预示侵略者的灭亡。

总之，今日世界大局，已很清楚，一方是侵略者的局部嚣张，一方是正义的力量开始集中，无疑的今年是光明与黑暗的分野，是正义与暴力的决斗，希望全国同胞，在此岁序更新之时，以最大的忍耐来克服当前的困难，以高度的努力来争取最后的胜利。

载《嘉陵江日报》 1942年1月1日 高孟先撰文 未署名

本报的任务与希望
——《嘉陵江日报》复刊词

本报过去因人力、物力、财力、印刷种种困难,曾经有一个暂时的停歇,而以《北碚简讯》《北碚周刊》来继续它应负的责任。现在,我们打破了一切困难,今天又是从[重]新开始,际此,我们不能不对爱护和关切本报的读者,重申自己的任务与希望。

本报发刊已届二十年的历史,虽经若干改良,终未能实现预期的效果,□□□……□□□,作为今后努力的原则:

一、充分标准小型化报纸,力求短小精干,表现出地方报纸之特色。
二、记载力求翔实有系统,尤注重与民众有实际生活关系的资料介绍。
三、关于乡建运动之宣传,应力求其有整个中心的介绍(文化与经济的建设)。
四、文字力求通俗,内容不离大众。

根据以上的原则,确定如下的任务:

一、反映北碚十一万人的集体生活,进而成为十一万人的报纸。
二、把民众必需的知识,各种社会问题、职业技术各科知识、人生修养等知识介绍进来,再把此间十一万人有意义的生活供[贡]献出去。
三、想在各热心乡建的先生们的热情扶持下,使日报具有日课的作用。

本报既为大众的报纸,如何的做到共同经营,共同创造,则是本报恳切的希望:

一、希望老百姓们,天天读报,因为这是你们的报纸,把自己的意见和生活写出来,或者说出来,我们再传达出去,使社会有交互的影响。
二、希望负教育的先生们来帮忙,不管是学校教育,社会教育,都与老百姓发生密切的关系。须知教育是方法,是手段,建设才是我们的目的。今天看报在报纸上说话、写文章,可说是教育工作,都具有教育的作用。

三、希望乡镇保甲负责的先生们对本报予以扶助,乡镇保甲长、乡镇保民代表,是本报的基本编辑和采访员。本报宣传地方自治,诸位是负地方自治实际责任的人,本报报道乡村建设,诸位是乡村建设的铁军,所以要请乡镇保甲长、乡镇保民代表看本报,为本报写稿,并介绍本报。

四、希望正在学校求学的朋友们帮助本报,我们要从文艺的力量推动北碚的建设,我们要把乡村建设运动影响到各个角落,所以必得请求青年朋友们来共同努力。

最后我们□□□……□□□,予我们以严□□□……□□□,切实的指导□□,我报□□□……□□与十一万人所共勉。

载《嘉陵江日报》 1947年11月1日 高孟先撰文 未署名

梅花山去看学校

日暖风和,陌上花开,是郊游理想的季节。管理局正于此时,派了若干主干人员,分赴各乡,作一个教育的"普察[查]",同时亦是给予各员的春游机会,经常生活在空气严肃的办公室里而得到视察任务的人们,应是一件何等快意的事。

◎ 帮助与慰问

这次视察的意义为:

一、帮助教师解决困难问题。各校纷纷开学之际,关于布[部]署问题、设备问题、经费问题、生活问题……总是千头万绪,尤其是新任的校长教师,对于地方情形不熟,工作经验不丰,所感受的困难必多,这是急切需要解决的。

二、视察各校实际活动情况。例如学生入学的情形,缴费有困难?家庭拜访怎样?地方联系如何?教师上课情形如何?都应一一明了,以作解决或改正的依据,尤贵能发现问题,提供办法。

三、慰问辛勤工作的校长、教师。学期开始,一番忙碌,管理局对一般辛勤努力的校长、教师们,除鼓励他们继续为教育而努力之外,同时亦代表地方为他们致以亲切的慰问。

以此,管理局在所属各校开学之初,即嘱各乡镇长,就该乡镇学校作一普遍视导,局派人员再作视察。三日前,教育科曾召开了一次教育视察准备会议,研讨视察的计划与方法,可算相当的周到,我们为了增进教师服务的情趣,解决当前的困难问题和宏大教育的效果,此次视察,是极其需要的。

◎ 农村的画面

笔者担任视察的区域,是朝阳镇。这在交通和工作上,是比较方便的。三月六日偕同李镇长爵如和另有任务的袁校长俊成(前第三中心校校长)，本报记者曹寄侬君，一同到离北碚市区四公里的梅花山第三中心校去。我们各雇乘了人力车，沿着修长的青北公路前进。车近天生桥，乡村的情调，逐渐浓厚起来。春风传送着芳香的空气，顿使人感到蓦然的轻松，此时我们开始注意田野的自然景物，公路的两旁，都是丰沃的田畴，澄[橙]黄的土地上满布着碧绿色的线条。辛勤劳作的农人，孜孜地耕耘着自己的土地。麦田已成绿色一片，分不清行间与距离了，肥嫩的麦苗，已抽出了新穗。金黄色的油菜，夹杂在菁芜的田园中，格外醒目，只是它在各种作物的面积的比例上仅成了点缀品了。后问明模范农民袁正和，才知道油菜所以稀少的原因，一是受了"天厌①"的灾害，一是种粮食，近年比种菜子更为需要。从这一点上，我们就可以看出，今后农业生产的趋势，同时亦更具体的说明了今日的人民，只如何在"求生"上打主意了。

◎树苗浪费

九时半抵达中心国民校，首先进入眼帘的，是新植的大批树苗(梧桐、苦楝等)，于校舍的周围和入校的路旁，密密地如苗圃育苗一般，令人感到种树的人太无常识，这样马虎从事，成活数一定极低，真可惜了苗子。我想今后凡学校或公共地方植树或布置庭园，必定要由北碚公园或林业指导员作技术的指导，并由局订出一套办法，因为攀移植树苗最好在立春以前，至迟亦不过雨水节。昨天(农历正月廿五日)已是惊蛰了，尚有若干堆积在该校而未下土的树苗，可说全部被浪费了。

◎北碚新胜地

这所学校与抗战殉国的张自忠将军的墓园毗连，故人均呼之为梅花山小学，将军之光辉学校，学校之纪念忠魂，造成了北碚新的胜地。校舍是一幢红黄色的石房子，坚固美观，为1945年所建，当地的民众(十八、十九、廿三保)自动地出了四分之一建筑费用，在局属的小学校舍中目前算是比较标准的了。

该校本期为省立重庆师范学校的同学接办，我们同韩永英校长作了一小时的恳谈，知道她们初来，困难当然较多，目前是有头绪了。学校准时开学，报名学生215人，实际入学者191人(其中16个学生免书籍课本费)，共六个单式学级，每级平均在30人以上，各班已正式上课。我们除一般的询问外，并静心地听取意见，最后将归纳起来，有以下几个问题。

---

① 天厌：一种吸食植物汁液的有害蚜虫，川渝地区俗称"天厌"。

◎ 问题待解决

一、教科书问题：此次由大东书局供应的教科书现已售完，因此规定以现款购书和多购了不能退还，故使各校感到意外的困难，多购了是损失，少买则后来的学生无书可读，且后购的书又要发生价值上的差异，我们想还是教育科应统一解决的问题，除迅速供应各校教科书外，由局准备一笔费用制购若干教本以备后入学的学生购用，同时应交涉书局准在一定时间以内，可以照原价退购书籍。

二、教具问题：各校挂图之类的教具缺乏，尤其社会、自然两种，为了统一和经济起见，应由局委托专人制作或购买，分发各校应用。

三、设备问题：学校有两种重要的设备，有关运动器具，局属除朝阳一、二中心两校外，联合运动器具（如木马、跷跷板、梭梭板、高中低级）外，其余皆无球类，如篮球架板亦是急需的。一是音乐设备，本校风琴，亟待修理，我们以为，各校运动设备，可由局分期统一制备，风琴修理先行调查后则联络或雇请专人统购材料予以修理。

四、布置问题：局属各校以环境及经费人事等关系，布置极不标准（内容、图、字、形式），今后教育科应有专人设计，室内的如图案和标语等统一制发或就各校环境予以实际的指导；室外的如校园游戏场所等设计之布置，或委托专门事业指导，力求各校标准化。

五、文具问题：各校购置文具，如粉笔、纸张、笔墨、洋红等，有经验而又有款可垫的校长，他可购备到一学期可以应用的，不受物质影响，新任或靠每月公费来购置文具的准是越到后来无办法。此点教育科亦应多方想法帮助各校，或由局借垫一笔费用，专购备大批文具备学校借用，或就各校办公费统购文具分发，或利用各事业不用的工具（如油印机及可用之废纸料等），北碚印刷所将来尽可能为各校在印刷上服务。

六、入学问题：应入学的儿童，尽量劝导其入学，凡有困难如缴纳书籍课本费等，可酌量情形予以缓免。至民教部分，此时正当农忙，有的为了生计确［实］没功夫读书，招生开学，均受到影响，此点要希望民教主任顺应环境，变通办法（必要时可停课数日），千方百计地去推动自己的工作，并抓紧当地热心教育人士和自治人员共同协助，不然，很难收到预期的效果。

七、校舍问题：本校宿舍亟待解决的两大问题。一是彻底修缮水沟，一是安装玻璃。前者已将材料准备妥当，应快速地开始工程，能在春雨前完成最佳。后者估计如配广片需5000万元，土片亦要3000万元，此点除在地方想办法外，这就要靠以学校经营的成绩去争取人们的同情和帮助。

八、教师生活问题：在物价狂涨声中，人人都感到生活的困难，好在本局教师的待遇，是以实物现价计给，这予教师的生活比较得到安宁。只要能办到按月发给，那就少问题了。如果学校能为自己生活多作打算（如种植蔬菜，购储米煤……），更可以应付物价剧烈的变动。本校目前一个困难，就是宿舍离学校稍远，雨天交通不便，平日为核改学生的作业，须带到宿舍办理，因而增加一笔灯油的费用，幸得当地人士如袁正和冯时齐等之热心，按月由养猪场津贴办公费20万元以解决暂时的困难。

◎ 值得注意的

此外我们还感到几个一般的问题，是值得局方今后注意的。

一、校长的人选，一定要有办学经验的，单凭学校的一点成绩和干劲是不行的，因为要适合客观的现实，是多少要具备一些应付复杂人事的才力的，并且没有作过校长，他对学校整个的经营计划势难想得周到，遇事办事，就问题解决问题，其过程中所遇的困难和所得的效果，是不难想象的。

二、减少学校行政上的困难，使各校有充分时间和精力经营自己的学校，此点管理局已做到一部分，如校舍及桌凳之统一修理制作等，他如学校设备之充实，教师生活之安定，教育基金之筹措等，分别由乡镇与局多负责任。

三、凡具有实验性质之学校经营，其办理最好由主办学校派遣教师领导工作，如不能，亦应有一经常辅导机构帮助并作指导工作。

四、为了供应全区学校应用之图书、教材、教具等，管理局应专设一个文化服务的机构，或委托一二家书店文具店代办一切学校用品。

五、一个学校如果没有一个男性的教师，其事物上必多一些困难，尤其是在乡间，目前的补救办法，只好由该学区的民教主任多劳苦一点，帮助着处理事务上的琐碎事件，并对外联络接头。

六、朝阳镇的教育，在李镇长努力之下，有若干办法，值得其他乡镇仿效的：如清贫学生的助学运动，传习处的灯油费，已由乡公所统办了。各学校环境布置、教学方法及技术部分，已定下周约一、二中心校校长分赴各校，作实地辅导研讨，三月二十九的恳亲会将邀各参加校的校长、体音教师开准备会。

时间快到十二时了，韩校长伴了我们到教室、校园、厕所、游戏场作了一次巡礼，从儿童各种活动上，从教师愉快工作中，都令人感到满意。韩校长的沉毅，教师们的活跃，他们像春天一样，是富有新的希望的。

载《嘉陵江日报》 1948年3月9日 署名高孟先

大明小学
——一个新型的私立学校

嘉陵江北的薄雾四散了,明媚的春光普照着大地,充满了恬静的快乐与丰富的希望。早餐后,约了一中心校的陈兴瓖校长,同去看大明小学。

◎ 仲春看大明

离开北碚市区,沿着北温公路,绕过了烦嚣的大明厂,便转入到一个寂静的区域,这里除一幢黄色的楼房外,尚有同样式的五列平房,它原是花纱布管制局北碚营业所旧址,现已是大明厂的仓库,大明小学的分部,也附设在其中了。

大明小学,是由此间的大明纺织染厂创办的一所完全小学,1946年下期开始,现共有学生380人,其中除大明职工子弟120人外,余为天生桥、市区及江滨一带贫苦儿童。老师21人,校长欧阳纲,重师毕业,是一个热忱而干练的青年。

学校经营,全由大明厂按月支给,老师依照重庆市待遇(现每人每月平均薪金为105万元,闻正请调整中),该校名为私立,而实则一切行政措施和教学方法,其标准都是和局属三中心学校相同的。

◎ 改进的意见

我们看完了分部,共商得四个改进意见,拟提供大明厂当局:

一、迅速增设幼稚班:因为一上的学生,已达到62人(尚有要求入班者),其中有三岁左右的儿童30人,故必须增设幼稚班,将低龄儿童分别施教,方为合理。除增设幼稚班教师3人外,课堂可利用现有之接待室。

二、设备儿童游戏用具:180个儿童,现共用两个跷跷板,活动时,成群的儿童,争拥在一块板上,不但跷不起来,反而平添若干纠纷,故游戏器具需要甚为迫切。

三、课堂增开窗户:课室原为仓库改造而成,当时厂方为求经济则利用旧有窗户将就安装,故光线暗淡,现每一教室必须增开窗户一个以资补救。

四、防止意外的发生:一是运棉车辆,经常出入此地,运输工人,上货不注意,常有数百斤重的棉包由车中坠落地上,最易发生危险,今后务须叮嘱工人必将车上货品系稳,且车宜缓行。二是厕所原为成人所用,当不适于小孩,希望设法予以改善,如能新设适宜儿童的便所,则更妥当。

◎理想的学园

离此沿公路前进,不出500码便到新桥(又名檀香山桥),在一个小坪上,兀立着一幢砖房,那就是大明小学的校本部,其地原系中国科学社旧址,公路、石桥、森林、山岗[冈]、溪流……环绕在它的周遭,自然形成了它的柔和、安详与幽静,真是一个理想的学园。校门的两旁,正在布置花园,中央新掘了一个扇形的荷花池,宽敞平坦的运动场上,一群天真的儿童,正在进行他们的课间操。

我们在接待室休息的时候,询问了一些学校行政和老师福利的情形,继由欧阳校长领着将学校的布置,儿童的活动,教学的方法……作了一个巡视,我同陈校长都感到兴奋和快慰。

◎几种好方法

该校在经营的成就上,特介绍几点,以作局属各校的参考:

一、布置:无论室内室外的布置,它都能达到适用、调协、完整的目的,室内如办公、接待、课堂、图书、参考资料、音乐等室安排得非常妥当,就每个教室亦有其中心的布置(如自然、社会、算术……),室外如内外游戏场"我们的园地"(壁报)等,互不干扰,这不仅在教学上得到方便,在教育的效果上,也极宏伟。

二、设备:除一般的设备外,图书与仪器最为重要,地理和自然的挂图,搜购相当丰富(自然挂图,如植物、动物……都是印刷成套的,重庆书局可买),近正求厂方在成都实验小学购制[置]一套自然仪器(现价约[法币]2000万元),这里我们想到北碚博物馆应帮助局属小学服务了,就馆内专设研究或参考室(自然、地理、社会),备各校教课之用或就馆内所存之动植物标本,各种地图等编制成套,巡回各校以备参考,如能研究制作教具教材分售各校最为妥善。

三、研究:关于美劳的制作,教学技术的研究,以致教育环境的布置,都搜集有相当的材料,我查看过他们选制的标语(木板制成),不但形式美观,而其内容亦甚精致,如"不能同太阳起来,得不到当日的快乐",这种勉励学生早起的语句,多么美妙呵!

四、训练:除一般的训练外,有三点值得注意的:第一是动的训练,在两节课之后有十五分钟的课间操,使儿童的身体得到充分的活动。第二是静的训练,在每节课之前,有顷刻的静息,即摇铃入课堂后,学生都伏在案上,休息半分钟一分钟或两分钟,直到教师上课时止,使学生易接受新的课堂。这种静息不但对学生太需要,且可应用到任何地方去,如作公教人员的每每以烟、酒、茶去恢复[消除]疲劳,刺激神经,何不利用静息来得简便有效呢!第三是自治训练,即学校德育的训练,如清洁、秩序、集会、服务及一切迟到或早退之登记等,凡训导方面的工作,都靠学生来执行,教师全在一旁督导了。最有味的,是把三年级的教室(这个年级的学生最为调皮)拢在学校镇公所一块,自然而然地减少了管理上的困难和麻烦。

◎ 辉煌的前途

以上仅就学校的本身,凭一时的观感所及,拉杂略述如上。至于学校最重要的成分——对社会所发生的影响,既[即]是所谓学校社会化问题,如对民教的推广怎样?对地方建设的帮助怎样?对社会服务怎样……这类的材料待搜集后再作报道。我们想,以大明厂当局对教育的重视和学校本身的高度努力,大明小学的前途,将是愈增辉煌的。

载《嘉陵江日报》 1948年3月12日 署名高孟先

本报的动向

今天本报，编出了第一张。

《北碚日报》与《嘉陵江日报》，不但有着传统的关系，而实际上是名异实同的一个整体。为了事业的进展和环境的需要，"嘉陵江"三个字可说已不能概括目前这一个区域的事业，也不能使关心它的中外人士有更进一步的认识，于是"北碚"，自然而然地，把它代替了。

北碚，已是乡村建设的实验区，它为中外人士所关心着，它代表了中国新的、进步的一方面，它在帮助国家推行着前进的国策，它在帮助老百姓解决着生活上的一切问题，它在与世界上进步的地方事业赛跑，它很想设法完成一个县单位的建设，并争取示范的作用，以求多所贡献于国家建设上。

《嘉陵江日报》配合着建设事业，也已二十年之久，易名后的《北碚日报》，它的指针，是朝着哪一个方向呢？无疑的，北碚的方向，便是《北碚日报》的方向。

但，我们也可以重申前义，让关心我们的先生们更多一分了解。

第一，它是乡村的报纸，乡里鼓儿乡里打，办给乡里弟兄姊妹看，也让乡里的弟兄姊妹发挥他们的情感，批[披]露他们的真实生活。

第二，它介绍世界上各种进步的乡村，各种进步的乡村建设事业，它望大家都有现代的智能，都成现代的国民。

第三，它是活的学校，也是活的教材，现代人必须[需]的知识，现代人必须[需]的修养，它会时时刻刻供给着材料，并完全当着教育工作、文化服务去作社会的活动。

因此，它在表现上有以下的打算：

一、中外新闻，分析时局的动向，使大家认识"现在"，努力将来。

二、报道建设，鼓励我们的志气，自己修正我们自己的工作。好的，我们发扬光大，更进一步，不够的，我们以高度的努力来学习。

三、地方新闻，忠实地记录着，刻画着这一群人有意义的生活，这一群人有价值的工作，由各事业以至每一部门的工作人员，由工作人员以至全体老百姓。

四、新知识、新发明、新事物、新技术,不断介绍,以新我们的头脑,以新我们的身手。

我们认为日报是时代的号角,前进的火,是民众日课,是活页教科书,也愿作人生大辞典。

爱护我们的先生们,予我们以大的助力,更希望群策群力来经营它。

《北碚日报》 1948年9月1日 社论 高孟先撰文 未署名

联合视导文星乡

编者：北碚当局近为加强各乡镇建设工作之推进，特选派主干人员分组下乡视导，俾收确切之数，兹将各组在视导中所发见[现]之问题及其改进意见，分列刊载本报，籍供各乡镇公教人员之参考。

笔者奉派视导文星乡教建工作，于7月3日凌晨出发黄昏返碚，兹就一日之间见闻所及，作一概略报导[道]，因一般性之问题及其解决意见，或有助于其乡镇改进之参考。

文星乡在进步中 文星是局属较远的一个乡镇，共有人口13000人。乡内多条山地（原名刘家槽），除产煤以外，农作则不丰盛，境内有天府铁路运煤，交通甚便。市区建筑经过一番改进后亦甚整洁，全乡人民的生活，直接或间接多依赖产煤业，近以煤业不振因之人民生活的困苦更加深重，在这样的环境中，来推行教育建设的工作自是万分困难的，但经本乡公教人员的密切合作与辛勤努力，已使文星在不断进步中。

教育上的数目字 全乡除中心校及天府小学外，共有7个保校，教师计39人。学龄儿童2068人中，已入学1748人，占85%。民教部有传习处38处，导生83人，失学成人1577人中，有1159人入学，占72%。在教学方面，又厉行小先生制，小先生由76人已增到130人，共有学生541人。文星当前最关注的是工人教育，天府矿工人，我们应迅速的与天府合作把他们组织起来，教他们如何生产，如何生活并好好地为他们编一套工人教材。

活页教材最适用 本局为适应地方环境的强化教育即生活之旨，特编补充教材一种，分期在《北碚日报》刊出，饬各校试教。现在此种教材在文星已发生很好的效果，它已不仅是小学生的补充读物，而成为全民唯一的生活教材了。他们希望继续刊出，排印少错字，将来订成合订本，进一步有插图或将若干教材歌谣化，如此更能收到实际教育的效果。

文库的有效利用 由局分发到各乡镇的小学用文库五种（小朋友、国民教育、各科副本小学生、新教育）用作学生课外读物。我们看了十一保与十二保民运用得非常切实，苏、张讲：文星的流通，乡公所编有计划控制着，在暑寒假期中，统统都集中在乡公所，书有损坏散失，学校是要负责和赔偿的。

学校的课外活动 学生课外作业,除旅行参观讲演比赛,园艺劳作等外,目标作了几项服务。一是帮助防治害虫,一是夏令卫生宣传。教师为民众代笔、问事、调解纠纷,都是非常现实的工作。小学保民报,教育与建设都是切实的配合,民教主任为学校课程,学校教师作民教学生,几乎没有例外。目前的自卫训练,民教主任竟是军训技术教官,那[哪]里还分文武异途呢?

建校和设备问题 局为地方的贫困、校舍的培修和设备,是文星目前的大问题。全乡只有三部风琴,一部勉强可用,桌凳尚差300套,中心校用以办公的椅子,也是轮流坐用,无法修补。各校活动场所偏小,且无运动设备。学校无合适的厕所,也是一个普遍的问题。至于校舍,中心校亟需宿舍,五保[校]也需粉刷费用,七保校的培修,八保[校]增建厨房宿舍,九保十一保十三保[各校],或改造或增修,都很迫切。我们已陈明当局,在暑期内尽量设法予以解决。又十一保今期改为示范保校后,经教师的努力,学生人数激增,平素对学校不甚关切的保长,不期然地也用劲帮助学校,这是交互影响的结果。一位农林指导员对他们讲:北碚的工作比其他县份好办的是,下乡后保甲人员获得丰硕。其十三保的学生也特别发达,闻该校靠近江北的石家、土主两乡,学生竟纷纷到我区就学,两乡学生家长曾自任工役并捐款来改建学校,真是礼利义务非常分明。

玉蜀黍今年丰收 在农业经济发展上,文星是很困难的,因前槽后槽,均属石灰石地层,土质极坏(整块石头难觅),如油桐生长不佳,南瑞苔种推广面积只有1万亩,中农三四号稻种推广仅28石6斗。繁殖的鱼苗,全被冷死,杂交猪全乡只养了2头。但今年意外收获则是玉蜀黍了,因为夏季在其他地方闹淫雨成灾的时候,文星幸庆得甘,使玉蜀黍生长良好,丰收可卜,尽管在不适宜后槽边经营的环境里,两位农林指导员,还兴致勃勃办一个农村馆,搜集多种农作陈列一事,每逢场期开放任人参观,如期因此而激发农民对农业的努力改进,期该馆的意义其重大了。

防治虫害的效果 在防虫的季节,曾发动学生积极普遍作防治的工作,计捕螟蛾35285个,卵块19934枚,烧毁螟虫卵2000枚,防除土蚕57379个,至目前猪丹毒病疫开始流行,本局已买回大批血清,正进行防治中。

防治疟疾和沙眼 十一保十三保缺课的学生,有二三十个都因患疟疾,中心校的教师患疟疾的至今还有几位呻吟在床褥。这个流行病,应得立刻防止,我们已商妥北碚医院免费配给治疟特效药——奎宁丸,每乡镇100枚,救急药水40瓶,用完可继续调用。其次是沙眼,患者十分普遍,因乡此间是矿区,煤屑灰满布空中,人们最易感受眼病,復[复]商中国地方病研究所,专派医生驻区防治沙眼病工作。

自卫组训有效果 本乡的自卫组训是切合实际需要的,其集训队员98人,个个精干,纪律甚佳，训练的时间，是每日午后四至六时，学科多在晚间，这样，第一对人民不苟扰（因为专项费用的负担），第二不防[妨]碍受训人的生活和作业（天府矿工参加受训的连通工作当班的时间，都事先一一问公司预先安排妥当了的），第三不受时间的限制，规定学程标准达到的时候，就是训练告段落的时候。因而所收的训练效果，自然也会丰硕。

载《北碚日报》 1949年7月6日　署名刘学理　高孟先

督导朝阳保民大会略记（乡建动态）
——十七保至二十保

7月11—12两日，正是火伞高张，晴空万里的气候，笔者奉派督导朝阳十七保至二十保的保民大会，兹将所感到的问题及改进意见分述如次：

报告材料宜简要

这次保民大会的报告资料，长达七八千字，另还有若干补充材料及附件，不但过于冗长，且有的内容可大大的节省，如文化方面的解释、小先生教学、经济方面的调解、租佃纠纷的条文、民政方面的户政、严禁烟以及时事新知识等。其中有的是照例文章，有的是对公教人员的检讨或工作方法的指示。在一般报告者，每多照着材料读念一遍，花了极长的时间，结果报告者与听众均感茫然，这结果当然会影响开会的情绪，尤其是在炎炎的夏日，更增人们的烦躁，因此我的希望今后各方面提供资料时须注意几点：

一、注重当前当地人民生活急切需要的事项及其如何做法。
二、报告内容宜精编，如故事化，趣味化，举实例，重问答。
三、对乡镇保公教人员之检讨、提问、工作指示等，应须对民众的报告分开，不可夹杂其间。
四、一般例行事项，分别饬由各级当职人员办理（如卫生员、户藉［籍］员、民教主任、农村指导等例［列］入报告），以占幅节。

着重讨论的事项

保民大会除报告外，几乎没有讨论有关本保应兴应革的事件，人民很少提得出来，有的自己的疾苦，也不愿意公开说出。这也许由于教育程度的不够，或被动的指导作用而引起的后果，今后我们应鼓励民众提出问题，逗引他们发问的兴趣，催起他们关心公共的事情,只要我们不拘于会议的形式,把会场的空气变和谐,对民众的态度能亲切,自然会得到良好的效果。

会议以外的访问

在开会之前后,对民众泛泛的接谈,每每可得到意外的收获,尤其是对乡镇保公教人员工作及生活的检讨,可以得到正确的批评。对于一桩事的"好"和"坏",对于一个人的"公平"或"偏私",民众是最能分辨的。但在公开查问的时候,他们每又口噤若寒蝉,自然也有群起而攻之的时候,这是众无可忍及不能再秘密的事才会如此,所以督导人员,在会议以外的访问是不可少的。

开会的中心意义

督导人员除报告本局当前的中心工作,批评会议得失,访问民间疾苦,听取民众意见,检讨保务推进之外,千万要把握着我们的中心意义——安定、生产、教育。我们所推行的卫生、自卫……为了"社会安定",经济方面的建设,如推广油桐、杂交猪、南瑞苜、中农稻……为了"增加生产",办传习处、小先生教学……为了"普遍教育",凡本局一切人力、物力、财力,均集中在这几点上,故我们有的言论和活动,都不能离开此中心。此外督导人员须注意会场的情绪,民众的反映,如果在开会的效果上有问题时,须立刻变换空气弥补缺点。

假期中的学校

十八、十九两保的会场都是在梅花山中心分校,此时学校刚结束放假。会前,我曾作了一次巡礼,令人大有人去楼空之感,运动场上生长着荒芜的杂草,厕所已有几天未经扫除,教室四壁空空,纸屑狼藉满地……冷落、荒芜、零乱,充满了整个环境,后来当同韩永英校长谈到学校如何修补及整洁的问题。我们墙外属其他学校,照此情景者尚多,因之在暑寒假期内,学校应作些什么?教育科应有一个统一的规定,至少有几件事是在规定之中。第一学校的房舍、教具及活动场所的设备之整饬,校园之布置,校具之点藏保管等。第二校长对下学期办理的得失、感想、下期的改进计划,应写一篇文案呈局,这在假期讲习会中是最重要的讨论资料,如果把全部的资料合起来,岂不是我们整个的最具体的教育计划吗?

袁正和自告奋勇

十九保的合作农场,向华西实验区贷了一千多块银元,该场的负责人袁正和及其他职员都暴未经澄夏而自告奋勇出任艰巨的工作,他牵着牛津津有味来报告处,将贷款的经过一日之间将全部贷款都变成了实物以及养牛计划。会中间的民众,不但指认他是合作农场的主持人,他做事敏捷迅速,大家都很感激和赞佩。

朱增源生活困难

张将军墓园的看守副官朱增源,藉山东,他随着张将军灵柩来碚已经九年了,未曾离开过梅花山。自徐蚌会战后,二十九军缩编,他的一份上尉副官的军粮随之终了。北平上海失手后,张将军家里的接济,也就断绝。目前他妻儿三人,环境日蹙,典当具尽,正面临无米为炊的时候。因朱为人忠实,保上的人对他印象很好,有的同情地予以借助,当天已商得袁正和保长的同意,在墓园所收存的租谷内拨借了两石谷子,以解救朱副官目前的困难。因为在两月前张将军忌辰纪念之日,朱曾向来扫墓的各界面恳救济,后即出管理所,党部、参议会联合向济南长官公署及省政府呈请,以张氏墓园前征购之地的收入拨充守墓人之食用,闻已获得上峰的准予照办的结果。

牟保长撤职发办

十九保牟序九保长办事不力,帐[账]务不清,保队附摊派有舞弊之嫌,被甲长等联名检举。本案在会后由李爵如镇长另召[开]会议秘密查询,结果以保长平日办事懒散,不清之帐[账],除照食物赔偿外,拟予撤职处行。保队附舞弊实据,现由镇公所拘禁从严处理。其经过除报告外,另在保民大会公开报告,以敬[儆]效尤。

载《北碚日报》 1949年8月3日　署名高孟先

北碚各界庆祝卅八年双十节纪念展览

美术展览

书画展览

一、概述

北碚的环境,便是一个美丽的环境,重重山水,处处园亭,无一处不使人发生美的感觉。但是,要提高美的境界,增益美的陶冶,美术展览,倒是一种必要的工作。此次国庆纪念大会的首次筹备会,便决定了"美术展览"的活动,以提高一般的高洁情绪及雅淡操守。

书画展是美术展之一,以其性之所近,容易收集陈列保管,便由大会请托新由璧山迁来北碚禅岩的"健生艺术专科学校"主办,而由大会加以协助。

二、筹备种种

为了要使内容充实,各时代各种类的美术作品如中画、西画、油画、水彩、素描、木刻、图案、篆刻、书法、塑造……都在收集展览之列。除事先由健生校长苏葆桢[①]氏,在渝带回古今名家作品六七十件外,并在《北碚日报》登出启事,公开征求。而以北碚中正路之皇家照相馆为收件地点,广为收集,务使光辉的作品,不致埋没。展览会场由大会向美丰银行借用,并补助少许陈列费用。陈列布置画签等事,则全由健生艺专师生负责。展览时间,为九日与十日,在九日以前,早已布置就绪。

---

① 苏葆桢(1916—1990),原籍江苏宿迁人。1944年毕业于中央师范大学艺术系,中国美术家协会会员,美协四川分会理事。曾任北碚健生艺专校长,西南师范学院教授,重庆国画院副院长等职。

三、展览室里

此次的美术展览品，共计170余幅，内容包括中国画、油画、水彩、素描、木刻、图案、书法、篆刻数种。最大多数作品为中国画，其中包括古画及近代名人画。近代画中，山水最多，举其要者如后：

明[代]沈石田的横幅《杏圃图》为展览中最古的一帧，画幅上有名贤唐寅、张凤翼、黄升丘诸人的题跋。清代画有恽南田的山水，任伯年的花鸟册页，郑板桥的墨兰。民初作家，有林琴南的山水。近代名家作品较多，徐悲鸿氏有马四幅，傅抱石有《东山丝竹图》，余则为陈之拂的勾勒花鸟，萧屋泉（俊贤）的山水，肃谦中的山水，齐白石的大富贵图，褚间韶的竹菊，黄书璧与张书旂合作的花鸟，赵少昂的花鸟，潘天寿的墨荷，吕凤子的佛像。在碚画家，如健生艺专校长苏葆祯的花鸟及健专教授杨鸿坤、岑学恭的山水，都是精心之作。

西画多为健生艺专教授的作品，有何奉春、张大国的水彩油画多幅。木刻有李流丹的《大重庆》和《造船》等幅。图案有陈逸蒙的广告图案，他借用璧山花布来陪衬图案上的布匹，惟妙惟肖。朱德喜的《长干行》《红豆词》，综合诗、画、雕刻、书法、图案而别创一格，在展览会中别开生面。

书法，在古代的除唐寅诸氏的题画外，另有载赞的对联和查士标的字条。近人中徐悲鸿的字条二幅，杨仲子、梁寒操、于右任、沈尹默、谢无量均有条屏。郭符初的甲骨、石鼓，虽幅数不多，颇现古劲。郭现住北碚，已七十有八。篆刻有梁白云、梁漱溟二氏的作品。

美丰银行屋子不多，四壁及各柱以至于桌面均挤满了画幅、字幅，参观的人一直是在肩并肩接的情况下，寸步轻移。

四、作品的批判

此次展览，集古今中西于一室，在北碚尚为少有。为场地所限，还有收集了的作品而无法陈列者为数不少。以国画而论，近人作品中，国画的山水画，多近于写生画法，人物画，更着重于人民生活的描写，其取材、用笔、构图、着色都显现了新的作风。生活情调的表现，力的表现，充满于画幅之中。

花鸟画也别[另]辟蹊径，不落故人窠臼。这些画大多是健生艺专教授们的课余之作。据说，他们对学生的教授目标，是不重视写意的作风，而趋于写实的新作风。油画、水彩、木刻，以本地风光、农村人物为题材，完全着重现实。木刻用刀的横直线条，而显露出鲜明的画面，完全是一种力的表现的艺术，李流丹的作品，在此可称独步。朱德喜的综合图案,用古典氏的残缺美,来表示古诗的情调,在此次展览中,也为罕见之品。书法、金石虽各有千秋,但东方艺术的色彩,则非常容易为我们所看出。

五、结论

此次书画展览,筹备时间太短,展览地方不宽,难免无遗珠之憾。但书画之为人所爱好,于现象之拥挤,可以见之。唯中国画须微具绘画常识者,始能欣赏,而西画写实,类多雅俗咸宜。以后宜有充分时间筹备,单独举行,或分地举行,时间亦不妨再延长,对于美教的推行,是更能显示力量的。

载《北碚月刊》 1949年10月 第四卷 第一、二期合刊 署名罗中典 高孟先

宣传组

一、工作

（一）设计

负责体育场、图画、标语、广告、陈列等之设计。

（二）制图

由联合国文教组织艺术人员办理。

1.绘制八尺宽一丈一尺长之巨幅油画四幅,其内容为游泳、掷铁饼、儿童游戏、妇女篮球。

2.剪贴大门红布招一幅,为各种运动图案画。

3.绘制各种统计图40张,由民生公司统计室代制。

4.制作体育场表演场地图一幅。

（三）布置

1.制指挥牌3个,图牌4个。

2.写制标语50套,计500张,其内容如次：

(1)意志集中,力量集中。

(2)教育第一,建设第一。

(3)本期入学12090人,占学龄儿童87%,一年内办到全体入学。

(4)膀田防天干,请种早稻。

(5)李述全一窝杂交猪,卖黄谷25石。

(6)1939年繁殖白母猪500头,促成了全区猪支[只]白化,今年增购荣昌母猪700头,繁殖杂交猪,全年可产仔猪14000头。

(7)布年产10万疋[匹],明年做到年产20万疋[匹]。

(8)拟增设改良铁轮机600台,迅速恢复手工织布业。

3. 设计布置司令台及各种休息处所。

4. 陈列北碚地形图,市区游览图10张,于市区当道处。

5. 联络新村房屋建筑公司捐建体育场大门砖柱2根(6立方尺),富源公司装设砖柱上电灯4盏,并捐材料。

（四）编订

1. 协助编印北碚概况。

2. 编制双十节大会便览(另附)。

3. 联络各茶社增订报章,供人阅览。

4. 联络《北碚日报》出国庆纪念特刊。

（五）新闻

事前发布双十节活动新闻于各报,大会之日,联络《北碚日报》组新闻处,采编新闻,出版简讯一期,计500份。

（六）摄影

联络北碚七家照相馆,分别担任摄制大会各项活动,分以下五区：

1. 第一区——民众会堂、儿福站、二中心校。

2. 第二区——公园、农推所、女师附中、朝一校。

3. 第三区——体育场、滑翔场(自卫演习)。

4. 第四区——工艺展览(朝阳镇合作社、新林房屋建筑公司、北碚银行)。

5. 第五区——开放事业(博物馆、自来水厂、大明厂等)。

二、检讨

（一）制图工作,得各艺术同人,日夜赶工,如期完成巨画四幅,及锦标80余幅,于大会帮助至大。除对联合国教育科学文化组织极表谢忱外,并对出力人员,各致酬金10元。

（二）体育场大门砖柱,由新村房屋建筑公司捐建,自10月1日起至8日止,不分昼夜如期完工,该公司副经理及工程师,督饬工作,精神可感。

(三)布置司令台及平场地,事务组两组长及陈能训所长,皆协助亲督工作,特别辛劳。

(四)事务人员刘肇基、罗继禹、钟炳高,帮助制作锦标,张贴标语,日夜工作不懈,至为难得。

载《北碚月刊》 1949年10月 第四卷 第一、二期合刊 署名高孟先

奖品组

一、工作

(一)劝募

大会为使奖品经济适用,特决定向各事业劝募捐款,统一制发奖品。兹将捐赠者列后:

1.捐款:北碚文建会2900元,民生公司300元,天府公司500元,富源公司200元,中福公司缙村办事处30元,和成银行25元,美丰银行25元,豫丰纺织公司25元,游览专车20元,仁义永20元,熊明甫15元,相辉学院5元,农民银行5元,朝阳镇合作社3元,合计4073元。

2.捐物:大明厂捐体育设备,计足球1套,篮球、排球各3套,北碚绸布业公会白布2疋[匹],新村房屋建筑公司大门砖柱二根6立方尺。华昌、农大、协兴、义丰、北兴共红布2丈2尺,富源捐电灯器材4盏。

(二)设计制作锦旗

题字	缎类	绸类	布类
健康	1	6	2
智慧	7	1	7
创造	3	2	4
愉快	1	7	
致诚	1	4	2
进步	1		
健与力	1	6	
神枪手			1
精忠报国			1

续表

题字	缎类	绸类	布类
埋头生产	1	1	1
自力更生	2		1
劳苦功高			1
英勇奋斗	1		1
绳锯木断	1		1
互助合作	3		4
百尺竿头			1
社会即学校			1
创造力的培养			1
努力改良品种			1
智仁勇	1		
超养由基			1
养猪英雄	3		
自强不息	2	1	1
难能可贵	3		1
刻苦耐劳			4
百炼成钢	2	4	1
水滴石穿			1
共同创造	1		1
生活即教育			1
觉悟性的启发			1
改进农业经营			1
努力增加生产			1
小计	25	18	46
合计	89首		

(三)购制[置]各种奖品

毛巾25打,王云五小字典4本,篮球4个,排球4个,足球6个,橡皮球42个,好学生铅笔62打,白猫牌乒乓球7打半,影票、浴票各500张,信封10000[个],信笺30000[张],辞源2本。

(四)奖品分配

1.农业展览——发锦旗6首,面巾10打,余由该组自制奖品分配。

2.工艺展览——发锦旗3首,余由该组自制奖品分配。

3.游艺表演——发锦旗12首,字典2部,面巾24张,铅笔8打半,信封1850个,信笺6800张。

4.体育表演——发锦旗37首,面巾25张,铅笔2打,乒乓[球]7打半,永字皮球3打半,足球2个,篮球4个,排球4个,游泳票500张,电影票500张,信封3050个,信笺8500张。

5. 成绩展览——发锦旗19首,字典2部,面巾71张,铅笔20打半,辞源2部,信封2700个,信笺9300张。

6. 自卫演习——发锦旗3首,面巾10打。

7. 图片展览——美国新闻处及健生艺专,各发锦旗1首,各照相馆各发面巾11张,信封11扎,信笺22扎,陈列图片茶馆四家,各发游泳票20张,信封2扎,信笺4扎。

二、检 讨

(一)大明纺织染厂,此次捐赠体育各种设备,如篮、排球架子,均系日夜赶工制作,其所用之材料,非常坚实,工作亦极认真。

(二)此次制作锦旗全赖联合国文教组织艺术组各同仁,因各员皆担任有学校或机关工作,日夜赶工,工作十分辛劳。

载《北碚月刊》 1949年10月 第四卷 第一、二期合刊 署名高孟先

关于璧山县准备武装收回澄江镇事件我参加谈判的经过①

约在1943年夏,璧山县一些地方代表人物(如郑九恩等),借口为了保全璧山的主权和经济利益,唆使和发动了璧山县属的七塘、八塘、临江等县的国民兵近千人,准备武装收复北碚管理局所属的澄江镇(为管理局的辖区,原由璧山的澄江镇、巴县的北碚场、江北的二岩乡、文星镇、黄桷镇等划归管理),并勾结了当时驻璧山县城的重庆卫戍司令部之区司令部的一连人武装作为后援,紧紧包围了澄江镇,节节逼近市区,北碚澄江镇公所的警察、自卫队等被压缩退守在运河区碉堡内一带,情势紧张,一触即发。同时,璧山方面联系了江北水土镇镇长周某作策应,声称也要收复原江北县的三个乡镇。管理局一面作了应付的武力部署,一面请示了三区专员到北碚进行处理。专员孙则让到碚后,即电令了璧山县长曾锦柏和国民兵团团长来碚进行解决。孙对曾(县长)斥责后,令他们立[即]去澄江镇劝说璧山方面的国民兵迅速撤离,否则,将受法办。这时,驻澄江镇的中央第九师师长张某出面进行调处,召集北碚、璧山双方派出代表到澄江镇张住的公馆举行和平谈判。当时,北碚已得知法国居里夫人日内即将参观北碚,并预定将要去澄江运河"荣誉军人自治实验区"参观,因而各方面都怕出事,影响了外宾游览,大家都脱不了手。而管理局局长卢子英因忙于他的大哥②办理丧事,自己足又患湿气病,行动不便,遂派了我和民政科长刘学理作"和谈"代表。派我去一方面我是璧山人,利用同乡的关系,可能问题的解决顺利一些。

当我到了澄江与对方代表见面时,只认识其中的伍朝杰,七塘人,他是我中学时的同班同学,与之简单地个别交换了意见,分歧并不大。在会上,他们提出了澄江镇是璧山的重点乡镇,唯一的水码头,富庶之区等等要收复的理由。在双方谈判会上,我的讲话要点是:

---

① 此为时任北碚管理局建设科科长高孟先,因办事缜密、干练,受管理局局长卢子英嘱托,身临事发现场处理并留下的回忆文字,是关于璧山县准备武装收回澄江镇事件处理经过的一个侧面。
② 大哥:即卢子英长兄卢志林(魁铨),于9月13日在北碚蔡锷路住宅病故。卢志林早年在成都从事新闻工作,病逝前担任北碚办事处主任。

1.说明澄江镇划归北碚管理,是经过省、行政院批准的,而不是地方占领,虽然对璧山在经济上受些影响,但要顾大局,看整体,不能搞地方封建势力,以武装收复是不合法的,县、局之间的问题,应通过三区专员公署或四川省政府进行政治解决,不能诉诸武力。

2.告诉对方,管理局在自卫上是作了充分布[部]署的,进可攻,退能守,部队素有训练,作战经验丰富,水陆控制严,实力很强,如发生武装冲突,结果璧山必速失败,牺牲必大。我用关怀桑梓之情,奉劝对方,不要玩火自焚。

3.透露法国居里夫人近日要到运河区参观的消息,威胁对方说,谁开第一枪,谁就要负责,不要搞得大家都脱不了手。并说,你们的县长、国民兵团长都已到了澄江去包围地区作劝说撤退工作去了,你们要权衡轻重,要听上级的话,不要制造困难等等。

最后,张师长对双方进行了劝说,大家接受了"和平调解",同意立即到前沿地方进行视察,立即撤兵。当日午后,双方对峙局面即行解除,转危为安。

我们傍晚返回北碚,即向孙(专员)①、卢(局长)汇报经过,使他们解除了忧虑,因处理得当,得到他们的褒奖。

遗稿,写于20世纪60年代
载《北碚文博》2015年第8期

---

① 孙(专员):孙则让(1899—1952),别号廉泉,山东鄄城人。毕业于山东农学院,留学日本,回国曾执教于河南村治学院,后历任山东乡村建设研究院副院长、菏泽实验县县长、山东第二区行政督察专员、湖南省衡山专区专员、四川省第三区行政督察专员兼华西实验区主任等职。

我同《新华日报》北碚发行站、新华书店北碚门市部一些关系的回忆

抗战时期，北碚是个"文化迁建区"，国民党中央所辖的科研、教育、文化等单位和部分公、私立大专院校迁住北碚的很多。

党为了宣传抗日救国的方针政策，扩大政治影响，为了与反动的文化势力做针锋相对的斗争，以发展进步势力，同时为了适应当时文化人中部分民主人士和一些爱国的青年学生的要求，所以在北碚开设新华书店门市部和《新华日报》发行站。它从成立到结束，虽只四年左右，但促进这个地区一些人们的进步和推动革命的影响和作用是极大的。

（以上是我回忆北碚当时的历史情况而有的主观认识，党当时在北碚设立这个宣传机构的旨意，我不全理解的。）

我同新华日报关系的发生

约1943年初，由郭沫若介绍《新华日报》刘光[1]或姓钟[2]的记不准了，到北碚筹设发行站和新华书店门市部，找卢子英。郭信的大意，简单说明了一下设站的意图，希卢大力协助，设法减少阻力，给予便利。当时卢将信交我，具体协助办理此事，这时我的职务是管理局建设科长兼嘉报主任，主要由于工作性质和常参加一些文化方面的活动而给予的任务。

协助解决租房的问题

当时北碚市区房屋奇缺，无公房可利用，且卢不便拨[拨]给，只好租私房。为了避免国民党宪、特的干扰，租房是秘密进行的。先选在"北碚商场"隔壁，经过我对房主劝说和

---

[1] 刘光（1917—1946），1945年5月，随周恩来到重庆做大后方的青年工作，任中共中央南方局青年工作委员会副书记，并在《新华日报》社编辑部工作。
[2] 姓钟：即钟纪民，1940年《新华日报》社营业部发行课主任，北碚发行站主任。

保证,特租下一楼一底私人的铺面。由于发行站同志的周密计划,精心筹备,当晚签订租约,次日即行开业。这个新事业的神速出现,使不少人感到意外,特别引起了敌对势力的注目,视为眼中钉。当时在"国共合作"前提下,《新华日报》既有合法地位,自由发行权利,他们不便公开反对和破坏,但敌对势力没有进行阻扰[挠]是不甘心的,于是国民党北碚区党部书记杜某,策动并暗中威胁房东,立即向《新华[日报]》解除租约,房屋自用,结果逼使发行站在几个月内另行搬迁。二次租房又发生同样周折,最后排除一些具体困难,商发行站在天津路自购一间两楼一底的铺面,才安居下来。

阻止破坏活动采取平等对待

在抗战胜利前两年间,北碚的敌对势力(主要杜某)对北碚《新华[日报]》发行站和新华书店门市部的破坏活动是频繁的,斗争是尖锐的。回忆我所接触到的,有以下具体事例。

1. 组织公、私书店与《新华[日报]》搞明争。北碚当时有私立书店"华中图画"公司、"文声"书局、"中国文化服务社"和"建国"书店(是杜办的)。这些书店的经理人,都是与杜有政治关系的,在《新华[日报]》发行站成立后,所有书店都扩大了业务,增售了大量的反动书刊,并各有经营重点。"建国"和"文声"包售了中小学教科书,华中公司经理唐性天[1]还招徕一些当时的作家及"闻人"在公司(节假日)小憩、谈天、抹牌,以壮门处。文化服务社经理陆××常到管理局与卢子英拉关系,求支持。卢当时对这些书店及其主持人和对新华书店所持的是个中间态度,我曾支持亦悉取一视同仁,平等对待,是公正的。

2. 利用图书杂志和新闻的审查,想搞破坏活动未得逞。对方曾命令各县、市对各书店进行禁售书刊的检查,管理局将此任务交我处理,我拖下未办。杜某商我联名进行检查,目的是对《新华[日报]》、书店进行扰乱。我借口说,这些书店我都走了一转,他们都把禁售的书刊搜[收]起来了,不必搞形式,同自己添麻烦。后来,杜又唆使他的妹妹杜英在管理局对我提出,《嘉陵江日报》的新闻稿,应是教育科审核,不该建设科审核。我说这是卢给我的特权,也是历史形成,如局长把新闻检查交教育科,我乐得轻松少负责任。另外,杜英还在某些公开场合如乡镇长会议上,劝各乡镇、各学校等多订所谓"党报"(中央报),最好不订《新华[日报]》等宣传,我当即以舆论出版自由,订阅报纸更应自由予以驳斥。

---

[1] 唐性天,1923年北京大学德文系毕业,早年从事德文作品的翻译工作,后投资出版发行业。抗战时期从汉口到重庆创办了华中出版公司,任华中图书公司经理。1938年,在重庆北碚南京路11号设分公司,积极支持进步文人的书刊发行和出版工作。

3. 1945年1月杜某对卢子英提出《嘉陵江日报》要由党部领导,说记者宋剑琴思想"左倾",迫宋辞职。卢未同意,但接受了北碚区党部秘书唐介眉到报社作编辑。唐到报社搞了两天,工作搞不了,又过不惯夜生活,第三天就向我退工。派唐实际是来控制报社的,没有如愿,但报社仍白白的送了他两月的生活费了事。

4. 在抗战胜利前后,杜某制造舆论,扬言什么北碚各学校学生不满共产党破坏"抗战建国",要对《新华[日报]》发行站采取行动等,搞了两三次挑动,但由于《新华[日报]》发行站有充分准备,也有争[针]锋相对的斗争,一些站在人民一边的人,也制造了革命的舆论,说你们要打《新华[日报]》,进步学生就要砸党部,三青团"建国"书店等。对方迫于革命大势,慑于人民力量,故蓄意破坏发行站的阴谋并未得逞。

与党的同志接触给我的教育

从1943年到1946年先后通过郭沫若、潘梓年①的函介,我同党的同志刘光、于怀②、于刚等曾接触过。刘光是为筹设北碚《新华[日报]》发行站时,谈过工作,谈过思想;于怀大约在1944年夏到我家进行了一次谈话,除对我协助《新华[日报]》北碚发行站解决店铺具体问题表示谢意外,并希我和卢子英对发行站多加支持和维护。当时,我正患痢疾呆[待]在家里,随便谈了一些生活琐事,其他印象就不深了。于刚③同我见过两次面,第二次见面印象较深,大约在1946年秋,先约定了时间,并由我弟弟祥照④陪同到我家的,谈的时间大约两小时(当时家住北碚中山路81号)。首先我对于[刚]谈了对当前的形势的一些看法,然后谈了自己的工作情况和思想倾向,最后表示了自己的政治愿望。于[刚]听了我的谈话后,肯定了我对《新华[日报]》发行站的态度和活动是对的,并表示谢意;其次于[刚]说,《新华日报》在北碚地区还要扩大发行,书店门市部这个据点要长期留下。今后的形势发展,斗争将更加艰苦些、尖锐些。希我利用行政职务,社会地位的有利条件,一如既往地为人民多做一些工作。还暗示我从管理局政权中,如发现有重要情况和资料及时提供,并注意谨慎。于[刚]的希望和要求,我表示了接受(于的谈话,我只回忆到以上大意,总之他对我教育启发,思想影响都是很大的)。

---

① 潘梓年(1893—1972),中国著名哲学家和杰出新闻斗士。1923年毕业于北京大学哲学系,积极从事进步文化宣传工作,1937年6月根据党中央指示筹办《新华日报》,担任《新华日报》社社长9年。
② 于怀:早年留学德国,获哲学博士学位。抗战时期,主要从事新闻工作,撰写国际评论文章。1942年秋到重庆《新华日报》主持《国际专栏》,直到抗战胜利。
③ 于刚:1940年担任《新华日报》社党支部书记、营业部主任,1944年任《新华日报》社经理。
④ 祥照:高祥照(1921—1997),高孟先胞弟。民国时期曾在北碚兼善公司、民众会堂工作,新中国成立后政府安排到北碚玻璃仪器厂,先后任办公室主任、技术科长等职。高祥照年轻时思想进步,积极投身革命工作,中共在北碚筹建新华日报发行站及最后被国民党查封,曾帮助地下党做了不少有益工作。

北碚《新华[日报]》发行站被查封的情况

　　1947年2月28日（或3月1日）上午九时左右，重庆卫戍司令部孙元良电话卢子英，嘱执行查封北碚《新华[日报]》发行站、新华书店门市部。卢接电话后，当即用电话转知北碚警察所所长陈能训具体执行，我得此消息后（我与卢的办公室相距不过两丈，电话听得很清楚），一面嘱我的弟弟祥照立即去《新华[日报]》发行站告知左明德①准备，一面转到电话总机室，问警察所陈能训派谁去执行查封，陈说，"派走巡室张子拐"，我假称，此事卢找我联系办理，你们作为好准备（封条、布告），待局电话通知后再行动。约两小时后，得到我弟弟回信，但仍不放心，我亲自赶到《新华[日报]》发行站查看了一下，见有许多文件已火化，正在打扫余灰，我才转身告知警所张子拐出发查封，并叮嘱对《新华[日报]》财产不破坏，对工作人员不留难。查封时并未搞声扬，街道四邻也无大的惊扰。当晚《新华[日报]》部份工作人员留住我家楼上，嘱我弟弟慰问和照顾他们，次日通过乡建学院的地下组织联系，使他们安全离碚。

　　回顾我在北碚虽同《新华[日报]》有点关系和有点工作表现，也只能算"九牛一毛"。

遗稿，写于60年代末
载《北碚文博》 2015年第7期

---

① 左明德（1922—2005），1939年3月在中共中央创办的《新华日报》馆参加革命工作，抗日战争和解放战争时期，左明德在《新华日报》社从事发行，历任郊区发行股股长、北碚发行站主任。

关于少年义勇队的一些回忆

北碚少年义勇队是江巴璧合特组峡防局所办的学生队之一,共办了三期,第一期招取中学程度的青年,予以科学知识(生物、地质、史地、英文、数学以及政治、经济学等)及军训(入队时曾受三个月的军事训练),两年毕业,全部公费。其目的,在于为地方培养文化建设服务的基础干部,当时着重生活作风的教育,内容为:

一、养成忍苦耐劳、艰苦朴素的作风(晨间冷水浴,不分四季,平时吃最粗劣的饭菜,旅行时曾在冰天雪地风餐露宿,过着极艰险的生活);

二、提倡社会服务,口号是:"积公众难,造公众福""忠实地做事,诚恳地对人",实际活动有接种牛痘、填沟、修路、淘河滩、植树等工作。

三、主张实事求是:"从社会调查中研究社会科学,到自然界去学习社会科学"。[少年义勇队]所有学生不能参加任何政治组织,学生会都不准成立,毕业时不举行仪式,亦不给证书。故毕业后,调到[峡局]机关工作时,没有学生参加过国民党和三青团。

1929年秋,全队学生由队长卢子英率领,并有中国科学社植物、动物学家参加,到峨眉山及川边——马[边]、雷[波]、屏[山]、峨[边]、大小凉山作自然[标本]采集与社会调查,约四个月回碚。曾出《采集特刊》,夷人社会调查材料曾在《大公报》上发表。搜集到的许多夷人风物,作为北碚博物馆陈列品。以后历年又分别派遣学生同国内各学术研究团体合作(中央研究院、中国科学社、北平静生生物研究所)到川边、西康、甘肃、新疆、云南、贵州等省调查采集所得,因而成立了中国西部科学院。学生毕业后,亦大部分参加在该院各部门工作,少数调到重庆民生公司工作。

我们第一期少年义勇队学生,除1929年秋随卢子英到川边作自然标本采集,1930年春部分学生随卢作孚赴华东等地参观、考察、学习外,还有一件记忆较深的事,即1931年九一八事变后,参加了于1931年9月底成立的北碚抗日救国义勇军。

北碚抗日救国义勇军以北碚峡防局少年义勇队第一期学生为基本骨干,加上峡防局部分职员、士兵组成,共百余人。10月初,由少年义勇队队长卢子英、峡防局政治股主任黄子裳率领,到重庆向国民革命军二十一军刘湘请愿,要求开赴前线,"请缨杀敌",之后刘湘约全军在大溪沟电厂内广场讲话,一面嘉慰我们抗日行动很好,一面劝阻立即回北碚作宣传准备,候政府令再行动。

北碚抗日救国义勇军回到北碚后,除士兵另有任务外,做了以下工作:

[卢作孚]组织东北问题研究会,宣传抗日,禁止商店卖仇货[①],没收现存日货并焚毁;组织讲演会,邀请社会名人杜重远[②]、黄炎培、吴芳吉[③]等到碚作抗日宣传;卢作孚发表《东北游记》,读书会选读的都是抗日救国的内容。重庆[抗日]救国会北碚分会成立后,北碚的义勇军宣传活动并入到重庆[抗日]救国会中。

我参加了[东北]问题研究会,撰写了《东北之前瞻与后顾》《东北之交通》《航路论》(1932年冬到1933年春在嘉[陵江]报长篇连载)。1932年,"一·二八"事变后,北碚的救国会成员积极支持十九路军抗战,我参加了为此进行的宣传活动。

遗稿,写于1970年春

---

① 仇货,即日货。
② 杜重远(1897—1943),早年留学日本,1931年九一八事变后,积极投入抗日救亡运动,曾以记者身份在湘、鄂、川、赣、沪等地活动,鼓动民众抗日救国。
③ 吴芳吉(1896—1932),重庆市江津区人,20世纪20年代中国著名诗人。1931年,九一八事变后,他创作了抗日诗作《巴人歌》,并多次到重庆等地朗诵演讲。

第三部分 乡村建设文献

三峡实验区署近况一瞥[①]

　　本区地跨江北、巴县、璧山三县境界，嘉陵江横贯其间，为渝合交通要道，货运流畅，矿藏甚丰，地势雄伟，风景天然。十余年前，盗匪啸聚峡中，沿江据险行劫，河运梗阻，商旅裹足，区内民众，不堪其扰，乃协议设立江巴璧合特组峡防团务局，辖境达30余镇，其任务则在肃清匪患。迄1927年，卢作孚氏接长峡防局后，消极方面不仅次第肃清匪类，减除人民痛苦，并积极从事乡村建设，增进人民幸福。数年之间，本区已由一破落农村，渐趋于现代化矣！维时区内不仅吸引和创造了许多新兴事业，抑且吸引着更多关心事业而来游览的人群。及至1936年4月为适应环境之需求，改组为嘉陵江三峡乡村建设实验区署，划江北之文星、黄桷、巴县之北碚，璧山之澄江等五镇乡为范围（现已改组为八乡镇），面积约500方公里，直隶于三区行政专员公署，同一县政单位，唯税收与司法，仍归各县管理，至民政保安教育事业，虽早于1936年秋季先后划清，但各事业应有之经费，迄今仍归原县收用，以致区署历年负债不堪。最近奉到，省令改组为北碚管理局正在积极筹备，定于三月内正式成立。

　　本区乡建，并无独特立异之主张，其目的只在整个国家建设意义之下，推进乡建，期望造成真正现代化之乡村，并与都市文明齐头并进而已。本区接近首都，被划为迁建区域，年来疏散到区之文化、经济、军政等事业，约达100余单位，故一切社会设施，可谓更形进步，兹为便于来峡游览人士，易知实际现况计，特将本区事业，作一轮廓的介绍：

甲、民政概况

　　一、户口——全区计32户籍区，130保，1345甲，15564户，7734人，其中男占42762人，女占34581人，有事者计80%。文盲约46468人（疏散来区者约4000余户），流动人口达2万以上。

　　二、组织——本区照新县制实施程序，将区属乡镇重新调整，计有北碚、金刚、龙凤、

[①] 此文由高孟先1941年6月编写，为正在积极筹备改组北碚管理局前关于实验区署的总结，1942年2月他主编《三峡游览指南》时，此文作为附录放在里面。

白庙、文星、黄桷、二岩、澄江八镇乡。每乡平均16保，乡镇公所及保办公处，已依法组织成立，各级干部之任用，均经甄[甄]选训练合格者充之。

三、训练——本区妇女与儿童，拟于最近将来分别集中训练，至成人训练，已经举办者：

1. 保甲长训练——曾于1936年6月设所训练，计174人，训练事项则为自治自卫之智识与能力。

2. 壮丁训练——业已训练壮丁130人，普训3017人。

3. 劳动服务训练——各镇乡筹组义警，各学校组织劳服团。

4. 举行国民月会——每保联合举行，主要为检讨地方新问题（公益等）及报告时事与工作，每月实验区署均派主干人员分区督导。

四、兵役

1. 组织：本区1939年以志愿兵代替征兵约百人，于1940年12月30日成立国民兵区团部以后，即按规征兵，先后共申送1906名，本区国民兵身份证，现已办竣。

2. 慰劳：1941年春节，区属乡镇人员与地方士绅发起向各界劝募礼品，分别馈赠抗属，如米、肉、糖、盐……共约值38940元，并募得现金2000元，又1月30日慰劳十八师官兵一次，计募赠物百余件，现金2100元，又举办出钱劳军竞赛，计募得法币8000余元，送交主管机关。

3. 优待：遵照优待出征抗敌军人家属办法发放优待金，现每户发安家费100元，每季发生活费150元，计本年1月共发83000余元。

4. 创办抗属工厂：中国妇女慰劳总会创办抗属工厂一所，现有员工40余人，从事纺织工厂。

五、治安——本区昔为著名匪窟，现辖境虽只八乡镇，然以历史关系，于无形中仍不啻担负邻近九县以上之治安责任，过去一切人力、物力、财力，皆大半用于协助周围之治安工作。所幸五年之中，仅发生小劫四次，但皆日内破案（中有一次系第十八师破案者），现本区对于匪类重在防范，如防守要隘、管理民枪、组训义警，均有成效。区内警卫之骨干为保安警察队，计有三个中队，在峡防局时代，实行兵工政策，即有警出击平时工作（土木、染织、缝纫、垦荒等），改组实验区后，士兵更增警察勤务，现全区有民枪2000余支，自卫警等500余人。

六、禁救——本区烟民，早遵守章设所戒绝，全为送戒，经费全系募集，1940年先后戒绝者181人，但为预防偷吸复吸情事，仍不时举行总检举或分期调验，以期肃清。

七、防空——本区在1940年内，先后经敌机轰炸四次，投燃烧弹、炸弹计150余枚，所幸平时注意疏散及撤有火巷,临时又有英勇之抢救,故损害尚小,计轻重伤与残亡一次227人,二次72人,三次52人,四次30人,至防空设备及防护训练摘要分述如次:

1.防护训练:编印防护团员服务守则(如警报、警备、救护、担架、消防工务等),作为训练教材,散发各员熟读,使之尽力服务。去年三月由渝防空司令部派员到碚检阅,计到官佐21人,团员588人,又军委会陪都防护视察团,两次莅碚抽察北碚分团,实到人数一次104人,二次124人,结果均尚圆满。现全区防护团员744人,义勇团员,每保14人,约1400人,任空袭时之警戒、抢救及善后工作。

2.防空设备:本区因疏建关系,人员激增,原有公私暨天然防空洞大小约80余个,尚不敷用,正在加凿中,乡间则利用天然石洞、古墓、地物(沟坎)等,可资掩体者约600处。碚市设备,较为完备,计公共防空调16个,最大者可容1000人。公共洞里有照明座次、厕所、药品、通风及电话等设备,入洞时均须凭入洞证鱼贯入坐[座]。

八、市政——北碚新市街改造工程,大部完成。澄江及夏溪口新市街亦正在改建中,最宽之街道为18公尺,水沟、房屋、厕所、火巷、码头、道路(中心道、人行道)其工程、材料、样式……均经规划。计碚市共用国币5万余元(建房款除外),澄夏两镇,共预算为8万余元。又北碚会文桥,填沟防洪工程,亦已开始进行,工程为26000立公方,预计以15万元完成之。

九、财务——本区各税收,现有数种仍归各管县征收,地方经费只划拨自治及教育经费一部分,昔年每年收入最低时约共3万余元外,另由省府补助年约6万元,昨年地方收入者已增至约30万元,省府补助已增至11万余元,今年当更增大于昨年矣。

十、卫生——本区于北碚成立卫生所,以从前之地方医院附属之,并正进行帮助各校成立卫生室,诊疗病人,五分之二为免费,门诊费收费5角,去年春季全区选种牛痘达3721人,历年共计为394367人。预防伤寒,自本年1月已注射5000余人,并与本区各有关机关,联合推进本区各种卫生保健工作:

1.组织夏令卫生防疫委员会,协同推进本区夏令卫生,如实施清洁检查,饮水消毒,扑灭蚊蝇等事宜。

2.去年儿童节举行全区儿童健康比赛,参加者共189名。

3.普及妇婴卫生:如挨户检查妊娠,产后访视,举行婴儿比赛,儿童健康比赛等。

4.地方病防治:成立地方病防治委员会,调查全区水肿病者691名,已免费收治者约30人。去年2月发现,由西北传来之回归热施以扑灭,共17名。4月于二岩发现皮脱疽病一名,早已进行防治。

十一、救济——本区除空袭救济以空袭救济联合办事处,办理一切救济事宜外,另筹办一贫民救济院,收容贫苦人民,教以生活技能,预定基金为20万元,刻已募得3万余元,董事会业已组织。一俟基金募足半数,即正式成立,已先收容儿童30名,施以救养,拟每期训练二月后介绍服务。

乙、经济事业

一、农业

本区山多田少,地瘠民贫,每年粮食生产,仅足供一万余人口之需,余则仰给于上游各县境内之田,又多童秃,无较大之森林,1939年3月乃成立农业推广所,从事改进峡区农业。

1.粮食:去年因粮食暴涨,每斗米(旧量)曾售到140元,本区曾经几度米无供给,情势异常严重,当时区粮管会,加紧管制,彻底平价,实行计口购粮(以门牌登记领购),统制分配。当时由粮管会调查邻近物价,日日检讨公布,米粮涨价,须先申请核准,并日日开平价会议,合各镇乡保甲人员协助、介绍、购买、运输(唯不经手米及钱),得以渡过难关。

2.造林:去年春季植树运动,计机关风景林,植杨槐945株,青北公路行道树,植法国梧桐200株,共3730株。1941年度,育法国梧桐苗1万株,全年各镇乡分辟苗圃,由农业推广所指导,预定育苗20万株。

3.畜牧

(1)养蚕——区内除有四川丝业公司川东分场大量养蚕制种外,去年曾在土沱蚕桑指导所请求赠给改良蚕种500张,分发各乡蚕民,116家饲养,以取缔土种增加产值。

(2)养鱼——去年四月间向合川养鱼试验场,购鲤鱼苗4万尾,已分发14145尾于各农家饲养。

(3)养猪——保育方面,历年推广荣昌猪667头,繁殖荣昌猪仔共2128头,淘汰本地花黑种母猪520头(1941年度195头),并管理公猪配种计设11处,执行公猪配种守约及奖惩办法;又组织兽疫情报网,严防兽疫流行,诊治畜病,历年约千余头,死亡率为5%;预防猪肺疫1940年度注射343头。保险方面,保险社已成立四所,1941年度猪支保险为1020头,保险额值6%,保险社并向农民银行再保险。

4.水利:本区已筑有塘61口,堰25道,水库1处,可灌田谷2979亩,现在温泉后山,建筑黛湖,计可灌溉2000余亩,现正呈请借款;又高坑岩瀑布高30余公尺,正联络水利委员会,设计兴建水力发电厂,可得300余匹马力;同时由四川水利局建筑龙虎山水利工程计共三段,可资运输,上可达青木关,下可至嘉陵江。

二、工业

本区除金刚碑设有土法炼钢厂外,其余多属轻工业。各种工厂年来增加甚多,约计

100个,唯皆小规模。

1.纺织工业

有大明染织厂、西南麻织厂、协兴厂等。其中以大明较现代化,计有电力织机200余台,系三峡染织厂改组而成,而三峡厂又系过去峡访局寓兵于工所创立,昔该厂出口"兵工"为商标,是即纪念之意。

2.制造工业

(1)造纸——本区出产土白纸、草纸及纸壳,每年产额约值百万元。

(2)面粉厂——本区利用水力,用土法磨面,厂计5家。

3.电气工业

(1)发电厂——本区高坑岩水力发电厂,尚未完成,现各工厂用电,均自行供给(如大明、天府、京华、宝源等),除各煤厂自行制造外,尚无专厂。

(2)自然电池厂。

4.化学工业

(1)长江化学玻璃厂。

(2)军政部中国制药厂设本区,赈济委员会制革厂设金刚碑。

(3)洋碱厂——本区厦溪口、东阳镇各一家。

(4)广益硫酸厂。

(五)长江制药厂。

三、矿业

本区山脉连亘,矿藏甚丰。

1.煤业:计有大小煤厂30余个,以天府、宝源、燧川等规模较大,其中尤以天府公司之设备,技术与管理为最现代化,悉用电力开采,全区月产煤约3万吨以上。大部供给重庆区内各大工厂及轮船之用。

2.石灰砖瓦业:本区石灰厂,约20余个,砖瓦厂约10余个,每年交易总额约500万元。产量以观音峡白庙子一带为最大。黄桷树设有大鑫火砖厂,其出品专供国防工业用。

四、商业

本区商业,现以北碚为中心,因人烟较为稠密,交通便利,交易物品,多以日常生活消耗者为多,其他各乡镇在逢场期间,商店营业较旺,各地大小商贩,均赶来售物,乡间作物,亦麇集市中心售卖,以换取日常用品。

五、合作

本区只有单位社78个,其中信社66,公用1,消费8,生产3,社员4241人,股金总额

72146元,贷款额为60000元。又联合社1,社员401人,社股4380元。贷款用途,以购棉、耕牛、肥料、种子、养猪贷款等最多,现正从事改组,成立乡镇中心社及保合作社,求其办到全区合作化。

六、交通

1. 电报:本区北碚、温泉、澄江、黄桷等处,交通部均设有电报及长途电话收发处,可通国内各地。

2. 电话:本区所属电话线,计长453里,有总机4部,分机66部,渝合并设有专线。

3. 邮政:本区北碚、黄桷、澄江、白庙四镇,均设有邮局,其他镇乡及重要站口,亦设有邮寄代办所或信箱,汇兑储金,均称便利。

4. 铁路:北川铁路公司所建之轻便铁路,自白庙子起经文星场到大田坎止,计长39华里,专用运输煤炭之用。夏溪口宝源公司,设有铁路两段,约5华里,专为运煤用。

5. 运河:宝源煤矿公司,在夏溪口建有4公里长运河一段,专以运煤。

6. 公路:由北碚到青木关一段,长25公里,每日均有班车及特约车开往或直达重庆。北碚到温泉一段,长7公里已通车,最近即将有班车行驶。澄温公路长约7公里,现已大部完工,唯路面尚未铺设。

7. 水程:嘉陵江流贯区内,上通合川,需时约5时,下达重庆,只需3小时(北碚为起点),民生公司在区内沿江之白庙子、北碚、温泉、澄江等处,设有囤船,来往汽船,均须于此停轮,以便上下客人,有时更有专船行驶渝碚间。白木船往来渝合,运输货物,日以百计,至极便利。

8. 管理:谋交通便利及保持安全起见,区内交通行业,如滑杆[竿]、舟车、马匹,均经规定价格,执行检查登记,并多统一售票,以重秩序。

七、地政

本区联络农民银行土地金融处,在区内每镇收购一保内11亩,重新划分租佃,或出卖与自耕农或佃农,实验土地政策,平均地权,现正设计进行。

八、金融

本区计有中央、中国、农民、美丰等,存款、放款、汇款,均极便利。

丙、文化事业

一、科学事业

迁建至本区科学机关,现有中国科学社生物研究所、中国地理研究所、中央气象研究所、经济部中央地质调查所、中央工业试验所、矿冶研究所、清华大学无线电研究室、北京大学理化研究所、军政部油料研究所、军政部药物研究所等。原定本区者,有中国西部科学院,该院于民十九年成立,内设理化、地质、生物、农林四研究所,附属事业有测候所、兼善中学及西北坪农场等,均著成效。

二、教育事业

1.学校教育

A.属于迁建区者,有国立复旦大学、国立体专、国立江苏医学院、国立重庆师范、相伯女中、勉仁中学、立信会计学校等,男女生约2000余人。

B.属于地方者,除私立兼善中学外,全区有中心小学六年(本年拟增2所),国民小学50所,本年增设16所。幼稚园1所,学生共7934人,学龄儿童88%入学。教师共215人。本区对于师资之训练,如举行国民教师寒暑假研究会,国民教师研究会,举行示范教学,考核教师成绩及提高待遇等,使之生活安定,不断进步。而学生方面之训练,以前曾实施小先生制及导生制,均著成效。现多着重学生自动学习及社会服务之训练,如学校代种牛痘,学生组队剪除麦黑穗,苞谷抽花等。

2.社会教育:除青年服务社,国立戏剧实验学校,新运妇女指导委员会,区属者则有:

(1)民众教育馆一所。该馆设有博物馆、动物园、书报室、民众茶园、民众电影及戏院,每遇季节或纪念日,举办各种活动,如表演抗敌戏剧、歌咏、展览、集团参观及各种抗敌宣传等。并联络各小学创办民众学校50学级,学生2150人。1941年3—4月,组织巡回施教团,曾到八镇乡工作48日,受教人数约5万人。教育方法,分戏剧、杂技、讲演、卫生指导及参加劳军运动等。至动物园,原有奇新之动物如猫熊、豹猫、白熊暨驯虎3只,均因生活饲养问题先后死亡,现尚有驯虎1只矣。

(2)民众图书馆一所。藏书4万余册,日报20余种,杂志100余种,各镇乡均设有民众阅览处,每日平均阅览人数为9000人。现白庙子已成立一图书分馆,澄江、文星等亦正筹设中,并为辅助国民教育普及起见,特备文库40个,于每两保设置一个,供学生教师及民众阅读之用,将全区划为若干巡回区,每月巡回一次,以提高区内文化水准。

又北碚各图书事业等联合组织一图书馆,可供应10万册之图书,此系合作服务运动,意义最为深远。至迁建来碚之各书店计7家。

(3)民众体育场。本区民众体育场1941年度,曾在北碚举行8000公尺越野竞跑,男女两组共7人参加,又在各乡镇举行负重竞跑,计参加者北碚43人,黄桷22人,白庙12人,文星18人,二岩7人,澄江28人,各负沙袋重23斤,跑程2000公尺,分头举行录取者,均备奖品,以资鼓励。该场最注意大众之体育,一以养成民众运动为正当娱乐习惯,一以指导民众后方服务及养成国防上应用之技能。

三、新闻事业

（1）本区有《嘉陵江日报》社，每日发行报纸1000余份，该报为具有地方性之报纸，内容与编辑，以适宜于区内一般民众阅读为前提；另出版有《北碚》月刊，每期发行1000册，该刊主要任务。一是报告并指导本区文化的、经济的各种活动；一是介绍世界最新的建设方法及最进步的活动，此外重庆各大报及杂志销行在本区的，约5000余份。

（2）北碚计有大小书店7家，照相馆6家。

四、游览事业

本区范围虽小，而名胜古迹尚多，且因区内新兴事业林立，故外界来峡游览者，络绎不绝，实验区署专设有旅客服务处，作接洽招待、引导、介绍及各种服务旅客的工作。

兹将区内名胜地点列下：

A.公园——平民公园、温泉公园、运河公园、新村公园。

B.寺庙——缙云寺、绍龙寺、禅岩寺、白云寺、杉木园。

C.名山——缙云山、鸡冠山、西山坪。

D.亭阁——清凉亭、飞来阁……

E.沱峡——温泉峡、观音峡、大沱口、文笔峡、毛背沱。

F.其他——乳花洞、黛湖、金刚碑、干洞子。

【附工作人员生活】

一、工作

1.集中大办公室办公，每日整八小时。

2.每部及每人均将职责以内的事列为表。

3.各部有会议录，办事日记，工作周报，工作月报，工作年报，工作预定。每年有计划书，且有计划性之工作年历，按历实施，以提高工作效能。

二、会议

各部每日有事务会议，逢五有财务会议（五号、十五号、二十五号），每周星期一文化会议，星期二建设会议，星期四音乐会，星期五主干联席会议，星期六午前镇长会议，晚间读书会，星期日周会。每月有国民教育研究会，每年召开乡村设计委员会及地方会议各一次。

三、读书

1.目的——提高办事兴趣及能力，坚定为社会事业的志向。

2.时间——每晚一小时。

3. 内容——由自己选择经主管人审定。

A. 修养的。

B. 常识的。

C. 职业的。

D. 当前社会问题——如九一八事变后,即组织在东北问题研究会,分类研究东北问题,并作报告。

E. 笔记——每人有读书笔记,记录读书的内容大纲,与批评意见等。

F. 报告——每周星期六举行读书会一次,报告读书经过及心得,其方式为指定、抽签、自由报告等。

四、运动

1. 每日黎明起床,各职员作晨间运动一小时。

2. 每周有运动比赛。

五、其他

1. 本署职员一律着短服。

2. 公善分食。

3. 婚、丧、寿不请客,不送礼,不赌钱,不吸烟,不饮酒。

三峡实验区署发行　1942年2月　高孟先编

进修的参考[1]
——与卢子英共选

一、名言警句[2]

（一）

没有创造的地方，就没有进化——厨白川村[3]。

今日无准备，明日更无准备——啊忽达。

准备充分——唯有准备，才能造成机会——成功论。

办大事者，以多选替手为第一义——曾文正。

行事不应等待他人，只待汝自己一人而已——法谚。

（二）

人生就是战斗——罗曼·罗兰。

人生的快乐，就在人生酷烈的战争里面——史特森堡。

人生一大罪过，只在自私自利四字——吕坤。

人欲享安乐，必然由困苦艰难而来——孙中山。

生活不是享乐，而是很辛苦的工作——托尔斯泰。

在这样多痛苦前面快乐，是很可耻的——尼采。

现在之劳，未来之乐——拿破仑。

---

[1] 此是专为管理局职员编印的关于思想情操、道德修养、工作方法等的小册子，经卢作孚校阅。

[2] 此级标题为编者所加。

[3] 文中警句之外国作者名，译音与现在熟悉的名字稍有不同，这里保持原译名。

快乐的秘诀,不是做你所喜欢的事,而是喜欢你所做的事——英文豪。

对于事物,发生浓厚兴趣的人,没有一个能永远感到不快乐。真悲观者,是那种丧失兴趣的人——法谚。

忙的蜜蜂,没有悲哀的时间——勃来克。

从前种种,辟[譬]如昨日死,从后种种,辟[譬]如今日生——袁了凡。

甚么是路?就是在没有路的地方,践踏出来的,从荆棘的地方,开辟出来的——鲁迅。

世间无事物之难易,只有能力的大小——蒋百里。

遇困难之问题,汝其深思之。汝其深思之,思之思之,自有一种电光,于瞬时间,震动头脑,激发热气,以解释汝之问题——奈端。

大石横路,儒者视为行路障碍,勇者视为进步之阶梯——西涅[涅]卡。

我们歌唱着赞美着大无畏的勇敢——高尔基。

何处有意志,何处有前途——德谚。

谓"无机会","无机会"者,不过志行薄弱者之口实——纳尼照。

自信就是一种力量,可以移山——任甚么不足信,不可能的事务,都由那一般认识自己的人做成功了——成功论。

如果您能征服自己,克服自己,您就能比您所梦想的更为自由——普希金。

热诚,使我们常保[葆]青春快乐。勇气,则使我们克成伟绩——成功论。

凡是不收获的人,也是不播种的人——高尔基。

忧劳可以兴国,逸豫可以亡身——欧阳修。

幸福就是为他人而生活,牺牲自己——托尔斯泰。

欲为出类拔萃之人,必具独立不挠之概——彼德司。

能寻出危险者,能灭危险者也——法谚。

不问应承与否,人类全体连带的责任,已落在我们的肩上了——巴比塞。

别所祈求有较轻的担子,要祈求有壮健的肩头——美故总统。

堪难堪之事,事后愉快之度数,比之难堪之度数,崇高十倍——西涅[涅]卡。

(三)

欲动天下者,必须自动——苏格拉底。

逼于道德须为之事必为之——法谚。

自悔者无罪——法谚。

世间人，无无过者——法谚。

不能制驭己身者，不能有自由——克鲁丽思。

高尚之事与可笑之事，其间不容以寸——拿破仑。

美于行者之价值，过于美于言者——法谚。

言语者如木叶，其最繁茂者，其果实甚少——皮勃。

爱敌如友——法谚。

良友之价值，过于亲戚——法谚。

世间无有更好之镜，胜于老友者——法谚。

良朋友者为人间独一之富——法谚。

肯替别人（公共）想，是第一等学问——史摺臣。

心诚、色温、气和、词婉，必能动人——薛敬轩。

志不立，则如无舵之舟，无勒快马，漂荡奔逸，莫知其终——王阳明。

用你整个灵魂的力量，向这中心点猛进，这一个时间里，我们要忘记世外的一切，具着那"麋[麇]鹿兴于左右，而且不瞬，泰山崩于前，而色不沮"的能耐。我们当知道，不在焦点之下的阳光，决不会起燃烧作用——职业与修养。

事业与学问，是以时间的积累而成，一切事业欲速则不达，无恒则不成。这世界上许多成功者，他们都有卓越人的恒心，对于自己的事业，决不朝三暮四，像哥伦布的发现新大陆，爱迪生巴斯德等的成功，都是恒心的结晶。易曰："君子恒其德贞"，以天地之大，不恒无物，事务之众，不恒无成——职业与修养。

（四）

知识便是力量——培根。

无知识的热心，有如在黑暗中的远征——牛顿。

最有价值的知识，是关于方法的知识——尼采。

无论甚么知识，不和实际生活相结，则没有存在的理由——克鲁泡特金。

学问比金库，研究者即其键也——斯宾塞。

愈学愈发现自己的无知——笛卡尔[儿]。

真正之幸福者，非受之于外，由内部之知识与道德之习惯而生者也——苏格拉底。

智者一切求自己，愚者一切求他人——卡莱。

智者不失时,亦不矢[失]言——法谚。

智者不惑,仁者不忧,勇者不惧——孔子。

人若云"我不知""我不能""此事其难",当答曰:"学""为""诚"三字——卑北。

有些书是应该淡赏的,有的书是应该整吞的,又有少数的书是应该细嚼,应该消化的——培根。

二、工作方法

(一)

吾人应一致要求实现:

1. 工作学术化。
2. 长官教师化。
3. 管理民主化。
4. 事业社会化。

吾人在积极方面应习于经营布置,在消极方面,应习于排难解纷。

吾人要求兴国,则每一个人,须能兴业。

吾人做学为人,"失之此者,须求得之于彼","失之东隅,须求收之桑隅[榆]"。

我们要群策群方:一群人协同的能力,大于各个人分散的能力。

我们要自强不息,群强不息!

我们要日新又新,时新又新!

我们要共同创造,共同享受!

我们要革除各顾各,各干各的旧习染,要养成大家顾大家,大家为大家的新风气。

我们要不负于天,不负于国,不负于父母,不负于自我。

我们要习于法治,管子曰:"惟圣人能立法,不能废法而治国"。韩非子曰:"国无常强,无常弱,奉法者强,则强国,奉法者弱,则弱国"。慎子曰:"法虽不善,犹愈于无法,法所以一人心也"。英谚:"恶法亦法",暨"恶法亦胜于无法"。

我们要战胜敌人,首先要我们的精神战胜敌人,其次要我们的能力战胜敌人。

我们要努力提高一般人科学知识的水准及工作能力的水准。

我们要求政治清明,须自要求每个人生活清明始。

我们要进步无已,便要奋斗不息,努力不息。

我们对社会除旧布新，要自个人除旧布新始。

我们每天必要料理我们的中心工作，有如每天要按时食宿一样。

能力重于财货，人格重于才能，社会重于个人。

为建设国家，为贡献国家，而建设地方，而创造事业。

推爱家庭之心，以爱事业，以爱人群，以爱地方，以爱国家。

以建设贡献国家，纪念国父。

学习总统伟大奋斗的精神。

参用社会性的竞赛。

今之革命斗争，是积极为先，建设为先，流汗为先。

各从本位努力起而救国，而建国，才是实实在在有效的作为。

伟大的时代，必须建设伟大的国家，伟大的事业，伟大的自己。

现代的伟大，是要贡献的伟大，例如"道尔顿"制，对教育的贡献。"斯达汉诺夫"运动，对苏联建国的贡献，合理化运动，对现代工商业管理的贡献。

有建设的意志，便无建设的困难。

个人超越敌寇的能力，地方超越敌寇的建设。

集中全副精力于系统的工作上。

一切力量集中在中心经营上。

用钱用在几个中心工作上。

坚强的主张，坚强的执行。

一举一动，都在造运动，造社会运动。

时时刻刻创造理想，使其具体化，使其成为计划，并彻底逐步去实现起来。

点滴的布置，皆宜经过筹划。

建设秩序，在如何安排事，安排人，安排钱。一切地方建设，均应与教育联络起来，建设甚么，即教育甚么。

用合理化的管理，以提高工作效能，建设工作的秩序，控制事业的进行，严格执行计划与预算。

必须视察一群人在一定要求下，一定的规律下活动。

每事皆应确立方案，方足以执简驭繁。

凡人皆须有确定工作，凡事均须有专人负责。

一个地方的各种事业，要联成整个一套。

事业不但需有最好的成绩，而且需有最好的方法，以贡献国家。

带来的各部份,要分工合作,众为一体,由小同而大同。

事业中之工作人员,须层层负责,层层节制。

无私人事业,只有公共事业。

作一事便要完成一事,决不半途而废。

常人做事,每每是一折便回,非常人,则百折不回。

工作要严格课程,有如学校教育,或军事训练之须按表实施一般。

中心工作,须做到恒舞酣饮,令人击节称赏。

要妥当安排自己的时间在中心工作上,不要为复杂事物所扰乱。

工作的比赛运动,须参考军训检阅和体育竞赛的办法。

逐日检讨各部门的成绩,是必要的工作。

经常的工作,绝对重于偶发的事物。

减除枝节问题,以免妨害根本经营,以吾人的努力取得环境上的阻力。

凡事务求其有可靠的成效,做甚么,即成功甚么。

行政机构,须组织成为一部工作机器,行政人员须锻炼成一种战斗部队。

要求的标准,听取工作的情报,订出比较大众的进度,实施必要的奖惩。

对于工作人员的成绩,应时时刻刻检讨他,欣赏他,介绍他。

普遍应用图表记录,管制一切作业。

正确一切数字,提高建设数字。

天天要接触问题,深入问题。

深入问题,深入到一切情况无不明了,处理事物皆有把握,自然而然会起兴趣,如赌棋之聚精会神一样。

各事业相互间,须力求其协调。

关于国家社会有关的事业,有关的人才,应分别助其发展,并促进其互助。

引入人们工作兴趣,吸引人们参加工作,尤其对于反对者和不理会者,应更百计吸引之。

应时时刻刻发现问题,改良办法。

服务人员分三等:上等为求服务而吃饭,中等不只为吃饭而服务,下等只为吃饭而不得不服务,愿人人提高自己的地位,都当上等服务的人物。

加强服务训练及生活训练。

养成亲近事业的习惯。

养成管理事情如管理机器之有方式。

培养事业低级人才。

检讨人员的素质，提高人员的素质。

原人人皆以伟大的能力，创造伟大的成绩，以共同推进地方的建设。

（二）

人生是多么宝贵，同时又是多么可怜，至今还是大自然的奴隶，我们应该不再"人与人争"而应该进步到一齐努力"人与天争"（人对人的争胜，进步人对天的争胜）。

时夫不待，时夫不再。

汝爱生命乎？其无浪费时间。

愈艰难，愈奋斗，愈穷困，愈前进。

难，正是一种锻炼，多遇一次艰难，更多一次进步，"难能而后可贵"，"劳苦而后功高"。

苦斗，正是买得成功应出的实价。

大无畏者，自易攻无不克，战无不胜。

绳锯木断，水滴石穿。

改造我的快乐的观念——由物质的享受，进步到精神的享受，由享受的快乐，进步到服务的快乐。

（三）

为公即所以为私，为人即所以为己。

为人终为己，害人终害己。

尊人自尊，利人自利。

正己正人，自爱爱人，自立立人。

有牺牲而后有享受，有义务而后有权利。

有好因终必有好果，有好心终必有好报。

您能帮助社会，社会自能帮助您。

宁亏己，莫亏人。

自助，人助，天助。

自觉自发自动，助觉助发助动，共觉共发共动。

自求多福，自助更生。

自己要跑到前头,才能帮助人们的上进。

造公众福,争公众难。

应以天下事为己任,以天下为家。

对人应取长补短。

劝人之改过与为善者即服务,即助人,即君子爱人以德之谓。

不究[咎]既往,不念旧恶。

先是非,而后利害。

害人之心不可有,防人之心亦不可有,打破人防,强化国防。

纠正人的错误,不用责难,而用帮助。

德莫大于恕。

威莫大于克服自己的缺点——贫、愚、弱、私。

各就其岗位上帮助人。

亲近老百姓,帮助老百姓。

爱到那里,关切到那里,便成功到那里。

一个公民,必须具有左[下]列四项条件。

1. 新的社会理想。

2. 服务的兴趣。

3. 优良的技能。

4. 健全的人格。

成功秘诀之必要,是在集中思想和精力于一事的中心点。

近朱者赤,近墨者黑。入芝兰之室,久而不闻其香。入鲍鱼之市,久而不闻其臭。故宜慎择友,慎择书,慎择环境而生活。

以勤补拙,以精诚贯彻一切。

只问耕耘,不问收获,只求努力,不计成败。

一切思想、兴趣、行动等都集中在自己的岗位上。

言论工作和一切生活,都要会安排,不可盲目,随便或混乱。

能力步步升高,成绩步步升高,重于待遇步步升高。

主管人一定要作人们的模范。

主管人应时时刻刻督率所属事业,指导所属人员,纠正其所有错误,欣赏其所有成绩。

主管人应提起自己的兴趣,以提起人们的兴趣,应努力表现人群,不表现个人。

领导者的紧张,应超过部属的紧张。

（四）

每一个人宜多读书，抓着要点，应用于事，并介绍于人。

帮助人造学问，胜过赠送人以金银。

吾人须习于"即知即传"之美德，"人人即学生"、"人人皆先生"。

造起一个进步的教育环境。

我们进行教育，须如传教士布道一样的热忱。

吾人讲演，须有内容，有方式，有事实，有理由，有情感，有文艺的描写和科学的整理。

要有思想系统，行动系统。

装满脑中的应是社会意义，办法与数字。

少用谈话，多用行动，多用思想。

对于问题，须用头脑云分析，严格的分析。

思想清楚，判断清楚，行动跟着来。

研究办法，要切切实实，清清楚楚，细细致致。

培养两种能力——技术与管理。

一切方法，要从实际上表现出来（行动、风气、动作、工作、事物）。

科学化即秩序化，秩序建设，即精神建设。

夫天下之事，其不如人意者固十常八九，总在能坚忍耐烦劳怨不避，方能期于有成。

孙文

北碚管理局印 1942年3月 高孟先 卢子英合编

北碚游览指南

北碚游览指南目次

壹、北碚概述

　　一、沿革
　　二、地势
　　三、人口
　　四、物品
　　五、产业
　　六、交通
　　七、文化

贰、风景名胜

　　一、温泉区
　　二、缙云区
　　三、运河区
　　四、朝阳区

叁、旅行须知

　　一、旅程
　　二、食宿
　　三、卫生
　　四、娱乐
　　五、摄影
　　附：一、北碚物品一览表
　　　　二、北碚事业机关一览表
　　　　三、北碚区略图[①]
　　　　四、北碚全境略图

[①] 因原小册子中"北碚区略图"和"北碚全境略图"不清晰，本书将两图略去，原书目次有页码，本书中仅作呈现，略去原书页码。

壹 北碚概述

一、沿革

北碚密迩陪都,位于重庆之西南隅,汽车3小时,汽船5小时可达。境内山陵起伏,华銮山自北而来,分成三大支脉,纵贯本境嘉陵江流横断而出,形成三峡。第一峡有石洞状类鼻孔,泉涓涓自内出,流注江中,因名沥鼻峡。第二峡有温泉,可供沐浴,因名温泉峡。第三峡上有观音庙,因名观音峡。各峡相去约10华里,地素贫瘠,1927年春,卢作孚、熊明甫任峡防局正副局长,绥靖地方而外,复[复]致力乡村建设,进求人民福利,不数年间,竟以一凋敝农村,寖假而形成现代化之市邑,且渐为国内外人士所注意焉。

1936年4月,四川省政府以适应环境需要,缩小辖区,改组为嘉陵江三峡乡村建设实验区,设署治事,划江北之文星、黄桷、二岩、巴县之北碚、璧山之澄江等五乡镇为范围。区署除司法及税收外,并兼理军事法,接管地方一切行政,推进乡建工作,惟实际上一切人力财力,几过半用于协助附近十三县之治安工作。

抗战军兴,北碚划为迁建区域,先后疏散来此之各种事业机构两百余单位,专家留境者达2000余人,社会设施益形进展。1942年2月,经省府呈准行政院,令此间改组为北碚管理局,局内设八科,统辖朝阳、澄江、黄桷三镇及龙凤、金刚、白庙、文星、二岩五乡,除加强一切建设工作外,并积极推进各项行政及自治事业。兹为便利旅客游览计,将北碚各处情况分别介绍如左:

二、地势

北碚面积160平方公里,呈不规则的四方形,东连江北,南界巴县,西邻璧山,北接合川。海拔最高处970公尺,低处185公尺。缙云山在其西,鸡公山在其南,金剑山在其东,西山坪在其北。嘉陵江自西北向东南流,穿过本境,夏溪、明家、龙凤三溪支流灌注其中。龙凤溪之上游,已兴办水电厂,夏溪正拟办中,明家溪正计划建设运河,并作灌溉之用。境内平壤不多,临江之上下两坝,一属复旦校址,一建蚕种制造场。

北碚管理局前面有碚石横江,其地可拦水筑坝,最低可发7万匹马力之电力,足供北碚及附近工业建设之用。

三、人口

北碚辖境有八个乡镇,分为130保,1434甲,共有居民18163户,合计93285人,男52170丁,女41115口。属外县籍者,16491人,属外省籍者,6224人。学龄儿童已入学者占80%以上，原有不识字人数44727人，60%以上人数皆已识字。全局各种人民团体凡94个单位，会员5150人。各保农场经营已报成立者71会，并有八个乡镇合作社，社员45714人，收齐社股7963210元，贷款400万元，向盐务机关合作领购盐斤，计口售盐，每人1斤，分配于全区人民。

四、物品

峡区主要物品以煤为大宗，天府公司每日生产1000吨，宝源公司500吨，三才生400吨，燧川、和平、复兴三矿共300吨，其余境内各小矿约产500吨，全月产量在80000余吨。中峡磨石，石砚，下峡石碑，产量虽微，销行颇远。至二岩西山坪之西瓜，系四川试验成功之物产，近来区内农家竞种，每年已达100000斤以上，且畅销各地。其他零星物品，可参阅附表（北碚物品一览表）。

峡中谚语："上峡石灰下峡碑，中峡磨儿经得推"。此因上峡"沥鼻"产石灰，下峡"观音"产石碑，中峡"温泉"产磨石，故云。

五、产业

最大产业要以天府煤矿公司为第一。彼拥有两个发电厂，三个大煤窑，每日产量平均在1000吨以上，且自造有18公里长之铁路，6部火车头，专供运煤之用。起卸煤斤，概用绞车，复备有大木船200艘，直接运煤至重庆，供给各工厂。资本原额为60万元，现在资产总值应在十亿元以上，实为抗战以来发展成功之一大事业。

次于天府煤矿者有宝源、三才生、燧川、和平、复兴各煤矿，亦有相当产量。煤业而外，厥为棉业，以大明纺织染厂为巨擘。彼拥有5000锭子，400台自动织机，漂染，烘干，烧毛，拉伸，叠布无不使用机器，且能自己发电，供应一切动力。每天出布400疋［匹］，在抗战大后方，允称第一家大布厂。第二家厂为西南麻织厂，官商合营，每日产布几十疋［匹］。此外如抗属织布工厂及协兴织布厂，产量更少。布业而外，蚕种制造业，亦颇发达。四川生丝公司在北碚镇建一蚕种制造场，占地1200亩，植桑500000株，每年制造春秋两季蚕种，约160000张，分散川东各县农家饲养。生丝公司共有6个制种场，以在北碚者规模为最大。此外区内有电池厂、制药厂、肥皂厂、酒精厂、琉璃厂、汽油厂、面粉厂、土法造纸厂、制面厂。

农业方面则有中农试验所之实验农场、兼善农场、嘉陵农场、十九保合作农场及北碚扶植自耕农示范区，中国妇女慰劳总会荣誉军人自治实验区、北碚管理局农林部农业推广委员会，中国农民银行、中央农业实验所四机关合组设立之北碚农村经济建设实验区。

电力方面则有富源水电公司，资本5000万元，有立式水力发电机两部，马力480匹，总公司在重庆，办事处设北碚，水力发电在高坑岩，供给北碚电灯、黄桷镇、夏坝、金刚乡电力均将取给于此。为协助各产业而作金融活动者，则有中农三大银行的北碚支行、美丰的北碚办事处，和成分行、复兴银行、义亨钱庄、北碚银行等（附北碚产业机关一览表）。

六、交通

本境交通有邮电、铁路、公路、水运四种：

甲、邮电：各乡镇均设有乡村电话、电报及邮局或代办所，各事业机关均安有公共电话。

北碚有交通部电信局，重庆成都可直接通电话。北碚邮局每日有两次邮务专车，直开重庆，北碚各乡镇当天可看重庆报纸，当晚可收听国内国外各地广播消息。

乙、铁路：早完成者有北川（18公里行驶火车）戴黄（16公里）夏溪（6公里均推行炭车）三铁路，正开工敷设者有卢三铁路，又本区附近有三条炭车道（按照铁路修筑）即江合、华蓥、全济三公司建筑者，均为运煤之用。

丙、公路：北青24公里，北温7公里，澄温7公里。经常有人力车、马车、汽车往来行驶。

丁、水运：每日有汽船上下行驶重庆、北碚、合川间。木船运煤运货每日辄以百计。

七、文化

（一）科学事业：除迁建来区之科学研究机关二十余单位外，原设本区者有中国西部科学院，现又有中央及地方各文化事业机关合组之北碚科学博物馆，陈列内容有地质、工矿、农村、生物、卫生等事物，另有美国博物馆捐送之活动模型，一年有24套，自今秋起陆续运来陈列。

（二）教育事业

1.属于迁建来区者，国立有复旦大学、江苏医学院、国术体育师范专科学校、重庆师范；私立有立信会计专科学校、草堂国学专科学校、相伯女中、勉仁中学、力行中学。社会部儿童福利实验区主办托儿所一所，男女学生共约6000人。

2.属于地方者，除私立兼善及三峡中学外，全区有中心国民学校8所，分校1所，附设幼稚园2所，保国民学校83所，私立小学5所，公立小学4所，共计学生12152人（学童90%入学），又有民教部学生8024人（入学者占失学民众40%以上），教师共有379人，其待遇由管理局随物价调整，每学期最优者，可另获奖金至3.5万元。

3.联合建筑,在朝阳镇双柏树,金刚乡松岭岗各建筑联合示范国民学校一年,有礼堂、教室、寝室、图书室、联合办公室、厨房、厕所、体育场及校园,一切建筑和设备完全现代化。

(三)社会教育

1.民众教育馆:设有陈列室、动物园。

2.民众图书馆:藏书4万余册,日报100余种,杂志100余份。各乡镇有分馆,各保间有书报室、巡迴[回]文库,又北碚有10余图书事业单位。民生公司图书馆亦自合川迁北碚,并供应民众阅读。

3.民众体育场:注重大众体育,各乡镇均设有简易体育场,各保多数设有游戏运动场,到场运动人数以朝阳镇为最多,每日平均2000人。

4.社会服务处:设有(1)职业介绍,(2)人事服务,(3)文化服务,(4)经济服务,(5)生活服务等部门。举凡关于人生衣食住行娱乐,舆夫生养病死若诸般问题,该处皆可协助解决,并附设民众法律服务所,专为指导民众法律常识,调解纷争,代撰诉状,以保障人民法益。

5.影闻教育实验区:此与联合国影闻宣传处合作办理,新闻照片展览分为10站,幻灯放映7站,电影系联络英国新闻处及美国新闻处,每月放映3至7天,免票入场,参观人数每次在50000人以上。

(四)新闻事业

《嘉陵江日报》日出一中张,有访载北碚事业的进展消息,全国的重要建设新闻和重庆及国内外的广播新闻及新知识等。

贰 风景名胜

北碚在峡防局时代,即开始创造美丽的园林,以期形成一游览区域。故凡有市场,有山林泉石,或有温泉飞瀑之处,必皆计划有公园,务使每一市场皆包围在公园中,多少人家皆点缀在花园中。惜因抗战发生,经济物资两皆困难,仅营建一北泉公园及北碚平民公园,稍具规模而已,至计划中之运河公园、金剑山公园及其他园林布置,则均未着手。兹将可一游者,分区介绍于后。

一、温泉区

在缙云山脉横渡嘉陵江断港中,为小三峡之中峡,两岸悬岩壁立,形势雄伟。两岸山腰有一平地,屋宇巍峨,道路修整,水木明瑟,是即温泉公园。

1923年间，卢作孚先生偕二三友人游此，于温泉涌出处坐石濯足，互赞此地之佳妙，即有创辟公园之拟议。1927年，接长峡防局后，立即开始募捐，并由峡局垫支40元先行开工。继派峡防局常备一中队，常川驻守工作，为营建堂宇，修路浚池，栽花种树，全体官兵员工共同辛勤劳作，时达两年，乃规模粗具。

园之中央为旧有之温泉寺，相传创于刘宋景平元年，宋敕赐崇胜禅院，周濂溪讲学至此，曾留诗而去。

元代统一宇内，只合川钓鱼城未下，宪宗蒙戈[哥]亲征不克，为飞矢所中，过此崩殂，温塘之名乃著于正史。

寺分三殿，最上为观音殿，上复铁瓦及碧硫[琉]璃瓦，日光照射，晶莹争目，故亦称铁瓦殿。殿中有一白衣大士之石膏塑像，高达丈余，端庄白洁，颇富现代艺术风格。内陈列分三馆，一为北泉图书馆，以蒐[搜]藏并研究蜀川史地，本国医药及各教经典为重心；二为北泉博物馆，以搜集陈列四川各地之文献、风物、土产、国药及各教法物为主。其中最饶兴趣者，为该馆珍藏之汉洗——汉代铜盆，上有两耳，倾水满器，用手摩耳，即发出潏然鸣声，水面显出珠纹，摩愈急，声愈响，水从盆边鱼口四股喷出，愈喷愈高，可达三尺，薄雾濛濛[蒙蒙]，水珠四溅，状至奇美。汉代已能运用物理学原理，制成此器，实亦文化史上之伟迹[绩]也。每年只公开演摩14次，届时在该馆售卷[券]参观。三为北泉美术馆，陈列书画、刺绣、金石、雕塑、模型等数千件。殿前有300年之紫荆树一株，兀立路中，肌理毕露，每届夏秋，花红百日，左右花木繁茂，芬香扑人。中为大雄殿，内有明代浮雕石质蟠龙香盘一座，高与人齐，精工透雕，玲珑可爱。两旁有明代题咏石刻数种。殿前有戏鱼池，池上建石桥，色彩斑驳，亦六朝物。池周绕石栏可俯视鱼群在温水中游泳自得状。两旁有大草坪，细草蔓生，绿茵铺地。下为接引殿，已改作北泉小学之一部。再下为观圣殿，有电报局、邮局及该园之贩卖部。出售石砚、甜茶等峡区特产及日用品。

出寺门西行，经北泉小学，过琴庐竹楼，折下兰谷，有石座可小憩[憩]。洞谷中树木丛茂，清风自谷口徐来，精神为之一畅。谷旁为乳花洞口，入洞摸索前行，时有天光漏入，隐约可见四周乳状石岩，抚之极坚。进数十步为洞天石室，有十数钟乳参差悬垂，似花流，似细滴，叩之发金石声。如再曲折而前，经十数步，下长阶，天光较明，有石乳下注，长约二丈，势颇奇劲，惜其一已断折。由此再下最深处，隐约可闻泉响，土人呼之为"阴河"，幽邃深黑，殊下探者。由石阶下折倒退，穿另一洞口而出，即豁然开朗矣。稍整衣履，下馨室[室]（曾为林故主席寓居），观桃花流水，经江径上龙湫道，细赏飞瀑（现已改道），横过桐荫道，上农庄石级，经荷花池长堤，凭濂溪小榭，赏荷观鱼，或柳荫垂钓，皆别有风趣。

穿笔柏道，过塔院，考六朝石像，像刻巨石上自山岩间崩出，倒卧乱丛中，已风化难辨矣。上澄江公路，入北泉新村，小憩[憩]畅晚亭或白鸟亭（于右任院长曾题有"绿水青山白鸟亭"）。可远望上下峡门，俯视全园风景，细数江帆，足助吟思。兴尽，穿松林而下，涛声浮空，浓翠扑面，归而就浴于千顷波，赏月于浅草坪，江风徐来，山月微吐，对此美景，尘怀尽涤[涤]矣。

二、缙云区

缙云山，《舆地纪胜》称为巴山，高900公尺，横垣[亘]200余华里，去北泉10余华里，毗连璧山县境内有九峰，高插云天，林木葱蔚，形势绝佳。尤以香炉、狮子两峰为最秀。缙云寺即建于狮子峰麓，梵宇清幽，雅绝尘俗。

初拟将此10余里山区，辟为一大游览区域，置经营重心于三点：一温泉寺，以泉水为主眼；二绍隆寺，以黛湖为主眼；三缙云寺，以森林为主眼，而以一公路联贯之。

入北泉新村，沿公路上行（未与澄江口公路衡[衔]接，尚不能通车）约3公里，即达绍隆寺。寺在山谷中，其前清流一脉，古松数株，境殊清幽。寺中殿柱为合抱乌木所建，神像形制亦甚精古。全寺现为北泉慈幼院所住，教养战区儿童。沿小溪行半里许，至公路尽头，入九龙巢。群山脉脊趋向一山堡，堡圆似半球，上侧一峰，石崖瓣瓣宛如龙牙，土人呼为"九龙抢宝"，相传吴三桂祖坟葬此。堡前有平地数十亩，由水利局贷款120万，建一水库，名黛湖，可灌田300亩。湖堤倒影，绿波如镜，山光水色，相映成趣，春秋垂钓，尤为胜地。

再上3公里行程，有苍松夹道，古木参天，跨越洛阳桥，丛林茂密，山谷幽深，浓荫中虫吟[吟]鸟语，不绝于耳。小桥、寨门、石坊、古迹斑斑，此即缙云寺前之山门也。入寺进门为天王殿，有古石像三尊，神采弈弈[奕奕]。再进左厢，设有客室，可小坐饮茗，欣赏此间特产——缙云甜茶，并请寺僧导游。

此寺亦为六朝时所建。1930年川省通令提庙产兴学，本寺庙产经卢作孚、何北衡两先生商请刘甫澄主席特予保留，而成立世界佛学苑汉藏教理院，聘太虚法师任院长，并开班训练学僧，研译佛学，教习藏文。成绩优良者派往西藏深造，藉以构[沟]通汉藏学理，联络汉藏情感。现有教职员及学僧百余人。最上一幢，楼下为一大教室，楼上为一大图书室及珍藏室，陈列有中国佛教访问团，及太虚法师等访问印度，各方所赠贻之纪念法物，如佛像、佛珠、经典、象牙等，颇为名贵。寺中为大佛殿，殿前有盘龙勅[敕]赐碑、蒲团、红帐，气象庄穆，为寺僧礼佛场所。

寺左50步，有破空塔院，为重兴缙云九峰堂传临济正宗第三十三世破空大觉之墓碑。由侧间石级上山，登狮子峰，松涛怒吼，山风飒然。峰顶有巨石狰狞，宛似狮子头顶，俯望山麓,悬岩[崖]绝壁,势极深邃,令人心悸。太虚台建于峰最高处,可北望华蓥,南望歌乐、真武诸山,全峡山川景物,历历在目。

缙云九峰:曰朝日、香炉、狮子、聚云、猿啸、莲花、宝塔、玉尖、石照,由此至南,依次题名,排比一列,皆肖物形,至为奇观。黄炎培先生曾题诗以志云"狮子摩霄汉,香炉篆太空。朝阳迎旭日,猿啸乱松风。石照三千界,莲花七窍通。玉尖如宝塔,更有聚云峰"。过九峰为石华寺,以巨石笋立如华而命名,石大数十围,高数尺。寺前有数百龄古桂树,寺右五峰攒聚如笔架,缙云山峰以此为最嵯峨,秋冬之际,中外人士率在此地行猎。

三、运河区

运河在澄江镇夏溪口,长凡10余华里,水流清静,1934年曾筹建公园。河口有堤高6丈,堤下有喷泉三股,高达数丈,水花四溅,有如银须飞瀑。河内有鱼[渔]舟,可供游客垂钓,或持罟而网。两岸垂杨细柳,倒影飘飘,极富农村风趣。下游东岸为荣军自治实验区,住有荣军数百人,经受授以制革、编藤、织布等生产技艺,山腰及岸上,营建有各式房舍,如美龄堂、中正堂,高台楼榭,配置适宜,形式美观,颇具匠心。抵三岔河有沙滩一,水清而净,夏日居民率多游泳于此。岸上有名人李石曾、张静江、胡庶华等题字。运河尽处,可参观北碚焦油厂,在煤炭中试炼煤油。如舍舟登陆,沿运煤之轻便铁路至双河口,则可参观宝源公司煤厂。

自运河乘船归,道出夏溪口,经澄江镇公所,该所为乡镇级,管教养卫各机关联合办公处,系地方事业及士绅所捐建,规模宏大,被誉为全省乡镇机关之冠。澄江街道整齐,繁荣稍次北碚,面临江水,后倚公园,绕以环场公路。绍侣公园建于后山岗岙间,范围颇广,惟因限于经费,现只完成主要道路一条,亭阁一座,花圃若干而已。

四、朝阳区

昔日之北碚场今更名为朝阳镇。即北碚管理局所在地。为使周围园林化,初拟将火焰山、黄山堡、马鞍山建设为公园,民十九年已将火焰山辟为平民公园,现黄山堡已成为立信校园,而马鞍山则因财力物力关系,迄未兴办。

平民公园入路有二:一为公园路旧门,在公共体育场侧;一在中山路卫生院左侧新门,门前有大圆形花地,紧接尔昌大道(系黄桷镇士绅王尔昌捐修,故名),大道两旁皆营植花圃,就地势之高低,成一致之梯形,春来百花盛开,尤[万]紫千红,不啻绣壤。

沿石梯直上达动物园,园中曾饲养各种奇禽珍兽,如白熊、豹、猫、虎豹、熊猫、马熊、野猪、豺狼、狐狸、金鸡、孔雀等不下数百种,惜多已死去,后制成标本,陈列北碚科学馆中。现豹窟尚饲有小鹿一头,小豹一头(叫"乐白尔"可呼名即至)。

其右有刺猬、狐狸各一。右边大虎窟,曾养一虎双豹,今仅余虎豹各一。稍上为熊窟,内有大马熊一,身肥力巨,为全园动物中之资格最老者。1928年,少年义勇队学生初入西康采集,在雪山中遇险滑跌悬岩,后循该母熊所走路线脱归,获得子熊二,后死其一,此熊在该馆中已饲养十有五年矣。自此转经民众茶园而上,有大鸟笼二,猴房,兔室,鸡舍各一,过去曾拟繁殖安哥拉兔及来克航鸡,一以供游人观玩,一以备推广农家,增进副业之用也。

登火焰山顶小憩露台(台为汉砖砌成),由此可仰望缙云九峰全景,尤以温泉峡口,云山江水,在夕阳返照中,灿烂光华,蔚为巨观。南望鸡冠山,如雄鸡引吭而鸣,有巍然独立之慨。俯瞰北碚市街全景,体育场上男女青年之活跃情形,历历在目。台下为一整齐正确之"之字"路,如多人整队行进其间,迴[回]旋交互,亦殊有趣。路尽处为"清凉亭",乃故主席林森手题,红墙绿瓦,衬托在蓊郁之松林中,极饶佳趣。

由露台返观图书馆,为旧东狱庙址,雄居火焰山顶,昔日香火甚盛,现游客仍众,而意义全新矣。下爱湖,看迷园,出公园路,其间林木繁茂,道路纵横,或浓荫蔽天,或曲径通幽,足任留连,而全园三合土路之建筑,湖堤鹅石之搬运,皆昔峡局官兵学生公余劳作之纪念品也。

出公园路,可顺道一观伟大人力之填沟防洪工程,及机器纺织染之大明纺织染工厂,与搜集丰富之北碚科学博物馆。该博物馆陈列最近发现时代最古形体最全之绿丰龙化石一具,长约2丈,弥足珍贵。

再沿北青公路,参观中央农业实验所农场,及北碚十九保自耕农示范区,并模范农家李治全家。又殉国名将张自忠将军之墓园——梅花山亦在附近。更进至歇马场高坑岩,参观富源公司水力发电厂,北碚之光明动力,均为该厂所供给。高坑岩瀑布,高十余丈,宽数十尺,洪流直泻,吼声雷鸣,宛似活动有声之珠簾[帘]银幕,至为壮观。下段溪流曲折,两岸水竹成林,达数十里,若运河修成,其风景清幽,更当凌驾澄夏运河,如入山阴道上矣。

吾人如于北碚渡江,即至蚕种制造场,数百亩桑园,一望无际,更有新式蚕室十余幢,点缀其中,尤饶别致。场之东端有明心桥,为一苦人汤草药发愿募捐修成,渠为表明心愿之坚,不惜洞穿肩骨,贯以铁链,锁于桥头,必俟桥成始解,以此过往行人均大受感动,后得慈善家黄某慨捐巨款,桥工于以告成。过桥有东阳村,为南齐东阳郡旧治,现复旦大学在其左面,其校舍之建筑,农场之经营,校园之布置,均极完美。

叁　旅行须知

一、游程

（一）来程

（1）由渝水道来峡游览，侵晨5点30分在渝城千厮门外纸码头民生囤船，搭民生公司渝合班或渝碚专班小汽船，约经5小时即达北碚，又半小时达北泉公园。

（2）由渝乘汽车来游，车至青木关，即转驶青北公路直抵北碚，约需3小时。每日碚、青、渝间均有班车4次，及校车2次来往，而休假日游客激增时，公路局则加开专车。如有自备汽车，可直驶北泉及澄江镇。

（3）由合川来游，侵晨六时在县小南门码头搭渝合下水汽船，约经两小时抵北泉公园，又一刻钟而至北碚。

（二）去向

（1）由水程直抵北泉时，可向该园之中国旅行社北泉招待所，接洽食宿事宜，略事休息，即可入浴，或浏览公园，游浴毕，可用电话，向北碚社会服务处接洽，商请引导参观北碚事业，及预定游览日程。

（2）由陆路乘车来游者，抵北碚后，可径向北碚社会服务处接洽，请其代为安排在碚或北泉之食宿诸事，并商请引导及预定游览日程。如欲先事参观北碚各种事业，则在服务处略事休憩［憩］，即可径往参观，如欲先赴北泉游浴，则可乘小船或雇肩舆（滑杆）前往。如天气晴和，旅客有愿步行者，可循嘉陵江右岸小路或公路而上，行至3华里遥之金刚乡，再泛舟赴北泉亦宜。

（三）归途

（1）北碚及其上游之北泉公园、澄江镇，下游之白庙子，水土沱等处，民生公司均设有囤船，上下汽船皆于此停轮接客。游客返渝，可搭下水汽船，夏季约为每晨八时，冬季因雾，每日午前何时不定，须临时探明。趁由合川下行经北泉或北碚之汽船，由此历3小时即可抵渝。民生公司时有专轮行驶渝碚间，故颇称便。

（2）由北碚或北泉回合川，可乘渝合上水汽船，每日午前11时至午后1时间登轮，约需3小时可达。

（3）陆路返渝，可由北碚搭公共汽车或学校校车，约需3小时可达。

二、食宿

（一）宿舍

（1）北碚有兼善公寓、北碚公寓、四海餐厅、嘉陵江宾馆、西南茶旅社、松鹤楼、乐天、望江、庆丰等较大之旅馆，兼善公寓为兼善中学所主办，清洁幽静，设备完善，侍应周到，其盈余悉数拨充文化基金之用，非一般以营利为目的者可比。

（2）北泉公园之柏林、数帆楼、农庄等宿舍，租于中国旅行社设立招待所，设备齐全，招待周到，计有房屋60间。中西餐厅以精诚西餐社之菜味为精美，足供游人果腹。

（二）饭店

北碚之饭店极多，然大别为川味与"下江味"两种。

川味以兼善、蓉香两餐厅为最佳，"下江味"以松鹤楼为代表，此外面食有南京三六九，甜食有蔗味、香蜜园。

（三）行装

旅客到碚，随身应备三物：

(1)衣服——峡中风起，气候骤寒，宜多带衣服。

(2)鞋子——天雨，须着胶鞋，爬山须着布鞋。

(3)电筒——黑夜或游洞须用电筒。

三、卫生

（一）医药

北碚管理局设有卫生院，江苏医学院设有公共卫生事务所及附属医院，振[赈]济委员会设有门诊部，均可诊治内外病。北碚市计有西药房六家，中药房五家，名医除江苏医学院者外，西医儿科有蔡忠杰，中医有熊懋修、熊建勋。

（二）沐浴

北碚兼善公寓及龙泉池均设有浴室，设备完善。北泉公园澡塘[堂]现分两种：单人浴室、三角池及游泳池，温泉泉水之温度为37℃，与人体温度相适合，且其初由山洞流出之泉，尚含镭锭，可治肠胃病。

（三）理发

北碚设备较佳之理发店有长生堂、南京等家，价格最便宜者，为社会服务处主办之理发厅。

（四）公厕

北碚公厕设备最完善者，为商场后面之第一公厕，其次为体育场边之公厕。

四、娱乐

北碚民众会场经常表演汉剧或川剧，儿童福利所或重师大礼堂，间常由各学校或社会团体人士表演话剧、京戏及演奏音乐，北碚管理局社会服务处或百货商场楼上及各乡镇经常有袖珍放映机放映幻灯。民众体育场每月有6次放映电影，免票欢迎。

五、摄影

北碚计有皇宫、千秋、长虹、真善美、艺新、嘉陵等六家。

"碚"字意义。

北碚之"碚"字，俗读如"倍"，陆游入蜀，记有荆门十二碚，皆高岸绝壑；王十朋诗又有荆门岩岫十二碚之句，"碚"——作"背"，有古脑碚、胭脂碚、媳妇碚等名，明月峡又有蝦[虾]蟆碚之称，则地以碚名，不止北碚一处也。"碚"之音，读如"倍"，古今无异。"碚"之义，巴船纪程则谓岩石随水曲折曰"碚"，北碚石梁突出江心，水随石转，曲折迂迴[回]，正如其形。于此可知得名甚古，音存而义乃忘之矣。

附一　北碚物品一览表

品类　　　　产地
1. 食品
水磨面　　　北泉公园张海洲水磨面厂
干菌　　　　西山坪
鲜筍[笋]　　东西两山
鲜鱼　　　　嘉陵江
2. 饮料
缙云甜茶　　缙云山
干酒　　　　璧山县产，销售本区
渝北酒　　　江北水土沱产，销售本区
3. 园艺
菜蔬　　　　北碚沿江两岸

地瓜　　北碚澄江南岸

花生　　北碚沿江两岸

柚子　　龙凤乡左家乐园

苹果　　朝阳镇杜家街果园

广柑　　龙凤乡左家乐园

葡萄　　西山坪农场等处

西瓜　　西山坪农场等处

菊花　　北泉公园

草本花　　北泉公园、平民公园

木本花　　北泉公园、平民公园

4. 药物

栀子（染色亦用之）　　缙云山

桦叶（造纸亦用之）　　缙云山

蝉花　　北碚各地

天生黄　　观音峡

枳壳　　北碚各地

5. 矿产

煤炭　　三峡各煤炭厂

石灰　　观音峡、沥鼻峡

铁　　三峡各地

白磬　　黄桷镇

滑石　　文星场

6. 工艺

碗　　黄桷镇翁家沟、龙潭沟

石磨　　温泉峡

石碑　　观音峡

石砚　　沥鼻峡

玻璃　　黄桷镇

各种干电池　　本区各电厂

草纸　　三峡中各纸厂

草帽　　朝阳镇

草鞋　　朝阳镇

捆篾　　朝阳镇

牵藤　　北碚何家嘴

土布　　北碚各乡镇

各色宽布　　大明染织工厂、西南麻织厂、北碚机房工厂、协兴三峡织布厂等处

附二　北碚事业机关一览表

(一)产业机关一览表

机关名称	主持人	所在地
1.经济部全国度量衡局及制造所	郑礼明	朝阳镇
2.农林部中央农业实验所附设农场	马鸣琴	朝阳镇
3.扬水江水利委员会嘉陵江工程处	董大琦	朝阳镇
4.行政院水利委员会水利示范工程处	章元羲	朝阳镇
5.北碚扶植自耕农示范区	陈显钦	朝阳镇
6.北碚农业推广所	李清和	朝阳镇
7.富源委员会北泉汽油厂	赵宗焕	澄江镇
8.资源委员会北泉酒精厂	齐熨	北泉
9.四川丝业公司北碚制种场	陶代华	黄桷镇
10.义瑞桐林公司	陈化南	澄江镇
11.西山坪兼善农场	郭庆余	二岩乡
12.天府煤矿公司矿厂	程宗扬	文星乡
13.三才生煤矿公司矿厂	饶时逸	黄桷镇
14.宝源煤矿公司	蓝泽政	澄江镇
15.燧川煤矿公司	童伯乔	澄江镇
16.复兴隆煤矿公司	周还浦	二岩乡
17.和平煤矿厂	刘文襄	二岩乡
18.天府煤球厂	程宗扬	白庙乡
19.大鑫火砖厂	谢诗箴	黄桷镇
20.广生实业公司	王荫槐	黄桷镇
21.江南肥皂厂	赵士良	黄桷镇
22.广利肥皂厂	刘镜晖	澄江镇
23.广益化学厂	王吉林	黄桷镇
24.北碚自来水厂	章元羲	朝阳镇
25.富源水电公司	汤九星	朝阳镇
26.寄萍水电厂	吴寄萍	北泉
27.霍胥洞水电厂	戴儒镜	文星乡
28.北泉水磨面厂	张文轩	北泉
29.民利制革厂	雷奎庸	金刚乡

续表

机关名称	主持人	所在地
30.大明纺织染厂	查济民	朝阳镇
31.西南麻布厂	茅子椿	朝阳镇
32.北碚抗属工厂	李梓芳	朝阳镇
33.协兴三峡织布厂	舒承谟	金刚乡
34.正中书局第二印刷厂	吴逸瀚	金刚乡

（二）文化事业一览表

机关名称	主持人	所在地
1.农林部中央农业实验所	谢家声	朝阳镇 天生桥
2.国立中央研究院动物研究所	王家楫	朝阳镇
3.国立中央研究院植物研究所	罗宗洛	金刚乡
4.心理研究所	郭任远	黄桷镇夏坝复旦大学内
5.经济部中央地质调查所	李春昱	朝阳镇
6.中国科学社生物研究所	钱崇澍	朝阳镇
7.中国地理研究所	黄国璋	朝阳镇
8.北碚科学博物馆	李乐元	朝阳镇
9.中国史地图表编纂社	顾颉刚	朝阳镇
10.中国哲学研究所	孙 科	朝阳镇
11.国立编译馆	陈立夫	朝阳镇
12.国立礼乐馆	汪 东	朝阳镇
13.国立江苏医学院及附属医院	胡定安	朝阳镇
14.国立国术体育专科学校	张之江	朝阳镇
15.国立戏剧学校	余上沅	朝阳镇
16.国立重庆师范学校	马克谈	朝阳镇
17.国立电化教育专科学校	李清悚	北 泉
18.私立立信会计专科学校	潘序伦	朝阳镇
19.私立力行中学	毛嘉谋	二岩乡
20.私立相伯女子中学	崔淑君	黄桷镇
21.国立复旦大学	章 益	黄桷镇
22.民生工读院	顾 实	朝阳镇
23.私立兼善中学	张博和	毛背沱
24.北碚小学	乔一乾	朝阳镇
25.世界佛学苑汉藏教理院	释太虚	缙云山
26.世界红十字会北泉慈幼院及农场	周之廉	北 泉
27.振[赈]济委员会重庆第三儿童教养院	张景风	二岩乡
28.社会部儿童福利实验区及北碚托儿所	章柳泉	朝阳镇
29.中国滑翔总会北碚滑翔站	赵永宽	朝阳镇
30.中国妇女慰劳总会荣誉军人自治实验区	罗 衡	澄江镇
31.中国教育制片厂	李清悚	北 泉
32.北碚管理局	卢子英	朝阳镇
33.北碚民众图书馆	周昌溶	朝阳镇

续表

机关名称	主持人	所在地
34.北碚民众教育馆	冯瑞深	朝阳镇
35.北碚公共体育场	范之亮	朝阳镇
36.北碚市政委员会	吴定域	朝阳镇
37.北碚临时参议会	邓少琴	朝阳镇
38.北碚卫生院	李 诗	朝阳镇
39.中央测量学校	曹 谟	澄江镇
40.国民政府主计处统计局	朱君毅	金刚乡
41.正中书局编审部	叶溯中	金刚乡
42.战区学生第三初中进修班	周汉夫	金刚乡

三、北碚区略图

四、北碚全境略图

北碚管理局印宣传册　1945年10月　高孟先主编

北碚概况①（修订）

将来的北碚

生产

大规模改良农业——增加特种农产、林产和畜产；并有大的农场、林场、畜牧场和养鱼场。

大规模开发矿产——由土法开采到机械开采。

大规模创办工业——由手工业到机械工业，建设大的发电厂、炼钢厂、水泥厂、焦油厂、化工厂、肥料厂、缫丝厂、纺织厂、造纸厂……

大规模兴修水利——兴办灌溉及给水工程，修建嘉陵江大水利工程，兴修各处小型水电工程。

交通

凡生产区都通轻便铁路或公路。

文化区和沿江两岸风景区都通公路。

任何村落都通邮政、电话和电报。

有由北碚直达重庆的电气铁路。

有与周围邻县连接的公路县道。

---

① 此文为高孟先在1948年10月在其主编的《北碚概况》第一版基础上，于1949年7月修订而成，北碚管理局1949年10月印刷。

文化

全区有：
中学、大学、专科职业学校及研究院。
大的图书馆、博物馆、体育场、民众会堂和无线电广播台。
每乡镇都有：
托儿所、幼稚园和设备完善的中心国民学校。
图书室、陈列室、运动场、俱乐部、公园和新型收音乐。
每保都有：
农忙托儿站、完善的国民学校。
书刊阅览室、展览室、运动场、民众会场和收音转播器。

人民

皆有职业。
皆有现代的知识和技术。
皆有现代集团生活的习惯。
皆能为群众服务。
皆无不良嗜好。

地方

皆清洁。
皆美丽。
皆可居住和游览。
皆现代生活的设备。

目次[1] 页数

政治方面

一、沿革……………………………………

二、地势……………………………………

三、人口……………………………………

四、财政……………………………………

五、自治……………………………………

六、社会……………………………………

七、保健……………………………………

    1. 卫生院所………………………………

    2. 北碚医院………………………………

    3. 中国西部地方病研究所………………

八、保安……………………………………

九、兵役……………………………………

十、田粮……………………………………

经济方面

一、地政……………………………………

    1. 地籍整理………………………………

    2. 保障佃农………………………………

    3. 扶植自耕………………………………

二、农业……………………………………

    1. 农民组训………………………………

    2. 粮食增产………………………………

    3. 增植油桐………………………………

    4. 发展园艺………………………………

    5. 家畜保育………………………………

---

[1] 此处为原来小册子的目次和页数，内容收录到本书后因变化这里仅作参考，不录页数。

  6. 蚕种制造……………………………
三、水利………………………………………
四、工矿………………………………………
五、交通………………………………………
六、合作………………………………………
七、市政………………………………………
八、金融………………………………………

文化方面

一、科学事业…………………………………
  1. 科学院……………………………
  2. 科学博物馆………………………
二、教育事业…………………………………
  1. 学校教育…………………………
   (1) 高等教育………………………
   (2) 中等教育………………………
   (3) 国民教育………………………
  2. 社会教育…………………………
   (1) 民教馆…………………………
   (2) 北碚图书馆……………………
   (3) 体育场…………………………
   (4) 民众会堂………………………
三、出版事业…………………………………
  1. 北碚日报…………………………
  2. 北碚期刊…………………………
  3. 北碚志书…………………………
四、游览事业…………………………………
  1. 公园纪略…………………………
  2. 古寺纪要…………………………
  3. 三峡纪景…………………………
  4. 名胜纪名…………………………

附录

一、将来的北碚(封里)……………………

二、北碚区域全图……………………

三、工作人员的生活……………………

四、我们的生活……………………

政治方面

一、沿革

北碚管理局(以下简称本局)原为治安机关次第改组而成。初为峡防营,次为峡防司令,1923年冬改组为江巴璧合特组峡防团务局,辖区约40余乡镇。迄1936年春,川省府特划峡中之五乡镇为乡村建设实验区。1942年春,省府呈请行政院,改组为北碚管理局,照一等县设置,组织和职权与一般县政府相同。

二、地势

北碚密迩陪都,在重庆合川之中点,位东经106°26′,北纬20°5′,东连江北,西邻璧山,南界巴县,北接合川,面积160方公里,海拔最高970公尺。华蓥山自北而来,分成三大支脉,夹贯本境,致境内山脉绵延,丘陵起伏,土地贫瘠。嘉陵江自西北向东南流,横断此三山,形成小三峡,为军事要冲。

三、人口

北碚户口,曾于1940年会同国府统计局,举行极精密之户口普查实验一次。以后每年均作一次更正之总清查,每月均严密办理异动登记,每保均有联保连坐切结,每甲均设有户口异动巡查牌,每户均有户牌,每一成年国民均有身份证。

兹将1949年7月份户口统计如后:

乡镇	保数	甲数	户数	口数合计	男	女
8	124	1425	21256	107574	61932	45642

四、财政

北碚山多田少，地瘠民贫，田赋旧粮额仅170余两，公学产田土计3627亩，赋额23.149元。每年约收田租300余市石，土租80余市石，市地面积10亩2分。较之邻县合川，田赋仅占其1%，公学产租占其2%，在实验区署时代，由四川省府每月补助5000元，1939年增为6000元，1942年改局后，设立经收处，1947年底改设税捐稽征处，举办地方税课，每年依法编造地方收支总预算，具报省府核定执行。

惟地方经费困难，事业开支庞大，逐年收支，均无法平衡。但为完成经济、教育、卫生等建设计划，1949年度改为以实物计算收支，故一至八月份合计食米负债为稻谷35012.120市石，连前历年公粮不敷负债稻谷13660.060市石，共计负债稻谷为48672.18市石。除在百无办法中，抽还稻谷2920.248市石外，尚负债稻谷数为45751.932市石。如以现价每市石3元计，总共应合银元137255.80元，故地方经费及一切建设，多赖举债维持。

五、自治

本局除依法成立各级民意机构，依法民选乡镇保甲长，并均能目标一致，一心为公，密切配合外，更特别着重由人民直接表达意思的最基层机构——保民大会，详细办法编印有保民大会辅导手册。兹将其意义与办法介绍如次：

1. 意义

（1）亲近民众：每次开会，均有乡镇公所干事及本局高级主干人员出席指导，局长更至僻远的各保，巡视民众，有甚么疾苦，有甚么冤屈，有甚么意见，有甚么兴革，皆可立即上达，立予处理，不仅根据民众间接或个别的报告，也凭我们直观的实地的考察，对民众生活情况，对保甲人员的成绩，对政令推行的效果，都有一个比较明确的了解，因此上下沟通，没有隔膜的毛病。

（2）教育民众：我们把它当成半日学校，当成公益之事办理。从这里教他们开会，教他们行使四权，同时公开的讲道理，求新知，谈时事，尤其重要的，是报告我们当前的工作，而这些工作，都是与他们如何改进生活有关的，可说具有教、学、做、养四方面意义。

（3）动员民众：我们不仅从保民大会上教他们来学，更要教他们做，或参加如何做的意见。

例如点种牛痘，登记家畜保险，查对户牌，举行公民宣誓，分派或审核各种收支款项，商讨造林、植桐、筑路、养猪、建校等等办法，都是在保民大会上做的。

2.办法

（1）准备：开会前十天，本局出席督导人员，必先开准备会议，编配每人督导的时间和地点，审核应付印的报告材料，提示本月份应注意的中心工作和检讨事项，再把各方面的报告材料编印出来，分发到各乡镇各保去，再由乡镇长召集各保干人员开一准备会议，分配司仪、记录、布置及通知召集等人员，同时分配报告，讲解报告词意，训练报告方法。在报告中尽量用讨论方式，启发民众发言。每项报告后，均留出时间，征求民众有何意见，并由督导人员察看民众的反应，作成记录。

（2）督导：民众已经养成了下述的好习惯：①都出席，最初他们生怕像其他地方，说开会就是拉兵，不敢来，现在如不是最农忙的时候，每家都必有成年男子来。开会那天，只要听着锣声或号声一响，半点钟内，区域辽阔的，最多也不过一点钟通通就集合齐了。②都守秩序，各甲长晓得率领各甲的民众，各坐各的座位，一甲坐第一排，二甲坐第二排，每甲甲长坐先头，一户一户挨次坐入会场。晓得脱帽揭帕子，不吸烟，不吐痰，不说话，发言时必起立，必依序。③都踊跃发言，不仅自己的疾苦，可以勇敢的提出来，如盐专卖时不够吃，烧煤买不到，小菜或被驻军佐采……对于公共的事情，如我们这保学校要如何修，树子要如何栽，道路要如何整理，也当提出确切的建议。

（3）整理：每次会毕之后，督导人员及保干人员，立即开一整理会，检讨开会时情况，工作缺点及改进方法。督导人员返局之后，再开一度整理会议，报告全局各保开会情况及所发现或所处理的问题。这样，使我们随时对全区民众的疾苦或兴情，有一个确切的认识和了解，而为我们工作的推进的助力。

六、社会

1.儿童福利：社会部为倡导及改进儿童福利事业，于1943年春，在北碚筹设儿童福利实验区，分别作有计划有体系的设施。由研究而实验，而推广，使达于制度化、标准化、普及化。1948年9月该区奉部令改为儿童福利站，经费乃由社会部支给，工作与人事仍旧，将所办事业，移交本局接管。

（1）托儿所：收托年龄三至六岁儿童，经常保有230[个]名额，自成立至今，共受托539名。1949年已增日间托儿部两班，招收儿童40名。工作特点，除实验家庭化的机关教养，以爱代教，以所为家外，教导方面，根据儿童智力、情绪、心理等测验，适应学习兴趣及个性特长，因材施教，尽量发展；保育方面，特别指导及增进儿童的营养，特别注意医护及积极保健。已完成的实验报告，有儿童保育标准及保育办法，教材大纲及教材教法，儿童营养，卫生设施及儿童健康，家庭化机关教养初步等数种。

(2)儿童福利所：1944年12月成立。分保健、康乐、学艺、社会各室及服务部。有儿童诊疗室，可免费医病和接生，有极廉价的儿童沐浴室、理发室、贩卖部、缝纫部；有小巧齐备的工作室、游艺室、图书室、美术室、自然科学室；有儿童会堂及运动游戏场。期造成一个完美儿童环境，使本所成为全北碚儿童公有之乐园，成为全北碚国民学校公共之特种教学场所。将来并拟联络各学校各事业积极扩展全面儿童服务，使北碚八乡镇，每乡镇均能成立一儿童福利站，由中心国民学校兼办，每一保国民学校，成立一儿童福利分站；俾儿童福利之社会工作与教育工作，合而为一，打成一片。

此外还有一个私立北泉慈幼院，设在北泉后山绍隆寺，由师生募捐在那里艰苦支持，有学生百余人。

2.社团组训：本局人民团体78个。为加强其组织，发挥人民团体力量，特派遣强有力的教师担任各团体书记。经常除办理各会员福利事业外，并设置传习处，兼任民教主任；促成各行业的合作运动，以合作方式提高生产效率，发展运销业务，以协助地方经济建设；训练会员行使四权，领导办理各团体自治事务，以协助地方政治建设。

3.社会服务：实验区署时，设有旅客服务处，1944年3月改设社会服务处，经常办理书报阅览、文化展览、补习教育、旅行响[向]导、职业介绍、儿童免费治疗介绍、租佃介绍、写信代笔、邮件留转、行李寄放、法律顾问、代购船票、代办招生等服务，因经费困难，除江滨招待所外，已于1949年6月底停办。

4.社会救济：

(1)水灾，本局辖境，除文星乡外，其余七乡镇，皆沿嘉陵江。每年皆有周期性洪水，淹没两岸房屋田园，居民多属苦力小贩，迁避极为困难。本局必须帮助他们，事前测量地区，编成号数，洪流淹到，即依编配号数，迁入划定地区暂住。并策动保甲动用四乡民力，帮助义务搬迁。淹没期间，工作停顿，生活断绝，则筹组临时食堂施粥。洪水一过，又助其复员及复业。

(2)冬赈：每岁农历年关，值贫苦民众难觅工作维生之际，即由地方筹募钱米发赈，历年发赈人数统计如后，并可看出贫户逐有增加：

年别	1941	1942	1943	1944	1945	1946	1947	1948
人数	2995	4048	5326	4962	5874	6310	1848	3567

七、保健

1.卫生院所：自1927年秋，即成立峡区地方医院，为民众预防和治疗疾病。1939年组设三峡实验区卫生所，1942年扩充为卫生院。在各乡镇成立卫生分院2所，卫生所3所，每保均设置卫生员1名。除各分院所兼作疾病治疗外,本分院所中心工作重在疾病的预防:第一是种痘,每年春秋两季,到所属区内及邻县各乡镇,负责普种牛痘,自1927年迄现在种痘人数计已逾110万人。现又计划1949年秋季及1950年春季,为局属10万人普种牛痘,计划和预算已送农复会及华西实验区赶办中。第二是防疫,每年夏季推行夏令卫生,作饮水消毒,扑灭蚊蝇,市街公共卫生指导,及清洁检查,并大量注射伤寒霍乱疫苗,配发滴滴涕杀虫油液,1949年秋,配发约300加仑。

又为普通预防疟疾,特向农复会及平教会华西实验区领到白露丁8万粒,分配各乡镇贫苦民众1万人。每周各服一粒,连服八周,成效及反应,正分别汇计中。第三是助产,1936年即曾训练助产稳婆及江湖医生,同时举办婴儿健康比赛,印制婴儿和孕妇保健表,分发乡民,授以育婴保健常识。现各卫生分院所均增设助产士,均受助产训练,随时深入乡间,调查孕妇,施行产前检查,并完全帮助免费接生。又于1949年9月1日起甄选农村优秀妇女40人集训六周,其目的在改良家庭环境卫生,宣传卫生教育,促进社会公共卫生,加强妇婴保健工作。以后轮番训练,期每保均有一名。

2.北碚医院:于1946年5月开始工作,于1947年8月正式成立。现有医师职员30人,各科均有专科医师,有各种新式医疗设备,能同时收治病患者及产妇60人。院临江滨,风景幽美,调治咸宜。门诊部设于中山路,每日门诊80人到120人。局属贫苦人民合于规定减费或免费者计占三分之一。该院过去曾由行总、卫生署、美红会帮助器材两批。1947年曾负债就上海及美国添购价约值2万美金的设备。最近更承经合分署与农复会及华西实验区多所扶持指导。现在正拟增建新医院,充实设备,添聘国外医生,扩展对病人的服务。

3.中国西部地方病研究所:北碚有一种流行很广的钩虫病,在局属澄江镇施行普遍检查,5290人中,竟有2690患者,约占50%。1943年特组设地方病防治队,首先专治重患病生计360人,随即巡回到各保治疗,并指导人民作粪便管理。至1947年底,受检查者4万人,已治愈2.5万人。又以地方疟疾痢疾患者亦多,因此陈果夫胡定安先生等,筹组中国西部地方病防治所,由洪式闾先生任所长,近由陈志潜先生设法在国外募得器材两批备用,任务以研究及改进民众健康为主。先以朝阳镇试办生命统计,以该镇国民学校试办学校卫生,以澄江镇试办钩虫病防治研究,再逐渐展开全面卫生工作。

八、保安

1.肃清匪患:二十年前盗匪啸聚峡中,沿江据险行劫,河运梗阻,商旅裹足,峡区民众十室九空。迄1927年春卢作孚氏接长峡防局后,消极方面不仅次第肃清匪类,并积极从事乡村建设,增进人民幸福,减少匪源发生。当时设有常备团队,负附近四十余乡镇治安责任。治匪的口号是:"要匪不安宁,老百姓才得安宁,要周围安宁,本地才得安宁。"故遇有匪警,不会昼夜,不分区域,不计远近,均派队出击。并协助周围十三县清剿。先后曾出击匪一百余次,经数年之清剿,人民始得安居乐业。

2. 加强兵工:平时官兵生活,除维持地方秩序外,并以兵工开辟北碚及北泉公园道路,装置重庆至合川间电话,帮助科学院开垦西山坪农场,每年冬季疏浚渝合间河道险滩,并作纺织缝纫等工业,今之大明纺织染厂,即昔日兵工织布之三峡染织厂递嬗而来。1936年改为保安警察队,于保安之外,协同参加地方建设。1942年改为北碚警察所,计有政警149名,平时执行警察职务,有警仍担任清剿工作。

3. 自卫组训:现为加强民众自卫,适应当前戡乱需要,已遵令组织民众自卫队。每保遴选装备齐全之精强壮丁12名,全局共1488名,可以机动使用。1949年1月曾举办自卫干训班一期,计时3月,受训干部276名;民众自卫队员训练1期,受训人数720名,并依乡镇为单位,逐保点编18岁至45岁之役龄壮丁,按其职业技能,分为自卫队或任务队。计编自卫队4072名,任务队7321名,定于秋收后普遍展开训练,以期加强自卫力量。

九、兵役

1. 征集

本局征兵始于1937年,当时即掀起志愿从军狂潮,社会各阶层人士志愿,从军者极为踊跃,一周间登记竟达600余人之多。父母送子,妻子送夫,师友送子弟入营者层见迭[叠]出,可歌可泣之事时有所闻,一时蔚为风气,无不以从军为荣。故军委会政治部以之作为号召全国各地鼓舞从军之宣传资料,并誉为全国第一,造成本局兵役光荣史页。

至于年征兵、月征兵等除志愿者外,均依法经过调查、检查、抽签、征集四个程序按期入营。总计本局自1939年起至1949年9月止前后申送入营新兵,共4066名。

2. 组训

(1)地区编组:全局计有乡镇队8,保队124,甲班1425。

(2)年次编组:分编18岁至45岁各年队,全局现有甲级壮丁(18岁至35岁)7879名,乙级壮丁(36岁至45岁)4692名,合计12571名。

(3)普通训练:以甲级壮丁为对象,保为训练单位,保队长(队附)为训练干部,施行国民兵基本教育,历年共训练壮丁6250名。

(4)集合训练:以曾受普通训练国民兵为对象,后备队为训练机关,施行国民兵正规教育,历年共训练壮丁2156名。

3. 优待

（1）发放优待金：征兵之初因志愿兵踊跃，社会各界因之捐薪捐金者极多，当时对志愿兵家属每月发给优待金5元，嗣后征属渐增，捐款者渐少，遂按年关、端节、秋节三季发放优待，至1946年起，乃改为年关一次发放。1948年底每户发食米5老斗。

（2）发给安家费：至1944年起，政府为鼓励新兵，乃规定发给安家费，新兵每人历年发给数额如下：

年别[民国]	1944	1945	1946	1947	1948
季别	1000	10000	200000	上季 1500000	上季 10000000
金额(元)				下季 3000000	下季 食米9市石

（3）介绍征属职业：历年共92人。

（4）申送免费入学：申送本区贫苦征属子女到抗战军人子女教养院就学者，历年共126名，到本区公私学校免费就学者271名。

（5）义务诊疗：各乡镇中医师同业公会会员，均为本区征属义务诊疗，局卫生院所及北碚医院并予以减免费优待。

（6）其他关于土地房屋优先承租、承佃、婚姻保障、诉讼提前、减免临时捐款、展期偿还债务等，随时发生，随时解决。

十、田粮

1. 田赋：本局自1942年接办田赋征实，计旧粮180余两。嗣实行新科则，经统一调整复查更正后，合新赋3092.19元，粮民4919柱。每柱平均约计新赋6角，不到旧粮4分。历年征实，均照省府配额收达95%以上。

2. 粮政：本局山多田少，地瘠民贫，每年产量，不足全区人民粮食三个月之需，全赖上游产米区域，采购供应。现已报请发照粮商，计加工业4家，采购运销商49家。粮价均经严密管制，历年尚称平稳，随时疏道[寻]粮源，供应亦从未断缺。

经济方面

一、地政

1. 地籍整理

本局成立，即着手地籍整理、土地测量、土地登记、地价评定等项工作，亟承地政署与四川地政局之扶持指导办理。先后颁发农地和市地所有权状43560张，完成地籍图827

幅，测量全局 $1/25000$ 地形图，及 $1/4000$ 的北碚市区地形图各一，以作市区建设和地质、土壤、矿产、农产等调查的依据和设计。

我们从地籍整理中，统计全局土地面积共239.134亩，其中可耕地仅13万亩，稻田仅4.4万亩，若以全局常住人口分配，每人仅有耕地1亩余。以农民约5万人平均，则每人不足3亩，每户不足18亩，显然耕地太少，不能满足每一耕户的耕作能力，也由此可知每一农户，甚至整个北碚的贫困。

2.扶植自耕

本局成立后，既拟定扶植自耕农示范区实施办法，呈准施许。1943年冬与农民银行合作，举办直接扶农。征收朝阳镇十九保土地，实施土地重划，分成若干单位农场，贷款农户承购。计扶植自耕农73户，占地1428亩，颇著成效。嗣以邻县部份地主因利害关系发生事故，致未能全面推行。后乃改采间接扶农办法，规定于土地移转时，佃农有优先承买权，其地价由地方商请中国农民银行贷借。六年以来，计办理126户，占地2520亩。今后更拟利用合作农场的组织力量，管制耕地移转，遇有耕地出卖时，由场贷款统筹购买，作社公田。俾逐渐走上大农制的集体经营道路，期收和平解决土地问题之效。

3.保障佃农

（1）稳定租佃关系：本局为了保障佃农的权益，常在保民大会讲解地主不得加租加押与无故撤佃等，有关保障佃农的法令，并予以彻底执行。1948年取销[消]公学产之标佃，亦为全区保障佃农之倡导。此外并办理租佃登记，以减少主佃的纠纷，普遍推行合作租佃制度，以调整租佃关系。依据1949年8月西南军政长官公署，公布实施二五减租的办法，着手废除旧有租约一律改为官租约。

（2）推行二五减租：1948年推行二五减租，同时并组织佃租委员会以处理租佃纠纷。惜因奉减租令过晚，以致获得减租户，不过70%。1949年奉令施行二五减租后，本局即派员会同各乡镇长，分赴各保召开议租会，视保内各户收获丰歉，分别议定应减租额后，再予以二五减租。办理彻底，进行亦极顺利。

二、农业

1.农民组训

全局农民7295户，自耕农占56%，半自耕农11%，佃农33%，农业人口占全区常住总人口50%。二十年前，即有农会合作社等组织，关于农事教育与生产训练，均曾积极推进。近年更与农林部中央农业实验所，合作农场辅导处，平教会华西实验区及省防疫站等，密切合作。采行管、教、养、卫合一方式，于每一至二保，专设民教主任一人，负责推进各保农民教育、农业建设与保务工作,并普遍发动组织合作农场,以为推进农民训练及农业经济建设之中心。在本局教建第一之口号下,建设又以合作农场为第一。迄今已组成者79场,每场参加农民40户至90户,共计参加者5550户。已有14场,由农复会及平教会华西实验区贷放银币11980元,发展制粉、酿造、养猪等业务。对改良猪种,改进农业技术,建立团体信用,及造公产以兴办农民福利等方面,均有显著成效。今后决继续推进,务期全局农民均参加合作农场。在农业经营中,凡适于大规模经营之业务,如榨油、发电、水利、品种改良、农产运销及公共福利事业之举办等,均以合作方式,因时因地制宜,以期充分发挥"组织教育""集体改进"之功能,而完成现代化之农村建设,以为倡导之资。

2. 粮食增产

(1) 良种推广

①水稻,全局年产12万市石,过去曾指导农民选种,并倡行双季稻栽培,嗣因人工、肥料及气候欠适,未能普遍。年来介绍农民试种中农三四号、中农四号及胜利灿稻种,均较土种丰产。1947年推广500亩,1948—1949年各推广5000亩,1950年即可全部换种,年可增产黄谷1万市石以上。

②红苕,本局山地,多种红苕,此为民间重要食粮,经介绍农民试种南瑞苕,不特增产30%,并有管理方便品质优良等好处,1947年推广1000亩,1948年推广2500亩,1949年推广5000亩,1950年即可全部换种。

③洋芋,1949年久晴苦旱,乃请由农复会及平教会华西实验区以贷款4000余银元,购洋芋种预计约10万斤,分发补种济灾,估计可产洋芋100万斤以上。

(2) 防治虫害:螟虫及地老虎,为粮食作物最厉害之害虫,数年来发动全体农民及学校学生,用竞赛方式,推进捕虫工作,并将捕捉害虫等呈缴主管人员验收,以资奖惩。

1949年计共捕杀螟蛾170895个,卵块39601块,又拔烧麦黑穗病1769904株。现本局自备喷雾器12具,并由农复会及平教会华西实验区配发喷雾器4具,喷粉器8具,砒酸铅800磅,硫酸铜500磅,均可随时作有效之防治,务期虫害绝迹,使农民收益,确保无虞。

(3) 购用骨粉:历年均用合作方式,向外购用大批骨粉,1948年亦集体购用骨粉2.5万斤,将来拟共同自设骨粉厂,以期利用废物,并求磷质肥料之自给自足。

3. 增植油桐

本局西山坪桐种,品质甚佳,栽培有年,成效极著。

1946年推广种植30万株,连原种者共有36万株。年来经常注意保护及补缺工作,约二年后即可年产桐子1900吨,可榨油13000担,现值13万银元以上。将来拟以合作方式,用新式榨油机榨油,共同运销,更拟帮助合川增植油桐300万株,1949年已植100万株,五年后两地合计可年产桐油7000吨以上。不特可使农民得收厚益,并可以合作经营之公益金,谋公众福利事业之发展,树立农村建设自给自足之楷模。

4.发展园艺

本局气候温和,香蕉、柑橘、柚子、苹果等,均能生长良好,且有多年经营成功之经验。现本局共种有香蕉3000株,广柑4万株以上,西瓜则普及全局,年产约50万斤,花木品种亦称齐备,并正大量繁殖中。拟于五年内推广最优良香蕉5万株,广柑10万株,同时并繁殖各种优良花木及果苗,俾能供给全川,而为华西园艺改良之中心。至一切经营,亦均采"分散生产,合作运销"原则,以增经济效能。

5.家畜保育

(1)养猪

①推广良种:1930年,本局即试行约克县与波支猪杂交研究及推广。1939年复推广荣昌白种猪500头,全局猪只已90%白化。1944年再指导合作农场试养约克县公猪,与荣昌母猪杂交,所生猪仔(第一代)生长速度,较本地猪平均高30%至50%,一年之内,体重亦常有400至500市斤,备受农民欢迎。上年度已推广1120头,因仅有公猪一头,致供不应求,农民虽出一倍以上高价,亦难购得。由局委托兼善农场设置种猪场一年,贷款自建大种猪场一所,并由各合作农场普设合作养猪场,以资大量繁殖约克县公猪及白母猪,俾分发农家饲养。1948年由南京运回约克县小公猪一头,母猪二头,1949年中畜所领养公猪10头,已开始交配繁殖,原有土公猪一律取缔,母猪则严格予以检定,去劣留良。并于本年请由农复会及平教会华西实验区贷款2000银元,在荣昌购回母猪700头分别贷放农民饲养。连原有合格母猪,全局共养1414头,均经制卡登记,由民教主任严格管理。每年可产杂交仔猪3万头,除供本局农民饲养外,尚可有余以推广川东各县,使能利己惠人。

②家畜防疫:为防猪牛病传染,发生损失起见,则与省防疫站密切联系,每年均实施普通防疫注射。至1949年8月底止,历年共注射猪只18875头,牛751头,随时为民众免费治疗病猪,历年共治猪牛4391头,总计使用猪肺疫血清185000 CC,丹毒血清250000 CC,使用猪肺疫菌苗68000 CC,丹毒菌苗38000 CC,及牛瘟脏器苗7000 CC,免化牛瘟苗1500 CC。为实施检疫,于澄江镇建猪只交易市场一所,能容猪只100头,实施交易管理,已推广及局属各乡镇。

(2)养牛

①耕牛:本局稻田多为梯田,坵块零碎,耕作动力全靠人畜。以每牛能耕25亩计,约需1760头之多。因此,不仅稻田缺乏牛粪肥料,且多数耕地均未尽其利用,多数人力以代畜力,诚为可怜与可惜。故特请准农复会及平教会华西实验区贷给耕牛,配发各合作农场饲养。经派专人赴产牛区洽购,因限于经费,现仅购到66头。

②奶牛：本局接近陪都，地多丘陵，且地少人稠，最宜多养奶牛，发展奶业。前曾推广瑞士奶羊及杂交奶牛，均著成效，并引进缅甸牧草，亦繁殖中。今后拟效法丹麦，由局设立种牛繁殖场，大量繁殖荷兰奶牛，分配农民饲养，期于五年之内，达到平均每家一奶牛。用合作方式，办理牛奶加工及运销业务，并兴养猪事业配合进行，以宏实效。

（3）养鸡鸭：全局现共养鸡19655只，鸭3043只，曾推广来航鸡及北平鸭，均极受农民欢迎。1949年中畜所赠本局澳洲鸡种，来航鸡及红岛鸡20余只。今后亦拟由局设立种禽繁殖场，大量繁殖来航鸡及北平鸭，期于五年内完成平均每人有一优良母鸡，每户一对北平鸭。所产之卵，除自食外，均用合作方式运销重庆，以增售价。

（4）养鱼：本局距重庆市场甚近，交通亦便，对鱼产之销售极便，近两年由农推所育发鱼苗200余万，并普遍发动合作饲养及运销，将来农田水利事业普遍兴办后，更可大增饲养面积及产量。

6.蚕种制造

四川丝业公司北碚制种场，占地1200亩，植桑50万株，每年制造春秋两季蚕种约16万张，分散川中各农家饲养。

三、水利

1.农田水利：本区共有塘堰水库87个，可灌溉田谷5000亩。1942年及1944年曾商请水利及测量机关，对本区灌溉工程及水土保持作全部设计，并筑示范塘25口，近拟购渝鑫手摇抽水机200部以作高地灌溉之用。更拟利用山间泉水，在朝阳镇洗墨池建蓄水库2个，以之引水灌溉朝阳金刚稻田8000亩。

2.给水工程：北碚水厂供水量每日220吨，澄江水厂每日供水104吨，现有饮水消毒器2具，准备一设黄桷，一设白庙子，以改进市民饮料。

3.水力发电：富源水力发电公司，利用高坑岩水力，发电350千瓦，供应北碚、黄桷市区住户、机关、学校及工厂之用。北碚前面有石梁横江，其地可拦水筑坝，依行政院水利委员会之计划，可发电7万匹马力，足供北碚及附近工业建设之用。现正增建小坑岩及筹建高滩岩、干洞子等水电厂，并筹备另设火力发电。

四、工矿

1.矿业：计有大小煤厂42个，以天府、宝源、燧川规模较大。1933年将北川铁路沿线大小煤窑合组为天府公司，逐年发展，抗战军兴，中福煤矿公司自河南撤退，将其机械器材全部加入，规模乃更扩大，现有发电厂2，大煤窑4，每日产量约1600吨（嘉阳、全济两矿未计入),每日运量在千吨以上,自建有18公里之铁路,6部机车,以专作运煤之用,起卸煤斤,概用绞车。全区月产约6万吨,近拟于产煤地兴办火力发电,一以减少运输费用,一以供给重庆廉价用电。石灰业20余家,月产2000吨,耐火材料月产1600吨。

2. 工业:局区重工业方面,有大鑫火砖厂(现已停办),土法炼钢厂各1。1948年资委员与川建设厅渝市府及电力公司,拟将川东电厂设于北碚,厂地已初步察勘,预计可发电2万千瓦。轻工业方面,属纺织者以大明纺织染厂为代表,该厂由三峡染织厂演进而成,原为峡防团务局所创办,故十年前之商标,为兵工牌,盖有寓兵(团丁)于土之义,现有纺锭6700锭,日产纱8件半,织布机210台,日产布220疋[匹],近新增设丝光机1部,染缸24口,每日可染布1000疋[匹],男女工人1020人,原料来自陕西和遂宁,产品销售西南各省。属制造者有土法造纸厂8家,面粉厂8家(用机器制造者2家),砖瓦厂10余家。属化学工业者,有电池厂4,硫酸厂1,制革厂1,玻璃厂1,猪鬃整理厂2。抗战时澄江区内设有酒精厂、汽油厂及焦油厂,用低温蒸馏方法,由煤炭中提取汽油,在国防工业上贡献颇大,惜已随还都迁走。

五、交通

1. 电讯:北碚乡村电话之架设,开始于1927年春,逐年增加,现已满布辖境,各乡镇及各事业,均可通话。1939年更有交通部北碚电信分局之增设,渝蓉等处亦可直通电报电话。1948年安设文星至三汇坝之电话。同时邮局之设置,亦极普遍,计有二等甲级、乙级及三等甲级等5局,代办所11处,1948年4月本局设置无线电分台1处。

2. 铁路:境内有北川铁路,兴筑于1928年,原属民营北川铁路公司,后并入天府。上修至大田坎,下出白庙子,长凡18公里,于1934年4月完成。该路原拟出黄桷树,以地方人士迷信风水,坚决反对,乃改道出白庙子,遂使该地由两三户人家之冷落荒郊,不三四年间,一跃而形成为繁荣之小市镇,可见交通转移市场力量之钜[巨]。此外,有宝源铁路,筑于1936年,长6里,均系供运煤之用,渝碚电气铁道亦正拟议中。

3. 公路:全区共有公路38公里,自青木关至北碚之青北路,于1937年兵工兴筑,计长24公里;自北碚至温泉之北温路,于1938年市地方发起,得华洋义赈会及川省府之扶助而筑成,计长7公里;自澄江镇至北温泉之澄温路,于1942年由军政部汽油厂及地方事业士绅筹款共同建筑,计长7公里;北碚到合川之北合公路,计27.5公里,已于1946年实地查勘,拟于明年开始兴建。又北碚到重庆之捷径,取道巴县蔡家乡、童家溪,达磁器口,约30公里,正由三区专员公署、巴县县府、渝市府暨本局,设法兴建。盖该线早于1939年勘定,1948年冬重新查勘,如完成后,则渝碚公路距离,几可减短半数。可望北碚成为重庆之住宅区及重庆市民渡周末的休息地。

六、合作

  本区合作事业,自1928年创始,当时设有北碚消费合作社,业务仅及于北碚市区。后于1937年设立合作指导室,除续办北碚消费合作社外,并普遍组织各乡保信用合作社66所,专门办理农村借贷及小额存款。于1938年因业务需要,复经四川省合作金库之辅导,设立北碚合作金库,资金10万元,为本区合作金融机构之首创。旋以本区业务区域狭小,又与巴县合作金库合并。

  1940年以后,因中央各事业之迁建,人口稠密,咸感于消费合作社之需要,各较大机关学校工厂中,复各设立消费合作社1所,由本局派员指导,作平价物资分配。当时之消费合作社,如雨后春笋,至1945年抗战胜利,即有机关消费合作社58所,并成立消费合作联社1所。

  嗣以胜利复员,感于生产之重要,农村之亟待复兴,又从事于生产合作之建立,与合作金库之筹措。现组设筹集合作资金之合作金库1所,从事农业增产之合作农场79所,从事于农村副业之织布生产合作社3所,联合社1所,共有织户124户,布机236台,并正与大明厂设计新式改良织机。有从事于农村资金存放之乡镇合作社3所,保合作社59所,及从事于小手工业之棕蔴[麻]生产合作社1所,洗染织补公用合作社1所。但就实际需要,合作金库资金太少,生产合作事业,不易兴办,乡镇保合作社业务,亦极其空虚,存在均需资金周转及产销配合,故计划充实合作资金,使能周转灵活,切合作员需要,发展产销业务,使农村产业增加,农民生活得以改善。

七、市政

  1.市场整理:朝阳、澄江、文星、黄桷等市场均次第完成。朝阳经三次之改建其重要成果为:

下水道		街道		公共建筑	
总长 3902m	市区	长度 2990m 宽度 8.22m		米市	1处
总沟 360m				商场	2幢
干沟 2654m				新市商场	3幢
支沟 888m	市郊	长度 5500m 宽度 7m		码头	2处
水斗 111个				店铺	79间
				花坛	8处
入孔 83个				太平池	3个

2.填沟防洪：北碚市政最大工程，要算填沟防洪。1939年发动地方民众填沟，1943年春起，即大规模开始运取市郊一公里以内可取之泥土填成街道4条，填方约47000立方米。今后此项工程拟从山洞口与正码头看齐，估计尚须填方6万立方米。现作树枝拦土堤及石堤二次，让洪水泥沙圩积一次，加堤一级。将来填成后，北碚市面可新增街道两条。

3.新村管理：1938年为应迁建事业及地方之需要，特组设新村筹备委员会，划定北碚市区附近魏家湾一带为新村范围，征购土地334亩，分划117地号，放予各方建筑房屋。现以需地建房者多，已再筹划于市区东西南三面由檀香山桥，经何家酒馆龙凤桥，而毛背沱，设立第二新村区域。计可放地126.23亩，共160号，拟以协商永租或征购方式，由公共总租，分佃于用户。凡工程之设计，器材人工之联络介绍，现已筹组新村建筑公司，力求服务周到，使客籍迁住者，极感便利。该公司拟以经营所得盈余二分之一，补助平民住宅之用。又原有新村领地而未建筑之户，限期完成建筑，逾期则将其土地所有权，移转需要建筑之户，俾便利住户迁建，增加地方之繁荣。

4.平民住宅：为改进平民的生活，培养他们自助合作的能力，拟分乡镇建筑平民新村。以每十间为一段，有火巷、公厕、集体猪栏，将来全村有学校、食堂、自来水、路灯、宽敞的街道及托儿所。并进一步为他们谋职业的安定，如倡导洗浆、养猪、织布、打草鞋、编草帽等合作社及简易平民工厂，所有住户家属的生活教养，都一齐求得相当的好转。朝阳水岚垭平民住宅区，已完成住宅3幢，计平房30间，基地60间，4公尺宽之公路1000公尺。将来拟完成建筑300间，8公尺宽之公路2000公尺。

八、金融

1931年峡防局发动地方事业士绅，组成北碚农村银行，惜于1937年因故解散。1943年组成北碚银行，股本4000万元，1946年组成合作金库，股本1000万元，均为服务地方之金融机构。该行库股东，除各事业之提倡股外，余均为各乡市民及农人。

在抗战期中，国家银行先后在北碚设立分行或办事处者，有中央、中国、农民、邮汇局。胜利后中国、中央两行已复员，商业银行除美丰和成现仍在碚继续营业外，余如复兴、义亨等均先后撤销。

文化方面

一、科学事业

在抗战时期,全国各学术研究机关,约90%以上迁建北碚。住碚专家学者近3000人,颇极一时之盛,故北碚有文化区之称,凡各种学术团体年会概在北碚举行。胜利后先后复员,尚有两个原设单位,独负中国西部科学研究及科学教育的任务。

1. 中国西部科学院

成立于1930年,内设理化、地质、生物、农林四研究所,工作目标为调查研究川康等省之各种资源及其开发利用之道。理化研究所曾化验川康煤焦标本及其他工业原料、矿产标本各达6000种以上,对于土产工业原料之加工利用及煤之低温蒸馏试验,均曾专题研究,获有结果。地质研究所历年调查四川西康地质,探勘各种矿产,其调查研究结果,对抗战期间及目前四川产业之开发颇有重大贡献。生物研究所曾先后派员赴川康各地采集动物及植物标本达10万号以上,除自行研究陈列,并与国内外各学术机关交换。农林研究所对农作物品种之培育试验及优良品种与新品种之介绍推广,均曾极力进行。中因经费困难,为集中精力计,生物、农林两所停办,现仍继续工作者为理化研究所及地质研究所。抗战军兴国内公私学术机关之迁来北碚者,多借用中国西部科学院房舍,并利用其设备,以继续其研究调查工作,该院予以最大协助,并密切联系合作,因而促成另一姊妹机关中国西部博物馆之创建。

该院院址——惠宇,为杨森将军于1933年所捐建,计国币3万元。当时杨森将军驻防广安,二十军经费奇绌,其秘书月薪仅5元,尤能对本区文化建设作巨额捐助,实属难能可贵,故名以"惠宇"借表纪念。

2. 中国西部博物馆

系中国西部科学院于1943年,联络在碚之十余学术机关,所共同发起筹设。经一年之筹备,于1944年12月25日正式开馆,内分工矿、农林、地理、地质、生物、人文及医药卫生等七馆。标本模型主要由于各发起机关,中央地质研究所、中央农业实验所等所捐赠,中国学术机关历年调查研究所获标本,大都集中于此。现所藏陈列品,已有108205号,尚在继续征集,并自行采集制作动植物标本,与设计制造地理、地质、生理解剖各种模型。汉玺、白熊、恐龙化石,均为收藏珍品。每逢星期一休息其余各日均开放,免费参观。开馆迄今四年又一月内,参观人数达324818人。馆内陈列,轮流改变布置,配置天然景色,增加观众兴趣,并利用各种节日,举办特种展览。近正筹备另建占地240方丈工业馆大厦,以陈列美国捐赠之活动工业模型。为应北碚各个中学师范及专科学校对自然科学缺乏实验设备之需要,本馆正筹设化学实验室及生物实验室以供各校之实习。

二、教育事业

1.学校教育

(1)高等教育

抗战时期曾迁建来北碚者,有国立复旦大学、国立国术体育专科师范学校、国立江苏医学院、国立歌剧学校、私立立信会计专科学校。胜利后上列各校大多东迁,国立复旦大学东迁后,现仍利用其校舍设立私立相辉文法学院一所,内分文史、法律、经济、农艺、银会、外文六系,学生1700余人。立信会计专科学校东迁后,其高级会计职业学校,仍留北碚,学生300余人。尚有勉仁国学专科学校,改为私立勉仁文学院,学生100余人。世界佛学苑汉藏教理院于1942年成立,以研究佛学沟通汉藏文化为宗旨,分普通专修两科,现有学生100余人。1949年新设立健生艺专校学生约百人。

(2)中等教育

抗战时迁建北碚者,有国立重庆师范、私立立行中学、私立相伯女中、私立勉仁中学、私立大雄中学。除胜利后分别东迁外,尚留有勉仁中学,有学生200人,及本区原设之私立兼善中学,有学生700余人,私立三峡中学现有学生400余人,省立北碚师范1949年秋已奉令停办,校址由新设国立实验中学使用,学生约600人。国立女子师范学院附中及附师,学生共计700余人。

今后,为加强职业教育,拟促成各中学添设各项实用职业科,并兼重职业实习教育,期于实际生活与国家建设,确有俾[裨]益。

(3)国民教育

①基教第一:本局是以教建为第一,教育又以基教为第一。基本教育包括儿童教育和成人教育两个部门,其意义,联合国教育科学文化委员会有一个简明的解释。"这种教育不仅教人读书和算,并且授给他们若干基本的东西,使他们可以谋生,改良他们的经济状况。使他们可以改进健康生活的环境。可参加国内国际的政治活动。藉以引导他们走向比较充实完善的生活。"所以我们教育的主旨,是为共同提高生活水准及文化水准,以扫除文化盲为第一义,扫除文字盲为第二义,亦是要为民众解决生活问题,并协助国家建设。

目前都系运用基教推动一切地方建设。采用"生活即教育,工作即教育,事业即教育,建设即教育,机关即学校,社会即学校";重在"自我教育自我,自我创造自我,大我教育大我,大我创造大我";务使"即知,即传,即行,即工作,即建设";办到"管教养卫合一,相互为用,并绝对做学教合一";务使"教育与建设配合,学校与事业一致",以收事半功倍之效。所以我们基本教育,即是乡村建设,其步骤,仍先实验,后推广,最后,期达成联合国对于基本教育所要求的理想。

②学校统计:在1928年峡防局时,仅创办有实用小学1所,学生100余人,至三峡实验区署接管辖区时,全区小学仅8所,39班,学生1800人,教职员30人。经接管整理,增设学校后,全区计小学78所,共103班,学生3200人,教职员113人。迄至今日,现有中心国民学校17所,保国民学校47所,幼稚园4所,私立小学5所,共计410学级,教师578人(内民教主任108人),现共有学生11450人,入学占学龄儿童总数13748人中85%以上。

目前每保划分为一个学区,全局124保,共有学区124个,设有传习处共计437个,导生875人,现有民众学生共计12673人,历期已毕业者27354人,占失学成人总数(连矿工)6万余人中,60%以上。训练小先生教学,现有小先生1921人,学生7712人。现在为加强普及基本教育,肃清文盲,并便于组织农业生产合作社起见,务使每一个学区成为一个地方自治的基本单位,使所有全局学龄儿童及失学民众均得全部入学,校长教师民教主任,将可增至700余人。

③提高师资及待遇:教育真要办到教师确为民众生活的导师,才能够使民众前进成为有生命力的、时代化、社会化、合作化、人文化(注重国际间友谊之培养)的人物,故须导致文化人下乡,参加民众的队伍,向民众学习,教导民众共同创造。

本局校长教师,多系国立重庆师范、国立女师院附师、省立北碚师范、省立重庆女师等各师范学校毕业,民教主任,系遂宁高农毕业,故均能胜任愉快。为加强补习,每年均必利用寒暑假举办国民教师假期讲习会,所有校长教师及民教主任,均一律参加。每期全局举行国民教育研究会一次,每月举行辅导会议一次,各乡镇每月分别举行国民教育研究会一次,同时举行教学演示及批评,由局派员指导,商讨一切应兴应革,及研究改进教材教法等各项重要问题。民教主任,每10天开会一次,以策动一切工作进行。

本局教师待遇,兼以资历、年历及成绩为标准,完全以食米定月薪。其资历薪分高农及后期师范毕业者7老斗,大学毕业者9老斗,另加年历及成绩薪。至于成绩特优之教师,经考成后,另须继续晋级加薪,最高者已达月支1老石4斗。关于教师福利,将成立教师福利合作社,对于教师的进修、疾病、婚丧及抚恤等,在合作制度之下,均得有效的援助。

④充实课程:教育真要做到对生活起作用,向上的作用,所以民众生活的内容,尤其是所需要的进步生活的内容,便是教育的内容。所谓近来的教育,即是现代的生活。

一般学校所采用的通行教本,往往不够适应一个地方的生活情况及特别需要,因此我们对于与当地学生生活有关的地方性教材,特别认为是必须加授的重要课程。从改进实生活(工作)出发为第一义,智识文字的教育为第二义,要求文字与实生活一致,并且是有效地帮助实生活的。举凡人们所要做的,便就是他们所需要的最好教材。无论是清洁卫生,农业改良,家畜防疫,油桐种植,一切生产技术和一切公共活动,凡成年人所要学的,也是儿童——未来的成年人所要学的。而且这些可以从实际生活中体验的课程,更易于使他们了解,更有助于他们原有课程的学习,所以我们更让学生们尽量去实际参加,让他们自己去活动,从活动中去学习。北碚有较多的建设事业和建设活动,所以生活的课程也更为充实和丰富。

我们编辑民教及小学之地方性教材,今后拟力求精确,凡教育资料,均就各种实生活内去找,就农人,就工商人,就小朋友本身需要上找,凡编好的教材教法,均先请与他们本身资深之农友、工友、小朋友,并请有关之资深之士,分别共同作确切之研究,检讨及改进。现编印农民教本一册,分发试用。

⑤改进教学方法:为矫正过去"教师温习,学生旁听"的注入式教学方式,尽量采用活教育的教学原则,实行自学辅导式,做学教合一。辅导学生自动研究,自动学习,以尽量发挥学生的天才。或以大地为课堂,或以自然生活为题材,由学生共同订定学习目标,及学习计划。或自己去参考准备,或相互讨论切磋,集体的活动,集体的创作,知行合一,手脑并用。从实际的一切活动中去获得经验,再从课堂上经验的整理去获得知识。

⑥训导实施:除根据部颁小学训育标准,编订团体训练大纲,分发各校,以作整个训练学生之参考外,并着重儿童自治辅导。在德育上以发展同情心的养成为主,智育上以喜好研究的习惯之养成为主,体育上以平衡锻炼心身为主,群育上以养成分工合作共同奋斗之团体精神为主,其方式则注重:

Ⅰ 自治活动——各校学习均仿照乡镇保甲组织,实施自治活动。一方面学习团体自律,一方面并实际参加地方自治活动。如保甲会议,乡镇民代表会议,整洁活动,劳动服务,社会服务,阅读书报,歌咏游艺及组织各项宣传队、调查团体。

Ⅱ 童军训练——各中心国民学校及保国民学校均有童军训练,经常灌输童军常识,并特别挑选优秀学生领导、组织小队,实施各项体育游戏及野外活动。

Ⅲ 家庭联络——各校每期至少举行恳亲会和成绩展览会二次以上,并就儿童的兴趣举行游艺表演,以音乐、舞蹈、戏剧,表演出他们天真活泼,优美的意识和情感。曾联合各校最佳的表演在民众会堂举行了好几次游艺会,极博得社会及家长们的好评。

⑦增建校舍及设备:本局以就学儿童逐年激增,对于校舍与设备均筹办不及,大多因

陋就简,不合实用。故自1947年下期起,将本局所有中心国民学校及保国民学校,一律加以整修,并充实急需之设备。现已修缮学校45所,新建校舍20所,添制课桌2350套,添购儿童基本文库,小朋友文库,各科教科书副本各30部,国民教育文库42部,新小学文库40部,巡回各校师生阅读。又自然科学仪器3套,发交中心国民学校,巡回应用时钟58个,风琴19架,篮、排球各20个,分发各校领用。但仍感不足,尚须添建学校10所,添置课桌2075套,办公桌300张,木床250间,自然科学仪器14套,风琴30架,运动器具70套,体育场及校园租地100亩。上述各项,或已着手办理,或正策划进行,期于短期内完成。

⑧教育视导:现有督导7人,分驻各乡镇常川视导,每月至少到中心国民学校、保国民学校及私立小学,视导三次至五次。各乡镇长每周至少到各校一次,以期解决一切实际问题。目前更配合各乡镇自卫督训员,分别到每校视导每周至少一次。同时又配合各科室主管人分赴各乡镇视导学校,每周至少二天,每天视导一校至二校,以期促进教育效率。

⑨奖助清贫优秀学生:本局为使家境清贫优秀学生,继续深造,自1946年起,即对国民学校或私立小学高级毕业之家境清贫优秀学生,一律由本局设法举债贷费奖助,申送入兼善中学肄业。除本期已毕业高中3人初中7人外,其余旧生尚有初中22人,高中3人,合计25人,继续奖助入学。本期共贷食米46.80老石,将来毕业,长于数理者,可继续升入国立大学,学习理工科。不能升学者,则在地方上服务6年。为培植初级农业干部以便未来服务地方计,本期已选送兼善中学等校初中毕业的清贫优秀生24人,到巴县高农职业学校读书,应缴副食补助等费每人1市石9斗,共计45市石6斗,已均由管理局设法缴纳。至于现在各小学高级毕业之清贫学生,无法升学者,则仿照日本爱乡艺办法,采取书院制,在各乡镇成立书院,设置专门人员办理。厉行自学辅导制及道尔顿制①,并施以个别教学或分组教学,因地因人因时制宜。使学生(包括高级毕业及15岁以上之失学成人)不离开乡村生活,亦不妨害其工作,并能收教育的实效。现正在积极筹划,于最短期内,即可开办。

⑩联合实习:为加强教学效率,倡导合作风气,倡导工学合一,革新实习制度起见,曾由国立女师院附师,省立重庆女师,省立北碚师范3校,于1947年度暑期毕业生327人,联合到局属各中心学校、国民学校以及私立小学普遍实习,俾能深入农村、建设农村、研究农村,从4月18日到各校,共实习5周,计72个单位。如成绩著效,则提供各师范学校参考。

---

① 道尔顿制(Dalton Plan),是美国教育家帕克赫斯特20世纪初创立的一种个别化教学形式。

2.社会教育

(1)民众教育馆

在1928年即成立民教办事处,于1936年始改组成立民众教育馆,它的活动从下面1942年的一篇专文里,可知一个梗概。

北碚的民教活动

葛向荣

史　话

民教活动,在峡防局将匪患、肃清、治安底定之后,曾为此间的一个中心运动时代,那时全峡区的工作同人,几乎无一人不参加民教活动,每日傍晚,都必担任一两小时挨户教育,每晚都必轮番出席民众会场报告或表演。几乎无一事不富有民教的意义,例如警察在巡逻的时候,必利用机会,报告时事消息和新知识的广播,职员在为民众普遍种痘的时候,必劝导民众剪指甲,不缠足,爱清洁和种种卫生方法。因为那时纯以社会运动的立场,来推进这个乡村现代化的工作,后改乡建实验区,则管教养卫并重,现改北碚管理局,除地方自治外,还须办理紧迫的战时工作,虽然工作重心,有所转移,而民教活动,仍不失为重要的一环。现分两方面来报告。

(一)推进组织教学

这种教育,有一定的对象、时间和教材。目的在教一个就要教会一个,就要教成功一个。教学方式分三种进行:

(1)民众校:我们曾就各职业的性质分别办理民众校,在船夫休息的囤船上办了一个船夫学校,在力夫休息的茶社里办了一个办夫学校,为训练妇女职业办了一个妇女学校,为改善三峡厂几百工人的生活办了一个工人学校,又以西山坪农场中心办了两个农民学校。这些活动,诚然对于民众有多少影响,但是还不能彻底肃清文盲,在实施新县制后,于是遵照法令,每一中心和保国民学校均设置民教部,分设成人班及妇女班,就失学民众之可能,每日午后抽两小时入校读书,教材以地方政令及推广业务为主。

(2)补习班:由事业机关自行设班,教育本身的工友。自己筹经费,自己派员任教师,教授与职业有关的课程。由本馆辅导考核,曾设有23处,38班,学生1710人。

(3)传习处:民众有因特殊情形,不能入校,则遴训智识分子,探行导生制,用即知即传的办法,挨甲或挨户施教。最初以金刚乡第四保作试验,现以全局为推行区域,与平教会华西实验区合办。

(二)着重文化活动

这是一种活泼、变化的、潜移的教育。因本馆人力财力物力有限,故根据"用力集中"和"尽量渗入"两个原则,来机动主动地综合应用各种工具、方式和各种力量。

(1)用力尽中:集中于几种场所和几个节日。

①就场所言

A.民众会场:要求随时有表演,有报告,有训练。

甲、表演:联络英美新闻处,及中华教育电影制片厂,每月在北碚澄江放映几次新闻教育影片,参观民众,每月约计7560人。最近并由联合国影闻宣传处,代为购置电影机四部,准备长期放映。又联络学校团体,间常表演戏剧,演奏音乐。过去为使表演无缺,曾专门招设游艺学生班,施以训练,改良戏剧教育。又与盟国影闻宣传处,合组影教实验区,划全区为十分区,每区领有袖珍放映机一部,每日映片20部至30部,每周一配换。先就各乡镇民众会场之有电源者7处,经常放映,每月参观民众,平均3万余人。待电池装竣,更可巡回至各保。

乙、报告:表演是一种艺术教育,同时也是一种集合人群的工具,故必利用表演的空隙机会,作简短精粹的报告或讲演。题材着重于政令的宣扬,抗战意识的提高,建设兴趣的培养,以及科学新知的广播。

丙、训练:利用人群集合的机会,同时训练秩序,训练礼貌,训练唱歌,训练拍掌,及其他集体生活的习惯。

B.民众茶社:也是人群休闲集聚的自然场所,除分设书报外,并尽可能设置乐具,布置挂图。近与影教实验区合作,在全区选择车站码头村集等据点,设置50个照片展览站。每站陈列新闻照片10至50幅,每场一巡回,每区5站巡回后,并巡回到各保各校,每月交换一次(关于照片展览影片放映,另编有一册详细办法)。

C.民众公园:现北碚公园,除有庭园花卉的布置外,有动物家畜的饲养,有风物古迹的陈列,有图书刊报的阅览。澄江镇有公园,还正充实设备。其他乡镇还待筹建。现由局延聘了一位庭园专家,负责筹划全区的布置,使逐渐美化。

②就节日言,依民众习俗,集中民教活动于每年的三大节,元旦节、端午节、双十节。曾动员本局,甚至本区全部工作人员,从事于最盛大的民教活动,在小小一区,曾集中民众到3万人以上,举行盛大的集会,盛大的检阅,盛大的展览,举行集团参观,举行各种热

烈的运动竞赛,各种精彩的游艺表演,每项活动,都力求其有计划和安排,有组织和秩序,有趣味及内容,尤皆富有深厚的教育意义,一方面以教育民众,一方面尤其训练了自己(这些活动的经过及详情,在北碚月刊号另有专号作详细的报告)。

（2）尽量渗透,凡有可能的机会,可利用的事物,均须抓住,均须渗入,渗入各种组织,各种活动,各种场所,使这个环境,无处不有民教的布置,无处不是民教的活动。

①就组织说,利用保甲、合作社、民国兵队、职业团体、社会团体、集合或训练的机会,配合施行民众教育。

②就机会说,利用各种纪念节日,如儿童节、青年节、妇女节、合作节、革命及抗战纪念日、国耻或国哀纪念日,作中心宣传的民教运动。利用宴庆及国民月会的机会,宣传节约,改良礼俗,推行新生活运动。利用社会服务,如问事代笔的时候,介绍引导的时候,职业介绍的时候,医疗救济的时候,农事推广的时候,相机施行民众教育。例如朝阳镇十九保,有一农家,随时随地都非常整洁,事事物物都井井有条,于是便为之宣传,为之介绍,集合全区公务员及保甲长去参观,集合全区教师学生去参观,领导全区老百姓去参观,不仅他自己很高兴,也令观摩的人欣羡不置,愿学他好的榜样。

③就地物说,凡热闹的街头巷尾,都有公告处,揭示片,张贴有《中央日报》,《北碚日报》,各种壁报,摘录有简报,更拟进而绘制各种活动大地图,车站码头,有各种力价运价牌,米粮市、肉市、薪炭市、百货市场,有各种物价牌,各种事业机关,正商洽设制[置]概况介绍牌,重要工作,文物古迹,均拟分别设制[置]说明牌,使不识字的人感觉有识字的需要,识字的人,更有明切的了解。

影　响

最后我们从民众态度的反映,来观察民教推行的影响。

第一期:民众反对一切建设,例如修北川铁路,黄桷树民众认为破坏风水,坚决反对。此外反对种痘,反对打防疫针,反对修街,反对办民众教育等等。

第二期:民众同情一切建设,例如接受种牛痘,打针及西医医病;接受清洁检查,接受识字教育,接受推广优良品种。

第三期:民众协助一切建设,如改进公共厕所,兴建校舍……有人捐钱,有人捐材料,捐工作。

第四期:民众要求一切建设,如北碚填沟防洪,有人出来主张倡议和主持筹划。有自动的修铁路、修公路、修村路。地方人士竞设中学,竞修乡镇,均自己出钱出力,自己推进主持。

（2）北碚图书馆

1928年即由峡防局创设峡区图书馆，1931年并入中国西部科学院，1936年改隶三峡乡建实验区署，为民众图书馆。1946年4月又与民生公司图书馆合并，成立北碚图书馆，另组理事会负责。以公园路10号大红屋为馆址，作办公、书库及图书阅览室，以天津路25号，辟为各期刊日报及儿童阅览室。1949年2月又代办北泉图书馆馆务，所收三馆寄交及新购书刊，共242432册（西文书有3161册，西文期刊10487册），图片3812幅，书籍中有儿童文库130部，计25913册，已配发各中心国民学校应用。经常新到中外期刊，中西文日报各若干种。为便利参考研究，设有参考室，陈列参考书籍1000余种，专题索引5种，并拟添设方志及善本两专门阅览室。儿童、图书、刊报三阅览室，可容阅者215人，自1946年7月1日开放起，1949年8月底止，除刊报阅览室长期开放及每星期一例假停止外，开馆1156日，共有阅者612229人，平均每日529人，并配置文库经常在各机关各学校各学术团体巡回流通。今后更拟积极设备，加速图书的流通。

（3）民众体育场

成立于1927年，历年举行之比赛不下200次，先后举行之运动大会不下20次。该场特别注重大众体育，养成民众以运动为正常娱乐，并培养国防上应有之技能。每日运动人数约在1000人以上。又协助各乡镇设立简易体育场8所，各乡保设立游戏场80所，经常指导民众各项运动。

（4）民众会堂

为北碚文化建设委员会所新建，规模宏大，设备堂皇，为全川之冠。可容1200人，专供各种集会及各种文化活动之用。购有美国新式电影机2部，于1949年1月装置完成，经常放映电影，全以教育服务为主。现正装置广播电台每日播送教育及音乐节目。

三、出版事业

1. 北碚日报

北碚之有新闻纸，始于1926年夏，初有《峡江》《峡声》《民联》等通讯社，1927年乃由《学生周刊》之演进，至1928年2月，成立《嘉陵江》三日刊，同年附刊《新生命画报》。同年10月，改为间日刊，1931年1月改为《嘉陵江日报》，并由石印改为铅印，自本年9月1日起，已改名为《北碚日报》。每日出版一中张，有北碚事业推进消息，全国的建设文化报道和国内外的广播新闻及新知识等。使报纸真正成为时代的号角，文化的火炬，并成为一个无形的社会领导者。它的内容，要求相当教材化，可成为民众教育的日课，它不但是文化的前锋,也是建设的前锋。

2. 北碚期刊

1933年由峡防局发行《工作周刊》,1936年由实验区署发行《工作月刊》,1937年旋改为《北碚月刊》,同时发行农民周刊,于1942年终止发行。1947年夏,嘉报短期休刊中,出版《北碚周刊》七期,内容着重教育及建设,为本区农民之读物。

3. 北碚志书

抗战胜利以后,迁建北碚之各文化事业,为对国家增加贡献,为迁建北碚留一纪念,公推顾颉刚、杨家骆先生,主编《北碚志》书。内容首编、附编及地理、政治、经济、文化、社会等七编,四十八个分志。于1944年4月成立修志委员会,分别由各事业与各专门学者着手编撰,迄1947年5月,完成全志大部初稿。嗣由杨家骆先生在沪整编,除少数稿件外,已分别付排,目前正由世界书局印制中。有四分之一已由中国地理研究所出版《北碚志》专号。本书为科学化之志书,在我国今日,尚属创举。

四、游览事业

1. 公园纪略

(1)北泉公园

①沿革及现状。北泉公园之前身为温泉寺。该寺相传创于刘宋景平元年,宋敕赐崇胜禅院,周濂溪讲学至此,曾留诗而去。元代统一宇内,合川钓鱼城未下,宪忠蒙戈亲征不克,为飞矢所中,过此崩殂,温塘之名,乃著正史。1927年峡防局长卢作孚先生,利有其温泉,乃创议设公园。征得川中各将领同意列名发起募捐,并由峡防局垫支40元先行开工。开创时卢作孚亲率峡局职员官兵,筑池修路凡三阅月,继派峡局常备兵一中队驻守,为营建堂宇,修路浚池,栽花植树,全体官兵辛勤劳作,时达两年,乃初具规模。其后得该园董事会何北衡、郑璧成、康心如、文化成等及筹备主任邓少琴之扶助经营,日趋于繁荣之境。现公园各项事业之经营维持,经董事会于1948年交由本局转托中国西部科学院代管,其经费完全自足自给。园中设有旅馆、餐堂、浴池、园林、亭阁、池榭等,原尚办有博物馆、图书馆、美术馆等文化事业,现已并入北碚图书馆及博物馆代管。

②风景及名胜。园之中央为旧有之温泉寺。出寺门西行,经琴庐竹楼,折下兰谷,有石座可小憩。洞谷中树木丛茂,谷旁为乳花洞口。入洞摸索前行,时有天光漏入,隐约可见,壁间乳状石岩,抚之极坚。进数十步为洞天石室,有数钟乳参差悬垂,似奔流,似细滴,叩之发金石声。如再曲折而前,经十数步,下长阶,天光较明,有石乳下注,长约二丈,势颇奇劲,惜其一已断折。由此再下最深处,隐约可闻泉响,土人呼之为"阴河",幽遂

[邃]深黑,殊少探者。由石阶下倒退,穿另一洞口而出,即豁然开朗矣。下馨室(曾为林故主席寓居),观桃花流水,经红径下龙湫道,细赏飞瀑(现已改道),横过桐荫道,上农庄石级,经荷花池长堤,凭濂溪小榭,赏荷观鱼,或柳荫垂钓,皆别有风趣。

穿笔柏道,过塔院,考六朝石像,像刻巨石上自山岩间崩出,倒卧乱石丛中,已风化难辨矣,现修有石刻园,可供人鉴赏。上澄江公路,入北泉新村,小憩畅晚亭或白鸟亭(于右任院长曾题有"绿水青山白鸟亭"),可远望上下峡门,俯视全园风景,细数江帆,足助吟思。兴尽,穿松林而下,涛声浮空,浓翠扑面,归而就浴于千倾[顷]波,赏目于浅草坪,江风秋来,山月微吐,对此美景,尘怀尽涤矣。

(2)北碚公园

园在北碚火焰山,为东岳庙旧址。昔年每值旧历三月十二,为该庙无常会期,有远自数百里外之善男信女来庙献香者。民十九年毁去寺中偶像,改设博物馆并建公园,初名火焰山公园嗣改为平民公园,现称北碚公园。入园路有二:一为公园路旧门,在公共体育场侧,一在中山路卫生院左侧。新门门前有大圆形花坛,紧接石级道大半段系黄桷镇士绅王尔昌捐修。该道两旁皆营植花圃,就地势之高低,成一致之梯形,春来百花盛开,万紫千红,不啻绣壤。沿石级直上达动物园,园中曾饲养各种奇禽珍兽,如白熊、老虎、豹猫、马熊、野猪、豺狼、狐狸、金鸡、孔雀等不下数十种,惜多已死去,剥制陈列于中国西部博物馆中。自此转经民众茶园而上,有猴房兔室鸡舍又一,过去曾拟繁殖安哥拉兔及来航鸡,一以供游人观玩,一以备推广农家,增进副业之用。登火焰山顶,小憩露台(台为汉砖彻[砌]成),由此可仰望缙云九峰全景。尤以温泉峡口云山江水,在夕阳返照中,灿烂光华,蔚为巨观。南望鸡公山,如雄鸡引吭而鸣,有巍然独立之慨。俯瞰北碚市街全景,体育场上男女青年之活跃情形,历历在目。台下为一整齐正确之"之"字路,如多人整队行进其间,回旋交互如梭织。路尽处为"清凉亭"乃故主席林森手题,红墙绿瓦,衬托在蓊郁之松林中,极绕佳趣。由露台返观农林馆雄踞火焰山顶,昔日香火甚盛,现游客仍众,而意义全新矣。下爱湖,看迷园,出公园路,其间林木繁茂,道路纵横,或浓荫蔽天,或曲径通幽,足任留[流]连。而全园三合土路之建筑,湖堤鹅石之搬运,皆昔峡局官兵学生与民生公司工友等,公余劳作之纪念品也。

(3)运河公园

运河在澄江镇夏溪口,长凡10余华里,水流清静,1934年曾筹建公园,河口有堤高6丈,堤下有喷泉3股,高达数丈,水花四溅,有如云鬟飞瀑。河内有渔舟,可供游客垂钓,或持罟而纲,两岸垂杨细柳,倒影飘飘,极富农村风趣。下游东岸曾为荣军自治实验区,住有荣军数百人,经常授以制革、编藤、织布等生产技术。山腰及岸上,营建有各式房舍,如美龄堂、中正堂、亭台楼榭，配置适宜，形式美观。抵三岔河有沙滩一，水清而净，夏日居民率多游泳于此。岸上有名人李石曾、张静江、胡庶华等题字。运河尽处，可参观北碚焦油厂，如拾舟登陆，沿运煤之轻便铁路至双河口，则可参观宝源公司煤矿。

2.古寺纪要

（1）温泉寺，乃唐代古刹。寺分三殿，进门为关圣殿，再次为天王殿，中供妙相庄严之接引佛一尊，前有明代浮雕蟠龙香盘一座，高与人齐，精工穿透，玲珑细致，可资鉴赏。左右有明代题咏石刻数种。再进为大雄殿，前有花园，有戏鱼池，池上跨石桥，古彩斑驳，六朝物也，周绕石栏，可俯看游鱼。最上为观音殿，盖以铁瓦，覆以碧琉璃瓦，日光照射，晶莹夺目。殿下左右，各有温泉涌出，寺后有六朝石像数尊。

（2）缙云寺，寺前有古寨门，左为洛阳桥，苔藓垂封，稍上有宋代石坊，上书敕赐"迦叶道场"四字，皆在参天古木浓荫中。进门为天王殿，有古石像三尊，神采焕发，六朝物也。再进为大佛殿，殿前有蟠龙敕赐碑、蒲团、红帐，气象庄严，为寺僧礼佛场所，梵宇清幽，雅绝尘俗。寺左50步，有破空塔院，为重兴缙云九峰堂传临济正宗第三十三世破空大觉之墓碑。

寺内有世界佛学苑汉藏教理院在焉，太虚法师任院长，提倡佛学，沟通汉藏教理，联络汉藏情感，开班训练学僧，择优异者送往西藏学佛。该院设有图书室及珍藏室，陈列有中国佛教访问团及太虚等访问印度各方所赠之纪念法物，如佛像、佛珠、经典……颇为名贵。

（3）绍隆寺，寺在幽谷中，前清流一脉，古松数株，寺中殿柱为合抱乌木所造，殿前古石刻佛像二躯及泥塑菩萨十尊皆极精美。全寺现为北泉慈幼院所借住，教养战区儿童。沿小溪行半里许，入九龙窝，乱山中竟得平坦之地，可数10亩，筑成水库，名黛湖，可灌田300亩。河堤倒影，绿波如镜，山光水色，相映成趣，春秋垂钓尤为胜地。

（4）石华寺，寺以石笋得名，石大数百围，高数百尺。寺前有石桂树，数百年物也。寺右五峰攒聚若笔架，缙云山峰以此为最嵯峨。

（5）禅岩寺，寺在温泉公园对岸二岩镇属西山坪之山腹，背倚绝石，正对观音峡。门前竹林茂密，殿宇两重，亦颇庄严。寺前可看四川丝业公司之桑园及制种场，寺侧可俯看北泉公园全景。

3.三峡纪景

（1）沥鼻峡，峡乃合川县属，长约5里许，距温泉峡50里，水流湍激。峡口有石洞，似人之鼻官，水自洞中流泻入河，如人之流鼻涕然，淙淙有声，自远可闻，任何旱年均不之断。因离下游两峡较远，少人往游，故知者颇鲜。

（2）温泉峡，峡在澄江镇下行不远，长约5里，昔名温汤峡，后以温泉名世，乃改今名。两岸山势幽深秀峭，古松虬蟠，值月朗风来，则松韵泉声互答，冷冷然直泛江波。每当夏秋江水大涨，经此之船只甚为危险。

（3）观音峡，峡与温泉峡相柜15里，中隔北碚。两岸石壁数百仞，左有龙洞高2丈许，深不可测，洞中泉水潺潺，分三道下流，名三分水洞，飕飕然有风，阴冷不可近。春昨水涨，洞口淹没，艇不敢行。峭壁悬岩，多瀑布，溅下飞云，直注江湍。半壁于蜀汉时，凿岖路若栈道，水涨峡难行舟，则登岸行匾路而出。

4. 名胜纪名

本区范围虽小，而名胜古迹尚多，兹将区内及附近主要名胜地点列下：

（1）缙云山，舆地纪胜称为巴山，高900公尺，横柜［亘］200余华里。去北泉10余里，有九峰，高插云天，林木葱蔚，形势绝佳，尤以香炉、狮子两峰为最秀。由缙云寺侧间石级登山，松涛怒吼，山风飒然。峰顶有巨石狰狞，宛如狮子头顶，是即狮子峰。俯望山麓，悬崖绝壁，势极深邃，令人心悸。太虚台建于峰顶最高处，可北望华蓥，南望歌乐、真武诸山，全峡山川景物，历历在目。

缙云九峰，曰朝日、香炉、狮子、聚云、猿啸、莲花、宝塔、玉尖、石照，由北至南，依次题名，排比一列，皆肖物形，至为奇观。

（2）梅花山，抗日名将张自忠将军墓园所在地，每年5月16日，中央及地方往祭奠者，途为之塞，近北碚市区5华里有天生桥，石桥古柏，颇堪凭吊，中央农业实验所北碚农场亦在其附近。

（3）明心桥，在北碚对岸之东阳村，为一苦人汤草药发愿募捐修成。渠为表明心愿之坚，不惜洞穿肩骨，锁以铁链，日坐桥头，必俟桥成始解。以此过往行人均大受感动，后得慈善家黄某慨捐巨款，桥工于以告成。当地明姓将军之墓园，亦在其桥头附近。桥头上坝之蚕种制造场，及下坝之相辉学院农场，均为一片绿野，倘漫步其间，亦足令人心旷。

（4）高坑岩，为富源公司水力发电所在地，有瀑布高10丈余，宽数10尺，洪流直泻，吼声雷鸣，宛似活动有声之珠廉［帘］银幕，至为壮观。下游溪流曲折，两岸水竹林茂达数十里，风景亦殊清幽。

（5）西山坪，在二岩后山，地势斜平约数千亩，为昔峡防局兵工所开垦之山地农场。现由兼善公司经营，大量出产西瓜、油桐。卢作孚先生曾题联："举锄将大地开拓，提兵向自然进攻。"场周群峰环绕，山势亦称雄奇。

（6）华蓥山，为重庆万县间北岸第一雄山，高五千余尺，与泰山齐。宝鼎高峰，尤为旧重庆府属15县之朝山圣地。山麓距北碚市仅90余华里，延伸北川铁路20余公里，即可往来便利。山如狮子形,西北面绝壁数千仞,较夔峡犹为雄伟。山下溪口,可筑堤拦水成一大湖,长15华里,宽3至5里。在此山雄水丽,形胜绝优的环境中,倘稍加布置,便可成为庐山第二。

附录

一、将来的北碚(封里)(本书略)

二、北碚区域全图(本书略)

三、工作人员的生活(参见《三峡实验区署近况一瞥》附录)

四、我们的生活

我们的生活
葛向荣

北碚这一群工作朋友,大多是从附近地方招考的青年,来自学校,或来自乡村,没有甚高的学历,更没有显赫的经历。但加入了北碚地方建设这个镕[熔]炉,也能各就各位,贡献出集体创造的一份力量。有时,也能从有意义的实生活中,激发出一些生命的火花。

溯自1927年起,我们每日黎明即起,跑到运动场集合,做做健身操,玩玩球,冬天或下河洗冷水澡。从上午到下午,或集中在大办公室,或分散到乡间,推进所负的工作任务。晚上仍回到机关里读书自习,或分组研究,或设班补习。运动每周有比赛,读书每周有报告,工作每周有会议,力求"有效地劳动,文化地休息",尽量提倡公余康乐活动,如旅行参观,郊游渔猎,学术讲演,音乐剧艺等,均热烈举行。我们曾分批组织旅行团,战前旅行过西部边疆、青海、甘肃及上海、青岛、东北,1943年旅行过成都、峨嵋[眉],奥1948年拟赴台湾,因赶办工作致未果。附近的经济文化事业也随时集体参观。我们把工作读书运动密切地联系起来,使生命集体化,机关学校化,工作学术化,也就是我们所倡行的生活时代化。

我们的工作,虽然各有岗位,但有时也得为社会当前急切的需要,而集中火力,共同加入到一个战线上去。不管你是一位写字的、记账的、教书的,或者带团丁的,也要常常被分派到各个乡间去,领导几百户人家,或捉螟虫,或栽桐树,或开保民大会;有时视导学校,有时调查户口,更常常为他们普遍点种牛痘,峡防局时曾远到几百里路外去。一遇匪警,无论在雪天或黑夜,立即就得整装出发。一个假期或节日更要总动员去参加民教活动,参加社会服务运动,常常充满了紧张,充满了人群的乐趣。我们要求并锻炼每个人都有能想、能说、能写、能做的全才,兼而有宗教家、教育家、科学家、企业家、艺术家的五种风度。

我们不少由士兵升到职员,由职员升到主官,或独当一面的事业。

我们的生活是集体而进步的。

我们对民众的享用,要求提高到最高限度,对自己则降低到最低限度。经常吃的是二年以上的陈米,没有佐料的一小碟菜蔬,每月最多吃两斤肉;穿的是棉布制服,不分晴雨,没有冬装或夏装;住的是狭小的平房,虽然北碚市街及地方多少人家,由棚房而瓦房,由中式而西式,但我们的食宿及工作的场所,虽由峡防局改为实验区署,由区署改为管理局,仍然是二十二年前的老样,未脱卸古庙的原装。

我们的俸酬,低的有两老斗多米,高的可养活五口之家。有时不如一个中央的工役,更不及一个轮船的茶房。每月所入,不能有社会的应酬,不管疾病的侵袭,更不去远访衰老意外,子女教育等还得以毁家纾难的精神,仰给于原有家庭的财富。我们没有"我",以社会为"我",没有家,以事业为家。我们就这样支持了五年、十年,甚至二十余年,不问享受,不计待遇,不顾责怨,不避危难,只从创造中求快乐,从贡献上求伟大,从成绩上得安慰,想塑造成功一个地方建设的理想模型,影响周围社会奉献给国家。

我们的生活是艰苦而快乐的。

我们随时检查自己,生活得是否充实?是否有意义?对人群是否有切实的帮助?对工作是否有加速的进展?我们只叹惋我们这一群工作朋友的力量太微弱了,不能有助于国家的安定,及世界和平,只有把我们的全部生命力献给理想的北碚,使早日完成现代化的理想,俾有所贡献国家于万一。

1949年7月(修订) 高孟先主编

北碚申请美援计划书[①]

土地改革

创办公田制度，以完成农村复兴，先就北碚作试办区。

创设公田25000亩，以复兴农村，祈贷助美金625000元。

我国农村，因农民多而耕地少，且所有权日益集中，致土地分配不均，利用亦多不当。改进之道，莫若实施土地主权社会化，国家化，经营合理化，科学化方式，采用公田制度，有点而线而面集中人力，财力，逐渐推广，俾普及全国而收事半功倍之效。

我国农村之改进，受地主之阻碍最大。而地主之所以能扩展土地者，系用其原有土地之收益，再投资于购买土地，日积月累，以至形成土地日益兼并之现象。又我国各地盛行学田，会田或族田，惜均将每年收益作消费开支，未作投资购买土地，以作扩展土地之用，致是项公产，竟未能发挥其较高[好]效果。

现我国土地问题，急[亟]待解决，刻不容缓。为期以和平奋斗方式，作彻底而有效之解决，应采渐进方式，由国家用公款或利用美援贷款，或由中国农民银行及中央合作金库贷款，先就自然环境有代表性，人事组织均较健全，行政效率较高之若干地方，创设公田。再以其每年收益，逐渐购(地)，扩展公田。不特因公田放租农民所收租物较轻，且无地主之苛扰等负担，自对一般地主与佃户大有影像，必可促进一般租佃关系之改进。至于公田制之推行，须有点线面发展，由完成之县帮助邻近各县，由完成之省，帮助邻近各省。若干年后，全部耕地均因自力与互助之结果，使全部转归国有。在工作发展至较高阶段时，政府即可以命令递减甚至最后全免农民应缴租额，国家即代替地主，地主即告无形消减，而达土地主权国家化及耕者有其田用之目的。但农村人口过剩之转业问题，则须待于工业化与整个国家建设之完成，而获全部解决。

[①] 1948年4月，美国通过援华法案，同年10月根据此法案特别条款，中国农村复兴联合委员会(简称农复会)成立，对申请美援更好地发展北碚，实现利用农复会的拨款，搞北碚建设的目的，卢作孚和卢子英对此十分重视，旋即北碚管理局各有关部门汇集资料，向农复会请求贷款的申请书由高孟先主编。

北碚地势与土地问题，均足以代表西南各省，尤足为四川东部之代表，实宜于作为推行公田制起点之一。过去曾以扶植自耕方法，试行解决土地问题，迄今七年，深感是项办法，仅能解决土地问题之一部，而不能解决其全部。故现正普遍组设保合作农场，（现已组成45场，决于本年底组成80场）。除积极推行合作租佃制度，以期稳定佃权外，并拟请钧会[①]贷助625000美元。依土地法以收购不在地主之全部土地，及地主之超限额（暂定70亩以上者）暨自由出卖土地，共计25000亩，将其所有权归于国家，由地方政府在钧会领导之下，统筹规划后，分别统租与各合作农场转发各场员耕种，每年照土地法收取租物。现计每年最低可收黄谷20000市担以上，再以此项租物用自由购买等方式增购公田，（至农民福利等经费，只能从农场经营所获收益中支用，决不能动用公田收益）约计每年可增购1600亩，如此逐渐累进式之推进，当可于数十年之内，使全北碚耕地均转移于国家之手，以达主权国家化之目的。彼时并决将全部租物，由国家提调，用之于邻近各县，以作创设公田资金之用。

实施公田制，其成功之大小，当视境遇而异，为慎重起见，拟祈先就北碚作实验区域，俟推行尽利，毫无弊害足资表证之后，再推行其他省县。

经济建设

一、农业

（一）粮食增产

拟请划定北碚为良种繁殖区并补助肥料款美金20万元。

北碚经与农林部中央农业实验所北碚实验区合作，推广中农4号，34号及胜利籼[籼]稻种，暨南瑞茗，均著成效，并均各达其栽培区积8%以上，且各良种均经供给附近各县及川南等地推广之用。为迅速达到增加粮食生产目的，拟于明年度，大量繁殖以上各种粮食良品种，并全部供给。钧会及政府作有计划推广之用，为鼓励农民，期收实效起见，凡种上项良种一亩者，均补助其肥料款美金2元，并订立契约，以其所获产品价售，钧会分配推广。计共可种水稻4万亩，以平均每亩收麦3市石计，共可得水稻良种12万市担，可种南瑞茗6万亩，以平均每亩收获2000斤计，共可得茗种1.2亿斤。全部用作推广之用，当可解决粮食增产之种子问题，并使北碚今后永为西南粮食增产良种供给之中心。

---

① 钧会："国际货币基金会组织"在我国的便称。是根据1944年7月在布雷顿森会议签订的"国际货币基金组织协定"，于1945年12月27日在华盛顿成立的，对援助国基金会可提供资金援助。

（二）种猪改良

请选赠大型约克猪160头并补助防疫器材费5万美元。

约克县公猪与荣昌白母猪交配所生第一代杂交猪，生长迅速，肉质优良，猪鬃亦佳，在北碚及附近各县农民中，已建立最佳信仰，拟大批繁殖。除供本区农民饲养外，并供附近各县农民购用，俾北碚成为川东猪种供给之中心。除推广计划与钧会另行商定外，拟请由美或加拿大精选大约克县种猪160头，赠予本区转发各合作农场，妥为饲养，以资繁殖推广。又养猪必须防疫，是项珍贵猪种，尤应特别防护，以保安全，拟请补助防疫器材费5万美元，以资充分发挥现有防疫之配备。

（三）外销物资增产

年产桐油1万市担并推广优良桐种7000市石，共拟请肥料及榨油设备费17万美元。

本区地质气候，均宜植桐，现有小米桐桐种，为国内最佳品种。1946年春，与农林部中农所合作，实验区域植桐30万株，连原植者共有36万株，二年后，年可能产桐米36000市担。为推广良种（本局现有桐种，业经经常供应遂宁垫江合川邻水等县购作种用）及提高桐油品质，现每年供给川东各县桐种（小米桐）7000市担，并设置新式榨油机一部，以其余桐米29000市担榨油，年可产油1015万市担。采用合作方式经营之，现全部桐树，均急[亟]待施肥，故拟请补助肥料款9万美元（每株施肥需美金0.25元已统一购买公开分发方式办理）又榨油设备费，亦拟请全部补助，共计美金8万元，二项合计共拟请补助17万美元。

二、水利

（一）农田水利

北碚辖境，岗峦起伏，虽嘉陵江横贯东西，而无法利用其灌溉农田。查全区计有农田4.4万亩，原有塘堰水库87个，可灌溉田谷5000亩（仅灌溉全区农田约九分之一）。兹为增加粮食生产（拟将冬水田改种冬季作物）及防止荒旱计，故区内整个灌溉系统，实有建设之必要，且灌溉总量亦必须达到1.5万亩。

引用电力作高地灌溉需贷款美金11万元。

区内丘陵地带，引用电力作高地灌溉，本境适宜高地灌溉之区域，为龙凤溪、明家溪、澄江运河及刘家漕一带之农田（龙凤利用富源公司之电力，运河利用澄江电水公司之电力，刘家漕利用天府公司之电力），灌溉总量为3000亩，此项建设费用，拟向农村复兴委员会借贷美金11万元，兹估计设备费用如次[下]：

1.机械部分	抽水机、电动机、变压器、水管,其他零件等	计美金8万元
2.土木部分	房屋、渠道	计美金2万元
3.其他	购地、运输及监理费用	计美金1万元

完成水塘100个,水库60个,计需贷美金12万元。

每保完成示范水塘一个,利用区内各种水源,建筑引爆及蓄水库(山地筑水库,溪边引用溪流,利用瀑布蓄水,低地凿井灌田),期必达到6000亩以上之灌溉量,此项建设费用,拟向复兴委员会借贷,兹估计工料费如次：

1.水塘100个,计美金6万元。

2.水库60个,计美金6万元。

(二)给水工程

扩充北碚澄江水厂,兴办黄桷、二岩水厂,计需美元3万元。

扩充北碚及澄江给水工程,现有饮水消毒器二具,拟分设黄桷、白庙,以改进市民饮料。此项工程费用,拟向农村复兴委员会借贷,兹估计如次：

1.扩充北碚及澄江给水工程共需美金1万元。

2.兴办黄桷、白庙工程设备费用共需美金2万元。

三、合作

(一)全区概况：本区共有保合作社59所,合作农场45所,织布生产合作社3所,棕麻生产合作社及洗浆公用合作社各1所,乡镇合作社2所,生产联合社1所,合作金库1所,合计全区114所,共有社员46137人,股金102130元。

(二)机织合作：北碚原为一土布生产区,抗战以前,即有布机630余台,每月可出布1万匹,销行江北邻水及滇黔各地。抗战以后,因原料缺乏,农村织户几至全部失业。本局为提倡农村创业计,爰于本年4月1日将现仅有之农村织户107家,织布机214台,分组成织布生产合作社3所,组织成联合社1所。

现每月生产3210匹。

北碚织布生产联合社,所办业务,系以棉纱供给各农村织户,复以一定标准收回各织户成品,委托大明厂代为整染,合计每月可收回40码长36寸宽13磅半重之细机布3210匹,以十分之一供应本地零星购买外,其余皆转销重庆。现该社正与重庆中央合作金库四川省分库订立以布易纱办法,计100匹换回棉纱三大包,如此棉纱来源既可供应无虑,而农村织户之成品复可不断推销矣。

增设织布机600台,需贷款美元1600元。

北碚织布生产联合社自举办以来,经常与农村织户以帮助,过去操此织布工业之农民,均盼恢复其旧有副业,纷纷请求联合社扩充其原料与布机等之供应。故该社正计划将过去所有各机户恢复,使其织布机台,达成抗战前630余台之数字,并将现有的木质布机200台一并换为铁轮机,以增加其生产率。合计需新设铁轮机600台,每月可生产40码布18000匹,较前工作效率增加一倍,成品增加五倍。但每台铁轮至少需美金20元,600台机12000美元,除向中央合作金库及中国农民银行尽量接待及机户自筹外,其余1600美元拟请中美农村复兴委员会予以帮助。

四、营建

(一)填沟防洪

填满60000立方米需贷美元20000元。

过去北碚市区三面为深沟环绕,每届夏季洪水,即成孤岛,市民无法逃避,声明财产,常有毁灭之虞。1939年起,利用农闲时间,动员农民开始填沟防洪工程,自1936年至1942年春,即开始大规模运取市郊一公里内泥土,填成街道四条,填方约4.7万立方米。此项工程决继续推行,从山洞口与正码头看齐,估计总填方6万立方米。今后以丁字堤让洪水泥沙淤积,淤积一次,填堤一级,将来填成后,北碚市面可新增两条街道,兹拟向农村复兴委员会借贷填方费用二分之一计金圆80000元和美金20000元。

(二)平民住宅区

建平民住宅区2000户计美元25000元。

北碚所属各乡镇市场,大部沿江设立,江边棚户,每遇洪水季节,即无住居之所。兹为解决平民的住所,改进平民生活,培养他们自助合作的能力,拟分乡建筑平民新村。计北碚已完成第一平民住宅区,其余各乡镇次第举办,估计需建筑平民住宅2000户,需美金25000元,拟向农村复兴委员会借贷。

经济建设概算

	项目	数量	单价	金额	单位	说明
一、农业	(一)粮食增产			200000	美元	
	(二)猪种改良					每一合作农场2头,共计160头需如上数
	1.选购约克种猪	160头				
	2.防疫器材			50000	美元	
	(三)榨油设备			80000	美元	
	肥料补助			90000	美元	

续表

	项目	数量	单价	金额	单位	说明
二、水利	(一)农田水利	四处				
	1.电力灌溉					
	2.水塘	100个	600	600000	美元	
	3.水库	60个	1000	600000	美元	
	(二)给水工程					
	1.扩充北碚澄江原有自来水厂	二处	5000	1000	美元	
	2.兴办黄桷白庙	二处	10,000	2000	美元	
三、合作	(一)机织合作	80台	20	1600	美元	
四、营建	(一)填沟防洪	60000立方米		20000	美元	已填47000立方米
	(二)平民住宅	2000户	125	25000	美元	
	合计			726600	美元	

教育建设

一、创办民教讲习班

学生书籍、课本、服装、膳食等，请补助18600美元。

现在一般学校，大多只有书本教育，设有人生的教育，也没有服务于和建设的教育。先拟改弦更张，一切求合实用以群策群力争取最高效果，拟仿照丹麦的民众教育运动，创办民教讲习班。毕业的学生是要用之于领导民众，教育民众，自力更生，解决生活问题，协助国家建设。并办到确为民众生活的导师，才能够使民众前进，成有生命力的时代化，社会化，人文化的人物，以完成整个教育的目的，兹将办法分述如下：

(一)民教讲习班：1949年春期设立，招收区内初中程度学生372名。(北碚一、二、四保平均每保3名）

(二)教授科目：1.地方自治，2.自卫训练，3.卫生教育，4.农业建设，5.社会教育，6.民众组训，7.人民团体组训，8.各科教材教法，9.会计常识，10.新闻常识，11.图书管理，12.国文，13.数学，14.史地，15.理化。

(三)一年毕业，作为民教助教人才

(四)经费：除开办经临经费及教师薪俸等有地方自筹外，惟地方民众大多穷困学生所需书籍课本服装膳食等费，计18600美元无力自给请由美援补助。

二、普及民众教育

民教主任在124人及民教学生笔墨、课本、灯油等费,共请补助978800美元。

北碚失学民众,计有6万余人,现入民教部就读的有12571人,历年已毕业者有19354人,入学占失学成人50%,学龄儿童13600人,已入学者有11576人,入学占失学人数85%,尚有学龄儿童15%未入学。如使全部入学,则原有教师无法应付,将原有民教主任86人完全调任小学部教师,兹请补助如次:

(一)尚未入学之失学民众50%仍须使其全部入学,则须添聘民教主任124人,每人月需薪俸10美元,全年十二月总需美金14880元。

失学民众大多穷困,笔墨课本及灯油等费无力负担,亟应免费供给,需美金83000元。

三、加强电化教育

电影、幻灯、摄影、录音扩音、收音机等,广播电台,共请补助美金65250元。

北碚在抗战时期,曾与盟国新闻宣传处合组新闻教育实验区将全境划为八区,共有幻灯放映机7部,每月映片20部至30部,观众达3万余人,并购买有大小电影机各1部,经常巡回北碚八镇乡及各工矿事业轮流放映。又北碚文化建设委员会,购有美国新式电影机1部,经常在民众会堂放映,免费办理各界参观,最多一次观众达4万人以上。至于播音教育,北碚共有收音机21部,安放重要地点,经常专收各地消息,新知及音乐等,转播各界听取。现联合国文教组织拟在北碚设立办事处,北碚拟即与合作办理电教实验区,对于电化教育,亟待推进,除技术人员由地方自行训练外,兹将急需购置电教设备列表于后:

名称	数量	预算价值(美元)	备考
电影机	7部	21000	北碚八乡镇,每乡镇1部,除原有1部外,尚需添购7部,每部需美元3000元,合需如上数。
录音机	1部	4000	以作自制影片用。
摄影机	1部	4000	以作自制影片用。
幻灯机	9部	2250	北碚原有7部,每乡镇2部,尚需购置9部,每部250元,合需如上数。
扩音机	2部	16000	1部留北碚用,1部巡回各乡镇,故须购置2部,每部8000元,计需如上数。
喇叭	20部	2000	每部扩音机配置喇叭10个,故须购置20个,每个需100元,合需如上数。
收音机	60部	6000	北碚有中心学校16所,保国民学校48所,除思索有交流电外,其余60所,军需购用电池之收音机共计60部,每部需100元合需如上数。
合计		65250	

四、扩展新闻事业

充实设备及内容，请补助1000美元。

《北碚日报》每日出版一中张，发行1000份。有北碚事业推展消息，全国的建设文化报导，如国内外的广播新闻及新知识等。期必达成时代任务的号角，基教的火炬，办到日报日课化，教材化，该报设编辑经理两部，共计40人，自设印刷所及无线电台。兹为充实设备及容拟，请由美援补助1000美元。

教育建设总预算书

项目	金额（美元）	备注
一、创办民教讲习班	18600	学生书籍课本服装膳食等费，每人50元，372人，合计需如上数。
二、普及民众教育	97880	详下二项。
1.民教主任	14880	聘任民教主任124人，每人月需薪俸10元，全年十二月合需如上数。
2.笔墨课本烟油等费	83000	计有民教学生32,000人入学，供需笔墨灯油费如上数。
三、电化教育	65250	详教育建设"三""加强电化教育"附表。
四、新闻事业	1000	充实《北碚日报》设备及内容计需如上数。
合计	182730	

卫生建设

保健、防疫、医疗、卫生教育等四大项，除器械详列后表，请另行配拨外，合计需奖金17.924万元，拟请由美援拨补，俾北碚卫生建设得以如期完成。

一、保健

（一）妇婴卫生：北碚除已有卫生院1，分院2，卫生所2外，尚待成立之卫生所4，境内有最重要据点12处。响应设置卫生站，免费为贫民助产，及指导节制生育，每所每站，除开办购置等费，由地方自行担负外，尚应需设备等经费3000美元，合计共需4.8万美元。

（二）劳工卫生：统计北碚境内，有煤矿工人约2万以上，劳工卫生极其重要，所有是项设备，每人以1元计，共需2万美元。

（三）环境卫生：北碚八乡镇，除朝阳已建标准公厕3所外，其余二镇五乡，拟各建标准公厕1所，每所需美金3000元，共需美金2.1万元。

（四）学校卫生：北碚共有中心学校16所，保国民学校51所，私立小学7所，共计学生11282人，每校应需设备经费200元，共需1.48万元。

(五)健康检查：北碚军民，合计12.5万余人，实行普遍健康检查，应需检查登记等费，每人以2角计，共需2.4万元。

(六)生命统计：举办生命统计，为研究推行卫生工作之依据，北碚所辖124保，每保应需调查统计等费10元，共需1240元。

二、防疫

(一)种痘及防疫注射：1948年秋接种牛痘一次，及霍乱疫苗、伤寒霍乱混合疫苗注射，需防疫经费500元，又1949年大规模普种牛痘，及推行防疫，计需经费1000元，合计共需1500元。

(二)预防钩虫病：北碚境内患钩虫病农民，调查澄江镇，即占50%以上，确系粪便传染，必须实行管理粪便，方可防止。首须普遍多掘粪坑，便于储藏，次则提倡用对月粪，消灭病菌，以防传染。因此需要大量石灰，建筑粪坑，每保需防疫经费100元，全北碚计124保，共需美金12400元。

三、医疗

(一)充实卫生院、分院及卫生站：北碚原有卫生院1，卫生分院2，卫生所1，尚待成立之卫生所4，卫生站12，共应有正规医生13人，助产士20人，护士10人，助理员14人，每人每月津贴10元，以全年计，共应需6840元。至所需医用器械之补充(详后表)拟请照常予以拨助。

(二)扑灭地方病：北碚最大之流行病，首为钩虫，次为疟疾。拟配合中国西部地方病防治所，研究与实施上述两种病症之办法。期于五年内，将患者大量减少，并派技佐员二人，巡回各保治疗，每月需经费1000元，合计年需12000元，作工作人员之薪津，与供给必须仪器及奖品等开支。

(三)成立牙科室：北碚当渝合交通要道，周围各县，来此治病者甚多，目前最感缺乏者，莫如牙科，每月应需经费1000元，全年共需12000元。

四、卫生教育

(一)训练卫生员：北碚每一个保，设有卫生员一人，负责办理卫生工作，卫生员之责任，重在普遍防疫，而不重在治疗。乡村间有几种最易发生之疾病，如天花、疥疮等，均已有有效的防治方法，稍受医药训练者，即可办理。又如助产及家庭清洁卫生之指导，一般卫生常识之广播，均应即为推行，拟即选择优秀妇女，担任此项工作。因其帮助接生，可进入各个家庭,指导一切卫生接生效力。惟须先行予以训练,故124保的卫生员,每保一人需训练费20元,共应需2480元。又全年每人津贴20元,应需2480元,两者合计需要美金4960元。

(二)工作人员业余进修奖励:凡卫生人员,除平日工作外,并奖励其上进,应需奖励金,及购书籍刊物等费500元。

附:卫生建设概算

一、保健	金额(美元)
1.妇婴卫生	129040
2.劳工为生	48000
3.环境卫生	20000
4.学校卫生	14800
5.健康检查	24000
6.生命统计	1240
二、防疫	13900
1.种痘及防疫注射	1500
2.防疫钩虫病	12400
三、医疗	30840
1.充实卫生院及卫生分院所	6840
2.扑灭地方病流行	12000
3.成立牙科室	12000
四、卫生教育	5460
1.训练卫生员	2480
2.卫生员津贴	2480
3.进修奖励金	500
合计	179240

附:卫生建设应需器材表

名称	数量
显微镜	6套
血球计	10套
血色素计	2套
人工气胸器	2套
深度爱克斯光器	1套
普通爱克斯光器	1套
妇科扩子宫器及括子宫器	1套
口用体温表	6打
肛用体温表	4打
剪刀	60把
手套	80双
手套	80双
纱布	1000磅

续表

名称	数量
胶布	100筒
注射器	60具
注射器5cc	40具
注射器10cc	40具
注射器50cc	30具
蚊帐	2000码
产钳	20套
显微镜	3具
骨盘计	20套

说明：上列器材除北碚各卫生院分院所需用外，尚有一部分为北碚医院所必须应用者，盖北碚医院为周围各县治疗并任最需要之医院也。

社会建设

设农村托儿站18所及夏冬两季救济基金，共28440美元均请求补助。

一、儿童福利

（一）办理经过

儿童福利，为社会福利事业之新兴工作，抗战期间，社会建设福利实验区于北碚，奠立我国儿童福利事业之基础。五年于兹，今秋社会部交由地方接办，奉社会部令将儿童福利所改为儿童福利站，办理一般综合性儿童福利事业。托儿所附设该站，仍一本原订计划，加强推进，并谋适应北碚境内实际需要，配合农村复兴计划，力谋推广，于期普及。

北碚八乡镇农民占40%，尤以农村妇女工作兼负农作炊事、畜牧及哺育子女之各种任务，倍极劳苦，为求增进农村幼儿福利，减轻农村妇女工作困难，藉以增加生产，改善生活，以达到复兴农村，繁荣农村之目的，根据此间实际需要，乃由普遍设置托儿所站之计划。

（二）工作设施

1.儿童福利站根据善种，善生，善养，善教，善保目标，办理一般儿童福利事业，并配合各乡镇国民学校，利用各校设备物力，推广乡镇儿童福利工作。

2.现有北碚托儿所一所，经历年之研究实验改进，设备较全，规模粗具。各种有关保教之实验报告与实际工作，所需之教学单元，教材教法，保育单元等资料，亦初步完稿，拟作今后本局各乡镇托儿站之示范机构。除更加充实其业务，实施改进其保教方法继续研究实验工作外,并负各乡镇托儿所辅导协助之责。

3. 针对北碚实际情形与需要,拟于各乡镇分别设立托儿站18所,以期达到每一乡镇之学龄前幼儿,其父母均有正当职业或操作农事者,其子女皆可入所受托。以灭除分[后]顾之忧,托儿以日托为原则,名额由30至100,视各乡镇实际情形与需要而定。惟此项工作,需款甚钜[巨],举凡一切设备开办及员工薪资等费,亟待筹措,现在除澄江、二岩两乡镇在艰困环境中筹备成立两站外,其余均尚待举办。

4. 组织:各站设总干事1人,50人占设保育员及保姆4人,护士1人,工役1人;100人站设保育员及保姆8人,护士4人,工役4人,其职务如下:

(1)总干事处理站务并监理保健工作。

(2)保育员襄助总干事办理保教工作。

(3)护士办理卫生保健工作并襄助农家免费接生。

5. 业务

(1)托别　免费日托。

(2)对象　夫妇共同务农且无其他亲属监护者之子女为限。

(3)年龄　半岁至五岁。

(4)保教目标

充实儿童生活

发展儿童身心

养成良好习惯

培育正常情绪

(三)设置地点及容纳人数

乡镇	地址	容纳数
澄江镇	市街	100人
澄江镇	蔡家沟	100人
朝阳镇	市街	100人
朝阳镇	梅花山	200人
黄桷镇	市街	100人
金刚乡	市街	100人
龙凤乡	龙岗	200人
白庙乡	市街	100人
龙凤乡	槽房口	100人
白庙乡	水岚垭	100人
黄桷镇	改良场	100人
黄桷镇	天神庙	100人

续表

乡镇	地址	容纳数
文星乡	市街	100人
文星乡	玉皇观	100人
金刚乡	白云寺	100人
二岩乡	市街	100人
二岩乡	盐店	50人
二岩乡	龙华寺	50人
总计	十八所	1900人

农民福利托儿所拟请中美农村复兴委员会补助设备费23440美元。

附：北碚农民福利托儿站设备会费概算表

项目	所需费用	备考
改建房屋18所	6109	
儿童木床1900张	1750	
蚊帐1900床	1800	
垫絮1900床	1900	
被套1900床	3800	
被单1900床	3800	
摇船38个	54	
马头跷跷板38个	76	
活动板19个	76	
秋千19架	95	
方凳120根	264	
长桌19张	760	
椅子152把	304	
木床160间	640	
木柜38个	112	
盖絮1900床	1900	
合计	23,440	

二、社会救济

（一）夏令救济局辖区域，横跨嘉陵江两岸，每年夏秋间，洪水暴涨，沿江居民即须迁避，而沿江居民皆系贫民，每年经数度搬迁，致生活异常困难，必须筹款救济，历年拯救人数如次：

年别	人数
1945	1285
1946	1347
1947	2158
1948	1341

（二）冬令救济本局十九[保]贫苦农民，平均每户耕种田土约3亩，皆以其他劳力所得为主要生计，故每至年关，即须地方筹募钱米发赈，历年拯救人数统计于后：

年别	人数
1941	2995
1942	4048
1943	5326
1944	4962
1945	5874
1946	6310
1947	1848

上述两项救济，皆须临时筹募，苦无基金可资办理，近拟筹基金5000美元，亟盼援助。

1949年春　高孟先主编

载《卢作孚研究》　2017年　第三期

卢作孚与北碚建设[①]

卢作孚在创建民生实业公司从事航运事业的同时,还在嘉陵江三峡地区从事地方实业建设。他于1927年春担任峡防局局长后,五六年间,为这一地区的建设事业奠定了牢实的基础。此后,由其弟卢子英继续主持。本文着重记述卢作孚的建树,其他从略。

(一)峡区建设事业的缘起

卢作孚曾在泸州川南师范及成都通俗教育馆从事教育工作,均因战事影响半途而废。他乃决心回到桑梓,为地方作些有益于国计民生的事业。他在重庆、合川地区进行了社会和自然的调查,将其所得写了一个册子,名曰《西市村之建设》。书中有两个内容:一是关于合川县城南岸市村建设的意见,企图通过实验,从经济经营为起点来改变旧社会的环境;二是关于渝合(重庆、合川)间三峡诸山经营采矿之意见,介绍三峡地区矿藏、森林丰富,并提出开采和建设的计划。这个小册子,当时由"人生社"刊印,分送各方友好,进行宣传。这之后,卢作孚在各方人士的协助下,先在合川创办了经营航运为中心的民生实业公司,并在合川开办电厂和自来水厂,为县城市民解决了照明和饮水问题;接着,在北碚逐步实现他对地方建设的夙志。

三峡位于嘉陵江自重庆至合川之间,跨江北、巴县、壁[璧]山、合川四县境界,辖39个乡镇,面积约100平方公里。长期以来,这一地区处于军阀割据和土匪骚扰之下,百姓困苦不堪。1923年,四县绅民共议组成峡防团务局(以下简称峡防局),局址设在北碚,秩序渐趋安定。1927年春,卢作孚继任峡防局局长。

卢作孚到北碚接任峡防局后,即提出:"打破苟安的现局,创造理想的社会。"他认为要建设要创造,必须有一个安宁的环境和一个有秩序的社会。于是他根据当时的情况,制定了计划和步骤,首先解决地方治安秩序的问题,其次是为民众服务的问题。

在肃清匪患方面,他提出"化匪为民,寓兵于工""以匪治匪,鼓励自新"等口号。为了消灭盗匪之源,在地方上严禁烟、酒、嫖、赌。卢亲率学生、官兵巡回区属各乡镇,并开周

[①] 此文作于1979年9月,时卢作孚尚未平反昭雪,高孟先在这种情况下写出了充分肯定卢作孚乡村建设功绩,是改革开放之后的第一篇较为全面、系统论述卢作孚北碚乡村建设的文章(西南大学教授、卢作孚研究资深专家刘重来语)。

会、演话剧、作体育比赛,宣传卫生,破除封建迷信。就这样,峡区的土匪次第肃清,社会改革,公共福利工作也逐步开展起来了。1928年,卢带领大部职员、学生、士兵,安设渝合峡区乡镇的乡村电话,工程所到之处,就是学习、应用技术之处,边讲、边学、边做,不到半年,全区安设完毕,大大便利了城乡的交通。当时,不但合川,就是重庆也尚未设置市内的公共电话,对周围的交通建设起了一定的推进作用。

(二)关于人的训练

关于人的训练问题,卢作孚曾在《大公报》发表了题为《中国的根本问题是人的训练》专文,又于1934年写了《中国的建设问题与人的训练》一书(生活书店发行)。

卢历来用人的办法是"大才过找,小才过考",即依据事业的需要,对学者、专家、工程技术或高级领导人员从社会实践卓有成效的人中去寻找延聘,中层以下的干部,则经严格的招考和训练。他为事业寻求专才,曾访遍省内、国内,甚至国外,如聘德国人傅得利为昆虫研究员,聘胶济铁路总工程师徐利氏为北川铁路工程师,后改聘丹麦人守儿慈为北川总工程师等。

卢对青年的训练,不只为了事业发展的需要,不只是为了解决青年的就业和出路,而主要是为国家培训大批有理想、有技能,而又愿意为社会服务的人。从1927年夏开始,先后招收了中学程度的青年百余人,办了学生一、二两队,少年义勇队三期,警察学生队一期,根据需要和任务,规定训练的内容和时间,短的六个月,长的两年。另外,除办理各种临时训练班外,还为民生公司办了些专业训练,如护航队、茶房、水手、理货生等训练班多期,其人数近千人。训练的基地设在北碚公共体育场一端的一进三大间的草屋——新营房,门首左右墙上写了一丈见方的十个大字:忠实地做事,诚恳地对人。

卢对各训练班的受训人员,在军事、政治、常识、思想行为、工作、生活作风等方面,施训的内容是共同的,业务训练则各具其特点。凡学生队在入队的前三个月,都要受军事训练,主要在锻炼成健康的身体,早上除运动外,冬季还要到江岸进行冷水浴,卢曾亲自带头。各队有队歌或誓词,如学生一队的入伍誓词是:"锻炼此身,遵守队的严格纪律,牺牲此身,效忠于是众,为民众除痛苦、造幸福。"在思想行为上的教育,强调公而忘私,个人为事业,事业为社会,不争地位,不计待遇,不图享受,不以个人所有而以个人所为表现于社会,不防人图己或专门图人。卢还写了《什么叫做自私自利》一文来说明他对自私自利的看法。在工作方面,强调以科学的方法办事和处理问题,如何分工、合作、合议,如何调查、计划、整理,如何认真、负责,如何对付、克服困难,特别重视个人间、事业间的比赛——比进步,比成绩,比贡献,比创造。反对浪费,崇尚节约。卢写有《怎么样做事——为社会做事》和《如何为社会服务》两个文稿(前者计五十五条,后者是致同事的一封信,都是卢的经验谈),作为教育青年的材料。在生活作风方面,要求艰苦朴素,忍苦耐劳,倡行生活集体化,时代化,一律着布料短服,婚、丧、寿不请客,不送礼,不烟、酒、嫖、赌。在学习方面,反对空谈,着重实践。目的在提高工作热情和现代知识技能,坚定为社会服务的志向。

卢教育青年采取许多有效的形式。他强调说:"可靠的功夫须从实地练习乃能得着,骑马须在马上学,泅水须在水上学。""我们应从野外去获得自然的知识,到社会上去获得社会的知识。"为了创办科学院,他派学生随专家、学者到川边及西南、西北各省去采集生物,并作少数民族的社会调查。为了调查峡区煤矿,就把学生带到煤场并深入炭洞实地观察,为了筹办水泥厂,就带领学生去观音峡一带参观石灰窑,并把它作为讲地质学的课堂,要修铁路、公路,就派学生参加勘探测量工作,要安设乡村电话,就把学生带到工地,一面听讲电的知识技术,一面就参加安设的劳动。总之,举凡一切访问、调查、游览、参观,都含有教育的目的,并以其所得,应用在事业上或解决事业的问题上。

卢对同事和学生的教育,最大的特点是处处以身作则。他说:"人每每有透彻的知识,深厚的感情,但不能影响自己的行为,所以要从行为上增长知识,培养感情。"因此他强调:"从行为上影响别人,自得人佩服,才会收到教育人的效果,以事业的成绩去影响社会,才会得人们的同情、支持,进而可收到改革社会的良效。"

(三)乡村建设的实验

地方有了安宁的秩序和人的训练基本解决以后,卢有计划地积极地进行了现代化乡村建设的实验。

第一是引入新的经济事业。峡里测[侧]有煤矿,产煤都在山间,运输不便,卢首先促使与煤业有关的人们组织北川铁路公司,建筑一条轻便铁路。不久,又促使五个煤场组成天府煤矿公司。此后,他邀集有关人士组织造冰厂和煤球厂。他还欢迎义瑞桐油公司购地大种桐树,促进清平铁厂和北碚果园养蜂厂的经费。他对以上事业需要帮助的时候都尽力费助。

第二是创办文化事业和社会公共事业。卢先从北碚市场开始(当时计有住户800多家,3500多人),把文化事业和社会公共事业在这个市场四周建立起来,造成一个社会环境,以促使人们的行动发生变化,去影响周围。他派了一队士兵,训练了一队学生,担负北碚的警察任务,维持公共秩序,管理公共卫生。他还创办一所地方医院,为远近的人们治疗疾病,免费为市民打防疫针,并在江边设饮水消毒站,到周围各乡镇为人们种牛痘,每季达数万人。为了预防病疫,发起灭蝇、灭鼠运动(谁交给100死蝇或1只死鼠各给奖金)。创办一个图书馆,供人们阅读。创办了一个公共运动场,让广大群众在那里进行体育活动。创办了一个平民公园，园里有博物馆和动物园，供远近人们游玩。办了一个嘉陵江日报馆，每日出报一中张，刊载国内外消息和峡区事业进展的情况，在公共地方张贴，让人阅读。设立了一个实用小学，着重训练儿童。

卢利用温泉寺有温泉、森林自然之美，古庙、山川形势之胜，于1927年秋创办了温泉公园。建园时，他亲自设计布置，并率同峡防局职员、士兵百余人开荒整地，筑路修池，栽花种树，营建亭宇，凡三阅月，后又常驻士兵一队，继续协助营建，时达两年，始具规模。这里不但是峡区民众游息的中心，还吸引了不少附近县市的旅游者来此游览观光。当时，在四川的一个乡村中，有这样现代布置的园地，实属罕见。

举办这些事业不是一帆风顺的，不但遇到困难和阻挠，而且还遭到地方封建势力的反对。如把火焰山的东岳庙改设博物馆，有的人就大骂："峡防局的人是天上放下来的，竟敢打菩萨"，并扬言："卢局长的官，不过同城隍一样大，你敢打东岳庙城隍，总不敢打天上宫的玉皇"。后来，关庙、天上宫、禹王宫等等菩萨都一一让位，腾出来的屋宇给一些公共事业利用了。尽管人言啧啧，但天神并没有"显圣降灾"，久之市民们也就相安无事了。又如北碚旧市的整顿，要扩修街道，要拆去两旁突出街心的房檐，遭到不少人的反对，大骂说："自有北碚场，便是这样的街道，至少也有百十年，大家走得好好的，你偏偏一来就见不得，走不得了。"又如，免费送种牛痘，也有人劝别人不要把小孩抱来点种，说："哪有做这样好事的。他今天不问你要钱，等害得你的小孩要死了他才问你要！"这说明人们对不曾见过的事情，不是大惊小怪，也是怀疑莫解的。面临这些问题，卢教育同人采取以事实来教育群众的办法。对改建街道，进行动员说服，先从容易的阻碍小的着手，逐步进行，把最困难的几户人家留着。待周围的环境改变了，这些人有的自己拆去自己的房檐，有的请峡防局帮他拆去，以归划一。种痘的问题，经过事实证明对自己确有好处，反对者也就变成欢迎者了。但也有例外，如修北川铁路时，文星、黄桷不少人认为破坏了风水，地方封建势力太大，逼得改变路线而出白庙子。

卢还在峡防局设了一个民众教育办事处，组织各机关服务的几十个青年，白天在机关工作，晚间便共同担任民众教育，先办了十个民众学校，后改为挨户教育。教师派到人家去，周围几家或十几家都集中在一家授课，今晚在这家，明晚在那家。此外在船夫休息的囤船上办了一个船夫学校。在力夫休息的茶社里办了一个力夫学校。为训练妇女的职业技能，办了一个妇女学校。为改善工人生活和提高技能，在三峡厂办了一个工人学校。峡防局还设置了一个民众问事处，帮助人决疑、写信和契约。一个职业介绍所，一方面帮助了需要的事业和人家，一方面帮助了需要工作的人。尤其是民众会场的活动，不仅集中了市场的人，还集中了四乡的人，演出各种电影、幻灯、音乐、戏剧。新剧或川剧演员,多是各机关服务的青年。在民众会场的活动中,特别注重休幕或闭幕时的报告,其内容主要有新知识的广播,国内外重大时事,以及生活常识等,目的是要给予民众以教育和影响。特别是利用各种纪念节假日,开展大规模的民众活动,如开运动会、展览会……其内容均富有深厚的教育意义,其目的主要在训练民众和养成集体生活的风尚。

以上在北碚所作的一些实验,逐步推广到壁[璧]山属的夏溪口、澄江镇,江北属的文星、黄桷镇等,都以民众教育为中心,推动社会公共事业的兴办。开始由峡防局派驻的职员、警察进行基础工作,以后便协助民众自己起来办理。这些地方的民众积极响应,比之北碚创建时大有不同了。他们要办一个民众学校,就有人捐助房屋,他们要办书报阅览处,要建筑菜场,便有人捐助木材、石灰、砖瓦以至工钱。凡地方应兴应举的事,他们自己集议,自己解决,迅速地把乡村建设搞起来了。

(四)带问题出去,求办法回来

1930年春,卢为谋求各种事业的发展,率领民生公司、北川公司、峡防局、川江航务管理处等单位的部分人员出川考察,为时半年,曾到江浙和东北各省。他们带着事业中的问题出去,取得了不少办法转来,并结识了有益于事业的许多友人和社会名流,除黄炎培是旧交外,蔡元培、李石曾、丁在君、翁文灏、秉农山、张伯苓、张季鸾、任叔永等,收获颇大。他在考察中,每到一地,每接触一事、一物、一人,常把自己经营的事业的意义和目的,与全国的建设问题联系在一起。他在江浙参观时,对除昆虫害、制秋蚕种、农田灌溉机、改良棉种等四件事,从研究到推广而著[卓]有成效,发议论说:"是由学术的研究而及于社会的影响,是中华民国中间一点最有希望的新进化。一切事业都由学术的研究出发,一切学术都应着眼或竟归宿于社会的用途上,这在今天的中国尤其感着急切的需要。"卢在东北看了日本人的经营后提醒人们说:"他们侵略满蒙,有两个更厉害的武器为平常人所忽视,一是满蒙资源馆,一是中央试验所。凡满蒙的矿产、农产、畜牧,都被日本人将标本收集起来,将数量统计起来,将地形测量起来,绘图列表,并制模型加以说明,一一陈列在满蒙资源馆里。我们不到满蒙,只须[需]到满蒙资源馆,便可以把满蒙的家底看得清清楚楚了。别人已把我们的家底囊括到几间房子里去,我们自己还在梦中。规模很大的中央实验所,则把满蒙的出产一一化验起来,考求其实质、用途及其制造方法。有两个显著的成绩:一是抚顺的油岩,由化验而至于试探,现已正式经营起来,年约出重油5万吨了;一是榨过豆油的油饼,以前只用来作肥料或喂猪,而今才知道更可作面包、饼干等人的优良食品了。"他看出日本图谋东北的情势紧急时,说:"……日本则方进取未已,为东北最可顾虑的问题,十分紧迫,尤其是我们应得觉悟的。"卢在山东看了德国人经营的青岛,除反对德国对中国侵略的野心外,对德国人把一个荒废半岛变成现代化的都市则甚欣赏,他说:"德人经营青岛……仅仅一个第一公园,便植树20万株,一切建筑依山起伏,房屋都配置适宜,各具形式,尤其是绿林红瓦青山碧水,相衬之美,在十数里外,便可望见,来时令人向往,去时令人留恋。"卢在上海为民生、北川两公司购买机电产品的过程中,了解到德国人在中国的市场恢复之快,机械工业进步之速,感到吃惊,对其经济的联合甚感兴趣,说:"德国经济事业之逐渐趋向于全国的联合,而今颜料厂统一了,化学药品厂统一了,乃至于灯泡厂亦统一了,所以他们对外贸易的力量愈加强大。中国人仍趋向于分化,最低限度的政治问题,亦还无统一的办法。"

通过以上这些实际考察,卢的思想不仅有着深刻的感触和启示,而且对他以后在经营和发展自己的事业上起了极大的推动作用。如看到日俄在东北以铁路为中心的经营发展,就联系到将来民生、北川公司如何扩大经营,特别是认可德国联合企业的发展大可仿行。参观了国内各学术机关,特别是日本的满蒙资源馆和中央试验所,就想到创办中国西部科学院有了实际的借鉴。参观了上海三友实业社和南通的纺织学校及工厂,就考虑到今后三峡染织厂怎样去经营和发展。看了德国人经营的青岛,就想到今后的北碚建设成一个大花园,有了一个可供摹[模]仿的模型,并进而把整个三峡布置成一个美丽的游览区。参观了北大、清华、南开、晓庄师范、燕子矶小学、中华职业学校,就想到如何利别人的成功经验,创办一个新型的兼善学校(由幼儿园到大学)等等。卢在当年的夏末回到四川后,不但对科学、文教,工矿等企事业均有新的发展和大的改进,而且还充实扩大了他制订的"将来的三峡"的远景。

(五)中国西部科学院的建立

五四运动提出的发展科学的口号,对卢影响极深,他认为,社会的进步、落后,与科学是否发达关联极大,因此,他努力于社会科学的研究并应用于实际工作中,又鉴于西南各省物产丰富,幅员辽阔,亟宜从事于科学之探讨,以开发宝藏,富裕民生。为了适应地方各项事业发展的需要,遂引起筹建科学机构的动机。1928年前后,南京先后成立中国科学社、中央研究院,北平静生生物研究所等,并有中外学者到四川进行自然科学的采集、调查。卢与省外来川的学术团体合作,派正在训练的第一期少年义勇队学生随同专家、学者学习,以实现他提出的"我们应从野外去获得自然的知识,到社会上去获得社会的知识"的口号,从而为筹设科学研究机构打下基础。

1929年夏,中国科学社派动、植物专家到川,由卢子英队长率领义勇队学生约30人随同去峨眉山、大小凉山一带作动、植物采集和社会调查,以后数年,又分若干小组随中外专家到西南、西北各省进行自然采集、调查。

1930年,卢作孚率合组考察团出川,携带了大批植物和部分昆虫、矿物标本和凉山彝族的生活物品,与南京中央研究院、中国科学社、金陵、中央大学交换各种植物标本,与浙江、江苏省立昆虫局交换昆虫标本。他在上海、东北各省,为科学院征集标本,采买各项科学仪器、药品以及意大利种鸡、鸣禽动物、法国梧桐苗等,聘请化学、农学、教育等专门人才,并派员到中国科学社学动物标本制作,到中大农学院实习畜牧兽医,于是就在上海决定,设立"中国西部科学院筹备处"。京、沪各学术团体及其领导人蔡元培、秉农山、翁文灏、王尧臣、黄炎培等极表赞助,舆论界亦甚支持。这年秋间中国西部科学院在北碚正式成立,下辖工业化验所、农业试验所、兼善中学、博物馆四个单位。

科学院这个新兴事业,首先要解决的一个问题,就是筹集巨额资金。除卢所经营的民生、北川公司、三峡染织厂等先后凑了151000多元的基金外,必须依靠外界的大力扶持。为了能取得人们真正的同情和实际的支持,他欢迎专家、学者和社会有影响的人士到北碚游览、参观、讲演、旅居,给人以实际感受。这样两三年间,省内外学术团体(中华文化基金会、实业部地质调查所)省教育厅、军政界、金融界各方面的捐款和补助达到了10余万元。另外杨森捐款为科学院修建一座大楼——惠宇[①]。就这样,科学院的经费问题基本得到了解决。

1931年到1933年,科学院一方面增添各种研究需用的设备(图书、仪器、化验药品、建筑),充实扩大研究机构和内容;一面增聘专门研究人员共10人,继续调查动、植、矿产和发展附属事业,先后成立了四个研究所和扩大了四个事业单位。现将情况分述如下:

1. 生物研究所 历年来在省外采集所得植物标本5万余份,动物标本2260号,昆虫标本3万余号,其中发现了部分新种。并与国内外学术团体和一些大学交换动植物标本多种。从1932年起,进行本省经济动植物的调查研究与试验,设植物园于江北西山坪,搜集了中外果苗数千株,试种川康林木种子百余种。在园林的开荒、建房、筑路等方面,卢派了部分职员和士兵大力协助,并题联"举锄将大地开拓,提兵向自然进攻"。历时一年,才将荒山辟为试验园地。区内义瑞桐林公司的油桐发生虫害,曾组织专人作了除害虫的研究工作。

2. 理化研究所 曾搜集川东、川鄂边境的煤矿及其他矿石进行化验,出版了《四川煤炭之实用分析》一书;开始进行有机燃料的定性、定量实验,扩充蒸馏酒精的规模,研究酒精代替汽油等。

3. 农林研究所 两年内曾作了气象记录,接着筹设了测候所;进行中美棉作品试验;建成能容1000只鸡的鸡场,作意大利鸡与本地鸡育种试验;试用新式农具(打谷机、玉米脱粒机等)7种53件。于北碚平民公园经营花卉园艺,种植北碚市区行道树,培育法国梧

[①] 惠宇:1933年卢作孚向国民政府要员杨森劝捐2万元,次年建成中国西部科学院主楼,因捐款人杨森字"子惠",故取名"惠宇"。

桐苗种,试种美国葡萄,西藏无核葡萄及柑、橘、橙、苹果等1000余株;培育大批林苗供西山坪造林。曾先后派员调查遂宁、简阳的棉业和华北的畜牧业,并作了专门报告。

4. 地质研究所　1931年派员随北平地质调查所在四川西部和西康东部调查地质。1932年派员往重庆、南川一带调查,又应实业部地质调查所之约,派员往叠溪调查地质情况。出版了《重庆南川间地质志》和《嘉陵江三峡地质志》。

5. 博物馆　设有动植物、西藏风物、卫生、煤炭陈列室,并附设动物园,饲有虎、豹、熊、狼及鸣禽数十种供人参观。

6. 图书馆　除各种科学专用书刊供各研究所存用外,共有普通图书13000余册,省内外报纸刊物数十种,供民众阅读。

7. 兼善学校　有中学、小学两部。中学于1930年秋招收第一班学生。利用科学院的设备和人材[才],准备由幼稚园办到大学。建有红楼一座,作教室办公用,另建有礼堂、宿舍。重视职业教育和劳动生产,并办有实习农场。第一班的毕业生,半数以上调到科学院各部门作练习生,一方面解决了学生职业问题,一方面从工作中继续得到学习。

1933年夏,中国科学社举行年会,卢动员国内南北各地的社员集中在南京、上海,由民生公司派专船去上海迎接他们到重庆,会址设在北碚的温泉公园。他进行这个活动的目的:一是改变外省人对四川的观感,了解四川的真实情况——现已开始由乱到治,由落后而趋向进步;二是吸引省外的科学技术力量和专才,为四川建设作各方面的服务。卢促成中国科学社将年会改在四川举行,扩大了中国西部科学院与国内学术机关的联系和合作,同时促起各界人士对科学事业的重视与扶持。这次年会的结果不仅各方面都感到非常满意,而且对社会发生了相当的影响。会议刚结束,四川的军政当局就捐送了数千元给科学社作基金。会员们回到上海后,就组织各种委员会为建设四川进行调查、研究、计划的工作。

1934年到1937年,科学院处于维持和逐步发展时期,工作重点在调查研究川康等地的资源开发与利用。理化研究所曾化验川康煤焦及各种工业原料矿产标本达5000种以上,对土产工业原料加工利用及煤的低温蒸馏的试验均作专题研究,获有成果。地质研究所历年调查川、康地质,勘探各种矿产所获结果,对四川产业开发有重大贡献。生物研究所先后在西南各省采集的动植物标本计达10万号以上,除自行研究陈列外,并与国内外学术团体交换。农林研究所对农作物进行培育试验及优良品种的引进和推广,如西山坪农场试种的油桐、西瓜、香蕉等,均获成功,尤以西瓜产品质优量大(曾年产逾40万斤以上)运销重庆。1930年起到1935年止,科学院共出版生物、理化、地质、农村调查研究报告专书四十种。由于抗战军兴,经费特别困难,乃将农林、生物两所停办,理化、地质两所暂维现状。

抗战期间，国内公私学术机关迁来北碚者达20余单位，多借用科学院房屋，利用其各种设备，以继续各自的研究工作。科学院予以最大协助，并与之密切合作，因而促成了中国西部科学博物馆的创建。该馆于1943年开始筹备，次年12月正式开馆。内分工矿、农林、地质、地理、生物、医药、卫生等七部，陈列品有10万多件。

为了在战后继续经营北碚的科学文化事业，在经济上决计采取自力更生的办法，在抗战后期，经卢氏弟兄的倡议，并得到各事业中部分领导人和一些友好的赞助，遂将北碚地方公营的全济煤矿公司、和平煤矿厂、民众会堂、北碚建筑公司、北碚自来水厂、北碚印刷厂等划归新组织的北碚文化基金委员会领导，将其全部收益作文化事业的开支。

解放后，这些事业全交由人民政府接管。

（六）北川铁路和天府公司

北碚对面的文星场刘家槽一带，是个产煤的矿区，藏量甚丰。1927年以前，有大小煤厂十几家，都是土法开采，矿区乱，产量低，成本高，纠纷多，运输尤其不便。卢于1927年8月约集合川、江北煤业有关人士在重庆民生公司发起筹组北川铁路公司，集资二十万元，民生公司入股八万元；旋即由李云根去沪购置机车及铁路器材，延聘建筑工程人员。秋间进行测量工作。原勘的线路是由文星场出黄桷树，因遭到地方封建势力坚决反对，认为破坏了"风水"，乃改路线出白庙子江边。约一年间，即完成了水岗垭至土地垭一段，长八公里半，正式行车运煤。四川第一条民营的轻便铁路便在三峡的丛山中诞生了。1933年10月，卢又邀集五个较大的煤场组成天府公司，自任董事长，于是生产与交通联系起来，规模扩大。铁路从两端延伸，上起大田坎，下出白庙子，凡长18公里，于1934年4月完成，共有六部机车头，起卸煤斤概用绞车，生产逐年发展。由于交通的发达，文星场繁荣起来了，两年前仅有几户人家，竟已发展成为近千户的热闹市集了。紧接着，三才生煤矿专为运煤也修建了12公里的戴黄铁路，宝源公司修筑了六公里的铁路。

抗战军兴，中福煤矿公司自河南撤[撤]退，正苦于种种困难无法解决，卢在汉口与中福公司领导人协商，中福迁川与天府合作之议就定下来了。于是民生公司将中福的机械、器材、技术人员等由汉口宜昌抢运到四川北碚，改组为天府矿业公司，卢仍任董事长，孙越崎为总经理。紧张地进行新建厂房，安装机器，改善地下矿井，改进铁路工程，不到一年，遂告完成。至是，公司的设备、生产技术与管理均较现代化，在抗战胜利以前，公司拥有发电厂二，大煤井四，均用电力开采，每日产量约1,600吨，（嘉陵、全济两矿尚未计入），并利用末煤，自炼焦炭，专供兵工厂用，每日运量在千吨以上。另外，自备大木船200只，直接运煤至重庆，供给战时首都所需要的燃料三分之一以上。公司资产的总值逾一千万以上。这个事业在战时的后方，对工业的生产和民用，作出了有力的贡献，并为国家单[产]业建设培养了部分技术和管理人员。

(七)由三峡染织厂到大明纺织染厂

三峡染织厂的前身是峡防局的工务股。由1927年开始,卢对峡防局士兵除进行日常训练和一些社会服务外,考虑到士兵将来的出路问题,于是加上职业训练这个内容。例如装订、缝衣、洗浆、制鞋、织履,后来教学织布等,进行了"寓兵于工"的尝试。

1930年春,卢率领合组考察团出川考察,参观了江、浙各地实业,特别是看了上海的三友实业社和南通的纺织业的经营后,引起他举办规模较大的棉纺织厂的决心。于是订购新式织机,分派考察团中的三个青年在沪专学染织技术,并延聘织袜技师,准备扩大经营。卢在是年九月即将峡防局工务股改组成三峡染织工厂,将以前作[做]工的士兵改成工人。

1931年九一八事变后,由于国内形势的突变,给三峡厂的经营发展增加了新的政治意义和推动力。当时日本侵略者既以暴力夺我东三省,复于次年"一·二八"毁我工业大城市上海。国人抵制日货的呼声日益高涨,因此三峡染织厂的产品畅销川内,事业日益发展。在两年间,它的资本由5万元增到10万元,每年营业额达10余万元。当时,厂里有织机65部,月产布一二百匹、色单、毛巾毯200床、毛巾60打、袜子300打;此外还有葛纱、导纤等机多件,漂染等设备基本上机械化。厂址设北碚,附设有服装、石印门市部。重庆、合川、广安、南充、温泉公园设有售货处。厂内职员,除工程师、技师、厂主任各一人外,统由北碚的学生充任。学徒大多数是招考的小学毕业生或初中肄业生。工友除部分士兵外,在本地吸收了部分贫民。当时特别注意生产男用中山服,学生服,女用的新式服装等布料。卢本人穿三峡布短服,带动了各事业中的职工,都穿上了三峡布短服。后来北碚、重庆服用三峡布者曾风行一时。

1933年到抗战前夕,为三峡染织厂巩固和发展时期,其产品不仅畅销川内,而且在西南各省也有一定市场。

1937年全面抗战开始,常州的大成纺纱厂内迁,仅仅搬出了布机。卢为在战时的后方建一个大的棉纺基地,乃促成三峡厂与大成厂合并,把布机运到北碚,于1938年合组,改名为大明纺织染公司。新厂的技术管理和经营,主要由原大成纺纱厂派人担任。该厂计有纺锭6700个,日产纱8000件,自动化织机400台,日产布400匹。漂染、烘干、烧毛、拉伸、折布等均机械化。厂里能自己发电,供应一切动力。此外,还自办给水工程,供应厂内用水。工人增至1000余人,原料来自陕西和遂宁。产品销售西南各省。当时,在抗战的大后方,是一个最大的布厂。

1979年12月

载中国人民政治协商会议全国委员会文史资料研究委员会编

(文史资料选辑) 1981年 第25卷 第74期

自传

余 1912 年 11 月 1 日[农历,公历为 1912 年 12 月 9 日]生于四川璧山县八塘场,家为地主(大家庭)。5 岁,就读私塾,9 岁开始劳动——早晚为家庭挑煤挑水,12 岁父亲病故,遗母亲、弟妹共 6 人。祖父嘱学习管理家务,13 岁入国学专修馆攻读,14 岁转入高等小学,15 岁毕业。是年秋祖父逝世,家庭经济日益困窘,遂分居。共得田土 30 亩,留供弟妹学费,历年负债,遂于 1940 年将田土全部出售。此后,弟妹次第成立,各谋生计。

1927 年春考入璧山中学,得体音教员袁丛美先生之帮助,对有关新文化之书刊,阅读甚多。1928 年因参加学生自治会闹事,被学校开除①。同年秋受卢作孚先生提倡新生活及为社会服务之号召,乃到北碚考入峡防局(团务机关卢氏任局长)所办之少年义勇队第一期。该队为招取高中程度青年予以科学知识及军事训练,时间近两年,所获训练成果有以下三种精神:

一、忍苦耐劳:晨间冷水浴——不分四季,平时吃最粗劣的菜饭,旅行时曾到川边、西康、青海、新疆、云南、贵[州]等省,冰天雪地,风餐露宿,过着极艰险的生活。

二、社会服务:当时提出的口号是"积公众难,造公众福";"忠实地做事,诚恳地对人"。

三、实事求是:"从社会调查中研究社会科学","到大自然界去学习自然科学",因之,历年采集与调查的结果,产生了中国西部科学院。

1929 年秋,到峨眉山及川边(雷、马、屏、峨、大小凉山……)作自然采集与社会调查,凡 4 月。从此间开始,了解科学的真理,并学习写作日记迄未间断。

1930 年春,参加卢作孚先生领导之合组考察团,到上海、杭州(便中曾参观第四届全运会及西湖博览会)苏州、南京、青岛、北平、东北②等地旅行参观,在上海曾参观国货工厂 40 余家,并为北碚博物馆征集工艺陈列品近千件。在南京曾参观陶行知先生创办之燕子

---

① 开除:原因是班上不同地方的学生发生派别纠纷,校长与教导主任各支持一方,为校方处理不公正的一方仗持正义闹事,被学校无端开除。
② 青岛、北平、东北:卢作孚率领的合组考察团于 1930 年 6 月中旬结束在华东的活动,高孟先因卢作孚指令到南京中央大学农学院畜牧兽医系学习,故未参加以上 3 地的考察活动。

矶小学及晓庄师范并同中央研究院、中国科学社交换植物标本及与教育文化界权威人士接触（如蔡子民、黄润之、李石曾、秉农山……先生），本年夏①，以公费入中央大学畜牧兽医系肄业。

1932年，任北碚博物馆管理员②，并实际作养鸡（来杭鸡种），养猪（约克县种）工作约3年。在此时期，曾有充分时间研读社会科学、中国历史、哲学及文学（尤嗜鲁迅、郭沫若、茅盾、巴金、沈从文等的著作）。自九一八事变后，参加东北问题研究会，并经常阅读邹韬奋先生主编之《生活》《大众》，杜仲[重]远先生主编的《新生》等刊物，对当时政治问题的认识与救国救民的思想得到不少的启发。

1934年，中国红军在二万五千里长征正在四川进行之际，余参加了四川安抚委员会（张澜任委员长）救济工作，曾到川北昭、广、剑、苍、阆、通、南、巴等县作救济难民的工作，当时对共产党方有进步的认识与了解，尤其艰苦奋斗，英勇牺牲的精神，使人无限的同情和感动。

1935年，离开北碚到重庆大学服务，在业余时间学习写作，曾写过《四川究竟怎样办？》③《华年周刊》《四川财政问题之回顾及其展望》《时事月报》《川边之经营》《康藏前锋》《东北之交通》……因对封建制度与政治现局感到极度不满。

1936年，回北碚主编《北碚月刊》及《嘉陵江日报》，并研究和介绍中国的"乡村建设及苏联建设的成就"，如五年计划故事，苏俄生活，苏联新宪法，斯达汉诺夫运动等文献，是年冬与赵雪西女士结婚。

1937年夏，参加四川省建设厅成、灌、嘉、峨风景区管理处工作，当时由于全面抗战情绪激发，乃到成都协助办理凤凰山飞机场之建设工程，事毕旋以患心脏病入仁济医院就医，病中得读史[斯]诺著之《中国的新西北》，对延安非常向往。同年秋到四川省合作金库作仓库主任、金库经理。翌年到四川省合作委员会工作，借住四川大学理学院，工余与至友郭倬甫④君经常研习社会科学《辩证唯物论》《历史唯物论》《资本论》《思想方法论》《政治经济学》，列宁、史[斯]大林传……），并参加各种公共集会及学术讲演等，以加强新的学习和谋求思想的出路。

1940年，由合委会派往参加全国合作人员训练所（重庆南温泉），该所当局强迫加入

---

① 本年夏：高孟先遵照卢作孚指令于1930年6月16日到南京，时值学校开始放假，到6月27日始入学。
② 管理员：这段时间高孟先的工作范围，除饲养博物馆属之动物园家禽外，也担负标本的管理，接待游人参观及其讲解。
③ 《四川究竟怎样办？》：此文及《东北之交通[东北交通]》一文均发表于1933年。可参见本书中该文注释。
④ 郭倬甫：高孟先北碚峡防局少年义勇队一期同学。1930—1936年中国西部科学院博物馆动物助员并管理动物园，1939年毕业于四川大学生物系，1947年后被西南军政委员会委任为重庆市零售公司总负责人，新中国成立后先后任重庆商业局组织部人事科长、重庆市中药材研究所主任等职。

国民党,但从未交纳党费,无任何活动与联系。结业后由省调往南川、荣昌等县作合作指导室主任,从合作哲学的理论与实践中,更具体地认识"利润制度"与"剥削制度"之不合理与亟须废除,而合作经济制度,确是由资本主义的经济转到社会主义的经济的必经的桥梁。

因从现实生活中愈感到政府不能为人民除痛苦造幸福,高级官吏的贪污,腐败无能愈深刻化,且对日抗战中尚有若干顽固分子,破坏和平、民主、统一、团结进步号召,满怀失望的心情,乃于1942年回到北碚参加地方建设的工作,脚踏实地的为人民服务——任北碚管理局建设科科长,并兼办《北碚月刊》及《嘉陵江日报》,这工作直到北碚解放后新政府接管时止,整整8年,在如此长的过程中,自己的思想工作与生活,略作如下的总结:

一、思想方面

由于正确地学习社会科学(附一),具体工作的体验和与文化界及民主人士接触(附二)的结果,以使所有资本主义、封建主义的学说、理论,在思想中基本的摈除了,重新的建立了共产主义的信仰,并服膺伟大领袖毛主席底正确的领导,因为以下的事例,更坚强了我的信心:

(一)由于第二次世界大战法西斯的失败,中国抗战胜利的结果。

(二)由于现在全世界的资本主义、帝国主义走向灭亡,全世界社会主义与民主主义走向胜利。

(三)由于苏联社会主义建设的成就和扶助新兴民主国家的具体表现。

(四)由于共产党解放事业的成功,国民党反动派的失败与灭亡。

以上更证明:"只有无产阶级,才是适合时事[势]潮流,服从科学真理,代表人们利益,主张社会进步,人类解放的。"

附一:1942年读毛主席的《新民主主义论》《论持久战》,1945年读《论联合政府》《中国革命战争战略问题》《在延安文艺座谈会的讲话》……从1944年起,经常订阅《新华日报》(该报在北碚设办事处及至国民党强迫撤离时,余亦曾公开或秘密的予以维护[①],并潘梓年先生亦甚交好也)。

附二:1942年迁建到北碚的文化科学团体近百余单位,有因工作关系或因事务场之帮助直接交往者:如文化界郭沫若、陶行知、老舍、汪东、孙伏园、姚蓬子……剧界如阳翰笙、陈白尘、史东山及中华剧艺社诸演员……现在是"人民的世纪",我们只有学习毛主席的思想,掌握马列主义,站在无产阶级的立场与群众结合,为人民服务,才是真正的光明大道。

---

① 维护:此事情经过,可参见本书《我同<新华日报>北碚发行站、新华书店北碚门市部一些关系的回忆》一文所述。

二、工作方面

余主持北碚建设部门工作[①]，在此8年中，是以实际工作的体验，来充实理论的空虚。在反动政府统治下，工作中的缺点和错误无疑是很多的，但一经觉悟过来，我们是必然改正的。北碚的建设和教育工作是分开的，因为我们借用了陶先生的几个口号作为工作的指标："生活即教育，社会即学校""觉悟性的启发""创造力的培养"，即任何一项建设工作，须先透过教育的力量，又凡与所建设的都是与人民经济生活极关切的，实际福利于人民的。兹略提几个工作重点的数字如次：

（一）农业

1. 组织合作农场79场，共参加农民计5550户。

2. 粮食增产——推广良种水稻如倡行双季稻中农34号稻种等，年可增产黄谷1万市石，推广南瑞苕年增产30%以上。

3. 增植油桐——1947年推广种植油桐30万株，两年后即可年产桐子1900吨，可榨油13000担。

4. 发展园艺——推广香蕉3万株，广柑4万株，西瓜已普及全局，年产约50万斤。

5. 家畜保育——推广良种杂交猪1120头，1949年在中畜的领养公猪10头（约克县纯种），全局共产母猪1414头，每年可产杂交猪3万头。并于春秋两季作普遍防疫注射工作，为增加耕作能力，于半年前在贵州等地采购耕牛共145头，贷给局属农民。

（二）水利

农田水利曾修整水库塘堰87个，可灌溉田谷5000亩，1949年设计兴建洗墨池大水库，因经费困难未能动工。给水工程：兴建北碚及澄江两处自来水厂。水力发电，促助富源水力发电公司利用高坑水力发电350千瓦，供应北碚市民及工厂之用。

（三）工矿

北碚有大小煤矿42个，月产煤约6万吨，纺织工业有大明纺织染厂，日产布200匹，纱8件。

当协助其事业之发展与工人福利事业之兴办。

（四）交通

地方设有乡村电话、无线电台，全区共有公路38公里，铁路18公里（天府专运煤用）。

---

① 主持北碚建设部门工作：此指北碚管理局建设科。该科所属单位有：农业推广所、合作指导室、北碚市政委员会、乡村电话管理所、度量衡检定室。附属单位均有其负责人领导业务，建设科重在行政管理及业务协调。

（五）合作

原成立之保合作社、消费合作社，均已停顿，现有业务者如机织生产合作社共3所，有织户124户，布机236台，此项副业发展使农民收入大大增加。

（六）市政

北碚市场改建3次并将市区一条深沟填成市街，填方约47000[立方]米，现尚未全部完成。又北碚市郊设两区新村（第二区尚未完成），一平民住宅区，占地共约1000亩（新村600余亩，平民区约300余亩），此外对于土地改革的工作，也曾努力进行，对扶植自耕农（1943年与农民银行合作）及保障佃农两项[工作]略有成就。

三、生活方面

先后在北碚近20年，生活如一日。5年以前准时晨间运动，白日办公，晚间读书，生活相当集体化。近几年来因生[深]受[生]活不安的影响，渐渐地散漫下来，业余之外，多是为生活而忙碌。卢子英先生对同人的生活教条，是"我们对民众的享用，要提高到最高限度，对自己则降低到最低限度。我们没有'我'，以社会为'我'，没有家，以社会为家。不问享受，不计待遇。不顾责怨，不避危难。只从创造中求快乐，从贡献上求伟大，从成绩中得安慰"。就这样支持了5年，10年，20年，尽管一身不然但常又感到轻快。

1949年12月2日北碚获得解放前，我负担着军民合作总站的任务，为了保护人民生命财产及地方建设，潜心地办理溃军过境的事宜，曾四整夜未曾睡眠，为近4万军队安排食、宿、交通等，未曾使北碚人民受到惊恐与损失。接着又将军民站改组人民服务站，筹备欢迎解放军的工作，并供应大小车辆20余部，支援解放潼南和资[阳]内[江]等县。北碚军管分会成立后，以愉快的心情接受并协助顺利的接管，现已将任内的文案全部办理清楚。兹为应郭倬甫同学之邀到渝工商局服务。我将全心全意地为服务人民而学习，同时毫无条件地亦将自己的知[智]能全部贡献给政府。

1950年2月22日，写于重庆

第四部分 关注社会民生

乐园①

呀,你看,紫蝴蝶开放菜花黄。

春满人间,

人间——天上。

音波清越,歌义雅妙,袅袅余音,入耳欲醉。心想这般五浊[浊]②现世,还有唐虞击壤③而歌的人么? 正奇异忖度的时候,花香四溢中,由石后闪出一个绿衣黄裳淡妆女子来。她像世间传说安琪儿样,具有种种吸引人的仪态,如窈窕而富于曲线美的身躯,光洁美丽的飞翅,柔美的眼波,可爱的口及一切温柔的举止。呵,真美哟,光艳不能令人逼视,何况她腋下,又挟有两篮鲜花,向我走来,愈显出淡雅轻盈的体态,我简直沉醉于她的一切,遂不自主的向她发问道:"姑娘,刚才的歌是你唱的么?"

她答应道:"怎样?"盈盈的用手扶着桃花一株立住了。我说:"不怎样",不过如歌中所谓的乐境,可惜只是幻想,实际何当有这种地方? 她默然。

我见她有不以为然的意思,又申说我的主见道,即算有这种地方,都怕在另一星球,不然,像如此的美满安乐的社会,何以竟自听都莫有听到说呢?

她不觉微哂道:"先生,世界上你不晓得的事多得很,何况这是平常人都不注意的地方,你并莫有细细访问,你怎会晓得呢?"

"诚然,诚然",我连忙答应。但我又疑惑,是子虚乌有的空谈,又问她道:"既然有这种地方,姑娘能否引我去参观参观呢?"虽然我请求是有点冒昧。

她和颜答应道,这是很容易的事。即如我们的国家,就是这种社会的代表。不过,我国对于参观的人们,有一个条件,就是不允许粗暴的来宾参观。我不觉自喜道"那真好极了,我恰恰是个很心细斯文的人,我的心每每能随着一根线穿针孔,请你不必过虑。"她忙

---

① 乐园:时高孟先刚入少年义勇队两月,16岁,此文思想与表现手法都还幼稚,但足见社长卢作孚和编辑们对新人的爱护与扶植。
② 五浊:佛教谓尘世中烦恼痛苦炽盛,充满五种浑浊不净,即:劫浊、众生浊、命浊、烦恼浊、见浊。
③ 唐虞击壤:唐虞即唐尧与虞舜的并称,古人以为太平盛世。击壤,古代的一种游戏,把一块木片放在地上,在一定距离内,用另一块木片去投掷它,投中即得胜。做此游戏时唱的歌为《击壤歌》。

说:"不过说说罢了,你先生当然不止于,你们中国近百年有许多智[志]士仁人,以予我们不少的帮助,使我们族种得有更安宁的生存与繁盛,故除了太野蛮的人们外,我们通通是很热心欢迎的。"

载《嘉陵江》报,1928年12月22日,署名 先

四川究竟怎样办？
（四川通信）

"天下未乱蜀先乱，天下已治蜀未治"这两句话，已经把四川的政治描写得淋漓尽致而且彻底的了。然而四川的政局也好似终究在这灰色环境里不甘逃出它的描写，它的形容一样，所以这两句话，一直到今天，还是依然不失新鲜适宜的讽刺性，更不知将来还要保持到多少时间？

关着门已经打了二十几年的架，拖的人也有，劝的人也有，骂的人也有，威吓的人也有，哭或笑……的人也有。然而他们还是尽管打他们的，家屋已经打得破碎无余了，小孩子们的哭叫声已经哑了，打架的总不肯罢手，一直到现在。你看怎样办？

记得原来戴季陶先生就很诚挚的婉劝过他们，但他们并没有理。国民政府的委员宋渊源氏，曾主张把四川的川东、川西、川南、川北、嘉陵五省，让四川几个巨头各距一省。宋先生以为这样，或可以使他们专心求治，免得扩张军备，相互防范，致起纠纷。可是这计划没有实行，即执行也不过把他们的防区分均匀些，使不至强吞弱罢了。但这样的分家办法，结果只有使他们的防区制度与割据的思想巩固起来。

又在北伐成功的时候，中央的党报，曾经发表过对四川的主张，大概有左[下]列三点：第一，组织政府，四川现役的军人，都不令充委员，另外在四川有声望有财力和省外熟识川情的人选任主席及委员。第二，实行裁兵，除由军委会重新任命各师长外，师长以上的军官，一律裁撤，调京供职。第三，万一有不肖的军人，妨碍省府成立，或不肯服从省府命，不肯交卸兵权到京供职者，国府应决心，以武力戡定叛乱。

这三个主张第一个就算成了事实后，但这些主席委员会怎能去统制现役的军人？第二、三两项，当然是徒托空言。老实说，第三项的"以武力戡定叛乱"，这恐怕除了诸葛武侯入川有相当成功之外，再也找不出第二，就是张献忠到四川来那样的屠杀，人还反正多杀一些。

去年川战后，听说中央决[定]派张群入川整理川军，新闻报纸上吹了一阵之后，终于成了泡影，即或成了事实，也不过同曾经中央派到四川来治理川事那位曾先生一样的吧。

今年六月一日,中央行政院议决整理四川的军政办法,大概有四项:第一,不究[咎]既往,不偏袒,求公允解决。第二,川军由中央分别抽调出川,供御侮剿匪之用,留省军队由中央检定兵数后,不得增加。第三,打破防区制。第四,免除苛捐杂税。

以我们的猜想,这四项办法,虽然第二、三项比较具体一些,然而究竟是否完全认清了四川的真相? 是否对症下药,能否把这些办法一一履行而能发生效力? 恐怕谁也不能答复这个问题。何况第一个办法,明明表示着中央的怯懦、畏缩,这可说是中央的威信么?

再看去年二刘之战①的原因,他们都纯然为了自己小集团争地盘,争权利的冲突,尤其两军左右者的挑拨和专门以战争图利者促逼而演成循环战争。战争的结果,两军损失共达4000万元,这数目已足够成渝铁路的建筑费了。战争最激烈的地方,是在荣县,两三个钟头死伤3000余人,此役双方共计伤亡达30000多人,而冤枉死的伤的老百姓还不在内。总共战争的日数,(开枪的)只二十一日,平均每天伤亡到1000多人。我们知道在欧战的时候,他们那样大的战区,那样烈的火线,每天伤亡也不过15000人,而以四川局部内战,伤亡竟可抵欧战的十分之一了。这真是骇人听闻的事,无怪外人不明了中国的究竟,更不能解释中国内部的情形了。如果能将这些人、财……积极的用在国内的建设上,或消极的用在国际的战争上,其出入为何如! 他们战争的结果,所得的教训,都非常深刻,省刘虽失掉了二十余县,渝刘因此却也放弃了十几县,其余各军,却得了一些利益,不过吃大亏的——究竟只有老百姓。

战争前后,兵的骚扰,特别利害,匪的抢夺,更为猖獗,人民不啻涂炭。更加以政府的苛捐杂税,层出不穷,如戡乱费、自治灾、国防捐、救国捐……四川的军政费常有一年征至十年以上者,粮税已有上至民国五十几年了。四川在1919年以前,农村经济已破产,所以现在闹得有地皮的,都卖地方,有谷石的,都卖谷石,不过任你卖价如何低落,都找不着一个买主。因此,甚么抗捐的,抗税的,到处都起来了。尤其是在战区的范围内的,更是惨闻,真所谓"干戈所致,荆棘生焉"竟演到"弱者填满壑,强者散四方"的悲剧。能够逃入乡土的,除吃草外(荣县),连牲畜也看不见。

至于军队,在战后不但诚少,反还积极的在增加,现在四川的军队,已逾六十几万了。他们用着拉夫的方法,来拉老百姓去当兵。这样一来,生产者减少,消耗者增多,将来四川的前途,中国的命运,总可以推测了。既是这样,四川究竟要怎样办?

只有希望四川当局,不要再冥然罔[妄]觉,应猛力反省,相互觉悟,共同携手,除去对内心理,完全一致对外。从此以后,不要再战争,亦不准备战争,而要在战争以外去想办

---

① 二刘之战:指民国时期二十一军军长刘湘和二十四军军长刘文辉始于1932年冬,终于1933年夏的四川军阀争霸战。

法。如川二刘40万之众,当前有两条出路:渝刘出省,剿□,以除内患;省刘则到西康经营国防,以御外辱。其余各军留川作各种建设事业,如教育之改革,财政之整理,实业之开发,兵队之裁消[销]……更要把自己的眼光扩大,不把一军看着一个家屋,至少也要看在民众身上去。这也不单只是几个领袖者的责任,而是自领袖当局以致其左右的一切责任。因为今天以前都是左右一切对领袖的厉害威迫,挑拨对自己要求援助、调剂……而促成的战争,今天以后,应该根本的改过来就对了,诚能如是,则四川才能成为"天府之国",不像"地下之狱"了。

  刚才说的,也不过是在黑暗中望光明,沙漠中找水草而已。究竟川局是变化无穷的。今年刘邓之战[1],一个进攻,一个不和,业已相持,最近杨、田、邓、李、罗[2],都亲身或派代表,奔走蓉渝,表示一致,大概——一定又有一个波动吧。而省刘现也成了孤立的形势,不过有人说省刘与到川游历的某氏,暗有接洽。又传二十四军,恐怕不久的将来,会变成二十八军。因为二十四军内部已有变化,所属区域,常有民变。现在川中口匪,声势又是这样浩大,到了"人逼悬梁,狗逼跳墙"的时候,或者也是他最后的一条路子,这几天川西的人民,都是怒潮般的向重庆汹涌。各军的行动都极其紧张狼狈,这就是新变化将要发生的象征吧。

  总而言之,川局变化大,不可捉摸,因为他们在利害相同时,即联合,利害冲突时,便分裂,大家并没有共同的一定的理,共同的一定的目的,共同的一定的主张,这是二十几年过去的事实告诉我们的。现在的川民,已被水淹没了,已被火灼燃了,早已在水深火热之中。请大家想,究竟应该怎样办?

载上海《华年周刊》 1933年第2卷 32期 署名蜀子

---

[1] 刘邓之战:指刘文辉与二十八军军长邓锡侯于1932年秋在毗河一带的混战。
[2] 杨、田、邓、李、罗:即杨森、田颂尧、邓锡侯、李其湘、罗泽洲。

无聊

  无聊。想写一点东西,但一点东西也不能写。

  随手打开一张报纸,首先看的是一则关于《新生》周刊案的消息,说该刊于二卷十五期刊载《闲话皇帝》一文,有辱国交。由日方提出交涉后,上海市政府方面,即将《新生》周刊停刊,交法院依法办理,并禁止各报纸、杂志转载该项文字,同时市长表示道歉。此案业经上海法院宣判,杜重远[①]犯新刑法三百十一条诽谤罪,判处有期徒刑一年两月……

  看后,不禁喟然叹曰:文章还是不做的好!

  其实不做文章,也不能担保不全被数载受刑。记得若干年前,在安徽有人用一瓶红墨水被捕;在湖南,有人因读郭沫若的《落叶》而被杀;在江湾,一个四川学生因为拿了一本《唯物史观》,被捕,关了三星期。做文章既危险万状,闲户读者也曾遭受到飞来的横祸,知识阶级究竟何处去呢?

写于1933年8月,未发表

---

① 杜重远(1897—1943),早年留学日本,1931年九一八事变后,积极投入抗日救亡运动,曾以记者身份在湘、鄂、川、赣、沪等地活动,鼓动民众抗日救国。
1933年创办《新生》周刊,自任总编辑和总发行人,倡导发动"一场自己的反帝抗日的民族革命战争"。5月,由于《新生》周刊刊登《闲话皇帝》一文,日本帝国主义借机挑衅,国民党当局竟屈从日本帝国主义要求勒令《新生》停刊。同年7月9日,江苏高等法院二分院再度开审《新生》周刊案。在日方压力下,法院当庭宣判杜重远犯"散布文字共同诽谤罪",判一年又两个月。1936年9月获释后,更加积极投入到抗日活动中。

边地如何去？

我们要到边地去的原因，是为着巩固国防，不使外人在我国来搜求和攫取殖民地，同时又是救济内地的经济破产，调节人口的密度，和安插失业的人们。这些理由，都由高伯吹先生的"到边地去"一文当中，说得淋漓尽致了。自己要说的，仅仅就是："边地如何去！"现在把它分别的写在下面：

第一，边区。我国除了内地十八省之外，差不多都可称他为边区，如东三省、热河、察哈尔、绥远、川边、青海、康藏……这些都是旷野荒原，人烟稀少的地方，垦殖起来，非常容易生效的。据调查可以开垦的面积，共约12885785方里，或6985323900亩。每人以百亩计，当从何处着手呢？现在我们尽可以抱着各人打扫门前雪的态度，在四川就说四川吧。在川内边荒的地方，有二：一为松、理、懋、汶；一为雷、马、屏、峨，接着门前的还有西康。川内荒地的人口、面积，均不见记载，而西康的东西约2200里，南北约930里，总面积约240万方里，人口仅380余万，每方里平均居民不过2人。以视吾川之每方里，平均约145人，江苏之为87人，浙江之为77人，稀密之度，相差悬殊，这正应以内地繁密的人口去充实边荒之地。如此，对外或可使人不致来混争，对内因人口有调剂或可消弭内乱。

第二，调查。我们既已决定了去路，首先就要对于目的地有精密的调查，便能做到了解全部情形，然后设计始有标准。凡遇入边采集或调查的学术团体，政府都应给以维护、奖励，使其调查所得，藉可作参考。最好能由政府拨款，组织一边地调查委员会，聘请专门人才或委托学术机关，调查其边区荒地之各种情形，如气候、地势、面积、土壤、物产等，适宜何种作物、交通、水利，如何便利运输、灌溉、民族、语言、政治、宗教、风俗等等，如何始能融洽、管理、同化等。这些都是必须事先调查清楚的。

第三，计划。据调查所得，编为报告，关于一切皆附以详细之计划，作刊录之后，可供政府、企业家之采用。如系政府经营，则尽可以由建设厅行文到各县建设局，令其转饬各市镇，调查本地荒区、亩数及地可容人民若干以此为根据，而定计划亦可。

第四，宣传。大凡一事之成，要有多数人的研究，以知其利益和实地调查，以知其底蕴之后，为之鼓吹，使能造成一种风气，然后走趋有人。现在留心边地的人士，不患无人，唯缺乏材料，以供研究；缺乏报纸为之鼓吹，故不发生兴趣。如能由政府出资搜集关于边地的中外图书，设置一边地图书馆，供人参考，并委托国内有力报纸，尽量搜罗介绍边区一切真实情形。至于办学校的，从小学起，课程都可以加上边区科，以养成一般学生好奇探险的风尚。更宜搜罗边区的各种风物、展品陈列于一处，供人参观，使人耳闻目见，自然会使一般人对边地发生兴趣，自然会使一般人有边地的观念和要到边地去的理想。

第五，移殖。移殖事业，由政府举办，更为有力，成功可期。故计划定后，即由政府组织移民机关，颁布垦殖办法，筹措经费及他用，才能指导襄助移民一切，拟乃分期分区招募贫苦失业人民到边区工作，更由政府派人接洽，沿途舟车照料等。送达目的地后，切实安插，详细分配，并授以相当地区工作。

四川捐税的繁重，实系兵多的关系。现在川局统一可期，又闻刘自乾决退守西康，如果然，刘自乾能以自己军队退守西康，统之屯积与戍边，或以一部份分段建成道路，成再举办大规模毛织厂，由兵工以教成工人，使人有职业不致流漓[离]失所，铤而走险。此不但为国家造富源，且实为巩固了国防。至屯积之兵深入边地，即可以于边成立家庭，繁衍子羽，族类自然强大。又移兵效力比移民为大，因兵士曾受过军事训练，有合群之能力，平时各自关[观]望，有时一呼即至，比人民团结有力，不但可以自立，且可以保护边民。

第六，屯垦。以前开垦的失败，多因方法不良，技术不进之故。欧人之开发美洲也，一月之间，凡耕种、读书、研究、建筑、道路，抵抗印第安人之事，均一一历之。凡50年中，遂造成今日繁广之新大陆。边区开垦之术，亦何莫不然。是故屯垦区内，应设置专员，就地监察垦民之勤惰，且授以相当之农事训练，如何种植，何地宣[宜]何种作物，何物需用何种肥料……且随时解决垦民的困难问题，尤其是夷汉或番汉发生纠纷的时候，必须立即设法消弭，使其情感融洽，绝对破除种族的偏见。

第七，交通。帝国主义者侵略人间，都是以铁路为中心，其铁路所到的地方，即其国家军警所到的地方，即其学校、工厂、商场……所到的地方。一切都随铁路以深入，如日本之于东三省，俄之于西伯利亚，都是例证。盖交通事业，乃建设事业之先决问题。便利货物之运输，促成政教之统一，文化的发展，经济的调济，边防的巩固，人民生活的安定以及缩减据险自雄的形势……扉不于此以赖之。平时以之便民，一旦边陲有警，以之运兵，尤为神速；如战情的报告、军队的联络、粮饷的接济……息息相通，可收呼应敏捷之功。今就以西康、宁远、松、懋、雷、峨，六地设计，第一步应筑轻便铁路或马路如下：一、成都至巴安经打箭至理化，由雅州至嘉定筑一支线；二、叙府至宁远，经过屏山雷波，支线由东彝经马边，峨边至犍为；三、成都至松潘，经过灌县茂州，一支线由威远达理番，一支由崇宁达懋功。

第八，开发。川边及西康，都是矿产著称的地方，尤以西康的金矿铜矿，埋藏更丰。煤与铁为一国的命脉所关，西康煤矿约占120万方里，我们知道美国人每年用铁平均为600磅。而我国人仅为四分之一磅，工业之落后，不言可知。设能在西康开发一二处，铁矿年产能达每人消费百磅之数。又西康石油，要占我国第一位，可供世界200年之用。化制品原料，多于德国92倍，惜货弃于地，土人不知开发，且迷信什么风水。我们若能应用科学方法，大量开采，正可以树立生产事业的基础，以改进土人的经济，增加我国的富力。

第九，教育。边地的番、藏、夷民，都很顽固，且保守性强。欲要使其可化我们，只有从教育方面着手，如各县设立学校，招考番、夷子弟，授以汉文，更选择其优秀者留学内地蒙藏学校或汉藏教理院等，资以费用，使其耳濡目寄[染]我国的文明，改变其土风，自然容易同化我们了。至于移植到边地的汉民，因国家将赖以固边防的关系，必须施以公民教育，以助长其爱国之心。垦民从事农业，则生计教育，亦不可少，除正式学校以外，更宜设巡回图书馆、讲演所及夜课学校等，以期教育之普及，更免外人深入传教等文化的侵略。

第十，边民。边地藏人除喇嘛贵族，夷人除黑夷土司的生活较为优美外，余皆日出而作日没而息，终身劳苦。至于交易，还是以物易物，不用货币。不求生产，亦无所谓储蓄，并崇信鬼神，不知医药，以生以死，纯任其自然。我们当应为之开辟利源，予以经济上的援助，俾生活得以改进，天才得以发展。至西康道上，盗匪甚炽，且夷人尤以偷盗为能，掳人为生，是豪暴之徒，专事劫夺，我们若能为这解除痛苦，使得各安生业，自然休戚相关，同心同力以御外侮了。

第十一，村政。待开垦事业进行有序之后，即应组织农村，在每一县或一镇一村之中，即有县、镇、村民大会，或委员会，以办理一切公共事业，如卫生、保安、公园、娱乐、教育等事宜。消费机关，尤不可少，如设农垦银行，以便垦民借贷、汇兑、储蓄等，此外再选出监察委员会，法理村、镇、县中之公款，弹劾公务人员及垦民监督、指导员等，以杜流弊。

诚能如上所说而试行之，则边防之可巩固，富源之可开发，失业之可救济，交通之可建设……则庶几中国的前途，尤其四川西康的命运，或总不曾像今天的东三省一样！现在我们的每个人都须知道，日本人的地方不够，有本事到中国来抢，我们现在怎样的穷，何不自己去开发自己的园地？——我们只会关起门来成吗？

写于1933年8月3日

《新蜀报》副刊　1933年9月3日、4日连载　署名蜀子

月夜

夕阳落下时,染着血红的颜色在云间,又重映在嘉陵江水上面,一阵清风吹过原野,暑气全消了,只剩潺潺的河流和籁籁的竹树还有几支小船荡漾在江心。

晚膳后,洗过澡,缓步踱到露台上去乘凉,一共四个人,各寻了一把椅子躺下。这时,风轻轻的吹,树影也瑟瑟的动,蝉声在一致歌颂杂着各种夏虫鸣秋,便组织成幽静的情调。同时这露台下的婉香玉,那样凉爽地扑着鼻子,使人感到说不出来的快慰。这里就没有白日酷热而有着晚间的美丽。

大家不作声,好似各都有其心事冥想着。只有那挺硬的叶,拍拍[啪啪]地交响。此时绿色的色彩,充满了动的活力。夜阑中的和平低温,竟能够使我的精神上得着一种安慰的洗涤,何况,还是带有岑寂婵娟的月夜呢?

这里没有另外的人,只有寂静,幽俏,恬淡懒散……占据这个空间,全山几乎不是我们,而是风、树、星、月和夏虫。

抬起头来,望着树叶隙上的天,天上的星、月、云,和月星的阴影,星子的闪烁,云中的彩纹……俯着下看,两岸星星的炬火,映着深黑的江波悠悠地向东奔流。周围的院落,也都悄然无声了。再左右遥望,错综深的口观音峡谷,竹树掩映的东阳镇,粉壁黑瓦的黄角场,横断江心的白驿石,突兀峥嵘的温泉峡……隐约在皎洁的月光下,几希[稀]可辨。今夜的自然美景让我尽量享受吧! 不要醒来。

然而不久,下面运动场上飞来了催眠曲——满江红、木兰辞……的声音,敲破了"无我"的残梦。这时羽和尼附和着唱了两声,哥贝音旋即迟缓底落了下去,渐渐不见了。我们再回到"静之岸"的中间,又开始各人幻想着各人的快乐,各人幻想着各人的将来。在这非常地自然,非常地朦胧中,不知什么时候,我竟恬然睡去了。

忽地醒来,揉开惺忪的眼,月光已抱住了我的躯体,风声渐渐地尖锐起来,江山也起了一层灰白的薄雾,这世界愈显得温柔、淡雅、幽静、神秘……

月夜,你真是女人的型么?

写于1934年8月22日 北碚火焰山
载《新蜀报》副刊 1934年9月4日、5日 署名蜀子

田间速写

明媚的天空,晕了一大幅鲜嫩的红色,娇艳美丽……那里是都市会有的世界!

看,天空不断地思转变,由嫩红而金黄……映着了远的山头,近的农村,无尘的大地!

旭日把田野染成金黄色,空际不时有三五只偷啄谷粒的小鸟,似惊似喜地飞翔着。

几个青年农人,持着镰刀,不住的割他们的稻,一刻也不休息。

"拍搭……拍搭",两个壮硕的农夫,口里唱着乡间的情歌,手中把稻互相地在稻床上打,发出这么的声音,好似为他俩拍拍子。

"脱落……脱落",这是壳落下来的声音。歌声、打谷声、壳落声,一个美妙的三重奏,在这大自然里演奏着。

一个年迈的农人,很欣悦的挑着成熟的稻子,从他们田里,挑到家中的场中,脸上映射出他最后的胜利与满足。

歌连续地唱着,稻连续地割着,打着,挑着,把金黄的田野,渐渐变成了赫色的泥土。由一幅到两幅,由一块到两块……

十七八岁的村姑,赤着膊,露着乳,左手提了瓦茶壶,右手携着稀饭桶,往来在阡陌上,[一]点也不感觉到自己的青春,就在此中消磨了!

几个用毛巾裹着头的农妇,持了竹耙很精细很匀整的将稻子铺散在场上。

打着赤膊的小姑娘,坐在稻场的一角荫凉处,追逐着来啄壳粒的鸡和麻雀。

一群小孩,他们在坐在荫凉下的草地上,嬉戏、下棋……尽情地流露着,过他们天真烂漫的生活。

田埂上几只黑羊,抬起头来悠扬地长鸣几声,低下头去又各自咀嚼它的青草。

临近田边一条小溪里,一群鸭子在中间盘桓着,白的,黑的,花的……它们欣然的游泳,钻水,拍翅子,"鸭鸭"的叫。

今天望明天,明天望后天……从播种……到今日,他们的辛苦不算白费了!他们工作的报酬,总算获得了!

太阳带着强烈的光芒,渐渐地回到它的故乡去了,蔚蓝色的天空,挂上了一朵朵白云,慢慢的飞行,大地被阳光蒸晒的热气,也渐渐地消失了。田间工作的农夫先后从这黄昏的暮色里,彳亍回到自己村子去了,正是"日出而作,日落而息",堪为农人吟咏咧!

写于1934年8月18日

载《新蜀报》副刊　1934年9月7日　署名蜀子

广安底素描①

广安自杨氏②驻防后,商业繁茂,人才荟萃,自不待言。唯此年来,于社会各种建设,颇有端倪,为教育之振兴,体育之倡导,畜牧之试验,交通之建设,市政之整理及实业之开发等,率皆不遗余力,积极进行,大有一日千里之势。记者此番到广,仅住三日,纵观各方动态,所受印象甚深,本拟将广安社会,作为有系统之叙述,奈因事忙,不暇如愿,现仅将广安教育、建设等,速写于后,于此可见一斑矣!

甲、教育

(一)社会教育

广安因为当局极力提倡的关系,教育因之发达,文盲得以减少,图书馆事业的勃兴,民众学校的设立,均有其显著的成绩,兹再分叙于次。

(1)图书馆

A.广安图书馆

馆址在北园内,共计有书7000余种,14400余册,挂图约100张,杂志33种,报章10余种,设有自动取书机一台。阅书处分男女坐[座]次,四壁国耻挂图极多,颇有刺激观众之心灵深处。阅报室设在馆外,民众教育馆楼下,每日观众极为踊跃,自客岁4月28日改组开馆自今,每月平均有5000余人,阅者以军、学界占多数。至该馆之前身,为通俗教育阅览室,在前罗泽洲师长时代,已有图书千余册,纯为提庙款及会款所创办,杨氏旋又提两湖学产全部,为该馆当年购置基金,计每月馆内经营约400元,每年可购书费500余元。职员共3人,今年杨氏捐资600元作为该馆选购图书,想今后愈当充实矣!今夫天下之大人先生们,如都以共筹募捐之以购图书,决可造设一世界藏书最丰之馆,图书而一般文士雅儒,亦将□赖无涯矣!

---

① 高孟先手记:此报道是自己作为记者随卢作孚一道去广安,卢作孚旨在那里演讲,为西部科学院募捐,并拉旧关系,劝说杨森对川政统一,不搞军阀内战,搞和平建设,抑兵简政,提倡节约,建设教育,促进解决四川割据形势。

② 杨氏:杨森(1884—1977),又名伯坚,字子惠,四川广安人。川军著名将领,国民革命军陆军二级上将。1937年率部出川抗日,1938年9月任二十军军长,1945年及后曾任贵州省主席、重庆市市长、西南长官公署副长官、重庆卫戌司令部总司令等职。

B.学校图书馆

男中图书馆的书籍,限于学校用书极多,现约5000种,8000余册,完全由学生管理。阅者每日40余人,至该校每期收新旧生时,即收图书捐5角,每年可收700元,悉作添购图书之用。女中图书馆亦然,现该馆已有书籍3000余册,余如县高、县初、城区一、二、三校,均有不少图书,总计在3000册以上。

C.南园书报社

该社书籍,纯由县人蒲耀杨捐助,约300余部,500余册,本年杨军长拨钱200元,为该社购书,现已买四五百余册,目前书籍,当在千册左右。

D.花园图书阅览室

新近成立,各方捐赠书约500余册,挂图10余种,报章杂志数种,每日阅览者,约10余人。

(2)民众学校

全城区共有民众夜校五所(花园一所除外),每晚读书二小时,每校每期经费百余元,学生以不识字及成人占多数,课程有千字课,笔算,珠算,信扎[札],作读等。学生用之文具、书籍完全由学校供给。毕业时成绩优秀者,并有奖金,至每校皆有常识及国耻挂图的陈列,补助学生课外知识不少。如果能将二十军内部一切及广安各种新兴事业,编成简要的小册,介绍于一般民众,以后举办各种建设事业,更能引起信心和同情了。

(二)学校教育

广安的学校教育,可算十分发达,即以经费一端来看,广安全县教育经费,每年是40万元,尚感不敷分配。而合川每年的教育经费,仅30余万元,尤觉有余裕,以之比较,竟相差10万元之巨。而况广安的地积,远不及合川大,人口,亦不及合川多,交通当不及合川方便,工商业当不及合川发达……从此更可见广安教育发达的程度了!至于学校,县城则有体专、艺专、医专、男中校(高初中),女中校(高初中),县立各小学,幼稚园,以及二十军的干部学校等,兹再分别言之。

(1)男中校

共有学生695人,教职员共50余人。课程中分农、工、普通三科。农科都试验植作(高中),工科学习应用化学,高中则分工农两科,工农现专门研究造纸——改良制造方法及品质等。至该校校址即是原来的县政府,因为学生逐渐发达,所以将县政府挤搬了家,现杨氏拟集40万元之巨,作第一男中校址。今中国凡不能为人民作事的政府(广安或者不是),我们都希望它们让人去办学校去。

(2)女中校

分高初两级,并附设有县立完全小学及幼稚园,学生共1521人。高中学生57人,初中学生388人,高小学生240人,初小学生763人,幼稚生73人。学生籍贯高中以外县人占最多,余都以城厢占多数。教职工共93人,课程高分普通科及农科,农科主要试验为养蚕。经费从1931年起,每年即开支5万余,现已每年增至7万余乃至8万了。

(3)体专校

校址第一班在帝主宫,第二班亦在一个庙子里。学生第一班62人,以璧山籍最多,第二班50人以渠县籍为最多,教职员共28人,修业年限为两年。每项课程皆有一定标准,各种及格者,乃能毕业。至校内设备,异常简单,但甚适用。学生生活,完全军事化、组织化。体育经费,二十军全军每月共1万元。课程别有:主义、国文、英文、教育学、教育心理学、急救学、解剖学、体育原理学、体育史、体育行政学、体育教学法、建筑及设备学、运动评判及测量学、军事操、军事学、器械操、游戏、童子军、普通操、国术、球术、田径赛、音乐、生理卫生学等。

(4)干部学校

该校为二十军所举办,专收训本军中级军官充学员,校内组织是一大队分四区队。每区队为三分队,每分队为30人,共有360人,施以军事和政治的训练,准备将来为二十军军官干部的基础。

(5)军士干部队

该队亦为二十军所创办,专轮流抽调全军各部军士,施以军事和政治训练,使每一个军士的充分有军事的眼光,政治的常识,预备作为下级带兵官的基础。

我们从上面的几个学校中,更看得了下面的几点共同的意义:

第一,是教育的标准。学校对学生的教育,都是以适应就地社会的需要为标准,这点是广安学校教育方面的特殊情形。例如男中校工科,他们现在所学的,就是造纸。因为广安全境都广出造纸的原料,杨军长拟开办一个规模完善的造纸厂,以期改良四川的造纸事业,所以就专聘工业化学的专家到学校教学生,同时作造纸的试验。所教的方法,也决[绝]不是教学生如何使用机器,而是教以改良手工业造纸的方法,即是教如何使造纸的方法简单,如何使其成品量多,如何使其品质精良及如何使其能应用科学方法——化学方法等。又如女中校的农科,他们在作养蚕的试验,因为附近的南充,就出茧子,广安产桑也很丰富,所以他们更着眼于此,已经有了两年的试验了。总而言之,他们在学校所学,就是今天或今天以后社会上所急切需要的,且不专在书本上。如果今天中国的许多学校都改过来，都教学生如何去做，如何去适应社会的需要去做，那就对了，中国的教育，就办好了。

第二，是学生的训练。广安方面学校对学生的训练，有几点可以介绍的方法。

A. 体格的训练

在每个学校，他们都有完备的运动场，在运动场里都有学生在当中活动，而且在他们教室里，都会看得着他们运动的结果——成绩、奖品。至于他们对于体育，每项皆有一定的标准，不及程度者，还不能毕业，此见其训练之严格了！

B. 公共心的训练

例如男中、女中的学生，他们因了学校经济的困难，不能设图书馆，于是每个学生在每期入校的时候，照例要捐五角的图书费，现在这两校的图书馆，都已先后的举办起来了，而且内容还相当的丰富。至于学校许多运动的设备，大多数是由学生捐款来佃的，这倒是一个极好的现象。假使中国的每一个学生都能以其私人的钱财，捐作公共的经营，则图书馆，学校及社会上一切事业都没有办不好的了！

C. 生活的训练

清洁与秩序，这倒是广安的一个普通情形，不专是公共机关或学校，就各私人，也都能办到了。学校的学生，每天过着很有纪律的学校生活之外，还要常常去过大集体的生活，受较大集团的训练。例如，每周的星期日，他们不是放假方式，任随个别去活动，没有公共的组织，而是有意义的群的活动，他们这天的生活，比平日还紧张若干倍起来。星期日各机关、各法团、各学校、各团体所有的人，全体集合一个大会场中，开大会报告工作或讨论问题，午后集中在公共运动场分组运动，相互比赛，到了晚上，共又到游艺场去看新剧和各种幻术。自早、晚，每个人都整天的在公共活动秩序当中尽量去活动，这样一来，无形中就充实了群的意义，提高了群的兴趣了。

D. 奖惩的方法

学校的清洁，可从教育、寝室……外面的一张四方纸看得出各种比较和奖惩的情形。学生的成绩，如国文、手工、图画、运动……都可以从办公室、会客室的公布处，得到每个学生成绩的优劣。因为这样用公布的方法，对成绩优良学生的鼓励，能使其进步更远，对成绩差劣学生的惩罚，或能促成其努力。

乙、建设

（一）经济的建设

经济问题是人们物质生活的需要和供给的问题，如果经济没有基础，则一切事业不能建设，因此广安当局便先后举办了下面的几桩经济的公共事业。

(1) 畜牧

杨军长深感觉我国虽然是以农立国,但于科学方法,向不注重,所以选择种子,改善家畜各方面,一点也说不上。因此乃由二十军戍区五县共设一畜牧试验场,派人到省内外去征集良好家畜,由各县建局分摊经费,以期改良戍区内的家畜和品种。该场改设南园内山顶,占地约200亩,聘有专门技术员3人,已用去经费万余元(品种费约占3000元),牧场已在建设中,现试验的:

A. 羊

现饲有美利奴、诺沙两种共10余只悉乳用,每日每头可出乳8磅。

B. 牛

现有荷兰牡牛2只,埃士亚牡牛1只,与本地牝牛杂交。

C. 猪

购有河北定县雄猪二只,拟与本地雌猪交配。

D. 鸡

有肉用美国芦花洛克鸡数只,及卵用的意大利来克亨,于雄鸡数只交配本地雌鸡。

E. 蜂

饲有蜜蜂十余群,现准备繁殖,分蜂出售。

他们在畜牧方面的标准试验,是以外面的优良品种改良本地的畜种来推广。

(2) 水电

广安市面电灯,因为逐渐推销,供不应求的结果,弄得黯淡无光,所以杨军长决定在高滩那个地方(离广安城约十里),创办一所水电厂,借渠河的水力发电,使全城获得光明,并可以利用电力来做其他的工作。查高滩沿河共有三处瀑布,马力最大的有320匹,此外还有两处比较小的水力,都可以利用。现杨氏正派人往渝申购买机器,聘请专家,积极的从事经营。

(3) 采矿

煤铁两宗,是现今造成富强国的要素,我国矿苗本来丰富,不过仅弃于地,未能尽量开采。广安当局见于渠县三汇坝地方久已发现赤矿苗,惜由土人照旧法采治,以致量额无多,因此才成立筹备处,专派工业学者,前往查勘其产量与品质,后如矿脉丰富,决成立大规模公司去开采。

(4)造纸

现代文明进展，印刷改良，纸的消费很多，本国成品的产额，供不应求，以致舶来品充斥市面。广安周围，天池等处，很富于造纸原料，不过从前都是土法制造，所以成绩很劣，杨氏有见于此，乃延聘工业专家作造纸的试验，同时更训练大批的造纸事业工作的人员，待试验有了结果之后，决在天池举办一个大规模的造纸厂。

（二）交通的建设

交通事业，是现代人们生活最需要的，如货物的交换，人的往还，消息的传达……都有非常的关系。二十军戍区内的交通，渠、广、岳三县马路及营、渠马路，已先后完工通车。各县场区间的旧有石路，亦分头补修完竣。这样一来，货物的运输，就节省了许多时间和运费，人的往来，就是晴雨也都便于行走了。至于传话的交通，二十军戍区各县，都已安设有电话，比较重要的场镇亦都有电话的安设。不过一般人民，很少有说话的权利，这都是应值得改正过来的。

（三）市政的建设

（1）市场

广安的市面，俱非常整洁，街的两旁，均植有行道树。至于商业市场，如卖肉、卖米、卖小菜……均规定得一定的区段，均划得有一定的范围（这不单是县城，就是许多场镇，亦如是），一方面可使市场的秩序不紊乱，再[一]方面能使买卖的人都有许多方便，经济了若干时间。我们很希望重庆的市政当局，也照样的把市场整理起来。

（2）卫生

讲求卫生是防病传染，保障生命的最紧要的方法。因此，广安当局对公共卫生的种种设施，个人卫生的种种检查，那非常地严格、周到。第一便是清洁，他们是物质到精神，由公众到个人，由市面到厨房、厕所，异常清洁的。方法是分着区段由居民轮流担任，每周有一次临时检查，每月一次总检查。临时检查中如有不洁的，初次警告，二次罚金5元；总检查不洁的，处罚金10元。第二便是检查食物，禁止放陈在灰尘中，并禁止卖凉水和陈腐的食物，在暑天这卖凉水和水果的小贩，你在广安市面是找不着的。第三便是渣滓的掩埋，和落积的死水消灭，禁止吐痰于地面……都是无微不至的做法。

（3）公园

A.南园

为广安游人集聚最多之地，每当晨光曦[熹]微或夕阳西下的时候，青年女士，趋之若鹜，车毂相接，游侣如云。园内更有茶社资休息，网球场可运动，商品陈列所可参观，有书报可阅览。建设局亦设园内，该局设立有苗圃，培植各种关于园艺和森林的苗木。

B.北园

园内花木蒙茸,树木蓊郁,掩映着洋楼数帆小阁,阁上可一幢凭栏俯瞰全城人家,可远眺渠江绿野,故来游者,尚不乏人。至广安各机关之公务人员,每日于公毕时,即携球拍到园作网球运动,民众教育馆、广安图书馆、二十军代表招待处,皆设园内,因此达官贵人,文人学士出其间者,络绎不绝。

C.杨森公园[①]

离县城约十里之九四滩(十八滩)处,有马路可达,此园地势,与嘉陵江温泉公园相傲,依山临水,风景天然,惟山倾斜稍大,乳石兀峥,竹树疏落,园中景物隐约可见。园门有一石碑上刊:杨森说,我这园井,任何人都可游,但赌钱、狎妓、酗酒、宴客等禁止入园。入园一雨池,有一石龙,口喷冷泉,沿曲折崎岖之路,逶迤而上,纵观绝技石刊颇多,名人题字不少。更有一"咏花园八景"诗一首,纵横皆成句文,此可见文人思想之细致有如此,亦可见文人无聊之程度也有如此。再上大林,路愈曲,几经回转,则可到希泉洞,青会小憩。园中更养有鸽数只,当出入于绝崖石穴间,如绝顶四瞩,房舍山林,历目足下。江中帆船,大者列桨如栉,小者如蝇。数百里外之岗峦起伏皆成平原,远近市村,零落点缀,岂特如赏图画,真是另到一个世界了!

该园历史,为前汉王平将军,又明王德元尚书之故园,去年由杨军长双价购之,共洋800元,从事经营,兹已用去1000元,现在继续建造中。花园码头,住民数十家,县公安局设有巡警维持秩序。

据杨氏云:"余孩时读书,常往返于花园(今之杨森公园)间,久之,甚欲知其历史,其后即山花园临近之一乡人告之,余甚欣然,故去年出重资购来经营……"从此可知,杨氏虽一军人,而其性亦爱欣赏风景,凭藉右[此]迹,尤具有崇拜英雄的精神。

丙、其他

(一)体育的提倡

广安的体育,在四川算是最发达的地方了。尤其年来,更有不少的体育专家被它吸引了去,已够把广安体育化了。自二十军球队出省远征和川北运动会举办后,其成绩更是突飞猛进,最近又训练一批赴全国运动会的选手,前月已经东下了,听说田径还有很好的希望。至广安运动方面的设备,较完善的要算公共体育场,该场系利用罚款所建(因争团总所罚之款),共去2万余。场之四周,皆围以竹篱,场内有足球场、排球场各一,网球场二,篮球场三。田径赛设备均完善,场周标语图画甚多,尤以其大门一张标语图画更注

---

① 杨森公园:1931年国民革命军二十军军长杨森进驻广安,将广安花园收购重建,由此命名。

目,这图上绘的系杨军长的像,挽着一辆车子,车中载着山水、火车、轮船、洋房……上书着:"愿大家共推共挽,如何使诸事业长足进步"(可惜图上又仅只一个在推在挽)。此处广安全县城的体育设施,有数可稽者,则有篮球场25个,网球场13个,尚不敷用,故随时随地都可发见[现]体育的设备,而在每个设备中,都有人活动,且往往在各机关、各学校,都能看得着他们活动的结果。这不单只县城即是,二十军戍的县、场、镇都有体育的设备,都有指导体育的人员,都有体育的成绩。广安的体育,可算实现了它深厚的意义。我们更希望的是,是继续不断的来努力提倡、执行,尤以广安推广到全四川乃至全国,这不单只养成几个选手而已,更应着重基本的,普通的体格训练,则意义更为深厚,准备更为远大了。

(二)嗜好的禁除

烟酒嫖赌,不专是伤害人的身体,且是聚集游氓,制造游氓的重要工具。广安当局有见于此,所以积极的提倡训练体格之外,更消极的戒除一切不良嗜好。

(1)烟

二十军全戍区的军民,都禁吸纸烟,如有违反的,当即依次数多寡,处以罚金;卖纸烟的如犯上了三次,则将其全部家产充公。所以现在广安卖纸烟者,行将绝迹。但吸纸烟者还有几位高鼻子和二十军的一、二位高级军官不容易禁绝。从本年旧历十月起,连大烟都要一齐禁绝(大概又只限于平民)。有几个行医的朝鲜人,趁着这种机会,大卖其戒烟丸,或打其戒烟针,而倒要大找其钱了。

(2)嫖

广安的娼妓,实在比四川任何他市要少,但私娼和高级娼妓总难免有一二,不过当局也检查得十分的严格,查出有违反法令的,当然也要受极大的惩罚。曾经有一批妓女(10余人)由合川到绥定,路过广安,及至妓女抵之后,即由公安兵巡获,完全带往公安局内住宿一晚,以免在旅馆滋事,翌日即逐之他去,此可概见禁嫖之程度了。

(3)赌

广安县城的赌场,是极不容易找出的。不过有一部分的私赌和某几位高级军官,军官的代表太太们,悄悄地在公馆来打麻雀或者赌牌九,这倒是不容易查现肃清的!

(三)服饰的改革

二十军对他戍区的一般老百姓的服饰改革,尤以广安执行得特别利[厉]害。男子在五十岁以下的,通通必须着短服,并一不准捆帕子,女的完全着旗袍。广安的公安兵,曾经剪去了许多长袍,取消了许多蓝帕、白帕。因此广安打西服学生装的成衣铺,却增加了不少,三峡布厂的各种出品,一天销得来比一天多。不过这样突入[如]其来的服饰改革,只有城市还比较容易,而乡间就难彻底了,所以常常引起了老百姓的不满和不同情,这点是特别值得当局在方法上要注意的。

(四)二十军的慨[概]观

二十军所部人枪现已扩充至4万以上,总指挥2万余,八混成为旅共约2万余,防地现计有营山、蓬安、岳池、顺庆、渠县、广安六县。全军经费每月经常开支约40余万,收入只20余万,入不敷出,甚感恐慌。戍区之粮税已预到民[国]五十余年矣!如正粮每年上16元,附加每年竟到了40元,以每至一挑土(鸦片)也要抽5元,一盏烟灯每月也要抽5角。现有唯一的救济方法,只有缩减开支,整理财政。至二十军全军公务人员,皆提倡不坐大轿子,不带勤务兵,不坐车子,都穿国货,这几点好像都是今天四川的军队值得傲效的吧。

末了,再写出下面几句来作收场白:

盼望四川的大人先生,
做一切都要得民众同性,
尤应以群众的享受为中心,
现在急需的是建设,不是循环战争。
于民[国]元[年]直到如今,只都总听得民众的怨恨,
只都听得百姓的呻吟,只都听得……
同情、怨恨、建设、战争、群众、个人。
哪条才是我们应走的途径,哪件才是我们应取的方针?

写于1933年10月4日

《新蜀报》副刊 1933年10月24日—10月30日连载

第469期~475期 署名蜀子

四川的现状
（四川通讯）

四川僻处西陲，在过去很少有人注意到它。年来国人的目光，渐转移到西北边省去，于是，这"天府之国"的四川，遂为一般人所重视，前往考察或旅行的，也就多起来。近如本年到四川的川康考察团，中国工程师学会等团体，都是抱着极大的使命前去考察的，归来后曾有很详晰[细]的报告贡献给国人。因此外省人士之对于四川，不再像过去的隔膜，川中的一切情形，从此也稍得一个概念。不过前往四川考察的同志们，究竟住的时间有限，而同时又别于种种情形，遂致有许多事情，不能完全的公布出来。本记者身份为川人，对此却不免有些遗憾。

记者今年趁暑假之际，返川住了两月的时光，在这两月中，耳闻目见的情形，觉得大非从前可比。爰就自己所见到的，濡毫记载出来，想当为关心四川问题的同胞暨我旅外同乡诸君所乐闻吧！

一、□□问题[略]

二、金融问题

四川的金融，从表面观之，似觉还有办法，没有达到十分破产的地步。即如银行有的发达，在重庆一埠来论，实在可算首屈一指，以全国与重庆相等的都市比较之，恐亦难望其项背。计重庆现有银行，有中国银行、美丰银行、川康殖业银行、平民银行、重庆市民银行、四川商业银行、四川地方银行、农村银行、建设银行、聚兴诚银行、川盐银行、江海银行分行等十二家。在重庆这个都市里面，为数确也惊人，这算是一个良好的繁荣现象吗？其实这正是一种变态的畸形发展。因为银行业越多，愈足以增加金融前途的危机，结果是形成了市面的恐慌。在过去握四川经济枢纽商业中心的重庆，现在已潜伏下一个很大的危机，所以有人说："重庆现在的假繁荣，是在象征它异日的真破灭"。这句话确实有它的至理。

以上十二家银行当中,历史较久的,仅中国、美丰、聚兴诚等三家。其余俱为年来新成立的,根本说不上什么历史。而发行钞票在市面流通行使的,为中国、美丰、川康、市民、平民、平民地方等六家银行。票面金额,除市民、平民、地方三家有五角券而外,余皆为一元、五元、十元等。

有充分的准备金额的发行钞票的,只有中国、美丰两行,故在市面上颇昭信用。市民、平民等,因资本少,所发行的钞票亦有限。至地方银行,则成立尚不及一年,所发的钞票,竟较各银行的数量为多。因为该行的发起人,是二十一军的政务处长甘典夔、财务处长唐棣之等,换言之,该行即不啻为二十一军的机关银行,故能不顾一切的尽量发行准备金的多少,在民众是无从知道,无权过问的。

钞票的印刷,则由二十一军财务处第一印刷所承印,所以花纹极为粗劣,不符钞票规定式样。印刷的多寡,是操在他们军人的手里,可以任意的印行,数量是绝对秘密,不许人公布的。一般民众,对此虽不免怀疑,但处在军人淫威之下,怎敢说半个不字呢?记者回四川去,曾经多方探询,据服务财务处印刷所的某工人云:"他们承印地方银行的钞票额,已经达到3000万元以上云。"这个消息,是万分的真实,一点也不虚构。可是我们考查一下,地方银行的资本额,敢断定的说:还不及发行金额的1%哩!像这样滥发纸币,将来如何了局,造成四川的金融破产,人民空前的大恐慌,这是不可讳言的。即如剿匪军事吃紧,刘湘离去成都的时候,该银行的成都分行,即发生挤兑,一时秩序大乱,人民争先恐后,竟有踩毙人命的事件,就这点可以想见该行的不稳定,人民恐慌的一般。

此外在重庆,还有二十一军总金库发行的粮税契券,金额分一元、五元、十元三种。最近更有一种百元券,不过因金额过巨,流通较少。其他三种,则凡属二十一军防区均可通行至发行的总数,虽无从调查,无从统计,但已发行数年,金额亦当在千万以上。至于准备金,可说是没有的,即使我们姑认他是有的话,那吗[么]就是二十一军的武力。所以粮税契券的危险,也正等于地方银行的钞票一样。

根据上面所述,地方银行的钞票,同粮契券,既有这样多的危险,那么民众信仰心的薄弱,是可断言的。但是二十一军所采[减]轻负担稍松一口气呵。

……[采]取的愚民政策,却也更为奇妙。为欲增进这两种钞票的信用计,故通令该军防区的税收机关及征收局,凡人民纳粮完税,一律限用地方银行钞票同粮税券缴纳,以此人民缴捐纳税时,反有用现洋去调换这两种钞票,现银行的价格,反不得这空头支票高。不过这种愚民政策,始终还是不能维系人心的。

四川的金融,已濒于破产的境地,是不寄[待]讳言的事实。近一年来,现金的奇窘,纸币充斥市面,形成物价高昂,人民生活艰困。川当局为救济起见,故对于现金的出口,禁令极严,旅客学生出省,境外不准携带,违则即予没收。但是这算不得救济的根本办法。

总之现在四川的金融,较诸国内各省紊乱,还严重,在这军人割据防区制未打破的情况之下,是没有办法整理的。金融一天无办法,民生疾苦,也一天得不到解除。我们深盼政府当局,能够在国计民生问题上着想,迅筹一条整理的方案,使四川金融,不致日陷于绝境,民生疾苦,不再加重,则川民曷胜厚幸之至。

三、苛捐杂税

四川苛捐杂税之重,田赋之多,恐怕要开全中国的新纪录。四川的粮税,在川南、川北、川西等区(非二十一军防区),已征收到民国五十余年到六十年,实属骇人听闻。至二十一军防区,亦已征收到民国四十二年(1953年)。现在又推翻所征年数,从1934年度重行征收。此举盖用以对付中央政府,及一般入川考察者,以示粮税并不预征预垫也,其实那[哪]里知道还有这一重黑幕。除粮税而外,还有其他另立名目的种种捐款,例如"一·二八"的时候,则有所谓救国捐,国难急救费等,自剿□军兴后,则有剿□军费、粮税剿□附加、田赋公债……平均每年纳款,次数有6次,款项总在六七百元左右。在此农村破产之余,人民措征之困难,有非吾人所能意想者。至于关卡之设立,此县到彼县,沿途最少当有20处之多,对于行商负贩的检查,特别严紧。即如重庆市区到成都之线,由重庆起点到记者所住地方,仅60里程途,税收稽征所竟有3处之多,其他地方,当可想见。在此全国高倡裁厘声中,四川的苛捐杂税,却正在想法尽量抽收征取,一点也没有裁减的表示,这即他们所谓"开源"的办法。川民被苛捐杂税挤榨久矣,不知何时才能减轻负担稍松一气呵。

四、农村现状

年来我国农村受天灾人祸的影响,日趋于破落的境地。在四川这种特殊的环境之下,农村的破产,自然较各省为严重。今年川中旱灾水灾均极綦重,川东方面,巴县、江北、南川、綦江等县,田禾的收成,较好的亦仅四五分收入,其他更至颗粒无收。綦江一区,情状更为可惨,饥民以草根树皮为食,鸠形鹄面,死亡枕籍[藉],老弱的坐以待毙,强壮的铤而走险,流为盗匪。政府方面,对于筹赈抚绥的办法,也不十分注意,此数十万灾民,惟有哀号呼天而已。

总之在四川的混乱局面中,农村只有加速度的崩溃,农民生活,只有日趋绝境,社会问题,一天严重一天,所以四川今日的农村问题,成为四川混乱的核心,要解决四川的混乱,除非农村问题有办法不可。

五、秘密的事件

上面已将四川各种现状,略为述及。兹再将一件诡秘的事,记载出来:

从前微闻四川当局秘密印行国民政府印花税票,是项消息,初甚怀疑。顷由该印刷工人某所漏出消息,私印税票一事,确属事实,现在四川货物所贴之印花税,均系在四川自印。查印花税票,为国民政府主权,今四川一省军人,擅自印发,弁髦国家法纪,莫此为甚,当局应有以处置之。

载《人言周刊》 1934年第1卷第37/38期 署名蜀子

夏的乡村

气温这样的高,阳光像火伞般地张着,嘉陵江水晒得几乎要沸腾起来了。这时赤着膊尽量挥扇的人们,仍感到酷热的闷窒,就是我们静坐在办公室的风扇下的所谓先生们,也还是汗流浃背,像闷在蒸笼里,且别说成天整夜在那马达机器边头过活的劳苦工人们了。

午后的温度,是到了华氏95度,野外的草木,一齐都萎疲在烈日淫威之下。天,是碧油油地,似大海般的高远,看不着边际。风,一点儿波浪也没有,树枝都安稳的直挺着一动也不动。院子周围的竹树,还长得高而且密,遮着一部分阳光到显得青幽可爱。树荫下躺了一只瘦弱的老狗,伸出它的舌头,不住地喘息着。这大地的一切,都沉浸在寂静之中,冲破这寂的,静静只有宛转哀鸣着在树枝之间的蝉虫,但太阳仍似猛火般地灼人。

这时,乡下的农人,他们吃过了午饭,无论男的、女的、老的、小的,各抡上各人的农具,都一齐奔到田间或土中工作去了。

油绿的稻苗,伸出水面,已过两尺,纵横成列地排着,全都开花结实了。但它们需要日兴照着,才能生长迅速,它们需要水分灌溉,才不至枯萎以死,它们需要除去杂草,才能欣荣繁茂……真麻烦啊,一般农人为适应这它们的环境,也可说了自己的收获,所以不惮手足胼胝的挣扎在烈日底下。

男的戴着草帽,赤着双脚,下田工作。田水似沸腾般地炙人,还有蚂蝗[蟥]、水蛭来吸咏你的血。黄豆似的汗珠,更不断地从身上冒出来,一身的皮肤晒得和非洲的黑人一样,然而他们有时倒还从田中发出一种美妙的曲奏,那种悠然抑扬的声调,像不觉得辛劳乏力,疲倦的样子。

女的头上裹着一块毛巾,多在土里工作,赤着胳膊,面朝黄土,一刀一刀地砍去玉蜀黍杆[秆],又一束一束地把它捆扎起来。有时遇着了水份[分]多而甜的杆子,便择给了随着在土玩弄的小孩。她不顾浑身的汗珠,像喷水池般涌出,有时就是锋利如刀的玉蜀黍叶割茬在自己的手臂或脸上,也懒得去管它了。

伊们农家每对一种作物,从播种、施肥、灌溉、中耕、除草……一直到收获,都是整日的忙着。这样酷热的天气,他们连歇午觉,摇蒲扇的分儿都没有,这真世间最苦的人啊!如果一年少些天灾、兵劫、匪患、杂捐……的话,他们总是欣慰的,因为一年的辛苦、期望,还不致[至]于完全落空。

　　回头来看看都市中坐着在衙门的官僚,挥金如土的资产阶级,迷雾魔气里的王孙公子,你们真是坠入了罪恶之海,整天荡漾于酒肉中,永远过活在瘴气里,可以不劳而食,可以坐享清福,哪里知道稼穑的艰难?又哪里知道开拓我们园地的是谁人?你们应该跑到乡村去看一下吧,"劳动者得食"将来总会实现的,掷笔大叫!

1934年7月30日写于北碚

载《新蜀报》副刊　1934年8月7日　署名蜀子

嘉陵江畔
——秋风里的劳动者

风从天上吹来,风从江上吹来,风向劳动者的心上吹来,充满了秋的萧瑟的悲凉,码头上的人"心颤了"。

春天的梦醒了,夏天的梦残了,秋天的梦展开来,冬天的梦又迈度着。衣服呢?单衣在身上,夹衣在当铺,棉衣也在当铺里……

浅的渡头有人在洗衣,远的邻舍有人在祷衣,韵致的碟声掠过浅的渡头,劳动者的娘在倚着门,妻子在凄迷着眼,孩子在吵着饿……风冷冷地从远的江滨吹过来,滤过劳动者的心,滤过娘、妻、孩子的心。从苹果似的脸上,笑窝启动中,孩子大声叫着:"娘,我冷了,去年给我做的花衣呢?"娘的眼睛紧紧地锁在淡紫的天边,一串怆楚的故事浮动着,啃噬着血淋淋的心,她残忍地想下去……

记得是榴花经过眼边的五月,孩子沉重地病了,婆婆痛着孙子,娘痛着儿子,失业的爸爸流着泪:"孩子病了,怎办?"据说留过外洋的医生给看了,门诊1元,药费2元。婆婆的镯子,娘的大袄,孩子的花衣,当了……

四个月了。

"娘,我的花衣呢?"

孩子瞪着期望的眼,娘被乞求的调子震动了,秋风扯开她的泪泉,黄豆大的泪珠滴在摇撼母亲的孩子的头上、手上,孩子被一种情绪给呆住了,他怔怔地望着红肿眼圈的母亲,一声也不响。

写于1934年9月28日

认识与批评

我们对于一个问题，必须加以分析，缺乏详细的分析，不但可以犯拢[笼]统的毛病，而且有时更易坠入很大的错误。

对于一种作品之认识，是不能断章取义地作片面含混的分析，我们必须观清楚作品之全部后，再从它中心意义上去审慎的考察，精密的分析，虚心的体会……这样，才会有正确的认识，也才会有公允而健全的批判。

有许多批评家(？)对有别人的精思，对于别人的辛苦仔细作出来的文章，则完全不能理解，完全不能欣赏，总是强不知以为知，乱吠的盲诽，一味抹杀与武断，且不知不肯自承不知……这是最坏的态度，而却是现在最流行的态度！若不懂而即横加訾议，则根本不求懂也。

鉴此更显然的，对于一种作品作精深刻苦的研究分析而能正确底批评者，我们还非常缺乏，所以整个的说，问题还不在批评的本身，而在于批评的态度和认识的能力。

须知文学批评一是纠正作者，一是指导读者，决[绝]不是混乱读者的视听，与作者以暗箭的，此点在所谓的批评家应该十分地明了。现在的新副[《新蜀报》副刊]，正需要批评家，但我们需要是为批评而批评的批评家！

写于 1934 年 9 月 26 日

载《新蜀报》副刊　1934 年 10 月 3 日　署名蜀子

梦

暮色姗姗[姗姗]地走到人间,远处的烟树消失以后,近处的人开始模糊了,这黑暗清凄的秋夜展开起来。

我无聊的放下书,走进卧室,横躺在床上……一个小岛它下面是一片碧绿的湖水,湖中荡漾着一只雪白的帆船,船上隐隐可见那是一对青年男女。岛的左方是一群近山,上面有参差不齐的竹树,右方是一面绿茵的草地,四旁开着些微微带白的野花,稍远影跃着几座灰暗的山峰,那便是草地的终点。

湖上的景色极其明媚,同时明媚中又含着幽静。偶尔打破这幽静的,是翠羽小鸟咽鸣,是微风通过树枝的声音和瀑布在岩间滚落的清响。仿佛是一个晴天的下午,我蹒跚的度到湖畔歇下,将整个的心身都交给她——大自然,自己沉沉的思念着。

波纹、帆船、鸟声……薄暮微温的阳光,落在宫城的边际围着活动,这时候,我忘却了一切的尘俗,摆脱了所有的烦恼,消了无限的悲哀、嫉妒和寂寞。心灵与现实已经没有它原来的界限了,他们已经混合起来,慢慢的由混合而同化而消溶[融],直到心与外界已和大自然溶[融]成浑然的一片。一切希望都谢绝了,一切记忆也照样没有他们的迹象……都没有了存在的只是"现时"——永远在那里流动的"现实",随着她传来的是陶醉,是昏迷,是梦。被野犬惊醒过来,方知这是梦——秋梦。这时我的心情和屋子的灯光一样,模糊的黯淡,什么都辨不清,就这样迷迷糊糊的永远沿浸在这梦幻之中,我想。

写于1934年10月16日,未发表

秋天随笔
——收获后

呼呼的秋风，吹得那室外的大杨树叶子花花[哗哗]的作响，这时他们的谈话声音愈大了。"今年的收成还不坏！谁都没想到，老是不下雨，也会有这种收成，要不是在小春或叶子烟上亏了本，可就用不着愁了。"

老陈对着自己的儿子这么说着，心里边还想了许多事："今年的谷价纵使低落，七八块钱一石，总是逃不了的，这儿收下来的谷，足有20石，二八一六，整整可以卖160块钱了。（以八元一石计）有了这笔钱，不但冯老爷那儿三分高利的债可以归还，就是当在当铺里的单夹衣服，也可以赎出来了。妻子吵了多时的衣料和针线也有了，说不定还可以替三娃子买一点玩具呢！"

可是第二天早上，地主李大爷亲自下乡来收租了，一进门，就绷着脸说："老陈，你种的是沟田，今年没有干着，租子颗粒没有让的！"颗粒没有让的！老陈搁不住赫[吓]了一跳。"我一家的衣裳都靠这上面，无论如何李大爷都要让点，至少三成……"，老陈苦着脸向李大爷哀求，他的妻子也怜乞着，眼泪水都快要下来了。

李大爷的心，真比金刚石还硬，他侧转了脸鼻根子一耸，就分配同来的手下开仓量谷。

老陈在一旁争辩着、抢夺着，妻子哭着说要跳水，要上吊……统统没有用，谷子终于被李大爷量了12石去，粒谷撒满了一地。

这瞬老陈心里一阵酸痛，脑子完全昏晕，仿佛瞧见冯大爷又上门来讨债，妻子在哭着要衣料和针线，三娃子哭着要玩具，当在当铺里的单夹衣服，是没有着落了……

载《新蜀报》副刊　1934年10月12日　署名蜀子

装病

　　朝仁近来却是有些烦闷和失望的样子,他虽然没有受到失业后的痛苦,然而心灵上的纠纷,有谁了解?又有谁划一万全之策?他常想到在家同一个毫无爱情无智识的女人住在一处,她没有一点可以使他爱的地方,然而她对他却是那样的恭顺而且体贴,他有时也很可怜她,但是不爱她,一点也不勉强自己。

　　有一次她发现了朝仁的书中夹着一张女人的照片,她质问他了,但是,他满不在乎的答应她:"你不必管我,您尽可以去找几个男人玩,我绝不过问。"她伤心的哭了,可是他仍不能因此损[抛]弃了那张女人的照片,反正将它供上书案上,来气她,好在她有顺从的习惯,无可奈何,也就自愿自改,累次都是如此。

　　昨天因为她替他作一件手工,他看了很不满意,又因为他那时十分烦愁,于是他说,"为什么人坏,连作的东西都是坏的?"这一次她可真觉得太难受了,竟低泣不已。他后来也有点反悔,觉得不应当使人家这样难堪,但是他却不愿向她认错或者道歉,他想让她去哭,哭够了总会停的。然而出他意料,她竟自午自[至]晚的哭个不止,他虽然不动丝毫怜爱之心,却怕她因此短见寻死,也是麻烦。他忽然计上心来,便踱到寝室横躺在床上,脸上表现着十分痛苦的样子,并且低声的呻吟着,她正哭得有劲,一眼看见他这种情形马上止了哭泣,走到床前柔声的问道:"您哪儿不好过?""肚子疼得很,头也有些晕。""我给您烧点开水喝好吗?""不要,我静静的睡一会就会好的。"于是她悄悄地坐在一旁,非常关心的看着他。他呻吟一会,就装做睡着的样子,再偷眼看看她,她却正正经经的在为他担忧,口中还喃喃地念着,好似在祷告的样子。他想到她的简单头脑,也不免有些可怜起来,想到自己的计划成功,又忍不住的笑了。后来等她睡时,"请你给我弄点开水。""你好了吗?""唔,好得多了。"这该怪谁呢?怪我怪她,怪……他叹着气。

载《商务日报》副刊　1934年11月9日　署名门西

残梅

灰冰似的冻云,死样地躺着不动,闷在屋子,愁对一炉红火,无限的烦愁,被火焰薰[熏]得透不过气来,"外边溜溜吧",我对着G同L说。

何处去?北温泉的寒梅,想又报道春讯了吧,即披上大衣,我们已决定了去处。

冷落的江滨,散布着几处人家,暗水灰山,嘉陵江是减去了从前的妍丽了。

江上稀隙的荡着几条帆影,不时有款款的橹声透过来,敲破沉沉的寂寞。在阴霾秋雨的冬午,我们在绵延的沙岸的浅沙中,蹒跚着狂吟[吟]《渔光曲》。

迷茫的雾花罩着峡谷,透过来几阵寒风,冷得令人发噤,这是寂寞中的礼物,不出门,不会和你会面。到金刚碑,才搭上一只小船,慢慢地划着摇去。一阵寒风,G的脸上泛起了微笑,水是绿色的,两岸的野草却是那么枯黄。

抵温泉上岸,G、L走在我前面,我看着他们苗条的身影,想到他的那年轻的无邪的心,一定是很快乐的。

经过垂杨道,遇着一个戴瓜皮帽,衣着不整,大声地唱着《武家坡》的兵,直往澣尘而去。

在园里转了一阵,那林中的几株残梅,也败落得枝残花稀了,我用劲的折下一株,那花瓣纷纷沉静里,寒冷里,仿佛听到参天的古树,沙沙的在对人表示一些同情,炎凉的人世,许是没有这样的同情吧。"这里的梅花,凋零得不像样了……",耳边浮着几句感叹的声音。瞬息间,将日暮黄昏了,一路上谈着很快活,灰云在头上,追随我们,风悄悄地吹过效[郊]野,村落,绿树……

三个人懒洋洋地踏上寂寞的归途。

写于1934年冬

采栀子

　　一个个背着竹篮兜,老的、少的、男的、女的……或是戴着笠帽,或是青布裹着头……

　　朝晨自村子里跑出来,单独的跑,或群的跑,向东、向西、向南北,向他们所有的栀子林里,一点也不累,不倦。

　　黄的、橙黄的、坚实的一个个的栀子,满垂在一株一株短小的树干上。

　　他们都攀着枝,细心地采着,不断地掷向竹兜里去。他们让淡淡的阳光晒在树上、头上、地上,萧萧的秋风,扫过郊野、森林和自己的心。他们老是踏着没有声息的秋草,津津有味地边采栀子,边谈家常。

　　从朝晨到夜晚,从今天到明天,到栀子采尽为止,只看他们空的竹兜背出去,装满了栀子背回来,孜孜不息。

　　他们的肩,真和栀子一样橙黄、坚实。这栀子可以作药物,可以染出许多金黄色的东西。但它的金黄颜色,是他们先以汗和血染成了的。

载《新蜀报》副刊　1935年1月30日　署名门西

天才与智慧

看过了"论天才",使我有所感,的确,必定要有适当的环境,乃能产生。然而具有天才的人,不见得对于宇宙,对于人生,都有一定的见解,因为无论何等有天分的人,不经过长久的经历、思考、学习,是不能达到那种地步的,东西洋有天才的学者的成就,多在中年以后,便是这缘故。

对于许多事有确实的观念后,然后在人生的行程中有一定的方向,方向不是偶然获取的,普通是需要确切的考察,丰富的经验,旺决的判断,换言之,都是需要智慧,专持天才是不行的。

智慧则更不见得是先天的,倒是从后天学习而成,而且往往要经过若干的痛苦和艰险,即如狄更生、爱迪生、达尔文、卢梭……之流,或是韩信、萧何、诸葛亮等,这些都是具有天才而兼有智慧的人物,并且都是受过许多艰苦与危难而成功的人物。

显然地,凡伟大的科学家、思想家、政治家、艺术家之产生是不仅仅只有天才,更有其智慧,且天才多是由环境所产生,智慧则决由环境所给予,这大概是的确的。

不幸吾们贵国的今人,多相率只持其自己的天才,不肯努力于智慧的探讨,纵有适宜的环境,则伟大的人物何由产生?而天才更有何用?

我更觉得,所谓有天才的人,都趋向于伶俐、小巧、轻便、疏简,不肯吃力,苟且偷安的路上去,坐等着希望有所成就,就是何等不可靠的梦想呵!试看今之人物,尤其"文人"这不是凭着一点天才,在这儿飘来飘去,天才,倒反正害了人。

自然在这所谓的二十世纪的世界中,景况是黯淡下去,衰落下去,有谁想做大科学家、艺术家的,都不为今世所容,大家将他们践踏、挤死,撞或推,甚而至于引诱他们堕落、颓唐!但如你的意志有奈其亚叶那样坚强,还不是很容易战胜环境的,有天才的朋友们,我希望是作智慧的攫取吧!一个民族文明的进步,全靠你们啊!

写于1935年2月18日

载《新蜀报》副刊　1935年2月25日　署名蜀子

预言家

"世界大战，七月爆发，国际预言推测……"，这消息自今天从报上看到。

本来作预言的专门是一种人，中国有星相家，外国也有所谓预言家，他们所谓的是"天意"或者"灵感"。但现在的人们，已不大相信他们，现代人们相信的，是知识分子的预言，因为他们根据客观的事势，来作综合的考察，然后从既成的"因"，推断必然的"果"，如此较富于科学性，所以大家都相信他们，而他们也就很有把握似的下推测了。

然而知识分子的预言，仍然很少准确性，因为他们的观察能力和推断能力，根本受着种种的限制。譬如，一位德国的预言家的观察，只能关于他们的事务，他们的推断，也只能站在他国的立场而出发，对于别国的时势和命运，必须忽视，像这样的预言，不消说是不很可靠的。

至于说到第二次[世界]大战，一般预言家都以为就要发生，但是发生了之后，又怎样呢？预言家们就说不明白了。除了轰炸机怎样毁灭都市、死光、死波怎样破坏建筑物，毒瓦斯、细菌如何消灭人畜等等想像[象]之外，旁的结果一点也想不到，这样的预言，很使大众失望。因而养成了许多人听天由天[命]的消极观念，一般预言家，真是贻祸非小！

我们虽知，世界战争固然是一种毁灭的危机，但若一旦在世界的大战中间，偶然了爆发了一种力量，只要我们应付得当，未始不可以转危为安，而且使成为新的转机。欧战时，意大利、土耳其趁此以复兴，俄罗斯、德意志，藉此以改革政体，这些都是最好的创证，是故对于当今预言家所张皇的危机，我们只须把握着它变化应付，无须绝望才是。

载《新蜀报》副刊　1935年4月28日　署名蜀子

说音乐

音乐本是一种高尚的艺术，最足以陶冶个人的性情，转移社会的风尚，并且可以说一个国家盛衰强弱，都充分地表现在音乐上面。而音乐当中，又以歌曲占其主要部分，因为它是用文字描写的，很容易看出它的旨趣来，所以今天我便从歌曲说起。

国家将兴的，其歌曲必慷慨激昂。一番有作为的气慨[概]，像汉高祖的《大风歌》，文天祥的《正气歌》，使天下传颂，振发了全民族的志气不少！将亡的国家，其所流行的歌曲，无非风花雪月，间常还杂了些淫秽的词句，像玩大钺进给福王的《燕子笺》，便是一例。

回头再来看看现在我国盛行的歌曲怎样？可纯粹是些欲的描写，在乡间的所谓民歌，全是些"情哥"呀，"情妹"呀……在市井间的，什么《打牙牌》《五更说郎》等等。再比较高贵点的，《毛毛雨》哪，《妹妹我爱您》哪……写不甚写。至于风行海内，妇孺皆知的《桃花红》一曲，虽然新颖些，文雅些，然总离不了"色"与"欲"，即如唱遍了长江"摇一摇……的催眠曲"，其内容也无聊得可笑。由此可见，人民趋向佚乐淫靡的一般了。

杜牧的"商女不知亡国恨，隔江犹唱后庭花"堪为目前的写照呀。

国家是这么腐败，民族是这么懦弱，人民是这么消沉，要不再没法挽回风气，恐怕要蹈南韩的覆辙了。

今之一般负文化建设国家的使者们，音乐当不可不注意提倡，歌曲尤不可不注意改良焉，否则一任一般艺术之流，音乐之氓，大批地为色欲者制造一些消遣品的话，这国家，这社会，这民族，将会怎样，那我是不敢想像[象]了！

载《新蜀报》副刊　1935年5月9日　署名蜀子

《读墨家之起源》后

读了《读墨家之起源》一文后,使我有深刻的感触,因为现在我们所处的这种内忧外患的社会,也实可与墨杨所处的混乱时代先后辉映,虽然他们之主张的道德与事迹,罕见史籍和曾受各种学说的争议(完全是专制帝王因便统治庶民乃崇孔抑墨所致),然其学说亦能在当时社会里面流行和兴起,此实可见其自有特殊的势力和原因了。现在政权既非专门握于统治阶级之手,则墨家的学说,亦必有研究和应用的价值,所以这里我们将墨子当代的环境和他的主张与对社会所发生的影响,简约的写出,俾一般人对墨家学说,有一个正确的认识和观念,如此而已。

一、墨学的势力

我们在研究墨子以前,要先看一看墨学在当时的势力。孟子说:"杨朱、墨翟之言盈天下,天下之言,不归杨则归墨",又说:"能言距杨墨者,圣人之徒矣"。孟子站在儒家的立场,替群儒大声疾呼的排斥他,甚至声色俱厉的骂他是"禽兽",可见他的学说在当时确已盛行,并□□□□□□□□。

二、墨子所处的时代

在墨子当时的社会,是一个最紊乱的时期,一部分人为了寻求满足自己的欲望,便不惜作最利己的勾当。国与国争,家与家争……这种事实,都给墨子以重大的刺激,他看出这些纠纷的起因,都是由于自私自利之心过甚所致。要打算解除这种纠纷,必须有除尽私性质的团体,为设一个共有共享的团体着手,所以他说:"……圣人以治天下为事者也,不可不察乱之所自起,当察乱何自起,起不相爱……","兼爱"与从他《贵义》篇,《耕柱》篇上,都可见他着重下层社会,有福同享的一切了。

三、墨子的主张

我们从墨学的全部看来,有着不少的精[经]典,如非攻、非乐、非命、节葬、节用、兼爱……然而细细地研究起来,根本观念只有一个"兼爱"。孟子说:"墨子兼爱是无父也,利天下为之。"这两句话,实在可以包括他的全部思想,他的"兼爱"主义,社会主张是:"……圣人之室若其室,谁窃？视人身若其身,谁贼？视人家若其家,谁乱？视人之国若其国,谁攻？"(《兼爱上》)

墨子既然有了"兼爱"主张,所以他看见当时的一般游说之士,和一般奸滑政治家们,还是主张为了自己国家的利益起见,总不惜侵略它[他]国。无论杀人盈野盈城,亦所毫不顾忌。因此,他便极力主张"非攻",并且呐喊着:"……杀一人,谓之不义,必有一死罪矣；若以此说往,杀十人,十重不义,必有十罪矣；杀百人,百重不义,必有百死罪矣……"。(《非攻上》)

他为贯彻扶持弱小民族国家,以抗击侵略国之主张起见,如果听见某国将要攻他国的时候,他会不辞辛苦的去劝阻他,劝而不从,便率领着门徒,"赴火踏刃"的去替被攻的国家防守,必使攻国的人无法进攻而止。我们可在他《公输》篇里看见,"公输般为楚造云梯之械成,将以攻。墨子闻之起于齐,十日十夜,而至于郢"。他到郢地便对楚王说:"臣之弟子禽滑厘等二百人,已持臣守圉之器,在宋城上而待楚寇矣。"楚国固不敢出兵,此可见墨子对他主张实践于精神更大了。

四、墨子之反对儒学

墨子除了"兼爱"之外,并且极力主张"学以致用"。他根本反对儒家的"天下之本在国,国之本在家,家之本在身"和"亲亲之爱,尊贤有等"这一种主张。他以为既然有个"我"字在心中,自然也有个"他"字和"我"字对待着,无论怎样的"恕",怎样的"以己度人",但是"我"和"他"之间,总是有种差别,到了彼此利害相冲突的时候,为了满足自己的权益起见,便不惜牺牲一切,损人利己。在这种情形之下,去讲"凡爱亲仁""仁民爱物",那简直是矛盾。所以他说"……爱人待周爱,然后为爱人,不爱人不待周不爱人,不周爱,因为不爱人矣!"(《小取》)

墨子半生在儒家发祥地之鲁国,很受了一般群儒专讲形式的刺激,以为"其礼烦扰而不说[悦],厚葬靡财而贫民,服伤生而害事",便极力"排儒"。《鲁问》篇上的"儒之道足以丧天下者,四政焉。儒以天为不明,以鬼为不神,天鬼不说[悦],以足丧天下。又厚葬久丧,重为棺椁,多为衣食,送死若徙,三年哭泣,扶后起,杖后行,耳无闻,目无见,此足以丧天下。又弦歌鼓舞,习以为乐,此足以丧天下。又以命为有,贫富寿夭,治乱安危有极矣,不可损益也,以上者行之,必不听治矣。为天下行之,必不从事矣。"以上这些,都是墨子予儒家以有力反对。

总而言之，我们知道墨子在他的思想，他的学说，在现代很有莫大的价值。冯友兰先生曾认为"与孔子抗衡之武圣人之称，实则惟墨子足以当之"。

我们实不够单纯地给他加上一个大哲学家、大政治家和担任着大实行家的[头]衔才对。

载《新蜀报》《学艺》第一期　1935年8月4日　署名蜀子

论女子可以不嫁

现代女子有的是愿意在社会作[做]事的,有的仍愿走入家庭的,也有的是愿意终身不嫁的……。这都不妨任她去,都不必于谁有所妨碍。从整个宇宙看,从整个人类看,不拘什么人,实在都无一定为夫为父或为妻为母的责任,只是有一个条件,如果一个女子愿意为妻为母,便犹之乎为夫为父的男子一样,便必不可以不贤不良。

但是,现在大多数中国人的见解,似乎还异于是在多数的心目中,还好像女子生来就是为的有归的,还好像女子只是为男子活着的。如果一个女子稍稍长了几岁年纪尚无所归,就令不过才是刚过青春,便不得了了,简直会有人代伤迟暮,假使她再交往有几个男友,一般看着便更要大惊小怪,疑神疑鬼起来。这种不惮烦恼人的心理,实在尤卑污恶劣的利害,简直是以男小人之腹,轻度女君子之心!

其实,近些年来,西方多少的女学者,不是以"迷死"终其身的吗?反之,如果她们不是以"迷死"终其身的,大概也就成不了鼎鼎大名的女学者,试看各科学术史上,历来女角都是这样地少,何偿[尝]不是以"迷死"终其身的人太少的缘故?就是中国这些年,也不是没出了些巾帼人材[才]。

但到她们由"迷死"变成"迷色死",不论是出于自愿或非自愿,便都默默无闻,便有[又]成了"无名英雄"了。一个不喜欢弄孩子的人,而非弄孩子不可,不但在她感觉无味,孩子其实也深蒙其害,这真是何苦来!虽然,西方的女学者,也有的是太太,但她们大概都有一种特殊的环境,或者是早婚守寡,或者是中途离异,或者则有名无实,再不然便是,是她是她男人的主人,而非她男人是她的当家。总之,有独立生活有独立精神的人,乃能对于人群有独立的贡献,有独立价值的贡献,这当是禀性难移的道理。

本来在历史的社会,至少在无形之中,而男女原是敌人。而大多数的女子,又都受了敌人的麻醉,甘于为虎作伥,死心编织那些本来是为束缚、钳制他们而设的名教风习,什么三从四德,绝对贞操,七出律等,因此直到今日,一个独立的女子,处在中国的社会里,还是难得很,简直可以使她不堪其苦。长久不嫁罢,既不免受尽猜疑,要嫁罢,又何尝不被笑话。一个生活独立又有些声名的女子,处在今日的中国社会里,几乎一举一动,都有她的敌人在窥视着,时常会出乎她意料之外地滥加以为她所不能堪的指责,有时简直会迫得她痛苦[哭]流涕,而她的敌人,却方资以为笑乐。

就是所谓爱,历史也不过是男子的一种利器。如果一个男子,爱上一个女子,就像对于那个女子有了一种权力在爱的名义之下,他便可以侦察她,他便可以钳制她,占有她,以至于使她痛苦,使她难堪,给她以难为情,好似那女子为免掉痛苦,难堪,便非屈服于他不可似的。男子的横议,女子的柔弱,历来大致如此。所谓"爱就是投降,爱就是征服",大概不会错的吧。

当然,不婚是不必奖励的。但是,反之,一个人——尤其是女人,如愿"高尚其志",也算不了什么,既不可以相干相强,也何必惊讶骇诧呢?

在目前民族革命与妇女解放的斗争中,中国知识妇女所负的责任,是特别重大。我希望多有几个牺牲自由幸福,很刻苦地去谋妇女的彻底解放不妨嫁人的女子!

载《新蜀报》副刊　1935年10月22日　署名蜀子

打倒滑头商店

不景气笼罩下的重庆，经一度秋雨洗礼后，街市间，更满布着凄凉的意味，商业所萃的都邮街，已减去从前的精华了。许多商店，几乎每家都扯起大廉价的招牌，许多铺面，常常打锣打鼓地表示其在做纪念，风琴、留声机、收音机……更是他们诱惑，招致来往行人的利器。有的雇请人穿着特别奇怪的衣服，持着惹人注意的广告，亦或许吹吹打打地，在马路上穿来穿去，甚至有些铺面，大喊其好的绸子，而以两块大的竹板放在脚下，一扯一跳，踩着竹板子，响着大的声音，证明绸子扯得那样响，都不断似的。营业竞争之惨[残]酷，竟迫得他们想出这许多奇怪的法子，拼命在那里求得几个买主，而且仅仅求得几个买主注意而已。

有几家商店，差不整年的都在非常大廉价大拍卖，大纪念之中，成了他们正当营业的方式。不廉价，不拍卖，倒反而成了例外似的，并且事先还在各报纸上广告栏里大肆宣传，什么照码对折，什么买三送一，什么地钞无折？什么双十节纪念，什么周年纪念，什么开幕纪念……尽量地说出许多不同的廉价理由，这种商店，就是所谓滑头商店是也，我们应当打倒！

平心而论，在这种不景气的市面之中，大家之想挣扎维持，当是毫无二致的。但是所谓生活挣扎，所谓营业竞争，似乎应该在正常方式之下去谋出路，如像什么照码对折，什么地钞无扣……此实足以捣乱市面的秩序，破坏一般营业的正常方式。我们觉得这种利己的滑头商店，市政当局应该严格取缔，不然，这种不景气的扩大，将会造成一个不可收拾的大的骚动的。

载《新蜀报》副刊　1935年10月25日　署名蜀子

点滴（一）

最痛苦的事，就是延长最快乐的事。
人生最大的痛苦，莫过于受良心的责问。
人生三部曲——希望，失望，绝望。
把自己的幸福，建筑在人们的痛苦上的人，比屠户还残忍。
世间最快乐的是燕子，它可以飞过高山，更可飞到了海边。
悠悠的水，淡淡的天，都是灵魂寄恋的所在。

载《新蜀报》副刊　1935年10月26日　署名蜀子

点滴（二）

凡事肯退一步想，自然便能于痛苦中得着安慰。
快乐至于流泪，悲哀至于苦笑，这都是真情的流露。
忧愁是零碎的自杀。
泪是一生的安慰，汗是工作的报酬。
自爱比世界最精明干练的人还干练。
太用心于琐事的人，照样不能胜大事。
静默是不自信的人最可靠的保障。
便宜即是上当，省事便是费事。
能治各种病的药结果不能活一种病。

载《新蜀报》副刊　1935年10月31日　署名蜀子

叫的狗

咬人的狗,往往是不叫的,随追随叫的狗,却往往不敢咬人,所以人家最怕的,还是不叫的恶狗,生怕它一声不响地就走了近来。至于叫得最响的笨狗,只会惹起人家冒火,拾起石头或木棍就近它几下,或者大踏步向前走去不理它。

只是乱叫乱喊而不肯脚踏实地去做的人,也同只叫不敢咬人的狗一样的可怜,一样的没有用。

载《新蜀报》副刊　1935年11月22日　署名蜀子

环境

我们常常闹着环境不好,受环境压迫,受环境支配……究竟"环境"是个什么东西,我们所处的到底是个什么环境,它何以会支配我们,压迫我们,这些在呐喊着环境不好的人们,都应该对它有个相当的认识才是。

所谓"环境",即是绕着我们四周的"周遭",换句话,主观地讲,就是我们本身的"地位",辟[譬]如围绕重庆的巴山、扬子江、嘉陵江,这江山,便是重庆的环境,绕着学校的花园、运动场、图书馆,就是学校的环境。

在此,我们已知,凡物都有它的环境,世界上绝对没有环境的东西,因为东西有它本位的"存在",然后才可以讲到它本体的"存在"的"周遭",是以环境又成为本体的"地位"了。

地位好,很安静,很舒适,很稳固,一般人就叫做好环境。反之,那就是环境恶劣。但是好环境是要着"周遭"的,景物清幽,空气新鲜,生活自然,民风醇厚[淳朴],人处其间,恍如身在图画,这是农村的环境。

但是"周遭"一有变动,就要影响到环境,影响到你的地位。意阿战争,影响了欧洲国家政治,美国白银政策,影响到我国的财政,收回地金少,影响到全川的金融。由此,我们对环境的意义,和周遭与环境的关系,已相当了解了。

其次,我们才来看看我们究竟处的是个什么环境,我们是中华民族的一个单元,无论如何是逃不了这个圈子,并且断没有国家环境不如而有的个人环境的,所以我们的环境范围,不应当单看我们本身,应当扩大为整个的中华民族、国家、社会的环境上去。当前我们大的环境怎样,无论就国际形势看,就国家地理看,明显是被各帝国者环攻之下。民族呢?整个趋于衰老危亡桎梏的途径。至于社会环境又怎样?都市——满布着不景气,工商凋敝,金融枯竭;农村——天灾人祸,经济破产;民众——道德沦丧,生气全无。总之,我们当前的环境,就是如此艰难困苦极其恶劣的环境。

但是我们要认清楚环境的是:中华民族与国家的危亡,完全是受了帝国主义者武力压迫的关系;中国社会混乱,完全是受了帝国主义者经济压迫的关系。我们要挽救危亡,我们要改进社会,都要从此艰难困苦中去奋斗去牺牲,去对付压迫我们的敌国,这才是唯一的出路。

"多难是以兴邦","坏环境愈能造出好人才",这话我们应当相信,尤其处着个人环境不良的人们,则不应专门推诿于环境的不良,而忘掉自身的改进。"愈穷困,愈奋斗!""愈艰难,愈努力!""环境之险恶不足虑,虑在不能克服环境",这些都是名言,我们应当去实践。

载《新蜀报》副刊　1935年12月5日　署名蜀子

开发川南大凉山之计划

引 言

　　四川地大物博，气候适宜，莫不誉为全国之冠，故昔即有天府之称，惟年来迭遭兵祸，致民生凋敝，徒有虚名。就目前之状况而言，农村经济，业已濒于破产，夫以素称富庶之区，何竟有此矛盾之现象？苟非人谋之不臧，抑何至此！查四川造成此种现象之原因，厥为人民之负担过重，人民之负担过重，实缘兵多有以致之。是以欲言治川，则必裁兵为先务，此为有识者所共知。惟裁兵不难，安置被裁之兵，实一大问题耳。苟不顾被裁之安置，则社会上骤增多量之兵员，有适当之安置，则过多之兵额可裁，而人民之负担减轻。被裁之兵，不致失业，不致妨害社会之安宁秩序，并可补救目前社会之贫困，夫如是，方足以言治理川乱，方足以言挽救危机。故凡言治严川乱，则非以此为大体之方针不可，惟方针虽定，其进行方法，亦当研究。查四川虽地大物博，均弃置未能尽其利，即如川北、松、理、茂、草地一带及川南雷、马、屏之大凉山等地，迄今犹荒弃如故。此两地带中，松、理、茂、草地，犹可谓边远不易开发，而川南之大凉山区域，则位置于川南中心，东接雷、马、屏、峨，西连宁远七属，南界云南，北至大渡河，毗连雅属，纵横七八百里。地质良好，气候温和，其蕴藏之富，出产之佳，较之松、理、茂，大山雪冻，其肥瘠相去霄壤。惟不幸历年以来，政府多不注意，致使大好土地，长为未开化民族猓猡①固守其野蛮行为，毫不吸收汉人文化，并随时出巢，扰害邻近各县人民。夫以良好之土地，任野蛮民族蹯踞，以危害汉人居住地方，是无异赍寇兵以稻粮，且以文明国家之内地，而有此现象，抑亦政府及国民之耻辱。故就政府及国民之责任言之，开发大凉山区域，为刻不容缓之事务。就生产建设，以挽救目前社会之贫困言之，开发宝藏亦属当务之急。如上述裁兵以减轻人民负担，而促川政于治理，则开发大凉山，更为唯一良好之途径。亡羊补牢，尚未为晚，如能急起直追，努力于大凉山之开发，诚一举可以数得，兹将大凉山情形调查如后：

---

① 猓猡：我国西南地区少数民族之一，散居在云南、贵州、四川一带，中华人民共和国成立后始称彝族。

一、地势及气候

大凉山区域，为川南未开发地之总称，其面积纵约800里，横约700里。西与宁属之会理、西昌、昭觉、越嶲[西]等地毗连；东邻雷波、马边、屏山、峨边等县；北界大渡河，接近雅属；南临金沙江，隔江为云南属之永善、鲁甸、巧家等县。其山脉系由川边之大雪山分支而来，最高山峰为龙头山及黄芽岗等地。山脉由西至东，绵延千数百里，其最东终点，达于宜宾城附近之老君山。全部区域，悉皆山地，但平地亦多，如牛咡坝、万石坪、竹核坪等地，均为数十里以上之倾斜地，或数里之平原。较大河川，西有安宁河，由西昌会理入金沙江；东北有马边河，经犍为入岷江；东南有西宁河，经雷波、东林乡至雷、屏交界处合金沙江，惟各河均滩多水浅，仅部份可通舟楫。至于气候，除各高山寒冷时间稍长外，余均与内地无殊，且较低地带，寒暑相差不大，尤较成渝各地为佳，观其农产物之不亚于内地者，亦足征气候之良好也。

二、夷情调查

夷族种类，至为复杂，然大概可分为黑夷、白夷二种，其他如水田、猁苏、獶猣、曲曲、乌夷等族，以渐行淘汰，为数极少。故一般研究边疆问题者，皆以黑白二夷族为代表，其中以白夷人数最多，约占十分之七八，黑夷人数约占十分之二三。其生活语言文字黑、白、水田三族，大概相似。猁苏、獶猣，在其头角上将毛发一束，裹成长尖形名曰"天菩萨"，最忌讳他人用手触之，身上常佩刀剑，护身符等等。黑夷更佩射牙包以示威武，女子服饰上穿套衫，下着长裙，惟不着裤，有时或披方巾，以黑白蓝为主，少女多以绣花纹，富者手足均带金镯，惟夷俗对于处女尊重特甚，因渠于社会有调停战争之权，家庭则负管理之责。夷人居住，常聚同支之黑夷白夷，与上古时之部落时代无差异。惟于卫生，极不讲究，甚至于终年不洗脸换衣者，而迷信尤甚，一切皆以神为主宰。贸易情形，多以物易物，仅较开化之熟夷地方，用大银锭作为货币。就生活方面而言，尚与原始之□□社会同，不论奠[酋]长与奴隶，其享受无差异，如有乞丐，即为全族之耻辱。夷族之社会组织，纯为部落级制度，黑夷以血统关系民性倔强，其对白夷，大多数为被虏汉人，代被服役，久而同化者。惟夷族同性为支，每支人数不等，管理者多数为黑夷（酋长），其纠纷之处理，由土司衙门判决。但目前土司势弱，夷人已不服从，惟夷族间各为其部落之生存，当有据本支之势力消灭其他部落者，故战争之事，时有所开。关于社会制裁，全依酋长个人之判断。至于夷族语言，首注重于音之正确与否，然后再考义之是否适当，但能认识文字者则甚少，仅所谓兵母（宗教师）苏利（亦宗教师之一）能认识，至兵母与苏利专为唸[念]经禅解之工作，故文字上之研究，亦仅限于符咒卜书之类。文字书法极似德文，以鸡血黑木炭用竹签书写,年月日之记载,夷人不用历法,仅用十二地支记法,以俗例之十二生辰为例。

三、大凉山及附近各县出产调查

1. 矿产

地名	矿别	所在方位	开办时间及停止之原因
凤凰沟	铜	雷波县城东120里	道光十八年商民刘正顺等开采已有成效,后因夷乱息业。
分水岭	铜	东60里	乾隆三十八年王振西等开采咸丰二年以夷乱息业。
右帅溪	铜	东120里	道光二十年马边生员冯国炳开办,后因夷患停止。
大宝鼎	铜	东30里	道光二十四年冉凌云等开办,因夷患停止。
铜厂沟	铜	东北20里	道光二十四年李森泰、程万峰等开办,因夷患停止。
黄毛岗	铜	西北100余里	道光二十九年张致和等开办,因夷患停止。
建昌坝	铜	东百20里	同治三年王义泰等开办,因夷患停止。
牛吽坝	铜	西200余里	光绪四年开办铜质甚佳且旺,夷患停止。
乌抛厂	铜铁银煤	凉山中心地	界西昌、越西、雷波之交,尤以产铜最富,惟深入夷巢。
谷米乡	铅	东120里	嘉庆十六年杨兴发开办利薄停止。
高家山	铅	东200里	嘉庆五年施运堂合办利微停止。
龙头山	铅	西200百里	乾隆六十年官民合办,由小务基出金沙江,因夷患停止。
沙湾塘	铅		道光中刘万盛开办,后因夷患停止。
周家山	铅	东北70余里	咸丰二年曾思明等开办,因夷患停止。
梅子岗	铅	龙头山10余里	道光十二年刘长泰等开办,因夷患停止。
大湾子	铅	在羿子村境内	道光八年文采廷开办,因夷患停止。
大宝鼎	铅		道光十年徐永兴开办,因夷患停止。
二坪子	铅	西100余里	道光二十年谷荣等开办,因夷患停止。
东林乡	铁	东120里	道光开办,因夷患停止。

铜厂沟、回龙沟、牯牛坝、蜂子岩、古鱼坪、月儿坝、岩落坪、利川沱、蛮溪口、烂坝子、中山坪,以上十一处距雷波县城东北百二十里内,铁铝银铜等矿质旺。攀红一带,产雄黄最多。挖苦耳孔,在大凉山阿六马家地内距乌抛厂约四五十里,产自然铜,田土中挖出色红赤不待煎炼,用以铸器最为精美,光绪初赵海玉、张德盛等曾到其他地以物与诸夷交易,此铜夹红砂石而生石性松浮随处皆可挖取为天地自然之宝,非他处铜可及。

地名	矿别	所在方位	开办时间及停止之原因
菜子地	金	在西昌县境内	无人采办
大桥	金	在西昌县境内	无人采办
拖瑯	铁铅	在西昌县境内	无人采办
小高桥	铁铅	在西昌县境内	无人采办
夷地岩洞	五色玛瑙	在西昌县境内	无人采办
麻哈山	金	冕宁县城西200里	光绪二十三年开办甚旺,因夷患停止。
磨刀塘	金	冕宁县境内	
菜刀地	金	冕宁县境内	
水里土司地	金	属盐源县	
瓜别土司地	金	属盐源县	
拖沟	金	距盐源县城西北400余里	全山矿衰

白碉、国啈、燕鸡、沙达龙,以上四地均产金属,盐源县新山、大登山以上两地均产红铜,属会理县又县属之中武山水箐山亦产铜。

续表

地名	矿别	所在方位	开办时间及停止之原因
将军石	红铜	属会理距城西140里	
芭蕉箐	铜	距会理县城南140里	
小竹林	黑铅	爆竹洞 红铜	以上二地属会理
白沙波	红铜	距会理城180里	
洒洒厂	红铜	距会理城东南20里	
一碗水	银铅	距会理西北90里	光绪三十四年曾开办
迴龙厂	铜	距越西城西100余里	
碧鸡山	银	距越西城北100余里	
王家屯	铜	距越西城北100余里	
大草坪	铜	距越西城北100余里	
大湾营	铜	距越西城北100余里	曾开办
回湾	金	距越西城西100余里	

其余马边、峨边各县属地矿产亦多因不详未录。

2. 其他物产

凉山除蕴藏五金矿产极多外，所有农产物，如稻、粱、麦、玉蜀黍等均有多量出产，森林甚多，桑、茶、桐、漆及各种果树等，均无不应有尽有。关于动物者，因宜于牲畜，故普通家畜均有，尤以羊之产量特多，其余虎、豹、熊、猿、鹿、狐、獐等类野兽，亦颇不少，因此皮毛、药材，为凉山特产，亦即出口货之大宗。

四、用兵及处置夷族办法

蹯[盘]踞大凉山之猓猡夷族，其性凶狠，恒畏威而不怀德。现有人数，据调查所得，熟夷为33.2万余人，合生番约近100万人，但其中嫡系夷人（黑夷），仅十分之二三，其余悉为被虏汉人之后裔，即所谓白夷是也。其现在有武器，据1933年调查全凉山共有精良枪械三千数百支，合近年来增加数目，最多亦不过四五千支。其武器来源，悉以重价购自汉人，故其子弹亦甚缺乏，平均每枪一支，至多不过二三十发。夷人之力量如此有限，其能生存之原因，悉由政府迄未注意之故，遂使此类民族，得凭藉山地，固守一隅。苟政府能经营开发，用武力压迫，其就范至多以三个混成旅之兵力为主，以附近各团队为辅，即可是用，较之现刻川北之剿匪军，敢断言不足容易十倍。其进兵方略，可由诸方面，如马边、峨边、越西等县，用少数兵力助攻，其主力则分两路由雷波、西昌两方面同时夹攻，如是当不难指日结束。第一步之军事工作完成，则可将全凉山分区整顿，或即划县设治，从事政治方面之建设。关于夷族之处理，最好迁徙壮年男女于内地，供建筑成渝铁路、各县公路及其他需用劳力诸事业之用；老弱者，设专员分别管理，强其逐渐汉化；幼年儿童可专设学校教育之。同时即召集垦民及安置被裁之兵，从事开垦，果能详细计划，按部就班，以实行生产建设,则十年之内,即可蔚成[为]大观,如此不特福利边民,即于整个之国家社会,亦裨益多也。

开发大凉山,如政府以全力经营,统筹办理,则费力少成功多,期以一年,即可完成。第一步之军事工作,惟查查现时川政仍未完全趋于正轨,加之剿赤军事,备极纷忙,更无暇注意于此,但因噎何能废食,吾人苟相信此为极时之光明大道,则不难另觅方法可以进行。如附近凉山各县,能取一致行动,采渐进主义,以实行开发,虽成功之时间稍长,但终有收获之一日,较之固[故]步自封,知而不行者,则优胜多矣。益俟河之清,似非智者所为,故吾人深觉在此政府无力兼顾之时,亦可有循之途径。但沿凉山各县,一致行动,实行开发之方法,最好以各地方为主体,以各县政府监督其行动,盖以地方为主,各地仍能取切实联络之效,庶不致因一县官吏之调换,而影响开发之进行。但各县中,实施开发计划,关系重要者,首推雷波一县,因该县地区深入凉山,接近夷地中心,其地位居金沙江右岸,水陆交通均易谋发展,虽较马、屏距内地稍远,但以宁远各县比较,则便利甚多。因此不问进行开发大凉山之计划,为政府或地方,应以雷波为开发凉山区域之主要地点,是无问题,故吾人对于雷波之一切调查不厌其详记述,以供有志者开发大凉山之参考。

(一)雷波原有场镇及面积人口

雷波原有十八场镇名为文水场、靖寇、马湖村、黄螂、家盛场、中兴场、回龙场、西宁、谷米乡、塘房坝、芭蕉滩、罗山溪、中山坪、三稜岗、马颈子、安凤场、羿子村、石板滩(羿子村、黄螂均系分县,今存者除县城外仅二区文水场,三区黄螂,四区家盛场)。全县面积从无精确之测量,就习惯上之道里计(除凉山外),东西横长200百余里,南北长100余里,人口(除夷人外)清光绪时调查共20000余户,近年调查不上5000户,平均每户5人不过30000人。

(二)交通及路程

雷波县城起,陆路东行至文水场30里,文水场至靖寇30里,靖寇至马湖村30里,马湖村至黄螂30里,黄螂至屏山县属之秉彝场120里,秉彝场至屏山县城140里,屏山县城至叙府210里。由秉彝场经中都沐川、犍为250里(雷波至叙全程590里至多7日可到,雷至犍全程490里6日可到,如经中兴场、回龙场沿河东下出大岩洞,则须多绕数十里路程,如渡金沙江绕道云南经桧溪绥江到叙府,则路程多1日)。由县城北行到中山坪,计程90里,中山坪到罗山溪40里,中山坪到西宁70里,中山坪到马边县城150里左右,仍由县城北行,到山棱岗亦90里,经山棱岗穿凉山到西昌县500余里(雷、建通道只凉山中心点之牛吽坝一段未衔接,今则完全梗塞矣)。由县城南行顺金沙江西上,至羿子村分县,190里,出县城南门15里,渡过金沙江至云南省城共,10站路(约1000里有奇)。水路前清时长江(即金沙江)盐船、铜船可由叙府直上,羿子村、雷、屏间江流湍急,船行速度日300里左右,由雷至叙下水只两日可到(现因夷乱交通梗阻,商务萧条,屏山船只上驶仅至雷波县属之芭蕉滩,然不常到,故雷叙间均以屏山秉彝场为码头,通常雷至叙5日可到)。

(三)全县出产

1. 农产品

稻、麦、豆、粱、黍、莜[荞]、红苕、山芋、花生、甘蔗及各种菜蔬等类均属大宗。灰面尤具特长,有北方面价值,每年出口不少(附城靖远、里平、颧城、东北等乡及文水场、家盛场、中兴场、锅罗坝、那古坝、谷米乡、马湖村、中山坪,均产米丰富,每年除供给本县需用外并运滇出售,其他产米之地亦不少,田占十分之四,如凉山中牛吽坝等地,一片高原而气候温和,年中出产两季稻,诚好地方也)。

2. 家畜

马、牛、羊、猪、鸡、鸭、鹅均有,牛羊皮、羊毛早为出口大宗(县中牧场不少,如瓦乌角、千万贯等地均可容10万余头之羊群,养鸡,养鹅鸭,湖泽亦很便利,至于如靖寇等高山地带,尤为制火腿最好所在)。

3. 野畜

虎、豹、熊、野猪、山羊、鹿、獐、猴、狐等均有,山羊、野猪、猿猴等通常百十成群,熊胆、麝香、狐皮、鹿茸均出产中之重要品,熊胆与麝香年中出口各以千百计。

4. 药材

黄连、贝母、泡参、天麻、竹参、黄芩、黄柏皮、厚朴等,多至数百种,均有大宗出口,过去每年以数十万计,如三棱岗之贝母,葱郁满山,随便均可采取。

5. 木材

清光绪年间,羿子村及西宁之澌栗沱、蛮溪口等处,所设之木厂,均开采成功,各种建筑大木料及棺材等运到叙府不少,利息最厚。

6. 矿产

银、铜、铁、铅、煤、云母、石膏等产量均极丰富,金矿出在凉山中及距县计15里之那比渡,1925年驻军于那比渡用土法开采,因换防中止。羿子村之银矿质量最佳,经考验每百斤矿大约可得65镰[①],35斤银,开采早有成效,1927年前县长罗正冠,会同公益银厂护厂大队长周岐夫亲往督采,结果因力量不足失败。铜厂清光绪初年即开采成效,熟铜运叙府每次在10余船以上,嗣出夷乱废止。黄茅岗地方鸡血铜尤有价值,然因接近大凉山无力开采。煤矿随处发现,黄螂分县之铅煤,目前仅一二百元之资本,用土法亦可开采。所

---

① 镰:本指一种铁质农具即镰刀,此处在当地将镰作为重量单位。

出之煤,完全无烟,等于杠炭,铅、镰近年曾大批运叙府推销,经考验内含银质不少,他如东林乡之铁矿,石膏产量尤旺。

7.特产

桐油、捲[卷]油、白蜡、黄蜡、漆、蜂糖、茶、笋、蕨粉、蚕丝、椒子、茨七、芋片、西宁河鱼均特产出口大宗。蔴[麻]产量亦富,河坝之甘蔗,棉花尚未十分发达。至内地所有之水果花草应有尽有(桐捲、白蜡、桑树等,第三区黄螂、谷米乡等随地均有,桐捲油、白蜡、蜂糖等物,近年用处更多,利息亦最厚,惟历年出口量无精确之统计。黄螂之毛尖茶尤多,川南一带,亦颇有名。笋子在清时乃销两湖之大庄,昔年三棱岗、靖寇之笋厂,采笋之路亦如今之大马路,出产最为丰富,已可想见。笋厂最简单,贸易此业者,获利在百十倍,山中之竹,便于将来设纸厂,至蚕丝、蕨粉多系农家附[副]业,如以大规模专门办理,利息之厚不可同日而语)。

(四)大凉山未开发前开垦雷波荒地计划

雷波地势,就天然形势可划分为四大垦区。为便利计,由雷波县城起经文水场、靖寇、马湖村、黄螂、大岩洞以下,即下八地为第一垦区;由县城起经中山坪至罗山溪以东第二垦区;三棱岗、马颈子为第三垦区;滔洞河以西羿子村一带为第四垦区。全县四垦区,第一垦区成功较易,预定时间三年即可完成。二、三、四各区全部完成,则非5年以上时间不可,每垦区至少容垦民20000户(每户平均以5口计算),预计成功后之自卫武力,每户轮流1人,入保卫队训练,则随时可调动者,每区有20000人,至于将来之经济能力,单以粮食一项而论,平均每户每年纳粮1石,则每区每年可收粮食20000石,现为易见功效起见,应分期办理,先从第一垦区着手。

甲、第一垦区

1.各小区垦户容量

夹夹石、稻坪子、杨家坪、大石盘为一小区,可容垦户2000家。麻柳湾、丁家坪为一小区,可容垦户2000家。倒马坎、白山顶、罗家山、靖寇、五子坡为一小区,至少可容垦户2000家。分水岭、土巴桥、菖蒲田为一小区,至少可容垦户3000家。扼贼沟、金家坡及马湖村周围为一小区,可容垦户500家。老熊坪、谷米乡为一小区,至少可容垦户1000家。那右乡及大声垦社所占地域为一小区,至少可容垦户2000家。永盛场及裕隆垦社所占区域为一小区,至少可容垦户2000家。水罗坝、赵家沟一带为一小区,至少可容垦户2000家。

2.第一垦区应驻兵地点

夹夹石、麻柳湾、头道红、蕨基坪、倒马坎、白山顶、伍子坡、分水岭、土巴桥、扼贼沟、菖蒲田、金家坡、大岩洞、高家山等14处,此14处隘口,由垦卫队驻扎防夷,则第一垦区全部及屏雷大道可保障无所顾虑矣。

乙、垦务机关之组织及经费之预算

开垦雷波现有荒地,政府应特设垦务机关,以专责成,并须组织卫队,以担任开发时间内之保护责任,但垦卫队必须由垦务机关直接指导,兹代拟组织及经费预算如下:

1.垦务局之组织

垦务局应设局长一人,下分总务、垦务两种,及垦卫队一大队,如下表:

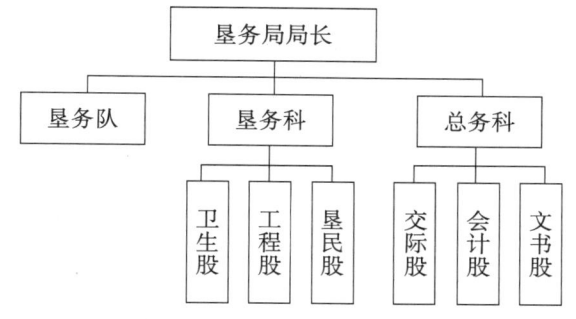

```
           垦务局局长
      ┌────────┼────────┐
    垦务队    垦务科    总务科
           ┌──┼──┐  ┌──┼──┐
          卫 工 垦  交 会 文
          生 程 民  际 计 书
          股 股 股  股 股 股
```

(附注)垦务局长由督署遴[选]委富有军事实业学识,熟悉边情者充任,行政独立,不以县长调换而影响其进行其局内之各股,每股得视工作繁简设股员若干人。

2.垦卫队之组织

雷波荒地,均接近夷巢,而夷人不时出没,肆行其烧杀捆楼之野蛮动作,故应组织垦卫队,以保卫垦区之安全,因目前环境之需要,须有一大队之武力方可以策万全,其组织如下:

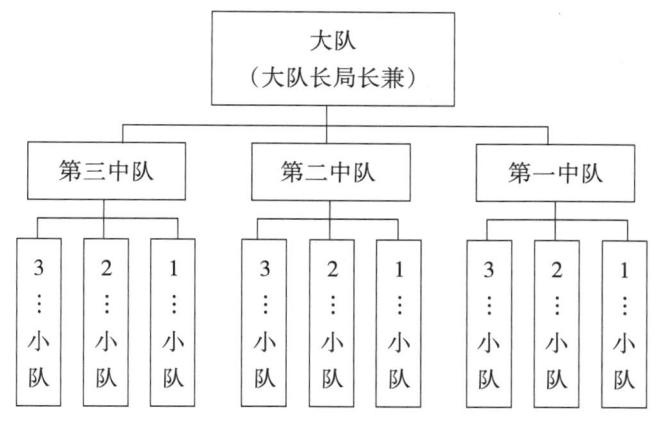

```
              大队
          (大队长局长兼)
      ┌────────┼────────┐
    第三中队   第二中队   第一中队
    ┌─┼─┐    ┌─┼─┐    ┌─┼─┐
    3 2 1    3 2 1    3 2 1
    … … …    … … …    … … …
    小 小 小   小 小 小   小 小 小
    队 队 队   队 队 队   队 队 队
```

(注)每小队暂定士兵30名。

3.经费预算

雷波地处边陲生活低廉,工作人员之薪饷,自可较内地稍少,薪暂定如次:

垦务局长薪资照前二十四军垦务局规定月支洋40元,公费另造预算书核定,各科科长月薪25元,股长月支15元,股员月支8元。垦卫大队长不兼薪,中队长与科长同,小队长与股长同,大队部军需书记月支12元,士兵饷额上士7元,中士6元,下士5元,兵4元,总计每月需经费1600元左右,全年共需洋1.9万元左右。此种垦务经费,垦区此时当然无力担负,但是只能以县中原有之土,兵营军费开支,计每年收入1.8万元不足之数,由其他之税收项下规定按月拨若干补助,亦易设法办理。

载南京《边事研究》月刊　1935年第2卷第4期　署名蜀子

四川财政问题之回溯及其展望

一、楔子

吾人一提及四川问题,直令人耳目眩晕。尤其财政,则更莫不视为四川最严重最纷繁之问题。四川财政,自民国成立以来,即陷于穷困之境。无论任何方面,皆是朝不保夕,而且皆是卯粮寅食。此种局面,沿至最近,仍为四川主要危机之一。

一般国人从报纸上,只知道四川兵额众多,变故迭乘,苛捐繁冗,财政紊乱……然而究其实际状况如何?局外人真如坠于五里雾中。而杂志刊物中欲求其对于四川某一问题依据事实作分析的具体讨论,更实渺乎不可得,记者不惴[揣]谫陋,乃尽量搜撰凡关于四川财政上之各种问题辑成是篇,欲从其历史演进,概述其紊乱如麻之状,最后并说明其当前之新展望。惟以个人智力幼稚,官方报告以及私人调查之材料颇不易得,以是挂一漏万,自知难免。然于兹省府新立之际,国人亟欲一知四川财政究竟情形者,此中或可偶得其一二焉。

二、清代之财政

四川财政在清康乾时代,全省岁入,共库平银190余万两。此中计,地丁(正税)66.9万余两,火耗10.3万余两,关税30余万两,杂课10余万两。全省岁出计:制营八十三营兵饷120余万两,京饷四48万两,文武廉俸13万两,出入相抵,每年皆有余裕。递及咸同,军事渐兴,饷糈告乏,乃于地丁正粮外,加收津贴捐输。此种收入,即超正粮数倍,降及光宣,全省岁入,合正附税项及先后新铸之款,计已达1700余万两。岁出约如其数。维时不过百余年,人民之生产力亦未见有如何显著之进步,而岁入岁出之增加,却几达十倍。惟当时财政虽不能节流,却可设法开源,故每年收支,仍能适合。常有二三十万两余款,尚见有不足之时也。

三、防区制成立前之财政

1. 辛亥革命

辛亥革命，四川于是年十月初六日独立，组织军政府，公推咨议局议长蒲伯英氏为都督，陆军十七镇统制朱紫桥副之。未十日即有"十月十八日之兵变"，将清代藩军库，所存银356万两，洗劫一空。如此现存钜[巨]款，本可供民国建设之资而有余裕，不意兵乱突起，而遭损失，殊为可惜。大乱后，蒲、朱去职，另举尹昌衡、罗伦两氏出而继任正副都督，此时政府已两手空空，莫名一钱。且当改革之初，全省财政，亦极难以统一，乃由军政府饬令财政部(四川)发行一种不兑换之军用纸币(一元的)以维持之。发行数目，当时政府并未公布，无从明了。此票因不兑现之故，军民虽然遵用，而市面现金，渐渐藏匿，恶印驱良币，遂兴硬币发生差额，此为四川币制混乱及财政拮据之开始。

2. 陈二菴①入川

尹、罗去职后，由胡文澜氏出任都督。曾积极设法维持纸币之价额，1913年至1915年，川政渐渐统一。1915年春间，陈二菴将军兼巡按使来川，胡氏去职。当时财政，虽然仍不免支绌，然因军民两政统一，当局亦体念时艰，撙节开支，并裁遣陆军第三、第四两师，仅留二师二旅，为全省省防军。对于各项岁入，仍本前清旧额，未常增铸，收支亦颇能平衡。

3. 洪宪运动

1915年，因洪宪运动发生，袁氏称帝，蔡松坡将军即在滇起义声讨，首先攻入川境。陈二菴遂独立，随即为奉袁命西上之周吉珊将军所逼去。周就川督二十余日，又被蔡兵所逼，弃城北走。蔡军进驻成都，蔡氏旋即赴日养病，军队由其参谋长罗佩金率领，与戴甚龙并任督军。自此军事繁兴，饷糈日争，1914年、1915年之一线财政统一曙光，于斯已消灭殆尽矣！

根据1916年预算，岁入为1400[至]数十万元，岁出亦如上数。至其当时，对于岁入估计都从少，而对岁出估计都从多，所以实际，尚有余裕。

4. 防区制成立

1916年以后，兵灾[灾]频仍，军阀割据，拥兵称雄，各自为政，委任官吏，征收租税，严[俨]然古之封建诸侯，不惟中央无统驭之方，即督军省长，亦徒拥其虚名而已。统一政局，遂以破坏防区制度，从此具体。所谓苛捐杂税，预征丁粮……无一不由此滥觞。自此

---

① 陈二菴：陈宧(1870—1939)，字养铦，湖北安陆人。1883年考上秀才，第二年考上廪生，1890年考上武昌经心书院，1895年秋考入湖北武备学堂，于1897年考中拔贡。1912至1915年任袁世凯的智囊，1915年任四川将军，1915年5月至1916年6月担任四川总督，1916年5月22日宣布四川独立，反对袁世凯称帝。1939年病逝。

而后,欲求全省岁入岁出之总额,固渺乎不可得,即欲知其约数梗概,亦苦无从稽考矣。

四、防区制成立之财政

1916年以至现在,十有九年,干戈扰攘,无时或休。1916年至1918年有讨袁护国,驱逐客军——滇黔军诸役,大小479战,陆军由五师增至八师,还有民团,大县有常备300名,小县亦有一二百名。1920年至1925年五六年中,陆军则增至二十九师及三十七混成旅,各县民团,亦较前增加五六倍。民十五年[1926年]迄今,军队之组织更加密,有统计在四川陆军为40余万者,有统计在前年川战后增为60万者,再合民团与匪计之,总不下100余万。在如此军事状况下之财政,其紊乱艰难之情景可推想而知。惜乎军人各守防区界限,不相连属,对于各区之民财两政,多秘而不宣,以致难于窥见财政之全豹。

1925年下期,杨森督理被联军打败退出川境,联军各将领联袂入蓉,开善后会议,于1926年2月1日,通过财政善后案,九章二十七条。本想趁此会议,整理财政,不料会议未终,渝变突起,川黔军辗转相战,大好机会,从此失去。但此时财政状况,仍有当时全省军民会议所通过之四川1926年度预算,可资参考。兹将该项预算案列后:

四川1926年度预算案

甲:收入总额(单位为元)　　43603853
一、地方收入　　10484933
　　1.田赋　　6857159
　　2.正杂各税　　3672774
二、中央收入　　13020000
　　1.盐税　　8000000
　　2.烟酒　　1780000
　　3.造币厂余利　　1440000
　　4.铜元局余利　　1200000
　　5.印花税　　600000
三、临时收入　　20098920
　　1.护商费　　4000000
　　2.禁烟罚款　　6098920
　　3.烟酒捐　　3000000
　　4.预征一年田赋　　7000000
乙:支出总额　　43603853

一、军费	38803853
二、国家政费	4107207
三、地方政费	692792

1926年后，川局均势渐渐造成。握有重兵之刘湘、刘文辉、田颂尧、杨森、邓锡侯、刘存厚等各据一方，势均力敌。革命军奠定湘鄂后，川中将领亦先后易帜，而横征暴敛，压迫人民，反因各将领之终竟同床异梦，钩心斗角而愈甚。军额扩张，有增靡[靡]已。计此期中，除小部分军事接触不算外，仍不免有1928年各同盟军合攻渝刘之大战，以及1932—1933两年骚动全蜀之川战发生。此役耗资之财力，直接间又不知多少。近来又因剿赤军事紧张，人民被迫，只有呼天，当局亦苦难掘俱穷。

五、四川各军之财政概观

自本年三月以前，四川各军年需军款，有人估计，则为9000万元。至各军财政，除二十一及二十四[现为川康边防军]两军由军部统筹统支以外，其他各军，甚至由各部队、类皆据地自收自用。且川省各县之田赋税率，亦因防区之别而不同，所以四川财政，不但全省不能统一，而且各军防中也不能统一。至各军财政，所持为大宗收入者，则为粮税，附加及预征……若一查其实况，实令人为之咋舌。兹略分述如次：

1. 二十军

二十军现人枪约4万左右，防地六县，戍区粮税，一年六征，每粮1石，正额24元。附加须53元。每次约征粮税38万元。全军军费，每月经常开支40万元。收入只20余万，入不敷出，甚感恐慌，现粮已预征至1964年矣。

2. 二十一军

二十一军现有人枪约13.6万余人，防地56县。戍区征粮，前为一年四征，现已改为一年分上下两季征收，但粮额加重无异四年预征。全数在一年中分两次收取，附加甚重，正粮与附率的比率，竟达一与二十之比。如泸县每粮1石，共需附加13元6角1分，现已预征至40余年。兹将1928年3月后以来二十一军七年来田赋之收入暨1916年度清宣[统]四年度预算加以比较（在1930年以后，该军戍区约占全川七分之一，1931年约占六分之一，1932年约占五分之一，1933年约占三分之一）。

清宣统四年度，1916年度全省田赋收入暨二十一军军区内田赋收入及对全年总收入百分比：

清宣统四年	7358070	24%
1916年度	6866634	59%

1928年度	2002634	32%
1929年度	3354976	23%
1930年度	2050157	8%
1931年度	4987517	22%
1932年度	9504428	33%
1933年度	15990645	41%

附注：△ 清宣四年度及1928年以后百分数就全年总收入内减去盐税数目而计算者。

△ 单位为元,元以下数字略。

从右表中,则知1933年度收入凡达1600万元之多,在川省三分之一区域内,人民已负担如此巨款,设以全川计之,至少当在4500万元以上。此与宣四年度或1916年比较竟激增至七八倍。现再以二十一军1930、1931、1933、1934各年度主要收支成分比较表列下,则更为明了矣。

二十一军各年度主要收支比较表

甲：收入

项目	1930年	1931年	1933年	1934年
苛捐杂税	10976247	8539772	13300000	15600000（内有剿赤费260万）
禁烟收入	13652686	10551853	13200000	—
盐　税	4778661	3894417	8000000	9510000（合五通桥盐税计之）
借　款	1911578	5778985	—	—
粮契、烟酒印花等收入	—	3553071	12100000	27206600（公债）
其　他	—	108805	—	9200000
合　计	31319173	33400236	47800000	73316600

乙：支出

项目	1930年	1931年	1933年	1934年
军　费	22059419	26316561	33100000	30000000
债务费	3509984	1868178	9700000	38157600（与整理公债基金合计）
行政及财务费	2758159	3377800	6100000	5000000
其　他	2991703	837682	—	7583000
合　计	31319137	31400226	49200000	72316600

观上列收入情形,而知军费债务费之支出年有增加,而且所增加之速率颇大（1933与1934两年收入情形突变者,盖因1933年二十一军打败刘文辉夺其防区而有之故）。

所赖以弥补者,除加重税款,即发行公债库券,以是年复一年,债台高筑,诚不知将何以善其后。年来剿赤军兴,耗费尤大,可谓开源无从,而节流又势有所不能矣。

至该军戍区,如重庆、万县,皆为商业中心区域,捐税收入,特别丰富,而且更提用盐税,截留菸[烟]酒印花税款,又增加剿赤军费,并发行纸币公债等。计每年所得盐税,为数约在八九百万元,而且还有盐税预支,如在1933年度,该军已预支重庆盐税至1934年底。至于菸[烟]酒印花税,每年约有1300万元,此类税款,本属国税,亦为该军截用。自刘湘任剿匪总司令以后,又增加剿赤捐,任何商品,每年加征1元,年共可收入300万元,兹再分别言之:

△发行公债

二十一军历年负债颇大,每年收支又常不敷,军政军费,势不能减,乃于1932年4月开始发行公债库券,于今三年有余,所发不下十余种。债额共约5400余万元,兹列表于后,藉可知该军负债额之一般矣!

二十一军发行债券公债一览表

债券名目	起止年月	发行总额	利率	发行种类	基金及保管机关
一期整理金融库券	1932年3月发行,分8月还清	200万元	月息1分2	五百、一千、五千、一万元	渝万税捐作基金每月拨足27万元
一期盐税库券	1932年9月发行,分十月还清	150万元	月息1分2	一千、五千元	每月盐款正税拨17万元
二期整理金融债券	1932年12月发行,分10月还清	300万元	月息1分2	一千、五千元	渝万税捐作基金每月拨足30万元
二期盐税库券	1933年7月发行,分50个月还清	500万元	每月8厘	十、五十、一百、五百、一千元	川南及下东盐税票厘项下月拨14万元
三期整理金融库券	1933年10月发行,分10月还清	250万元	月息1分2	一千、五千元	渝万税捐作基金每月拨足25万元
一期整理川东金融公债	1932年7月发行,分100个月还清	500万元	每月4厘	十、一百、五百、一千元	地方附税项下月拨足7万元
二期整理川东金融公债	1932年11月发行,分100个月还清	120万元	每月4厘	十、五十、一百、五百元	基金同上月拨足16,800元
军需债券	1932年12月发行,分50个月还清	100万元	每月8厘	十、五十、一百、五百、一千元	重庆税捐项下月拨足28,000元
印花菸[烟]酒公债	1933年6月发行,分50个月还清	500万元	每月8厘	一百、五百、一千元	二十一军戍区印花菸[烟]酒收入月拨14万元
一期整理金融库券	1932年3月发行,分8月还清	200万元	月息1分2	五百、一千、五千、一万元	渝万税捐作基金每月拨足27万元
一期盐税库券	1932年9月发行,分10月还清	150万元	月息1分2	一千、五千元	每月盐款正税拨17.7万元

续表

债券名目	起止年月	发行总额	利率	发行种类	基金及保管机关
二期整理金融债券	1932年12月发行，分10月还清	300万元	月息1分2	一千、五千元	渝万税捐作基金每月拨足30万元
二期盐税库券	1933年7月发行，分50个月还清	500万元	每月8厘	十、五十、一百、五百、一千元	川南及下东盐税票厘项下月拨14万元
三期整理金融库券	1933年10月发行，分10月还清	250万元	月息1分2	一千、五千元	渝万税捐作基金每月拨足25万元
一期整理川东金融公债	1932年7月发行，分100个月还清	500万元	每月4厘	十、一百、五百、一千元	地方附税项下月拨足7万元
二期整理川东金融公债	1932年11月发行，分100个月还清	120万元	每月4厘	十、五十、一百、五百元	基金同上月拨足16800元
军需债券	1932年12月发行，分50个月还清	100万元	每月8厘	十、五十、一百、五百、一千元	重庆税捐项下月拨足28,000元
印花菸[烟]酒公债	1933年6月发行，分50个月还清	500万元	每月8厘	一百、五百、一千元	二十一军戍区印花菸酒收入月拨14万元
三期盐税公债	1934年1月发行，分10月还清	350万元	月息1分2	一千元、五千元	每月由盐款正税内拨35万元作基金
田赋公债	1934年起，分10年还清	1500万元	月息4厘	一、五、十、五十、一百元	按粮分派于1933年冬及二法规和对一年3月以前
短期军需债券					提交款分7年于应完丁粮内扣除还清
二期田赋公债		1200万元			
四期盐税库券		800万元			

以上所列公债库券计十四种，除后列三种不详外，以前十一种债券共结欠洋2297万元。以二十一军数十万县防区，就发生了这巨额数量的公债，这足以代表四川财政的危殆，同时也足以暗示四川财政金融的症结点。

△发行纸币

二十一军在防区未扩大以前，所发钞票，仅700万元。现在则粮税契券及地方银行之钞票，总额为3300万元，当较前增加四倍以上。但四川目前市面情形，钞票以及一切信用票据，往往可以避免兑现责任。四川现在各银行所接受军方借垫，都已超过其本来资本金额。总计军方向金融界抵借数目，达2000余万，所以现在市面上成了纸币充斥，现洋缺乏的一种不良现象。

△征安川费

安川费系二十一军在1933年对二十四军作战时战费征派之名,其征收办法,于其戍区中多加征一年粮款,或如田赋附加于粮上附征,如铜梁每两竟附征至14元3角7仙之多,兹将四川各县军费负担一览表列下,以作参考。

四川各县军费负担一览表

县别	征收年度	军费数目(元)	备注
二十一军戍区各县	1933年上季		加征一年粮税
开县	1932年	280000	
宜宾	1932年	100000	
万县	1932年	300000	举期整数
什邡	1932年	140000	临时费一次特别
遂宁	1933年	100000	军费一次各共7万元
南充	1933年	60000	举期整数抵一年粮款
永川	1933年		一年粮税
彭县	1933年	15000	1月至5月之数
德阳	1930年至1932年		三年中共筹七次名为临时款
安岳	1933年		一年粮税

△征剿□捐

剿□捐始征于1933年10月,重征于1934年8月,征收办法或加征一年粮款,或在田赋上附加。归还办法,发行定期兑换券,即在各县征收次年度上季粮税时,附加征剿□费一年,以作兑换之用。除二十一军新旧戍区共56县合筹为50万元外,其余各县负担款项,列表如次:

1933年各县剿□费一览表

县别	数额(元)	备注
什邡	39000	1月至9月所收总数
南部	5000	
南充	25000	
西充	56000	原为1万元
蓬安	5000	
营山	20000	
广安	40000	
岳池	30000	
三台	35000	
中江	35000	

续表

县别	数额(元)	备注
遂宁	50000	
乐至	25000	
绵阳	20000	
德阳	270000	原为2万元
安县	15000	
绵竹	30000	
罗江	15000	
江油	5000	
彰明	5000	
邛崃	20000	
金堂	30000	
新都	20000	
郫县	10000	
灌县	10000	
彭山	10000	
崇宁	5000	
简阳	50000	
新津	5000	
大邑	25000	
蒲江	10000	
潼南	20000	
资中	30000	
资阳	20000	
成都	20000	
华阳	40000	每两粮附征5元8角
双流	10000	
温江	10000	
新繁	1000	
广汉	40000	
什邡	35000	
达县	40000	
宣汉	10000	按粮附征
渠县	30000	
万源	5000	
城口	5000	

3.二十四军(现名川康边防军)

二十四军自1931年来拥有防地60余县,全军财政,当称统一,亦系其军部统筹统支。惜收支情形,每年未见公布,外人无从知晓。1932年10月战败后,防地丧失20余县,如资、富、泸、叙,尽属富庶之区。因此财政,大不如前,而日步入艰难之境。刘文辉氏乃重新通过筹划,改编新部为十二旅,每旅全年约支军费70万元,共840万元。军部开支,昔月支6万,今减为2万元,全年约20万元。其他临时军费,约计年需200万元左右。总计全年支出约在1000万以上。当时防地收入,不过五六百万元,不敷甚钜[巨],除由增加各县田粮以弥补外,仍差300余万元,即由成都市设法填补。二次川战后败退西康,促处一隅,虽只有人枪三四万,然以地瘠民穷,其财政困难,更可推想而知也。

该军在川战以前,每年征粮,分为3次,现每年征至8次之多。已预征至1971年矣!

二十四军曾于1932年下季,因对二十一军作战准备,藉出兵康藏为名,征收国防捐,其办法是发行一元、五元、十元、百元四种借券,凡戍区人民,资产满1000元者,即有认30元之义务,1000元以上,照此类推,兹列表于后:

1932年二十四军戍区内十四县国防捐摊款表

县名	分派标准	农村负担	城市负担	共计
泸县		350000	100000	450000
遂宁		340000	140000	480000
潼南		140000	20000	160000
双流	每两摊借24元,自1分以上起派	—	—	120000
资中		95000	40000	135000
合江	每粮1两摊洋30元	140000	20000	160000
隆昌				125000
永川				70000
大足				130000
南充	有粮在1两5分者皆应缴纳			210000
江安	每粮一钱出捐5元,不足一钱者襄足之			320000
内江				20000
犍为				166000
双流				120000
总计				2803000

4.二十八军(现名四十五军)

二十八军有人枪5万余,防地17县(甘肃3县),现一部陷于□区,大部成为恐慌区域,戍区征粮,一年六次,每次征收约100余万,现已预征至1989年矣。近来因受"□□"影响,经济来源,在在可虑,该军伙饷、常向地方临时征取。前线剿匪士兵,严冬尚无棉衣可着,其财政艰窘情形,于此可见一斑矣!

5.二十九军(现名四十一军)

二十九军现有人枪7万余,防地25县,7县已沦为"赤匪"。该军征粮,一年六次,每粮1石,附加洋8元9角,每两连同附税共37元5角。全戍区每次收入,约200余万。现已预征至1984年。

6.其他各军

二十三军(刘邦俊)现有人枪3万左右,防地大部份已成□区,在以前征粮情形,最可骇人,约预征民国100年以上。成区每县年约筹款70余万元。

新编第六师(李其相)人枪共21000余,防地3县,成区粮税,已预征至1969年。

新编二十三师(罗泽洲)现有人枪1万左右,防地仅一县,成区粮税,已预征至1968年矣。

兹将四川田赋附税表列下,俾见其农年附税增加之速率:

年度	税名		
	水田赋税	平原旱地附税	山坡旱地附税
1911年	65	77	85
1931年	108	—	115
1932年	123	115	114
1933年	113	110	102
附注	以各年份之正税为100根据县数50		

(据实业部中央农业实验所调查)

各军收入除粮税外,还有各种捐税,各种临时军费派款(见上述二十一军各节即可知),但各军仍不足以维持,其原因:一是由于各军军费支出增加,一是民众所担负之公款,不能涓滴归公。收税官吏,勒索中饱,实较正当捐款苛烦十倍。各军当局捉襟见肘,终日闹穷,民众卖妻鬻子,怨招呼天,中间寄生之贪官污吏、土豪团阀分赋扣税肆意豪夺,此实税收枯竭之主因。据统计,1932年每月不敷100万元,二十军每月不敷20万元,二十八军每月不敷40万元,二十九军每月不敷40万元(尚有7500万元债务在外)。人民方面,已被榨取尽净,尚不能抵军费之支出,此实四川财政上之一大问题也。

六、最近三年四川财政之预算

1934年度预算收入之部

种类	千百十万千百十元角仙星
1.捐税	13000000.000
2.盐税	8190000.000
3.五通桥盐税	1330000.000
4.粮税四年计 (旧成区每年300万新成区每年50万)	14000000.000
5.烟税	9000000.000
6.於[烟]酒	1000000.000
7.印花	1100000.000
8.契税	1500000.000

续表

种类	千百十万千百十元角仙星
9.杂税	606000.000
10.旧区加收剿赤费一年	2600000.000
11.续发行田赋公债	12000000.000
12.发行盐税四期库券	8000000.000
共计	72316600.000

1934年度预算支出之部

种类	千百十万千百十元角仙星
1.军费军实费（每月250万）	30000000.000
2.行财政费（八折计及补助费）	3000000.000
3.盐税抵押偿还	9400000.000
4.税捐抵押三期金融库券基金	2000000.000
5.整理川东金融公债第一、二期基金	2041600.000
6.印花烟酒库券基金	1680000.000
7.田赋公债基金	600000.000
8.军需债券基金	336000.000
9.短期军需债券基金	3000000.000
10.美孚行旧欠偿还	276000.000
11.偿还去年预借烟税票	4000000.000
12.偿还田赋公债七帮抵押借款	3000000.000
13.各种短期信用借款	6000000.000
14.各部队机关欠款	3853000.000
15.汇水及各种子金	4000000.000
共计	72316600.000

1935年度预算收入之部

种类	千百十万千百十元角仙星
1.捐税	14000000.000
2.盐税	10000000.000
3.粮税（四年）	14000000.000
4.烟税	40000000.000
5.烟酒	1200000.000
6.印花	1200000.000
7.契税	2000000.000
8.杂税	1000000.000
共计	53400000.000

1935年度预算支出之部

种类	千百十万千百十元角仙星
1.军费军实费	30000000.000
2.行财政费	5000000.000
3.三、四期盐税库券基金	10000000.000
4.第一二期整理川东金融公债基金	1041600.000
5.印花烟酒库券基金	1680000.000
6.田赋公债基金	3000000.000
7.军需债券基金	336000.000
8.汇水子金	2342400.000
共计	53400000.000

1936年度预算收入之部

种类	千百十万千百十元角仙星
1.捐税	14000000.000
2.盐税	10000000.000
3.粮税(三年计)	10500000.000
4.烟税	10000000.000
5.烟酒	1200000.000
6.契税	2000000.000
7.印花	1200000.000
8.杂收入	1000000.000
共计	49900000.000

1936年度预算支出之部

种类	千百十万千百十元角仙星
1.军费军实费	30000000.000
2.行财政费	5000000.000
3.二期盐税库券基金	1680000.000
4.田赋公债基金	3000000.000
5.印花烟酒库券基金	1680000.000
6.军需债券基金	336000.000
7.第一二期整理川东金融公债基金	1041600.000
8.汇水子金	500000.000
9.建设费	5000000.000
10.临时准备金	1662400.000
共计	49900000.000

右[上]列三年预算,仅就二十一军戍区所列,尚未计及全川。然亦可以代表四川全部之收支概况矣!

吾人从此预算中,可以看出收入方面:是以粮税捐税两项为大宗,盐、烟、借款次之。惟盐烟两项,逐年皆有增加。支出方面:是以军费为其大宗(凡占全部三分之二),次为偿还借款及公债基金。三年以来，总计收支，由7230余万，递减至4990万元。此中所减者，系借款及公债停止增加而已！原有捐税不仅未减，反有增加，此可见四川财政根本问题之所在也。

七、四川进出口货于财政上之影响

进出口货之增减，于社会产业之盛衰，于财政收入之多寡，无论直接间接，影响俱大。兹据海关报告四川出口货锐减情形如次：

1. 四川三年来丝盐等出口货之锐减

项目	1930年	1931年	1932年
丝	3000.000 两	9000.000 两	6000.000 两
盐	100.000	800.000	1200.000
山货	17000.000	14000.000	9000.000
药材	4000.000	2800.000	3100.000
夏布	5500.000	3200.000	600.000
烟叶	1000.000	1400.000	1400.000
纸	1000.000	900.000	700.000
糖	300.000	900.000	600.000
总计	4800.000		3600.000

上表中10万以下数字略。

2. 四川五年来牲畜产品之锐减

项目	1928年	1929年	1930年	1931年	1932年
猪鬃	13.791担	2.162	12.248	10.710	9.536
	1813.68两	1976.016	2221.090	2063.967	1695.022
绵羊毛	15.880担	27.910	27.857	28.387	10.301
	458.932两	944.906	972.488	763.749	207.484
生黄半皮	13.601担	2.909	11.409	13.412	6.531
	494.130两	443.609	363.285	437.328	163.121
生水牛皮	9.667担	10.635	8.264	7.601	5.429
	191.710两	199.351	130.118	142.625	102.723
鸭毛	6.692担	6.038	3.709	1.517	2.038
	229.850两	228.494	146.536	46.460	39.772
生羊皮	17.384担	16.129	23.690	23.534	
	1423.819两	1393.431	1694.368	1705.951	1076.457
猪肠	398.634两	391.470	311.576	306.324	132.928
野兔及家兔皮	781.015两	122.398	29.647	31.695	—
总计	76.915担	84.786	87.175	85.061	33.325
	5791.728两	5699.675	5867.108	5508.099	4417.507

上表所列出口货之衰落,这可显示出四川生产力之下降。再就入口货之衰落来看,则又可以显示出吾川购买力之减少矣。

3.四川五年来进口货之衰落

年度	进口	出口	入超金额
1928年	55000.000两	37000.000两	16000.000两
1929年	55000.000两	44000.000两	2000.000两
1930年	60000.000两	46000.000两	14000.000两
1931年	56000.000两	36000.000两	20000.000两
1932年	38000.000两	25000.000两	13000.000两

总之,吾人观察四川财政情况,可以归纳如次:

1.粮税为收入之大宗,但是寅支卯粮,预征年度,实可惊人。至其税收之繁,每年统计不少[于]亿以上,此种庞大之收入,实际应用于正当途径者究竟有若干?此实川中当局所不能反躬自问者也。吾川目前情势,非但普通农民不能生存,即一般小地主,亦有放弃土地之企图。

2.商品捐税在关卡林立之下,非常严重,以致近年来输出锐减,输入亦不踊跃。而川省产品如丝、盐、山货、药材、夏布等业都已衰落捐税收入,大受影响。

3.在粮税及捐税上已无法再求增收,于是私铸铜币或银币,滥发钞票,企图获得调剂,殊不知因此而币制更为紊乱,信用不能维持,财政上仍丝毫无补。

4.公债发行,使市面更为空虚,而且以公债来补救财政,适足以造成金融及财政本身的危机。

5.四川全部财政情形,已形成收入渐减而支出愈增之现象。即当政者日穷其智虑之力,历行非法剥削之方法愈工,而开支之浩繁益大,现在减少开支已不可能,而增加收入,则更为难事。

6.年来因世界经济之恐慌,吾川输出货物或滞销,或落价致成入超之结果。加以美国白银政策,银价骤然提高,四川之正金,大量流出,金融万元枯窘。

八、省府成立后之四川财政的新展望

自中央令刘湘改组省府及蒋委员长莅川主持剿匪军事后,四川局面,翻[焕]然一新。且当局应目前事实之要求,决从打破防区,减轻人民负担着手,缘至最近,已有左列事实,约见其效:

1.打破防区制度

省主席及省委自本年2月10日就职之后,邓军长晋康,即首先来电,交还防区。嗣后李、罗、田、刘各将领,亦先后通电奉还省府,同时省府为化除畛域贯彻政令起见,并将各防区县局长实行调用，意在使之相互观感，不仅表示大公已也。现在互调之县局长已完全接事，打破防区，可谓已成功矣！

2. 废除苛捐杂税

目前□□群趋四川，非剿清不可，本省军队总数，至少亦在30万以上，军饷所需甚钜[巨]，节流既不能，开源又不易。省府于无可如何中，只好决定田赋一年四征，虽未回复一年一征之旧观，然而较之过去征敛无度时，已觉减轻多矣。

又从前各地税卡林立，名目繁多，难于列举。人民不但重受剥削，复多留难商民，痛苦万状。省府有见于此，乃规定一税制，使税率合理化，一面将关卡裁撤，减少开支，从此商民运货，只须[需]一次纳税之后，即可通行全省。庶人民负担，约可减轻，且可除去许多麻烦矣。

3. 整理币制

币制紊乱与不良，影响于一般人民福利甚大。四川币制繁複[复]紊乱之实状，有难以形容之概。兹省府以为整理四川财政，必先着手于币制之统一与改良，故由省府呈请中央银行发行1.2亿元地方公债，整理全省地方钞票，如原滥发之地方银行、川殖银行、粮契税券……皆完全收回。现中央已核准发2400万元，分四年还清，向中央银行抵押。由中行以钞票收回旧有地方钞票，惟渝商会因该钞与中行钞票汇水差价关系，尚须[需]继续磋商办法。

近闻省府拟另发5000万地方公债，以2700万元，专供整理旧债，余2300万元，作为救济四川金融。此款尚在财政部核议中，如以上皆于最短期内成为事实，则四川财政，自不难趋入佳境矣。

4. 调济[剂]金融

川省金融，十余年来，因受政局关系，每次涨跌之记录，真可骇人，影响市面商业殊大。自川省府改组，中央银行来川设立分行以来，申汇即由突涨节节下跌，中央分行当局认为整理全川财政，除进行统一四川币制外，第一步即着手先由折平申票汇价调节金融着手。故近两月来，申汇竟无法抬头，如最近申汇上涨，街面由1000元提涨至1100元，方可买进行市，中央分行，即出头平价，挂牌以1050元之低价零□不拘，任人购买，多至数100万元。上海立刻交款，较高涨汇价当即下平，有此国家金融机关在川调济[剂]，以后当无飞涨突跌之情事发生矣。

5. 统一财政

自省府成立后，全川军事、行政、教育、建设，诸项开支悉由财政厅统筹统支。自无横征暴敛之情况矣。全年收入即以4000万计之，都较其他省为巨，希望当局，确立预算，严格执行军费不过三分之一规章。则移其余以供一切政治之设施,同时严格取缔中饱,则民困自苏,社会人心即可安定。财政前途当可乐观,而四川命运,亦可在新的途程上迈进也。

1935年6月于重庆

附注:本文主要参考材料

(一)四川月报一、二、三、四卷各期

(二)中行月刊一、二、三、四、五、六、七、八各卷

(三)四川地方经济月刊一卷各期

(四)申报年监(廿二年、廿三年)

(五)四川农业一、二卷各期

(六)复兴月刊二、三卷各期

(七)时事月报二、四卷各期

载南京《时事月报》1935年第十三卷第四期 署名高孟先

四川的旱灾及其救济

本文稿成时,正值川南及嘉陵江一带洪水泛滥之日,其祸虽不及旱灾之普遍,然其被灾之区,又每为罹旱最严重之区,故其损失之深重,人民之悲惨,当属空前矣。惟作者因时间匆促,溽暑炙人,于水灾问题,未能顾及,深以为歉!又本篇各节,乃叙述当时各地之实际情况,于兹稍有变易,此尤须特别声明者。

作者附识 二十五年"九·一八"

一、饥荒的四川

近年来,整个四川人民,迭受内斗赤祸的扰攘,频遭水旱虫灾的损害。人祸天灾,辗转相循,致使农村经济加速破产,农民大众乏术谋生,尤以今年全川大旱,灾区之广,竟达百县,饥饿死者,以数百万计,流难大众,多在千万以上。触目尽是被灾之民,侧耳多闻啼饥之声,颠沛流离,鸠形鹄面,伊们在生活饥荒的追逐中,没有草根树皮和泥土与人肉为食时,也就只好铤而走险,将生命与法律道德宣战了。因是省内各地,土匪蹙起,杀人越货,及抢掠城乡之案,频出不绝,其他一般之作奸犯科及因债务关系而口角斗殴缠讼争执者,亦较来时为多,此在国人素称为"天府之国"的四川,而今还排演着这诺[偌]大的惨剧,不能不说是一件奇事。

旬日以来,川东、南、北,均苦旱灾严重,四野焦黄,赤地千里,田畴龟裂,千苗枯槁,秋收十九绝望。而杂粮亦因亢旱之故,下种愆期,旱灾严重袭击,致使物价奇涨,斗米值洋10元,猪肉1元1斤(平武、茂县),农民生活断绝,恐慌达于极点,唯有向天呼唤。于是各地纷纷以迷信方式求雨,如禁屠、设坛、念经、抬狗、捉旱魃、燃黄灯、打雨醮、玩黄金龙⋯⋯千奇百出,往往逼得专员、县长,亦随俗赞成迷信(南充十一区专员刘亚修因祈雨曾一度与农民发生冲突,结果还是顺从民意,随喇嘛到江干求雨),否则,惨剧又重演矣(三台、铜梁、安居等县,政府与农民因祈雨冲突,均曾演出惨剧)。

且一般饥民,有因争食白坭,以饱饥肠,而演出岩奔穴溃之惨戏者,或则结队掠食,盗食死尸,而演出斗殴仇杀者,或则相率离乡,流浪城市,而求雇佣者,不一而足。以致都市僻静街巷,纵横偃卧,马路大道,追随索讨者,接踵成群,四乡一片焦土,真是举火可以燎原。现灾情仍未稍减,未来趋势,或将不堪设想。

二、旱区的扩大

从前一提起四川,就联想到四川地势雄胜,气候温和,面积有130万方里,人口有7000万,物产富饶,风景绝佳,这地大、物博、人众和天赋的优美环境,谁不称它是天府?谁不羡生长在四川的人都是幸福的?然而事实究竟怎样?吾人不得不加以研究了。

据川省赈务委员会4月14日发表,去年受灾之统计,全省共148县3屯(崇化、绥靖、抚边)1局(金汤设治局),面积41553587[平]方公里。其中受灾104县3屯1局(旱灾占45县),面积33532358[平方]公里,占全面积四分之三。又全家人口约6000余万(据四川省政府7月发表之统计),受灾者三千数百万,占总人口二分之一强。而今年旱灾区域,据省政府及蓉渝报纸记载,共达90余县,已经倍于去年,灾民亦与去年全荒灾人数相等。余如十七、十八两行政区内,亦闻旱灾严重,秋收颇成问题,惜被灾实况,未见其报,且风、雹、震、水灾尚未列入,故其灾区之广,灾民之众,实吾川曾所未有者。

三、旱灾的惨重

农田水利,物产富饶,甲于全国的四川,在这困难、赤祸、盗匪群相逼袭的今日,所谓"天府之国",早已变成"地下之狱"矣。尤其今年,入春以来,险象横[环]生,及至入夏,亢阳不雨,演成最大旱灾,赤地千里,禾黍枯槁,灾民颠沛流离,苦不堪言。甚或离村逃流,死无定所,生命农作之损失,较往年更剧。盖一则去岁荒灾百余县,秋收大歉,兼之冬季奉令征工筑路(川黔、川湘、公路均征民工建造),富室仓储,迫售一空。一则今岁大闹春荒,小春收获,大受影响,又因剿匪大军囤集[积],民间食粮,收括殆尽。……现除川西因灌县都江堰灌溉只万亩农田得济外,余几一片焦土,其灾区之广,灾民之众,损失之巨,实逾欧洲一大强国。兹更将各县被灾实际情况,分别汇述如次(据渝、蓉各报纸及省府公报,省赈旬刊之记载)。

第一区(依四川新划之行政区域为序)

(一)俾、新、温、崇四县,近年以来,因农产物之过贱,农民感受损失极重,以致粮食消耗增加,每岁所收仅足充食,一乡一镇,无一粒之积蓄。今夏旱魃为灾,小春欠[歉]收,山间黍、麦、芋、薯,其时不能种植,以致粮食飞涨,且奸商乘机造乱,大价收粮囤集,哄操市价,旬日之间,米每石由21元至40元,麦子17元至25元,菜子18元至30元,豆类及一切农产之价均飞涨不已,各县之特产如温江之麻,每斤亦涨至6000文,灌县之川芎,每石至40元。百物随之高涨,法币反形低,每元22000文,跌至17000文者,因之人心浮动,社会不安,且日来夜间常有小丑跳梁,啸聚三五,破屋潜入,窃取耕牛及银钱衣物者……

第二区

(一)资中——本县境内,久旱未雨,禾苗、高粱、玉黍、甘蔗,大半可燃,甘薯种秧,枯死殆尽,贫民多跪烈日中,呼天祈雨,厥状堪怜,近日气候愈烈,秋收当无望矣。

(二)内江——自6月中旬起,骄阳肆虐,日益加盛,以致普种之水稻、玉黍、高粱、黄豆等类之农产品,尚待结实,多已枯死,主要粮食之甘薯,已种者尤[犹]不及三分之一,未种者时期已过,无从挽救……

(三)自井——附郊出土,龟纹四布,禾枯欲倒,粱、黍未经雨润,不盈三尺,秋收无望,因之各米贩囤户,争购囤集,米价飞涨不止。

(四)荣昌——月余无雨,殊属非常,四乡硗土山田之禾、黍、豆、粱等,悉成干柴枯草,农民含泪呼天,收割作燃料,田土多成赤地,公家佃农,纷纷向机关当局退佃,即使目下降雨,收获亦不过十分之一二。

(五)简阳——县属前遭风震之灾,损失至巨,现逢天旱,禾苗枯萎,秋收无望。

第三区

(一)永、铜、武、璧——均亢旱为灾,田野尽裂拆缝,禾、黍、豆、粱、蔬菜,死去甚多,城乡关南门、安龙、禁屠、演戏、祈雨……无所不至,连日天候愈形亢烈,收获十九无望。

(二)江、巴——今春遭受春荒,当时十分严重,农民争食白坭,树根者,数百成群。此时亢阳肆虐,其严重较之春荒尤甚。

(三)合川——入夏缺雨,亢阳肆虐,田裂千枯,达数百里,以致饥民无食,四处抢米。

(四)大足——千黍十九晒焦,秋收失望。白米1斗4元,贫民吃泥啖草者,四处皆是,男女老幼,嗷嗷相向,蹙额愁眉,枵腹堪悯。

第四区

(一)邛崃——去岁两经兵燹,人民生命、财产、牲畜损失一空。今更灾威肆虐,田土龟裂,溪涧断流,平原栽插,仅及十之三四,山田种植不及十之一二,玉黍全恃以为恒粮,近因土干石燥,大多枯干成柴,一火可燃。

（二）彭、眉——川西各县,旱魃为灾,禾、黍、芝麻……皆无收获。无知农民,抬出禹王神,走于街头及露天旷野间,或设坛祷告断宰戒斋,并牵狗游行,引起观众捧腹大笑,藉以祈雨。

第五区

（一）峨眉——入夏不雨,旱象已成,禾黍均受摧残,收获无望。

第六区

（一）宜、南、长、庆——四县厉旱,田畴龟裂,禾、黍、豆、菜,着火即燃,农民忧形一色,城市大耍水龙、抬狗,宜宾戏团并演风波亭,搬目莲。

（二）江安——月余不雨,秋收绝望。米涨4元,县府用炮轰天空,冀甘露,人民素食设坛,点"三官灯"供五方得道行雨龙王位……祈雨。县长郭雨中俯顺民意,率各机关法团首长到城隍庙行香,到城湾沱车水,以博雨下,迄无结果。四乡溪流干涸,秧成黄草,一切副产物将全部枯尽,连日退佃之事层出,更有农家将已晒死枯苗,缴呈征收局哭泣而说:"这便是我们完粮的东西"。

第七区

（一）泸县——全县秧苗,死去过半,斗米4元,人心恐慌,设坛祈雨,无所不至。曾在忠山顶,用炮轰空,不幸火药缸爆,伤及小孩数人,且一伤重毙命。

（二）富、叙、荣、威——一带,旱灾颇重,禾未育全,即成绝索,豆粱亦枯,人心惶惶,祈雨法尽。且本年地动,富顺为历八九十次之多,因小动而人每不觉,七月七日亦震动数次,是即亢旱之征云。

（三）隆昌——禾、黍、芋、豆,悉被赤日摧残,百物高涨,饮水亦难,跪地求雨者,日数百人。四乡农民,卖妻鬻子,藜藿无食,饥肠辘辘,唯有暗自悲啼,求雨之术用尽,每日成群孩子,执纸旗戴荆帽高唱:"苍天,苍天,百姓可怜,快落大雨,保护禾田"等语,声颇凄切,听者动容。

（四）合江——年来兵、匪、水、旱、冰、雹为灾,今年禾菜枯尽,饮水亦难。

（五）纳溪——旱灾惨重,禾、薯枯尽,一般贫民野草树皮吃完,争掘白泥充饥。

(六)古兰、古宋——两县地处边陲,与滇黔接界,近年迭罹干旱,收获不丰,人民啖草食泥,一生九死。

第八区

(一)酉、涪、黔、彭——去秋收获欠薄,冬又奉令征修公路,富户积粮,迫售一空,四乡农民,蕨根树皮为食,以致哀鸿遍野,民情鼎沸,此种荒象,实所罕见。

(二)丰都——亢旱成灾,政府、人民疾首蹙额,城乡居民每户门首,各设"行雨龙王香位",并置水缸一口,杨柳一枝,正招下雨。

第九区

(一)万县——两月未雨,食米倍涨,奸商囤集[积]居奇,贫民叫苦不已。

(二)城口——去年遭匪,今岁厉旱,天灾时疫,交相逼至,今年秋收无望。

(三)奉、云——入夏未见云电,四乡作物枯死,秋收完全绝望,人民坠岩投河而死者,不一而足。

第十区

(一)邻水——全县亢旱,小春无收,据云"近有桐木洞贫妇因迫于饥饿,始则啜食青草,继则将其三岁小女杀而食之……"。

(二)竹、垫——高地田土乏水插秧,平畴悉成龟裂,豆、黍、蔬菜,早已寿终正寝,甘薯亦无法下土,前月(二十九)有80老母,手扶竹杖,径奔县府,向县长俯跪流泣[涕],求关南门,以期下雨。

第十一区

(一)南充——旱魃肆虐,两月未雨,作物枯死殆尽。食米高涨,平民呼天,饥者遍野,饿莩盈途。至川北、潼川、阆中、射洪、盐亭、广安、蓬安、苍溪、仪陇、南亭、西充、南部等县,旱象均重,7月6日南充四县农民,老幼男女600余人,抬神入城赴十一区专署,请政府禁屠求雨,与警卫发生冲突,枪伤12人,被政府收禁10余人。

第十二区

(一)遂、潼、安——三县多属山地,土壤硗薄,秧未插完,苕未下种,人民焦灼万状,多数奔流各地谋生。

(二)三台——地瘠民贫,今逢奇旱,7月24日农民一部到征局要求豁免粮税,人数稍重,秩序欠佳。农民祈雨,第一次与第三路司令演成互斗,互有伤亡,结果捕去农民3人,第二次农民2000余人,入城要求县长拜龙王,未允,旋与保安队冲突,又伤农民3人,死1人,当时满城风雨,几乎激起民变。

(三)岳、中——三月来未得滴雨,作物枯死,人民逃亡者数万人上。

第十三区

(一)绵、金——久旱不雨,无法插秧,土中农作枯萎,因之物价提高,币制低落,人民恐慌,政府无策。一般人民,莫不调诵"悠悠苍天,其何此极?"

第十四区

(一)剑阁——两月不雨,插秧不及十之三四,水田禾枯十九,旱地无法播种,7月18日,郊外平[凭]空发生火灾,焚屋十户,旱象之严,可想见矣!

(二)平武——匪旱兼相蹂躏,地广人稀,田土荒芜,食米每升售洋1元6角,猪肉1元1斤,饥民投河自尽者,日必五六[人],涪江之中,死尸任其漂流,其状厥惨。

第十五区

茂县——禾种不及十之三四,食米每斗6元,猪肉6角1斤,法币低落,饿殍载道,四乡惨凉,一片焦土。

综上所述,全省罹亢旱者,达90余县(十七、十八两区因交通阻碍,灾情未得具报)。灾情较重之区,为二、三、七、八、九、十一、六区,秋收十九绝望,最重之县莫如江安、南充、三台、平武、茂县,不仅小春欠[歉]收,秋获绝望,就冬粮亦下种延期。总之,各地被灾实际现象,吾人可归纳概约如次:

(一)插秧时无水可戽,抛荒未种者,约占30%。

(二)附近匪区各县,因缺乏耕牛、种子,田土荒芜未种者,约占10%以上。

(三)插秧后而遇亢阳,将全部青苗晒槁者,或全恃塘堰溪涧之水,以为灌溉,尚可收若干之成份者,或虽施灌溉,而灌随随涸,杯水车薪,无济于事者。

(四)有因塘堰不修,溪涧绝流,致使茎叶短小,或禾穗长成,尽开白花,稻形时期有不抽穗,或抽穗而不结实者。

(五)插秧后,降雨数量甚微,不仅天然蒸发之大,遂致秋收完全绝望者。

(六)有因山地旱地,杂粮、豆、棉种不萌芽,或长成枯死者。

(七)有因菜蔬多粮,下种延期,或其种籽早被干死,以致田园荒芜者。

(八)有因争水而致仇杀,或因祈雨而演出惨剧者,比比皆是。

因此,各地食米飞涨,法币低落,灾民嗷嗷,生死不得,或离村逃亡,或铤而走险,或杀食人肉,或自缢投河、坠岩……其伤心惨目之情景,孰有过于今日者乎?

四、缺失之估计

据农商部统计(1933年),四川全省面积为7亿零300万亩,人口为47992182人(现已有增加),户数为7263838户,农民为4975252户,占全省户口69%弱,耕地面积为155892000亩(工程师四川考察团前年调查则为165653000亩),重要出产则为米、糖、丝、棉、桐油、药材、山货、蜡、茶等,但近年以来,各种出产顿形锐减,如早年产米,除自给外,尚运销湖南,年约400万石,晚近以来,自给不足,反赖湘米,年约10余万石,且产棉亦减少,年仅70万石。兹将四川主要农产表列如下:

四川主要农产及耕地面积表

物品	出产面积亩数	产量石数	每亩产量斤额	备注
粳米	41515000	132452000	319	每担100斤
糯米	4332000	12924000	289	
小麦	18437000	26463000	144	
大麦	8236000	11761000	143	
高粱	5544000	8149000	147	
玉蜀黍	12751000	22195000	147	
粟	984000	5075000	136	
甘薯	5963000	59915000	1,005	
豆类	11542000	1591000	126	
棉花	3933000	7000000	17	
合计		295565000		

依上表调查之产量结果,则知吾川每亩水田平均可产稻2石以上,种麦之旱田,每亩约产1石5斗,至山地旱地所产之玉蜀黍、粟、高粱等每亩最多产量亦只1石5斗,甘薯则每亩少至1石,因此吾人可将本年旱区主要农作物之损失成数作一估计。

本年四川主要农产损失之估计表

名称	损失石数	合计洋(元)	备注
稻	50000000	800000000	估计损失之数,不到全产量二分之一
麦	100000	2400000	只较寒地稍有损失,故估计数仅七分之二
玉蜀黍	10000000	200000000	因收获时大旱,最优者亦只收成三分之一
高粱	100000	1200000	种秧下土被烈日晒枯者四分之一
豆类	2000000	60000000	收获时遇大旱,损失约四分之估计仅八分之一
甘薯	30000000	15000000	十分之九下种延期后,因补种故估计仅四分之一
棉花	200000	2000000	因下种后缺雨灌溉,估计损失七分之二
合计	92400000	1086000000	价值系照市价之最低者计算之

以上估计之数字,则系依据各县报具实际灾情之轻重,及四川嘉陵江三峡乡村建设实验区区内所调查之数字比例而推算之。虽不十分确切,但亦相信不会失之千里。今吾人就做以稻一项之损失而论,则5000万石(事实尚不止此),即照每石10元最低之价值计之,亦常有5亿元,以四川6000万人分之即每人各损失8元余之生产矣(实则吾川平均每人寓力尚不及此巨数)。

复次:吾人若以灾民计,3000余万之众则当超出1928年陕、甘、绥、晋、豫、察、冀、鲁八省大旱之灾民人数(灾民3000万),以灾区计,可抵1934年全国大旱十一省369县(据大公报载)的四分之一,以损失成数计,则更超出1934年旱灾最严重之江苏五倍以上(江苏全部损失约2亿元)。读者据此当可想象四川今日问题之严重,并可推测四川将来之命运为何如也。

五、旱灾的成因

吾川近年以来,水、旱、雹、震、风灾毕至,尤以今年之厉旱,其损失成数,其被灾情景,均较往年更来得深度。然亦逆潮成灾之原[缘]由,则不全非天然环境之不良,而人事之未尽,尤不失为其重要因素,兹分别论之。

(一)关于天然者

四川全省约占于北纬26度至34度之间,平均每年雨量约为650厘之谱,与德国全国平均之雨量相等(660厘)。至吾川雨量是由东南向西北递减,其情形与吾国全国雨量之分布相同,全川雨量最丰沛之处为川南沿江一带,达1000公厘。最缺雨者为西北一隅(据四川历年海关统计报告),至于下雨季节,四川为中国中部,六七月间,雨量最多,为梅雨节,全川各地平均约在小满(5月21日)入梅,小暑(七月七日)出梅。是项梅雨之降落,实为水稻栽培之严重时期,本年其对东南风强盛,西北各省淫雨(据《大公报》载)而四川各处反苦旱,雨量稀少。据此间中国西部科学院气象台记载,本年(六七)两月平均雨量为

3.6公厘，较之去年4.9公厘（六照七月）则差到1.4公厘之大。此数只能代表川东一带至川西雨量，据四川大学气象报告，则本年六七两月仅约2.5公厘。川南北虽无数字依据，其雨量之稀少可以想见。自芒种夏至，以至小暑大暑，在此一月之长时期内，十九[日]均未得滴雨，实为吾川最旱之一年，故农作受害甚剧。

其次则为降下雨水，因地势关系，无法尽量蓄纳。此原因亦非常重大，查雨水降下其去路当为蒸发，渗透，径流三种，经学者试验结果，蒸发量约占全雨量50%，渗透量约占20%到25%，径流量约占25%到30%。此种比例有时因地势的缓急，有很大的不同，如四川山岭绵亘，急坡甚多，沿着地面流下的径流量总不下全雨量的60%，且渗透入地下的水，往往再涌而为泉，流入河中，故四川径流量，实可占总雨量三分之一到三分之二以上。因之即或下一二日大雨，水量亦不能多储蓄田间，且四川土壤多未施行深耕，多耕，故不疏松，水分不易透入，雨水更不能蓄在下层，此点助成旱灾之剧烈亦大。

（二）失于人事者

自然界之现象与变动，吾人固可诿之于天，此外当不能不归咎于人事之不尽矣。查四川有雅、泯、沱、嘉四大江，纵横及涪、黔、渠、大渡各河交错，农田水利，本极丰富，惟吾川农民，少有利用江河开沟筑堰，引水灌田，其在平时缺水，沿近江河两岸农家，虽亦有用水车（四川西北多用竹制筒车，川东南则多用木制龙骨车），送挽溪河引水以资消耗者，然亦未能充分利用，而使大好江水任其流去，徒号天旱，此其一。

四川各江支流及溪涧，本身多未修凌，故淤积日甚，浅蓄维艰，一遇亢阳，干涸见底。山谷流泉、瀑布，未建梯间，无法引以灌溉，源泉混混任其奔流，此其二。

高亢之区，原有塘堰，但积水甚少。虽经长时之蒸发，且年来，农村经济破产，塘堰大都失修，甚有以之辟作田园者，此其三。

今日四川，童山满目，森林早已凋残不堪。即以森林最富之巴山而论，万、巴、宜、两开一带，亦已发生木材之恐慌，目前成渝铁路建筑需要之木材，逼得只好派专家到川边去求解决。所以森林过甚砍伐，水源不能培养，实是吾川旱象日甚一日重大原因之一，此其四。

一般农民尤乏科学常识，缺水之地，不知将田土表层掘松，及割去禾苗上截，满盖田间以蔽日光之蒸发至于祈雨，亦只用迷信方式，如举火、烧烟、烧山、放炮轰天，较为科学之方法，乡人不知仿用，此其五。

以上五端，皆是失之于人事者，以能尽量利用引水以资灌溉，疏深溪涧，修筑塘堰，大量积蓄，种植森林，培养水源，则旱灾之程度，当可为之大减矣。

六、旱灾的影响

吾川两千万农民生活,早已踏入饥饿线上,其原因一则由于农民收入太少,一则由于农民负担过重。换言之,即是农民以最大劳动方能获得的结果,全被地主、资本家等以用租、利息及苛捐杂税的方式而剥削殆尽了。目前又罹大旱,其农村的解体,农民的破产,就更形尖锐化起来,现在伊们已由饥饿线而坠入死亡线了。吾人为求其得到事实上证明,不得不引用一些较为正确的材料——旱灾对于社会所发生实际的影响了。

(一)人民生活极度恐慌

近日以来,亢旱日益剧烈,引起各方注意。因为千万以上灾民,生活异常恐慌,壮健者,多离村逃亡,乞食他方;老弱者不急于自杀,便坐以待毙(一般饥民率多以山芋、苦蒿、芭蕉、蕨根、葛藤、白坭、人肉充饥,且常闻有哽死胀死者);狡黠者,多铤而走险,流为盗匪;赤贫者,流为乞丐。报载:"渝公安局因整顿市容,责令各警署拉送乞丐入救济院,7月17、18两日拉乞丐825名,壮者占半数,分别送入壮年、残废、儿童各救济院,后因人数过多,救济院公函公安局以后拒绝收容……"又重庆370000人口中,赤贫者竟有244159人,占全市二分之一强(据民食委员会7月30日发表之调查),至于社会各种业务市场极形廖[寥]寂,大小商贾感患亏折,百工负败之类,行止维艰,同称坐食山崩之苦。渝万都市商业,最不景气,商号货店倒闭者,日有所闻,各乡市坊布疋[匹],价虽贱而购者仍稀,如旱灾仍无止境地延续下去,不但人民生活发生严重的恐慌,社会的秩序,恐亦将有激起巨变的危险。

(二)耕地减少,荒地增多

据立法院统计处地权分配比例调查,四川农村60.2%,尽属佃农,22.4%为自耕农,17.4%为兼种,是佃农占较多之人数。又四川之农田圃田约共125432000亩,占全面积14%,而业者约6036370,占全川人口60.64%而已。耕地计算每农摊种田地不满三亩,所以四川农业衰颓,生产萎缩。今一般农民又受旱灾及经济压迫,多数弃田不耕,转徒[徙]他乡或流到都市,这种严重的病态,最显著的就是荒地增多,耕地减少,兹将本年6月底止,省府建厅据各县所报荒地面积(有表可稽各县),表列如次,即可知四川农田荒芜之现势了。

县别	荒地面积(亩)	县别	荒地面积(亩)	县别	荒地面积(亩)
崇庆	78000	筠连	2211034	灌县	7500
富顺	491000	高县	460	兴文	25700
北川	2500	泸县	5400	荥经	8000
铜梁	8000	彭水	16957620	合川	717

续表

县别	荒地面积(亩)	县别	荒地面积(亩)	县别	荒地面积(亩)
大邑	750	蓬安	9000	涪陵	1375326
彭山	310	武胜	300	德阳	73500
射洪	200000	宣汉	120	荣县	347290
雷屏马峨	1000000			合计	21809277

今旱灾问题愈扩大,荒地面积的增加,当然在继续不断进程中。

(三)高利贷者十分猖獗

旱灾愈烈,农村金融愈枯竭,其结果反使一般高利贷者愈为活跃。这般人不是豪绅巨商,便是资本家之类,他们凭藉自己的纸币,竟买大批米麦囤集[积],企图操纵市价,剥削劳苦大众。某银行曾经在一周以内因囤积而获利200万元者,又省府在蓉市查[察]觉一商号囤米500石,及某银行在市外大连其仓库者。总之,现金愈缺乏,他们愈有威方,至于多数农民在耕作或灌溉之时,不惜忍痛高利借债或预行卖青,期于收获时偿还,今则秋收绝望,负债徒增,因此放债与借债者,纠纷时起,缠讼不绝,不仅私人穷困,社会经济,更是破坏无遗。兹将大陆社记者调查全川普通利贷列下以资参考:

A. 较高利息

a. 资阳、盐亭——3分半至3分8厘

b. 岳池——3分至3分6

c. 川北仪陇——3分至5分

d. 剑阁——3分至3分6

e. 阆中——4分至5分

f. 昭化——3分至4分

g. 垫江——3分5至4分

h. 秀山——5分

i. 富平——3分至6分

j. 宣汉——2分半至4分

B. 较低利息

成都、华阳、新都、新繁、彭县、灌县、三台、江津、南充、绵阳、什邡、开县、涪陵、丹、眉山,1分5至1分8,其余各县为中等均在2分左右。

(四)盗匪扰乱社会不安

一般饥民生活无法维持到万无可忍时,便不得不铤而走险,初则拦路劫食,纠众抢米,继则杀人越货,流为匪盗,久则隐匿山林,召集流亡,啸聚成群,出没无常。近来川中各地劫杀之案无日无地无之,许多县城市乡,被劫得十分厉害。据报载合川泸县遂潼一带,饥民抢米,风行一时,米粮不敢运输,两开、城万各县,讨生团(吃大富)横行无忌,人民畏之如虎,金堂征局被劫,仪陇被抢掠一空,征局长、赈务员亦被杀死。重庆陕西街昨晚(三十一日)汇川银号,突被匪劫去现金六百余元……匪风之盛,于此可见。其他比较有组织之土匪团体,如璧合一带的松杉教,顺绵一带的红灯教,彭黔一带的联英会……真是"野火烧不尽,春风吹又生",又在各县猖獗了起来,杀人放火,抢财劫物,绑人勒索,无所不为,目前的川局,又成为盗匪充斥的世界了。

(五)离村逃亡,人口减少

劳苦的农民,因旱灾而更感受生活的压迫,同时因农村社会的扰乱,不得不离开农村投奔到都市,希望充作雇佣、小贩、苦力。于是三五成群,不分男女,纷纷弃其田宅,率妻携子,逃流城市,因此饿殍不堪,沿途倒毙者,随处皆是。据重庆市公安局报告:5月份渝市露毙人数为580余人,6月份则增刊1000余人矣(且露毙人数,单以公安局各警署负责掩埋者,余如城郊死尸无人收捡,或经亲故掩埋者尚不在此数字内),又据巴中县统计,该县露毙饥民无处无之,现城内日死30人以上。二月至六月,死达80000人,其数目实可惊人。总之,农民离村,使农村人口日渐减少,荒芜田亩增多,农业生产锐减,形成严重民食恐慌,其直接影响于都市者,则为都市人口增加,失业问题日益重大,盗匪乞丐日益增多,引起社会秩序的紊乱,此点尤为整个四川农村前途之暗礁。

此外在旱灾期中吾人尤应注意的是:

A.华阳龙爪堰上下流农民争水,酿成巨大纠纷。

B.南部农民抬神入城祈雨,因县府强压,曾演出两次惨剧。

C.南充乡民祈雨与十一区专署滋惹纠纷,保安司令部开枪,死农民4人伤20余人,激起民变,农民数千人入城捣毁专署。

D.荣昌乡民要求当局禁屠祈雨未允,遂群起将县府捣毁一空。

E.三台农民请征局豁免粮税,邛崃农民结队向县长索水。

以上政府与人民发生的种种事件,迄未闻有正常解决。吾人在此,希望当局能对于民间社会所要求解决的问题,或正在民间社会中所酝酿的问题,要早为注意预防,其在已发生的许多变故,尤应速谋善后的补救,如一再任事坐大,前途未可乐观也。

七、救济的办法

灾祸既成,如何觯除饥困,安靖地方,而使民不重困,农不重伤,实为善后之要件。近日以来,传闻报载,乞救者满市,望哺者甚切,地方政府,社会人士,虽有不少救济之方,但多偏于一隅,不甚普遍,其得惠施者不及万一。查此次灾区广大,灾民众多,政府人力财力有限,欲求其办理完善,则非藉[集]群力不为功,若政府能筹拨巨款,人民能广事募集,上下一致,尽其全力,不仅以慈善之惠施,更本政治意义予以救济,而民困自苏,农伤自微也。兹将目前应急办赈济之事项,胪列于次,以供热心社会人士之采择。

(一)统治粮食

旱灾既成,食米飞涨,此时省府即明令严禁奸商操纵市价,富户囤积居奇,同时调查各地农产,封查仓库,此法至善。又川财厅长刘航琛十七渝组织民食委员会,向金融界筹款在上海芜湖宜昌购来平价,定经费为100万元,由中央、中国、农民三银行共认90万[元],余由各银行分担。并推定采购、运输、分配负责人,在二十日内可运5万石米回川分囤万渝两地,以应急需。同时中央驻川行营,在刘未召会前,曾饬令经理处在汉采购大批食米先后约万石,令市府及商会共同组织中粮局,价格已决1升售4800文,售米地点以坊为单位(渝共二十二坊)平价期一月,八月一日开始,全市贫民调查结果为244000余人,共发出购米证50000张,每日每人2合为标准,计全市耗米日约400石。自此渝市贫民,得厚惠施,固匪浅鲜,然一检阅各县四乡,嗷嗷待哺者,当千百倍于渝市,迄未闻当局有所措施,且食米之价,尚有在4元以上者,如政府当局于各县,各乡镇,均分设粮食管理机关稽核所有粮食存储实数,强制征买,再设若干平粮处,以当地公务人员主持,社会热心人士辅助,办理平粮,则救济之道,乃得其宜,至于川湘公路之食粮出口、分配、运输、存储……应由政府统制办理,藉免奸商操纵破坏粮食之标准价格,俾饥民少饥饿之患。

(二)速办急赈

省府1935年度救灾预算仅60000元,早已用尽,又中央拨善后公债百万,已由省赈令发散无遗,省赈会主席尹昌龄因赈款拮据办理困难(四辞主席之职),当此饥民遍野,待哺孔殷之际,应由省府速电中央拨款急赈,分配重灾区域。同时于大都市设立救济院或灾民收容所,尽量收容,酌量施衣、施食,并设灾民习艺所使有能力技能者,从事生产,设售货处为灾民平价变卖货物,设职业介绍处,安插有技能,体力之灾民,至于免费戒烟,免费诊疗,施棺掩埋,亦为急不可缓之事。

(三)筹办工赈

急赈之外应办工赈,因大旱之余,失业者众,如征用灾民,以工代赈,建筑塘堰,修睿沟渠,不但得济目前灾民之困厄,且冢绵田事将来之利益。交通阻碍之地,尤宜兴工建造,俾灾情容易传达,粮食容易运输,外助容易获得,藉免垂死无救之弊。至如目前用川湘公路、成渝铁路之修筑,应尽量招抚灾民,一方使其不致流难逃窜,裹胁匪类,一方重要工程,得以轻易完成,而扰民反得济民,其益岂泽鲜耶!

(四)农村贷款

旱灾之后,衣食维艰,一般贫农,告贷无门,急赈工赈,暂济眉睫。为永久计,则速应将中央所拨200万之善后公债,组织信用合作社,以借贷资金,使得购买种子,保留耕牛与购置家具肥料。放款机关,委托地方银行或农民银行办理,放款手续务求简便无弊,如此则农民再生有术,高利贷者亦当无形自弭矣。

(五)购种贷放

凡遇灌溉困难,或因旱失收之区,则应使农民种植夏季耐旱而能于短时期成熟之作物,以资补救,如晚稻、洋芋、高粱、大豆、甘薯……得雨补种,以谋生产。上项各类之种子,由政府备制,依一定办法分贷无力购买种子之被灾农民,惟须注意贷种不许移作食粮,且收获后必须还种,至于被[遭]灾较重之区,由政府派员询查确切,可豁免一年以上之粮税。

上所陈诉,全为治标,目前因刻不容缓,但如除永患,厥为治本,其在今后尤为切要,兹分述如次:

(一)培植森林

四川千万山头,大多秃兀,人民不明森林利益,任意砍伐,政府鲜于提倡,且不加限制,以致天然富源,破坏殆尽。频年以来,当酿巨灾,政府如不急速提倡造林,四川将成一块干燥土地,盖荒瘠不毛之地,雨水来时不能涵蓄,尽由地面流去,若林木荫翳之地,雨水来时一部随根浸入地下加增地层水,一部涵蓄于地面堆积之枯枝落叶中,其流失甚少,遇久晴地面为枝叶所蔽,阳光不易直射,常能供给空中多量水气[汽],空中水气既多,则降雨机会亦多,而流失水分则少,自少旱潦[涝]之患矣。

(二)兴修塘堰

塘堰本为农民天然之蓄水库,频年以来,一般农民怀贪小利,垦成田园,一遇亢旱,束手无策。兹应由省府通令各县转饬各镇乡,凡地带易旱之地,每20亩,必兴修可灌溉20亩之塘堰一个,原有之塘堰破坏者应速修缮完整,并严禁辟作田土,派员限期查勘,以杜流弊。

(三)开掘堰沟

沿江河溪流之农户,应尽量利用流泉开放堰沟引水以灌田,其法易行其用甚便,其收效甚宏,渠、广、竹、邻、梁、垫等县沿山麓一带已多举办,惟成效不及川西灌县之沟渠堤坝之显著。至开沟渠时,尤当注意溪流要有丰富之来源,且溪上游河身须高乃为适当。

（四）疏凌河渠

凡河溪涧之淤浅者，固宜加以疏凌，即分歧之支流以及农田间汤渠，均应加以疏凌。一方得排浅田间之溢水，一方得储水量以供灌溉，其为用至便且大矣。

（五）凿井引泉

邻近地面无水可引之地，宜于田间利用地层水开凿深井，汲取灌溉，其事易举，其灌溉面积虽不及堰沟之广，而其稳便可靠，且需款不多，效用长久。我国北部河南陕西等省，早已施行此法，开凿数十丈深之井，卓著成效。比年北方大旱，长期不雨，溪流干涸，人民饮用及灌溉，咸仰给于此。

（六）蓄水灌溉

利用剩余雨水及溪流，筑池蓄水于高地，或筑堤坝蓄水，使水面增高，上设闸门以供灌溉之用，吾川各县，山陵横亘，大小溪流，交错其间，多可顺势取利。至如灌县、泸州、嘉陵江各处著名之大瀑布，最可引用以灌农田，如工程浩大，私人无力建修者，则由该区农田之主户，共同担负，或募捐修造，或政府垫筑均系办法。

（七）机器抽水

川西各地，因河身不高，沿江农户可购抽水机实行抽水灌溉，如贫农而无力购机者，可由政府分区设立汲水站，办理汲水灌溉事宜，收取轻微之利。惟水之分配，务须妥为计算，俾免争水之纠纷。

（八）提倡合作

遇此荒旱时期，欲求农村经济急速恢复，惟有提倡合作，由政府先提倡组织生产合作社，即用大农经济办法。如农具不足，可集各社员农具互相参用，如水利不便，劳力不足，或疏凌河渠，开凿井池，及一切私人不易举办之事业，都可用合作经营办法解决，目前苏联的集体农场，全采此方式。至于运销、消费、信用、合作社之组织在今日的农村亦极重要。

此外应由省府聘请林学、农学、水利工程专家，组织一农田水利委员会，俾便分别指导监督农林水利事项。人民自动组织积粮会，天灾会共同积蓄食粮，俾天灾人祸降临时，有以预防和补救，此亦为当务之急！

上列各点，仅及大要，因地制宜，责在当局。总之，目前四川全为饥荒恐怖所笼罩，有百余县秋收将绝望，有3000万灾黎待救，有一数万土匪待肃清。此时人民固惶恐不安，政府亦异常发愁，在此吾人希望当局尤其希望其高谈"四川为国际经济建设的中心，为复兴民族国家根据地"者，均本"人有溺者尤已溺之，人有饥者尤已饥之"之意念速谋善后，则此浩劫，庶几可免长此漫漫，不然，则其前途演变何如，吾人当拭目以观。

1936年8月1日　于四川北碚

载北碚《工作月刊》　1936年第一卷第二期　署名高孟先

秋感

　　早晨起来,心上流过微微地冷,秋的冷!

　　披了衣,同往常一样,在一个孤峙着嘉陵江滨的园子里漫步。入园,触眼一片萧萧索索,秋后的天气,总是带着伤感的情意。微绿的野草,已经苍老起来。槐树不耐烦地挂起了红黄相间的叶子,有时被风吹落了两片,在地上无归宿地乱滚。

　　园里空空洞洞地没有几个人影,绕过了一条曲折的小道,见着一个园丁悄悄地扫着落叶,从园的右边望去就是几畦菜园,一个老人挑着一担粪在那里默默地灌溉,面上呈着悲伤痛苦。

　　转到露台,微微的风不停地吹拂,嘉陵江水给它吹皱了,满园的竹树给它吹得摇曳无定。啊,我的心头,更是吹得满感着萧瑟的悲凉。对着这清幽的景色,真使人说不出的怅惘和怨愁。

　　看,空阔的天际,幻淡的云雾,不断地转变,不断地飘流。淡蓝的天上飞过一群灰色的小鸟,它们高唱着秋,秋,秋……这妩媚的音乐似的声音,撞开了我紧闭的心扉,透出千丝万缕的感想。

　　啊!明天不是沉痛的"九一八"五周年了吗?

　　这五年中的帐[账]够算啦,第一年失去了辽吉黑三省;第二年战毁沪滨,亡掉热河;第三年进占冀东;第四年沦陷察哈尔;第五年河北与绥远不保……他们一贯的侵略,可说是一帆风顺,由东北到华北,由华北到华南、华中,以至华完了事。什么《塘沽协定》,《何梅协定》,中日通邮,中日通航,中日经济提携,华北自治运动,冀察政委会之组织……花头玩的不少,最滑稽的爱国也要犯罪了。现在侵略的范围一天一天的扩大,私货和汉奸一天一天的增多,尤以近两个月来的成都、北海、汉口、汕头、丰台、上海等事件的发生,中日问题更形尖锐化起来。我想并非由于我国暗杀狂的风行,实是我们中国人爱国的热烈情绪必然的一种表现。我相信明天在国内的大的都市,小的村镇都会下半旗,开纪念会,我们将有成千上万的学生、工人……悲壮的在马路上游行,高呼打倒××帝国主义的口号。抑或许这些呐喊的男女学生,青年工人,会被凶狠的警察逮捕,打伤追散,但我们要抑制着热泪抚扪着伤痕,还是要抗争,要怒吼,因为我们都是中国人,我们要继续白山、黑水、长城之间的无数为国牺牲的无名英雄,努力向着光明之路奋斗,前进!

  这样的感慨,愈来愈多,秋声,愈叫愈密。心,老是不自主的飘荡着,唉!秋之萧瑟的韶光,您真象征着国运的凋残么?

载北碚《工作月刊》 1936年10月 第一卷第二期 署名雪西

教育与社会

社会是个人的组合体,而个人又生于社会,育于社会,社会与个人,直接间接都是互相关连[联]的。社会离了个人,便不成其为社会,个人离了社会,也便失其生命的意义与价值。

教育是个人不可少的,也是社会少不了的。没有教育,社会便不能推进,国家决不会文明,个人亦将永远蚩蚩无知无能!但从事教育的人,若只知抱着呆板的死书本,闭着校门去讲求,不问社会的实际需要,不与社会相关连[联],徒夸清高神圣,于实际全无补益,这样学校尽管的林立,学生尽量的加多,新的货物尽管一批一批的输送到社会上去,然而社会终不会创造出个新的面目来。试问教育的功能安在?所以吾人以为教育陶冶个人的作用,必须为社会的,换句话说,必使教育社会化,其意义乃能完成。

拿托普说:"个人的陶冶,无论在任何点上,必依社会而后完成。"杜威把教育视为对于年少子弟,加以社会化的作用。无论是言语的练习,趣味的养成,以及其他一切的教授、训练,无一不是为使人们顺应于社会,由孤立的生物,教育成社会的一员,这可知教育社会的重要了!

但是我们知道社会不是全善的,有各种各样的事态同时存在,若笼统的言教育社会化,那么,在不良的社会环境里,教育也要随之不良吗?若然,教育也许成了罪恶的助长了,这是任何教育家也不能作如是主张的。

我们的所谓教育社会化,是要将存在实际社会的不合理的、因袭的、黑暗方面的种种事物,完全弃去,而将醇风、美俗,以及一切善良的事物,慢慢地发扬传播出来,使高贵纯洁的社会,映射于受教育者的眼前,并注入于脑海里,受教育者得此映射注入,循着高贵纯洁的社会而溶[融]和并前进。

然而,这也不过尽了教育的消极功能而已,积极的说,尤贵教育社会化,就是杜威所说的,用教育来领导社会。凡是社会的不合理的、因袭的以及黑暗方面种种事物,不独弃去而已,当用教育的方法使之转变而美化于高尚纯洁的社会,更当用教育的方法,使之加倍的高尚纯洁。尤有进者,从事教育的人,可预想其理想的合理的起现实的社会,从而主张,依此种理想的社会,而施以相当的可能的达到此种的教育方法,大大的改革社会的情况,改变整个的现实社会。

载北碚《工作月刊》 1936年10月 第一卷第二期 署名蜀子

我们应如何救济四川的旱灾

我们四川,自去年遭了天干,不但小春和秋收大多绝望,就是冬粮下土,也多枯死殆尽了,而且有的地方,饮水都已绝源。因此,一般农民,他们自己把握不住自己生活的程序,他们担保得了今天,决不能担保明天,加以地主的压迫,土劣的专横,以及军阀政客超经济剥削和榨取,早使他们的生活失了保障。就是稍微富裕点的农民,每日亦不过吃一餐稀饭来吊命,余则即以豆藁、菜根、桐实来果腹,及到菜根、豆叶都已食尽,于是就剥树皮、扯草根、挖白泥……就成为他们找食物的唯一方法了!这样流离、自尽、饿毙……在农村是极平常的事。

有的农民因饥饿难以度日的,于是结队成群,到处"吃大富","抢米"。也有饥民忍无可忍的时候,不得不找寻最后求生的办法,于是打家劫舍的行动,就成为一般勇敢的强悍的饥民最容易走的一条路。目前农村中的大地主和富豪等,好多都搬城市去住家了。自然许多乡民也有投奔到都市去的,不过他们是要经过中间人的一度剥削,才能得到活路做,或当码头上临时工人,或去充任人力车夫,白木船夫……但是每天辛苦所得,实不能吃饱肚皮,至于家庭的如何供给,儿女的如何养活等,那就非他们所能及了。

尤其是我们峡区,山多田少,平时出产本来不丰,加以去年的天干,谷价日日高涨,现在一斗米已经卖到四元余了。这种困苦的景象,更是不堪设想。至于峡里的许多炭厂,因折本太多,不是停业,便是减少工人和工资,近来徒增了许多失业的劳苦大众。他们只要求有活路做有饭吃,都不可能,失业出来,多数过着飘零的生活,在饥饿风雪中挨时,苟延一线生命,他们只待着病魔与死神的降临!

在目前我们耳闻目睹的,无论乡村城市,乞讨的男女成群,遗弃的婴孩载道,盗匪如麻,整个的社会,几乎全都被饥荒笼罩着了。

我们既是见着上面的悲惨现象,无论政府、人民,都应该设法速谋救济。兹将目前急办赈济之事项,胪列于次,以供政府及热心社会人士之采择。

(一)统治粮食

旱灾既成,食米飞涨,此时省府即明令严禁奸商操纵市价,富户囤积居奇,同时调查各地农产,封查仓库,此法至善,或集中全部资金,委托可靠银行及民生公司在川外购买大宗食米以资供给。至如政府当局于各县、各乡镇,均分设粮食管理机关、稽核所有粮食存积实数,强制征买,再设若干平籴处,以当地公务人员主持,社会热心人士辅助,办理平籴,则救济之道,乃得其宜。至于食粮出口,其分配、运输、存储,应由政府统治办理,籍免奸商操纵破坏粮食之标准价格,俾饥民少饥饿之患。必要时,应由政府或当地粮食管理机关,实行限制消费,规定每人每日食米,至多不得超过二合。积粮之家,除储蓄至本年八月新出时所需之口粮外,余全由粮食管理机关处置。凡购买食粮者,须取得粮食购买券,每人以一星期食用为限,并实行计算分配全部食粮,以安人心。

(二)速办急赈

当此饥民遍野,待哺乳殷之际,应由省府速电中央拨款急赈,或由全川军政党商学各界联合起来,共同作大规模的募捐运动,限于最短期内募足一笔巨款,分配重灾区域。同时于大都市设立救济院或灾民收容所,尽量收容,酌量施衣、施食。并设灾民习艺所,使有体力技能者从事生产,设售货处为灾民平价变卖货物,设职业介绍处安插有技能体力之灾民。至于免费戒烟,免费诊疗,施棺掩埋,亦为急不可缓之事。

(三)筹办工赈

急赈之外应办工赈,因大旱之余,失业者众,如征用灾民,以工代赈,建筑塘堰,修浚沟渠,筹办垦荒,招工开矿……不但得济目前灾民之困厄,且永绵田事将来之利益。交通阻碍之地,尤宜兴工建造,俾灾情容易传达,粮食容易运输,外助容易获得,藉免垂死无救之弊。至如目前成渝铁路之修筑,应尽量招抚灾民,一方便其不致流离逃窜,裹胁匪类,一方面重工程,得以轻易完成,而扰民反得济民,其益岂浅鲜耶!

(四)农村贷款

旱灾之后,衣食维艰,一般贫农,告贷无门,急赈工赈,暂济眉睫。为永久计,则速请中央筹拨巨款,组织信用合作社,以借贷资金,使得购买种子,保留耕牛舆购农具肥料。放款机关,委托地方银行或农民银行办理,放款手续务求简便无弊,如此则农民再生有术,高利贷者亦当无形自弭矣!

(五)购种贷放

凡遇灌溉困难,或因旱失收之区,则应使农民种植夏季耐旱而能于短时期间成熟之作物,以资补救,如晚稻、洋芋、高粱、大豆、甘薯……得雨补种,以谋生产。上项各类之种子,由政府备制,依一定办法分贷无力购买种子之被灾农民,唯须注意贷种不许移作食粮,且收获后必须还种。至于被灾较重之区,由政府派员调查确切,可豁免一年以上之粮税。

(六)提倡节约

凡社会旧有习俗,如婚、丧、寿、祭等,均应行不致礼,不宴客,以减省无谓应酬,免除无益消耗。至于以粮食作糖烤酒等,政府更应明令禁止,以资补救。至于我们有力量的同胞们,也有几点是我们应尽的义务:

第一,是有钱的出钱,有粮食的出粮食,收集起来,公平分配给饥民。

第二,我们对于饥民和失业的劳苦大众应当同情他,扶助他,接济他,不使他们到处流浪,不让他们失掉生活,冷死、饿死,或被逼为匪盗。

第三,我们对身壮力强及有技能的朋友,应即为他寻求职业,同时也不希望他坐待着专靠人接济,使自己有用的人变成无用,自取灭亡。

我们要想肃清匪患,安靖地方,各安生业,就须先救饥民,须知救人即所以救己。我们民众应当联合提倡起来:

捐自己的衣服,节自己的粮食。

省无益消耗的金钱。

帮助饥民。

慰藉他们。

赈济他们。

上所陈诉,全为治标,目前固刻不容缓,但如除永患,厥为治本,其在今后尤为切要,兹分述如次:

(一)培植森林

四川千万山头,大多秃兀,人民不明森林利益,任意砍伐,政府鲜于提倡,且不加限制,以致天然富源,破坏殆尽。频年以来,常酿巨灾,政府如不急速提倡造林,四川将成一块干燥土地。盖荒瘠不毛之地,雨水来时不能涵蓄,尽由地面流去,若林木荫翳之地,雨水来时一部随根浸入地下加增地层水,一部涵畜[蓄]于地面堆集之枯枝落叶中,其流失甚少,遇久晴地面为枝叶所蔽,阳光不易直射,常能供给空中多量水气[汽],空中水气既多,则降雨机会亦多,而流失水分则少,自少旱潦[涝]之患矣!

(二)兴修塘堰

塘堰本为农民天然之蓄水库,频年以来,一股农民怀贪小利,垦成田园,一遇天旱,束手无策。兹应由省府通令各县转饬各镇乡凡地带易旱之地,每20亩,必兴修可灌溉20亩之塘堰一个,原有之塘堰破坏者应速修缮完整,并严禁劈作田土,派员限期查勘,以杜流弊。

(三)开掘堰沟

沿江河溪流之农户,应尽量利用流泉开放堰沟引水灌田,其法易行,其使用便,其收效甚宏。渠、广、竹、邻、梁、垫等县沿山麓一带已多举办,唯成效不及川西灌县之沟渠堤坝之显著。至开沟渠时,尤当注意溪流要有丰富之来源,且溪上河身须高乃为适当。

(四)开掘堰淄

凡河溪涧之淤浅者,固宜加以疏浚,即分歧之支流以及农田间荡渠,均应加以疏浚。一方得排泄田间之溢水,一方得蓄水量以供灌溉,其为用至便且大矣!

(五)凿井引泉

邻近地面无水可引之地,宜于田间利用地层水开凿深井。汲取灌溉,其事易举,其灌溉面积虽不及堰沟之广,而稳便可靠,且需款不多,效用长久。我国北部河南、陕西等省,早已施行此法,开凿数10丈深之井,卓著成效。比年北方大旱,长期不雨,溪流干涸,人民饮水及灌溉,咸仰给于此。

(六)蓄水灌溉

利用剩余雨水及溪流,筑池蓄水于高地,或筑堤坝蓄水,使水面增高,上设闸门以供灌溉之用。吾川各县,山陵横亘,大小溪流,交错其间多可顺势取利,至如灌县、泸州、嘉陵江各处著名之大小瀑布,最可引用以灌农田。如公[工]程浩大,私人无力建修者,则由该区农田之主户,共同担负,或募捐修造,或政府垫筑均系办法。

(七)机器抽水

川西各地,因河身不高,沿江农户可购抽水机实行抽水灌溉。如贫农而无力购机者,可由政府分区设立汲水站,办理汲水灌溉事宜,收取轻微之利。唯水之分配,务须妥为计算,俾[避]免争水之纠纷。

(八)提倡合作

遇此荒旱时期,欲求农村经济急速恢复,唯有提倡合作:由政府先提倡组织生产合作社,即用大农经济办法,如农具不足,可集各社员农具互相参用。如水利不便,劳力不足,或疏浚河渠,开凿井池,及一切私人不易举办之事业,都可用合作经营办注解决。目前的苏联底集体农场,全采此方式,至于运销、消费、信用等合作社之组织在今日的农村亦极重要。

此外应由省府聘请林学、农学、水利工程专家,组织一农田水利委员会,俾便分别指导监督农林水利事项。至于实施防灾教育,确立仓库制度,筹措救灾基金,整理积谷公款等,促起人民自动组织积粮会、天灾会共同积蓄食粮,俾天灾人祸降临时,有以预防和补救,此亦为当务之急!

(9)发展副业

农村副业之发达,直接可以增加农家经济之收入,间接可以辅助农家正产收获之不足。时值凶荒,收获锐减,或竟籍副业以维持生活,农家收入不致全无着落。农村副业,例如饲养鸡鸭,饲养猪羊,饲养乳牛,饲养蚕兔,饲养鱼蜂,以及制草帽、草鞋,编竹席、草荐等并可提倡。

载《北碚》月刊　1937年2月　第一卷第七期　署名高孟先

一幅大众的生活

（一）

踏出了空气严肃的办公室，心里感到漠然地轻松，在暖和的阳光下，用懒散的步子，蹒跚在一条泥沙松得咬脚的马路上。边走边欣赏着四围的景色：淡青的峡谷，深绿的江水，蔚蓝的天空……这寂静的世界，充满了和平的快乐，丰富的希望，这样，竟把我们陷于难解的沉思中。

几只灰色的小鸟，从头上掠过，唱着悠扬悦耳的歌曲，似乎是说："春已来了，你们还不曾知道吗？"

（二）

不知不觉地这一条曲狭的马路，被伊们走完了，刚将踏上一个小石桥头，我们发现了两个乞儿，倚在一株光胳膊的树干下啜食，这时，已经有几个看客围着他们。我们不期然而然的也停立在他们的旁边了。

"小朋友！你手里拿的是什么？"我惊异地问。

"青菜"，他淡然地答着。

"生的怎么好吃？而且看你吃得很出劲呢！"

"不要说生的青菜，即是草根树皮也要吃呢！"

"怎么？"

"有什么办法？在肚子饿的时候……"

我感动了，很想掏几个铜子作无补于事的救济，但身边并不带钱，只好痴痴地望着他们……

"哼！这儿奇怪吗？那边还有剥树皮挖芭蕉头来吃的啦……"这是一位过路的中年

商人,带者惊疑的口吻警告了我们。

这更惊人的消息传来之后,于是,围着这一对乞儿的人们,有的摇摇头,慢慢的各自散去了,还有一个老太婆,捧了手,口里喃喃地念着,像在为世人祈祷的样子。

"呵!他们的黄金时代,便是饥饿。"他这么深沉地说了一句。

(三)

一阵沉默后……

"我们再去看看剥树皮的吧!"我提议。

"好",他答。

我们默默的经过一段冷落的市街,所碰着的人们多是垂头丧气地,愈使得人们纳闷。绕到学园路,路上便麇集了许多人,闹闹嚷嚷地,不是漫意的批评和艾[哀]怨,便是叹息着这"世道",待我们挤到人丛中时,已发觉剥树皮的活剧了。

"喂!梧桐皮怎么吃法?"我对着一个瘦弱的老妇人问。

"呵!将皮晒干后,再磨成粉,合以少撮的包谷粉制成饼状烤熟了吃",她答。"还好吃吗?"我再问。

"比白饿好啦!"她痛苦似的回答。

道旁落叶的梧桐,只剩一些枯枝,簇簇成地刺着寒空,现在经他们——饥饿者,将它的一层御寒底青衣,一刀一刀地劈折后,只余一株白色的树干了。

"这样的梧桐,怕再也难得活了!"人们走过这梧桐下,总是这样惋惜地说。"但是,它——梧桐,目前已经救活他们——饥饿者了。"

我心里这么想着,所以对只惋惜梧桐的人们,并不表示深厚的同情。

(四)

"挖芭蕉头又在那儿?"我向一群人漫问着。

"现在兼善学校和平民公园都有。"一个着童子军服的学生很爽快地答了我。"我们还去吗?"我问,他只点点首。

于是我们缓步的渡过一条行道树夹着的土路,兼善学校便映入我们的眼帘了。学校是建在一个小坵[丘]上的,红墙黑瓦,洋楼高耸,却是北碚这个市集底唯一的建筑物,只是可惜周围嫩绿的芭蕉,现被饥饿者群掘去后,似乎是减去从前的壮丽了。我们赶到学校时,还有几个学生帮助饥民掘着残余的芭蕉头。

这儿的饥民,男的女的老的小的,一共八人,他们都充满了疲惫和饥饿,破烂的衣服,包着瘦的身体,有的蹲在地上披着阳光,有的细细地除去芭蕉头上的沙泥,饥饿的火,烧毁了他们空的肚子,克服了他们的耻辱,逢人便伸出无力的手……

"这真是一幅地狱图画了!"我惊叹着。

"但是,当中也有人间的美德点缀着呢?"他憨颠似的应着。

"什么意思?"我问他。

"互助""同情"是人类社会的本能,然而现在的人类,已把这些高尚的情感,完全扯毁了! 他们只知利己,强凌弱,众欺寡,白人屠杀黑人,帝国主义吞没弱小民族……这便是消失社会本能之结果。可是今天帮助饥民掘芭蕉头的学生,他们坦白热诚的精神,互助的行动和同情的心理,岂不是还点缀图画之中么?

他说完,我无言,但我们都互视着,都轻轻地笑了。

"回去吧?"我问。

于是我们懒洋洋地步上了寂寞的归途。

(五)

"你今天有什么感想?"他问我,中间隔了一段沉默。

"今天看了这残酷的深刻的印象,却深深地埋藏在我的记忆里。但在农村里天灾人祸饿殍载途,然而都市里灯红酒绿,醉生梦死,为什么在片土之上,竟划出天堂地狱? 真不解!"我这样答着,同时也反问着他。"朱门酒肉臭,途有饿死骨,你可知道这种畸形的社会,古今是相差无几的呀!"他很平静的答着。

在目前据前两天实验区派出去勘灾的人员报告,全区六万五千多人中,要占三万人没饭吃,而且有吃白泥不能解便而胀死者,有患脚肿眼病者,有产妇呻吟于床无人料理者……他们完全过着安分守已的饥饿生活,其他比较勇敢的,只要经过相当的启示,就会觉悟到自己的唯一出路……所以抢米、劫舍、杀人、越货,遍地皆是,几乎世界无一块干净土。

他一个人在不停地说,我只低着头挪着步子静静的倾听着。

"真奇怪,这社会,分明是一样的人类,却生存在两样的世界? 为什么大众不为他们的生活燃起了热烈的坚强的斗争!"我愤怒似地问。

"在现在的制度下,一般大众很容易走到饥荒和灭亡之路",他顿了一顿又继续的说,

"除非他们不胆怯,勇敢地,迅速地离开他们目前的生活"。

　　…………

　　现在我们是已经走刭一条冷市街上了,加速步的回到屋里,疲倦地坐在窗下,我望着携带回来的那匹肥大的芭蕉,心里愈是悯然黯淡。

载《北碚》月刊　1937年2月　第一卷第七期　署名雪西

四川保甲之今昔

一、楔子

保甲是我国固有的一种行政制度,且具有适合我国国情之特殊精神与机构,可是过去行保甲制度者不仅鲜有成效,且反而为一种扰民的重要工具。但是保甲制度在历史上、理论上,都有深刻的基础,总是还有人认为是可行的制度。自中央清剿赤匪以来,思所以清除盗匪之源的根本办法,乃又想起前人所运用的保甲制度,于是参酌古制,考虑当前,而确定现行之保甲制度,先试行于豫鄂皖,继推广于湘闽,而今已全国风行矣。

近数年来因举办保甲所收的成效,如盗匪赖以肃清,政令赖以推行,皆具有惊人的成绩。然此仅就其客观效果而言,如就主观之制度的本身来看,使一盘散沙的人民发生集体的力量,使漠不相关的群众,发生密切的联系,不仅是对内发生组织的力量,而且对外可以发挥团结御侮的能力。所以保甲制度,可以说是组织民众、训练民众唯一有效而合理的机构,是安内攘外救亡图存的一条要道。尤其是在人们认为复兴民族根据地的四川,可谋肃清盗匪,安定社会,发展生产,提高文化起见,保甲制度推行之需要,尤实过于其他各省。不过吾川保甲的(普通)称为(团务)向为土豪劣绅的工具,上以结交或反抗官府,下以把持地方,武断乡曲,最近此种团阀虽不存在,但在吾川保甲的过程上,曾演出许多不可磨灭的事迹,这些事迹,就空间上来讲,或许可供吾人之借鉴,就时间上来讲,亦有许多可资未来之改善,兹特介绍如次:

二、过去的检讨

1.混乱时期

保甲本属民众自卫的组织,但是四川的保甲早成了驻军敲榨[诈]民脂民膏的重要工具。保甲之练常备兵(团练)远在民初,当时因土匪猖獗,军队不能兼顾,于是一般民众,不得不求自卫,购置械弹,组织团练,其目的,不过在保境安民而已。不幸后来内斗时起,军阀们利用团练来充实作战能力,加重收[搜]刮,不能不给团练领袖以种种权威和便利,在这种互相勾结利用下,造成现在若干害民的团阀来。这种团阀有大有小,大的每县有一个保卫团的团长,或几县联团办事处的处长,小的要算在区的区长,在乡的乡长了,他们管辖区域,虽有大小之不同,而其权限之广泛滥用则无二致。每一区长或乡长可以在任意征税,什么过道捐,子弹捐,服装费,名目繁多,不胜枚举。要是没有到过四川的人,恐怕很难置信,还有处分刑事案件权,乡长擒获匪类,可以执行枪决,因其权威太高,同时知识有限,所以常常发生流弊,挟裹报复等事,总是时有所闻。政府虽然禁止,可惜收效不多,区乡长的产生原则上说,应该由该处乡民遴选,可是在四川大部份是由金钱购买得来,价格之高下,要以地区的贫富而定,普通二等县的区长,购价约在千元上下,这种由代价得来的公务员,在职期间真正为民谋幸福?抑在剥削民众图肥私?可以不言而语了。

地方人民怕驻军派捐款,而乡长们却正愁驻军不派捐款,因为多有一次派款,便为他们增一次刮钱的机会。再拿团练的数额来说,也很可惊人,当办团之风最盛时,每县所辖几十场镇,每场镇各有常备壮丁,场小者数十名,大者增至百名以上,所以一县而计,常备团丁在数千人。川省有140余县,总计全省团丁不下四五十万,这种团丁的一切费用,也足够老百姓担负,何况再加上他们的贪污剥削呢?造成四川今天混乱的局面,因素固然很多,但是保甲之扰民,确占很重要的成份,所以当时民间有这么一种呼声:"兵如梳,匪如篦,团阀犹如刀刀剃",这正是当时团阀具体的写照。

2.整顿时期

在四川各军中,二十一军最重视团务,在该军的政务处中,特设团务科,而且政务处的副处长,专负团务方面的责任。1927年后,因二十一军军长刘湘被任为川康团务委员长,于是有川康团务委员会的成立,政务处的团务科,对外仍旧用川康团务委员会的名义,但在实际上,川康团务委员会的力量,仅能及于二十一军的戍区,其他各军戍区的团务,都无法过问,兹将当时团务整顿的情形分别略述于后。

(一)计划

二十一军对团务的整顿积极进行,1932年颁布团务三年计划,其内容大要如次:

(1)团务方面——依团务自治经费统筹的规定,严格各县预算,务求其支配得当,并力谋行政费的樽节,增加事业费。

(2)团队方面——整理模范队的编制,加以集中及平均的训练。在质量上求模范队内容的充实,并在较大的乡村,设立民丁训练所。

(3)干部教育方面——成立川康团务干部学校,以及团务自治训练班。

(二)组织(团务组队如下表)

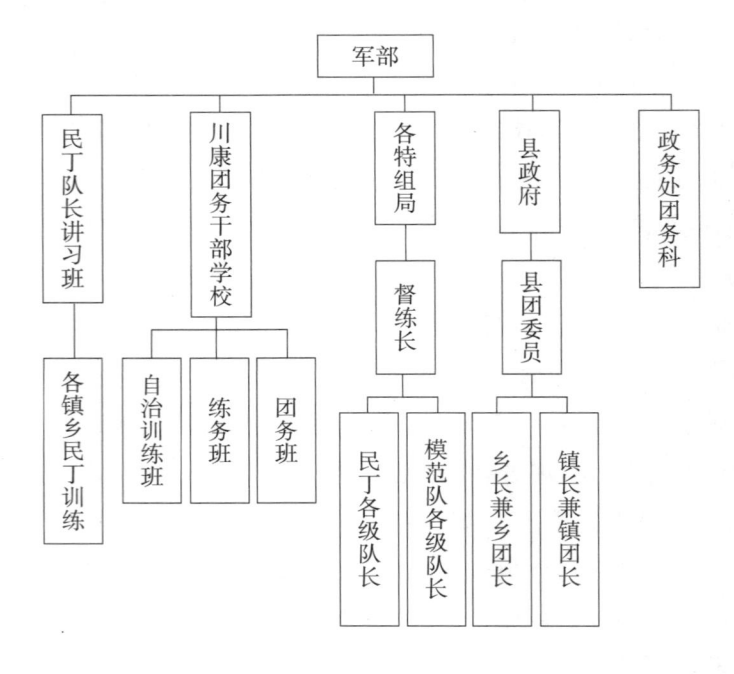

```
                              军部
    ┌──────────┬──────────┬──────────┬──────────┐
  民丁队长    川康团务    各特组局    县政府    政务处团务科
  讲习班      干部学校       │          │
    │       ┌──┼──┐      督练长     县团委员
  各镇乡   自治 练务 团务     │          │
  民丁训练  训练 班   班   ┌──┴──┐   ┌──┴──┐
           班             民丁  模范队  乡长   镇长
                         各级  各级   兼乡   兼镇
                         队长  队长   团长   团长
```

(三)经费

二十一军戍区内的团务经费,是由各县抽收团款,团款是在正粮项下征加,每年为收两次,至多不得超过二年粮税正额,但各县仍在任意加征团款的情形。每县每年团款收支最多到40万元,至少亦在10万元以上。

(四)编制

(1)普通壮丁——各县居民除年在18岁以下45岁以上及单丁废疾者外,应按户出丁一人,此即是普通壮丁,以20人至40人为一小队,四中队至八中队为一大队,四大队以上为一区队,各设队长1人。

(2)精选壮丁——由团正于每百户中挑选10名至20名为精选壮丁,依上法同样编制。

(3)模范壮丁——由精选壮丁抽选,经3月至6月的完备训练,模范队丁名额,大县1000名,中县700名,小县500名,平时担任游击戍守之责,每6[个]月更换三分之二,以期精选壮丁的普通训练。

(五)武备

二十一军各县团队,虽有组织,而枪支仍不健全,为重庆市共有团丁1578人,而枪支才347支,其他僻远的县份,枪弹的缺乏更甚,而且所谓团枪,实质极杂,有大部份是土枪,或汽枪,子弹量亦不充足,其他武器,则为土造大炮,改良罐子炮,牛耳炮,刀矛等。

总之,四川的保甲,早具有相当基础,实为人民武装自卫的一大力量,能因势利导,则可发生绝大作用。但当时情形,团务形成军队搜刮的工具,各军尽量利用,或加改编,扩大实力,或遗之前敌,徒供牺牲,人民自卫之力量,自此已剥削殆尽矣。

三、目前的推行

保甲制度,为目前国家要政之一,其主义要在使民众有团结系统,一方面可以由此树立地方自治的基础,一方面即是为民众自卫的一种普遍的组织。吾川对于保甲推行,虽组织上渐臻完善,但其内容的充实,与实际的运用,尚有待于今后之努力,兹将目前推行状况,分述如次:

1. 保甲编组

吾川自共□□入以后,一面由中央指挥大军进剿,一面更积极从事改良政治,实行保甲即共一端,四川省府1935年度施政纲要中,关于保甲者有如下之规定:

甲、编制保甲,清查户口。

乙、确定联保辅助区长执行职务。

丙、举户口移动登记。

丁、训练保甲兵。

上列编组保甲,在1935年内已由省府严厉令饬依限编组,惟以开办之初,急趋从事,又因四川面积辽广人口众多,而交通阻碍故编查多失精确,组织亦欠完密,以臻保甲功能,不克显著,1936年重行整理,计至年底截止,编查完竣报到省府者共有128县,其他因地处边区,尚待相当时间者,尚有21县,一设治局而已。

2. 保甲经费

关于保甲经费之筹措,实为一大问题,一方面须顾及人民之负担能力,一方面尤须应付事实上之需要。而征收办法:一方面当求其简捷,一方面又当力避苛扰。四川保甲推行之初,以各县急待编制预算,而各县镇乡自治应办之事,又势难中轻。保甲经费除行营颁发保甲条例曾为原则概括规定外,仅制定联保办公处经费收支标准,大都由各县就地自筹。在保甲户口未编竣,联保主任未依法产生以前则仍暂时保留镇乡公所。所有镇乡经费,其支数目漫无标准,及1935年经召集各行政督察专员曾议决定,联保经费应在保甲经费内开支,其保甲经费,在1935年12月底以前,得由各县统筹,就地方原有公款以及自治经费等款开支,不足时得呈请核准就粮税附加。但开支总数,不得超过全县保数,合计每保5元之规定,自1935年1月份起,所有保甲及联保经费,即照保甲条例之规定向住民征集(每保每月以5元为限,每户每月摊缴数目,应按其财产之多寡,列为等级,最低5仙,最高不得超过2角,极贫者免派)。惟全省施行以来,深感各保贫富悬殊,实难唯一,年来综合各县情形,多有困难之感。省府始于1936年10月拟县政订保甲经费收支办法,呈准行营改为交有伸缩性之规定,每保3元至7元,收支统一于县,每年征收两次,以资平均挹注。1937年起征收又改为每户有80元之上之财产者(动产与不动产),每年出捐2角,以此类推。此种为穷人减少一负担,试行以来,虽较前感到便利,但在去年四川大旱,民生凋敝不堪中,保甲经费的筹措,仍是一个难题。

3. 保甲人员

保甲制度推行,最困难者厥为人选问题。保甲人员,为保甲制度之骨干,关系保甲前途至钜。尤其保长,更为重要,上承县区长之指导,负推行政令等之责,下则深入民间为民导师地位异常重要。故年来各区专署曾遵令分头施行保甲干部训练,又以未经整个规划,参差出入,步调难齐,省府乃拟具全省保甲人员训练办法,综计全省联保主任共约4000余人,分四期调集省垣训练,全省保长共约90000人,以集中各县县府所在地训练为原则。各县甲长,以集中各区区署,就地训练为原则,联保主任训练第一期已竣事。保甲长训练,现正由省府派员前往各县分头进行,训练期内容在讲解简单保甲法令,充实其应具常识,培养其办事能力,预计训练普通之后,一切政令推行效率,必然增加。

三、未来的展望

近代地方政治,绝不能离开群众基础。而四川既为后兴民族之根据地,则一切县政设施,尤其有民众组织力量为后盾,而厉行保甲制度以充实地方行政之机关,而奠定下层群众之基础,此实为急不可缓之事。吾川举办保甲已经年余,虽经政府与人民之努力合作,略见成绩,但究距离保甲制度整个功能的完成尚还有且仅就此稀微之成绩,其中尚有若干问题,在作者于保甲工作亦曾有所尝试,故于吾川之推行,至少尚有下列几点之改进。

1. 户口调查问题

四川土地广大,人口众多,而交通阻碍。文化程度参差不齐,社会习惯因而地异,而在此种环境之下推行保甲,其所遭遇之困难,实有过之无不及。欲求编查正确,可谓行之维艰,故于省府限期编查之时,有的县份为敷衍政令计,不能不有统计,不能不有报告,在表面上似乎已经完成,若一考其实际,则混乱不可名状。这1935年各县的普遍现象,所以五年又来重行整理,至今也还有20余县未竣事的。今后吾人须注意者,在户口编查时,除由省府特别训练大批调查人员分配各县应用而外,应向全省民众作扩大宣传,然后分区分期进行。第一步各县组织一编查委员会,筹备一切查编应需之物,然后分头实际工作,并向民众宣传查编意义(查编与统计)。第二步推定甲长保长联保主任讲解保甲长的责任,并组织各办公处。第三步由各区长县长亲赴各地巡视,考察调查是否正确,编制是否适当。第四步在枪炮烙印,登记壮丁,办理联保切结,确报户口异动等,均须按步进行,一件办完,再办二件,如此保甲才能编制正确,基础才能稳固。

2. 户籍管理问题

办理联保连坐切结,查报户口异动登记,是一件重要的工作,也是一件最繁难的工作。现在吾川许多县都将这一件难事,责令保甲长来作,实不甚合理。有的县份虽专设有户籍员,然而所谓户籍员者,不仅未曾受过专门户籍的训练,且有对户籍根本漠然者,如求户口办理迅速精确,则实一大困难也。因此对此经常的行政事务,省府应训练整批人员,分任到各县各镇乡专司户籍事务,由保甲从旁协助,如此户籍管理问题,才得正当解决,整个保甲制度,才不会发生不良影响。

3. 壮丁训练问题

壮丁之主要目的,就其小者言,为民众之自卫,就其大者言,亦团防基本之工作。目前本省社会秩序,因受去年旱灾影响,故呈极度不安状况。饥民载道,盗匪猖獗,全省壮丁之训练,尤较其各省为急切需要。省府虽将各县联保主任分期调往省受训,但一时不能完成全部之训练,且往返太不经济,有的还有因此而发生流弊的——借此派捐。最好是集中各专署训练,一方可减少往返路程和费用,一方则可迅速完成其训练。至于壮丁训练,困难尤多,除训练所需之人才经济外,在壮丁方面如枪械之缺乏,规避受训,怀疑壮丁,以及壮丁职业问题等,在均予壮丁训练的完成上,有绝大的妨碍。于此吾人深觉壮丁训练除政府一般厉行惩罚与强迫外,有几点是值得今后注意的:第一,应宣传解释,利用机关学校……;第二,应顾及人民的生活,训练时间可因地因人(生活)制宜;第三,应分区分期训练,最好以一保为单位;第四,多用奖励制度,随时在公共场所或学校会集,表彰善举等。

4. 保甲运用问题

保甲的组织完成后,便是运用的问题,尚如运用不当或太过,亦会发生指使不灵的现象。现在恐怕有许多县份已经有了困难的感觉,例如目前的凿塘、筑堰、禁烟、建设种种工作,政府均驱策保甲长去作,于是马路征工,凿塘征工,检举烟民……均要按保甲抽派,种种的麻烦和痛苦,使得一般任义务保甲长在百忙之下,在生活挣扎中,弄得来消极辞职,有的甚至为逃避麻烦与痛苦,而离开本乡,或将职务交替与人,而资以若干津贴的。

在此我们不得不希望政府当局,今后有所改善。第一,凡保甲人员,须严格遴选其能胜任者,同时要改变其责令保甲长能力所不能担负之任务,减少他们的麻烦和痛苦;第二,要切实执行户口异动查报,以保持保甲组织基础永固;第三,要分别缓急,适合时代的要求,根据民众生活的需要,以引起民众的信仰和同情,将来所收实效,定可事半功倍。此外须择其与民众本身有切身利害关系者,使之举办,如推行合作制度,励行民众教育,兴修水利工程,改革不良习俗等,均系值得注意的事项。

五、结语

保甲在现代我国之政治组织上,是最下层的基础单位。直可说,这个基本单位尚弄不好,则其他中上层政治虽再努力,终属"空中楼阁",尤其吾川的保甲,比较复杂而问题多,所以笔者才将四川保甲过去的症结及目前现况作了一个概括的检讨并贡献有些改良意见,以作整理保甲及研究下层政治者之参考。

载《北碚》月刊 1937年4月 第一卷第八期 署名高孟先

第十七届国际合作节开会记

今年的国际合作节纪念之日,适当我神圣的民族解放战争两周年之时,这两个光荣的伟大的划朝代的日子同时来到,实值得吾人隆重地热烈地庆祝。虽然,祖国的抗战,今日正达到极端困难的阶段,但我们应坚信着:独立自由幸福之新中国,一定实现在重重困难的后面。以此,本届的国际合作节,本会乃决定扩大纪念,藉以警惕与鞭策吾人的工作和增强社会人们抗战建国的信心。

事前筹备

在"七一"节的一周前,本会即召集各组室主干人员开了一度筹备会议,当时有几项重要的决定。

一、"合作节"开会地点在崇义桥场上,并备游艺助兴。
二、函知当地机关学校及各合作社参加。
三、"合作节"全部开支以200元为限。
四、筹备会设总务、设备、游艺、宣传各部,下设各组,由本会同人分头负责,分头准备和分头联络。

在筹备期中,最困难的有两件事:第一是太忙!本会同人在这一个极短的筹备时期内,仍要负责处理自己职务以内的经常工作,所有的公余时间,都利用来作大会的筹备,甚至有的曾牺牲过睡觉的时间的。第二是太省!此次大会整个的开支,只限于200元内,但一切的内容又要准备得充实和周到,所以大家在各种筹备工作上,除了多用劳力外,还须处处多用思考。

近日来,本会的工作同人开会、备物、制标语、发特刊、准备游艺、准备宣传……整个的都动员了,都忙煞了,一直到"七一"的前夕,一切准备,始匆匆就绪。

合作节日

　　溪水是橙黄的，天宇是灰白的，空间还不断地飞着细雨，地上的景物，经一夜暴风雨的洗礼后，似乎格外显出了它的生气。这天正是一个伟大的划时代的日子——国际合作节，也是离锦城北20里一个市集——崇义桥。赶集的场期，在市集开始的时候，便有许多青年男女，他们或她们，有的捲[卷]裤赤足，有的持着雨伞草帽，不断地煞有介事似的向这镇上奔来。一会这市街便沸腾起来了，满街张贴着刺目的标语，各处的茶肆、酒店或街头，都有本会宣传队在宣传，以他们亲切的态度，深刻的内容，通俗的语句，吸住了包围着他们的大众听众，使国际合作节和抗战建国的意义，印入了每个人的心中。

横江茶楼

　　正午的时候，离场西数十步的地方——横江茶楼，突燃烧起更热烈的烽火，许多人又如潮水般的踊了去，原来此地便是国际合作节的纪念会场。

　　横江茶楼，可说是崇义桥底一个郊外公园，它的周遭，绕着两道溪流，只东面的一隅毗连一块青翠的秧田，形成了一个半岛。岛的上面有茂竹，有森林，有亭池，有曲道，有茶肆，有小食……风景天然，环境幽静，在平时已就成了人们游息的胜地，今天再给她涂上淡淡的脂粉，披上薄薄的外衣，装饰得比以前更庄严，更美丽。

会场布置

　　一出崇义桥口，便看得见一个"廿"字形绿底白字的牌坊，兀立在一道溪流的岸边。走近，才知这个立体的门栏，纯粹是用植物（芭蕉叶）作成的，上面的白字是用硬纸剪来贴的，横联为："第十七届国际合作节纪念大会会场"。"人人为我，我为人人"八个大字，分列在方柱的左右。进门，经过一个小密林，林底空间，有秩序地掩映着不少地紫色茄子，并纵横地夹杂着若干条淡青色的红豆。整个地看来，知它是一个党徽的图案，林内另有三道小门，一是用荷叶，一是用杨柳，一是用马尾梭布置成的，其形式与颜色的配合，都相当艺术。

　　接着林子的下面，便是一个可容500人的广场，场顶用竹席临时搭了一个棚，棚下空间，用各种植物或鲜花（柏枝、芭蕉心、麻柳花、梧桐花……）牵布成一个纲状形，颜色十分调和。四周挂着整块芭蕉叶，每一叶内均贴有一张标语（如废除利润制度、建设和平社会，国际合作节是人类的复活日……）。棚下密密地设着各种席次，中间更横陈两张餐桌，桌上铺以白纸,纸上用各种农作物——稻、麦、菽、粱……摆了"努力战时生产"几个大字,每字间以鲜花,这大概是设的特别来宾席次了。场的一端,是新造成的一个土台,台顶覆以稻草,台基辅以竹席。台的上橼,是以绿色的芭蕉叶作帘,台的下周,是以橙色的芭蕉茎作为的"建设和平社会"几个大字。台的中央悬挂着党国旗及总理遗像,下面并置了一个用蟹及鲜花扎成的"七一"花圈。台的两旁,分陈着"合作"两个用螺蛳订成的大字,异常引人注目。其他如来宾划到处、休息处、饮茶处、卫生室、贩卖部……都有规划,都有布置,都有标帜。总之,从整个的布置看来,当是比一般会场花费经济而且来得别致,并在取材上,如利用植物、动物、蔬菜、作物……它在农村工作上,寓意是很深刻的。我们再从各部门看,亦可看出他们一点一滴的布置不仅用过劳力,并且都是用过思想来的。

开会程序

午后一钟的时候,社会的来宾和参加的团体,均已先后到齐,济济一堂,约计不下千人,其中以农民为最多。行礼如仪后,首由本会陈专任委员(济光)主席,报告开会意义,其要点为:一、合作会此次疏散下乡,系实践"到农村去"之宿[夙]愿。二、吾人之事业断不因战争而受到不良影响,反而因敌人之破坏而促进生产建设。三、今日纪念国际合作中,须加紧抗战宣传,健全合作组织,增加战时生产。继由本会社总干事(时阎)报告本省四年来的合作事业。大意为:

一、本会成立迄今将近四年,三年前之设施,大多趋重于消极的救济方面,以期安辑流亡,稳定农村经济。自"七七"事变后,本会工作动向遂转变于积极的建设方面,以期发展生产,加强抗战力量。

二、本会对本省合作事业之推进,进展甚速。截至目前止,全川136县区,已设合作指导室者达128县,1个三峡实验区。其尚未设置之县份,决于本年度设立,并组织之各种合作社计有信用、生产、运销、供给、消费、公用等六种,共13021社,社员总数为805810人。

三、本会对于合作金融之设施,现除筹设有省县两级合作金库(县合作金库已达61县)外,并特约金融机关参加本省之合作贷款,如中国银行、农民银行、农本局等,截至本年五月底止,各金融机关对本省合作社之放款总额达1556万余元。

四、今后本会对本省合作组织方面,普通信用合作之组织及县合作金库之设立,并于各特产区域着重于生产合作社之促进。合作业务方面,联络技术及金融机关,以技术、资金协助各级合作社扩大其业务经营之规模。合作教育方面,利用农闲时间,进行有计划的社职员训练。

其次则为来宾郎营长及成都县政代表张区长相继致词。词毕，由主席提议，电林主席及总裁致敬。并电慰前方抗战将士。旋即散会。

游艺表演

会毕，游艺开始，严肃的空气，忽又转为轻松和谐了。游艺节目，除了客串的京川剧和华美女中参加表演的"三部曲"舞蹈、独唱外，其余的节目如"说方""教子从军（新编制的川剧）""合作花鼓"都是由本会扮演的，其中尤以"合作花鼓"一幕，表演最为精彩，博得观众掌声不少。至鼓词内容，不仅是合作事业的宣传材料，即且是教育民众的一篇好课文，其词附后：

合作花鼓词

（甲）说合作，道合作，合作办法最易学；自从产业革命后，世界无处不合作。

（乙）大户人家借钱易，小户人家钱难措；措不到来借不着，大家只有靠合作。

（甲）说合作，道合作，生产合作利益多；共同生产费用省，物美价廉销路阔。

（乙）更有保险合作社，分担损失防灾祸；大家合心并合力，永保安全与康乐。

（甲）说合作，道合作，合作好处难尽说；供给运销平市价，买卖不受他人剥。

（乙）大家做来大家用，花费极少得益多；万事无如合作好，有福同享无争夺。

（甲）说合作，道合作，合作本是万应药，增加收入节支出，改进生产与生活。

（乙）奉劝世人来合作，良好机会莫错过，合作旗帜遍农村，大家同唱太平歌。

夜幕下垂

黑夜的帘幕垂下来了，游艺的表演，不得不告之段落，至午后七时，人们逐渐地四散了，不到十分钟，这个热烘烘的偌大的会场，骤然冷静下来，所有一切又回复到它原来的空旷。只是蹒跚在泥泞道上的乡农们，还喋喋不休地谈着他们今天的见闻和经过。还有一群愈疲劳愈兴奋的农村工作者，此时亦踏上了他们的归途，在黑夜漫漫中，摸索着向他们的前路迈进。

载四川省农村合作委员会编印　四川省《合作通讯》第三卷第一期
《纪念十七届国际合作节特辑》1939年7月5日　署名高孟先

战事与航空①

一、今日的航空

自航空器发明而后，人类的活动区域，已不限于陆地和海洋，而渐渐移到天空去矣。因时空两元素皆有独特的地位，故人们想尽了种种方法，利用它来完成企图无论交通、文化、产业、国防，各方面都有航空器在参加活动，尤其不能忽视的，是它在国防上的价值。天空打击是一切打击中最猛烈的，1921年意杜黑将军②已指出："以太③空军控制了敌我天空，战争的胜算已操之于拥有这空军力的一方。"其后墨索里尼用空军之力征服阿比西尼亚，希特勒仗着空军，不费弹兵取得捷克，进一步吞并波兰，其后法国溃灭，荷、比等无力抵抗，相继投降。欧洲战事烽火大举后，英国海军无法封锁北海，苏联红军抵不住纳粹之进攻，勒城和莫京④，不远可破，全系受了空军的威胁。就在这次我们的全面抗战，实即陆空的攻击与防御的角度，我们除人的数量及其攻击精神始终不在话下，严重的还是空军的问题。因我国科学与工业不发达，空军建设的历史又短，人员与飞机数量过少，遂不能消灭敌人于舰上，阵地退亦未能遏制暴敌的到处滥炸，要使[是]我们空军相等，抗战形势早已改观，所以现在我们应积极的建设空军以求得抗战的胜利，消极的准备防空以减少无谓的牺牲，这才是当务之急。

二、现代的航空

自世界大战以来，空军的破坏力已大为增加，据法军事家卢瑟翁⑤谈，空中轰炸造成

---

① 此文为高孟先为嘉报《航空特刊》专栏纂写的评论，未署名。
② 杜黑将军：朱里奥·杜黑，意大利人，是第一次世界大战后颇有影响的一位资产阶级军事理论家，在世界空军学术思想史上具有举足轻重的地位，他最先系统地阐述了建设空军和使用空军的思想，创立了制空权理论，被称为"战略空军之父"。
③ 以太：涉意甚广，原意为地球上层的大气，这里泛指空间。
④ 勒城和莫京：勒城即列宁格勒，同后文列城；莫京即苏联首都莫斯科，同后文苏京。
⑤ 卢瑟翁：即夏尔·安德烈·约瑟夫·马里·戴高乐(1890—1970)，法国军事家、政治家、外交家、作家，法兰西第五共和国的创建者戴高乐将军。

的物质破坏,是可以订一种标准的,100磅以上的爆炸弹就将破坏一个工厂,每公顷投弹250磅的轰炸弹,当可使勤奋的工厂停止活动,大城市稠密建筑区抵抗力较大,在此情形下,则每公顷须[投]下1吨到2吨的炸弹,才能造成完全的破坏。

现代空军力量究竟怎样,杜黑将军设定空军为现代战争决胜的武器。他以为一个国家有1000架轰炸机就可对敌国保持空中优势,但这计算在目前已被公认为太低了,因战时空军需要破坏的目标众多复杂(工业区、铁路、油库、飞机场、大城市、交通线和敌军队等),今日德苏军事家都认为1万架飞机配备是平常的事了。此次德攻苏京及列城,曾动员了70架以上的飞机携带着1万吨的炸弹,它已具有高度战斗性能和战略的效果,空军独力可赢得一个现代战争固有的问题,但没有空军武力,休想大获胜利,却已为世人所公认。

三、航空的进步

现在空军的进步,实已非第一次大战可比,就单用机实用性来说,速度是1918年每小时100哩到1940年每小时400哩①(增加4倍),载重从四分之一吨到5吨(增加5倍),航程从100哩到3400哩里(增加28倍),升高从1万尺到4万尺(增加4倍),发动机马力从不满200匹到1000匹(增加5倍),飞机质的进步,如此量的增[加],亦实可惊人。

各国现有军用机数

国名	第一线机	第二线机	合计
德	6000	3000	9000
苏	5000	2500	7500
英	3000	3000	6000
法	1500	1250	2750

各国每月生产能力(单指军用机)

国名	战争开始时机数	战时生产时机数	合计
德	1000	12000	12000
英	750	1250	2000
法	250	1000	1250
苏	500	500	1000

照以上数看来,德国空军始终占据压倒一切的优势。

在第一次大战末期而确定的军用机种,为战斗机、侦察机、输送机等,这次战争序幕的揭开,却发现了如后各式各样的机种。单座战斗机、复座战斗机、多座战斗机、陆军协同机、俯冲轰炸机中型、大型及超重轰炸机、侦察轰炸机、空中步兵输送机、警戒轰炸艇、

---

① 哩:英美制长度单位,1哩等于5280英尺,合1609.3米。

电击机、病院输送机、后方扰乱机(主要散发传单)。至于防御方面,则有阻射球器,攻击方面的空中堡垒与降伞部队,都是目前在航空方面之新发展。

载《嘉陵江日报·防空节特刊》 1941年11月21日

高孟先撰文 未署名

四川阔师长范绍增[①]来沪

斥资五万万[②]元筹筑四川大楼

十五年前有一位四川的将领来到上海,轰动一时,开电梯一次,偿仆欧300元。在舞场里大花钞票,更是传为佳语,此人是谁?即范绍增师长。范师长与上海人士阔别已久,抗战以后,他曾率部出生入死,打了多少仗,三年前他以身体衰弱关系,放下了武器,息影林泉。胜利之后,他到上海来作寓公,现在暂住丽都饭店,正在寻觅适当住宅中。

四川旅沪同乡会,刻聘范氏为名誉理事长,据渠语人:"这番来沪,完全系休憩,别无活动,是以不欲多见外客。惟欲为桑梓事业帮助,拟购地一方,建设四川大楼,同乡会地址,即设在大楼内,预备将四川在沪各银行或大商店,也集中在一起。"这个四川大楼计划,拟以国币五万万元为度,在最近期间,还拟筹备一所四川中学,前成都记者专来沪,又有拟办一日报之计划。

今年在沪的四川人,正有一番新气象了。

载上海《海风》周报　1946年　第12期　署名蜀子

[①] 范绍增(1894—1977),原名舜典,号海廷,四川大竹县清河镇人。自幼便被称为"范哈儿",川军第二十七集团军第八十八军军长,1949年9月,被委任为国民党重庆挺进军总司令,1949年12月起义。中华人民共和国成立后历任中南军政委员会参事、解放军四野五十军高参、河南省体委副主任、省人民政府委员、省人民代表和政协委员等职。

[②] 五万万元:即法币5亿元。

怀念与祝愿①
——国民党军人家属金竹安访问记

在一个夏季凉爽的午后,我去访问了一位住在重庆的国民党军政人员家属金竹安。她的丈夫王从龙,曾在国民党陆军大学特别班第六期毕业,任过国民党西南行政长官公署检察处处长。现在她的家住在沙坪坝重庆大学松林坡附近,周围竹木密茂,一片葱笼[茏],自然环境十分优美。由于她住在此地长达12年,又热心群众工作,所以邻居们都称她"金妈妈"。

我往访时,她正在厨下忙炊事,衣着朴素,精神健旺,看不出已是55岁的人了。她说:"这十多年来,人民政府对我一家的关怀和照顾,真是无微不至。"接着,她说:"从龙离开我们已十多年了,杳无信息。当时遗下五男三女,一家九口,留在异乡的重庆(金是浙江藉),大的不到15岁,小的还在襁褓中,那时,真是举目无亲,无依无靠,一家生计,悉由我苦苦撑持。但是,从1952年起,情况便逐年好转了。主要是在人民政府的照顾下,八个孩子都受到了良好的教育,有的参加了工作,使我一家大小得到了安乐的生活,人们并不因我是国民党军政人员的家属而有过任何歧视。"

谈起她一家的生活近况时,她很兴奋的告诉我:"生活在新社会的人们,真是幸福和愉快的!我的大女儿德陵,在人民政府的培养下,曾在重庆和上海医学院学习,后来分配到一所护士学校当教员,不久以公费待遇,继续调派到四川大学医学院深造,前年毕业,1959年结了婚,去年生一女孩,现和她的丈夫一起在郑州工作,女婿是防疫站站长,女儿是医院的内科医生。次子南蓉,1958年毕业于清华大学,现在一家重型机器厂作技术员,最近已结婚;二女慧素,去年在四川大学毕业,已结婚,夫妇均在成都大学任教。三女士一,在贵州大学读书,明年毕业;其余四个儿子都在我身边,一个读高中,两个读初中,一个念小学,他们的学费和生活,都由参加了[工作]的哥哥姐姐共同负担。遇有大的节假日,远道的孩子都能回家团聚。孩子们一般都生活朴素,他们在工作上,学习上也很努力,个个都是踏踏实实,乖乖巧巧地,没有使我淘气过,我体会这都是生活在新社会的好

---

① 高孟先此时在民革重庆市委员会统战部工作,此文系《中国新闻社》寄来的清样稿。

处。像我这样境遇的人，假如在旧社会，不知要遭受些什么磨难！"

金竹安平日和隔壁左右邻居相处，十分融洽。她说："我过去是不大问事的，解放后，由于我积极参加学习，因而知道一些国家的政策，知识水准也有一些提高；同时，和许多群众混熟了，孩子们也大些了，除家务劳动外，可以抽些时间做些工作。从1958年起，我就主动参加了群众工作，担任卫生委员，几年来，领导上和群众都信任我，所以遇到什么事，只要我有时间，都努力去办，我总是耐心地，愉快地工作。真是，新社会越活越年轻，越干越有劲。"

金竹安女士告诉我，他们一家人对于从龙长时间流落海外，不免为他的前途担心，并且时常怀念。

她说："孩子们有时还嚷着，爸爸这么多年没管过我们，我们是没有爸爸的！想来他也一定是怀念这个家，也是很向往祖国的。"她说："我们在过去是很和睦的，夫妻久别，儿女情长，彼此又怎能不怀念？最小的一个孩子已13岁了，还未曾见过他的爸爸呢！我们如能团聚，八个孩子都已成长起来了，后半生的生活，该是多么幸福啊！"

金竹安女士一股劲兴致勃勃地谈了个多钟头。当我离开她家的时候，红霞已沉没在西边歌乐山的峰峦中去了。

载《中国新闻社》1962年8月　署名高孟先

【附录】
高孟先发表作品未收集到的文章

1. 秋　　　　　《新川报》1935年10月2日，署名 门西
2. 我底随笔　　　《新川报》1935年11月7日，署名 门西
3. 重庆防展会巡礼　《新川报》1935年11月11日，署名 门西
4. 秋天底心　　　　1935年10月15日，署名 门西
5. 秋梦　　　　　1935年11月17日，署名 门西
6. 矛盾　　　　　1935年11月23日，署名 门西
7. 婚姻问题　　《新四川晨报》1935年12月14日，署名 门西
8. 世界之中等教育　《人民日报》(重庆版)，1935年11月，署名 高孟先
9. 新津社会概况调查　四川省合作金库编《合作金库年鉴(1939年)》，署名 高孟先
10. 美国T.V.A 水利建设　《北碚日报》1948年，署名 高孟先

后记

自2016年6月《高孟先文选》和2018年11月《北碚乡建记忆》两书编辑期间并出版之后，几年来由于又陆续发现并搜集到几十篇高孟先发表的文章，以及他撰写或主编并由地方当局印发的小册子，认为原收录在《高孟先文选》中的和新收录到的这些文字资料，对于研究卢作孚的乡建思想以及北碚的乡建实验历程，研究那个时期的社会状况与民生，无疑具有一定的参考价值；同时认为这些文字资料，是乡建事业践行者高孟先的思想境界，德行修养，文学水平的体现，故将其整理出来，编辑成书，面向社会，希望对感兴趣的读者有所裨益，对家族中的这位贤杰有所纪念。

收录、整理这些文字，其繁杂费力之处，我在编辑《高孟先文选》时就深有体会。这次主要难在查找高孟先发表在外埠报纸杂志的文章和他主编的小册子上。在搜集过程中，得到侯江研究员和袁佳红主任的热心帮助，自己多次到重庆图书馆搜查，在北碚反复翻阅嘉陵江乡建时期当地的出版物，经过不懈的努力，终于找到了高孟先的绝大部分文章和资料。虽然他30年代中前期发表在《新四川晨报》《新川报》《人民日报（重庆版）》《商务日报》等副刊上的数篇文章仍无下落，但是目前的结果已经算不错的了。

本书除了在最前面以照片和图片形式简介高孟先的家庭、生活及工作经历外，主要内容为他发表的文章、撰写或主编的小册子和部分手稿。作为高孟先的文存，这次保留了原收录在《高孟先文选》中的文章，但对其中诸多有删减的段落，有省略的字句等情况，都进行了增补和完善，以恢复其原作的面貌。如《1929年，跟随卢子英赴川边动植物标本采集与社会调查日记》，补全了略去的日期和删减部分；《1930年，跟随卢作孚赴华东实业考察日记》除补齐了删减部分外，新收录进去5月至7月的日记，使其全面而完整了；《下乡杂记》《北碚的夏节》《梅花山去看学校》《大明小学》等原来有删减的部分,这次都进行了修改。

这次新收录到的文章和他撰写或主编的小册子,是卢作孚北碚乡村建设实验过程中一些重大活动,重要事件等的真切纪实;是宣传介绍模范北碚,总结不同阶段北碚乡建成果,全面评价卢作孚与北碚乡村现代化建设实验等史料性文字或重要文献,可以说非常难得。

高孟先从青年时代起就深受卢作孚、卢子英事业理念和人格魅力的影响,是卢作孚北碚乡建事业的践行者,又是一个勤奋耕耘、有所抱负、著文甚多的业余作者。虽然他曾先后三次担任或兼任《嘉陵江日报》、《北碚报》与《北碚月刊》社主任、主编,他说那是履行自己的社会责任和工作职责,然而对于写作这件事,它则视为自己的一项兴趣和爱好。他的这种心态,他坚持悉心收集北碚乡建资料,并持之以恒地加以保存,这种坚定的、自觉的品格与精神,正是我所赞许和钦佩的,也正是我为什么愿意花费数年时间,不计得失,在北南大哥及家人的信任与支持下,陆续整理高孟先先生遗藏资料的原因。

《乡建事业践行者　高孟先文存》一书即将出版,首先感谢高孟先家乡——璧山区各级领导及璧山区档案馆周成伟馆长、罗杨副馆长的高度重视与大力支持;

感谢著名的卢作孚研究学者西南大学刘重来教授对本书的精心校阅、建议并作序言;

感谢重庆自然博物馆研究员暨中国西部科学院旧址陈列馆主任侯江在资料搜集中的热心帮助;

感谢重庆图书馆古籍部袁佳红主任在资料搜集中的热心帮助并对前期书稿的精心校阅;

感谢璧山区参加本书校阅的罗杨、马伟、范朝梅的辛勤工作;

感谢热情关心本书的北碚刘卫国先生、李丹先生;西南大学谢健博士、李军博士;

对所有支持、帮助、关心、关注本书的人们致以真挚的谢意。

我再次要说,正是高孟先之子高北南及家人,多年来坚持保存、保护这些遗藏的资料,并无私地捐赠给社会,这种可贵精神,作为社会,作为高氏家族,十分值得赞扬。

当然,还要对这些年来在我整理、编辑资料当中,对于又耗费精力还要费钱的事情,毫不计较的妻子王小利说一句谢谢的话。正是她的理解与一直默默地支持,我计划中要编辑完成《乡建事业践行者　高孟先文存》的愿望,在璧山区档案馆的大力支持下,终于画上了圆满的句号。

数年付出，甘苦自知，编就三卷，我想可以慰藉孟先叔的在天之灵了。

2022年12月9日是高孟先先生诞辰110周年，谨以此书作为璧山家乡人对他的深情纪念吧。

高代华

2022年9月28日